선교적 교회 개척

선교적 교회 개척
PLANTING MISSIONAL CHURCHES

초판 1쇄 발행 2021년 9월 30일

지은이	에드 스테저·다니엘 임
옮긴이	설훈
발행인	이요섭
기획	박찬익
편집	이인애
디자인	권기용
제작	이인애
영업	정준용 김승훈 이대성
펴낸곳	요단출판사
등록	1973. 8. 23. 제13-10호
주소	07238) 서울특별시 영등포구 국회대로76길 10
기획	(02)2643-9155
영업	(02)2643-7290 Fax(02)2643-1877

값 25,000원
ISBN 978-89-350-1914-4

ⓒ 2021. 요단출판사 all rights reserved.

ⓒ 2016 by Ed Stetzer and Daniel Im
Originally published in English under the title
Planting Missional Churches by B&H Academic
A Division of Lifeway Christian Resources
One LifeWay Plaza, Nashville, TN37234, U. S. A.
Used and translated by the permission of B&H Academic
Through Riggins Rights Management
This Korean translation edition ⓒ 2021 by Jordan Press, Seoul, Republic of Korea
All rights reserved.

> 이 한국어판의 저작권은 Riggins Rights Management를 통하여
> 저작권사와 독점 계약한 요단출판사에 있습니다.
> 신 저작권법에 의하여 한국 내에서 보호받는 저작물이므로 무단 전재와 무단 복제를 금합니다.
> 본문 성경 구절 인용에는 대한성서공회 성경전서 개역개정이 사용되었습니다.

선교적 교회 개척

새로운 문화에 대응하는 선교적 교회 개척 안내서

| 에드 스테저·다니엘 임 지음 | 설훈 옮김 |

PLANTING MISSIONAL CHURCHES

YOUR GUIDE
TO STARTING
CHURCHES
THAT MULTIPLY

목차

한국어 서문 • 역자 서문 • 서문 • 추천사 • 헌사

PART 1 — 교회 개척의 기초

1. 교회 개척의 기초	25
2. 북미를 위한 선교적 사고방식의 재정립	45
3. 교회 개척의 성경적 기초	69
4. 교회 개척자의 자격과 평가	95

PART 2 — 교회 개척의 모델

5. 리더십 모델	129
6. 선교적/성육신적 교회	161
7. 단순한 교회	175
8. 다민족 혹은 단일 민족 교회	191
9. 다중 지역 교회 개척	211

3 PART 교회 개척을 위한 시스템

10. 교회 구조	231
11. 개척자-목사의 리더십에 관한 문제	245
12. 초점 그룹 정하기	261
13. 창립 팀 구성	281
14. 재정 확보 및 통제	297
15. 모임 장소 찾기	325
16. 창립-새로운 교회 창립일	347
17. 새로운 교회로 성장	361
18. 교회 세우기	383

4 PART 교회 개척을 위한 사역 부서

19. 팀 만들기	397
20. 전도	417
21. 소그룹	443
22. 예배	465
23. 설교	483
24. 영적 형성	503
25. 어린이 사역	531

5 PART 배가와 운동

26. 교회를 개척하는 교회	551
27. 목회 후보자들과 신학 교육의 미래	573
28. 교단과 네트워크	593
29. 교회-배가 운동: 생각의 틀을 깨다	611
30. 영적 리더십	629

성경 색인	649

한국어 서문

지금 나의 삶의 이유는 교회 개척입니다. 예수님을 향한 나의 사랑은 더욱 뜨거워지고, 나의 믿음은 더욱 깊어지고 있습니다. 개척 교회에서 자라왔고, 개척교회 사역에 동참했기 때문에, 나의 사역의 열매는 더욱 풍성해질 수 있었습니다.

나의 부모님(임병남, 김순임)은 1970년대 한국에서 캐나다로 이민을 왔습니다. 두 분은 예수님에 대한 믿음과 교회를 향한 사랑, 그리고 다시 새롭게 신앙 생활을 시작하고자 하는 열정을 가지고 캐나다에 오셨습니다. 부모님은 지역 사회에 대한 열정적인 사명을 가지고 교회 개척에 동참하였고, 그 교회가 내가 자라왔던 밴쿠버 빌라델비아 교회였습니다.

교회 성장, 그것 외에는 다른 생각을 하지 않았습니다. 물론 새로운 사람들을 전도하기 위해서 새로운 교회를 시작할 수 있습니다. 교회 성장을 돕기 위해 개인의 시간, 재능, 물질을 드리기도 합니다. 사람들을 집에 초대하여 교제, 예배, 성경공부, 기도를 할 수도 있습니다. 잃어버린 영혼들을 구하기 위해 힘을 다해 그들을 영접하고, 전도하기도 합니다. 자신의 삶은 교회 중심으로 살아갑니다.

나는 크리스천들이 다르게 살 수도 있다는 것을 몰랐습니다. 믿음이란 많은 크리스천에게 있어서 시간이 있을 때 한 달에 한두 번 헌신하는 정도라는 것도 몰랐습니다. 어떤 사람들은 단지 사회적 유익을 얻기 위해서 자신을 크리스천이라 부르기도 했습니다. 교회 개척이 나의 모든 것이었고, 나의 전부였기 때문에 그러한 것들을 알 수 없었습니다.

내가 섬겼던 처음 두 교회들은 개척 교회들이었습니다. 세번째 교회는 글로벌하게 교회를 개척하는 교회였습니다. 지금 내가 담임하고 있는 캐나다의 에드몬튼에 있는 Beulah Alliance 교회는 100년의 역사 속에 60개 이상의 교회를 개척하였습니다.

내가 교회 개척을 좋아하는 이유는 복음을 가장 강력하게 전할 수 있는 방법 중 하나이기 때문입니다. 에드 스테저와 나는 교회 개척이야말로 하나님 나라를 확장시키는 주요한 사역이며, 앞으로도 그런 역할을 하리라고 믿고 있습니다.

에드와 내가 본서를 집필했지만, 이 책의 서문은 에드가 쓰기로 했습니다. 그러나 내가 캐나다 한국인 2세이며, 이 책은 한국어 번역판이기 때문에 이 번역판의 서문은 내가(Daniel Im) 쓰기로 했습니다.

본서로 들어가기 전에 귀감이 되는 교회 개척자에 대한 이야기로 서문을 마무리 하고자 합니다.

그는 아침 일찍 일어납니다. — 예수님께서 새벽 미명에 누구보다 먼저 일어나신 것처럼(막 1:35) — 그의 도시의 구원을 위해 기도하며 하나님의 얼굴을 구합니다. 일용할 양식을 주시는 우리 아버지에 대한 간절한 믿음이 있었기 때문에 그는 5년 동안 혼자서 일하면서, 교회 개척에 필요한 재정을 넉넉히 채웠습니다(마 6:10). 그의 교회 사역은 그의 성령 충만한 설교와 역동적인 예배로 인해 매년 4배의 규모로 성장하였습니다(행 2:41-47). 들판은 추수 때가 되었기 때문에, 매달 교회가 교회를 개척하는 일을 계속하였고, 상식을 뛰어 넘는 급속한 배가가 이루어졌습니다(요 4:35).

이런 사람을 보신 적이 있습니까? 당신도 이런 개척자가 되기를 원하십니까? 참으로 놀라운 사역자가 아닐 수 없습니다. 예수님과의 친밀하고, 사역에 열매를 맺는 자, 목사로서 이 이상 무엇을 기대할 수 있을까요?

문제는 이것이 신화적인 이야기라는 것입니다.

자, 이 책을 끝내기 전에 분명히 할 것이 있습니다. 그렇지 않으면 이 책을 읽을 필요가 없을 것입니다.

예수님과의 친밀함과 사역의 열매가 신화적인 이야기라고 말하는 것이 아닙니다. 자신의 기술과 능력으로 혼자서 교회 개척을 시작하고, 교회를 자라게 하는 영웅적인 교회 개척자가 바로 신화적인 이야기라는 것입니다. 영적으로 성장하고, 효과적으로 사역하는 것은 혼자서 할 수 없습니다. 성공의 비결은 카리스마도 아니고 완벽한 계획도 아닙니다.

하나님의 영광을 위해 배가하는 선교적 교회 개척을 이루는 길은 머리 되신 예수님과 성령님의 능력과 다른 사람들과 함께 사역할 때 이루어 집니다. 그것이 바로 이 책에서 얻을 수 있는 유익한 길입니다. 자, 이제 시작합시다.

다니엘 임
에드몬튼, 캐나다

역자 서문

솔직히 신학교를 졸업한 후에도 저는 교회를 개척할 마음은 없었습니다. 개척은 힘들고 배고픈 사역이라고 생각했기 때문이었을까요. 그보다 고상하고 우아한 곳에서 사역을 하고 싶었습니다. 못된 생각이었습니다. 그러나 주님은 낮은 곳에서 일하도록 나를 훈련하셨습니다. 기존 교회에서 부목사로 사역하던 나에게 교회 개척의 길을 걷게 하셨습니다. 처음 개척 3년 동안 몸부림치면서, 죽기 살기로 사역하던 기억은 제게 오히려 영광스런 훈장과도 같습니다.

주님의 은혜로 교회가 성장하는 듯 했지만, 주님은 저희 부부를 다시 선교사의 길로 인도하셨습니다. 사실, 선교사가 되겠다는 마음도 처음에는 없었습니다. 그러나 하나님은 우리를 그 길로 이끄셨습니다. 지금 우리는 선교사입니다. 선교사로서 우리의 역할은 교회 개척임을 한시도 잊은 적이 없습니다. 동아시아에서 언어를 배우며, 그 언어로 전도하며, 제자 훈련하며, 정신없이 뛰어다니던 우리를 주님께서는 조국으로 부르셨습니다.

대한민국에서 저의 부부는 다시 교회 개척을 꿈꿉니다. 세속화와 코로나로 침체되어가는 교회의 현실 속에서 성경적 교회를 세우는 일에 헌신하였습니다. 이 땅에 하나님 나라를 건설하기 위해 하나님께서 세우신 기관은 교회입니다. 하나님은 교회를 통해 하나님의 뜻을 이루십니다. 하나님 나라를 향한 작은 나무들이 삼천리 방방 곳곳에 심겨지고 세워져, 그 교회들이 다시 교회를 낳고, 또 교회를 낳아, 그리하여 숲을 이루고, 한라에서 백두까지, 백두에서 열방으로, 주님 나라가 이루어질 것을 저는 확신합니다.

이 책은 북미의 현장에서 이런 마음으로 교회를 개척하고자 애쓰는 두 사람에 의해 쓰여진 교회 개척을 위한 참고서입니다. 이 책을 통해 한국의 개척자들이 교회 개척의 불씨를 이어받아, 하나님 나라를 향한 교회 개척의 불꽃이 피어나기를 소망합니다.

2021년 8월
설 훈

서문

나는 교회 개척 사역을 믿는다. 이 책 안에는 교회 개척 사역이 더 강조되고 있다. 또한 나는 교회 개척자들을 신뢰한다.

이 책을 쓰는 동안 나는 이미 몇몇 교회를 개척했으며, 새로운 교회를 개척하고 있었다. 그러나 내게 가장 흥분되는 것은 교회 개척자들을 훈련하는 것이다.

목회자가 된 뒤 나의 첫 번째 역할은 교회를 개척하는 것이었다. 첫 번째 저서도 교회 개척에 관한 책이었고, 박사학위 논문 주제도 바로 교회 개척이었다. 첫 번째 신학교 사역에서도 교회 개척 과목을 가르쳤다.

어떤 사람들은 이러한 나의 행동을 지나치다고 평가한다. 그러나 현재 나의 사역은 교회 개척이고, 앞으로도 이 사역을 계속할 것이며, 이 일이야말로 하나님 나라 확장에 중대한 역할임을 나는 확신한다.

교회 개척에 관한 이 책은 교회 개척자인 당신을 위한 것이다. 하나님께서 당신과 당신의 사역에 복 주시기를 소원한다. 모험의 인생을 사는 당신에게 이 책이 도움이 되길 바란다. 경험보다 더 나은 선생은 없다. 이 책 안에 교회 개척의 열정으로 가득한 사람들의 지혜, 통찰력, 생각들을 모았다.

이 책은 초판의 내용을 대폭 수정하였고, 교회 개척에 관한 내용을 대폭 보강하였다. 이 책 안에는 교회 개척에 관한 이론적 연구뿐 아니라, 경험을 통해 습득한 개척자들의 성공과 실패의 사례들도 포함되어 있다. 이 책의 내용에 미처 다룰 수 없었던 내용은 교회 개척과 교회 배가에 관한 자료들이 수록된 NewChurches.com/PMC를 참조할 수 있다.[1]

　이 책과 웹사이트에는 필요한 자료들이 많이 수록되어 있다. 교회 개척에 관한 성공 공식은 없다(만일 있다 해도, 이 책 안에서는 그런 내용을 찾지 못할 것이다).

　이 책은 세 번째 새로 쓴 저작이다. 물론 책 내용 전체를 쓴 것은 아니지만, 많은 부분이 나의 담당이었다. 매번 쓸 때마다 많은 수고해 준 팀원들에게 감사한다. 이 책의 공동저자인 다니엘(Daniel Im)은 교회 개척, 다중 지역 사역, 라이프웨이(Lifeway)의 교회 배가 사역을 담당하고 있다. 교회 배가를 위해 일하는 사역자들을 위해 비전, 전략, 리더십에 관한 자료를 www.NewChurches.com을 통해 제공해 주고 있다. 그는 리더십 개발과 교회 배가를 위해 모든 것을 쏟아내는 교회를 사랑하는 목회자이다. 그는 라이프웨이에서 일하기 전에, 밴쿠버, 오타와, 몬트리올, 한국, 에드몬튼 등지에서 100명부터 5만 명이 모이는 교회의 목회자로 섬겼던 경험이 있다. 그는 한국계 캐나다인이라는 문화

1　*New Churches*, 2015년 9월 12일 접속. www.NewChurches.com.

적 배경을 가지고 있으면서 동시에 독특하면서도 글로벌한 관점을 가지고 있다. 그의 스토리와 그가 쓴 내용은 교회 개척자들에게 커다란 유익이 될 것이다.

다니엘과 나는 전과 같이 1인칭 시점과 나의 특성을 살려 이 책을 저술하고자 하였다. 이 책이 출판되기까지 다니엘은 새로운 내용을 보강하고 완성하는데 지대한 공헌을 하였다.

이 책을 완성하던 날, 성공적 교회 개척을 소망하면서 당신을 향한 우리의 기도를 이 책에 담아 놓았다. 메인(Maine)주 안에 있는 작은 마을이든, 시드니의 도심이든, 불어를 사용하는 몬트리얼이든, 암스테르담의 한 카페이든, 예수님의 영광을 드러내고, 그리스도를 모르는 자들을 찾아가, 배가하고 또 배가하는 교회를 개척할 수 있기를 기도한다.

추천사

"선교적 교회 개척은 지난 십 년 동안 교회 개척의 범주를 규정해 주는 책이었다. 이제 공저자인 다니엘과 함께 새로운 연구와 관찰로 업데이트한 이 책은 모든 개척자의 필독서가 되었다."
매트 챈들러, 빌리지 교회(The Village Church) 담임 목사

"지난 20년 동안 에드 스테저는 복음주의 세계에서 교회 개척의 르네상스를 이루는 길을 걸어왔다. 새로 보완된 연구는 교회 개척의 역사뿐 아니라 최근에 거론되는 선교적 대화까지 포괄하고 있다. 에드가 비단 학자만이 아니라, 목사요 실천가라는 점은 이 책이 내게 주는 매력이다. 그는 책임을 담당하는 사역자(skin in the game)이다. 교회 개척에 궁금한 것이 있다면, 이 책에서 해답을 찾을 수 있을 것이다."
J. D. 그리어, 더서밋 교회(The Summit Church) 담임 목사

"에드 스테저의 「선교적 교회 개척」 초판은 이 분야에서 대표적인 책으로 입증되었다. 2판에서 에드와 다니엘은 끊임없이 변화하는 현장에 부합하는 자료들로 업데이트된 책이다. 초판에 이어 2판 역시 우리에게 의미 있는 도전을 던지면서, 또 다른 10년을 이끌어 줄 것이다."
알렌 허쉬, 100 무브먼트와 포지 선교 훈련 네트워크 설립자

"선교적 교회 개척에 관한 에드 스테저의 책은 이 분야에서 최고의 단행본이라 할 수 있다. 교회 개척에 조금이라도 관련이 있다면, 또한 교회 밖의 세상에 관심이 있다면, 완전히 새롭게 업데이트된 이 책을 읽기를 추천한다."

팀 켈러, 리디머 장로교회(Redeemer Presbyterian Church) 설립 목사

"에드는 직접 교회를 개척했고, 신학교에서 교회 개척을 가르쳤고, 교회 개척자들을 코치했고 지도했으며, 매년 교회 개척 네트워크를 주관하기도 했다. 에드 스테저 만큼 교회 개척에 대해 잘 아는 사람이 누구일까? 그가 최고의 전문가이다. 불필요한 낭비를 원치 않는다면, 이 책을 읽어보라."

릭 워렌, 새들백 교회(Saddleback Church) 담임 목사

헌사

에드Ed로부터:
이 땅에 있는 모든 개척자들에게,
당신을 통해 예수님이 더 많이 알려지시기를 소원합니다.

다니엘Daniel로부터:
나의 아내 크리스티나에게,
사람들에게 하나님 나라를 맛보아 알게 하는 이 사명과,
이 모험의 여정에 동반자가
되어 주어 고맙습니다.

나의 소중한 자녀, 빅토리아, 애들린, 그리고 매카리어스에게,
그 나라를 위한 예수님과 그분의 비전이 너희 마음에 가득하고,
너희 인생을 이끌어 가기를 기도한다.

이 책의 출판을 위해 도움을 주신
마이카 프랑스, 라이언 부시, 조쉬 랙스톤, 앤드류 캣시어,
캐롤린 커티스, 팻 질랜, 다이노 새너시, 앤디 윌리엄스, 제프 파머,
그리고 리제트 비어드에게 감사를 드립니다.

PART 1
교회 개척의 기초

서론: 교회 개척의 기초

이 책의 첫 번째 주요 메시지는 선교적(missional)이란 단어의 의미를 정확히 이해하는 것이다. 선교적 교회를 시작한다는 것은 하나님의 선교에 동참하고, 하나님 나라에 초점을 맞추며, 선교지의 문화 속에서 교회를 개척한다는 것을 의미한다. 이 책에는 앞에서 언급한 선교(mission)와 선교적(missional)이란 용어 이외에도 선교사역(missions)이라는 용어도 사용된다. 이 세 가지 용어들은 매우 중요하므로, 이 용어들에 대한 정의부터 내려야 하겠다.

선교(Mission): 선교라는 단어는 열방을 하나님께 돌아오게 하는 일에 있어서 하나님께서 하시는 모든 일을 의미한다.

선교사역(Missions): 선교사역이라는 단어는 선교와 연관되며, 땅 끝까지 복음을 전하고, 보여주는 것을 추구하는 행위이다.

선교적(Missional): 선교적이라는 단어는 선교하시는 예수님과 연합하여 성경적 건전함을 잃지 않으면서, 당신이 속한 지역의 문화를 배우고 받아들이는 선교사의 태도(posture)이다.

교회 개척의 목적은 멋진 교회를 세우는 것도 아니고, 전에 없었던 새로운 일을 시작하는 것도 아니다. 언제나 사람들에게 다가가는 것이고, 사명을 따르는 것이며, 하나님 나라를 추구하는 것이다. 자신의 교회 구성원들이 한국인, 흑인, 젊은 부부, 전문인, 베이비부머, 밀레니엄(신세대), 혹은 여러 부류가 섞여 있는 사람들일 수도 있다. 그러나 중요한 것은, 교회는 하나의 사명을 가진다는 것이다.

대부분 교회는 여러 부류의 사람들로 구성된다. 오늘날 세계의 인구는 급속하게 증가하고 변화하고 있어서 교회 개척자들이 한쪽만 선호하고, 가능성이 있는 한 대상만을 목표로 하여, 그곳에만 집중적으로 사역하기가 어려운 시대가 되었다. 오늘날의 사회는 너무나 복잡하게 얽혀있어서 단순하지 않다. 그러나 어떤 교회 개척자도 모든 것을 다 알 수도 없고, 할 수도 없다. 어떤 사람은 싱글보다 가족을 더 잘 이해할 수 있고, 은퇴한 사람들보다 젊은 전문인들을 잘 연결할 수 있다. 그러나 자신의 사역 현장을 구성하고 있는 요인들을 배우고(learn), 복음에 충실하면서도 다양한 접근 방식들을 채택하고(adapt), 자신에게 적절하면서도 효과적인 방식으로, 주변의 그룹에 다가갈(reach) 수 있다. 이 모든 사역은 사람들을 선교에 동참하도록 인도한다.

 이 책을 읽는 독자들에게 축하를 전하고 싶다. 우리는 교회 개척자일 뿐 아니라, 선교하는 자이다. 우리는 이런 시대에 살고 있다. 우리는 지금 급격한 인구 이동의 현상을 경험하고 있고, 세계관의 변화를 똑똑히 목격하고 있다. 지금은 각자 살고 있는 도시를 떠나지 않고서도 선교사가 될 수 있다. 이 책에서 말하는 두 번째 주요 메시지는 성육신적인 접근이 교회 개척과 어떤 연관이 있는가 하는 점이다.

 선교적이라는 것은 태도를 의미한다. 사람들에게 문화적으로 접근하신 예수님의 선교에 우리도 동참하는 것을 말한다. 성육신적이라 함은 실제로 행한다는 의미이다. 그리스도께서 우리와 함께 거하기 위해 이 땅에 오신 것처럼, 우리도 주위 사람들과 함께 거해야 한다. 비록 우리의 삶이 주변 사람들과 별반 다르지는 않지만, 그리스도 안에서 변화되었고, 계속해서 변화를 추구해야 한다.

교회 개척과 관련하여, 성육신적이라는 개념은 교회를 개척할 때 사람과의 관계가 얼마나 중요한가를 강조한다. 교회 개척은 단지 예배하는 장소를 구축하는 것이 아니고, 함께할 수 있는 모임을 위한 기초를 세우는 것이다. 바람직한 교회 개척은 바람직한 관계 위에 쌓아가는 것이다.

교회 개척은 또한 건전한 신학적 기초에 기반을 두어야 하는데, 이 주제는 이 책의 세 번째 주요 메시지이다. 문화에 대한 수용으로 인해 복음의 능력이 훼손되어서는 안 된다. 최근 선교적 사고라는 명목으로 신학적 수정 작업이 대폭 진행되었고, 기본적인 신학적 메시지까지 변질되는 경향도 있었다. 그러나 이 책은 그런 책이 아니다. 성경에 기초한 신학이야말로 성공적인 교회 개척의 기초가 된다. 이에 대한 변명의 여지는 없다.

이 책의 네 번째 메시지는 교회론적이라는 용어 속에 나타나 있다. 교회는 중요하다. 우리가 알다시피 신약성경은 문화 변혁의 방법들로 가득 차 있다. 그러한 예들은 모두 교회에 기초하고 있다. 믿는 자들이 교회에 함께 모이고, 개인과 그리스도의 몸된 공동체 안에서 더 성숙해지고, 몸된 교회를 이루어가는 목적을 가지는 한편, 교회는 또한 문화를 변혁하는 주체가 된다. 교회의 목적이 벽돌로 만들어진 건물, 많은 사람으로 구성된 대형 그룹 혹은 단체를 만드는 것이 아니다. 무엇보다 교회의 성경적 개념과 모델이 중요하며, 이것이 바로 교회 개척의 목적이다. 교회가 중요하다.

다섯 번째 메세지는 오늘날의 성공적인 교회 개척자라면 영적인 것을 추구하며, 영적 훈련에 초점을 맞춘다는 것이다. 이 일은 단순해 보이지만, 마땅히 해야 할 일이다. 오늘날 북미나 세계 속 여러 지역의 현실을 보면, 많은 교회 개척자들이 사업가, 독불장군, 자유로운 사상가이거나, 때로는 부적절한 행동을 보인다(감사한 것은 하나님은 깨어진 그릇도 사용하신다). 그러나 교회 개척자가 그리스도 중심이고, 복음의 능력으로 변화를 받을 때, 하나님은 그를 통해 일하신다. 달리 말하면, 교회에 오는 새 신자는 교회 안의 멋진 설교자를 통해서가 아니라, 교회 개척자가 섬기는 놀라운 하나님에 의해서 변화되는 환경이 되어야 한다.

이제, 교회 개척의 기본적인 기본에 근거하여, 이 여행을 함께 시작해 보자.

CHAPTER 1

교회 개척의 기초

나(에드)의 경우, 1988년 6월에 교회 개척을 시작했다. 당시 나는 대학에서 자연과학을 공부한 후 막 졸업한 상태였다. 뉴욕주 버팔로라는 도시로 이사 온 후 첫 번째 교회를 시작하게 되었다. 그때 나는 21살의 나이로, 도시 전체를 향한 비전을 갖고 있었지만, 경험도 없었고, 훈련도 받지 못한 상태였다. 어떻게 해야 할지 몰랐고, 열정도 충분하지 못했다. 개척한 교회도 내가 생각했던 것만큼 성공을 거두지 못했다. 교회는 성장했고, 사람들이 복음으로 변화되기도 했지만, 그 당시 적절한 훈련을 받았더라면, 많은 실수를 줄일 수 있었을 것이다.

당시 교회를 시작했을 때, 그 지역의 지방회는 3년 이내에 일곱 개의 교회를 세우려는 계획이 있었다. 버팔로의 내지에 세워진 갈보리 크리스천 교회는 오늘날까지 지속하고 있다. 물론 지금의 모습은 그때와는 다르다. 그 후 지역 사회는 많이 변화되었고, 그곳은 베트남과 미얀마(구 버마) 사람들이 많이 거주하는 곳으로 바뀌었다. 그 결과 갈보리 크리스천 교회는 갈보리 크리스천 베트남 교회로 바뀌었고, 그 지역에 사는 미얀마인들을 전도하고 섬기는 사역을 하게 되었다. 이 교회는 선교적 교회로 변화하고 있다.

한편 다른 지역에서 시작된 교회 개척은 여전히 진행 중이다. 이 교회는 다른 교회 건물을 인수했다(전에 있던 교회는 다른 지역에서 다른 이름으로 교회를 시작했다).

뜨거운 열정을 가지고 교회 개척을 시작했지만, 그 비전은 점차 사라지기 시작했다. 교회 개척 책임자는 지치고 낙심하여 그 지역을 떠났고, 사역도 그만두었다. 준비와 훈련 없이 시작한 목회자들은 오래 지나지 않아 낙심하게 되고, 개척했던 목회자들은 수입이 좋은 곳으로 이사 가거나, 조건이 더 좋은 사역지, 혹은 다른 교회로 옮겨갔다.

교회를 처음 개척했을 때 나를 힘들게 한 것은 내가 열심히 일하지 않아서가 아니었다. 나는 발이 부르트도록 집집마다 돌아다니며 심방했다. 후원 교회의 도움으로 갈보리 교회를 시작하면서, 만여 명의 지역 주민들을 접촉했고, 집마다 초인종을 눌렀고, 현관문 앞에서도 복음을 전했다. 갈보리 교회는 새로 개척하는 랭커스터 성서교회를 후원하기로 했으며, 교회 개척을 위해 옥외 광고판을 이용하여 홍보하는 등 혁신적 전략도 활용하였다. 교회 개척팀은 새로운 아이디어를 시도하면서, 오랜 시간 열심히 일했지만, 성과는 많지 않았다. 결국 그 교회는 문을 닫았고, 얼마 후 다시 시작하게 되었다.

1980~90년대에는 뉴욕 서부와 북미주 지역에서 성공적인 전략들이 조금씩 나타나기 시작했다. 교회 개척의 성공 사례들이 나오게 되었고, 성공의 비결을 나누기도 하였다. 편지 발송, 전화 홍보, 대대적인 오픈 행사 등은 자주 사용되는 방법은 아니었지만, 대단한 화젯거리였다.

나 역시 첫 번째 교회 개척 시 우편 홍보를 시도해 보았지만, 그다지 도움이 되지는 못했다. 그 일로 인해, 새로운 방식을 좋아하지 않게 되었다. 교회를 개척할 때마다 여러 가지 새로운 방식들을 시도해 보았지만, 그러한 것들이 교회 개척에 별다른 효과가 없었다는 것을 세 번의 경험으로 알게 되었다. 문화는 급격히 변화하고 있으며, 그로 인해 새로운 공동체를 향한 접근 방식도 새로워져야 했다.

다른 분야처럼, 교회 개척의 분야에서도 변화가 필요하다는 것을 많은 개척자가 인식하기 시작했다는 점이 중요했다. 교회를 개척했던 나 역시, 당시에는 이 책에서 말하는 중요한 가치들을 모르고 있었다. 갈보리 크리스천 교회를 개척했을 때, 내 나이는 21살이었다. 그 교회는 선교적 교회라거나 영적인 교회라고 말할 수 없다. 다분히 개인 중심적 교회였다. 그 후 밀크릭 커뮤니티 교회와 지교회를 개척했을 때에도 사람들에게 찾아가는 성육신적 교회라기보다는 사람들을 교회로 끌어오려는 교회였으며, 신학적 혹은 교회론적 기초도 없었다. 이 책이 제시하는 내용은 교회 개척 과정에서 실패하고 몸부림치면서 얻게 된 경험의 산물이다.

오늘날에는 교회 개척에 관한 자료들이 많이 있다. 그중 복음주의자들의 관심을 끄는 자료들도 많다. 매년 열리는 교회 개척 세미나에 수천 명이 정기적으로 참석하고 있다. 교회 개척에 관련된 웹사이트들도 수없이 많다. 15년 전 구글 검색에 나타난 사이트가 244,000개였는데, 지금은 거의 3,000,000개에 육박하고 있다. 교회 개척에 관한 자료들이 방대하지만, 그만큼 잡음도 많다. 이 때문에 나의 동역자인 다니엘이 교회 개척자, 배가하는 교회, 여러 캠퍼스를 가진 교회에 자료를 제공해 주는 라이프웨이사역 즉, 교회 배가에 관한 총괄적 사역을 담당하고 있다.

이외에도 여러 복음적 교단들이 이 주제에 관한 관심을 보이며, 이 사역을 강조하기 시작했다. 이는 분명 좋은 현상이다. 왜냐하면, 전과 비교해 볼 때, 성경에 근거한 상호 협력이 이루어지고 있기 때문이다.

교회 개척에 대한 반대

교회 개척의 목적은 새로운 회심자들이 생기고, 건강한 교회들이 세워지며, 하나님 나라가 확장되어, 하나님께 영광을 돌리는 것이다. 이러한 목적이 있을 때, 다른 교회들도 동일하게 영적이며 가치 있는 기관임을 받아들여야 한다. 다른 교회들을 존중하는 태도는 두 가지 측면에서 동의할 수 있어야 한다. 주변의 교회들이 오래되고, 작고, 더 전통적일 수 있다. 반면, 새로운 교회들은 미래를 향해 앞으로 나갈 수 있는 길을 열어주는 역할을 한다. 선교적 교회 개척자들은 주변에 있는 교인들을 자기 교회로 이끌어 오는 것이 아니라, 지상 대위임령에 순종하여 교회에 나오지 않는 사람들을 접촉하는 일에 초점을 맞추어야 한다.

교회 개척 사역은 필요하다. 교회를 개척하지 않는다면, 북미의 교회들은 계속 침체를 겪게 될 것이다. 활발한 저작 활동을 하는 작가이자 상담가인 빌 이섬(Bill Easum)은 이렇게 말했다: "선행 연구를 통해서 볼 때, 한 교단이 가능한 많은 사람을 전도하려 한다면, 새로 개척한 교회의 숫자가 교단 전체 교회 수의 3% 이상이 되어야 한다."[1] 각 교단은 이 사실을 진지하게 받아들여야 한다. 국제 오순절 성회(International Pentecostal Holiness Church)와 같은 교단은 3%만이 아니고, 2004년에서 2008년까지는 약 20% 가까이 교회를 개척했다.[2] 세계 연합회(Converge Worldwide: 이전의 침례교 총회 Baptist General Conference)를 보면, 이 단체는 미국 중형 교회들의 교회 개척을 선도하는 교단으로서, 2014

---

1   Bill Easum, 2015년 9월 14일 접속. 2015, http://effectivechurch.com.
2   Ed Stetzer and Warren Bird, *Viral Churches: Helping Church Planters Become Movement Makers*(San Francisco: Jossey-Bass, 2010), 61.

년에는 새로 개척된 교회들이 6.4%의 교회 성장을 기록하였다. 연합회(Converge)에 대해 주목할 만한 것은 교회 개척 성공률이 89%였다는 사실이다.[3] "하나님 나라의 관점에서 두드러진 성장을 보이는 교단들은 올바른 리더를 세우고, 배가의 성장을 목표로 하여, 새로운 교회 개척을 축하하는 교단들이다."[4]

이러한 사실에도 불구하고, 교회 내부에 새로운 교회 개척의 강조점에 관해 관심이 없는 사람들이 있다. 그들의 문제가 무엇인지 알아본다.

교회 개척을 비판하는 사람들은 직설적으로 반대의 목소리를 내지는 않는다. 하지만 다음과 같은 여러 가지 이유로 인해 교회 개척을 반대하기도 한다.

1. 대형교회 지향 의식(Large-Church Mind-set)

사람들에게는 대형교회 하나가 작은 교회 여러 개 보다 훨씬 매력적으로 보일 수 있다. 대형교회는 교인들의 필요를 충분히 채워줄 수 있는 자원과 프로그램을 보유하고 있다. 그러므로, 교단의 리더들이 생각하는 효율적인 교회 성장 전략은 중형 교회들을 대형교회로 성장시키는 것이었다.

일반적으로 큰 교회가 큰 일을 할 수 있다고 생각한다. 그러나 규모가 크다고 전도를 잘하는 것은 아니라는 통계가 있다. 물론 대형교회가 작은 교회보다 전도를 효과적으로 할 수 있겠지만, 실제로는 개

---

3 연합회(Converge). 2015년 9월 14일 접속. http://www.convergeworldwide.org/abou
4 Stetzer and Bird, *Viral Churches*, 61.

척 교회가 대형교회보다 전도를 더 많이 한다. 개인별 통계를 보면, 새로 개척된 교회가 기존의 교회보다 더 많은 사람을 그리스도께 인도한다. 새로 믿은 교인일수록 그리스도를 모르는 사람들에게 더 많이 전도한다.

새로 개척된 교회의 교인이 대형교회의 교인보다 더 많이 전도한다. 다른 교회로부터 교인들을 데려오는 것보다, 믿지 않는 사람들을 전도하는 것이 더 가치 있는 일이다. 그러므로 가장 효과적인 전도 방법은 교회 개척이라는 결론을 내릴 수밖에 없다. 교회 개척은 성경적인 사역이므로 당연히 관심을 두고, 이 사역에 참여해야 한다.

2. 교구 교회 의식(Parish-Church Mind-set)

대형교회 지향 의식과 교구 교회 의식은 한 지역 안에서 교회의 수가 늘어나는 것을 제한한다. 교구는 지리적인 범위를 한정한다(루이지아나 주는 지역의 명칭을 '교구-parish'라는 이름으로 표시하고 있다). 교구 개념은 교단의 교회 운영 방식으로서, 과거의 예를 보면 일정 지역 교인들의 필요를 채워주기 위해 한 교회가 담당했던 지리적 목회 단위였다. 교구 제도의 뿌리는 유럽에서 비롯되었다. 로마 가톨릭, 루터교, 감독교회들이 새로운 교회를 시작할 때 공식적으로 교구의 모델을 따랐고, 그 외 다른 교단들도 비공식적으로 이 제도를 답습했다. 한 지역에 거주하는 교인들의 영적 필요를 채우기 위해서 한 교회를 세우면 그것으로 충분했다. 같은 지역에 또 하나의 교회를 개척한다면, 곧 저항에 부딪히게 되었다. 그 지역에는 이미 기존의 교회가 존재하고 있기 때문이다. 이러한 교구 교회의 의식이 새로운 교회 개척을 반대하는 원인이 되었다. 한 지역에 하나의 교회만 있으면 되었다. 그것이 교단이 추구했던 교회 목회의 방식이었다.

교구 교회 의식은 지역의 인구를 대비해 볼 때, 교회의 수가 감소하는 결과를 낳게 하였다. 최근 농어촌 지역 주민들은 도시나 도시 근교로 이사하는 경향을 보인다. 그 결과, 교인 수는 줄고, 교회는 곧 문을 닫게 된다. 도시나 도시 근교 지역에 새로운 교회들이 개척되지 않는다. 왜냐하면, 교단에 속한 교회들이 그 지역에 이미 세워져 있기 때문이다. 북미의 국내선교회(North America Mission Board)에 속한 연구팀이 최근 발표한 바에 따르면, 인구 조사를 토대로 한 인구 대비 교회의 비율은 다음과 같다.

- 1900년, 만 명당 28개의 교회
- 1950년, 만 명당 17개의 교회
- 2000년, 만 명당 12개의 교회
- 2011년, 최근의 통계에 따르면 만 명당 11개의 교회[5]

1900년, 미국 인구 조사 때 교회의 수는 212,000개였는데, 2010년의 교회 숫자는 약 350,000개였다.[6] 이 숫자는 국가의 인구가 4배로 성장할 때, 교회 수의 증가는 50% 성장에 불과했다는 의미이다. 인구 대비 교회 숫자의 감소는 지난 세기 동안 교회가 퇴보했다는 것을 보여주고 있다. 이 통계를 통해, 복음주의자들에 안타까운 현실을 인식

---

5   이 통계는 NAMB의 미션 리서치 센터(Missional Research)에서 근무하는 리치 스탠리(Richie Stanley)와 폴렛 빌라레알(Paulette Villarreal)가 제공했다.
6   하트포드 종교 연구소(Hartford Institute for Religion Research), 2015년 9월 14일 접속, http://hirr.hartsem.edu/research/fastfacts/fast_facts.html.

하게 되었다. 교회 증가율은 결코 인구 증가율보다 뒤져서는 안 된다. 잃어버린 사람들을 찾아가서 전도하는 것이 목적이라면, 비상한 노력이 뒤따라야 한다.

3. 전문 교회 신드롬

교회 개척에 있어서 또 하나의 커다란 방해 요소는(세계의 다른 지역에서도 마찬가지이다) 신학교에서 훈련받은 목회자가 교회의 리더가 되어야 한다는 주장이다. 물론 신학교육은 교리적 안정, 사역 기술, 깊은 영적 통찰력을 키우는 데 도움을 준다. 그러나 몇 년 동안에 걸친 학문적 신학 공부가 교회 개척에 필수적인 요소라고 할 수는 없다. 그렇다면 신학교육을 마친 전문 목회자가 개척자로 올 때까지 교회 개척을 못 하고 기다릴 수밖에 없을 것이다. 이것 역시 교회 개척을 지연시키는 장애 요인이 될 수 있다.[7]

성직자만 목회할 수 있다는 성직자 전문화 목회는 교회 개척 사역을 어렵게 할 수 있다. 예를 들면, 신학교에서 훈련받은 목회자들은 교회로부터 전임 사역자의 사례비를 기대한다. 신학교에서 공부하는 동안 사용했던 융자금을 갚아야 하므로 (1)이중직 목회자(다른 직업을 가진 목회자, 세속 직업과 목회 겸직)나, (2)무보수 목회자로 사역하기 쉽지 않다.

한편으로 교단 지도자들은 신학교에서 훈련받지 않은 목회 후보자들에 대해서는 아직 준비가 안 된 자격 미비자로 보는 경향이 있다. 그러나 과거의 예를 보거나 혹은 현재의 성공적 단체들은 다른 태도를

---

7   높은 학력, 신학교 전문 교육, 두 개의 석사 학위 등 지나친 학력을 말하는 것이다. 그러나 학문적 연구는 자신의 몫이다. 잘 훈련된 개척자들, 성공적 개척자들은 학문적 연구를 스스로 이루어 간 사람들이다.

보인다. 예를 들면, 미국 개척 시절에 감리교나 침례교에서는 평신도 설교자들이 사역했던 예를 볼 수 있다.[8] 20세기 유명한 선교학자인 롤란드 알렌(Roland Allen)은 새로 개척된 교회의 전도를 통해 성장 사례가 사역자들의 교육 경력에 반비례한다고 했다. 알렌은 목회자의 학력이 높으면 높을수록 전도를 통한 사역은 오히려 떨어진다고 보았다. 오늘날 은사주의자들과 오순절 교회들은 신학 훈련과는 상관없이 "기름 부음 받은 자"들을 리더로 세워 교회를 개척하도록 격려하고 있다.[9]

교회 개척자가 되기 위해 신학교를 졸업해야 한다면, 모빌 홈 마을, 부둣가, 마을 공동체, 인구가 많지 않은 지역 안으로 들어가는 전문 사역자들을 찾기 어렵다. 경제적 문제, 유동 인구, 교회 규모 등의 조건들을 고려해 볼 때, 그러한 지역에서는 신학교에서 훈련받은 전문 목회자를 초빙하여 전임 사역자의 사례를 지급할 여력이 없다.

그러나, 한편으로 교회의 리더가 기본적 신학교육을 받지 못했다면, 그들에게 교리적 오류가 나타날 수 있다. 미래를 내다보는 교단들은 개척자들에게 교육받을 기회를 선택할 수 있게 하고, 그런 기회를 제공한다. 즉, 신학에 관심을 두는 평신도 리더와 이중직 목회자들에게 연장 교육을 받을 기회를 제공한다. 전문 교회 신드롬을 고려해 볼 때, 교단은 개척 대상자들에게 적절한 신학 교육과 교회 개척을 위한 실제 훈련의 기회를 제공하여, 개척자들이 현장에서 겪는 어려움을 극복할 수 있게 도울 수 있다.

---

8   다음을 보라. Roger Fink and Rodney Stark, *The Churching of America, 1776-1990: Winners and Losers in Our Religious Economy* (New Brunswick, NJ: Rutgers University Press, 1994).

9   Roland Allen, *Missionary Methods: Saint Paul's or Ours?* (Grand Rapids, MI: Eerdmans, 1962), 106.

4. 자기 방어 신드롬(Self-Protection Syndrome)

믿는 자들이 교회에 정착하여 영적으로 성숙하게 되면, 그동안 교회를 위해 헌신했던 사람들이 교회에 대해 수동적인 태도를 보이는 경향이 있다. 현재의 상태를 위협하는 새로운 변화에 대해서도 염려하게 된다. 새로운 교회를 개척하는 것이 역동적인 일이고, 주목받는 일이고, 열정을 불러일으키는 일이지만, 한편으로 새로 들어오는 새 신자들을 환영하기보다는 경쟁자로 여기는 부정적 현상도 나타난다. 그런 심리를 이해할 수 있다. 편안한 교회 생활을 유지하고자 하는 욕구를 비난할 수만은 없다. 방어와 안전은 사람들의 기본적 욕구이기 때문이다(예를 들어, 당신의 어머니가 평생 고생해서 모은 은퇴 자금을 20대 청년이 운영하는 하이테크 창업회사에 투자하기보다는 안전한 은행에 맡기는 것은 당연한 일이다).

한 지역 사회 안에 은사주의, 장로교, 혹은 침례교 등 각 교단에 속한 교회들이 필요하다는 것을 알고 있고, 음악 스타일이 다르고, 대상자의 계층이 다른 사람들에게 접근하는 새로운 교회가 필요하다는 것을 알면서도, 한 지역 안에서 같은 교단의 배경을 가진 또 하나의 교회가 시작된다는 것은 기존 목회자들에게 반갑지 않은 사역일 것이다. 그들이 생각하기에, 그것은 경쟁이 될 수 있기 때문이다. 이런 비교로 인해 오래된 교회는 시대에 뒤떨어진 구태의연한 교회로 비칠 수 있다.

이러한 태도는 유행병처럼 번질 수 있다. 기존의 전통적인 교회 평신도들은 잃어버린 영혼들을 찾아가야 한다는 마음이 있지만, 그들의 목회자나 리더들은 이웃에 또 하나의 교회가 생기는 것을 불편하고 의아하게 여길 것이라고 느낀다. 그래서 그들도 불편하게 여기게 된다. '저 사람들이 저기서 도대체 무슨 일을 하고 있지? 노래는 시끄럽고, 오르간도 없고, 교회 첨탑도 없이, 경건하지 못한 곳에서 뭘 하고 있는

거지?'

　　같은 평신도지만, 어떤 사람들은 다른 사람들, 특히 아시아인 혹은 아프리카인들을 전도하려는 마음을 가지고 있다. 그들은 주위의 교회들이 새로운 민족을 향한 선교에 동참하는 방향으로 변화되어야 한다고 생각한다. 그들은 멀리 떨어져 있는 종족의 언어로 복음을 전하는 일을 이미 시작했지만, 이러한 선교적인 사역이 자기가 속한 지역과 주변의 모든 도시에서도 동일하게 적용되어야 한다는 사실을 깨닫지 못하고 있다. 그들은 새로 개척된 교회가 어떤 상태에 있는지 관심도 없다. 가족 중 한 사람이 좋은 식당을 추천하면 그 식당에는 가보면서도, 새로 개척되는 교회에 대해서는 무관심하다. 왜냐하면, 현재 열심히 충성하는 교회를 배신하는 것 같은 마음을 느끼기 때문이다. 기존 교회에 시간과 에너지를 많이 쏟으면 쏟을수록, 새로운 교회 개척에 대해서는 눈을 돌리지 못하게 된다. 이런 순환은 계속 되어가고 있다.

5. 교회 살리기 신드롬

　　교회를 새로 개척하기보다는 죽어가는 교회부터 먼저 살려야 한다는 것을 부인할 수는 없을 것이다. 이런 이유로 인해 개척자들은 교회 개척에 대한 부정적인 이야기들을 듣게 된다. "많은 교회가 힘들어하며 죽어가고 있는데, 왜 또 다시 새로운 교회를 시작해야 하는가?" 그러나 죽은 교회, 죽어가는 교회를 회복하는 것은 새로운 교회를 시작하는 것보다 훨씬 어렵고, 더 큰 비용이 발생한다. 고지식하고 전통을 중시하는 교회는 절대 변하지 않는다고 말하는 교단도 있다. 라일 쉘러(Lyle Schaller) 역시 변화가 가능하다 해도 의미 있는 변화를 가져올

수 있을지 장담할 수 없다고 말했다.[10]

오래된 차를 수리하여 새 차로 만드는 것보다 차라리 새 차를 사는 것이 더 경제적인 것처럼, 새로운 교회를 시작하기가 훨씬 쉽고, 하나님 나라의 자원을 관리하는 청지기적인 면에서도 훨씬 경제적이다. 교회의 역사와 유산을 보존하는 것도 중요하다. 그러나 기름이 새고 있고, 후드 아래서 소리 나는 차를 내버려 둔다면, 교회의 사명과 방향을 잃어버릴 수밖에 없다.

바람직한 전략은 두 가지, 즉 죽어가는 교회도 살리고, 동시에 새로운 교회도 개척하는 것이다. 죽어가는 교회는 마땅히 재 활성화되어야 한다. 하나님께서 나에게 교회에 대한 새로운 비전으로 네 개의 교회들을 지도하고 돌보는 기회를 주셨다. 이는 참으로 놀랍고 감사한 경험이었다. 그것도 감사하지만, 그러나 우리는 새로운 교회를 개척해야 한다.

스튜어트 머레이(Stuart Murray)는 이 문제를 잘 설명하고 있다: "오늘날 수천 개의 새로운 교회들이 개척되었지만, 이것이 지난 수십 년 동안의 영적 침체기를 역전시킬 수 없다면 무슨 소용이 있을까… 현재로서는 이런 기대를 뒷받침할 만한 실제적인 사례는 없다."[11] 머레이의 제안에 나도 동의한다. 기존의 교회를 다시 활성화하는 전략이 필요하며, 동시에 새로운 교회들을 많이 개척하는 전략이 이루어져야 한다.[12]

교회 재활성화는 쉽게 일어나지 않지만 일어나는 예도 있다. 재활

---

10   인용 Aubrey Malphurs, *Planting Growing Churches for the Twenty-First Century: A Comprehensive Guide for New Churches and Those Desiring Renewal* (Grand Rapids, MI: Baker, 1992), 44.
11   Stuart Murray, *Church Planting: Laying Foundations* (Scottsdale, PA: Herald, 2001), 21.
12   Ibid, 25.

성화가 절대 쉽지 않다는 것을 익히 알고 있다. 신학교의 레오나드 스위트 교수와 아침 식사를 한 적이 있었는데 그가 말하기를, 최근의 연구를 보면, 의사가 환자 열 명 중 한 명에게 "생활 습관을 바꾸세요. 바꾸지 않으면 죽게 됩니다."라는 말을 했어도, 그렇게 하지 않는다는 것이다. 다른 말로 하면, 생명을 유지하기 위해서는 담배를 끊고, 체중을 줄이고, 술을 마시지 말라는 말을 들어도, 열 명 중 아홉은 변화를 원치 않는다. 교회도 다르지 않다. 교회는 미래보다는 과거의 전통을 더 중시한다. 그러나 변화될 수 있고, 변화하고 있는 교회들도 있다.

노스캐롤라이나 더함에 있는 서밋 교회(Summit church)의 예를 들어보자(전에는 교회 이름이 홈스테드 하이트침례교회였다). 이 교회는 1960년대 초에 시작되었는데, 교회의 본래 비전은 배가하는 교회였다. 30년 후에, 본래의 비전이 사라졌고, 그런 비전이 있었다고 기억만 할 뿐이었다. 대다수 교인은 잃어버린 영혼들을 찾아가지 않고, 교회 안에서 교인들끼리 서로의 필요를 채우는 것에 더 많은 관심이 있었다. 홈스테드 하이트 침례교회는 재활성화가 필요했고, 본래의 비전으로 다시 돌아가서, 배가하는 교회에 초점을 맞추어야 했다. 2002년에 당시 대학교회 목사였던 J. D. 그리어가 담임목사가 되었다.

그는 교회의 이름을 서밋 교회로 바꾸었고, 단지 겉모습만 바꾸는 것 이상의 대규모 변화를 시도했다. 그들은 시작부터 의도적으로 선교사역에 초점을 맞추었다. 사실상, 그 교회는 규모가 큰 이전의 건물을 매각하고, 고등학교에서 모임을 시작했다. 이러한 시도는 전통적인 교회의 시각으로 볼 때 퇴보하는 것으로 보일 수 있다. 그러나 서밋교회는 이러한 시도를 새롭게 시작하였고, 목적에 따라 쉽게 움직일 수 있었고, 그들의 사명에 적합한 위치를 찾을 기회를 얻게 되었다. 몇 년이 지난 후, 서밋 교회의 출석률이 현저하게 상승하였다. 그러나 서밋 교회는 자신의 건물로 인해 교회 성장이 제한되지 않게 하려고 새로운 캠퍼스로 확장하게 되었고, 잃어버린 영혼을 전도하기 위하여 새로운 교회를 개척하기 시작했다. 여러 번에 걸친 성공적인 교회 개척을 통해, 교회를 개척하는 교회라는 자기 정체성을 갖게 되었으며, 최근 담대한 새로운 선교적 비전을 선포하게 되었다: 2050년까지 전 세계에 1,000개의 배가하는 선교적 교회를 개척한다.

서밋 교회는 단지 하나의 예일 뿐이다. 중요한 점은 재활성화와 새로운 교회 개척이 동시에 필요하다는 것이다. 안타깝게도, 많은 교회가 죽어가는 교회를 재활성화해야 한다고 말하지만, 정작 교회 개척에는 반대하는 견해를 가지고 있다. 변화를 추구하는 교회는 전략이 있어야 한다. 그 전략에 따라 매년 수천 개의 새로운 교회들이 개척되어야 한다. 하나님 나라를 자라게 하는 것이 우리의 궁극적 목표라면, 다른 대안이 없는 한 그것을 추구해야 한다.

6. 이미 복음화 되었다는 신화

교회 개척을 낙심케 만드는 강력한 신화 중에서 미국, 캐나다, 그리고 세계의 많은 나라가 이미 복음화 되었다는 잘못된 인식이 있다. 오늘날 북미 크리스천들은 많은 정보를 쉽게 얻을 수 있는 사회에 살고 있다. 복음주의자들은 재정에 관한 정보를 얻기 위해 데이브 램세이(Dave Ramsey)의 자료를 읽는다. 자녀 양육에 관한 조언을 얻기 위해서는 '가족에 초점을'(Focus on the Family)이라는 프로그램을 듣는다. 그리고 힐송(Hillsong)의 찬양을 따라 부르고, 팀 라헤이(Tim LaHaye)와 제리 젠킨스(Jerry Jenkins)의 책을 읽는다. 그러나 영어권의 서구 세계에 살면서도 교회에 다니지 않는 사람들은 이런 복음적인 문화를 접하지 못하고 있으며, 특히 문화에 맞게 복음이 전달되지 못하기 때문에 아직도 어둠 속에 살고 있다.

우리가 사는 세계에는 수많은 기독교 자료가 있지만, 교회에 나오지 않는 사람들은 이러한 성경적 세계관이나 성경적 이해를 갖고 있지 않다(어떤 전문가들은 과거에도 이런 기회는 없었을 거라고 판단한다). 그들의 종교적 관념은 성경적 진리에 비추어 볼 때 왜곡되어 있을 수 있다. 달리 말하면, 비그리스도인들은 종교적인 용어나 관념에 익숙해 있을지 몰라도 그들의 익숙함은 본질적인 의미와는 다를 수 있다는 것이다. 예를 들어, 비그리스도인들이 가장 많이 인용하는 성경 구절은 두 개의 단어이다: "판단하지 말라"(Judge not). 그들이 이 말을 들어서 알고 있다 해도, 이 구절의 의미를 잘못 이해하고 있다. 그들은 다른 사람들에게 피해를 주지 않는 한 그들의 선택이 잘못되거나 부도덕하다고 판단해서는 안 된다는 의미로 알고 있다. 문맥의 의미로 볼 때, 이 구절의 의미는 남을 받아들이지 못하는 것이 곧 용서받을 수 없는 죄라는 의미이다.

믿지 않는 사람들은 예수님이 단지 판단하지 말라고 말씀을 하셨다고만 알고 있다. 그들은 도덕에 관한 성경적 가르침을 심각하게 오해하고 있다. 예를 들어, 그들은 고린도전서에 나오는 교회의 정결함에 대한 가르침을 모르고 있으며, 교회가 구속의 정신으로 판단하라는 명령도 모른다. 세속 문화가 성경적 규범으로부터 점점 멀리 가게 되면, 잘못된 개념이라 해도 그것이 성경적 실제의 그림자가 되고 만다.

7. 절망의 퇴보에 처해 있는 서구 기독교

이 책은 미국인만을 위한 책이 아니다. 유사한 현상들이 세계 각지에서 나타나고 있다. 기독교 신앙은 죽어가고 있으며, 신앙의 내용은 현실과 거리가 멀다. 2015년, 더퓨 리서치 센터(the Pew Research Center)의 보고서[13]는 이를 자세히 보여주고 있다: "미국인들이 종교로부터 멀어짐에 따라 기독교는 심각한 퇴보에 직면해 있다."[14]부터 시작하여 "교회 의자(Pew): 미국에서 기독교가 무너져도 복음주의자들은 견고하게 서 있다"까지.[15]

이러한 기사의 제목들은 사실을 반영해 주는가? 미국의 기독교는 무너지고 있는가? 글쎄, 큰 흐름이 있는 것은 분명하다: 명목상 크리스천들이 이제는 무신론자(nones)로 변하고 있다. 그러나 확신을 가진 사람들은 여전히 헌신자로 남아있으며, 비교적 안정된 신앙생활을 하고 있다.[16] 달리 말하면, 미국에 있는 명목상의 크리스천들이 ─ 이름 뿐인 크리스천 ─ 이제는 기독교인이라는 이름마저 버리고 있다. 그들은 이제 더이상 믿는 자가 아니라는 사실을 공개적으로 드러내고 있다. 미국의 기독교가 급격히 쇠퇴하고 있다는 것을 보여주는 증거 중 하나는 종교 관련 조사의 내용이다. 과거에 묘사되었던(불균형적으로) 주류 기독교와 천주교가 오늘날의 사회에서는 더 이상 "존재하지 않음"이라고 표시되어 있다. 명목상 기독교인의 수는 다른 교단에 비교해

---

13 http://www.pewforum.org/files/2015/05/RLS-05-08-full-report.pdf.
14 https://www.washingtonpost.com/news/acts-of-faith/wp/2015/05/12/christianity-faces-sharp-decline-as-americans-are-becoming-even-less-affiliated-with-religion.
15 http://www.christianitytoday.com/gleanings/2015/may/pew-evangelicals-stay-strong-us-religious-landscape-study.html.
16 무신론자(혹은 무종교자)들은 전에는 명목상의 크리스천이라고 말하다가, 이제는 그 이름마저 버리고, 종교를 갖지 않은 무종교자라고 말하는 자들이다. 이런 사람들의 수가 늘어간다는 의미이다.

볼 때, 주류 기독교와 천주교가 훨씬 더 많은 비율을 차지하고 있는데, 이것이 바로 그들의 숫자가 계속해서 줄어드는 이유이다. 그러나 교회 출석률은(부풀려 보도되는데) 그다지 변하지 않고 있다.

2007년부터 2014년까지, 미국의 복음주의의 숫자는 59,800,000 명에서 62,200,000명으로 성장했다. 복음주의는 미국 전체 기독교의 주류(55%)를 형성하고 있다. 2007년에 복음주의는 미국 전체의 51%였다. 기독교 안에서 복음적인 교회보다 더 많은 교인 수를 가지고 있는 그룹은 역사적으로 볼 때 흑인교회이다. 기독교는 죽어가고 있지 않다. 어떤 연구도 그렇게 말하지 않는다. 미국의 기독교인에 대한 통계는 미국의 기독교가 이제는 덜 명목적이고, 더 분명하게 미국 문화의 주류 밖에 있는 자가 많다는 것을 보여주고 있다. 예를 들어, 스스로 "크리스천"이라고 밝히는 것이 문화적으로 돋보이는 가치로 여겨지던 것이, 이제는 후퇴하고 있다. 그래서 확신있게 자신을 "크리스천"이라고 드러내지 않는 사람들은 문화에 순응하다 보니, 이제는 자신을 종교가 "없는 자"(nones)라고 표현하기 시작했다.

여기에 어려운 문제가 우리 앞에 놓여있다. 오해하지 말기 바란다. 젊은 세대들은 이전의 세대들만큼 복음으로 연결되고 있지 못하다. 이것이 문제이다. 오늘날에는 분명히 여러 가지 현상들이 나타나고 있지만, 그렇다고 신앙이 죽어가는 것은 아니다. 그래서 우리 크리스천들은 허공을 향해 우리의 손을 들고, 달리면서 이렇게 말해야 한다. "하늘이 무너지고 있다. 하늘이 무너지고 있다!" 기독교는 미국에서 홈그라운드의 이점을 잃어가고 있다. 누구도 이를 부인하지 못하며, 부인해서도 안 된다. 그러나 스스로 인정한 미국 기독교의 숫자적 퇴보는 어쩌면 혈액이 정화되는 과정이 될 수 있고, 기독교 인구와 종교적 변화를 유도하는 기회가 될 수도 있다.

　달리 말하면, 어떤 교회들은 죽어가고 있으며, 사회의 문화는 변화하고 있다. 그러나 우리는 새로운 교회들을 통해서 변화가 일어난다는 것을 알고 있다. 교회 개척은 절대 쉽지 않다. 그러나 교회를 개척하지 않으면 북미 교회는 계속해서 퇴보하게 될 것이다.

결론

　교회 개척이 필요하다는 견해가 강력하지만, 교회 개척에 대한 그릇된 태도도 같이 존재하고 있다. 대부분의 북미 교회는 교회 개척과 신약성경의 재생산에 대한 비전을 가지고 있지 않다. 그런 비전이 있다 해도 미미할 뿐이다. 최근 대부분의 미국인과 캐나다인은 지역교회와 연결되어 있지 않다. 북미 교회들이 어려운 상황에 부딪히고 있다는 것을 인정한다. 이런 현실 속에서 우리는 새로운 교회를 개척해야 한다. 그렇지 않으면 교회는 계속해서 퇴보할 것이다.

　교회 개척에 대한 반대의 견해가 있다 해도, 교회 개척은 성경적이기 때문에 반드시 추진해야 한다. 다음 장에서 교회 개척에 대한 성경의 명령을 순종해야 할 세 가지의 중요한 이유를 보게 될 것이다: 예수님의 명령, 북미의 영혼들에게 다가가야 할 새로운 교회의 필요성, 비효율적인 접근 방식. 이와 더불어 이에 대한 구체적인 해답과 실제적인 방법들을 보게 될 것이다.

　교회 개척이야말로 전도에 있어서 가장 탁월한 성경적 방법임을 서서히 인식해 가고 있다. 1980년과 2000년대 사이에 북미에서는 50,000개 이상의 교회가 새롭게 개척되었다. 북미의 크리스천들은 교회 개척이 다시 강조되어야 한다는 사실을 깨닫기 시작했다.[17] 교회 개척에 대한 반대가 있음에도 불구하고, 복음주의자들은 교회 개척의 가치와 우선순위를 인식하고 있다. 교회를 개척하지 않는다면, 우리는 지상 대위임령을 완성할 수 없다. 이 책은 복음주의자들이 교회 개척에 뛰어들 수 있도록 정보를 제공하고, 명확하게 설명하고, 격려하고, 설득하기 위해 쓰였다. 이 책을 읽으면서 교회 개척과 하나님 나라 확장을 위한 열정이 한층 진보되기를 바란다.

---

17 최근의 연구들에 대해서는 New Churches에서 찾아볼 수 있다: Multiply the Mission, accessed September 14, 2015, www.NewChurches.com.

PLANTING MISSIONAL CHURCHES

CHAPTER 2
북미를 위한 선교적 사고방식의 재정립

북미 교회는 지난 수십 년의 과정을 거치면서 두 번의 엄청난 변화를 경험했다. 첫 번째는 교회 개척과 관련된 것이다. 내가 버팔로에서 교회를 개척했을 때부터 지금까지 교회 개척은 부수적인 사역이자, "회의적인 행사"였는데, 이제는 많은 복음적 교단이 사역의 중심점을 교회 개척으로 삼고 있다. 이는 지난 몇십 년에 걸쳐 역동적인 교회 개척 사역이 일어났기 때문이다: 새들백 교회와 릭 워렌, 윌로우 크릭 교회와 빌 하이벨즈, 라이프 교회와 그렉 그로슐, 뉴 스피링 교회와 페리 노블, 리디머 장로교회와 팀 켈러 등.

두 번째는 교회가 처한 문화적 상황이었다. 특히 지난 몇십 년 동안 북미 교회의 위상은 중심적인 위치에서 주변의 위치로 옮겨졌다. 교회 개척과 교회 성장이 증가하면서, 미국 역사상 숫자상으로는 전보다 더 많은 사람이 교회에 출석하고 있다. 그러나 문화는 거의 변화하지 않았다. 더 세속적이고 다원주의적인 문화가 되었다. 많은 사람이 자신의 종교에 대해 "없다"(none)라고 표시한다.[1] 시간이 지남에 따라 기독교는 사회에서 홈그라운드의 이점을 잃게 되었다.

---

1 무신론자(혹은 무종교자)들은 전에는 명목상의 크리스천이라고 말하다가, 이제는 그 이름마저 버리고, 종교를 갖지 않은 무종교자라고 말하는 자들이다. 이런 사람들의 수가 늘어간다는 의미이다.

많은 사람은 두 번째 변화를 "크리스텐덤"(기독교 제국) 영역의 종말 혹은 기독교가 서구의 종교로 여겨지던 시대의 종말이라고 말한다. 더글러스 존 홀(Douglas John Hall)에 따르면 기독교 제국의 해체는 지난 두 세기 동안 진행됐다.² 어떻게 보면, 북미 교회는 주류 문화에 의해 밀려난 변방의 문화가 되어 버렸다. 이제는 더 이상 "홈" 팀이 아니고, "방문" 팀이 되었기 때문에, 지역 사회를 대할 때 변화하는 문화적 환경에 적응하는 방식으로 접근해야 한다. 신학자 리차드 모우(Richard Mouw)는 지금 우리가 선교사의 자리에 처해 있으며, 과거 개발도상국가들을 선교의 대상으로 보았던 것처럼, 이제 북미를 우리의 선교 현장으로 바라보아야 한다.³

다니엘이 몬트리올 퀘벡에서 목회하고 있었을 때, 이런 현실을 처음으로 경험하게 되었다. 다니엘이 섬겼던 교회는 퀘벡의 도심에 있었다. 몬트리올 중앙에 있는 로열산 정상 너머에 큰 거인상이 있는데, 그곳에서 역사 속에 등장했던 사람들의 모습을 볼 수 있다. 또한, 캐나다에서 제일 큰 교회인 세인트 조셉교회를 볼 수 있는데, 로마의 바실리카 성당을 모방한 교회이다. 만약 몬트리올을 방문한다면, 콘도미니엄과 타운 하우스로 개조된 교회 건물을 보게 될 것이다. 거리에서 간혹 들리는 프랑스어는 성막(tabernacle)같은 용어들이다. 그런 용어는 신학적인 단어는 아니고, 맹세를 강조할 때 사용하는 일상 용어일 뿐이다.

---

2   Douglas John Hall, "Metamorphosis: From Christendom to Diaspora," in *Confident Witness—Changing World*, ed. Craig Van Gelder (Grand Rapids, MI: Eerdmans, 1999), 69.

3   Richard J. Mouw, "The Missionary Location of the North American Churches," in *Confident Witness—Changing World*, ed. Craig Van Gelder (Grand Rapids, MI: Eerdmans, 1999), 4.

또한 과거 교회가 도시의 중심에 있었을 때 교회의 부정적인 모습과 권한 남용을 고스란히 기억하는, 나이 든 퀘벡인(퀘벡에 거주하는 사람)들을 만나게 될 것이다.

그러나, 다행히 요즘의 젊은 세대들은 교회가 중심이었던 과거의 모습을 모른다는 것이다. 그래서 청년들은 부정적 편견을 가지고 기독교를 바라보지 않는다. 대신 기독교를 이슬람, 불교, 혹은 뉴에이지와 같은 종교 중 하나라고 생각한다. 이러한 사실은 퀘벡의 교회가 사람들에게 신선해 보일 수 있어 개척자들이 선교사로서 이 도시에 들어갈 수 있게 되었다. 몬트리올과 퀘벡의 다른 지역들로부터 들리는 최근 소식에 따르면, 교회가 사회의 변방에 있다는 것으로 인해 오히려 흥분될 수 있고, 희망을 품을 수 있다는 것이다.

기독교 제국(크리스텐덤)의 종말은 복음이 서구의 문화와는 확연히 다르다는 것을 깨닫게 해준다는 점에서 오히려 교회에 유리한 점을 제공해 줄 수 있다(즉 문화는 변화하지만, 복음은 변하지 않는다). 기독교 제국 이후, 전과 달라진 선교사의 역할은 선교지에서 여전히 어려운 사역이다. 교회가 사람들을 너무 집요하게 대하거나(지나치게 끌어오려는 태도) 혹은 너무 방관하는 것도 지혜롭지 못한 태도이다. 너무 집요하면 교회의 성장이 억제되고, 계속 방관하면 결과적으로 죽게 된다.

어떤 교회들은 적극적으로 사역하는 것처럼 보이지만, 사람들을 끌어오는 요소를 강조하여 지나치게 상황에 의존하고, 변화를 추구하는 측면을 놓치게 된다. 구도자 중심의 사역으로 유명한 윌로우 크릭 교회가 몇 년 전 연구한 결과에 따르면, 그들의 구도자 전략이 본래 의도했던 것보다 성숙한 그리스도인이 되게 하는 일에 있어서 그다지 성공적이지 못했다고 고백한다.[4] 결과적으로, 성경적으로 신실하고, 열매 맺는 교회가 되기 위해서 변화를 시도했다. 그들의 경험이 시사해 주는 바는 문화를 따라가는 봉사나 필요를 채우기에 초점을 맞추는 사역만으로는 충분하지 못하다는 것이다.

　자기방어적이고, 전통을 고수하려는 교회들은 변화를 시도하지 않는다. 전에도 언급한 것처럼 다시 1950년대로 회귀한다면, 수많은 교회가 오늘의 시대에서도 계속 전진해 나갈 수 있을 것이다. 감사하게도 교회는 효과적인 전략을 찾았지만, 그것은 30년, 혹은 50년 전에 효과적이었던 전략이었다. 교회가 변화를 원치 않기 때문에, 좋은 전략을 가지고도 교회는 지역 사회와 단절될 수밖에 없다. 지역 사회와 단절된 교회는 하나님의 마음을 잃게 되고, 이로 인해 교회는 결국 수명을 다할 수밖에 없다.[5]

　무관심과 지나친 관심 사이의 균형을 찾고, 성경적이고 건강한 의식을 견지하기 위해서 우리는 선교적 기초를 다시 구축해야 한다: 이제는 "와서 보라"(come and see)식의 태도를 버리고, "가서 전하라"(go and tell) 뿐 아니라, 더 나아가 "가서 머물라"(go and be)는 의식으로 전환해야 한다.

4 　다음을 보라. "What Reveal Reveals," Christianity Today, February 27, 2008, accessed September Thom Rainer opines that he wouldn't be surprised if the number of churches that close each year could reach the 8,000-10,000 level. See "13 Issues for Churches in 2013," ChurchLeaders, accessed September 14, 2014, http://www.churchleaders.com/pastors/pastor-articles/164787-thom-rainer-13-issues-churches-2013.html.
5 　톰 라이더는 교회의 수가 매년 8,000~10,000개까지 문을 닫는다고 해도 놀랄 일이 아니라고 피력한다. See "13 Issues for Churches in 2013," *ChurchLeaders*, accessed September 14, 2014.

무엇이 잘못되었나?

위에서 언급한 사역의 급격한 변화는 교회가 어떻게 선교적 초점을 잃게 되었는지를 보여주었다. 그렇다면, 교회가 어떻게 선교적 초점을 잃게 되었나? 교회의 역사를 살펴본다면 그 질문에 대한 답을 찾을 수 있을 것이다. 서유럽 기독교 제국 안에서의 교회는 선교가 없는 교회였다.[6] 16세기에 종교개혁 이후, 교회의 전도적 사명은 종종 소홀히 여겨졌다. 로마 가톨릭은 더 뻗어나 갈 수 있는 "새로운 땅"을 발견하고 활력을 가졌지만, 개신교는 이러한 선교적 열정을 너무나 많이 잃고 있었다. 그러나 선교를 잃어버린 것에 대해 무지하지는 않았다. 가톨릭의 반(anti)종교개혁은 개신교 내 선교사들의 활동을 약화하였는데, 그것이 개신교 운동에 결함이 있음을 드러낸 증거였다.

선교에 대한 초점이 흐려지는 현상은 개신교의 신앙 체계와 실천에서도 명백하게 나타났다. 종교개혁이 초대교회의 모습을 회복하는 데 기여를 많이 했지만, 종교개혁으로 인해 상실한 부분도 많았다. 특히 선교의 영역에 있어서 그렇다. 교회가 선교적 초점을 잃게 된 현상은 오늘날까지 지속되고 있다.

실제로, 개혁 교회의 본질에 대한 논쟁도 있었다. 개혁 교회는 선교하는 교회인가? 개혁 교회는 선교에 가치를 두고 있나? 이러한 질문들은 개혁 교회가 선교의 과업에 관여하고 있는지를 묻는 합법적인 질문들이었지만, 안타깝게도 잘못된 질문이었다.

---

6   Wilbert R. Shenk, "The Culture of Modernity as a Missionary Challenge," in *The Church Between Gospel and Culture*, ed. James M. Phillips and Robert T. Coote (Grand Rapids, MI: Eerdmans, 1993), 71.

가톨릭과 함께 일했던 자들은 식민지 팽창에 관여된 상황이었고, 개혁 교회는 크리스텐덤의 지역적 한계 속에 갇혀 있었다. 개신교의 "선교"(mission)는 가톨릭의 "선교 사역"(missions)으로 전락하고 말았다.7 개신교가 가톨릭 교회에 초점이 맞추어져 있는 동안 가톨릭의 선교 사역은 번창해 갔다. "개혁 교회는 선교 운동이었나?"라고 질문하는 대신 개혁 교회가 선교에 초점을 맞추지 못했다는 것을 인정하고, "왜 그렇게 되었나?"를 질문하는 것이 더 나을 것이다.

종교개혁 이전 교회의 신앙고백문은 교회를 "하나의 거룩한 사도적 교회"라고 고백했다. 그러나 종교개혁 고백문 안에는 이러한 단어들이 잘 나타나지 않는다. 대신, 종교개혁의 고백문들은 "사도적 계승"(이는 베드로부터 내려오는 전통으로서 교황과 감독에 의한 임명이므로, 교황과 감독이 권한을 갖는다는 사고)의 오류를 지적하면서 이런 구절들을 삭제했다.

개혁자들은 교회의 "사도적" 특성을 제거함으로써, 지도자의 계승에서 합법성이 나오는 것이 아님을 강조했다. 그러나, "사도적"이라는 의미는 지위 그 이상이다. 그것은 자세이다. 이 용어가 종종 오해되는데, 사도(apostle)라는 단어의 어원에는 "메시지를 가지고, 보냄을 받은 자"(one sent .... with message)라는 뜻이 있다.

개혁자(후에는 복음주의자)들이 교회의 사도적 특성을 약화하자, 사도적 교회의 파송적 성격이 덩달아 약화되고 말았다. "개혁된"(reformed) 교회는 보내시는 하나님을 잃어버렸고, 선교도 어려움을 갖게 되었다. 크레이그 반 겔더(Craig Van Gelder)에 따르면, "이러한 상실 속에서 하나님의 권세를 가지고 세상 속으로 보냄을 받아, 하나님의 선교에 온전

---

7   이것이 부적절한 선교는 아니지만, 선교에 대한 불충분한 관점이다.

하게 참여하는 교회에 대한 강조도 상실되고 말았다."[8]

교회가 선교적 초점을 잃어버림으로써 자신의 선교적 정체성마저 잃게 되었다.

교회의 선교적 정체성

학자였던 마틴 퀼러(Martin Kahler)는 이렇게 말했다. "선교는 신학의 어머니이다."[9] 교회가 회복해야 할 본질은 선교적 명령대로 살아가는 것임을 믿는다. 교회가 새로운 선교적 운동에 부합하는 역할을 하게 될 때, 비로소 교회의 성경적, 신학적 기초를 이해하게 된다.[10] 하나님은 이곳의 문화와 모든 세계의 문화 속에서 선교하시는 하나님이시다. 하나님의 본성은 지역에 따라 변하지 않는다. 그러므로 선교하는 자세는 시대와 장소를 초월하여 언제 어디서나 교회의 규범이 되어야 한다.[11]

교회는 선교가 교회의 근본적 정체성이라는 사실을 인식해야 한다.[12] 비선교적 교회는 교회의 진정한 본질을 드러내지 못한다.[13] 선교

---

8   Craig Van Gelder, *The Essence of the Church* (Grand Rapids, MI: Baker, 2000), 55.
9   William J. Larkin, "Mission in Acts," in *Mission in the New Testament*, ed. William J. Larkin Jr. and Joel F. Williams (Maryknoll, NY: Orbis, 1998), 180.
10 James A. Scherer, "Key Issues to Be Considered in Global Missions Today: Crucial Questions about Mission Theology, Context, and Expectations," in *Mission at the Dawn of the 21st Century*, ed. Paul Varo Martinson (Minneapolis, MN: Kirk House, 1999), 12.
11 Shenk, "The Culture of Modernity as a Missionary Challenge," 69-78.
12 Wilbert R. Shenk, *Write the Vision: The Church Renewed* (Harrisburg, PA: Trinity Press International, 2000), 86.
13 Scherer, "Key Issues to Be Considered in Global Missions Today," 12.

학자인 윌버트 셩크(Wilbert Shenk) 는 이렇게 말한다: "지상 대위임령은 선교를 교회의 존재 이유, 통제하는 규범으로 이해한다. 예수 그리스도의 제자가 되는 것과 그 몸의 구성원이 되는 것은 이 세상에서 선교적인 삶을 살아내는 것이다. 의심할 것도 없이, 최초의 크리스천들은 그들의 소명을 이렇게 이해했다."[14]

선교의 정체성은 삼위일체 하나님과 "보내시는" 하나님 안에 뿌리를 두고 있다. 하나님이 보내시는 분이라는 사실은 교회의 존재 자체와 연결되어 있다. 예수님이 "보냄 받은 자"라는 사실도 예수님이 누구신지 가장 잘 나타내는 특성이다.[15] 예수님은 이렇게 말씀하셨다. "아버지께서 나를 보내신 것 같이 나도 너희를 보내노라"(요 20:21). 우리의 정체성이 그리스도 안에서 있기 때문에, 우리는 예수님의 사명을 이어가야 한다.[16] "이 세상을 향한 예수님의 사명에 동참하지 않는다면, 우리는 그리스도 안에 동참할 수 없다. 교회가 존재의 이유를 받아들임으로써 세상을 향한 사명을 받게 된다."[17]

하나님의 선교(Missio Dei, the mission of God)라는 개념은 보내시는 하나님, 보냄 받은 교회라는 인식에서 나온다. 교회의 "보냄 받음"에 대해서 팀 켈러는 다음과 같이 말한다: "하나님은 단지 교회를 선교하라고 보내는 것이 아니다. 이미 하나님이 선교하고 계시고, 교회는 하나

---

14 Shenk, *Write the Vision*, 90.
15 Martin Erdmann, "Mission in John's Gospel and Letters," in Larkin and Williams, *Mission in the New Testament*, 212.
16 Andreas J. Köstenberger and Peter T. O'Brien, *Salvation to the Ends of the Earth* (Downers Grove, IL: InterVarsity, 2001), 269.
17 International Missionary Council as quoted in James A. Scherer, "Mission Theology," in *Toward the Twenty-first Century in Christian Mission*, ed. James M. Phillips and Robert T. Coote (Grand Rapids, MI: Eerdmans, 1993), 194-95.

님의 선교에 동참하는 것이다. 이것이 의미하는 바는, 교회는 선교 사역을 담당하는 선교 부서를 가진 곳이 아니다. 교회는 전적으로 선교 그 자체가 되기 위해 존재해야 하는 곳이다."[18] 이것이 성경에서 말하는 가장 중요한 선교이다.[19] 예수 그리스도께서 선교를 몸소 실천하셨고, 성령은 선교를 위해 능력을 주시고, 교회는 선교의 도구이며, 문화는 이 선교가 일어나는 현장의 상황이다.[20]

선교적 신학 수용

다니엘과 내가 제1장에서 제시한 것 같이, 교회 개척이란 선교적 교회 개척이어야 한다. 선교적 교회 개척은 교회의 정체성이 하나님의 정체성 안에 내포되어 있다는 사실에서 출발한다. 하나님은 선교적 하나님이기 때문에, 그분의 교회도 선교적이어야 한다. 이러한 기본적 이해 아래서 이 책을 저술했다.

그러므로, 선교적 교회를 개척하기 위해서는 선교적 신학을 수용하는 것이 중요하다.

선교적 정체성을 회복하기 위해, 많은 신학자, 목회자, 교회가 노력하고 있고, 이와 더불어 선교 신학을 만들기 위해 노력하고 있다. "선교적 신학"의 정의에 대해서 공통된 합의는 나와 있지만, 기본적 전제는 아직 논의 중이다. 교회의 사명은 무엇인가? 교회는 그 사명을 어

---

18 Tim Keller, *Center Church* (Grand Rapids, MI: Zondervan, 2012), 251.
19 Köstenberger and O'Brien, *Salvation to the Ends of the Earth*, 269.
20 Wilbert R. Shenk, "Mission Theology," in Phillips and Coote, *Toward the Twenty-First Century in Christian Mission*, 221-23.

떻게 완수하는가? 하나님의 선교(missio Dei)에 대한 이해로부터 출발하여, 예수 그리스도 안에 있는 하나님 나라의 복음을 나누고 보여줌으로써 이 땅에서 하나님 나라를 선언하고 확장해 나가는 하나님의 선교에 동참하는 것이다.

하나님 나라를 위한 하나님의 선교

하나님의 나라는 선교 신학의 중심이다. 창세기부터 계시록까지, 하나님께서 하나님 나라를 세워가고 계신다. 하나님 나라는 모든 피조물을 포함한다. 하나님 나라에 대한 하나님의 설계는 창조 때부터 드러나 있었다. 하나님은 그분의 백성을 위해 공간을 만드셨고, 그들을 하나님의 섭리 안에서 축복과 규칙에 따라 살도록 하셨다. 세상을 창조하셨을 때, 하나님은 아담과 하와를 하나님의 형상대로 만드셨고, 그들을 동산 안에 두셨으며, 하나님과 좋은 관계를 맺으며, 하나님의 축복을 누리면서 살도록 창조되었다. 하나님은 또한 그들에게 생육하고, 경작하고, 이 땅을 관리하라는 사명을 주셨다. 이 사명은 이 땅에서 행하시는 하나님의 선교 패턴이었고, 계속 반복되고 있다.

하나님 나라의 주제는 이렇게 표현된다: 하나님 나라는 동산 안에 세워졌지만, 그곳에서 하나님 나라가 훼손되었다. 하나님 나라는 이스라엘을 통해 그림자로 예고되었고, 하나님은 이스라엘 안에서 그분의 백성을 다스리는 왕이었지만, 마침내 이스라엘 백성들은 하나님을 거부했다. 하나님 나라는 그리스도 안에서 세워졌고, 예수님은 의롭고, 정의롭고, 자비하시고, 은혜로우시고, 구원하시고, 모든 백성으로부터 한 백성을 구속하시고자 했다. 하나님 나라는 교회 안에서 반영되었다. 하나님의 다스림과 통치 아래 살면서, 하나님의 백성들은 하나님 나라의 증인이며 도구로 행동한다. 예수님께서 만물을 새롭게 하고, 새 예루살렘 안에 하나님의 다스림과 통치가 세워질 때, 하나님 나라가 완성될 것이다.

선교하시는 왕 되신 하나님의 사역에, 교회는 동참한다

교회가 하나님 나라는 아니지만, 신학자들이 "이미"와 "그러나 아직"이라고 말하는 그 나라의 일부이다. 교회는 하나님의 나라를 보여주기 위해 하나님이 사용하시는 공개된 도구이며, 곧 완성될 나라이다. 예수님이 시작하신 나라, 언젠가 완성될 나라, 그 하나님 나라는 하나님께서 열방 가운데 한 민족을 세우셔서 하나님의 다스림과 통치를 받으며 살게 된다는 기쁜 소식이다. 선교하시는 예수님의 사역에 교회가 동참한다는 것은 예수님의 발자취를 따른다는 의미이다. 예수님께서 구원하시고, 섬기시고, 보내시기 위해 오신 것처럼, 교회도 나누고, 섬기고(혹은 보여주고), 보내는 일을 위해 세상으로 나아간다.

하나님 나라의 시민으로 살면서, 교회는 예수님의 복음을 전한다. 예수님은 우리가 살아가는 세상뿐 아니라, 삶의 모든 영역 속에서 우리를 구속하시고 회복시켜 주시는 의로우신 온 세상의 왕이시다. 그 결과, 교회는 세상을 섬기면서, 이 복된 소식의 능력과 의미를 세상에 보여준다. 그러므로 하나님 나라는 전도, 긍휼 혹은 정의뿐만이 아니라, 삶의 모든 영역을 그분의 다스림과 통치 아래 두는 것이다. 다시 말해, 왕이신 예수님의 선교에 동참하는 것은 대위임령(마 28:18-20), 대계명(마 22:37-39), 문화명령(창 1:28)을 진지하게 실천하는 것이다. 신학자 케빈 반후저(Kevin Vanhoozer)가 말한 대로, "복음의 극장" 혹은 "십자가를 통해 성취된 화해가 크고 작건 간에 무대 위에서 공연된다. 교회는 관람객인 세상을 향해, 하나님 나라 공연을 위해 함께 모인, 연극배우들의 모임이다."[21]

선교적 사고의 이해: 선교, 선교사역, 선교적

교회 개척을 위한 선교적 기초를 확립한다는 것은 교회의 선교적 정체성을 이해하고, 선교적 신학을 수용한다는 것을 의미한다. 그와 더불어, 선교적 사고를 이해하는 것이 중요하다. 우리는 "선교적"이라는 말을 오해하거나, 불충분하게 이해되는 것을 원하지 않는다. 선교부를 가진 교회, 혹은 매년 아이티 섬으로 선교 여행을 하는 교회를 선교적 교회라고 말할 수는 없다. 이러한 사역은 선교적 교회가 하는 일 중 일부이며, 부분적인 사역일 뿐이다. 선교적 기초를 다져 나갈 때 선교적 사고를 명백하게 이해하려면, 다음의 용어들에 대한 정의를 다시 상기해 보는 것이 필요하다.

선교(mission): 선교라는 단어는 의도한 목적, 목표라는 의미이다. 크리스토퍼 라이트(Christopher Wright)는 선교를 "하나님께서 영원부터 영원까지 목적하고 계셨고, 성취하고 계시는 것"[22]이라고 정의를 내린다. 또한, 선교학자인 레슬리 뉴비긴은 선교가 "세상으로 보냄을 받은 교회가 해야 할 모든 과업"[23]을 의미하는 포괄적인 용어라고 했다.

---

21 Kevin J. Vanhoozer, *The Drama of Doctrine* (Louisville: Westminster/John Knox, 2005), 32.
22 Christopher Wright, *The Mission of God* (Downers Grove, IL: InterVarsity, 2006), 62.
23 Michael Goheen, "The Significance of Lesslie Newbigin for Mission in the New Millennium," *Third Millennium 7* (2004): 88-99, 2015년 2월 24일 접속, http://www.newbigin.net/assets/pdf/slnmnm_g.pdf, 3.

선교 사역(missions): 선교 사역이라는 단어는 "선교"와 관련되어 있으며, 땅끝까지 복음을 전하고, 보여주는 일을 추구하는 활동이다. 뉴비긴은 선교와 선교 사역을 이렇게 설명한다. 선교 사역(해외 선교)은 기독교가 없거나, 기독교의 영향력이 거의 없는 곳에 기독교가 자리 잡을 수 있게 하는 의도적인 사역이다.[24] 폭넓은 의미에서 볼 때, 선교 사역은 선교를 이루기 위해 수행하는 모든 행위이다.

선교적(missional): 선교적이라는 단어는 위에 언급한 요소들을 포함한다. 그러나 선교를 "정의하고" 선교 사역을 "행하는" 것 이상이다. "선교적"은 선교하시는 예수님과 연합하여, 성경적 건전함을 잃지 않으면서, 당신이 속한 지역의 문화를 배우고 받아들이는 선교사의 태도(posture)이다. 이런 측면으로 생각해 보자: 선교적이라는 것은 현재 살고 있는 곳을 떠나지 않고서도 선교사처럼 행동한다는 의미이다. 이러한 정의에 기초해 볼 때, 교회, 교회 개척, 교단, 혹은 네트워크들이 선교적인 태도 없이 선교를 수행할 수 있고, 선교 사역도 할 수 있다는 사실을 인식하는 것은 아주 중요한 일이다.

용어의 통합

위에서 언급한 용어들의 개념이 확실한 차이가 있지만, 서로 연관되어 있다. 이 용어들은 선교적 교회를 개척하고 선교적 제자를 양육하는 교회 개척의 문화 속에 통합되어야 한다.

그러므로, 선교적 교회는 — 선교, 선교 사역, 선교사의 태도로서 선교적이라고 정의한 바와 같이 — 선교하는 교회이다(on mission). 선교

24　Ibid.

한다(Being on mission)는 것은 예수님께서 가치 있게 여기는 것을 가치 있게 여김으로, 의도적이고 계획적으로 전도한다는 의미이다. 예를 들어, 선교하는 크리스천은 이와 같다: 교회에 나오지 않는 이웃들을 위해 자기 집에서 성경공부를 시작하는 여인, 직장 동료에게 자연스럽게 그리스도를 전하는 기회를 찾는 사람, 그리스도의 사랑으로 고아들의 양부모가 되어 그들을 돌보고 양육하는 가정. 선교하는 교회는 교회를 기피하는 사람들과 접촉하고 관계를 형성하기 위해 지역 사회 행사에 참여하고, 도시를 유익하게 하는 지역 사회 프로젝트에 참여하고, 지역 사회를 섬기기 위해 커피숍, 아동 보호, 지역 사회 센터 등과 같은 제3의 장소를 세우는 사람들이다.

실제로, 교회와 개인이 '선교적'이 될 수 있는 길은 많다. 교회가 선교적으로, 선교하는 교회가 될 수 열쇠는 프로그램을 재가동하는 것이 아니다. 교회의 사명을 다시 회복하는 것이어야 한다. 교회를 선교적 교회로 이끌기 원한다면, 교회 개척자는 의도적으로 하나님의 선교(missio Dei)에 초점을 맞춰야 하며, 하나님께서 이 세상과 교회가 속한 지역 사회 안에서 어떤 일을 하고 계신가를 알아야 하고, 교회는 세상에서 선교사의 자세로 일해야 함을 배워야 한다.

선교적 태도에 대한 장애

변하지 않는 복음을 신선하게 전해주는 새로운 교회의 출현이 필요하다. 그러나, 우리 문화 속에서 예수님의 복음을 신실하게 증거하고 전하는 일에는 많은 장애가 있다. 이러한 장애들이 선교적 교회로 나아가는 길에 걸림돌이 된다. 교회 혹은 믿는 자들이 선교적 태도를 갖는 것을 방해하는 장애물들은 다음과 같다.

극단적 터널 비전

선교적 태도에 대한 장애물 중 하나는 터널 비전이다. 2장 앞부분에서 다루었던 선교적 신학은 하나님의 백성이 지닌 사명을 폭넓은 시각으로 보여주고 있다. 이 사명은 예수 그리스도의 복음을 전하고 보여줌으로 성취된다. 그러나 어떤 사람들은 선교에만 국한된 비전을 붙잡고 있다. 그들은 전도 아니면 사랑(정의) 중 하나에만 초점을 맞춘다. 달리 말하면, 말씀 아니면 행위 둘 중 하나에만 집중한다. 둘 다 포함하지는 않는다.

팀 켈러(Tim Keller)가 동의하는 바는 교회가 전도 혹은 사회 정의 중 하나만 강조하는 것은 선교적 교회로서 불충분하다는 것이다. 그는 이렇게 기록한다: "'선교적'이라는 것을 '복음 전도적'이라고 말하는 것은 너무 편협하다."[25] 이 주장에 대한 반대 역시 사실이다. "'선교적'이라는 것은 사랑의 구호 사역과 관련된 것"이라고 말하는 것도 역시 편협하다. 선교적 교회는 구호 사역만을 추구하는 것도 아니다. 그 이상이다.

그러나 오해해서는 안 된다: 교회의 중심적 사명은 지상 대위임령이라고 믿는다. 그러나 그것이 교회의 사명에 대한 최종적 결론이라고 믿지 않는다. 이 세상을 향한 하나님의 선교의 시각과 관점은 사랑 혹은 정의까지 모두를 다 포함한다고 믿는다. 달리 말해, 하나님 백성의 사명은 말과 행동 둘 다를 포함한다. 하나에게 초점을 맞추고, 다른

---

25 Keller, *Center Church*, 265.

하나를 부인하는 것은 부분적인 선교에 불과하다.

극단적 전통 추구

사람들은 과거의 성공적 경험을 미래의 비전을 통해 재현하고 싶어 한다. 분명 어렵지만, 항상 그렇지는 않다. 과거의 어느 시절로 다시 가야 할까? 종교개혁 시절로 다시 돌아가서, 이를 부흥의 시금석으로 삼을 수 있을까? 어떤 사람들은 그렇게 하자고 한다. 초대교회로 돌아가는 것이 더 나은 대안이 될 수 없을까?

새로운 교회는 기존 교회가 하지 못하는 것들을 시도할 기회를 얻는다. 새로운 교회는 기존 교회의 패턴을 따라가지 않고, 변하지 않는 복음의 메시지를 개척 현장에 상황화하여 새롭게 시작할 기회를 얻는다. 그들은 낭만적인 과거로 돌아가지 않고, 복음을 성육신화하고, 현재의 삶을 복음으로 상황화한다. 그러나 교회가 개인적 전통, 의식, 취향을 계속 유지하고자 한다면, 건전하고, 성경적이고, 선교적으로 상황화하기 어렵다.

불필요하고 전통 지향적인 포장으로부터 우리 자신을 벗겨내는 작업이 아직 우리에게 남아있는 어려운 문제이다.[26] 많은 보수적인 복음주의 교회는 과거의 영적인 향수를 간직하기 위해 그들이 선호했던 과거로 다시 돌아간다. 그러나 교회는 어떤 문화에 대해서도 안주하는 태도를 가져서는 안 된다.[27] 그것이 설혹 5년 전, 50년 전, 혹은 500년 전의 것이라 해도 마찬가지이다. 교회가 안주해야 할 것은 선교적인

---

26   Douglas John Hall, *The End of Christendom and the Future of Christianity* (Harrisburg, PA: Trinity Press International, 1997), 55.
27   Shenk, *Write the Vision*, 47.

교회가 되어가고 있는지 바로 그 시기, 그 위치에서, 그 곳의 문화에 접근할 수 있는 가장 좋은 방법을 찾고 있는지이다. 어쨌든, 교회는 실수를 감수하고, (역사학자로서가 아니라) 미래주의자로서 문화에 접근할 수 있어야 한다. 성경적으로 적절한 태도를 유지한다는 것은 현재를 초월하여 미래를 바라보며, 무엇이 가장 적절한 것이 인식하고, 하나님 나라를 향해 전진해야 한다.

극단적 기술 추구

많은 작가가 현대 기술을 지나치게 강조하는 교회를 비난한다. 선교학자인 조지 헌스버거(George Hunsberger)는 오늘날 선교학에서 가장 취약한 부분은 신학적 깊이의 부재라고 말한다.[28] 교수이자 교회 컨설턴트인 오브리 맬퍼스(Aubrey Malphurs)는 다음과 같이 말한다. "(교회 성장) 운동에 대한 정확한 비평은 이 운동이 실천 부분을 지나치게 강조한다는 것이다."[29]

회중 선교회의 교수를 역임했던 크래이그 밴 겔더(Craig Van Gelder)는 다음과 같이 설명한다:

조지 바나(George Barna)의 저서인 "고객 친화적 교회"에서는 고객 친화적, 필요 중심적, 시장 원리를 따라가는 교회를 강조하는 분위기 속에서, 규모가 크고, 독립적이며, 지역 사회의 필요를 채워주는 교회들의 지

28　George R. Hunsberger, "The Newbigin Gauntlet," in Phillips and Coote, *The Church Between Gospel and Culture*, 5.
29　Aubrey Malphurs, *Planting Growing Churches for the Twenty-first Century* (Grand Rapids, MI: Baker, 1992), 27.

속적인 반응들을 주의 깊게 살펴볼 필요가 있다. 상황에 적절히 반응한 다는 점을 높이 사는 한편, 복음과 기독교 공동체 양자 간의 순수성을 유지하려고 노력하는지 살펴봐야 한다. 이러한 교회들은 근대성이 붕괴하고 있는 사회와 기독교에 의해 형성된 문화 속에 여전히 남아있는 마지막 기독교 성공담이라고 볼 수 있다.[30]

선교 단체 리더인 폴 맥코간은 다음과 같이 경고한다. 만일 우리가 신학적, 교회론적 원리를 기반으로 한 선교적 전략을 갖고 있지 않다면, 우리의 교회와 선교의 모델은 문화에 의해 이끌려가는 모델의 한계를 벗어나지 못할 것이다.[31]

기술이 교회에게 잘못된 희망을 주기 때문에, 견고한 신학적 사고가 잠식당하고 있다. 요점은 다음과 같다: 오늘날 많은 교회 개척과 교회 성장 운동은 순수한 성경적, 선교학적 원리보다도 기술, 패러다임, 방법론 등을 강조하기 때문에 신학적 깊이를 결여하고 있다.

교단들은 그러한 방법론들을 추구하고 성장을 원한다. 그러한 기술들을 가지고 성장을 성취했고, 그래서 이것이 해결 방안이라고 여겨졌다. 교단과 교회들이 성공 신화에 따라 흔들리고, 그러한 사역 현실 속에서 선교학적으로 사고할 수 없다는 것은 결코 놀라운 일이 아니다.[32] 목회자들은 최신의 기술을 추구하며, 교회를 성장시키는 일에 지쳐있다. 과거에 그들은 남가주로 달려갔고, 하와이 셔츠를 입고 양

---

30 Craig Van Gelder, "Defining the Center—Finding the Boundaries," in Phillips and Coote *The Church Between Gospel and Culture*, 45.
31 Paul McKaughan, Dellana O'Brien, and William O'Brien, *Choosing a Future for U.S. Missions* (Monrovia, CA: MARC, 1998), 22.
32 Hunsberger, "The Newbigin Gauntlet," 5.

말도 신지 않고 돌아왔다. 거기서 배운 것들을 그들의 교회에 어떻게 적용할지를 생각했다. 얼마 동안은 촛불과 향을 가지고 바쁘게 뛰어다녔기에, 그것이야말로 딱 맞는 방법이라고 생각했다. 오늘은 무슨 방법일까? 내일은 또 무엇일까?

우리의 궁극적인 목표는 교인 수를 늘리는 것이 아니고, 제자 삼는 것이다.

기술이 교회의 선교적 본질을 대체하려는 현실 속에서, 위험한 것은 방법이 교회의 선교적 본질을 대체할 수 있고, 기술적 요소들이 교회를 선교적 교회로 만들 수 있다는 생각이다. 교회는 교인 수의 증가를 보기 때문에 잘못된 결론을 내릴 수밖에 없다. 현대적 감각을 살린 기술은 출석률을 높일 수 있고, 그렇게 하는 것이 효과적이라는 착각을 하게 만든다. 더 많은 교인을 교회의 활동에 참여하도록 한다면, 교회는 제자훈련의 목표를 창밖에 던져 버릴 것이다. 그러나 그렇게 하는 것은 성경적·선교적 교회의 잘못된 선택이며, 타협이다.

궁극적 목표는 교인 수를 늘리는 것이 아니고, 제자 삼는 것이다. 많은 교회 개척자, 특히 주로 기술을 의존하는 사람들은 구도자들에게 (그들이 원치 않는) 신학 과목을 가르치는 것을 꺼린다. 그들이 다시 오지 않으리라 생각하기 때문이다. 그러나 통계적으로나 전해 듣는 소식에 따르면, 제대로 된 개념을 가지고 제자훈련하는 교회가 두 가지 목표, 즉 수적 성장과 질적 성숙을 얻는다는 것이다. 성경 교육의 수준이 높으면 높을수록 영적 관계는 더 오랫동안 지속한다는 연구 결과가 있다. 오늘날의 구도자들은 깊이를 추구하고 있다. 물론 시간상으로 길 필요는 없지만, 그들은 일요일 아침 귀중한 시간을 깊이 없는 것에 투자하고 싶지는 않을 것이다.

교회에서 선교적 태도 개발하기

다니엘과 나는 이 글을 읽는 독자가 선교적 교회 개척자가 되기를 바라고, 선교적 교회를 개척하고 인도하는 목회자가 되길 바란다. 이 장의 목적은 여러분이 선교적 기초를 개발하는 데 있어서 깊이 있게 사고할 기회를 제공하는 것이다. 이제부터 선교적 기초를 교회에 적용하는 단계들을 모색할 것이다.

1. 하나님의 선교와 복음을 이해하라: 교회의 선교적 정체성을 이해하고, 선교적 신학을 수용하며, 선교적으로 사고하는 것이 중요하다. 하나님의 선교를 이해하는 중요한 단계이다. 더불어, 성경의 중심적 인물인 예수님이 하나님의 선교를 어떻게 수행하시는지를 이해해야 한다. 만일 예수 그리스도의 복음과 하나님의 선교 사이의 연관성을 이해하지 못한다면, 효율적인 선교적 교회가 될 수 없다. 하나님의 선교와 복음을 충분히 이해함으로써, 각 개인과 교회가 선교적인 교회가 될 수 있으며, 이를 방해하는 장애물과 우상들을 무너뜨릴 수 있다.

2. 장애물과 우상들을 찾으라: 바울이 아테네 도시 주변을 다닐 때(행 17장), 아테네 사람들이 열심히 우상을 숭배하던 것을 목격하였다. 바울은 이러한 문화적 우상들과 특히 "알지 못하는 신"에 대한 예배를 복음 증거의 연결 고리로 삼았으며, 우상 예배에 대한 잘못된 신앙을 일깨우고자 했다.

3. 상황화와 의사소통: 사람들에게 접근하기 전에 먼저 사람들을 이해해야 한다. 사도행전에서 바울은 유대인과 이방인에게 다른 방식으로 접근하였다. 유대인에게는 메시아의 구원 역할과 부활(행 17:1-4)에

대해 설명했다. 바울은 이방인에게는 보다 근본적인 문제, 즉 부활, 도덕, 심판에 관한 문제들을 언급하였다(행 17:16-34). 바울은 사람들이 어떤 상태에 있고, 무엇을 알고 있는지에 근거하여 사람들에게 접근하였다.

4. 일상 속에서의 선교 훈련: 브렌넌 매닝(Brennan Manning)이 재능을 보였지만, 그로 인해 유명해진 것은 디시 톡(dc Talk)이었다: "오늘날 세계에서 가장 큰 무신론은 예수님을 입으로만 인정할 뿐, 삶 속에서 예수님을 문 밖에 세워두고, 예수님을 부인하는 사람들이다. 이것은 단순히 믿지 않는 세상(unbelieving world)에서 믿을 수 없는 자(unbelievable)가 있음을 보여준다."[33] 선교적 교회는 삶의 모든 영역에서 교인들이 왕이신 예수님의 다스림과 통치를 받으며 살도록 훈련한다. 이는 영적, 정신적, 정서적, 사회적, 부부, 가족, 직업, 경제, 문화 등 모든 영역을 포괄하는데, 이는 사람을 구원하는 복음의 능력 아래서 역사하며, 성령의 능력을 통하여 왕이신 예수님의 영광을 드러낸다.

5. 하나 됨을 이루라: 대제사장의 기도에서 예수님은 하나님 아버지께 이렇게 기도했다. "내가 비옵는 것은 이 사람들만 위함이 아니요 또 그들의 말로 말미암아 나를 믿는 사람들도 위함이니 아버지여, 아버지께서 내 안에, 내가 아버지 안에 있는 것 같이 그들도 다 하나가 되어 우리 안에 있게 하사 세상으로 아버지께서 나를 보내신 것을 믿게 하옵소서"(요 17:20-21). 교회가 소유하고 있는 이 하나 됨의 실천은 지역 교회만이 아니라 다른 지역의 교회 공동체로 확장되어야 한다. 교단 전통을 초월한 그리스도인들 간의 협력과 동역은 그리스도의 명예

33　Cited in dc Talk, *Live like a Jesus Freak: Spend Today as if It Were Your Last* (Grand Rapids. MI: Baker, 2001), 17.

를 높이는 참으로 귀한 것이다. 자주 인용되고 있는 어거스틴의 말을 들어보자, "본질적인 것에서 하나 됨, 비본질적인 것으로부터 자유함, 이 모든 것 안에 사랑."

　어떤 점에서는 의견이 다를 수 있지만, 여러 가지 면에서 공통점이 있다. 복음주의자들은 전도와 사회 봉사라는 점에서 진솔한 대화를 나눌 수 있고 협력할 수 있다. 하나의 팀으로서, 지역 사회, 도시, 세계를 향해 전진하고자 서로 의존하면서 일한다. 켈러는 이렇게 말한다: "이 세상에 성경적 교회 모델이 단 하나밖에 없다면, 당신의 모델과는 강조점도 다르고, 장점들도 다른 교단이나 네트워크들과 함께 활발한 교제를 나눌 필요도 없을 것이다."[34]

결론

　진정한 영적인 각성은 세계의 대부분 지역에서 절실히 요구된다. 이 각성은 새로운 교회의 개척을 통해 일어날 수 있다. 잘못된 정보를 가지고 있거나, 두려움이 많은 사람은 무지한 것에 대해 항상 저항하기 마련이다. 그러나 교회 개척을 하지 않는다면, 대위임령은 성취될 수 없다. 보내시는 하나님의 특성은 변하지 않았다. 하나님은 우리를 북미 안에서, 세계 각지에서 새롭게 나타나는 다양한 문화 속으로 보내신다. 우리는 예수님의 사역에 동참하여 교회 개척으로 믿지 않는 자들에게 다가가고, 그들을 예수님께로 인도하는 사역을 해야 한다.

　새로운 교회를 개척하는 것은 항상 모험이다. 대부분 교회는 이

34　Keller, *Center Church*, 370-71.

런 위험을 감수하려 하지 않는다. 딘 길리랜드(Dea Gilliland) 교수는 이러한 위험은 어느 정도 상황화와 관련되어 나타난다고 했다:

> 상황화를 해야 한다면, 그것은 민감한 경우이다…. 전도자와 선교 전략가는 칼날 위에 서서 걷는 것과 같다. 어느 한쪽으로 치우친다면 난처한 결과에 이르게 된다…. 우로 치우치면 모호주의에 빠질 수 있다. 신앙을 실천하고 가르치는 방식이 관습적이어서, 신앙을 다른 관점으로 보고자 하는 사람들에게는 진리와 능력의 눈이 가려진다. 반대로 좌로 치우치면 혼합주의로 빠지게 되는데, 다원주의적 관점에서 이교도의 영향에 무방비한 상태가 된다. 그렇게 되면 그리스도의 유일성과 타협하게 되고 "그리스도의 복음이 아닌 다른 복음"[35]으로 전락할 수 있다.

우리의 최종적 목표는 문화적으로 적절하고, 성경적으로 새로운 교회를 세우는 것이다. 만일 선교적인 교회가 되기를 원한다면, 그리고 신학자들과 사상가들이 이러한 과정을 기꺼이 지원해 준다면, 이 사역에 대한 잠재력은 무한하다. 교회는 선교적 특성을 재발견하고, 열정을 새롭게 하여, 선교하는 교회가 될 것이다. 이러한 교회들은 "성도에게 단번에 주신 믿음"(유다서 3장)에 충성스럽게 남아있으면서, 동시에 지역 사회의 문화 속으로 들어갈 것이다. 그 결과가 다르게 나타날 수 있지만, 하나님께는 절대 다르지 않다. 하나님의 관점에서 보면, 말씀은 새로운 문화와 상황 속에서 육신이 되었다. 이런 관점으로 본다면, 우리 교회들이 진실로 지역 사회 속에서 선교사가 된다는 것이다.

---

35 Dean S. Gilliland, ed., *The Word Among Us* (Dallas: Word, 1989), vii.

PLANTING MISSIONAL CHURCHES

교회 개척의 성경적 기초

교회를 개척하기에 앞서 이 일을 성경과 함께 시작하며 교회 개척에 관한 신약성경의 명확한 패턴 위에서 교회 개척을 이해하고 세워가야 한다. 교회 개척자들을 파송할 때, 조직적, 전략적, 마케팅적인 도구로 준비하지만, 모든 것의 근본이자 역사하는 힘이 있는 하나님 말씀의 진리로 무장되어야 한다. 이 주제에 관해 읽어야 하는 가장 중요한 책이 바로 사도행전이다. 그 외 신약성경은 삶의 정황과 열악한 환경에 이르기까지 새로 세워진 모든 교회를 위해 쓰인 책들이다. 사실상 신약성경은 교회 개척에 관한 책 모음이라 할 수 있다.

신약 교회들은 어떻게 교회를 개척했나? 그들의 열정을 우리가 어떻게 재발견할 수 있을까? 앰버슨(Amberson)은 이렇게 말한다:

> 오늘 우리는 신약성경에서 존재했던 자발성, 즉 믿는 자들이 주 예수 그리스도를 증거하면서 교회를 세웠던 그 모습을 다시 회복해야 한다. 교회 개척은 새로운 교회를 시작하겠다는 구체적이고 의도적인 목적을 이루려는 실천이다. 그러나 신약성경은 새로운 교회와 교회 개척이 믿는 자들의 복음 증거와 선포의 결과임을 가리킨다.[1]

---

[1] Talmadge R. Amberson, "The Foundations for Church Planting," in *The Birth of Churches*, ed. Talmadge R. Amberson (Nashville: Broadman, 1979), 45.

예수님의 네 가지 위임 명령

우리의 열정을 다시 회복하기 위해서, 초대교회가 예수님의 명령에 어떻게 반응했는지 살펴보자. 우리가 이미 알고 있는 지상 대위임령으로부터 교회 개척의 구체적인 기초를 세우고, 여기서 나오는 중대한 과업을 회중에 제시함으로써 교회 개척이 시작된다 — 제자 삼고, 침례(세례)를 주고, 가르쳐 지키게 하는 것이다. "예수께서 나아와 말씀하여 이르시되 하늘과 땅의 모든 권세를 내게 주셨으니 그러므로 너희는 가서 모든 민족을 제자로 삼아 아버지와 아들과 성령의 이름으로 침례(세례)를 베풀고, 내가 너희에게 분부한 모든 것을 가르쳐 지키게 하라 볼지어다 내가 세상 끝날까지 너희와 항상 함께 있으리라 하시니라"(마 28:18-20).

초대교회들은 제자 삼고, 침례(세례)를 주고, 가르치는 과업을 수행함으로써 새로운 교회를 개척하고, 더 많은 교회를 개척하는 배가의 과정을 시작하게 되었다. 여기서 알아야 할 것은 이러한 과정들이 시작되고 끝을 맺는 것은 바로 말씀에 대한 순종이다. 예수님께서는 청중들이 직접 복음을 전하고, 그 가운데 믿는 자들을 모아서 제자로 양육하고, 침례(세례)를 주고, 가르치는 일을 할 것을(교회 개척과 제자 삼는 것에 대한 관계는 다음에 논의하겠다) 기대하셨다. 교회의 활동을 보면, 믿는 자들의 성장 과정을 알 수 있다. 믿는 자들은 예수님의 대위임령이 의미하는 바를 배우고 순종하여, 다시 가서 제자 삼고, 침례(세례)를 주고, 가르치는 일을 함으로써 이 순환과정이 되풀이된다.

예수님의 대위임령은 네 가지 파송 명령 중의 하나인데, 이 장에서 이를 자세하게 살펴볼 것이다.

"나도 너희를 보내노라"

네 가지 명령들은 회중들을 향해 제자 삼고, 침례(세례)를 주고, 가르치는 과업과 관련된 세부항목을 분명하게 나타낸다. 요 20:21에서 예수님은 이렇게 말씀하셨다. "아버지께서 나를 보내신 것 같이 나도 너희를 보내노라." 아버지께서 예수님을 보내셔서 "잃어버린 자를 찾아 구원"하고자 하셨기 때문에, 예수님도 아버지의 목적에 따라 믿는 자들을 세상에 보내셔서 잃어버린 자를 구원하신다. 그리스도를 따르는 자들에게 이 과업은 아주 명백하다. 우리는 예수님께서 이 땅에서 하신 일들을 주목하고, 그 사역을 이어가야 한다. 이 과업은 예수님께서 개인에게 주시는 명령이자, 모두에게 적용되는 사명이다.

수 세기 동안 예수님의 명령은 그분의 말씀을 들었던 당시의 제자들에게 국한된 것이라고 믿었다. 많은 그리스도인이 그렇게 생각했고, 교회 리더들도 이렇게 선포했다. "이 명령은 사도들을 위한 것이지, 우리에게 주신 말씀이 아닙니다." 그들은 예수님이 주신 말씀의 의미를 이해하지 못했다. 물론 명백히 성경은 특정한 장소에서 특정한 사람들에게 증거한다: 예수님께서 이 말씀을 하셨을 때 말씀을 듣는 사람들과 함께 계셨다. 오늘날 그리스도인들이 성경 말씀을 자신의 삶 속으로 받아들인다면, 성경은 시대를 초월하여 하나님의 백성들에게 역사하는, 살아있는 말씀이라는 것을 이해하게 된다. 그래서 예수님의 말씀은 개인뿐 아니라 모든 사람에게 적용된다. 2000년 전에 이 말씀을 들었던 사람들과 같이 우리도 하나님의 목적을 위해, 어디든지 가도록 부르심을 받고, 보냄을 받는다.[2]

---

[2] 예수님의 명령의 요소들을 이해하는 데 도움을 되는 자료는 다음과 같다: Elmer Towns,

2. "모든 민족을 제자 삼으라"

요한복음 20장에서 예수님이 제자들에게 말씀하신 후, 2주 후에 대위임령을 주셨다. 이 명령은 두 번째의 파송 명령이다(마 28:18-20). 대위임령은 가장 잘 알려진 파송 명령이며, 세계 복음화의 사명은 과거뿐 아니라 지금도 예수님의 제자들에게 주어졌다.

"모든 민족"이라는 표현을 볼 때, 예수님은 복음을 잃어버린 영혼에게, 특히 오늘날 선교학자들이 말하는 "민족(종족)"들에게 전해지기 원하셨다. 사실상, 예수님은 이 메시지가 우리를 통해 모든 민족 그룹과 계층에게 전해지기 원하셨다. 예수님의 의도를 이해하기 위해서, **교회 개척자들은 정치적 경계선보다 그 지역에 사는 거주자의 인구 분포에 대해 더 많이 알아야 한다.**

한 예로서 캐나다를 선정한다면, 거기에 많은 민족이 살고 있다(다니엘은 캐나다인이므로 직접 알 수 있다). 예를 들어 그 곳에는 공식적 언어가 둘이지만(영어와 프랑스어), 2011년 인구조사에 따르면 인구의 20% 이상은 외국에서 태어나 이민 온 자들이다. 그 민족들 가운데 가장 높은 인구 비율을 가진 사람들은 당시 G8 국가에서 온 민족들이었다.[3] 더욱이, 외국에서 태어난 캐나다인 인구의 3/4은 두 개 이상의 언어를 구사할 수

Getting a Church Started: A Student Manual for Theological Foundation and Practical Techniques of Planting a Church (Lynchburg, VA: Church Growth Institute, 1985), 8. This book is now available free at http://digitalcommons.liberty.edu/cgi/viewcontent.cgi?article=1019&context=towns_books (accessed September 14, 2015). 타운스는 막 16:15를 그의 목록 안에 포함시켰다. 그러나, 가장 오래되고 권위 있는 헬라어 본문은 이 구절이 포함되어 있지 않으며, 후대에 원문에 첨가되었다고 말한다. 그래서 나는 네 개만을 포함했다.

3 "Statistics Canada," accessed September 14, 2015, http://www12.statcan.gc.ca/nhs-enm/2011/as-sa/99-010-x/99-010-x2011001-eng.cfm. 해당하는 국가들은 프랑스, 독일, 이탈리아, 영국, 일본, 미국, 캐나다, 러시아이다.

있는 사람들이다.⁴ 이것이 무슨 의미인지 좀 더 구체화해보자.

본국에서 태어난 사람 중에 본토 혹은 도시 지역에 체질화된 사람들이 있는데, 이들은 이웃에 사는 다른 민족 그룹들에 대해서는 잘 모른다.⁵ 프랑스 정착민들의 후손 중에서, 오직 프랑스어만 구사하는 사람들과 이중 언어를 구사할 수 있는 사람들도 있다. 밴쿠버와 같은 도시에 거주하는 아시아인들은 한국, 인도 등지에서 온 사람들이 있지만, 이민 2세대나 그 이상의 세대들은 아시아를 한 번도 방문한 적이 없는 사람들도 있다. 더 흥미로운 사실은 영국의 후손들과 그들의 생활 스타일을 보면, 이제 막 가정을 시작한 사람들, 직장에서 은퇴한 사람들, 농사하는 사람들, 도시 중심부에 사는 사람들, 음악을 사랑하는 사람들, 자전거 타기를 좋아하는 사람들, 사회 문제에 대해 진보적 입장을 취하는 사람들 등 다양하다. 단지 캐나다에 대해서만 간략하게 살펴보았는데, 우리가 사는 세상은 예수님께서 우리에게 가라고 말씀하신 많은 "민족"으로 구성되어 있다. 그렇다. 예수님은 우리에게 그들 "모두"(all)에게 가라고 말씀하셨다.

우리는 어떻게 모든 민족에게 갈 수 있을까? 상황화를 통해서 갈 수 있다. 모든 민족 그룹과 인구 계층은 제각기 다른 가치를 가지고 살고 있다. 하나님은 우리에게 복음을 주셨는데, 우리는 변하지 않는 이 영원한 메시지를, 변화하는 "문화적 그릇"(cultural containers) 안에 담아, 잃어버린 영혼들을 향해 찾아가는 것이다. 모든 방법과 예배는 하

---

4   Ibid.
5   "퍼스트 네이션스(First Nations people) 사람들은 지금의 캐나다 땅의 원래 거주자들입니다." First Nations, accessed September 14, 2015, http://www.thecanadianencyclopedia.ca/en/article/first-nations.

나님께 집중되고, 성경에 초점이 맞추어져야 한다. 서구 세계에서 사역하는 선교사들은 모든 민족을 제자 삼는 사역을 효과적으로 잘하고 있다. 그러나 상황화하는 법을 배우고 활용해야 한다.

제자 삼고, 침례(세례)를 주고, 가르치라는 예수님의 말씀을 자세히 살펴보자. 첫째, 예수님께서 우리를 부르시고 분부하신 대위임령은 교회 개척 사역이다. 대위임령은 제자 삼으라는 명령이므로 이는 곧 교회 개척 사역과 연관된다. 제자훈련은 신약성경의 교회에 부여된 중요한 과업이다. 제자훈련은 영적 성장과 관련된 일을 행하게 될 때, 교회 밖에서 이루어지는 사역이 아니다. 어떤 크리스천은 "나는 교회에서는 제자훈련을 받을 수 없어. 집에서, 온라인으로, 아니면 외부 집회에서 받아야 해."라고 말한다면, 그가 속한 교회에 문제가 있든지, 아니면, 제자훈련과 교회에 대한 건강하지 못한 견해를 가진 사람일 것이다. 하나님은 교회에서 제자훈련이 일어나기를 기대하신다. 제자훈련은 단지 하나의 훈련 코스이거나 아니면 시리즈 성경공부가 아니다. 제자훈련은 구원의 사건이 중심이 되어야 한다. 제자훈련은 회심에서부터 시작하여 그 이후의 계속된 과정으로 이어진다. "제자 삼으라"라는 명령은 교회가 사람들을 그리스도께 인도하고, 새로운 회심자를 믿음 안에서 자라게 하는 것이다. 이러한 과정은 지역 교회 안에서 이루어져야 한다.

두 번째, 대위임령은 교회 개척이다. 대위임령은 무엇보다 침례(세례)를 주라는 명령이기 때문이다. 침례(세례)는 지역 교회에서 베푸는 교회 의식이다. 침례(세례)는 지역 교회 안에서(in) 혹은 가운데(among) 행해지는 것이다. 내가 여기서 "가운데"(among)라고 했는데, 그 이유는 침례가 반드시 교회 건물 안에서 행해질 필요가 없기 때문이다. 많은 개척자들은 욕조에서, 호수에서, 수영장에서 혹은 온탕에서 침례(세례)를 베풀었다. 침례(세례)는 교회로 모이는 곳이면, 의식을 행하기에 충분한 물이 있는 곳이면 어디서나 행해질 수 있다. 그리스어 "밥티조"(baptizo)는 새신자 각자가 물에 잠기는 "계속 가라 앉는다"라는 의미이다. 대위임령은 지역 교회에 주어진 명령이며, 침례(세례)는 지역 교회가 책임을 지고 수행하는 지역 교회의 의식이다.

세 번째, 대위임령은 교회 개척이다. 대위임령은 교회로 하여금 가르치라고 말하기 때문이다. 우리는 행 2:42에서 가르치라는 명령이 그대로 실행되는 광경을 목격할 수 있다. "그들이 사도의 가르침을 받아… 힘쓰니라", 가르침은 그들의 성장과 교제의 기초였다. 대위임령은 성경의 교훈을 가르치고, 새로운 교회를 개척하여 가르침을 계속 이어갈 수 있다. 그러므로 이 명령은 교회 안에서 성취된다.

어떤 사람들은 대위임령의 말씀 안에 교회 개척이라는 용어가 나오지 않는다고 말한다. 그러므로, 그들은 대위임령은 기존 교회의 회중(특별히 교회가 많이 세워진 지역)들을 통해서만 성취된다고 주장한다. 그러나 예수님께서 하신 말씀은 당시 예수님의 말씀을 들었던 첫 번째 청중들이 어떻게 반응했는지 보면 알 수 있다. 초대교회는 성령으로 충만했다(행 2:4, 4:8, 31, 9:17, 13:3). 그리고 성령 충만한 제자들은 교회를 개척했다. 대위임령의 첫 번째 청중들은 제자훈련의 배가와 교회 개척을 통해 대위임령이 이루어진다는 것을 분명히 알고 있었다. 당시 처음 믿는 자들은 대위임령을 듣고, 그들의 집을 떠나, 제자를 삼고 교회를 개척하였다. 우리도 대위임령을 듣는다면 마음이 움직여, 잃어버린 영혼을 향해 가서, 새로운 교회를 개척하는 일을 한다. 초대교회의 본을 따라야 할 것이다.

3. "죄 사함을 받게 하는 회개를 전파하라"

예수님은 승천하시기 전에 제자들에게 그들의 과업에 대해서 다시 상기시켜 주셨다. 세 번째 명령은 그들이 선포하는 내용과 대상(장소)이다: "죄 사함을 받게 하는 회개가 모든 족속에게 전파될 것이다"(눅 24:47). 불신자들은 회개와 죄 사함을 통해서만 예수님을 알 수 있다. 이 메시지는 복음을 증거하는 모든 메신저가 선포해야 하는 내용이다. 그러나 이 명령은 제자들이 성령의 능력을 받을 때까지 예루살렘에서 기다려야 한다는 명령을 내포하고 있다. 부활의 주님이신 예수님은 그들에게(그리고 우리에게) 회개와 죄 사함의 복음을 모든 민족에게 전하라고 명령하셨다. 이것이 대위임령의 내용이다.

교회 개척과 교회 성장의 핵심 메세지는 그리스도와 그리스도의 십자가이어야 한다. 설교가 하나님의 말씀 선포가 아닌 다른 메시지를 전한다면 마땅히 비판을 받을 수밖에 없다. 반면, 어떤 사람들이 이러한 혁신적 메시지를 비난하기도 한다. 그러므로 복음을 듣기만 하거나 교회에 대해 생각만 하지, 나가서 사람들을 찾아가 복음을 전하지 않는 사람들을 조심해야 한다. 그들은 이단은 아니라도, 어디서 들은 바를 전하는 자들일 수 있고, 오해한 사람들일 수도 있다.

나는 교회에 다니지 않는 사람들에게 복음을 전하고 제자로 훈련하여 현대적이고 혁신적인 교회를 개척했다. 우리는 창의적인 방법으로 개척에 성공했다. 물론 비판도 따랐다. 그러나 우리가 절대 용납할 수 없는 중대한 비판, 즉 그리스도 외에 다른 것을 전한다고 우리를 비판한다면, 우리는 절대로 그렇지 않다는 것을 분명하게 밝힌다.

교회 개척의 메시지는 하나님의 말씀 이외 어떤 다른 것으로도 대치될 수 없다. 예수님은 십자가에 달리셨고, 부활하신 예수님이 회개와 죄 사함의 용서를 전하셨다. 구도자들이 불편하게 느끼는 민감한 사항이라 해도, 믿지 않는 자들에게 걸림돌이 된다고 할지라도 하나님의 말씀을 다른 것으로 대치하는 것을 절대로 정당화될 수 없다.

가장 성경적인 교회는 믿지 않는 자들에게 십자가가 걸림돌이 되는 교회이다. 그러기에 잃어버린 영혼들이 교회의 문화로 인해 야기되는 걸림돌(상황화하지 않은 예배 스타일)에 부딪히게 해서는 안 된다. 잃어버린 영혼들이 교회로부터 멀어지게 만드는 요인들을 다른 요인들을 만들어서는 안 된다. 단, 그들이 들어야 할 메시지는 예수 그리스도의 복음이다. 그것이 바로 그들에게 걸림돌이 되는 십자가이다. 개척자들은 그리스도 외의 다른 메시지를 전해서는 안 된다. 그와 더불어 복음은 듣는 사람들의 문화에 맞는 스타일로 전달되어야 한다.

4. "예루살렘과…땅 끝까지"

예수님의 마지막 파송 구절에는 지역이 언급되고 있다. "오직 성령이 너희에게 임하시면 너희가 권능을 받고 예루살렘과 온 유대와 사마리아와 땅 끝까지 이르러 내 증인이 되리라 하시니라"(행 1:8)

오늘날 이러한 지리적 위치를 "우리의 예루살렘"이나 혹은 지역사회로부터 퍼져나가는 동심원적인 확장으로 생각하는 경향이 있다. 유대는 우리의 주나 도 정도이며, 사마리아는 대륙(보다 정확하게 말하자면, 유대 안이나 혹은 그 주변에 사는 다른 문화권)으로 본다. 만일 교인들에게 선교사의 일이 항상 해외에서 일하는 것만이 아니고, 국내에서도 할 수 있다는 것을 가르친다면 이 사실은 매우 도움이 될 것이다. 많은 경우 이것은 매우 급진적 개념으로 여겨진다. 그러나 이것은 사실이며, 행 1:8에 근거해 볼 때 성경적이다.

이 구절이 말하는 또 하나의 교훈은 누가복음 24장에 나오는데, 파송하는 자들에게 예수님이 주시겠다고 약속하신 권능이다. 성령이 임하시면, 제자들은 — 그때와 지금도 — 사는 동네에서, 전국적으로, 전 세계적으로 복음을 증거하기 위한 권능을 받는다. 예수님이 바로 메시지의 내용이었고(바울이 고전 1:23에서 기록한 것처럼, 그리스도와 십자가에 못 박힌 예수), 예수님은 그의 이름을 선포하는 권능을 약속하셨다.

초대교회 시대 믿는 자들은 예수님께서 보내심을 받으신 것처럼, 같은 목적으로(우리도 같이) 보냄을 받았다: 국내뿐 아니라 전 세계를 향하여 잃어버린 영혼들을 찾아 구원하고, 모든 민족을 제자로 삼아야 한다. 신약성경의 믿는 자들은 영적으로 건강하고, 순종하는 자들처럼, 주님의 명령을 준행하여, 더 많은 신약성경의 교회들을 개척하였다. 대위임령은 우리도 이와 같은 일을 하라고 가르친다.

보내시는 하나님은 자기 아들을 보내셨다. 우리도 잃어버린 영혼을 찾아 구원하는 예수님의 사명에 연합하여, 하나가 된다. 우리도 하나님의 보내심을 받은 백성이 되어, 국내와 전 세계를 향해 성령의 능력으로 회개와 죄 사함의 메시지를 선포해야 한다.

신약성경의 유형

신약성경을 보면 교회가 개척되는 방식에는 차이가 있다는 것을 알 수 있다. 이 장에서는 신약성경 전체에 걸쳐 사용된 교회 개척의 유형을 살펴볼 것이다. 교회 개척은 하나님의 마음으로부터 오는 확신을 갖고 시작되어야 한다. 눅 19:10에서 예수님은 "인자가 온 것은 잃어버린 자를 찾아 구원하려 함이니라"라고 말씀하셨다. 구원받지 않는 사람들에 초점을 맞추어, 우리는 우리의 삶을 예수님께 맞추어야 한다. 예수님은 모범을 보이시면서 선포하셨다: "건강한 자에게는 의사가 쓸 데 없고, 병든 자에게라야 쓸 데 있느니라 나는 의인을 부르러 온 것이 아니요 죄인을 부르러 왔노라 하시니라"(막 2:17).

많은 교회가 자신을 불의한 자가 아닌, 좋은 가르침과 좋은 프로그램을 가진 "의로운 자"라고 생각한다. 세련된 광고를 통한 "가족이 함께하는 프로그램"과 수준 높은 성경공부는 다른 교회로부터 교인들을 끌어오는 것처럼 보인다. 그러나 예수님은 의인을 부르러 온 것이 아니고 죄인을 부르러 왔다고 분명하게 말씀하셨다. 예수님께서 하신 것처럼, 교회 개척자들은 교회에 다니지 않는 사람을 대상으로 만나야 한다. 누가의 세 가지 이야기 즉, 잃어버린 양, 잃어버린 동전, 잃어버린 아들의 비유를 통해서 예수님은 잃어버린 자들에게 하나님의 복음을 나누기를 원하셨다.

"모든 세리와 죄인들이 말씀을 들으러 가까이 나아오니 바리새인과 서기관들이 수군거려 이르되 이 사람이 죄인을 영접하고 음식을 같이 먹는다 하더라 예수께서 그들에게 이 비유로 이르시되 너희 중에 어떤 사람이 양 백 마리가 있는데 그 중의 하나를 잃으면 아흔아홉 마리를 들에 두고 그 잃은 것을 찾아내기까지 찾아다니지 아니하겠느냐 또 찾아낸즉 즐거워 어깨에 메고 집에 와서 그 벗과 이웃을 불러 모으고 말하되 나와 함께 즐기자 나의 잃은 양을 찾아내었노라 하리라 내가 너희에게 이르노니 이와 같이 죄인 한 사람이 회개하면 하늘에서는 회개할 것 없는 의인 아흔아홉으로 말미암아 기뻐하는 것보다 더하리라 어떤 여자가 열 드라크마가 있는데 하나를 잃으면 등불을 켜고 집을 쓸며 찾아내기까지 부지런히 찾지 아니하겠느냐 또 찾아낸즉 벗과 이웃을 불러 모으고 말하되 나와 함께 즐기자 잃은 드라크마를 찾아내었노라 하리라 내가 너희에게 이르노니 이와 같이 죄인 한 사람이 회개하면 하나님의 사자들 앞에 기쁨이 되느니라"(눅 15:1-10).

하나님의 사자들이 기뻐한다는 것은 회심이 얼마나 중요한지를 말해주는 것이다. 예수님은 눅 15:7에서 이렇게 말씀하셨다. "내가 너희에게 이르노니 이와 같이 죄인 한 사람이 회개하면 하늘에서는 회개할 것 없는 의인 아흔 아홉으로 말미암아 기뻐하는 것보다 더하리라." 잃어버린 동전의 비유에서도 이렇게 말한다. "내가 너희에게 이르노니 이와 같이 죄인 한 사람이 회개하면 하나님의 사자들 앞에 기쁨이 되느니라"(눅 15:10). 마지막 비유인 탕자 이야기에 나오는 아버지는 하나님을 상징한다. 아버지는 이 이야기에서 "의인들"을 향해 간곡히 말하고 있다. "이 네 동생은 죽었다가 살아났으며, 내가 잃었다가 얻었기로 우리가 즐거워하고 기뻐하는 것이 마땅하다 하니라"(눅 15:32).

누가복음은 분명히 잃어버린 자들이 회심할 때, 하늘이 얼마나 기뻐하는 지를 표현해 주었다. 누가는 행 15:3에서, 이 주제에 대해 계속 말하고 있다. 바울이 이방인들을 위한 성공적인 사역에 대해 보고할 때, 잃어버린 죄인들이 회심하고 주께 돌아온 것에 대해 초대교회가 얼마나 기뻐했는지를 말하고 있다: "그들이 교회의 전송을 받고 베니게와 사마리아로 다니며 이방인들이 주께 돌아온 일을 말하여 형제들을 다 크게 기쁘게 하더라"(행 15:3).

신약성경의 교회 개척자

사도 바울의 사역을 통해서 알 수 있듯이, 신약성경은 믿지 않는 사람들을 대상으로 사역하는 좋은 방법들을 많이 제시해 주고 있다. 바울은 그의 편지의 수신자들에게 "내가 그리스도를 본받는 자가 된 것 같이 너희는 나를 본받는 자가 되라"고 했다(고전 11:1). 바울을 통해 본받을 만한 가치는 무엇일까? 바울이 우리를 포함하여 성경을 읽는 청중들에게 바라는 것이 무엇이었나? 무엇을 본받으라는 것일까? 바울의 가치와 행동이 무엇인가를 모색하는 것은 현대의 모든 교회 개척자들에게 많은 도움을 준다. 존 워세스터(John Worcester)의 설명을 들어 보자.

개척자 바울[6]

1. 바울은 개인적으로 교회 개척 사역을 위해 준비된 자였다.

- 바울이 경험했던 글로벌한 공적 훈련들은 하나님의 역사에 대한 폭넓은 이해를 바울이 갖도록 했다(행 22:3).
- 바울은 하나님과 긴밀히 연결된 자였다(고후 12:9).
- 바울은 처음부터 사역에서 밀려나면서 준비된 자가 되었다(행 9:20-22).
- 바울은 열린 마음으로 배우고자 하는 자였다. 그는 바나바로부터 견습을 받았다. 하나님께서 그를 다른 사람에게 보낼 때까지 기꺼이 권위에 순종하는 자였다(행 11:25-26).

---

6 존 워세스터(John Worcester)작성한 개요입니다.

• 바울은 모범적인 삶을 살았다(살전 2:1-12).

2. 바울은 전도자였다.

• 바울은 회심 이후 곧바로 복음을 전하기 시작했다(행 9:19-22).
• 바울은 두 가지 면에서 순전하게 복음을 전하는 자였다: 그가 전도했을 때, 가족 전체를 그리스도께 인도했고(행 16:25-33), 대 그룹 전도 집회도 인도했다(행 13:44, 14:1, 19:9-10).
• 바울은 복음에 가장 수용적인 사람들을 찾고자 했다(행 18:6).

3. 바울은 기업가적인 리더였다.

• 바울은 하나님으로부터 비전과 소명을 받았다(행 9:15, 26:16-18).
• 바울의 비전은 선교사 팀을 새로운 지역으로 인도하고, 교회를 개척했다(롬 15:20-23).
• 바울은 그의 팀 중에서 자기가 원했던 자들을 그 팀의 일꾼이자 견습자들로 삼았다(행 16:2-3).
• 바울은 다른 사람들에게 그리스도를 위해 희생하라고 담대하게 요구하였다 (행 16:2-3).
• 때때로 바울은 어떤 사람들에게는 그의 팀에 오지 못하게 했다(행 15:38).
• 바울은 그가 개척했던 교회들을 돌보기 위해, 그 교회의 장기 사역자들을 임명했다(행 14:23).
• 바울은 그들이 사역해야 하는 곳에 대해 그의 팀원들에게 지침을 주었다(행 18:19, 19:22).

- 바울은 그의 팀이 어디에서 교회를 개척해야 할지 하나님으로부터 지침을 받았고, 그의 팀원들은 바울의 결정에 대해 확신을 가졌다(행 16:6-10).
- 바울은 주도적인 전략가였다(행 13:14, 44-49).
- 바울은 교회 개척 과정에서 재생산의 패턴을 세웠다(행 14:1, 17:2).
- 바울은 계획적으로 한 단계 더 발전된 계획을 세웠다(행 19:21).

4. 바울은 팀 플레이어였다.

- 바울은 팀에 속하기를 원했다(행 13:1-5).
- 바울은 항상 팀과 함께 교회를 개척했다(행 15:40, 16:6, 20:4).
- 바울은 사역 보고를 했던 파송 교회가 있었다(행 14:26-28).

5. 바울은 융통성이 있으면서도 위험을 감수하는 개척자였다(고전 9:19-21).

- 바울은 계속해서 새로운 지역을 찾아갔다(롬 15:20).
- 바울의 목표는 새로운 그룹이었다(롬 11:1-14).
- 바울은 새로운 사역 방식을 시도하는 데 있어서 선구자였다(행 13장).

6. 바울은 사람들을 돌봐 주었다(목자의 역할).

- 바울은 개인적으로 사람들의 삶에 자신의 시간과 에너지를 투자했다(행 20:17-21, 31).
- 바울은 유모와 같고, 격려해 주는 아버지 같았다(살전 2:7-11).

- 바울은 회심자들의 성장과 발전에 깊은 관심을 가졌다(행 14:22).
- 바울은 동역자들을 친밀하게 대했다(딤후 1:2).

7. 바울은 다른 사람에게 사역을 위임했다(훈련자 역할).

- 기독교의 급진적 성장 운동을 이끌기 위해서, 바울은 어린 그리스도인들에게 사역을 위임하는 모험을 시도했다(행 16:1-3).
- 바울 팀은 첫 번째 선교여행 때 교회를 개척했다. 그리고 몇 달 후에 새로운 교회로 돌아왔고, 그 교회를 위한 장로들을 임명했다(행 13:13, 14:21-23).
- 바울은 자신의 장점과 약점을 알았고, 다른 사람들에게 그들의 장점에 맞게 사역을 위임했다(디도서 1:5).

8. 바울은 하나님의 부르심과 비전을 성취하기 위해 자신의 희생을 감수하면서 계속해서 헌신했다(행 14:19-20, 고후 11:23-28).

- 바울은 뒤로 물러서거나 포기하지 않았다.
- 바울은 잔혹하고 불공정한 대우를 받았을 때에도 감사하는 태도를 잃지 않았다(행 16:25).

9. 바울은 자신이 개척한 교회들을 내려놓고, 더 많은 교회를 개척하기 위해 다른 곳으로 이동했다(행 16:40).

- 바울에게는 한 도시에 오래 머물러 사역하는 것에 대한 특별한 격려가 필요했다(행 18:9-11).

- 바울이 한 곳에 가장 오래 머문 기간은 3년이었다(행 20:31).
- 에베소는 가장 건강한 교회 개척이었고 가장 좋은 모델이라고 본다(행 19:10).
- 바울은 하나님께서 그가 개척했던 교회들을 튼튼하게 지켜주시리라고 믿었다(행 20:32).
- 바울은 하나님 나라의 더 큰 유익을 위해서 가장 아끼는 팀원들을 그의 팀에서 떠나게 했다(행 17:14).
- 바울은 교회 개척 팀에 기꺼이 최고의 지위를 부여해 주었던 바나바의 모범을 따랐다(행 13:6-12).
- 바울은 안디옥 교회의 모델을 따라 교회의 최고 리더들을 기꺼이 떠나게 했다(행 13:1-4).

여기서 몇 가지 반복되는 점들이 나타나는 것을 볼 수 있다: 우리가 본받아야 할 바울의 모범적인 예 중 하나는 그의 기업가적 특성이다. 기업가는 가야할 길이 뚜렷이 보이지 않는 상황에서도 새로운 사업을 시작한다. 바울이 기업가적이라는 사실은 그의 교회 개척 사역을 이해하는 데 중요한 핵심이 된다. 효과적인 교회 개척자들은 항상 기업가적 리더십 역량을 보여준다. 기업가적인 특성을 가진 바울은 항상 전도의 새로운 방식을 모색하였고, 새로운 지역으로 들어가고자 했다. 이 책의 후반부에서 기업가적 리더십을 더 깊이 살펴볼 것이다.

우리가 본받아야 할 두 번째 특징은 팀 사역에 대한 바울의 열정이다. 기업가가 되는 것과 팀 플레이어가 되는 것 사이의 균형을 유지하는 것은 오늘날의 개척자들이 겪는 어려움 중의 하나이다. 성령께서 기업가적인 개척자들에게 팀 플레이어의 역할에 대한 가이드를 주지 않는다면, 이 두 가지 특징들은 서로 조화를 이룰 수 없을 것이다. 교회 개척 사역에는 기업가적인 면이 강조되지만, **교회 개척은 결코 혼자 할 수 있는 일이 아니며, 파트너십으로 해야 하는 일이다.**

마지막으로, 바울은 다른 사람들에게 본이 되었던 자신의 모범을 따르라고 가르쳤다. 이 모델을 따르기 위해, 바울의 전략이 무엇이었고, 열정이 무엇이었는지 이해해야 한다. 바울은 항상 이렇게 질문했다. "믿지 않는 사람들에게 어떻게 다가갈 수 있을까?" 그들에게 다가가기 위해서 바울은 기꺼이 값비싼 대가를 지불했고, 복음의 내용을 타협하지 않는 한도 내에서 방법론도 기꺼이 바꾸고자 했다. 그는 어떤 위험이 따르더라도 기업가적 정신과 파트너십의 상호 책임, 이 두 가지를 실천하고자 했다. 이러한 특성들을 본받을 만한 가치가 충분히 있다.

신약성경의 교회 개척

교회 개척은 바울의 삶 속에서뿐 아니라, 신약성경 전체에, 특히 사도행전 속에 나타난다. 사도행전을 교회 개척이라는 관점으로 읽는다면 이 안에서 놀라운 보화들을 발견하게 될 것이다. 교회 개척자인 존 마크 테리는 사도행전을 다음과 같은 관점으로 바라보았다. 아래의 요약을 살펴보자.[7]

---

7 John Mark Terry, 미간행물.

사도행전 안의 교회 개척

I. 예루살렘에서의 교회 개척(1-7장)

   A. 교회의 기원

      1. 기도로 태어남(1:12-14)

      2. 성령으로 씻겨짐(2:1-4)

      3. 선포로 시작(2:14-39)

      4. 예수님의 이름으로 침례(세례) 받음(2:41)

   B. 교회의 기능

      1. 교리적 가르침(2:42)

      2. 교제(2:42)

      3. 예배(2:42-43, 46-47)

      4. 기도(2:42, 4:29-31)

      5. 축복(2:44-45, 4:34-35)

      6. 공동체와 동일화(2:47)

      7. 증거(4:33, 5:42)

   C. 교회의 성장

      1. 오순절에 삼천 명이 침례(세례) 받음(2:41)

      2. 주께서 구원받는 사람을 날마다 더하심(2:47)

      3. 솔로몬 행각에서 오천 명이 구원받음(4:4)

      4. 큰 무리가 주께로 나옴(5:14)

      5. 제사장의 무리도 믿음(6:7)

   D. 교회의 조직

      1. 사도(6:2)

2. 집사(6:3)

   3. 회중(6:5)

   4. 장로(15:6, 22)

II. 유대와 사마리아에서의 교회 개척(8-12장)

   A. 평신도에 의해 행해진 교회 개척(8:1, 4)

   B. 대중 전도(8:5-6, 12)

   C. 마을 전도(8:25)

   D. 교회가 배가됨(9:31)

   E. 기적에 의해 성장이 더해짐(9:32-42)

   F. 이방인에게 구원이 확대됨(10:44-48)

III. 세계 속에서의 교회 개척(11-28장)

   A. 흩어진 평신도들이 유대인 교회를 시작함(11:19).

   B. 예루살렘에서 온 그리스도인들이 안디옥에서 이방인-유대인을 위한 교회 개척(11:20-21)

   C. 안디옥은 대규모 선교 교회가 됨

      1. 성령에 민감(13:2)

      2. 성령에 순복(13:3)

      3. 파송하는 교회(13:3)

   D. 바울의 첫 번째 선교 여행(13-14장)

      1. 회당에서의 첫 번째 설교(13:5, 14:1)

      2. 도시에서 도시로 이동(13:13-14)

      3. 이방인을 향해 전환(13:46)

4. 새로운 교회들을 점검하기 위해 방문(14:21)

        5. 교회를 인도하기 위해 장로를 임명(14:23)

    E. 바울의 두 번째 선교 여행(15:40-18:22)

        1. 팀으로 사역(15:40)

        2. 새로운 교회들을 다시 방문(15:41)

        3. 성령의 인도를 받음(16:9-10)

        4. 가정의 복음화(16:15, 33)

        5. 시장에서 가르침(17:17)

        6. 상황화된 메시지(17:22-23)

        7. 부정적 반응에 대한 대응(18:6)

    F. 바울의 세 번째 선교 여행(18:23-21:17)

        1. 교회들을 다시 방문(18:23)

        2. 도시 지역에 중심 교회(mother church)를 세움 (19:10; 살전 1:8)

        3. 가정교회 시작(20:20)

        4. 새로운 교회에서 청지기적 삶을 격려함(고전 16:1-3).

 교회 개척은 예루살렘에서 시작되었다. 사도행전 1-7장은 예루살렘 교회의 기초, 성장, 초기의 고난에 대한 기록이다. 이 교회는 기도로 탄생하였고(1:12-14), 성령으로 충만하였고(2:1-4), 기적으로 새롭게 되었다(2:5-13). 하나님은 최초 교회의 중심지였던 예루살렘에서 강력한 일들을 행하셨다. 잃어버린 영혼에게 하나님의 말씀을 전하는 교회(믿는 자)가 설립되기까지 그리 오랜 시간이 걸리지 않았다.

 사도행전은 초기 교회 개척에 막대한 영향을 준 사람들이 평신도였다는 사실을 말해준다(8:1, 4). 그들은 마을 전도(8:25)와 더불어 대중 전도를 실행했고(8:5-6, 12)를 실행했고(8:5-6, 12), 이러한 평신도 운동을 통해 교회들의 숫자는 배가되었고(9:31), 기적들은 교회 성장을 촉진시켰고(9:35-42), 구원받은 이방인들의 숫자도 증가하였다(10:44-48). 이후에는 예루살렘에서 온 평신도들이 그리스도를 증거하여, 드디어 안디옥에 이방인-유대인 교회가 세워지게 되었다(11:20-21).

안디옥 교회의 설립은 교회 개척 역사상 가장 중요한 사건일 것이다. 성령의 이끄심에 따라, 안디옥 교회는 놀랍게도 교회 역사상 첫 번째 선교사 파송 교회가 되었고(13:3), 세계를 향해 선교사들을 파송했다. 반면, 예루살렘 교회는 점점 내면화되기 시작했고, 교회의 비전도 상실하게 되었다. 초기 기독교 운동을 주도했던 유대주의자들과 같이 마침내 소멸하게 되었다.[8] 그와 대조적으로 안디옥 교회는 첫 번째 교회를 개척하는 교회로서 세계를 향해 나아갔다.

새로운 교회를 자발적으로 후원했던 안디옥 교회와 같이 축복된 교회는 많지 않았다. 안디옥 교회와 같이 훌륭한 리더들을 선교사로 파송하고, 막대한 재정을 후원하고, 새로운 교회를 세우고자 하는 후원 교회들도 많지 않다. 그러나 안디옥 교회는 이와 같은 사역을 감당하였다.

팀 켈러가 1989년에 뉴욕에서 리디머 장로교회를 개척했을 때, 그의 비전은 현대의 안디옥 교회가 되고자 하는 것이었다. "그는 복음의 역사를 뉴욕시에 적용하고자 했다. 복음으로 말미암아 도시가 영

---

8   모든 이방인 그리스도인은 유대인의 관습을 받아들임으로써 유대인처럼 살아야 한다고 믿었던 유대인 그리스도인 그룹(갈 2:14). Daniel G. Reid, ed., *The IVP Dictionary of the New Testament: A One-Volume Compendium of Contemporary Biblical Scholarship* (Downers Grove, IL: InterVarsity, 2004).

적으로, 사회적으로, 문화적으로 변화되어, 마침내 사회와 세계가 변화되기를 소망하였다. 그의 비전은 단지 하나의 교회를 개척하는 것이 아니었다. 그의 교회를 통해 다른 교회들이 세워지는, 교회 개척의 모판과 같은 역할을 하고자 했다. 그러한 방식으로 복음이 심겨져 도시가 변화되기를 원했다."[9] 그들의 헌신으로 2015년에는 45개의 도시에 300개의 교회를 세울 수 있도록 도움을 주었다.[10] 교회가 시작될 때, 안디옥 교회와 같이 개척자들을 후원할 수 있는 교회가 필요하다.

바울의 1차 선교여행은 안디옥 교회에 의해 파송된 것이라고 사도행전은 기록한다(13-14장). 바울은 유대인 회당에서 그의 메시지에 대해 수용적인 사람들에게 예수 그리스도의 복음을 증거하기 시작했다(13:5, 14:1). 로마 제국의 거의 모든 주요 지역 안에는 회당이 있었다. 회당이 없었던 소규모 지역에서는 기도 처소가 있었다. 바울은 예수 그리스도의 복음에 대해 긍정적 반응을 기대했던 사람들에게 접근하였고, 그들에게 복음을 증거했다.

결과적으로 바울이 그들에게 접근했을 때, 유대인들의 반대가 심했으며, 그 결과 바울은 유대인 대신 이방인들에게 접근하기 시작했다(13:44-47). 그는 하나님을 경외하는 자들을 대상으로 복음 증거를 시작했다. 이들은 진정한 영성과 참다운 종교에 대한 목마른 이방인들이었는데, 그 지역의 회당에서 유대인들과 함께 예배를 드렸다. 진리에 목마른 이방인들은 할례를 받지 않으면 회당의 회원이 될 수 없었음을 알고도, 그들은 오직 한 분뿐인 유대인들의 하나님을 예배하고자 했

---

9 Timothy J. Keller and J. Allen Thompson, *Redeemer Church Planting Center Church Planter Manual* (New York: Redeemer Church Planting Center, 2002), 24.
10 "Redeemer City to City," http://www.redeemercitytocity.com/churches.

다. 바울은 복음에 열려있던 이방인들에게 방향을 돌린 후에, 하나님을 경외하는 자들과 함께 사역을 시작했다. 이방인들에게 복음(할례를 필요로 하지 않는)은 실제로 좋은 소식이었다.[11]

바울은 2차 선교여행(15:40-18:22)에서 상황화에 초점을 맞추었다. 현대와 같이 아테네의 시민들은 영적 진리를 탐구하는 자들이었다. 우상으로 가득 찬 아테네의 마르스 힐에서, 바울은 혁명적인 발걸음을 내디뎠다. 바울은 이렇게 말했다: "아덴 사람들아 너희를 보니 범사에 종교심이 많도다"(행 17:22). 바울은 그들의 상황, 즉 진리에 대한 목마름에서 시작하여 그리스도의 진리를 향해 설득력 있게 논증하였다.

과거 20년 동안, 서구의 문화에는 많은 변화가 있었다. 변화의 특징 중 하나는 "영성"이었다. 비록 그것이 복음적인 그리스도인에게는 이방인의 양식으로 비추어졌다. 전통적 교회 패턴에 매이지 않으면서도 여전히 성경 중심적 교회 개척자들은 새로운 문화에 열려있고, 이 변화에 잘 대처하는 자들이다. 새로 개척되는 교회들은 바울처럼 그들의 문화에 적절하게 상황화하고 있다. 이들은 문화적 표현에 대한 새로운 접근을 받아들이면서도, 현재 출현하고 있는 "영성"은 말씀과 성령이 결여된 영성임을 인식하고 있다.

바울은 세 번째 선교여행(18:23-21:17)에서 그가 전에 설립했던 교회들을 다시 방문한다(18:23). 그는 주요 도시 안에서 전략적인 센터 교회(mother church)들을 설립하였다(행 19:10; 살전 1:8). 이 교회들은 후에 자신의 힘으로 파송 교회가 되었다. 빌립보 교회의 특사인 에바브로디도는 주

---

11 이것이 바로 에디오피아 내시의 기쁨이었다(행 8:39). 유대와 유대법을 흠모했던 그는 거세된 내시였기 때문에 유대 공동체 안으로 들어올 수 없었고 침례를 받을 수도 없었지만, 그리스도의 복음으로 말미암아 할례 없이도(불가능한 일) 침례를 받을 수 있게 되었다. Frank Stagg, *The Book of Acts* (Nashville: Broadman, 1954), 106-9를 참고하라.

요 도시 교회로 가서 바울과 함께 복음 증거자로 사역했던 완벽한 사례였다(빌 2:25-30, 4:18). 바울은 새로운 교회의 일꾼들을 격려하여(고전 16:1-3; 고후 8:1-6, 9:1-5), 그들이 자비량으로 헌신하고, 제자들을 재생산하고, 섬기는 리더들이 될 수 있게 하였다. 바울은 다만 이러한 교회들이 외적인 부분들에 대해 다른 교회와 협력하지 않으려는 태도를 보고 다소 염려하였다.

결론

사도행전에서 우리가 찾고자 했던 바는 바울과 다른 초대 기독교인들이 교회 개척을 그들 사역의 정상적인 한 부분으로 믿고, 그렇게 실천하며 살았다는 것을 확인하는 것이었다. 특별히 예수님의 지상대위임령의 관점에서 보면 더욱 그렇다. 새로운 교회를 개척한다는 것은 이기적인 욕심에서 비롯된 소설이나 자료가 아니었다. 교회 개척은 선교학에 대한 신약성경의 지극히 정상적 표현이다. 성령의 인도하심에 따른 교회 개척 사역은 초대교회의 존재 방식이었다. 예수님의 부활 이후, 불과 몇십 년 안에 초대교회가 로마 제국 전역에 폭발적으로 성장할 수 있었던 이유를 설명해 주는 것이 바로 교회 개척이다.

바울의 생애와 초대교회의 주된 사역은 교회 개척이었다. 초대교회의 역동성을 재발견하고자 한다면, 교회 개척을 시도해 보라. 바울과 초대교회가 사용했던 방식들은 오늘 우리의 사역 현장에 적용할 수 있는 귀중한 원리들이다. 당시의 상황에 적합했던 바울의 전략 속에서, 이제 우리는 시대와 상황을 초월하여 보편적으로 적용할 수 있는 원리들을 찾아야 할 것이다.

PLANTING MISSIONAL CHURCHES

교회 개척자의 자격과 평가

먼저, 교회 개척은 누가 하는지 생각해 보자.

오직 교회만이 교회를 개척할 수 있나? 교단도 교회 개척을 하는가? 개인이 교회를 개척할 수는 없나? 교회 개척을 위해, 각 개인은 안수를 받아야 하고, 공식 훈련을 받아야 하고, 기관이나 교단에 의해 파송을 받아야 하나?

이 장에서, 성공적 교회 개척을 위한 후원 교회의 영향력과 개척자로 부름을 받은 사람들의 자격에 대해서 고찰할 것이다.

먼저 교회 개척자의 자격에 대해 신약성경이 제시해 주는 흥미로운 패턴을 고찰하고자 한다.

개인이 교회를 개척한다

비록 개인의 교회 개척이 신약성경 내 가장 흔치 않은 방법이었지만, 그런 사례가 없지는 않았다. 예를 들면, 빌립이 사마리아로 갔을 때 (행 8:1-40), 그는 성령 이외 어느 누구의 지시도 받지 않았다. 빌립이 회심자를 얻었을 때, 사도들이 베드로와 요한을 사마리아로 보냈지만, 빌립은 회심자들에게 침례(세례)를 주었고, 새로운 교회를 세우고 있었다.

초대교회의 역사는 사도들이 교회 개척을 위해 다른 지역으로 보냄을 받았다는 것을 보여준다. 그러나, 그들의 개척 사역은 외로운 싸움이었으며, 그런 경험을 통해 교회 개척 사역은 개인보다 팀으로 시작하는 것, 혹은 개척자가 개척지에 도착해서 먼저 개척 팀을 구성하는 것이 중요하다는 것을 시사해 주고 있다.

평신도가 교회를 개척한다

아굴라와 브리스길라는 신약성경에 자주 나오는 이름이다. 그들은 평신도였으며, 사업을 하는 부부였고, 에베소에서 교회를 시작했다고 기록되어 있다. 그들의 이름은 또한 여러 도시에서도 나타난다(로마, 고린도, 에베소; 행 18:2-3, 18-19, 26; 딤후 4:19).

에베소와 로마에서 아굴라와 브리스길라는 자기 집에서 교회 모임을 인도했다(롬 16:3-5, 고전 16:19). 사실, 로마에 교회가 "세워졌다"는 기록이 없으므로 아굴라와 브리스길라가 그들의 집에서 교회를 시작하는 데 도움을 주었다고 추정할 수 있을 것이다. 그들은 교회 개척 사역과 바울을 돕는 사역에 헌신하였고, 바울의 에베소 선교 여행을 위해 재정적인 도움을 주었다고 본다. 리차드 롱에네커(Richard Longenecker)는 그들이 여행하면서 사업하는 자들이었을 것이라고 설명한다.

> (그들은) 자신의 사업 장소를 고린도에서 에베소로 옮겼거나, 아니면 고린도에서 했던 사업을 에베소 지역에서 새로 시작하고자 고린도를 떠나 에베소로 갔을 것으로 보인다(아마도 이전에는 로마에서 사업을 했을 것이다). 아굴라와 브리스길라의 사업은 잘 진행되었던 것으로 보였고, 그들이 바울의 사역에 동참했으며, 에베소로 가는 바울의 여행경비를 그들

이 대신 냈다. 아굴라와 브리스길라는 유대 그리스도인이었기 때문에, 바울이 예루살렘에서 서원한 것을 지키려 했던 것을 보고, 바울에게 깊이 감사했다.[1]

평신도가 교회를 개척할 수 있다는 사실은 흥미로운 점이다. 이는 목회 사역에 대한 특별한 부름을 받지 않는 사람들이 교회 개척 사역에 동참할 수 있다는 것을 보여준다. 교회 개척은 목회자의 사역이면서, 동시에 평신도의 사역이다. 만일 우리가 선교적 태도를 가진 공동체를 세우고자 한다면, 전문 목회자가 없다는 이유만으로 이 사역이 중단되어서는 안 된다. 믿는 자 모두 직업과 상관없이 선교적 삶을 살도록 부름을 받았다. 더 많은 평신도가 사역과 목회를 담당할 수 있도록 훈련하고 구비시키는 것이 바로 엡 4:11-13이 말하는 내용이다.

성경은 목사/장로에 대해 아주 자세히 기록하고 있다(예, 딤전 3:1-7). 이는 그들의 역할이 지역 교회 안에서의 평범한 사역만이 아니라는 것을 말해 준다. 그러나 목사에 대한 자격을 보면, 한 가지 예외만 있을 뿐(가르치기를 잘하며), 경건한 사람들의 자격과 같다. 교회를 개척할 때, 일반적인 경건의 수준을 넘어 성경이 말하는 평신도가 목회자의 역할을 담당하기 위해 성경에서 말하는 자격 요건이 있다. 평신도들이 교회를 개척할 수 있고, 목회적 리더십을 맡을 수 있고(혹은 다른 사람을 데려올 수도 있다), 그리스도 중심의 교회를 개척할 수 있다.

---

1   Richard N. Longenecker, *Acts*, The Expositor's Bible Commentary (Grand Rapids, MI: Zondervan, 1981), 284.

팀이 교회를 개척한다

사도행전에서 하나님이 사도적 팀들을 세우신다는 것을 보게 된다. 사도 바울이 교회를 개척할 때, 항상 팀 사역을 했다. 바울과 함께 사역한 팀의 동료들은 바나바, 실라, 디모데였다. 바울과 함께 일했지만, 독립적으로 동역한 사람들은 브리스길라, 아굴라, 그리고 디도였다. 바울은 또한 에바브로디도, 에바브라, 아리스다고, 가이오, 그리고 야손 등과 같은 지역 교회의 대표자들과도 함께 일했다.

올로그는 이렇게 말한다. "교회는 일정한 기간 이 사람들을 통해서 사역이 이루어졌다. 이미 세워진 교회들은 바울의 선교 사역 여정에 다시 출현하게 되었고, 사역에 대한 책임도 같이 나누었다. 이렇듯, 팀 사역에 동참하지 않는다는 것은 지역 교회 안에서 커다란 손실을 초래하는 것이다. 팀으로 같이 하려 하지 않는 교회는 바울 선교 사역에 동참할 수 없었다."[2]

단체, 교단, 네트워크가 교회를 개척한다

많은 사람이 단체, 교단 혹은 네트워크가 교회를 개척해서는 안 된다고 강하게 주장한다. 왜냐하면, 그들의 정책에는 항상 지원과 더불어 통제가 따르기 때문이다. 나의 신앙 전통을 볼 때, 지역 교회는 자율성이 보장되지만 교회가 교제권 바깥으로 나가는 것에 대해서는

---

2   David J. Bosch, *Transforming Missions: Paradigm Shifts in Theology of Mission* (Maryknoll, NY: Orbis, 2001), 132, citing W. H. *Ollrog, Paulus und seine Mitarbeiter* (Eukirchen-Vluyn: Neukirchener Verlag, 1979).

회의적이다. 그러므로 단체/교단적 교회로 시작하는 것은 통제를 받아야 한다는 의미가 아니고, 단지 교단과 함께 시작한다는 것이다. 과거 나의 학생 중 한 명이 이렇게 말했다:

> 성경은 복음의 일을 위해 집합적으로 함께 모여 사역자들을 파송하는 것에 대해 반대하지 않는다. 바울은 예루살렘 교회로부터 보냄을 받았고, 선교적 여정을 시작하게 되었는데, 비단 예루살렘 교회에서만 지원을 받은 것은 아니었다. 바울은 여러 지역을 여행했고, 여러 사람과 여러 교회로부터 후원을 받았으며(빌 4:16), 그것을 통해 하나님께서 그에게 주신 사역을 감당할 수 있었다. 때로는 자비량으로 사역하기도 했다(행 18:3). 그리스도인들이 자원을 모아 일꾼을 추수지로 보내는 것이 하나님께서 자기 백성을 부르신 이유이다. 역사를 통해 볼 때, 하나님께서는 여러 가지 방법으로 일하셨는데, 특히 하나님께서 개척 사역을 이런 방식으로 하신 이유는 많은 교회가 새로운 교회를 개척하는 축복의 기회를 놓치지 않게 하기 위함이다.[3]

교회가 교회를 개척한다

비록 신약성경이 "교회를 개척하는 교회"에 대한 구체적으로 명령하지는 않지만, 이것은 오늘날 가장 많이 사용되는 교회 개척 방법이다. 신약성경을 보면, 교회가 믿는 자들에게 교회를 개척하라는 사

---

3 Craig Wurst, student paper, "Who Can Plant Churches?," The Southern Baptist Theological Seminary, Louisville, KY, 1999.

명을 주었고, 그 사명에 순종하는 사람들은 교회 개척을 위해서 한 지역에서 다른 지역으로 이사하였다.

교회는 교회를 개척할 수 있고, 개척하고 있고, 개척해야만 한다. 가장 효과적인 교회 개척은 후원/모교회가 적극적으로 동참할 때 일어난다. 역사적으로 볼 때 이런 모델을 "교회의 확장"이라고 하며, 모 교회는 다른 지역으로 그 사역이 확장된다. 우리는 이를 "교회 배가"(church multiplication) 라고 부른다.

모교회, 파트너, 후원 교회 등은 사역 팀으로서 핵심 그룹을 파송하거나, 필요한 자원들을 제공하는 사역 등 다양한 수준으로 교회 개척 팀에 참여할 수 있다. 다음과 같은 지원 사역들이 있다: ⑴멘토링과 상호 책임을 통한 격려 사역, ⑵재정적 지원, ⑶시설 지원, ⑷지도자. 또 다른 모델은 모교회나 후원 교회가 본 교회와 유사한 교회를 확장하여, 다른 지역에 또 하나의 캠퍼스나 혹은 위성 캠퍼스를 만들어, 다양한 지역에서 사역하는 방식이다. 모교회와 개척된 교회와의 주요한 차이는 지역의 위치가 다르다는 것과 개척되는 지역에 더 상황화된 사역을 한다는 것이다.

그런데도, 협력 교회 간의 관계가 잘 조직화 되어야 하고, 교회 개척은 기존 교회의 사역에서 중요한 우선순위로 정해져야 한다. 교단 지도자로 섬기는 필 스티븐슨(Phil Stevenson)은 이렇게 설명한다: "교회 개척을 하지 않으면서 성경적 교회가 될 수 없다. 하나님은 교회가 자기만을 위한 교회가 되는 것을 의도하지 않으셨다. 하나님의 목적은 항상 배가하는 것이었다…. 초대교회가 행한 이 방식은 새로운 시대에, 새로운 방식으로 적용되어야 한다…. 오늘 우리는 안디옥 교회의 정신을 재점화시켜야 한다."[4]

다음은 모교회(mother church)가 교회 개척 사역을 하게 될 때, 지교회(daughter church)가 얻게 되는 유익이다. 이전의 연구를 보면, 개척 초기에 모교회와 함께 개척을 시작한 교회는 높은 출석률을 보였다. 매년 통계를 보면, 모교회와 함께 사역하는 새로 개척된 교회의 출석률은 그렇지 않은 교회보다 더 높았다.[5]

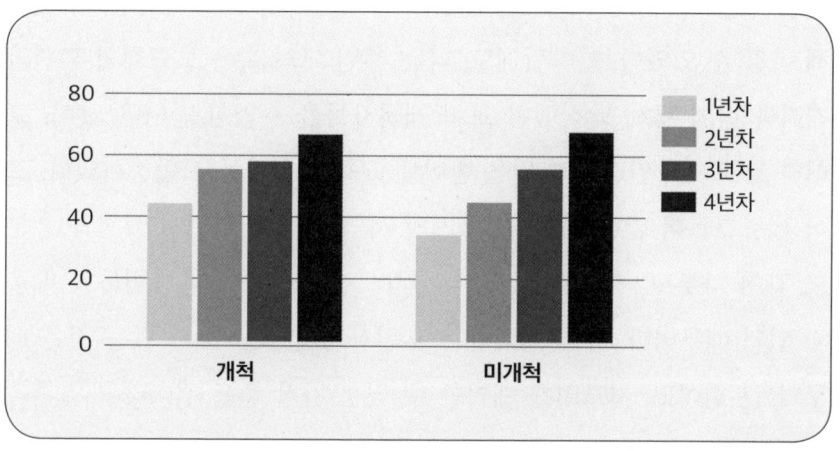

교회의 사역을 연구한 제프리 파머(Jeffrey Farmer)는 그의 학위 논문에서 모교회(mother church)의 후원이 개척 교회에 미치는 영향을 발표하였다. 선행 연구를 마친 후에, 그는 다음의 논문, "교회 개척 후원이 후원 교회에 미치는 영향"을 발표했고, 교회 개척을 후원하는 교회들은 주일 오전 예배 출석, 침례(세례), 주일학교 출석에도 좋은 영향을 미

---

4   Phil Stevenson, T*he Ripple Church: Multiply Your Ministry by Parenting New Churches* (Indianapolis, IN: Wesleyan Publishing House, 2004).
5   Ed Stetzer의 박사학위 논문, "The Impact of the Church Planting Process and Other Selected Factors on the Attendance of Southern Baptist Church Plants," The Southern Baptist Theological Seminary, Louisville, KY, 2003에서 발췌하였다.

쳤다. 그와 더불어, 3~5년 동안 새로 개척된 교회를 계속 후원하는 교회들은 지속적으로 성장할 수 있는 잠재력을 갖추고 있었다고 보고한다. 이 연구의 내용은 www.NewChurches.com/PMC에서 찾아볼 수 있다.

후원하는 교회와 개척되는 교회, 양측 교회들의 출석률이 증가될 뿐 아니라, 모교회는 계속해서 교회 개척을 장려하고 성장시켜 나갈 수 있었으며, 교회 개척을 성공으로 이끌어 주는 요인들을 더 개발해 나갈 수 있었다. 안타깝게도, 나는 후원 교회 혹은 모교회의 후원과 격려를 받지 못해 낙심했던 교회 개척자들을 수없이 만나 보았다. 그러나 모교회의 건강한 후원을 받았던 교회 개척자들은 번창하였다. 그 이유는 그들이 말한 바와 같이 개척 사역을 함께 하면서 열정과 흥분도 같이 나누고, 시너지 효과뿐 아니라 실제적 사역의 방법들을 배울 수 있기 때문이다. 함께 협력하는 후원자 혹은 모교회가 있는 것은 너무나 큰 힘이고, 지교회를 개척할 수 있는 가장 좋은 길이라고 결론을 내릴 수 있다.

그렇다면, 누가 개척할 것인가?

궁극적으로 하나님은 교회 개척자들을 부르시고, 새로운 교회들을 통해 일하신다. 그리고 개인, 팀, 단체, 그리고 교회들을 사용하셔서 새로운 교회를 개척하신다. 하지만 **성령의 사역이 없다면, 교회를 개척할 수 없다. 단지 종교 클럽만 늘어날 뿐이다.**

하나님은 성령의 인도를 따라 여러 부류의 사람들을 사용하셔서 교회를 개척하신다. 지난 20여 년간, 교회 개척에는 몇 가지 공통적인 특성들로 범주화되면서, 구체화되었다. 이러한 공통된 특성들이 형성되고, 그것들이 측정의 기준이 되었다. 몇몇 단체들은 미래의 교회 개척자들을 평가하기 위한 도구들을 개발하기 시작했다.

교회 개척자들은 어떤 사람들인가?

교회 개척의 과업은 독특한 은사를 가진 사람들을 통해 이루어진다. "당신은 교회 개척자인가?"라는 질문을 받을 수 있다. 디모데전서 3장에 나오는 자격 요건 외에, 당신이 교회를 개척하기 위해 요구되는 6가지 지침이 있다.

1. 사역 시작의 패턴

가장 하고 싶은 첫 번째 일이 교회 개척이었다면, 그것이 바람직한 생각은 아니다. 스스로 "개척자"인가를 검증하는 것도 좋은 방법이 아니다. 오히려, 먼저 점검해야 할 일은 사역 시작의 패턴이 형성되어 있는지이다. 즉 교회를 개척하기 전에, 성경공부, 컴패션 사역 등, 이런 구체적인 사역들을 시작한 경험의 여부이다. 혹시 일관되게 나타나는 사역 "시작" 패턴이 있는가? 개척에 앞서 다른 사역을 먼저 시작해 보는 것도 하나님께서 교회 개척을 원하시는지 확인하는 데 도움을 줄 수 있다. 성경의 원리는 작은 것에 충성하는 자에게 더 큰 것을 맡기는 것이다(마 25:21). 만일 사역을 시작해 본 경험이 없다면, 하나님은 지금 교회를 개척하는 것을 원하지 않는다고 봐야 한다.

2. 사역 배가의 패턴

사역의 영역에서 다른 사람을 훈련하고, 훈련받은 사람들이 또 다른 사람들을 훈련하게 한 경험이 있는가? 아니면, 모든 사역에 직접 다 관여하기 때문에 일이 "잘" 진행되는 편인가? 만일 일하는 "방식"이 그 일을 하는 "사람"보다 더 중요하다면, 교회 개척은 힘든 사역이 될 것이다. 만일 다른 사람들을 연결하여, 그 사람들과 함께 일하는 형태를 보이고, 그들을 성장시켜 그 역할을 담당하게 한다면, 그것이 교회 개척에 중요한 요소가 된다.

3. 개인적 부담감

"나는 교회 개척에 대한 부담을 느끼고 있나?" 스스로에게 물어보라. 교회 개척자들은 다른 목회자들에게 없는 독특한 특성이 있다. 하나님은 교회 개척자들에게 다른 특성을 주셨다. 이 부담감이 개척자들에게 교회 안에서 고민이 되기도 한다. 무엇인가 새로운 것을 시도해야 한다는 열정이나 열망이 마음속에 각인되어 있기 때문이다. 이로 인해 많은 사람이 가는 길과는 다른 길로 가는 것처럼 보일 수 있고, 그들이 가는 길에 대해 침묵할 수도 있다. 만일 하나님이 교회를 개척하기 원하신다면, 현재 추구하는 그 일에 초점을 맞추어 일하게 하신다.

4. 거룩한 불만족

이 항목은 주의 깊게 다루어져야 한다. 사역하는 자는 여러 가지 이유로 만족하지 못할 때가 있다. 설교가 너무 좋았다고 하면서 누군가 악수를 청하는 사람은 아무도 없을 것이다. 그것이 사역자를 지치게 하고 낙심하게 할 수도 있다. 어쩌면 사역자 스스로 만족하지 못하는 스타일일지도 모른다. **늘 불안에 시달리고, 섬기는 교회에 대해 만족이 없다면, 하나님께서 교회 개척자로 부른 자인가를 다시 점검해야 한다.** 여기서 말하는 불만족은 일상에 대한 불만족이 아니고, 영적인 것을 향한 거룩한 불만족이다.

많은 사람이 나와 상담할 때, 현실에 만족하지 못한 상태에서 교회 개척에 대해 부르심을 받았다고 말한다. 어떤 사람들은 교회가 그들에게 설교할 기회를 주지 않기 때문에 불만이라고 말한다. 교회가 그에게 설교할 기회를 주지 않았다는 것은 그 분야에 은사와 소질이 없기 때문일 수 있다. 그들은 그것이 하나님께서 주신 교회 개척 "신호"라고 생각했다.

나를 낙담시키는 상황과, 하나님이 개척 현장으로 보내시는 것은 완전히 다르다. 부정적인 경험이 사역 방향을 휘저을 수 있지만, 이 과정에서 분별력 있는 멘토의 도움을 받는 것이 좋다. 다른 사람들의 말을 귀 기울여 들어보라. "좋아. 하나님은 현재 사역을 여기서 끝내실 것이기에, 하나님의 사명을 온전히 수행하도록 새로운 것을 해야겠네." 아니면, "자, 이제 불평은 그만하고, 다음 단계에서 해야 할 일을 잘 수행해 보게!"

5. 가족의 헌신

새로운 교회 개척을 위해 배우자와 자녀를 떠나야 한다면, 하나님은 그 일을 맡기지 않을 것이다. 교회 개척을 시작하고자 한다면, 가족의 헌신도 같이 요구된다. 만일 교회를 개척하고자 한다면, 먼저 가족들과 함께 대화하라. 교회 개척의 열망을 가족들과 함께 나누라.

그러나 가족들이 은사 혹은 부르심에 대해 수긍하지 않는다면,

교회 개척은 심각한 문제가 될 수 있다. 나의 경우, 아내는 나의 제안에 대해 아니라고 말할 권리를 가지고 있다. 만일 아내가 나의 계획에 대해 하나님의 인도가 아니라고 말한다면, 나는 아내의 말을 받아들인다. 하나님께서 우리 부부 두 사람을 같은 방향으로 인도하지 않는다면, 우리는 그 길로 가지 않는다. 교회 개척자들은 열정으로 가득한 "비전에 취한" 사람일 수 있다. 만일 배우자가 경건한 신앙인이라면, 하나님은 아내를 통해 적색 신호, 혹은 녹색 신호를 보여주신다. 이를 위해, 하나님은 다른 누구보다 배우자를 사용할 수 있고, 사용하실 것이다.

6. 교회의 승인

만일 다니고 있는 교회에서 교회 개척의 은사와 소명을 놓고 의구심을 갖는다면, 교회 개척을 향한 계획을 다시 검토해 봐야 한다. 그런데도 그 교회와 더불어 교회 개척을 시작하려고 한다면 복잡한 상황이 일어날 수 있다. 그 교회는 교회 개척을 반대하지는 않겠지만, 교회로부터 가까운 곳에 개척하여 교인들을 빼내 간다는 생각을 할 수도 있을 것이다. 그러므로 그 사람이 리더의 자격이 있는지 딤전 3:1-7의 말씀을 통해 교회가 검증하는 절차를 갖는 것이다. 교회 개척자들은 후원하고 파송하는 교회와의 협력을 조성해야 한다. 개척자의 자격을 확인하는 데 있어서 교회의 검증이 성경적이며, 가장 좋은 지표가 된다.

그 다음으로, 교회 개척자를 위한 평가가 필요하다. "평가"(Assessments)라는 개념이 1980년대 후반에 교회 개척 리더들 사이에서 나타나기 시작했다. 최근에는 여러 종류의 평가 방법이 나와 있다. 교회 개척을 계획하는 자들에게, 이 평가는 일주일 동안 계속되고, 강도 높은 심리 테스트, 일대일 인터뷰, 그룹 상호 활동, 후속 모임 등이 포함되기도 한다. 개척자들의 소명과 은사를 확인하는 짧고 간단한 평가방식도 있다. 물론 중간에 해당하는 평가 기간이 비교적 짧고 제한적이지만, 대면으로 만나서 평가하는 방식도 있다. 그러나 어떤 평가 도구는 개척 대상자를 결정하는 과정의 한 부분으로 사용되기도 한다.

리들리 평가

교회 개척을 주관하는 단체들의 가장 큰 책임은 미래의 교회 개척자들에 대한 평가와 개발이다. 교회 개척자들, 그들의 가족, 교회 개척의 자원을 관리하는 일들을 중요하게 생각하는 교회 개척 단체들은 개척 후보자들을 위한 객관적으로 평가하는 과정이 필요하다는 사실을 인정한다. 후보자들에 대한 적절한 평가가 없다면, 하나님 나라를 위한 사역의 효율성은 곧 시들게 된다. 평가는 결코 형식적이어서도 안 되고, 느낌만으로 판단해서도 안 된다. 그 이상이어야 한다. 몇몇 기독교 교단들이 교회 개척에 관해 연구한 것 중에서 볼 때, 차알스 리들리(Charles Ridley)는 개척 후보자에 대한 평가를 통해, 교회 개척에서 성공할 확률을 예상할 수 있는 평가 과정을 개발했다. 북미 전역에 있는 교단들은 개척 후보자들을 평가하기 위해서 그의 도구를 사용하고 있다. 바로 리들리 평가 도구이다. 리들리 평가 인터뷰를 한 교회 개척자들의 교회는 그렇지 않은 개척자들의 교회보다 출석 수가 더 많았다. 통계적으로 볼 때, 교회들이 가지고 있는 여러 가지 요소들이 동등하다고 가정한다면, 이 평가를 통하여 준비한다면, 교회 개척에서 성공할 수 있는 교회 개척자들을 선발할 수 있을 것이다.

리들리는 가장 성공적인 교회 개척자들에게 다음과 같은 13가지의 특성을 있음을 확인했다.[6]

1. 비전을 담을 역량이 있다
미래를 상상할 수 있고, 비전에 참여하도록 다른 사람들을 설득하며, 비전이 실제가 되게 하는 능력이다.

2. 내면에서 동기 부여를 한다
독립 개척자로서 사역을 향해 찾아가고, 어려운 일과 결정을 통해서 탁월함을 이루어 간다.

3. 사역에 대한 주인의식을 가진다
다른 사람들에게 성장을 향한 책임감을 고취시키고, 리더들을 훈련하여 다른 리더를 재생산하게 한다.

4. 교회 밖의 사람들을 접촉한다
교회 밖의 사람들과 관계를 형성하고, 이로 인해 생기는 장애를 깨뜨리고, 사람들을 격려하여 스스로 돌아보게 하고, 하나님과 인격적으로 동행할 수 있도록 인도한다. 그 결과 새신자들이 다른 사람들을 예수 그리스도께로 인도하는 법을 배운다.

---

6   이 카테고리는 리들리의 책 2장에서 13개의 특성으로 설명된다. 리들리의 저서 *How to Select Church Planters* (Pasadena, CA: Fuller Evangelistic Association, 1988), 7-11을 참고하라.

5. 배우자와 협력한다

교회 개척자 부부는 사역의 우선순위, 배우자 각각의 역할과 참여, 사역과 가정생활과의 통합과 균형 등에 관해 동의한다.

6. 효과적으로 관계를 형성한다

주도성을 가지고 사람들을 만나며, 관계를 계발하여 효과적인 사역을 위한 기초를 형성한다.

7. 교회 성장에 기여한다

제자의 수가 많아지고, 교인들의 질적인 성숙을 통해 교회가 성장하는 것은 가치 있는 일이다. 이러한 헌신을 통해 그들은 영적이고 관계적인 성장의 상황 속에서 수적 성장을 증가시키고자 고군분투한다.

8. 지역 사회에 대해 적절히 반응한다

자신이 목표로 하는 지역 주민들의 문화와 필요에 적응하는 능력을 보인다.

9. 다른 사람들의 은사를 활용한다

다른 사람들이 영적인 은사를 가지고 사역할 수 있도록 훈련하고, 그 일을 맡긴다.

10. 융통성과 수용성

변화와 모호성에 적절하게 대처하고, 필요할 때 우선순위를 조절하며, 다양한 과업들을 동시에 다룰 수 있다. 리더는 긴급한 상황에 대처할 수 있어야 한다.

11. 그룹의 응집력을 키운다

그룹의 구성원들이 공동 목표를 향해 함께 일할 수 있게 하고, 분열되는 상황을 기술적으로 관리할 수 있다.

12. 탄력성을 보인다
어려움, 상실, 실망, 실패 등을 통해 자신을 정서적으로, 영적으로, 그리고 육체적으로 관리할 수 있는 능력을 갖춘다.

13. 믿음으로 행한다
자신이 확신하는 바를 사역의 방향으로 정하고, 행동으로 전환할 수 있다.

지난 10년 동안 리들리 평가방식 이외에도, 다른 도구들이 개발됐고, 현재 개발 중인 도구들도 있다. 어떤 도구들은 관계적 기술, 개척의 이유, 소그룹 기술 등의 문제들을 다루기도 한다.

그 밖의 자격

위에 리들리가 제시한 여섯 가지 지표 이외에, 신약성경은 다른 자격들도 언급하고 있다. 예를 들면, 디모데전서 3장에 있는 목사 — 장로를 위한 자격이 나온다. 이 자격들도 교회 개척자들에게 적용될 수 있다. 기존의 목사들에게는 잘 적용되지 않는다. 그러나 교회 개척자들은 기존의 목사들이 직면하지 않는 문제를 맞닥뜨리기에, 이들이 필수적으로 고려해야 할 몇 가지 사항이 있다.

<u>부르심에 대한 확신</u>. 첫째는 교회 개척자로서 부르심에 대한 확신이다. 엡 3:8에서 바울은 "모든 성도 중에 지극히 작은 자보다 더 작은 나에게 이 은혜를 주신 것은 측량할 수 없는 그리스도의 풍성함을

이방인에게 전하게 하시고"라고 말한다. 의심과 고통과 갈등의 시대에서, 바울은 하나님의 부르심을 듣는 특별한 시기를 경험하고 있었다. 이방인에게 복음을 증거하라는 부르심에 대한 확신은 고통의 시기에서 그를 붙잡아 주는 힘이었다. 딤전 2:7에서 바울은 이렇게 기록했다. "이를 위하여 내가 전파하는 자와 사도로 세움을 입은 것은 참말이요 거짓말이 아니니 믿음과 진리 안에서 내가 이방인의 스승이 되었노라."

지역 사회, 문화, 혹은 민족 그룹에 대한 부르심. 이방인에 대한 부르심이 바울을 사로잡은 것처럼, 개척자들의 부르심은 특정한 민족을 위한 것일 수 있다. 이 부르심은 특정한 지역 사회, 혹은 특정한 문화, 도시에 속한 사람들일 수 있다.

특별한 믿음. 리들리는 믿음이 가장 중요한 자격이라고 말하면서 강조하고 있다. 히브리서의 저자는 "믿음은 바라는 것들의 실상이요 보이지 않는 것들의 증거니"(히 11:1)라고 기록했다. 모든 목회자가 믿음을 가져야 하지만, 특히 교회 개척자들에게 더 중요하다. 교회가 아직 존재하지 않고 개척을 아직 시작하지 않았기 때문에, 눈에 보이지 않더라도 새로운 교회가 실재한다는 확신을 가져야 한다. 하나님 스스로 교회를 시작하신다는 믿음이 없다면, 개척자가 될 수 없다.

잘못된 이유

교회 개척자들의 자격을 살펴보면, 잘못된 이유로 교회를 개척하는 사람들이 있다는 사실을 알게 된다. 교회 개척의 과정을 살펴보기 전에, 교회를 개척하고자 하는 동기가 부적절할 수 있다.

- 설교에 대한 강한 열망을 하고 있으나, 아무도 기회를 주지 않는다.
- 자신이 원하는 것을 할 수 없으므로 현재의 위치에 대해 좌절하고 있다.
- 기존의 교회에서는 목회할 기회를 얻을 수 없다.
- 외부에서 자신의 능력을 입증하고 싶어 한다.
- 사역 경험이 필요한데, 사역 기술을 연습할 좋은 기회가 바로 교회 개척이다.
- 자신의 명성이나 자아를 높이기 위해서 대형 목회를 꿈꾸고 있다.
- 교회 개척이 대세이고, 이를 누군가 해보라고 권했다.

평가 과정

평가는 목회 후보자의 은사를 정확하게 파악하고, 그들을 적절한 사역의 위치로 연결해 주는 역할을 한다. 유급 교회 개척자들을 위한 대부분의 평가 시스템에는 6개의 기본 과정이 있다: 모집, 1차 검증, 1차 평가, 심층 검증, 평가 인터뷰, 평가 센터.

아래는 전문 사역자를 위한 유급 교회 개척자에 관한 사례이다. 그러나, 이 평가방식을 가정에서 재생산하는 사역을 하는 가정교회 개척자들에게 적용할 경우 반대의 결과를 가져올 수 있다. 이 장의 후반부에 나오는 평가 센터에서 이 문제를 다루게 될 것이다. 그 외 다른 단계에서 약간의 수정이 필요하겠지만, 그래도 적절하다고 본다.

모집

미래의 교회 개척자들을 모집하는 것은 교회 개척 기관이나 모집 예산의 규모와는 관계없이 절대 쉽지 않은 일이다. 그러므로 교단,

네트워크, 혹은 지역 교회를 연결하여 교회 개척에 대한 관심을 그들에게 알리라. 그들은 평가 단계로 인도해 줄 것이다. 그밖에, 교단이나 네트워크에 속한 설교자들, 리더들, 교사들, 교회 개척 관계자들과 연결할 기회를 찾아라. 미래의 교회 개척자들이 모이는 모임에서 자신을 소개할 기회를 만들어라.

2. 1차 검증

1차 검증은 평가 과정에서 여러 가지 방법으로 이루어진다 — 커피를 마시면서, 사무실에서, 전화로, 워크숍 후의 간단한 대화를 통해서 이루어진다. 이때는 미래의 교회 개척자들과 평가자들을 위한 비공식 평가가 시작되는 시점인데, 교회 개척이 종합적인 측면에서 적절한가를 평가한다.

나는 모든 그리스도인은 교회 개척에 부분적으로라도 참여해야 한다고 믿지만, 모든 사람이 교회 개척자라고 믿지는 않는다. 특별히 모든 사람이 개척 교회의 담임목사이거나 사례비를 받는 전문 사역자는 아니다. 1차 검증 과정의 단계가 진행되는 동안에, 평가자는 교회 개척에 참여할 수 있는 가능한 방법들을 폭넓게 소개할 것이다. 일차 검증 단계에서는 미래의 개척자와 평가자 둘 모두에게 도움이 되는 시간이며, 객관적으로 진행되는 단계이다.

1차 검증 단계에서는 속해 있는 교회에서 교회 개척에 관해 어떤 기회들이 있는지를 보여주는 시간이다. 여기서는 재정지원의 여부, 전임/이중직 사역자, 담임 개척자/팀원 등 교회 개척에 관한 가장 기본적인 방법과 모델들을 포함하고 있다. 이 기간에 담임 개척자가 아닌 봉사자들, 혹은 교회 개척 팀의 구성원들은 그들의 사역 직책이 무엇이든 상관없이, 어떻게 교회 개척에 참여할 수 있을지를 질문할 수 있다.

3. 1차 공식 평가

1차 검증 후에, 교회 개척의 실제 상황에서 후보자와 평가자가 해야 하는 일들이 무엇인지를 잘 알아야 한다. 이 단계는 1차 평가이다. 이것이 완전한 평가는 아니지만, 이 상태에서 평가를 계속 진행해야 할지, 평가 과정을 중단해야 할지를 결정하는 1차 관문이 된다.

때에 따라서 평가자는 후보자와 이미 어떤 관계가 형성되어 있고, 후보자가 다른 후보자들과 어떻게 비교되는지도 인식할 수 있을 것이다. 그러나 대형 교단 혹은 조직에서 행하는 1차 평가는 후보자와 평가자 간의 상호작용을 통한 정보가 없을 때, 첫 번째 혹은 두 번째 모임에서 이 평가가 이루어진다. 라이프웨이 연구팀이 개발한 교회 개척 후보자 평가(CPCA: Church Planter Candidate Assessment)의 첫 번째 단계에 유용한 도구가 있다. 이 도구는 교회 개척 분야에 관한 온라인 형식의 객관적이며 타당한 방식으로서 통계적으로 평가하는 유일한 평가 도구이다. CPCA의 핵심은 성공적인 교회 개척자들과 함께 주요 특징들을 발견한 것이며, 이 특징들을 측정하는 도구이다.[7]

CPCA는 후보자와 평가자에게 교회 개척과 관련된 필요한 자료들을 제공해 주며, 첫 번째 단계에서 어떤 대화를 어떻게 시작해야 할지 객관적 정보를 제공해 준다. 이러한 과정을 일차적 평가라고 부른다. 이 1차 평가가 완료되면, 후보자는 장점과 약점에 대한 질문을 받

---

[7] "Church Planter Candidate Assessment," 2015년 9월 16일 접속, http://churchplanter.lifeway.com.

게 되고, 다음 단계로 이동하게 된다.

CPCA는 이 단계를 미래의 교회 개척자로서의 성공 가능성을 위한 1차 관문으로 설정한다. 교회 개척 단체가 미래의 개척자들에게 청신호 혹은 적신호를 표시하는 최종적 단계는 아니다. 이 평가는 후보자들과 단체들에게 가능한 최상의 평가를 제공하기 위해, 객관적이고, 통계적으로 타당한 측정이 되도록 돕기 위해 제작된 것이다. 나는 미래의 개척자들 부부가 이 평가 과정에서 너무 멀리 혹은 너무 빨리 진행되어, 활동 인터뷰와 평가 센터로 옮겨진다는 말을 자주 듣는다. 마땅히 행해져야 하지만, 또 한편으로 더 일찍 평가되었어야 하는 것들도 있다.

4. 심층적 검증

1차 검증 후에, 후보자와 평가자가 다음 단계로의 이동이 결정됐다면, 마지막 심층적 검증과정으로 옮기게 된다. 이는 개척자들, 미래의 교회 개척, 그리고 교회 개척 단체의 상황에 맞추어진 평가 단계이다. 이 단계에서 대부분 적용점, 교리적 신념, 교회 개척에 대한 이해도를 기록한다.

이 단계는 "적절성"(fit)에 초점을 맞춘다. 그래서 신학, 성품, 교회 개척 단체와 개척하게 될 교회 사이의 관계 등을 함께 검토하기 시작한다. 먼저 후보자의 소명과 신학에 대해 검토할 것이다. 기독교 신앙의 주요 교리들과 현재 속해 있는 단체에서 가장 중요하게 여기는 문제가 무엇인지 명확하게 표현할 수 있나? 아직 배우는 단계에 있다고 말할 수 있지만, 심층적 평가로 나아가기 전에 자신을 돌아보며 명확성과 방향성을 모색해 보는 것이 바람직하다.

이 연구에 관하여, 우리 팀은 CPCA를 제작하였고, 피터 성(Peter Sung)으로부터 시작하여 닐 콜(Neil Cole), 팀 켈러(Tim Keller)에 이르기 까지 30명의 교회 개척 전문가들의 조언을 받았다. 그들이 일관적으로 강조했던 것 중 하나는 개척자들의 분명한 소명이 있는가였다. 분명한 소명을 가진 개척자들은 교회 개척 과정에서 만날 수 있는 험한 폭풍을 잘 견뎌낼 수 있었다. 그들의 소명은 어떤 장애물에도 적응할 수 있는 내적인 탄력성과 외적인 강인함을 갖게 했다.

그 다음의 초점은 성품이다. 아무리 최고의 은사를 받은 개척자라 해도, 배우자를 무시하거나, 전에 부하 직원을 경솔하게 대한다거나, 늘 결단력이 없다면, 교회 개척은 어려움을 겪게 될 것이다. **교회 개척자들이 가장 먼저, 그리고 꼭 갖추어야 할 덕목은 진정성(integrity)이다.** 지도력은 신뢰 속에서 만들어진다. 사람들은 신뢰하는 리더를 따른다. 내가 기억하는 후보자 중에는 외적으로 감당할 수 없는 성품의 문제를 가진 자들이었다. 그들은 자신들의 카리스마와 지도력으로 그 문제를 은폐하는 법을 배웠다. 성품에 대한 영역을 평가하는 것을 절대 그냥 넘어가면 안 된다.

세 번째로, 능력도 평가될 것이다. 과거 사역에서, 교회 개척은 아니지만, 도움이 되거나 혹은 방해되는 일들로부터 교회 개척에 대해 무엇을 배웠나? CPCA와 더불어, 라이프웨이(Lifeway)도 사역 시스템 경험(Ministry Systems Experience)을 평가하는 도구를 가지고 있다. 이것은 과거의 경험과 교회 개척의 영역에서 필요한 기술에 관해 상세히 기록한 보고서를 제공해 준다.

마지막으로, 미래의 교회 개척 상황뿐 아니라, 후보자와 교회 개척 단체와의 관계는 건강한지 점검해야 한다. 상황과 동떨어진 사역하는 리더는 없다. 우리는 모두 특정 사람들과 더불어 특정 장소와 특정 시간 안에서 섬기고 있다. 그래서 리더들은 언제나 특정한 사역의 맥락 안에서 사물을 바라보아야 한다. 어떤 지도자들은 어떤 조건에서는 사역이 번창하지만, 다른 조건에서는 사역이 메말라진다. 상황에서 평가하는 것은 교회 개척자들이 다음의 질문에 대한 답을 주는 데 도움이 된다.

- 지금의 교회 개척 기회가 나에게 적절한 것인가?
- 교회 개척 단체의 교리와 특성에 부합하나?
- 나의 성격과 리더십 스타일이 교회 개척에 적합한가?
- 교회가 개척되는 지역 사회가 나에게 부합하나?
- 개척되는 교회의 모델이 나에게 부합하나?

톰 네빌(Tom Nebel)은 CPCA와 같이 사용할 수 있는 "위치 평가"(assessment of place)라는 유용한 자료를 개발했다. 이는 위험요소 분석(Risk Factor Analysis)이라고도 불려진다. www.NewChurches.com/PMC에서 모든 자료를 볼 수 있다.

5. 평가 인터뷰 (2-4시간)

심층 검증 단계에서 검토된 후 승인되면, 리들리 인터뷰와 같이 좀 더 상세한 행동 평가를 하게 된다(행동 인터뷰는 차알스 리들리가 개발했다). 여기서 후보자의 실제 능력과 축적된 경험이 심층적으로 검토된다. 이때 걸리는 시간은 2~4시간이며, 인터뷰의 형식으로 진행된다. 인터뷰는 평가자에게 교회 개척 관계와 파트너십을 세워가는 기회가 된다. 교회 개척을 위해 필요하지만, 후보자 스스로에게 없는 속성이나 특성들을 자세하게 찾아보고, 그 점들을 보완하게 된다.

이 단계는 지금까지 행했던 것보다 더 공식적인 인터뷰 과정이다. 잘 훈련된 평가자는 짧은 시간 안에 후보자와 그의 배우자에 대해 많은 것들을 찾아낼 수 있을 것이다. 이 단계에 관한 인터뷰 보고서는 후에 후보자와 함께 일하는 사람들에게 아주 중요한 가이드가 된다. 나머지 평가 과정까지 마치고 나면, 후보자의 1/4은 이 단계에서 걸러지게 된다.

리들리가 제시하는 13가지 특성들이 앞 장에서 소개되었는데, 여기서도 충분히 고려되어야 한다. 여러 단체에 있어서 이 과정은 평가를 위한 유일한 혹은 일차적인 도구였다. 그러나 이것이 유일한 도구는 아니다. 리들리 평가는 사전 검증이나 일차 평가를 거치기 때문에 큰 비용이 들어간다. 그래서 혼자서 재정을 감당해야 하는 전임 교회 개척자들에게는 이 과정은 필수가 아니다. 다른 자료들은 다음과 같다:

- 톰슨의 21가지 교회 개척자의 능력[8]
- 톰슨의 10가지 교회 개척자의 차원 발견[9]
- 론스웨의 23가지 측정 기준: 사역 사례집 II 프로파일(ATS)[10]
- 허츠 허츠버그의 사역

---

8   J. Allen Thompson, "Church Planter Competencies as Perceived by Church Planters and Assessment Center Leaders: A Protestant North American Study" (PhD Dissertation, Trinity Evangelical Divinity School, 1995) 99, 124-26.
9   9 J. Allen Thompson, "Church Leader Inventory: A PCA Qualitative and Quantitative Study" (The International Church Planting Center, 2007), 38-39.
10 Francis A. Lonsway, *Profiles of Ministry: A Thirty-Year Study* (Pittsburgh, PA: Association of Theological Schools, Commission on Accrediting, 2007).

6. 평가 센터(2-4일)

평가 인터뷰가 마치면, 교회 개척 단체의 인도를 받아 평가 센터 활동에 참여하도록 초청을 받게 된다. 평가 센터에는 ⑴ 후보자들, ⑵ 평가자들, ⑶활동, 시뮬레이션, 테스트, ⑷기준 혹은 숙련도 등 다양한 활동들이 있다. 모든 평가 센터가 다 같지는 않지만, 전반적인 내용은 지원자들에 대한 정보를 종합하여 세 가지의 주요 단계들을 만든다. 첫 번째 단계는 특정 활동과 인터뷰를 통해 관찰한 숙련도와 능력에 관해 평가할 것이다. 두 번째 단계는 평가자들이 관찰한 것들을 후보자에게 말해줄 것이다. 이 정보에 근거하여, 평가자들은 각각의 후보자들에게 등급 점수를 알려준다. 마지막으로, 평가자들이 함께 모여 등급 점수의 차이점에 대해 토의하고, 전반적인 평가 점수에 대해 충분한 합의를 거쳐, 각각의 후보자들에 대한 최종 결정을 내린다.

평가자와 시간을 많이 가지면 가질수록, 서로에 대해 더 잘 알게 될 것이고, 좀 더 정확한 결정이 내려질 것이다. 평가 센터의 장점은 개척자들이 어떤 사람인가에 대해 평가자들이 가장 정확하게 볼 수 있도록 도와준다는 것이다.

다니엘과 나는 모든 교회 개척 단체에 평가 센터를 거치지 않은 개척자들에게 전임 사역자 수준으로 재정 지원하는 것을 추천하지 않는다. 평가 센터의 경험에 드는 비용은 약 $500에서 $1500인데, 교회 개척에 대한 준비가 아직 되지 않은 사람들에게 이 비용을 낭비할 필요는 없다. 이 과정은 오직 설교, 비전 캐스팅, 타인과의 관계 등을 평가할 목적으로 만들어진 기회이기 때문이다. 만일 평가 과정의 나머지 부분들까지 계속하게 된다면, 후보자의 1/4이 이 과정에서 걸러지게 된다.

지난 10년 동안 100년 된 교회를 목회했던 중서부 지역의 한 목사가 있었다. 그분은 교회 개척에 대한 관심이 많고, 아직 복음이 전해지지 않은 지역에서 새로운 교회를 모험적으로 개척하는 것에 대한 열정을 가졌다. 그러나 그 사역을 실행에 옮기는 것은 그 당시에는 하나의 꿈에 불과했다. 그의 친구가 그에게 미네아폴리스에서 교회를 개척해 보라고 권고했을 때부터 그의 삶은 달라졌다.

결과적으로, 이 목사 부부는 곧바로 교회 개척에 헌신했다. 그러나 결단한 후에 여러 가지 혼란스러운 일들이 끊이지 않았다. 어느 날 밤에는, 너무 힘들어서 하염없이 눈물만 흘리기도 했다. 그의 교회가 교회 개척에 관해 결정한 사항들을 발표하기 며칠 전에, 몸이 아주 아팠던 데다가 심근경색 증상도 생겼다. 그런데도 그 교회는 교회 개척을 추진해 나갔다.

인디애나폴리스에 도착한 후에, 그 목사는 자신에게 이렇게 말했다. "사역지로 빨리 가고 싶어요!" 그가 교회를 세울 때, 바닥부터 시작하는 것을 좋아하지 않았다. 그러나 너무 오래 지연되지 않았다. 6개월 동안 준비한 후에, 목사는 그 꿈을 실현할 수 있게 되었고, 기존의 교회로 돌아와서 목회를 계속하게 되었다.

이런 과정을 통해서, 그 목사는 자신의 장점과 열정이 새로운 교회를 개척하는 것보다는 기존의 교회를 목회하는 것임을 발견하게 되었다. 그는 자신이 교회 개척자가 되기보다는, 보내는 교회에서 목회하면서 교회를 배가하는 방향으로 초점을 맞추어 나갔다. 시행착오를 통해 깨닫게 되기까지 22년이 걸렸다. 그러나 이와 같은 상황에서 하나님을 불신하고 개척자가 실수한 것은 아닌지 낙심하기 쉽지만, 영원이라는 측면에서 볼 때, 우리가 알지 못하는 것이 있다. 그러나 우리가 아는 한 가지 사실은 개척자가 평가 과정을 거쳤더라면, 그런 고통과 슬픔을 피할 수 있었을 것이다.

결론

이 장을 읽은 후에, 스스로 "준비"하는 과정을 어떻게 느끼느냐에 따라서 격려가 될 수도 있고, 낙심될 수도 있을 것이다. 만일 격려를 받았다면, 교회나 교제를 나누는 사람들, 단체들의 개척 담당자들과 만나는 것을 고려해 보라. 교회 개척에 관한 관심사를 그들과 나누라. 이 책의 나머지 부분은 하나님께서 교회 개척을 위해 부르시고, 사용하시는 실제적인 단계를 설명할 것이다.

만일 이 부분을 읽고 난 후 낙심이 된다 해도, 아직 포기하지 말라. 먼저, 만일 위의 특성 중 가지고 있는 것이 무엇인지 지인들에게 물어보라. 그들이 말해 준 것들을 토대로 교회 개척 담당자와 만나는 것을 고려해 보라. 만약 지인들의 말을 듣고 스스로의 특성을 생각했을 때 교회 개척이 맞지 않는다고 생각한다면, 이에 대해 재고하라. 개척자는 아니라도, 교회 개척 팀에서 섬기거나 교회를 개척하는 사람들을 위해서 격려해 주고, 지원해 줄 수 있다.

PART 2
교회 개척의 모델

서론: 교회 개척의 모델

　효과적인 교회 개척은 선교사의 사역이다. 통찰력 있는 교회 개척자들은 그들의 선교 사명을 확정하고 — 개인적인 소명과 확신에 대한 문제들을 확인하고 — 선교 사역의 원리들을 배우는 것부터 시작해야 한다. 그 후에 그들은 부름을 받은 지역의 문화를 이해하기 위해 힘써야 한다. 이곳에 사는 사람들은 어떻게 사고하나? 그들의 가치는 무엇인가? 그 지역의 역사는 어떻게 형성되었나? 그들의 그룹 심리에 어떤 영향을 준 것들은 무엇이었나? 그들의 필요와 바램은 무엇인가?

　피부 색깔, 자산의 가치, 연륜의 정도 등을 아는 것만으로는 충분하지 않다. 선교적 교회 개척자들은 그 이상의 까다로운 정보를 찾아낸다. 선교적 교회 개척자들은 그 지역 문화의 의미를 캐내는 일을 한다. 엑서지서스(exegesis)라는 헬라어의 의미는 "길을 보여주다" 혹은 "안내하다"라는 뜻이다. 그래서 문화를 해석하는 일은 문화적인 양식, 제도, 행위의 의미를 이해하기 위해 안내받는 방식으로 환경을 연구하는 것이다.

　이것이 선교적인 교회의 모습이며, 오늘날 교회들이 새로운 세계 속에서 교회를 개척할 때 그 모습이 다 다른 이유이기도 하다. 모든 문화는 각각 독특한 특성이 있기 때문이다. 그러나 한편으로 모든 문화는 다른 문화와의 유사성도 가지고 있다. 선교적 교회 개척자들의 해석은 비교하여 문화를 이해함으로 이루어진다. 왜냐하면, 우리 모두도 독특한 특성을 가진 문화의 산물이기 때문이다.

　우리가 문화를 연구할 때, 차이점과 유사점을 발견하는 과정에서, 독특한 특성을 너무 세분화시켜 분석한다는 것을 알게 된다. 그 결과로 우리 자신을 단순히 아프리카계 미국인, 전문가, 밀레니얼 세대로 보는 대신에 오히려 단순한 하나의 인간으로만 바라보고 이해하게 된다. 예를 들면, 교외에 거주하는 성공적 삶을 사는 사람인데, 두려움과 죄의식으로 가득했던 어린 시절의 일 중심의 사상에서, 성인이 된 후에는 그런 과거로부터 가능한 한 멀리 도피해 버리고자 한 이혼한 부모의 자녀일 수 있다. 혹은, 도시에 사는 한 여성은 이웃들 때문에 구차해 보이지만, 사실은 학식이 있고, 회사에서 높은 지위를 가진 사람인데, 그가 돌봐야 하는 노모와 이모에게서 떨어져 살고 싶지 않은 사람일 수 있다.

우리가 묘사한 이 두 사람은 단순히 설명하기 위해 예를 든 것 그 이상이다. 그들은 몇 가지 문화와 사회 계층에 속한 독특한 특성을 가진 사람들이다. 실제로 이 사람들은 언젠가 새로운 교회에 나오게 될 미래의 교인일 수 있다.

우리가 말하고자 하는 요점은 각 개인은 단순하지 않으며, 그러기 때문에 그들 모두에게 접근하기 위해서는 다양한 모델들이 필요하다는 것이다. 그래서 2부에서는 교회 개척과 연관되는 다섯 가지 다른 모델들을 탐구하고자 한다. 2부의 첫째 장은 리더십 모델(5장)이다. 나머지 네 개의 장은 교회 모델이다: 선교적 혹은 성육신적 교회(6장), 단순한 교회 혹은 가정교회(7장), 다민족 혹은 단일 민족교회(8장), 그리고 다중 지역교회(9장).

서부 지역의 많은 교회는 현재 성장하지 않으며, 복음의 기반도 다져있지 않은 상태이다. '목회자+프로그램+건물=교회'라는 공식의 현재 모델(어떤 사람들은 이를 콘스탄틴 모델이라 부른다)을 고수하는 것은 효과도 없다. 좋게 보면 어리석다고 말할 수 있지만, 나쁘게 보면 무책임하다고 말할 수 있다. "관계적"인 것, "작은" 모델들을 피하려고 하는데, 그것은 신약성경이 말하는 바를 불합리하게 보는 관점이다.

교회가 성경적이려면, 성경적 교회의 가치를 붙잡아야 한다. 교회는 함께 모여 영적인 것을 말하는 사람들의 단순한 모임만이 아니다. 영적인 것을 말하는 것은 좋은 것이다. 그러나 그것이 교회는 아니다. 예수님은 교회를 하나의 몸이라고 했다. 규모와 위치를 불문하고, 그리스도의 몸은 분명한 특성이 있다.

여기서 이해하기 어려운 점은 "두세 사람이 내 이름으로 모인 곳에는 나도 그들 중에 있느니라"(마 18:20)는 말씀에 대한 혼동이다. 여기서 말하는 그리스도의 임재는 지역 교회가 그러한 상황 속에서 존재한다는 것을 말하려는 것이 아니다. 마태복음 18장의 본문은 형제의 범죄에 대해 직접 대면하고 징계할 때 그리스도의 임재하심을 의미하는 것이었다. 성경이 기록하는 바대로 교회는 교회가 되게 하는 분명한 요소들이 있다.

교회의 새로운 표현에 관한 관심의 증가는 복음주의자들이 최근 교회의 선교적 접근에 열려있다는 신호이다. 이는 바람직하지만, 새로운 강조점(혹은 이 경우에 신약성경의 행습에 대한 재강조라 볼 수 있다)에 대해서 복음주의자들이 위에서 언급한 방식을 행하기 위해 성경적 근거를 마련하려고 성경을 연구할 필요는 없다는 것이다. 이 문제에 대한 충분한 성경적 가르침을 고려하여 이를 어떻게 실천할 것인지 방법에 대한 안내가 필요하다.

달라스 근처의 노쓰우드 교회 목사이며 글로칼넷(GlocalNet) 설립자인 밥 로버츠(Bob Roberts)는 교회 개척 사역을 인도할 직원을 찾고 있었는데, 그의 말이 내 마음에 와닿았다. 그는 "이 모든 것을 사랑하는" 사람을 찾고 있었다 — 가정, 대형, 이머징, 목적이 이끄는, 그리고 성경적 표현이라면 무엇이든. 우리가 "이 모든 것을 사랑"한다고 할 때, 문제는 한 가지 모델에 대한 종속적 집착이 아니고, 신약성경의 교회를 통해, 특정한 문화적 문맥 안에서 살아낸 그리스도의 삶과 가르침에 대한 성경적 적용이어야 한다.

단지 한 모델을 택하는 것보다 더 나은 접근은 하나님께서 당신을 부르셔서, 하나님의 일을 맡긴 사람들과 더불어 하나님의 뜻을 찾기 위해 씨름하는 것이다. "나는 대형교회를 개척하고 싶어." 혹은 "나는 가정교회를 개척하고 싶어."와 같이, 특정한 모델을 추구하기보다는 그리스도, 선교, 교회에 대한 성경적 이해가 있어야 한다. 교회 개척자들은 특정 모델의 비전을 버리고, 다음과 같이 질문함으로써 그리스도의 복음을 상황 속으로 가져가야 한다. "이 상황 속에서 어떤 문화적 그릇이 가장 효과적일까?" — 교회, 예배 스타일, 소그룹 사역. 이러한 시도가 선교적으로 적합한 전략이다. 모델은 약화하지만, 예수님이 강하게 드러나야 한다. 하나님은 한국에 접근하셔서 대형교회를 사용하셨지만, 중국에 접근하셔서 가정교회를 사용하셨다.

몬트리올의 도시 선교학자 글렌 스미스(Glenn Smith)는 도시 선교를 위한 실천 방안을 개발할 때 고려해야 할 세 가지 근본적인 질문을 제시했다. 그는 이 세 가지 문제를 언급하면서, 이것들이 모든 상황에서 적절해야 함을 말했다.

전략. 이 모든 다양성과 복합성 안에서 교회는 어디에 있나?

선교학적. 적절한 교회 개척 전략은 무엇인가? 우리는 선교학적 관심을 두는 동시에 하나님의 말씀을 어떻게 경청하는가?

신학적. 이런 모든 다양성/복합성 속에서 교회는 무엇과 같은가? 교회는 성육신의 전략으로 하나님의 통치를 어떻게 추구하는가?[1]

일단 이러한 질문을 생각해 보라. 다음으로 어떤 모델 혹은 혼합된 모델이 당신의 상황에 가장 적합한지를 분별해 보라. 이것이 이 장의 목적이다.

---

1 글렌 스미스(Glenn B. Smith)는 Urban Missiology in the Postmodern Metropolis의 강의에서 도시 개발자가 도시 선교를 위해 질문할 수 있는 세 가지 근본적 질문(Three Fundamental Questions)에 대해 논의한다. 이 내용은 *Interactive Learning Guide*, p. 17에도 실려 있다.

리더십 모델

교회를 개척하는 데 있어서 리더십 모델은 매우 다양하다. 하나님은 어느 한 모델만을 선호하지 않으신다. 이 장에서 설명하는 공통적인 모델 혹은 패턴들은 연구하고, 관찰하고, 교회 개척자들과 더불어 대화한 것에 기초한 것들이다. 각각의 모델이 묘사하는 것과 같이, 성경에서 말하는 예를 제시하고(가능한 경우), 장단점들을 숙지하여, 역사적인 혹은 현대의 예를 제시하였다.

모델 1: 사도적 추수형 교회 개척

패러다임	교회를 시작, 추수한 자 중에서 리더 양육, 새로운 교회로 이동한다.
성경적 모델	바울
역사적/현대적 예	감리교 순회 사역자, 가정교회 운동 지도자, 가정교회 네트워크
원리	• 개척자들이 교회를 시작하고 운영해 나간다. • 목회자가 전통적인 방식의 훈련을 받거나, 받지 못할 수 있다. • 새로운 교회들이 또 다른 회중을 위한 핵심 그룹을 제공한다.

사도적 추수형 교회 개척은 신약성경에 나오는 가장 친숙한 개척 모델이다. 바울의 전형적 방식은 기존의 도시 중심으로 들어가서, 시장에서 또는 회당에서 가르치고 설교했으며, 지식인들과 엘리트들과 연

결했고, 예배를 시작했고, 장로-목사를 임명했으며, 서신을 보내고, 가끔 방문하였고, 새로운 장로/목사를 지도했다. 아래 그림은 사도적 추수형 교회 개척자들을 나타낸다. 그들은 어느 한 지역으로 들어가서, 교회를 개척하고, 새로운 목회자를 찾아서 훈련한다(아래 그림의 화살표는 새로운 교회에서 나와 다시 그곳으로 들어간다). 그 후에 다른 교회를 개척하기 위해 새로운 지역으로 떠난다(이전에 개척된 교회에서 온 몇 명의 핵심 멤버들과 같이 개척을 시작할 수 있다).

이 사도적 모델은 대부분 평신도가 생각하는 교회 개척에 대한 일반적인 그림이다. 이 개척자는 이 마을에서 저 마을로 옮겨 다니면서 교회를 개척하고, 이동하면서 일하는 사역자이다. 이 모델은 6세기 영국으로 선교사들을 파송한 그레고리 대제의 선교 전략으로부터 시작하여, 19세기 미국 중서부로 파송한 감리교 순회사들까지 역사 속에서 광범위하게 적용되었다. 이것은 유일한 모델은 아니지만, 중요한 모델임은 틀림없다.

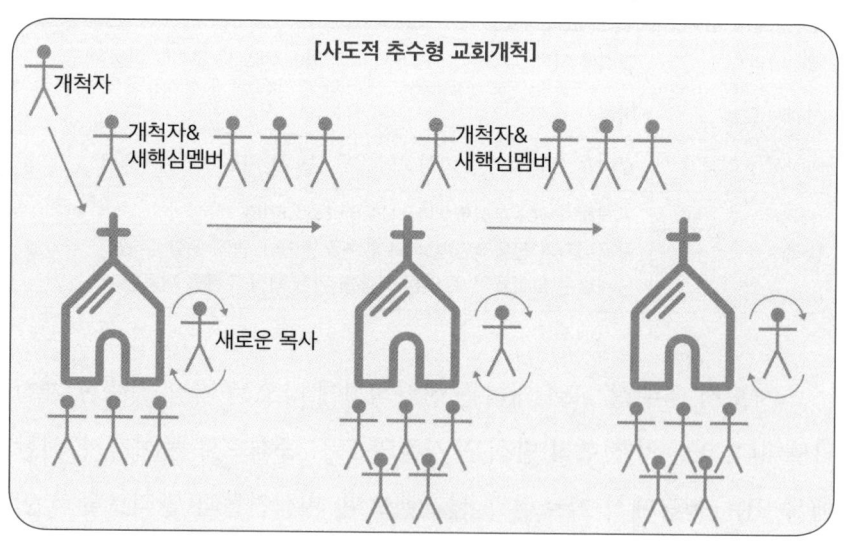

교회 성장 인터내셔널(Church Growth International)을 창립한 찰스 브록(Charles Brock)은 북미와 해외에서 교회 개척자로 섬겼다. 브록에 따르면, 사도적 추수형 교회 개척을 경험할 수 있는 정상적 과정은(복음에 수용적인 사람들을 대상으로 사역할 경우) 82주가량이 걸린다. 이 시간 동안 그 그룹에 속한 사람들이 그리스도에게 오고, 회중을 형성하게 되며, 리더 훈련을 받게 된다. 그 후에 갈라디아서, 요한복음, 로마서를 배우게 된다.[1]

적절한 리더 훈련을 마친 뒤에, 교회 개척자는 다른 교회를 시작한다. 브록의 목적은 (1)개인의 구원, (2)신약성경의 원리를 따른 교회의 탄생, (3)신약성경의 원리를 따르는 교회들로 구성된 토착화된 지방회 창설이다.[2]

성경의 사례

어딘지 분명하지는 않지만, 바울은 많은 교회를 개척했다. 갈라디아를 비롯하여 아시아, 아가야, 마게도니아 등에 세워졌던 교회들이다. 사도적 추수형 교회 개척 패러다임의 한 예인 갈라디아 교회는 사도행전 13-14장에 기록되어 있다.[3] 바울과 그의 동료들이 비시디아 안디옥에 도착했고(13:14), 그곳에서 복음을 전했으며, "영생을 주기로 작정된 자는 다"(13:48) 믿게 되었다. 이와 같은 패턴은 이고니온에서도 동일하게 나타났다(14:1). 루스드라(14:7)와 더베(14:21)에서 복음을 전한 후에, "루스드라와 이고니온과 안디옥으로 돌아가서 제자들의 마음을

---

1 Charles Brock, *Indigenous Church Planting: A Practical Journey* (Neosho, MO: Church Growth International, 1994), 262.
2 Ibid., 86.
3 이곳에 성경적·역사적인 예들이 나와 있고, 이 장의 뒷부분에는 과거 나의 조력자였던 J. D. Payne의 자료들도 부분적으로 수록되어 있다.

굳게 하여 이 믿음에 머물러 있으라 권하고… 각 교회에서 장로들을 택하여 금식기도하며 그들이 믿는 주께 그들을 위탁하고"(14:21-23). 성경학자 존 폴힐(John B. Polhill)은 이렇게 말했다:

> 두 명의 사도(바울과 바나바)는 경로를 따라 새로 세워진 교회들을 다시 방문하면서 전에 왔던 곳으로 돌아왔다 — 처음에는 루스드라, 그 후에 이고니온, 마지막으로 비시디아 안디옥이었다. 각각의 교회에서, 그들은 세 가지 본질적인 사역을 수행했다. 첫째는, 제자들을 굳건히 하는 일이었다(22절). 이는 새로 믿음을 갖게 된 그리스도인들을 깊이 있게 가르치는 것을 의미한다. 둘째로, 믿음에 머물러 있으라고 권고하며, 앞으로 예수님의 이름을 증거하기 때문에 받게 될 많은 환난을 준비하라고 했다(22절). 사도의 마지막 사역은 새로운 교회 안에서 리더들을 세우는 것이었다. 초대교회에는 리더십을 맡을 전문적인 성직자가 없었다. 유대인 회당의 구조는 양 떼를 목양하는 평신도 장로들을 그룹의 리더로 임명하여 이 일들을 수행하였던 것으로 보인다.[4]

역사적 사례

이러한 패러다임은 19세기 미국의 감리교와 침례교에서 급속한 성장을 보였다. 역사가인 저스토 곤잘레스(Justo L. Gonzalez)에 따르면, 공식 교육을 받지 못했던 순회 사역자들의 활동이 이러한 교회들의 성장에 중요한 요인이었다고 말한다:

---

4   John B. Polhill, *Acts*, in the New American Commentary, vol. 26 (Nashville: Broadman, 1992), 319.

다른 교단들은 사역자들을 위한 교육 시설이 부족했기 때문에 현장 사역자들이 부족했던 반면, 감리교와 침례교는 주님으로부터 소명 받은 자라면 누구나 사역할 수 있었다. 감리교의 선봉자들은 평신도 설교자들이었고, 그들 중 많은 사람이 순회하면서 사역하면서도 항상 커넥션(Connections)과 감독의 지도를 받고 있었다. 침례교는 농부들 혹은 장사하는 상인들이 지역 교회의 목사로 사역했다. 새로운 지역에 정착하려는 사람들이 들어오면, 그들 중에서 경건한 침례교인이 설교의 사역을 맡았다. 그러므로, 감리교와 침례교는 새로운 지역들을 중심으로 강하게 성장한 교단이 되었고, 19세기 중반에 이르기까지 미국에서 가장 큰 개신교단이 되었다.[5]

선교학 교수인 존 마크 테리(John Mark Terry)에 의하면,

순회 선교사들은 평신도 설교자들을 격려하고 임명하고 순회하느라 분주하였고, 평신도 설교자들이 목회 사역을 하도록 했다. 평신도 설교자들은 사역 현장에서 감리교의 진리를 전하는 데 큰 역할을 했다. 분명한 믿음을 가지고 있고, 연설할 수 있는 능력을 갖춘 젊은 청년이 있다면, 그에게 설교를 해 보도록 격려했다. 이러한 노력은 사람들의 환영을 받았고, 순회 선교사들은 그 청년에게 설교 자격증을 주었다. 설교 자격증을 받은 사람 중 일부는 순회 선교사가 되기도 했고, 그들이 사는 곳에서 설교자로 계속 남아있기도 하였다.[6]

---

5   Justo L. Gonzalez, *The Story of Christianity: The Reformation to the Present Day*, vol. 2 (New York: HarperCollins Publishers, 1985), 246

6   John Mark Terry, *Evangelism: A Concise History* (Nashville: B&H, 1994), 128-29.

1800년대 말까지 감리교는 급격히 성장했는데, 매일 두 개의 교회 개척을 목표로 했지만 평균적으로 하루에 한 개의 교회를 개척했다. 시카고에 있는 자유사상가 모임(Free Thinker's Society meeting)에서 한 설교자는 다음과 같이 말했다. 전국에 있는 교회들이 죽어가고 있다. 교회가 교회를 개척하자는 취지로 모여, 다음과 같은 가사를 만들어 냈다.

> 모임 안에 섞여 있는 믿음 없는 사람들은 그렇게 말한다네.
> 교회들은 전 지역에서 죽어가고 있고, 곧 죽게 될 거라고.
> 그러나 갑자기 말씀이 들려오고, 사람들은 흩어지네.
> 예수님 이름의 능력으로,
> 매일 두 개의 교회가 세워지네.
> 매일 두 개의 교회가 세워지네.
> 밥(Bob)! 매일 두 개의 교회가 세워지네.
> 예수님 이름의 능력으로,
> 매일 두 개의 교회가 세워지네.[7]

19세기 아프리카의 감리교 감독교회 소속의 한 국내 선교사는 1844년 총회에서 이렇게 보고했다. "4년 동안, 그는 순회 설교를 위해 300마일을 다녔고, 2,000명의 교인이 출석하는 47개의 교회를 개척하였다. 그와 함께 일하는 7명의 순회 설교자들이 있었고, 27명의 지역

7　Robert E. Logan and Steven L. Ogne, *Churches Planting Churches: A Comprehensive Guide for Multiplying New Congregations* (Carol Stream, IL: ChurchSmart Resources, 1995), VHS tape, "Churches Planting Churches."

설교자들은 200명의 교사와 2,000명의 학생이 출석하는 50개의 주일학교를 조직했다."8 이 순회 설교자들은 동역자들 가운데 지역 설교자들을 임명하여 새로 개척된 교회를 목회하도록 했다.

현대의 사례

뉴욕에 사는 존 타이슨(John Tyson)목사는 사도적 추수형 교회 개척을 시도하는 교회 개척자 중 한 예이다. 2006년에 그는 올랜도에 있는 대형 교회를 떠나서 새로운 교회를 개척했는데, 지금은 뉴욕의 트리니티 은혜교회로 알려져 있다. 그들은 사도적 추수형 교회 개척을 이어가는 독특한 모델을 가지고, 지역 사회에 스며든 가족과 같은 교회가 되었다. 그 교회는 한 장소에서 여러 번 예배하는 대신에, 지역과 상황적인 특성을 고려하여 뉴욕의 이웃 공동체 속으로 들어갔다. 이웃 교구 교회는 "모든 교구가 같은 DNA와 문화를 가지고 있는 교회이다. 그들은 예수님의 제자가 되고자 하는 비전을 가지고 있고, 각각의 교회는 자신의 독특한 개성과 표현과 선교적 초점을 추구할 자유를 가지고 있다."9 그 결과 그 지역에 사는 모든 이웃 교회는 목회자들로 구성된 지도자 팀의 지도를 받는다. 각각의 이웃 교회들은 지역에 속한 사람들을 효과적으로 접촉하기 위해, 그들의 예배 모임도 자신들에게 맞게 자유롭게 상황화 할 수 있다. 비록 이웃 교회들이 각자 독특

---

8 V. Simpson Turner Sr., "A History of African-American Evangelistic Activity," in Lee N. June, ed., *Evangelism and Discipleship in African-American Churches* (Grand Rapids. MI: Zondervan Publishing House, 1999), 21.

9 City Collective, City Parish Model, 2013, 2015년 9월 16일 접속, http://static1.squarespace.com/static/5140d15de4b0f4569383b8df/t/519502efe4b05b135b159708/1368720111102/City+Parish+Model.pdf.

한 특성을 가지고 있다 해도, 공통된 비전과 가치로 연합되어 있고, 중앙 사역이라고 부르는 행정과 의사소통을 위해 중앙 사역의 지원을 받는다. 이와 더불어, 모든 이웃 목회자는 존이 이끄는 전체 목회 팀에 속하여, 함께 배우고, 함께 기도하고, 함께 계획을 세운다.

이런 모델을 통해, 존은 교회 개척 운동을 일으켜, 그의 사도적 교회 개척의 은사를 실천할 수 있었다. 그는 트리니티 은혜 교회를 통해 새로운 교회들이 시작되는 것을 돕는 한편, 이웃 교회 목회자 중 한 사람으로서 지역 사회 안에 뿌리를 내리며 사역하였고, 다른 도시를 위해서 도시 연합회(City Collective)를 구성하여 함께 협력 사역을 하였다.

뉴질랜드, 유럽, 로스엔젤레스에서 10년 넘게 교회 개척 사역을 해온 교회 개척자이자 작가인 페이톤 존스(Peyton Jones)는 사도적 추수형 교회 개척의 또 다른 예이다. 그가 보는 관점은 이렇다:

> 교회 개척이라고 말하는 많은 것들이 실제로는 개척이 아니다. 정확히 말하자면 또 하나의 "교회 시작"이라고 해야 한다. 왜냐하면, 실제로 핍박을 감수하며 잃어버린 영혼을 전도하는 사역이 아니고, 중산층의 기독교인들을 한 상자에서 다른 상자로 옮겨오는 것이기 때문이다. 교회 개척이란 마케팅이 아니라 전도의 결과이다. 사도 바울은 도시 목회를 위해 웹사이트와 로고를 만들고, 모임 장소를 임대하여, 교회를 개척한다고 말하지 않았다. 바울은 지역 공동체에 스며 들어가서 예수님을 전하였다. 교회 개척은 특정 지역에 들어가 복음을 전하고, 믿음의 새로운 기반을 구축하여, 새롭게 믿은 자들을 함께 모아 공동체를 만드는 것이다. 이것이 나의 소명이라고 믿기 때문에, 나는 새로운 공동체로 들어가서,

복음을 전하고, 팀을 훈련하고, 가능한 한 빨리 그 공동체를 떠난다.[10]

가정교회 운동(House-church movement)은 사도적 추수형 모델의 또 하나의 예이다. 중국에서 얼마 동안 사역했던 존 디(John Dee)는 전형적인 지하 가정교회를 다음과 같이 묘사한다:

> 나는 당신이 중국의 가정교회 시스템에 관해 관심을 가지고 더 배우려 한다고 생각했다. 내가 소개하는 이 교회는 전형적인 가정교회이다. 이 교회의 회원은 약 10만 명 정도이고, 지역적으로는 약 300마일까지 퍼져있다.
> 지도자는 30세이며, 아내와 어린 아들이 있다. 나는 이 교회에서 섬겼고, 그 교회 안에서 소중한 젊은 청년들을 보았다. 한 청년이 주 예수님을 자신의 구세주로 모셨는데, 그의 목표는 사역자가 되어, 주님과 영혼들을 섬기기 위해 파송받는 것이었다. 그들은 컴퓨터, 전화기, 팩스기가 마련된 사무실도 없었다. 은퇴 후에는 아무런 대책도 없었고, 누릴 수 있는 지위도 없었다. 그들 모두는 조만간 공안에게 체포되어 고문을 당하고 주를 위해 감옥에 갇히리라는 것도 알고 있었다.
> 지도자는 이 청년을 가르치고 훈련하여 그리스도를 위해 기름 부음 받은 전임 사역자가 되게 하려고 최선을 다한다. 그 지역에서 부흥이 계속되었으며, 이 교회는 30명의 전임 사역자들을 시골로 파송할 수 있었다. 그들의 모임은 새벽 5시에 시작되어, 밤까지 계속된다. 그들은 성령께서 이끄

---

10 Peyton Jones, 저자에게 2015년 8월 21일 이메일 발송.

시는 대로, 노래하며 찬양하는데, 어두울 때 모여 어두울 때 헤어진다.[11]

오늘날에도 가능한가?

최근까지 이 모델은 일부 민족 그룹을 위한 사역을 하는 데 여전히 효과적이었으며, 그 민족 그룹 이외의 다른 민족 그룹에도 주요한 이론적 근거가 되고 있다. 그러나 지난 몇 년 동안에는 "관계 중심적"이고, 리더를 개발하여 재생산하기에 적합한 작은 교회 개척 모델에 새로운 관심이 부각되어 왔다.

최근의 경향을 보면, 아직은 전통적인 "직업적"(vocational) 교회 개척자들보다 사도적 추수형 교회 개척자들의 수가 적지만, 이중직으로 사역하거나 불신자들에게 의도적으로 다가갈 수 있는 접촉점을 갖기 위해, 일반 직장에서 전임제 혹은 파트타임으로 일하는 교회 개척자들이 늘어나고 있다(목회만이 사역자의 유일한 직업이지만, 재정 확보를 위해서 일한다는 사고로부터 새로운 인식 전환이 일어나고 있다).

시스코 코토(Cisco Cotto)는 시카고에서 한 교회를 시작했는데, 자신을 포함해서 모든 리더가 의도적으로 이중 직업을 가졌다. 나단 콜퀴훈(Nathan Colquohoun)은 온타리오의 사르니아에서 두 개의 비즈니스를 하면서 더스토리(TheStory)교회를 개척했다. 아이든(Ayden), 셀레스트(Celeste), 그리고 브라이언 스미스(Brian Smith)는 남아프리카로 이사하여 교회 개척 팀의 일원으로 섬겼다. 이러한 교회 개척자들은 그들의 세

---

11 John Dee, "China Report 1999: A Visit with the Underground Church Now 85 Million Strong," http://www.hccentral.com/magazine/china2.html.

속 직업을 세상과의 접촉점으로 삼았으며, 모든 믿는 자가 곧 세상의 소금과 빛으로서 미래의 새로운 교회를 세우는 개척자가 된다. 이렇게 사도적 추수형 모델의 형태가 점점 증가하고 있다.

한편, 바울은 몇 가지 이유로 인해 이 모델을 많이 사용했다. 서구에서 사용한 것보다 더 말이다.

바울은 사도적 권위를 가졌다. 바울은 도시로 들어가서, 교회를 개척한 후 리더들을 임명했다. 바울은 평신도들이 자신의 리더십을 따라주기를 기대했다(실제로 바울은 하나님이 주신 권위를 가지고 일했지만, 신자들이 항상 잘 따라준 것은 아니었다). 오늘날 권위를 내세우지 않는 교단들 가운데에는 "사도"와 같은 권위를 갖고 있지 않으며, 사도가 되는 과정도 그다지 효과적이지 않다.

바울은 기사와 이적으로 교회를 세웠다. 대부분의 독자들은 기사와 이적이 오늘날에는 멈추었든지, 아니면 감소했다는 사실에 동의할 것이다. 멈추었다고 믿는 독자들은 은사도 사라졌다고 믿는다. 은사에 대해 열려 있거나, 기적을 기대하는 독자라도 사도 시대와 같은 수준으로 생각하지는 않는다. 예를 들어 죽은 자가 살아난다거나 질병 치유 사역 등은 과거와 같지 않다고 생각한다. 몇 가지 예외가 있지만, 새로운 교회는 기사와 이적에 기초하여 시작되기는 어렵다.

바울은 독신이었다. 바울은 가족의 문제에 대해 신경 쓸 필요 없이, 기동력 있게 이동할 수 있었다(여기서 질문이 제기될 수 있다: 그와 함께 여행했던 사람들은 어떻게 활동했나?).

순회 전도자들에 대한 군중들의 태도는 오늘날보다 더 닫혀 있었다. 바울은 회당에서, 그리고 시장에서 많은 군중을 만날 수 있었다. 헬라주의적 문화는 공개 토론이나 논쟁을 격려하고 참여하는 문화이다. 이러한 공개적 모임은 흔히 있는 일상적인 일들이었다. 당시에는 정치와 종교가 중요한 토론의 주제였지만, 지금은 금기 사항이 되어 버렸다. 그러므로 오늘날의 사도적 추수형 개척자는 당시 바울과 같이 많은 군중을 모을 수 없으므로 스스로 사람들을 찾아가야 한다.

사도적 교회 개척자들은 바울이 했던 방식으로 사역할 수 없으므로 바울의 모델을 오늘날에 적용할 수 방법을 모색해야 한다.

도시들은 훨씬 커졌고, 접근은 더 쉬워졌다. 오늘날의 사도적 교회 개척자들은 교회 개척과 배가를 위해서 빌립보, 에베소, 그리고 로마까지 갈 필요가 없다. 예를 들어, 글로벌 교회 성장(Global Church Advancement) 기관에서 사역하고 있는 스티브 차일더는 올란도에서 이사하지 않고도 미국의 플로리다 중부에서, 심지어 일본에서도 이 사역을 할 수 있게 되었다.

사람들은 집단으로 복음을 접할 수 있게 되었다. 믿지 않는 자들을 쉽게 만나서 복음을 전할 수 있는 회당과 같은 장소는 없지만, 복음에 대해 수용적이고 반응해 주는 사람들도 많이 있다. 오늘날에는 소셜 미디어, 이메일, 온라인 방법들로 수천 명의 사람에게 동시에 접속할 수 있다. 군중을 모으는 것이 흔한 일이 되어 버렸다. 많은 우편물, 전화 등을 통해 가능하게 되었는데, 이런 현실 속에서 성경적 진리를 고수하면서, 효과적인 전도 전략을 활용한다면, 사도적 추수형 교회 개척자는 보다 많은 사람을 모을 수 있고, 전도하여 평신도를 훈련할 수 있으며, 이들을 목회자로 세워서, 쓰임 받는 일꾼으로 자라게 할 수 있다.

목회자들은 누구에게나 열려 있는 사람들이다(서구에서는 여전히 사실이다). 사도적 개척자는 지역 교회 안에 머물러 목회하는 것이 효과적이지 않다(비록 개척자가 지역 교회의 스태프가 될 수는 있지만). 대신, 사도적 추수형 개척자는 교회를 개척하여 배가하는 역할을 한다. 오늘날에는 교단에서 운영하는 교회 개척 전략가들, 교회 개척을 지원하는 자들, 이중직 혹은 평신도 교회 개척자들, 혹은 순회 사도적 교회 개척자들이라는 이름으로 사역하고 있다.

교회 개척자들은 새로 개척된 교회의 리더(목회자)를 개발하는 역할을 해야 한다. 가장 좋은 시나리오는 개척된 그룹에서 리더가 나오게 하는 것이다. 그러나 그 그룹에서 리더가 나오지 않는다면, 다른 그룹에서 훈련된 리더를 세우는 것도 가능하다. 목회자들에게 이렇게 질문해 보라: "개척한 지 1년 된 새로운 교회에 장기적으로 사역할 담임 목회자를 세워야 한다면, 어떻게 리더를 세우면 좋을까요?" 대부분 목회자는 적절한 방식으로 목회자를 세우는 역할을 잘할 것이다. 특별히 서구세계에서는 기존의 목회자들은 새로운 리더를 세우는 데 있어서 큰 자산이 된다.

평신도 역시 사도적 교회 개척 사역에 참여할 수 있다. 하나님은 일반 직장에서 일하는 평신도들에게도 은사를 주셨고, 사람들을 찾아가 전도하는 열정도 주셨다. 그러한 개척자들은 가정에서, 일터에서, 동호인 클럽에서 성경 공부를 통해 관계 중심의 교회를 세우고, 그들 중에서 새로운 교회의 리더를 세울 수 있다.

모델 2: 설립자 목사

패러다임	교회를 시작, 단기간 교회 개척자로 활동, 새로운 교회에서 장기간 목회자로 섬긴다.
성경적 모델	베드로, 예루살렘 교회
역사적/현대적 예	찰스 스펄전, 릭 워렌, 다린 패트릭, 다니엘 몽고메리
원리	개척자로서 시작하고, 장기간 교회의 목회자로 섬긴다. 목사는 주로 다른 지역에서 온다. 목사는 종종 전통적 방식으로 교육을 받는다. 새로운 교회가 다른 새로운 교회를 지원하는 것이 이상적이다.

이 모델은 북미에서 가장 보편적인 형태이다. 외부에서 개척자가 와서 그 지역에 교회를 개척한 후에, 그 교회에서 머물며 목회를 하는 모델이다. 혹은 그 지역에서 교회를 개척한 평신도가 계속해서 사역하다가, 점점 성장하여 마침내 그 교회의 목사가 되기도 한다 (오른쪽 아래 그림이 강조하는 것은 처음 시작한 개척자가 하나님 나라의 관점으로 사역하다 보니, 다른 지역에서의 교회 개척도 후원하고 돕게 된다).

설립자 목사는 교회를 개척하고, 성장시키고, 장기적으로 사역한다. 이 모델에 해당하는 목사가 "개척하는 목사" 스타일이든 혹은 "기업가형 개척자" 스타일일 수도 있다(이 장의 후반부에 언급될 것이다). 그러나 스타일과는 상관없이 설립자 목사는 사도적 추수형 개척자보다는 한 교회에 머물면서 사역하기를 원한다. 설립자 목사는 양을 돌보는 목자의 마음이 많으므로, 개척을 위해 쉴 새 없이 돌아다니는 사도적 추수형 개척자와는 다른 성향을 지녔다. 물론, 이 설립자 목사는 다른 곳에 교회를 개척하여 새로운 교회를 세우는 사역도 한다. 그러나 설립자 목사는 목자의 마음을 가진 선교사라기보다는 선교사의 마음을 가진 목자라야 할 수 있다. 설립자 목사는 또 다른 교회를 개척해야 한다는 것을 알기에 계속해서 교회 개척의 기회를 모색한다. 그래서 교회를 개척하게 되면 그의 관점이 또다시 목회로 관점이 바뀌지만, 그런데도 그는 다른 개척자를 세워 새로운 교회가 다시 세워지도록 인도한다.

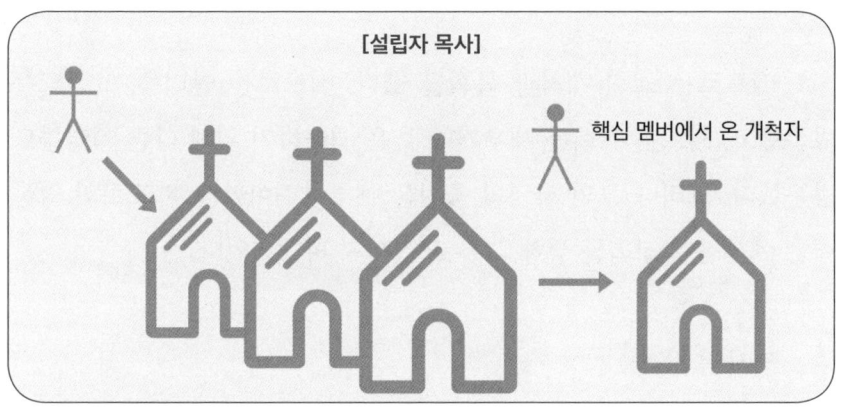

성경의 사례

베드로가 설립자 목사의 성경적인 예라고 볼 수 있다. 시간이 지남에 따라, 베드로는 사도행전 1장에서 설립자 목사로서의 사역을 한 후에 예루살렘 교회의 지도자가 되었다. 베드로는 사도들과 예루살렘 교회를 위한 대변인이었으며, 두말할 것 없이 사도들을 대표하는 자였다.

- 그의 설교는 행 1:15-22에 기록되어 있다.
- 베드로는 열한 명과 함께 서 있었다(2:14).
- 베드로는 솔로몬 행각에서 설교하였다(3:11-12).
- 베드로는 회당장, 장로, 서기관들에게 설교하였다(4:8).
- 베드로는 아나니아와 삽비라에게 권고하였다(5:1-11).
- 사람들은 베드로의 그림자라도 병든 자 위에 덮이기를 바랐다(5:15).

- 베드로와 다른 사도들도 대제사장과 공회원에게 답변했다(5:29).
- 사도들은 사마리아 사람들도 믿었다고 들었으며, 베드로와 요한을 보내어 확인하게 했다(8:14).
- 베드로는 복음을 이방인에게 전했다(10:48).

베드로는 교회 개척과 목회를 했다. 베드로는 안디옥, 고린도를 방문했고, 새로운 교회를 세우거나 혹은 격려하기 위해 다른 지역들도 방문했다. 그러나 그의 사역의 중심은 예루살렘이었다. 베드로의 영향력은 예루살렘 교회를 통해 다른 교회까지 확대되었다.

역사적 사례

많은 사례 중에서, 존 테일러(John Tailor)의 예를 들어보자. 1783년 테일러와 그의 가족은 3개월 동안 배를 타고 말을 타면서 켄터키로 향했다. 우드워드 카운티에 정착한 후, 그는 한 농장을 세웠다. 테일러와 몇 명의 침례교인들은 그곳에서 클리어 크릭 침례교회를 개척했다. 테일러는 9년 동안 그 교회의 목사로 섬겼다. 그와 더불어 그는 켄터키와 버지니아 서부, 노스캐롤라이나, 그리고 테네시에서 7개의 교회를 세우는 일에 동참하였다.[12]

현대의 사례

교회 성장 전문가인 피터 와그너는 릭 워렌의 말을 인용하였다. 신학교를 마친 후에 릭은 하나님께 기도했다. "주님께서 보내는 곳이

---

12 Terry, Evangelism, 130.

라면 어디든 가겠습니다. 그러나 그곳에서 사역을 시작하면, 내 생애 동안 그곳에서 보낼 수 있게 해 주십시오."[13] 그 후 릭은 새들백 교회를 세웠고, 1980년 부활절에 처음으로 공식 예배를 시작했으며, 지금까지 새들백 교회에서 목회하고 있다. 릭이 좋은 예가 되는 또 다른 이유는 새들백 교회는 왕성하게 교회를 개척해 온 교회이기 때문이다. 2004년 2월 16일, 포브스(Forbes) 잡지의 발행인 리치 칼고드(Rich Karlgaad)는 이렇게 기록했다: "새들백은 전국에 수많은 교회를 개척하고 있다…. 마치 번창하는 비즈니스처럼, 새들백은 델, 구글 혹은 스타벅스와 견줄 수 있다." 이제 새들백은 미국을 넘어 전 세계를 향해 교회 개척 사역을 지원하고 있다.

설립자 목사의 또 다른 예는 미주리의 세인트루이스에 있는 더 저니 교회(The Journey)의 다린 패트릭(Darin Patrick) 목사이다. 그는 개척한 한 교회에서 평생을 목사로 섬기며 헌신하고 있다. 그는 고등학교와 대학 시절을 떠올리면서, 늘 새로운 사역을 시작하고자 하는 그의 마음은 변함이 없다. 그는 2002년에 더 저니 교회를 개척했다. 그의 열망과 비전은 남은 생애 동안 그 교회에 머물면서 그 교회뿐만 아니라, 더 저니 교회로부터 축복이 흘러넘쳐 새로운 교회를 개척하고, 다른 개척자들을 지원하기 시작하는 것이었다. 더 저니 교회가 2년 차 되었을 때, 다린 목사는 새로운 교회 개척자들을 위한 멘토링 사역을 시작했다. 그 교회가 3주년이 되었을 때, 출석 인원이 850명을 넘게 되었고, 다린 목사님의 리더십 아래, 더 저니 교회는 5개의 지역에서 교회를 개

---

13 C. Peter Wagner, *Church Planting for a Greater Harvest: A Comprehensive Guide* (Ventura, CA: Regal Books, 1990), 71-72.

척한 개척자들에게 재정, 코칭, 재원 등을 지원하였고, 그들과 더불어 개척을 위한 핵심 그룹을 만들었다. 2015년 현재, 더 저니 교회는 6개의 캠퍼스를 갖게 되었고, 7명의 개척자를 파송했다. 다린 목사는 Acts 29 교회 개척 네트워크의 부총재가 되었고, 지금도 글로벌 교회 개척을 위해 헌신하고 있다.

다른 형태의 설립자 목회

여기서 다른 형태의 설립자 목회 모델을 제시하고자 한다: "파송 설립자 목사"(planted pastor)와 "기업가형 목사"(entrepreneur pastor)이다.

파송 설립자 목사

원리

- 새로운 교회를 위한 조직과 비전은 주로 외부로부터 온다. 사도적 교회 개척자, 모교회, 혹은 교단의 지도자이다.
- 파송 설립자 목사는 교회 개척의 은사보다는 행정적 능력과 목자의 마음이 많은 목사이다.
- 파송 설립자 목사는 개척 후 바로 떠나지 않고, 그 교회에 장기간 머문다.
- 파송 설립자 목사는 공식적인 교육을 받았지만, 그 지역의 외부에서 온 사역자이다.
- 파송 설립자 목사는 주로 전도하고, 핵심 그룹들을 제자훈련한다. 목사 이외의 다른 교인들도 사람들을 인도하여 모임을 만드는 일에 초점을 맞춘다.
- 파송 설립자 목사는 새로운 사역을 지원한다.

파송 설립자 목사는 종종 이렇게 질문한다: "제가요? 교회 개척이라고요?" 그 대답은 예와 아니요 둘 다를 적용해 볼 수 있다.

예: 파송 설립자 목사는 교회 설립자이자 개척한 목사이다.

아니요: 처음부터 모든 것을 만들어 가는 그런 유형의 리더는 아니다. 파송 설립자 목사는 사역의 능력을 갖추고 있다: 설교, 가르침, 상담, 그와 관련된 능력 등.

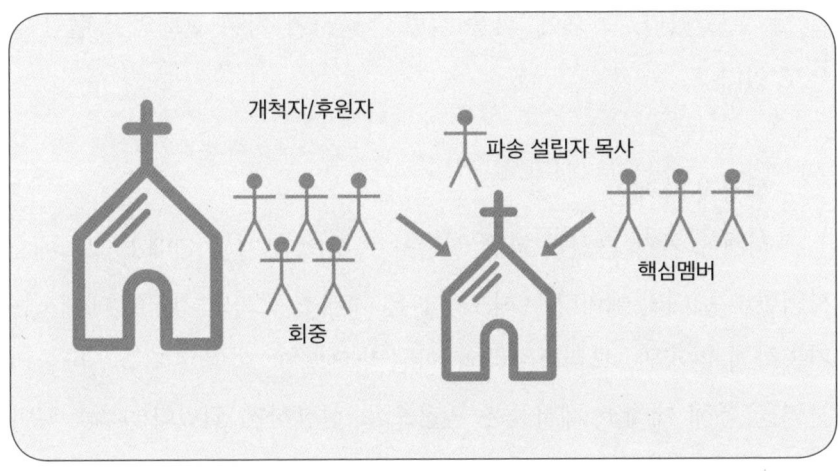

파송 설립자 목사는 개척을 시작할 때부터 교회를 인도한다. 파송 설립자 목사는 핵심 그룹들을 모아 목회를 시작하고, 제자 삼는 일을 한다. 다른 리더들은(규모가 큰 모 교회, 사도적 개척자, 또는 교단의 지도자) 믿지 않는 사람들을 접촉하여 교회로 인도해 올 수도 있다.

개척자는 주로 그 지역 외부에서 온다(개척자는 개척된 교회에서 성장한 자가 아니다). 그러므로 개척자는 개척된 교회의 핵심 그룹의 가운데 몇 사람을 리더로 훈련한다. 그러면 더 많은 사람이 모이게 되고, 결국 성공적인 교회 개척을 이룰 수 있다.

파송 설립자 목사는 많은 은사를 가지고 있지만, 개척자가 다 가져야 할 은사는 아니다. 개척자에게 필요한 은사는 관계 기술, 설교 기술, 목회 기술 등이다. 파송 설립자 목사는 핵심 그룹을 만들 수 있어야 하고(물론 다른 사람들도 이 일을 같이 한다), 그들을 대상으로 하여 목회를 시작한다. 파송 설립자 목사의 역할은 교회가 점차 성장하면서 달라질 수 있다. 만일 든든한 후원 교회가 있다면, 평신도들과 함께 또 다른 개척을 준비할 수도 있고, 새로운 교회를 위한 목회자를 세우는 일을 할 수도 있다. 그 외에, 파송 설립자 목사가 기존 교회의 스텝인 경우도 있다.

성경적 사례

성경에 가장 근접한 파송 설립자 목사의 모델은 에베소 교회에서 사역한 디모데의 예이다.[14] 사도행전은 에베소 교회의 기원에 대해서는 기록하지 않지만, 브리스길라와 아굴라(18:18-19), 아볼로(24-26), 바울의 사역을 통해 에베소 제자들은 믿음으로 성장하게 되었다(19:1-21). 얼마 후, 바울은 에베소 신자들의 모임을 인도하고 있는 디모데에게 훈육의 편지를 보냈다. "믿음 안에서 참 아들 된 디모데에게 편지하노니… 내가 마게도냐로 갈 때에 너를 권하여 에베소에 머물라 한 것은 어떤 사람들을 명하여 다른 교훈을 가르치지 말며, 신화와 끝없는 족보에 몰두하지 말게 하려 함이라"(딤전 1:2-4). 우리가 내린 결론은 에베소 교회를 시작한 개척자가 따로 있었고, 그 후에 하나님께서(바울을 통해) 디모

---

[14] 어떤 사람들은 디도가 이 경우에 적합한 예라고 말한다. 그러나 그렇지 않다. 디도의 사역을 살펴보면, 사도 바울의 사역과 유사한 점이 더 많이 있다. 딛 1:5는 이렇게 말한다. "내가 너를 그레데에 남겨 둔 이유는 남은 일을 정리하고 내가 명한 대로 각 성에 장로들을 세우게 하려 함이니" 디도는 한 지역에 한정되어 사역하지 않았다. 그레데 섬을 초월하여 여러 도시에서 사역하였다. 반면 디모데는 에베소 교회의 사역에 집중하였다.

데를 그곳의 목사로 세우셨다.

역사적 사례

비록 찰스 스펄전(Charles H. Spurgeon)은 설교 능력으로 유명한 자였지만, 그와 더불어 교회 개척에 대한 열정도 가진 자였다. 스펄전이 런던의 뉴파크 스트릿 채플에 부임했을 때, 그 교회의 교인 수는 감소하고 있었다. 시간이 지나면서 그 교회는 대형 교회로 성장했고, 스펄전은 그곳에 목회자 학교를 설립했다. 마이클 니콜스(Michael Nicholls)는 스펄전의 교회 개척 사역이 어떤 영향을 끼쳤는지 다음과 같이 기록한다:

> 1853년부터 1867년 사이에 목회자 대학을 졸업한 학생들에 의해 27개의 교회가 세워졌다. 19세기 후반에 런던의 침례교회의 수는 두 배로 증가했고, 이 교회 중 대부분은 어떤 면에서든지 스펄전의 영향을 받았다. 학생들은 새로운 지역이나, 이미 교회가 있는 지역으로 보내졌다. 스펄전은 학생들 사이에서 그들의 주인어른(the guv'nor)이라 불렸다.[15]

스펄전은 런던에 있는 두 개의 다른 사역, 레젼트 파크의 렌델 그리고 블룸스 베리의 브록에도 관여하였고, 그들의 교회를 개척하며, 그 지역 사회를 위한 선교를 시작하였지만, 스펄전의 비전은 런던 전체였다.[16]

스펄전은 1860~1870년대 동안 교회 개척을 통해 런던에 막대한

---

15 Ibid., 94. Michael Nicholls, "Mission, Yesterday and Today: Charles Haddon Spurgeon (1834-92), Church Planter," in *Five 'Til Midnight: Church Planting for A.D. 2000 and Beyond*, ed. Tony Cupit (Atlanta: Home Mission Board, 1994), 94.
16 Ibid., 94.

영향력을 행사했다. 그는 개척자를 파송하였고, 새로운 교회를 개척할 장소를 마련해 주었다. 그리고 그는 학생 중 한 사람을 새로운 교회의 목사로 세워 교회를 개척하게 했다(그 목사의 역할이 "파송 설립자 목사"였다). 1856년과 1860년 사이에 매년 8개 이상의 새로운 침례교회들이 개척되었다. 1878년에는 스펄전의 지도 아래 48개의 교회가 세워졌다.[17]

현대의 사례

나의 동역자 다니엘이 한국에서 목회하고 있었을 때, 그는 온누리 교회의 사역자였다. 그 교회는 전도, 교회 개척, 그리고 선교를 매우 강조하였던 교회였다. 비록 온누리 교회가 13개의 국내 캠퍼스와 8개의 나라에서 30개 이상의 교회를 개척한 교회였지만, 당시 하용조 목사가 교회를 개척했을 때 그의 목표는 대형 교회를 만드는 것이 아니었다. 그는 그런 교회를 좋아하지 않았다. 하용조 목사의 생을 돌아보면, 결핵, 장티푸스, 간 질환 등 각종 질병에 시달렸고, 마침내 2011년에 그의 생을 마감했다. 그가 깨달은 바는 하나님의 은혜가 족하며, 능력이 약한 데서 온전하여진다는(고후 12:9) 말씀이었다. 그는 복음을 향한 열정과 열방을 향한 비전으로 1984년에 온누리 교회를 개척하였고, 그가 소천할 때까지 그 교회의 목사로 사역하였다.

여기서 말하는 교훈은 개척자들이 개척 사역과 관련해서 틀에 맞추어야 하는 것은 아니다. 대신 교회뿐 아니라 개척하는 목사들과 더불어 교회 개척을 전혀 생각해 보지 않은 사람들에게도 이 사역은 열려 있다는 것이다.

---

17   Ibid., 96.

기업가형 개척자 (설립자)

원리

- 기업가형 개척자들은 교회를 시작하면서 부딪히는 어려움을 기쁘게 받아들이지만, 한 교회에서만 오랫동안 사역하는 것에 대해 답답해한다. 그러나 일반적으로 목회에 대한 마음이 있으므로 사도적 개척 방식을 취하지는 않는다.
- 기업가형 개척자들은 개척된 교회가 공식화되기 전에 교회를 떠난다(일반적으로 3년이다).
- 기업가형 개척자들은 전통적 방식으로 교육을 받으며, 교회 외부에서 온 사역자이다. 어떤 기업가형 개척자의 경우는 교육받는 것을 답답하게 여긴다.
- 기업가형 개척자는 새로운 교회들을 지원할 수 있다.

기업가형 개척자

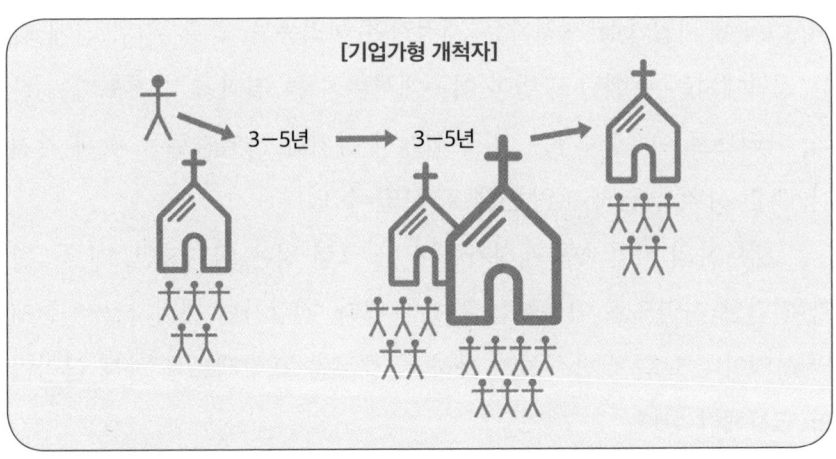

설립 목회자로서 기업가형 개척자는 계속해서 새로운 도전을 추구하는, 혁신적이고 열정적인 사람이다. 이 열정은 매 3~5년마다 새로운 교회 개척으로 이어진다. 그러나 처음부터 계획하여 시행하는 것은 아니다.

기업가형 목사는 쉬지 않고 사역하지만, 그 이상으로 개척하고, 성장시키고, 전진하기를 좋아한다. 기업가는 대개 개척 단계 이후까지 계속해서 관심을 가지고 자원하여 교회를 이끌어 가지는 않는다. 기업가형 개척자는 핵심 그룹을 구축하고(1년 차), 공식적으로 알리면서 내적인 성장을 도모하고(2년 차), 교회에 나오지 않는 자들을 접촉하여 전도하고(3년 차), 이후 지속적인 성장을 이루어 간다(4~5년 차). 때로 기업가형 개척자는 한곳에 머무르지 않고 항상 새로운 사역, 아웃리치, 프로그램을 시작하면서 도전적인 자세를 유지한다.

기업가형 개척자들은 안정적 단계(3-7년 차)에 이르기까지 교회의 리더 역할을 원하지 않고, 교회가 안정적 단계에 도달하기 전에 교회를 떠난다. 이 단계에 이르게 되면, 목회자의 안정된 일자리부터 시작하여 현실적 문제들이 하나씩 부각되기 시작한다. 이제는 목회도 생각대로 이루어지지 않고, 목회 현장의 영적 추수도 아직 준비되지 않았으며, 더욱이 기업가형 개척자는 재정적인 어려움도 겪게 된다. 전에 다른 지역에서는 통했던 방법이 이곳에서는 다른 결과를 가져오기도 한다. 그러므로 그 목회자는 그 교회에서 장기간 사역자로는 맞지 않거나, 그런 사역을 원하지 않는 자로 보일 수 있다.

대부분의 기업가형 개척자들이 다 그런 것은 아니지만, 매 3~5년마다 다른 지역으로 이동하는 경향이 있다. 기업가형 개척자들은 현재의 사역이나 교회에 만족하지 못하고, 새로운 프로젝트를 향해 끊임없이 도전해야 한다.

파송된 목사이든 혹은 기업가형 목사이든 상관없이, 설립자 목사는 하나님 나라를 확장하는 데 매우 중요한 역할을 한다. 통계를 보면, 한 교회에서 장기간 사역하는 목사들은 교회를 강하고 튼튼하게 성장하게 하는 역할을 한다. **설립자 목사들이 교회를 개척한 교회가 또 다른 교회를 개척하는 강한 교회가 될 때, 교회는 급격하게 배가하며, 하나님 나라가 확장해 나간다.**

모델 3: 팀 개척 모델

패러다임	한 그룹의 개척자들이 교회를 개척하기 위해 새로운 지역으로 이사한다. 개척 팀에는 리더 목사가 있다.
성경적 모델	바울 (가끔)
역사적/현대적 예	이오나(Iona) 에서의 선교, 팀 교회 개척
원리	• 한 팀이 새로운 교회를 세우기 위해 개척지로 이동한다(물리적 이사가 꼭 필요한 것은 아니다). • 교회 개척의 비전은 종종 그 팀의 주요 구성원에게서 나온다. • 좋은 팀은 다양한 은사를 가진 자들로 구성된다. • 개척 팀은 모 교회가 성장하여 지교회로 배가 되거나, 혹은 개척된 교회의 일반 사역자들로 구성된다.

팀 사역은 오늘날 주목받는 방식이다. 이 방식은 팀원 간의 동지애, 은사 나눔, 강력한 리더십 등의 구축할 수 있는 기반을 제공해 준다. 그러나 이 방식은 모든 모델 중에서 가장 활용되지 못하고 있는데, 그 이유는 비용 문제 때문이다. 한 사람 이상의 전임 사역자들을 위한 재정적 지원이 대부분 교회에서의 걸림돌이다. 불행히도, 대부분 교회 개척 팀의 구성원들은 이중직으로 일하기를 원치 않는다. 이것이 안타

깝게도 많은 교회 개척들이 성공하지 못하는 이유이다. 예를 들면, 성공적인 팀에게는 전임 목사와 한 팀을 이룬 이중직 스태프 혹은 은사 있는 평신도들이 있다. 이것이 최근 내가 시도했던 테네시의 그레이스 교회 모델이다. 우리는 자원하여 섬기는 교육 목사들과 스태프들, 그리고 간혹 리더십 역할을 맡아 줄 사람들과 함께 교회를 시작했다.

성경적 근거

이 팀 사역의 방식은 견고한 성경적 근거가 있다. 바울 사역의 대부분은 바로 이 패러다임의 유형에 속했다. 이 팀 사역은 행 13:2-3에 나오는 안디옥 교회가 열방에 복음을 증거하기 위해 바울과 바나바를 파송하는 것에서 처음 나타났다. 행 13:5에서 마가 요한은 돕는 자로 이 팀에 동참했다. 결과적으로 바나바와 마가 요한이 키프로스로 같이 떠났고, 바울은 실라와 함께 시리아와 시실리아를 향해 떠났다(행 15:36-41). 행 16:1-5에서 디모데가 바울 팀에 합류했다. 행 18:18-19에서 바울은 브리스길라와 아굴라와 함께 에베소로 떠났다. 성경은 바울에게 선교 여행의 동반자들이 있었음을 기록하고 있다(행 19:29). 이들은 모두

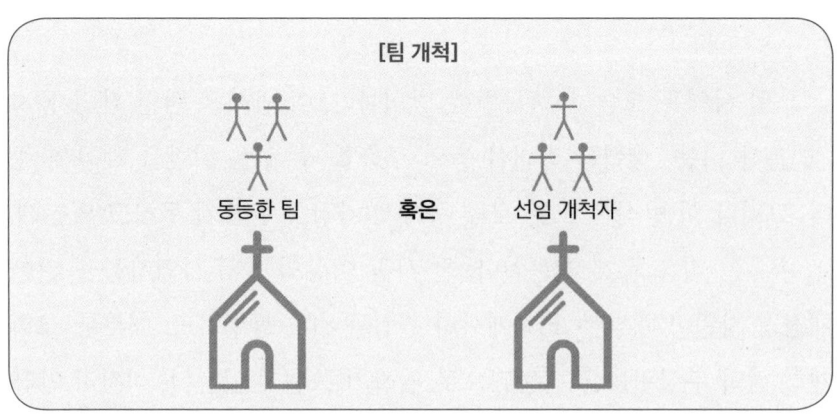

바울과 함께 팀으로 사역했던 자들이었다.

역사적 사례

이오나(Iona)에서의 콜롬바(521-597) 사역은 팀 사역으로 개척한 역사적인 사례이다. 존 마크 테리는 다음과 같이 말한다:

> [콜롬바]는 몇 개의 수도원을 개척했다…. 563년 콜롬바는 12명의 수도사를 데리고 스코틀랜드 해변 근처의 이오나 섬에 새로운 수도원을 세웠다. 이 수도원은 스코틀랜드 북부에 사는 한 종족인 픽츠(Pics) 종족에게 복음을 전하는 전초기지가 되었다. 콜롬바가 죽은 후에, 이오나의 수도원은 계속 전도자들을 파송했다. 한 수도사는 오스왈드라는 왕자를 믿음으로 인도했다. 오스왈드가 고향인 노스엄브리아에 돌아왔을 때, 그는 복음을 전해줄 선교사를 보내 달라고 수도원에 요청하였다. 그때 교황은 아이단(Aidan)을 파송하여, 노스엄브리아의 백성들에게 복음을 전할 뿐 아니라, 이오나의 수도원을 모방한 새로운 수도원을 설립했다.[18]

중세에는 수도원이 팀을 구성하여 교회 개척의 근간을 이루었다. 구성된 팀들은 밖으로 나가 수도원을 세우고 — 예를 들어, 영국을 전도하기 위해 파견된 아우구스티누스는 캔터베리에 수도원을 세웠다 — 주변 마을에 교회를 세우기 위해 노력했다. 수도원 주변으로 교회가 생기고 나면, 수도사들은 다른 장소로 이동했다.

18　Terry, *Evangelism*, 48.

현대의 사례

최근에 도시 교회 개척을 위한 자료들이 많이 쏟아져 나오고 있으며, 성공적인 팀 사역의 모델들도 많이 소개되고 있다.[19] 제임스 웨스트게이트(James E. Westgate)는 도시 지역을 위한 팀 사역을 두 개의 영역으로 나누었다: 동방적 모델과 서방적 모델.

동방적 모델은 스트레스가 많은 도시 사역을 위해서는 작은 공동체를 많이 개발해야 한다고 보았다. 복잡한 도시 문화와 적응이 쉽지 않은 도시 생활에서는 가정 단위보다는 팀 사역이 유리하며, 이 팀 사역은 복잡한 도시 환경 속에서 적응할 수 있는 협조적이고 긍정적인 관계의 네트워크를 제공해 준다. 이 팀 사역의 초점은 교회를 개척하는 것뿐 아니라 교회를 개척하도록 훈련하는 재생산하는 교회가 된다.[20]

동방적 모델은 "교회 개척자 팀을 훈련하는 훈련자들의 팀을 강조한다."[21] 이 팀의 주요 역할은 다른 사람을 훈련하는 것이다.

서방적 모델에 대해서, 웨스트게이트는 다음과 같이 기록한다:

> 이 팀 사역은 교회 개척을 위한 이중직 사역(bivocational approach)을 강조한다. 이 팀의 중요한 목표는 도시 안의 전략 지역에 교회를 개척하는 것

---

19 Loyd Childs, "Teams Multiply Churches in Malaysia/Singapore," *Urban Mission 2* (1985): 33-39; Ben A. Sawatsky, "A Church Planting Strategy for World Class Cities," *Urban Mission 3* (1985): 7-19; Roger S. Greenway, "The 'Team' Approach to Urban Church Planting," *Urban Mission 4* (1987): 3-5를 참조하라.

20 James E. Westgate, "Church Planting Strategies for World-Class Cities," in ed. Harvie M. Conn, *Planting and Growing Urban Churches: From Dream to Reality* (Grand Rapids, MI: Baker, 1997), 205.

21 Ibid., 204.

이다. 이 팀의 주요 초점은 전도이며, 모든 팀원은 개척 후 1년 동안 5명에서 10명의 제자를 훈련하는 일에 헌신한다. 교회가 창립될 때까지 50명을 목표로 한다. 2년 차 때에 교회가 조직화되고, 회원들은 새로운 회심자들을 훈련하여, 그들이 10명 이상의 사람들을 그리스도께로 인도하는 목표를 이루게 한다…. 2년 차가 되면, 구성원들은 한 사람을 정하여 자신의 은사를 활용하여 성경공부 혹은 신앙 교육으로 그를 훈련한다. 3년 차는 교회의 전환적 시점이다. 팀원들은 그들이 훈련했던 사람들을 관리하고 인도하는 역할로 전환된다…. 팀원들은 새로운 교회를 시작하는 교회 개척자로 헌신하고, 신학교나 혹은 교단에 속한 협력 교회에서 파송된 4~6명의 새로운 부부들과 함께 새로운 교회를 시작한다.[22]

팀 개척 모델을 수용하는 교회들이 점점 늘어나고 있다. 예를 들면, 1977년 아메스(Ames) 아이오와에서 이스트 랜싱(East Lansing)으로 이사 온 교회 개척 팀은 미시간 주립 대학의 캠퍼스에서 대학 교회를 시작했다. 그들은 집에서 그리고 대학 강의실에서 대학생들을 제자훈련하는 비전이 있었다. 12명으로 구성된 이 팀에 작은 "목장"을 함께 인도하는 두 명의 목사들도 동참했다. 그 그룹이 바로 리버뷰 교회가 되었다.

지금도 리버뷰 교회는 팀 개척 모델을 계속하고 있다. 담임목사는 예수님이어야 한다고 생각하며, 장로 그룹이 리더십 팀으로 섬긴다. 개척 팀이 교회를 시작했을 때, 두 명의 목사들과 10명의 멤버들밖에 없었다. 교회가 성장하면서 이 목사들은 자신의 권위를 네 명으

---

22 Ibid., 205.

로 구성된 작은 팀에게 담임목사의 역할을 맡겼다. 노엘 하이키넨(Noel Heikkinen)은 설교, 비전, 교회 개척 분야에서 섬긴다. 프레드 최(Fred Choi)는 교회에서 사역한다. 댄 프라이스(Dan Price)는 주말 예배와 다중 사이트 개발을 이미 마쳤다. 스티브 소머로트(Steve Sommerlot, 처음 개척자 중 한 사람)는 젊은 목회자들을 위한 지도력 개발 사역을 담당한다.

리버뷰 교회가 시작되었을 때, 그들의 비전은 교회 안에 있는 견습자 훈련 프로그램을 통해 목회자들을 훈련하여 미국과 전 세계에 파송하고 다른 교회와 캠퍼스들을 개척하게 했다. 현재 파송된 목회자들은 같은 비전으로 하나 되어, 팀 목회 모델을 적용함으로써 교회 개척 사역을 담당하고 있다. 그들의 팀 개척 사역은 매우 효과적이다.

나의 박사학위 논문은[23] 새로 개척된 교회의 출석률을 높이는 요인에 관한 연구였다. 이 연구는 설명을 기재하는 것을 포함하는 설문조사였다. 600명 가량의 교회 개척자들이 이 설문에 응답했고, 많은 목회자가 그들의 견해를 보내주었다. 그 연구에서 공통으로 제기된 주제는 교회 개척 팀에 대한 열정이었다. 이 연구 조사는 한 사람 이상의 교회 개척자들이 함께 개척할 때 출석수는 두 배 이상 높았다는 결과를 보여주었다(대형교회, 후원교회, 충분한 재정 지원으로 확보된 스태프들로 말미암아 이루어진 성장요인은 배제하였다. 그런데도, 평균 출석수의 차이는 명백하였다).

이런 차이가 발생하는 것이 단지 목사들의 수가 많기 때문만은 아님을 알게 되었다. 평균 출석 수의 증가는 사역자의 수가 세 명이나 네 명인 경우가 아니고, 두 명일 때가 가장 높았다. 사역자의 수가 세

---

23 Ed Stetzer의 박사학위 논문, "The Impact of the Church Planting Process and Other Selected Factors on the Attendance of Southern Baptist Church Plants," *The Southern Baptist Theological Seminary*, Louisville, KY, 2003에서 발췌하였다.

명 이상이 될 때, 새로 개척된 교회는 믿지 않는 자들로 구성된 지역 사회에 접촉하는 과정에서 갈등이 나타나는 것을 발견했다. 목회자들은 팀 안에서 밀접한 관계를 구축한다. 그러나 팀 사역자들이 가까운 친구 관계로 발전되면, 그로 인해 전도를 위해 믿지 않는 자들과 접촉하는 것, 그들과 관계 맺기가 잘 이루어지지 않는 것을 발견하였다.

논문의 결론은 두 명의 스태프로 시작하는 것이 교회 개척 팀을 위해서는 가장 효과적이라는 것이다. 이 연구는 두 명이 팀 사역자들이 풀타임 사역자였는지에 대해서는 언급하지 않았다. 그러나 그렇지 않으리라 예상된다. 논문의 데이터와 설명을 보면, 가장 효과적인 팀 개척은 풀타임으로 사역하는 담임 목사와 예배와 전도의 능력을 갖춘 파트 타임 사역자로 구성된 팀이었다.

결론

하나님은 여러 가지 유형의 리더십 스타일을 통하여 교회를 개척하신다. 위에 제시한 모델들이 완벽한 모델들은 아니지만, 교회 개척에 있어서의 역할이 무엇인지를 생각하게 해 준다. 아마 교회 개척자가 된다는 것이 무슨 의미인지 충분히 인식하지 못할 수도 있다. 여러 개의 영역 가운데서 자신에게 적합한 것을 찾을 수도 있고, 여러 가지 모델들의 장점들을 조합하여 나만의 것으로 만들 수도 있다. 하나님의 부르심과 개인에게 주어지는 영적 은사를 통해, 교회 개척자들은 새로운 교회 개척을 어떻게 이루어 갈지를 결정한다.

PLANTING MISSIONAL CHURCHES

CHAPTER 6

선교적/성육신적 교회

다니엘과 내가 교회 개척자들과 더불어 대화할 때, 그들로부터 계속해서 듣는 것은, **교회 개척은 하나의 전략이 아니고 삶의 방식이라는 것이었다.** 그들은 이렇게 질문한다. "예수님은 누구십니까?" 예수님이 우리에게 하라고 말씀하신 것은 무엇인가? — 이 땅에서 우리의 사명은 무엇인가? — 우리는 어떻게 그분과 그분의 본을 따를 수 있나?

예수님의 본을 따르면서, 사람들과 관계를 형성하고, 그들을 위한 사역을 통해, 교회가 세워진다. "교회가 무엇인가?"라는 질문에 대한 기존의 시각보다는(교회 개척자들은 이 내용을 비전 선언이나 후원 프로젝트 안에 넣는다), 교회 개척의 새로운 방식을 추구하는 시도들이 있다. 즉, 그리스도의 성육신이 그들의 지역 사회나 그 지역의 한계를 넘어 폭넓게 펼쳐지게 한다. 그러한 과정에서 교회가 시작된다.

이러한 삶의 방식을 채택하는 교회 개척자들은 그들 자신을 교회 개척자 혹은 목사로 보거나, 혹은 그와는 완전히 다른 시각으로 자신을 바라볼 수 있다. 그들을 사업하는 사람으로 볼 수도 있고, 시장에서 일하는 파트타임이나 풀타임 직원으로 볼 수도 있다. 반드시 교회를 시작하려는 의도를 드러내지 않더라도, 풀타임으로 직장에서 일하면서 이 일을 시작하는 것이다. 일터에서, 이웃들과의 삶 속에서, 사회적 관계망 속에서, 다양한 환경에서, 하나님의 역사로 말미암아 사람들을 그리스도께로 인도하는 것을 보며, 기도하며 그 일에 동참한다.

새로운 믿음의 공동체가 자연스럽게 드러나게 하려면, 관계로부터 시작해야 한다. 마가복음은 이렇게 기록한다: "또 이르시되 하나님의 나라는 사람이 씨를 땅에 뿌림과 같으니 그가 밤낮 자고 깨고 하는 중에 씨가 나서 자라되 어떻게 그리 되는지를 알지 못하느니라 땅이 스스로 열매를 맺되 처음에는 싹이요 다음에는 이삭이요 그 다음에는 이삭에 충실한 곡식이라 열매가 익으면 곧 낫을 대나니 이는 추수 때가 이르렀음이라"(막 4:26-29).

그들은 예수님의 명령에 따라 세상으로 나아가서 제자 삼고, 세상 속에서 예수님을 따르는 자들에게 주시는 권고를 따라 가정, 직장, 이웃, 사회 모임, 자녀들의 학교, 스포츠 팀 등의 하나님께서 허락하신 삶의 현장으로 들어가서 기도, 친절, 선행, 복음의 "씨를 심으라"는 명령을 준행한다.

믿지 않는 사람들을 교회의 예배로 "이끌어 오는" 사역이 아니고, 영적인 기업인으로서 그들의 임무는 "성육신하신 예수님은 누구신가?"라는 질문에 걸맞는 삶을 살아내는 것이다. 마이클 프로스트(Michael Frost)와 알렌 허쉬(Alan Hirsh)는 이렇게 말한다: "선교적 교회는 교회론적인 측면에서 성육신적인 것이지, 사람들을 이끌어 오는 것이 아니다. 성육신적인 것이라는 뜻은 믿지 않는 사람들이 복음을 만날 수 있는 거룩한 공간을 만들어 내는 것이 아니다. 선교적 교회는 흩어지는 교회가 되어, 사회 안에 존재하는 틈과 균열 속으로 스며 들어가 그리스도를 아직 모르는 자들에게 그리스도가 되어주는 것이다."[1]

1　Michael Frost and Alan Hirsch, *The Shaping of the Things to Come: Innovation*

그들은 삶의 현장이라는 상황에서 예수 그리스도의 사랑과 돌봄을 보여주고, 그곳에서 예수가 되고자 한다 ― "와서 예수를 보는" 사역이지, "교회의 예배로 이끌어 오는" 사역이 아니다. 그런 삶의 현장 속에서 주어진 사명 즉, 하나님을 사랑하고 이웃을 사랑하고, 서로 사랑하고, 지극히 작은 자를 사랑하라는 예수님의 명령을 살아낼 때, 하나님께서 역사하시는 추수 공동체를 세우는 기회를 발견하게 된다.

프로스트와 허쉬, 휴 홀터(Hugh Halter)와 매트 스매이(Matt Smay), 그 외 여러 전문가와 함께 이 사역에 동참하는 교회 개척자들에게 삶과 사역은 전략적 접근이라기보다 영적인 접근이고, 계획적이기보다는 더 기도하는 것이고, 조직적이기보다는 자발적이다. 만일 당신이 그들에게 장기 목표나 전략을 묻는다면, 그런 것들을 가질 수도 있고, 하나님께서 일하시는 뚜렷한 아이디어가 없을 수도 있다. 그러나 그들은 그들의 도시에서 의연하게 교회 개척을 하고, 예수님께서 그곳에서 살라고 하신 방법대로 살아내려고 노력하면서, 하나님께서 그들을 두신 그곳에서 충성스럽게 씨를 뿌리고, 추수의 열매를 기도하며 기다린다.

선교에 초점을 맞춘 접근

누군가 사용했던 이 용어가 바로 "선교적/성육신적"이라는 표현이다. 물론 다른 모델들은 선교적이거나 성육적이지 않다고 말하는 것은 아니다. 이것이 선교적 교회의 접근에 중요한 초점이라는 것을 강

---

and Mission for the 21st-Century Church (Peabody, MA: Hendrickson Publishers, 2003), 12.

조하는 것이다. 그래서 이 운동은 스스로를 선교와 그리스도의 성육신이라고 정의한다.

소마 네트워크(Soma Network)는 선교적/성육신적 교회의 한 표현이다. 제프 반더스텔트(Jeff Vanderstelt)는 국내 최대의 교회 중 하나에서 사역했던 경험을 포함하여 몇 개의 교회에서 사역한 후에, 교회에 대한 환상이 깨졌다. 즉, 많은 크리스천이 아는 바대로, 교회는 현재 다니고 있는 곳이 아니고, 그들이 과거에 다닌 적이 있는 어떤 곳으로 알고 있다. 제프가 확신한 것은 일상적인 삶 속에서 사람들을 예수님의 제자로 훈련하여, 그들이 다른 사람들을 예수님의 제자로 훈련하는 것이다. 그가 "믿었던 것은 예수님께서 평범한 사람들을 부르셔서, 그들의 삶의 모든 영역이 예수님을 위한 삶으로 변화되는 것"이었다. 그는 대형 교회의 명망있는 지위를 버리고 교회 개척의 여정을 시작했고, 소마 교회 가족으로 알려진 모임을 인도하기 시작했다.[2]

제프와 그의 아내 제인이 타코마(Tacoma)로 이사한 후, 그들은 교우들과 일요일 몇 시간 동안만 교제하는 것이 아니라 한 그룹의 구성원들이 공동체를 이루어 일상 속에서 선교적 공동체의 삶을 살기로 헌신하였다. 그들은 물론 일요일에 모였지만, 교회의 주요 조직 구조는 선교적 공동체로 모이는 것이었다. 이 교회는 "규칙적으로 함께 모이는 소그룹 모임이며, 일주일 내내 일상을 선교적 삶으로 전환하여, 특정한 장소와 사람들에게 다가가서 제자 삼고, 배가하여 더 많은 선교 공동체를 파송하는 것"을 목적으로 한다.[3]

---

2   Jeff Vanderstelt, *Saturate* (Wheaton, IL: Crossway, 2015), 27.
3   "The Gospel and Soma's Theological Distinctives(복음과 소마의 신학적 특징)", 소마는 9월 16일에 접속, 2015, http://www.somatacoma.org/about/#doctrine-beliefs.

결과적으로, 소마의 일부분이 된 사람들은 누구나 자신이 특별한 장소에 보내져서 그들을 섬기는 선교사 가정이 되어 제자 삼는 제자를 양성한다. 그들이 그렇게 하는 방식은 일상적 삶의 리듬을 복음 증거에 맞추는 것이다. 여기에는 식사하고, 듣고, 이야기하고, 축복하고, 축하하고, 재창조하는 것이 포함된다. 예를 들어, 모든 사람은 살기 위해서 먹어야 하는데, 예수님을 믿는 사람들과 예수님을 아직 믿지 않는 사람들, 그들과 먹는 기회를 더 자주 갖는다면 어떻게 될까? 그것이 바로 소마가 일상 속에서 쉽게 선교하는 방법이다. 반더스텔트가 타코마에서 소마 사역을 시작한 이후, 소마는 공통의 비전을 가진 교회들의 가족으로 성장하게 되었다: "모든 남녀 그리고 어린이들이 복음으로 적셔져 매일 말씀과 삶으로 예수님을 만난다."[4] 캘리포니아에 있는 레드 도어(Red Door)교회는 그중 하나의 교회인데, 성병과 성폭력 사고가 전국에서 제일 높았던 샌디에이고 주립대학교에서 이 비전으로 사역을 시작했다. 캠퍼스에서 그들은 예배와 더불어 가족 공동체를 만들어 나갔다. 담임 목사인 제이크 챔버스(Jake Chambers)에 의하면, 학생들, 가족들, 미혼자들이 진짜 가족 같은 룸메이트가 되고, 같이 식사하고, 함께 즐기고, 서로의 부채도 갚아주고, 물질로 서로 돕는 모습을 보여 주었다.[5]

소마의 가족 교회는 교회 개척에 있어서 선교적/성육신적 접근의 한 예이다. 그들은 자기들의 모임을 단지 주일 오전 시간으로 제한하지 않는다. 그들은 예배를 위해 모이지만, 전장에서 언급한 대로 이

---

4 "About Soma," Soma, 2015년 9월 16일 접속, http://wearesoma.com/about.
5 Jake Chambers, 2015년 6월 24일 저자에게 이메일 발송.

모임이 성경적 기능을 하고 있나가 중요하다. 그러므로 교회 안에 섬기는 사람들이 얼마나 되는지, "멤버들"이 한 주일 동안 그들이 처한 삶의 현장 속에서 믿음의 삶을 살아내고 있나를 중요하게 생각한다. 단지 "와 보라"(come and see)가 아니라 "가서 말하라"(go and tell)의 접근이다.

밖으로 그리고 깊이 있게

선교적/성육신적(MI)교회는 동전의 양면과도 같다. 밖으로(선교적) 향하고, 문화 속으로 깊이 있게(성육신적) 들어가는 기독교 공동체를 반영한다. M/I교회 운동에 동참하는 자들은 그들 자신을 "보냄 받은 자"(혹은 사도적)로 여긴다. 공동체의 초점은 공동의 사명을 나누는 것이다. 전도와 선교는 다르지 않다고 보며, 한 도시 안에서도 이 두 가지는 문화적 장벽을 초월하여 실천되고 있다. **성공의 척도는 교회가 배가 여부와 제자의 질적 수준이다.**

지난 몇 세기(천 년 그 이상) 동안의 교회 역사를 비교해 볼 때, 서구 교회는 "교회 성장"운동과 콘스탄틴 방식의 선교가 진행됐다. 거의 이 방식으로 이어져 왔지만, 포스트모더니즘 이후 이 방식은 효과를 잃게 되었다.

전도적/이끌어 오는 방식(E/A)은 기독교 믿음을 갖기 위해서는 자신의 고유 문화로부터 나와서, 새로운 문화(기독교/교회) 속으로 들어가, 그 안에서 동화되어야 한다. 즉 고유 문화로부터 "추출하는" 방식이다. 전도는 문화가 같거나/유사한 상황 속에서 잘 이루어진다. 그러므로 교회 안에서 동질 집단끼리의 모임이 자연스럽게 이루어진다. 반면 선교는 문화 바깥에서 발생한다. 그러므로, E/A교회는 "선교"(선교사 파송 혹은 단기 선교와 같은 프로그램 성격)에 참여하지 않는다면 문화적 장벽을 넘지 못한다. E/A교회의 성공 척도는 교인, 침례자, 프로그램 참석자 수 등이다.

통계 조사가 보여주는 바와 같이(1장을 보라), 프로스트와 허쉬가 지역 교회와 교회 개척에 대해 강력하게 주장하는 것처럼, 전통적인 접근인 이끌어 오는 방식을 탈피할 필요가 있다: "복음이 복잡하고, 포스트모던적이며, 종족화된 서구의 상황 속에서 현존하는 수천 개의 하위문화 속으로 성육화되는 것이 무엇보다 중요하다. 여러 유형의 사람들과 하위문화들이 자신의 문화 속에서 그리고 자신의 공동체 속에서 예수를 만나는 것이 중요하다. 그럴 때 예수를 온전히 이해할 수 있게 된다."[6]

교회 개척에 대한 선교적/성육신적 접근에 초점을 맞춘 교회 개척 기관들이 많이 있다. 미국의 동부와 서부 해안 지방에 교회를 개척했던 우드워드(J. R. Woodward)는 V3 교회 개척 운동의 국내 책임자로 섬기고 있다. 그들의 비전은 제자 삼는 교회를 시작하도록 돕는 것이다. 그것이 바로 하나님 나라의 표적이며 전조이고, 성취할 수 있는 방법이기 때문이다(그들은 이 책의 앞부분에서 언급한 레슬리 뉴비긴의 선교학의 영향을 받았다). 그들은 개척자들에게 장소에 기초하고, 제자훈련에 초점을 맞추고, 공동체를 세우고, 무브먼트 중심적이고, 선교적/성육신적 교회 개척 모델을 훈련하여 이 사역을 이루어 간다.

그들의 훈련은 하나님께서 보내신 곳의 영혼들의 상황에 맞게 생각하고, 그 안에 뿌리를 내리도록 돕는 도구를 통해 이루어진다. 그들의 훈련은 제자훈련에 초점이 맞추어 있다. 모든 개척자는 예수님의

---

6 Frost and Hirsch, *The Shaping of the Things to Come*, 12.

제자가 될 뿐 아니라, 적극적으로 제자를 훈련하는 자가 되길 기대하기 때문이다. 공동체를 세우는 것은 그들의 훈련에 중요한 요소이다. 선교적 삶은 혼자서는 불가능하기 때문이다. 모든 개척자는 제자 삼고, 교회를 개척하고, 무브먼트를 일으키는 자이다. 그러므로 이 훈련은 무브먼트를 일으키는 방식을 강조한다. 마지막으로, 그들의 훈련은 성육신적이다. 개척자들은 내부에 머물지 않고, 외부로 나가 그곳에서 성육신적으로 더 깊이 들어가게 한다.[7]

V3는 에드워드 홀(Edward T. Hall)이 1960년대에 이 개념을 구축해 나갔고, 조셉 마이어스(Joseph Myers)도 그의 책 "소속을 찾아서"(The Search to Belong)를 통해 교계 안에서 이를 대중화하는 데 도움을 주었던 공간학의 개념에 기초하고 있다. 공간학은 공간, 문화, 공동체, 그리고 소속감 사이의 관계에 기초한 이론이다. 이 연구에서 홀은 인간이 다르게 관계하는 네 가지 공간이 있다고 설명한다: 대중적(50명 이상), 사교적(20-50명), 개인적(8-12명), 친밀적(1-3명). V3는 개척자들이 그러한 각각의 공간 속에서 어떻게 살고 어떻게 사람들을 이끌어야 하는지를 훈련하며, 의도적으로 이 공간의 개념을 활용한다. 예를 들어, 모든 개척자는 언약 그룹 안에서 개인적인 삶의 규칙을 세우고 친밀한 공간을 조성하여 그 안에 살아야 한다.[8]

개인적 공간은 개척자들이 핵심 그룹을 만들 수 있는 공간이다. 그들은 삶의 규칙과 리듬을 함께 살아내기로 헌신한다. 이 핵심 그룹

---

7   다음을 보라. "The Church as Movement: Starting and Sustaining Missional Incarnational Communities" by J.R. Woodward and Dan White (released Fall 2016).
8   Ken Shigematsu has written an excellent book explaining this, *God in My Everything: How an Ancient Rhythm Helps Busy People Enjoy God* (Grand Rapids, MI: Zondervan, 2013).

으로부터 개척자는 건강한 사회적 공간을 이루어 가는 공동체를 개발하고 발전시킨다. 이 공동체에서 모든 구성원들이 선교적으로 살아간다. 결과적으로, 그들의 훈련은 서로 다른 능력을 갖추고 있지만, 하나가 되는 학습 연대 모형을 활용한다. V3는 개척자들이 선교적/성육신적 교회 개척 방식을 채택하도록 훈련한다.[9]

CRM(과거의 Church Resource Ministries)의 또 다른 예인데, 밥 로건(Bob Logan)과 표준화된 "교회 개척자들을 위한 도구"(Church Planter's Tool Kit)로 유명하다. 그들은 전통적 교회 개척 훈련을 선교적/성육신적 접근으로 바꾸었다. 휴 홀터(Hugh Halter)는 지금 포즈 아메리카(Forge America)의 전국 책임자이며, CRM 교회 개척의 중심을 이끌어 왔다.[10] CRM의 사고와 실천의 새로운 방향은 사람들을 교회로 이끌어 오게 했던 전통적 방식을 뒤집음으로써 시작되었다. 홀터는 "도구" 시대에 생겼던 교회에 대해 언급했는데, 개척된 교회 중에서 많은 교회는 분명 성장했지만, 그 성장의 98%는 이동 교인으로 말미암은 성장에 불과했다고 말한다. "우리가 버려야 했던 가장 큰 가설은 교회를 세우기만 하면, 사람들은 교회로 올 것이다. 우리가 열심히만 한다면…"이라고 홀트는 말했다. "그들은 오지 않을 것이란 가설로 시작해야만 했다. 우리의 프로그램에 이끌려 오게 되는 사람들은 크리스천들이다. 회심이란 단지 예수님을 알고 싶어 하는 것만은 아니다."

홀터는 선교적/성육신적 공동체의 또 다른 특징은 공동체에 대한 강조라고 말한다. 잃어버린 양들을 계속해서 데려오는 강력한 전

---

9 V3에 대해 자세히 알아보려면 해당 웹 사이트를 확인하십시오: "V3: Church Planting Movement," 2015년 9월 16일 접속, http://thev3movement.org.
10 Forge America, 2015년 9월 16일 접속, http://www.forgeamerica.com.

도자가 되어야 하지만, 외로운 십자군이 되는 것만으로 충분하지 않다. "우리는 영감 넘치는 사람과 함께 시작하면서 동시에, 교회는 곧바로 영감 넘치는 공동체가 되어야 한다"고 홀트는 말한다. "나 혼자는 더 이상(나 혼자 만으로는 절대) 충분하지 않다. 우리 모두의 공동체는 우선적으로 사도적이 되어가고 있다(사도적이 되는 것을 우선으로 하고 있다). 우리가 가져야 할 기본적인 입장은 성도들이 하나님과 그리고 서로에게 어떻게 더 깊이 들어가는 공동체가 될 수 있는지를 배우고자 하는 것이며, 우리는 이 여정에 함께 하는 동반자를 원한다."

변화는 시작되었지만, 아직도 진행 중이다

교회 개척을 옹호하는 기준이 변하고 있다는 것은 의심할 수 없는 사실이다. 대부분의 교회 개척자는 "전통적"이라고 불리는 방식으로 개척한다 — 핵심 그룹을 만들고, 개척을 시작하여, 성장하는 단계로 나아간다. 이 책의 많은 부분은 그 일을 하는 일꾼들을 섬기기 위한 내용이다.

다른 한편으로, 선교적/성육신적 접근을 더 깊이 있게 추구할 것이다. 그런 접근이 점점 늘어나고 있다는 것은 나로서 매우 반가운 일이다. 여기서 적어도 두 가지 주의할 점을 언급하겠다. 첫째는 방향이 다른 노선들을 모두 수용하자는 것은 아니지만, 하나님의 선교에 신실하게 협력할 수 있는 바람직한 노선들을 겸손하게 배우자는 것이다. 변화가 일어나고 있다는 것을 인식해야 한다.

둘째로, 선교적/성육신적 모델은 현재 거침없이 확장되고 있다. 왜냐하면, 많은 개척자가 장기 과정, 시스템, 프로그램에 지쳐 있지만,

더욱 단순하고 성경적인 접근을 원하고 있기 때문이다. 그러한 과정들이 나쁘다는 것은 아니지만, 시스템의 구조적 문제로 말미암아 사역이 지연된다는 것은 교회 개척에 바람직하지 못하다. 교회가 성장하게 되면서, 조직화를 반대하는 목소리는 사라졌다. 헬라파 과부들은 그들이 무시되고 있다고 불평하기 시작했고, 모두를 만족시켜 주는 시스템이 필요하게 되었다(행 6). 백성들은 그들의 필요가 채워지지 않는다고 불평했고(출 18), 공동체에 속한 사람들은 경건하게 사는 것을 포기했으며, 그로 말미암아 따라 다른 기준들이 세워졌다(고전 5:9). 교회 개척에 있어서 이런 접근이 선교학과 기독론의 관점에서는 좋다고 볼 수 있지만, 교회론적으로 흔들린다면 이를 성경적 교회의 모습이라고 말할 수는 없을 것이다.

　이런 변화의 범위를 예측하고, 교회 개척의 성패를 리히터 척도로 측정한다는 것은 이들을 너무 속단하는 결과가 될 것이다. 왜냐하면, 교회 개척의 새로운 접근이 강조하는 것은 유기적 성장이기 때문이다. 뉴욕의 뉴홉 교회에서 사역하는 단 새디어 목사와 드류 현 목사는 이렇게 말했다:

> 과거에 하나님은 우리의 이웃에게 놀라운 사랑을 베푸셨다. 우리가 전심으로 선교와 제자훈련에 초점을 맞추었고, 교구의 영혼들을 전도하기 위한 노력을 했고, 40개의 민족으로 구성된 회중들을 갖게 되었다. 우리의 공동체 안에 있는 정신 장애, 지체 장애인들과 함께 살아가는 자들에게 우리의 것을 맡기고, 그들과 함께 통합하며 사는 법을 배웠다. 그것은 쉽지 않았지만, 화해의 영적 대사로서 장애인들과 함께 가족으로 살아가는 법을 배우고, 맨해튼의 젊은 전문인들이 노인들을 사랑하

며 함께 살아가는 법을 배움으로써, 에베소서 2장에 나오는 새 사람의 모습이 서서히 드러나게 되었다. 하나님의 은혜로 많은 회심자가 생겼고, 다른 종교에서 온 사람들이 침례(세례)를 받았고, 제자 삼는 제자로 훈련받고 있다.[11]

이러한 사역에 참여하기 원하는 교회 개척자들에게 선교 정보와 전략이 처음부터 의도적으로 제공되어야 한다. 교회 개척을 시작하면서 평소 추구하는 모델을 적용했을 때 성장이 더디고 유기적인 과정으로 진행된다면, 그 방식은 어리석고 비생산적이라고 평가될 수 있다. 선교적/성육신적 교회 개척자들은 개척을 위한 계획서, 전략 계획, 시간 계획보다는 시장에서 일할 수 있는 직업이 더 필요할 것이다.

내가 우리 교단의 북미 신학교 교회 개척 프로그램과 협력하여 교회 개척을 위한 개척자들을 파송한 적이 있었다. 그들 중 많은 사람이 재정 지원을 받았다. 마지막 해에는 내가 직접 그 프로그램을 이끌었고(2003), 그때 122명의 교회 개척자들 혹은 교회 개척을 돕는 스태프들을 파송했다. 재정적 지원을 받으면서, 개척의 표준 모델을 사용하여 개척한 대부분 목회자는 사역을 아주 잘했다. 그러나 특별한 재정 지원 없이, 관계를 맺으면서 개척을 시작했던 사람들도 대부분도 잘했다. 그러나, 관계를 기초로 하여 재정 지원을 받으며 개척했던 사람 중 대부분은 성공하지 못했다: 재정 지원이 너무 빨리 바닥났고, 그 상황 속에서 사례비가 어떻게 지급되어야 하는지 몰랐다.

그 밖의 다른 변화들도 일어나고 있다. 선교적/성육신적 강조가

---

11 저자에게 2015년 5월 20일 이메일 발송.

여러 나라에서 시도되고 있다. 앞에서 언급했지만, 수단의 딘카 종족과 함께 사는 선교사에게는 놀라운 사실일 것이다. 선교사를 위한 재정 지원 시스템은 이제 서구에서는 존재하지 않는다(혹은 곧 사라질 것이다).

  그러나, 만일 이러한 접근이 수천의 헌신된 신자들이 전통적인 목회자의 길을 가는 대신 삶의 현장으로 들어가서 가정에서, 직장에서, 공동체 센터로 들어간다면, 아직도 닫혀있는 사역의 문들이 곧 열리게 될 것이다. 이제 스포카네에 있는 소마 가족의 리더인 스티브 하르트에게서 온 격려의 글로 이 장을 마무리하고자 한다: "우리의 경험은 불완전한 사람들의 공동체로 이끌어 준다. 복음의 자유 안에서, 성령의 음성을 듣고, 우리 이웃들에게 복음을 전하면서, 이 아름다운 소마 가족들을 인도하고 있다. 제자 삼는 자들이 우리 안에 세워지는 것을 보게 되리라. 공동체 안에서 선교하는 삶은 예수님께 믿음으로 응답하는 정상적 방법이 되었다."[12] 교회 개척에 대한 선교적/성육신적 접근에 대해서 하나님께 감사한다.

---

12 저자에게 2015년 6월 23일 이메일 발송.

PLANTING MISSIONAL CHURCHES

단순한 교회

"단순한 교회"라는 용어는 좌절 속에서 태어났다. 종종 "가정교회"라고 불리는 현상을 여기서 설명하고자 한다. 그러나 이 운동과 관련된 사람들은 "가정"이라는 표현을 좋아하지 않는다. 이러한 교회들이 단지 가정에서만 모이는 것은 아니다: 식당에서도 모이고, 사업체에서도 모이고, 혹은 다른 환경 속에서도 모인다. **단순한 교회라고 규정하는 것은 장소 때문이 아니라 강조점 때문이다.**

가정교회라는 한 유형의 교회를 설명하겠지만, 다니엘과 나는 이 운동이 무엇인지를 정확하고 표현하고 싶었다. 그래서 이 모델에 대해 가장 많이 불리는 용어, "단순한 교회"를 사용하고자 한다. "단순한 교회"는 그리스도 안에서 공통된 삶을 강조하는 교회를 일컫는다. 이론적으로는 특정한 가치를 강조하고, 실제적으로는 그룹의 크기로 설명된다. 단순한 교회는 대면 관계를 통해 교회의 기능이 이루어지는 교회라 할 수 있다. 만일 교회 구성원들 안에서 "공통"된 삶이 이루어지지 않는다면, 그 교회는 더는 단순한 교회가 아니다. 로버트 뱅크스는 이렇게 설명한다:

> [단순한 교회]는 그리스도 안에서 공통된 삶을 개발하기 위해 헌신한 성인과 어린이들의 면대면 방식의 모임이다. 그들은 집에서, 아파트에

서, 혹은 다른 친교를 위한 장소에서 매주 모인다. 모임 장소보다 더 중요한 것은 서로 간의 돌봄과 서로에 대한 상호 책임이다. 확장된 기독교 가정으로서 찬양하고, 기도하고, 배우고, 나누고, 사랑하고, 놀고, 함께 음식을 나눈다(종종 주의 만찬을 하기도 한다). 상호 간의 사역을 통하여, 하나님께서 그들에게 주신 은사를 사용하고, 가정과 이웃과 직장과 폭넓은 지역 사회 안에서 다양한 개인들의 사역을 통하여 사명을 이루어 간다. 그들은 자신들을 교회로 인식하는 한편, 하나님의 백성으로서의 더 큰 그룹, 규칙적으로 모이는 것에 대한 중요성도 인식하고 있다.[1]

단순한 교회는 대면 관계뿐 아니라, 전통적인 교회와는 아주 다른 형태의 교제권을 형성하고, 공통된 삶을 깊이 나누는 것을 최우선으로 여긴다. 공동체 모임에 대해서 그룹의 크기를 의도적으로 제한한다는 것이 특이하며, 회원들은 다른 회원과의 진실한 연결이 없이는 교회에 속할 수 없다. 그래서 우리는 "단순한"이라는 용어를 사용하고 있지만, 적절한 시기가 오면, "가정교회"라는 용어를 사용할 것이다.

최근까지 서구의 단순한 교회의 개념은 교계에서는 뒤로 밀려 있었다. 그러나 이 개념은 중단되지 않았고, 세계의 여러 지역에서 하나님께서 사용하시는 방법으로 인식되었고, 하나님 나라를 급속하게 팽창시키는 역할을 했다(중국이 가장 좋은 예인데, 가정교회 안에는 수천만 명 이상의 "지하" 기독교인들이 모이고 있다. 그러나 서구에서는 단순한 교회가 기성 교회에 적응하지 못하거나 혹은 내향적 특성을 가지며, 종종 "만족하지 못한" 기독교인으로 묘사되기도 했다.).

단순한 교회는 제한적이지만 서구의 기독교인 사이에서는 흥미

---

1 Robert J. Banks, *The Church Comes Home* (Peabody, MA: Hendrickson, 1998), 6.

로운 실험적 대상이었다. 단순한 교회의 전략이 과거에는 무브먼트를 유지하기 힘든 전략이었다. 그러나 그 현상은 어느 정도 속도를 내기 시작하면서 얼마 전에는 뉴욕타임스의 주목을 받기도 했다: "전국에 걸쳐 기독교인 숫자가 '가정교회'라는 모임에서 증가하고 있는데, 이는 직접 예배에 참여하는 모임이다." 그 숫자는 계속 증가하고 있다.

단순한 교회를 택한다

역사를 통해 볼 때, 기독교인들은 유능한 지도자의 리더십 아래 모일 수 있는 자유 안에서 그 능력을 드러낼 때, 더 많은 그룹으로 성장하곤 했다. 그런 교회의 성장 비결은 복합적 능력을 행할 수 있는 조직의 원리에서 나오는데, 교회 운영도 예외는 아니었다. **교회가 새롭게 시작할 때는 단순하다. 그러나 교회가 계속 성장함에 따라 프로그램, 건물 소유권, 유급 직원 등의 문제들로 인해 점점 복잡해진다.**

교회가 성장하면서 복잡해져 가는 것을 막는 요인들도 있다. 예를 들면, 정부가 교회의 건물을 허가하지 않을 때 중국의 교회는 가정 안에서 모이면서 더 번성해졌다. 혹은 교회가 경제적 요인으로 인해 교회 건물을 가질 수 없을 때, 마을의 나무 아래서 모이면서 더 번창할 수 있다. 그러나 역사적 교회는 많은 사람이 모이는 큰 그룹이 되면서 복합적 특성을 가진 교회의 모습으로 오늘까지 이어져 왔다.

오늘의 교회는 여전히 시스템, 실행 절차, 프로그램 등과 같은 일들을 행하면서, 그에 따른 대가를 지불한다. 페인(J.D. Payne)은 이렇게 말한다:

만일 1세기의 제자들이 서구 사회의 복잡한 삶 속에서 제자를 양성하고 교회를 개척했다면, 복음은 결코 중동 지역을 벗어나지 못했을 것이다. 우리는 이 특별한 사역을 복잡한 과정을 거치면서 열방으로 나가고 있다. 그러나 열방으로 가는 길이 복잡한 과정을 거치지 않고 갈 수 있는 길이라면, 과연 어떤 일이 일어날까? 하나님의 경륜 안에서 특별히 우선하여 성취해야 할 사역이 단순하고 일상적인 방식으로 이루어진다면 어떤 일이 일어날까?[2]

미국 안에 단순한 교회 모델을 억지로 이끌어 온 요인은 없다 해도, 단순한 교회가 미국 안에서 실행 가능한 대안이 될 수 있도록 영향을 미친 크리스천들이 있었다. 1972년도 출간된 한 책은 이렇게 표현했다. "놀랍게도 그 후 1년도 되지 않아, 자신의 회중을 가정교회라고 부르는 모임들이 곳곳에서 나타나기 시작했다. 교회가 처음 생길 때부터 가정교회의 형태가 초기부터 이미 시작되었다는 것을 책을 통해서 알게 되었다. 역사적인 뿌리로서의 중요한 의미와 그것의 현대적 출현이 서서히 우리 앞에 드러나기 시작했다."[3]

어떤 사람들은 이를 신약교회 구조를 회복하는 "제3의 종교개혁"이라고 표현한다.

오직 믿음과 은혜로 말미암은 구원의 복음을 재발견하면서, 루터는 신

---

2   Missiologically Thinking, 2015년 9월 17일 접속, http://www.jdpayne.org/2015/04/23/reality-of-complexity-power-of-the-ordinary-and-4-billion-to-go/#sthash.BN4QlVix.dpuf.

3   Donald R. Allen, *Barefoot in the Church: Sensing the Authentic Through the House Church* (Richmond: John Knox Press, 1972).

학적 종교개혁을 통해 교회를 개혁하기 시작했다. 18세기에 모라비안 교도들과 같이 신앙운동을 통해 하나님과의 친밀한 관계가 새롭게 회복되기 시작했으며, 제2의 종교개혁이라고 불렀다. 이것이 영적인 종교개혁으로 번져 나갔다. 이제 하나님은 가죽 부대 구조 자체를 개혁하는 제3의 종교개혁을 이루어 가신다.[4]

많은 사람은 이러한 교회의 출현이 놀라운 성령 운동으로 이어지리라 생각했다: "새로운 바람이 그 땅에 불고 있다! 이 바람이 지금은 단순한 산들바람이지만, 크리스텐덤의 위상을 바꾸어 놓을 허리케인이 되기를 기대한다. 이 바람은 우리 시대에 새 일을 행하시는 성령이시다. 성령은 우리 개인과 그의 백성인 교회의 삶에 갱신과 변화를 일으키신다."[5]

많은 사람이 전통적 교회가 건물을 포기하고 단순한 교회의 관계적 특성을 받아들일 것으로 전망했지만, 아직 북미 교회의 현실 속에서는 그런 현상이 나타나지 않고 있다. 단순한 교회를 지지하는 사람들은 이를 교회의 실수라고 볼 수 있지만, 일반적 그리스도인들과 믿지 않는 사람들은 가정교회 안에서의 작은 예배를 자신의 것으로 택하지 않았다. 그러나 이러한 패턴이 변할 수 있다는 징조들이 나타나고 있다.

---

4   Wolfgang Simpson, "15 Theses Toward a Re-incarnation of Church," accessed September 17, 2015, http://www.intlimpact.org/download/15_Theses_toward_a_Re-Incarnation_of_Church-Simpson.pdf.
5   Dick Scoggins, Planting House Churches in Networks: A Manual from the Perspective of a Church Planting Team, accessed September 17, 2015, http://www.kerken.com/ebooks/Planting-House-Churches-Planting-manual.pdf.

사람들은 이 단순한 교회의 구조는 앞으로 탁월한 교회의 구조가 된다고 보았다. 교회 성장을 관찰해온 연구가들은 다음의 현상들, 즉 1960년대 예수 운동, 1980년대의 은사주의 운동, 1990년대의 단순한 교회 운동 등을 언급하였다. 그러나 이들 중 어느 것도 장기적으로 실현 가능한 교회의 모델을 제공해 주지 못했다. 비전을 가진 리더들이 사라져 갔을 때, 그들이 주장했던 모델은 더 나은 모델로 융합되거나 흡수되었다.

그러나 오늘의 문화 속에 등장하는 변화의 추이는 다른 운동들과는 달리 이탈 속도가 빠르다. 이후의 결과가 주목된다. 이미 몇 가지 모델들이 나왔지만, 이렇다 할 성공을 이루지는 못했다. 그러나 단순한 교회의 잠재력은 친밀한 관계, 공유된 리더십, 투명성, 팀워크의 가치를 중요하게 여기는 문화 속에서 그 영향력이 적지 않다고 평가한다. 이러한 징조를 통해 볼 때, 가정교회는 서구에서 하나님 나라의 영적 파도가 일어날 때, 상당한 역할을 하리라고 본다.

단순한 교회란 무엇인가?

그간 단순한 교회에 관한 자료들이 많이 발간되었다. 가정교회에 대한 강조가 1990년대 말에 나타난 이래 최근 들어 인터넷에 차고 넘친다.[6] 목사이며 선교학자인 페인(J. D. Payne)은 "선교적 가정교회"라는 제목으로 설득력 있고 논리정연한 책을 출간했다. 페인의 연구는 이 주제에 대해 가치를 따질 수 없을 만큼 소중한 역할을 했다. 그는 이

---

6 이 정보 중 일부를 www.NewChurches.com/PMC에서 수집했다.

책을 통해 단순한 교회를 비교 형식으로 설명하였다.[7]

- 더 유기적이고, 덜 제도적이다: 교회는 사람으로 이해되었고, 교회를 지칭하는 언어들은 이 확신을 더한다(가족, 몸, 가지, 양 등).
- 더 단순하고, 덜 구조적이다: 단순한 교회는 공동체와 상호 관계를 유지하기 위해 경직성, 구조, 조직 등을 피한다.
- 예배에 더 참여적이고 수동적이지 않다: 단순한 교회는 회원의 참여의식이 아주 높다. 모든 사람이 교회의 전체 모임에서 적극적인 역할을 한다.
- 더 공동체적이고 지인 중심적이지 않다: 진정한 공동체가 강조된다 – 피상적인 관계는 배제된다.
- 더 많은 사역자를 필요로 하지만, 사역자는 더 적다 – 단순한 교회는 교인들의 책임과 기대를 높여, 평신도들에게 사역할 기회를 열어준다.

앤디 램킨(Andy Lambkin)은 2006년에 밴쿠버의 한 전통 교회로부터 파송을 받았다. 그는 단순한 교회에 대한 경험을 이렇게 설명한다:

2006년, 밴쿠버에 2,000명 이상 되는 전통적 교회에서 일종의 실험적 성격의 사역으로 우리가 파송되었다. 지극히 세속화된 세계에서 하나님의 백성으로 살 수 있는 방식을 추구하였다. 우리를 향한 하나님의 음성을 들으며, 기업가적 분별력을 가지고 1년을 지냈다. 하나님은 우리에게 가치 있는 사역에 대해 말씀해 주셨다: 이웃, 관계, 관용, 대안적 사회 등

---

7   J. D. Payne, *Missional House Churches: Reaching Our Communities with the Gospel* (Downers Grove, IL: IVP, 2008), 38-43.

이다. 그리고 마지막으로 질문하셨다. "이러한 가치를 추구하는 데 있어서 가장 적합한 구조는 무엇일까?" 구조는 가치 있는 삶을 위해 존재해야 할 것이다(교회는 종종 이를 혼동하여, 가치 있는 삶을 방해하기도 한다). 계속해서 이 질문해 본다면, 가정/단순함/선교적 교회의 네트워크 등이 문제의 해결에 도움이 된다고 본다. 우리가 시작한 이 사역은 하나님께서 인도하신 하나님의 스토리였다. 9년 뒤에도, 우리는 여전히 이 길을 걷고 있고, 이 사역은 성장하고 있으며, 새로운 생명의 표징이 나타나기 시작했다. 고난과 인내의 시간을 보냈지만, 하나님께서 세우신 이 모든 일로 인해 감사를 드린다. 우리는 진정 본래의 우리 자신으로 돌아가고 있다고 느낀다.[8]

단순한 교회와 홈셀(home cell) 간의 근본적 차이를 이해하는 것이 이 사역을 이해하는 데 도움이 될 것이다. 홈셀은 큰 교회 안에 속해 있는 하나의 부분이고, 교회의 사역을 지원한다. 지난 몇 년 동안 개척된 교회들을 보면, 소그룹 돌봄을 위해 가정에서 모이는 모임을 하는 동시에 대규모 연합 모임도 한다.

그러나 단순한 교회는 큰 교회 일부가 아니다. 왜냐하면, 그 자체가 교회이기 때문이다. 단순한 교회는 교회의 기능들 즉, 침례, 주의 만찬, 설교, 헌금 등을 모든 것들을 수행한다.

단순한 교회는 언젠가 "교회가 성장하면" 더 큰 건물을 빌리든지, 영구적인 시설로 옮긴다는 희망을 품고 가정에서 시작하지는 않는다. 교회는 가정 안에 있는 교회이다.

최근 루마니아의 교회 개척자들을 훈련한 적이 있었다. 그들의

---

8   Andy Lambkin, 저자에게 2015년 5월 28일 이메일 발송.

교회 개척 전략은 선교사 개척자들이 거주하는 곳에서 "미션 하우스" 혹은 "가정교회"를 세우는 전략이었다. 선교사는 마을 사람들을 접촉하여, 그들을 의자가 있는 넓은 거실이 있는 가정으로 데리고 와서 같이 모인다. 교회의 규모가 커지면, 그때 건물을 마련한다.

단순한 교회가 성장하면, 또 다른 가정, 직장, 커피숍 등으로 배가하게 된다. 자신의 몸집을 키우지는 않는다.

오늘날 서구의 교회 개척 현장에서도 같은 패턴이 나타나고 있다. 많은 새로운 교회가 가정에서부터 모임을 시작한다. 그러나 그곳에 계속 머물지 않는다. 이후에 더 넓고 큰 장소로 옮긴다.

그러나 단순한 교회는 다르다. 교회는 근본적으로 자율성을 가진 단순한 교회로 계속 남아있기를 원한다. 교회의 규모가 커지면, 다른 가정, 사업장, 커피숍 등의 시설로 배가하게 된다. 자신의 몸집을 키우지는 않는다.

가정에서 만나는 교회 이해하기

대부분 개인적인 경험이나 평판을 통해서 가정교회를 경험하고 있다. 하지만, 가정교회에 대한 표현이 너무 많아서 가정교회에 대한 정의를 내린다는 것은 쉽지 않은 일이다.

전 세계를 통해 볼 때, 헌신된 신자들이 성경적으로 균형을 이루고 신학적으로도 신실한 단순한 교회에서 예배하고 있다. 그처럼 다양한 단순한 교회들을 하나의 카테고리로 묶는다는 것은 부적절한 고정관념일 뿐이다. 바로 그 이유로 나는 "가정교회"라는 용어 대신 "단순한 교회"라는 용어를 사용하고자 했고, 그런 고정관념에서 탈피하고 싶었다.

만일 단순한 교회가 진정한 교회라면, 교회의 기능을 해야 할 것이다. 앞서 언급한 것 같이, 교회에는 목사/장로 그리고 다른 리더들이 있다고 성경은 가르친다. 성경적 교회는 또한 서로 언약을 지키며, 주의 만찬과 침례(세례)를 행한다. 신약교회의 모든 특성은 이 단순한 교회 안에 나타나 있다. 그러므로 단순한 교회는 성경적 교회이다.

신약성경에서 "'교회'라는 단어는 알고 있는 바대로 '믿는 자들의 모임'이다. 가정에서 모이는 아주 작은 그룹에서부터 보편적 교회 안에 있는 믿는 자들의 모임 전체를 포함한다."[9] 성경에 나와 있는 교회들은 지역에 있는 가정교회였으며, 그 가정교회들 역시 성경적 교회였다(살전 1:1- 데살로니가 교회, 계 2:1- 에베소 교회 등).

그러나, 그와 더불어 해결해야 할 문제들도 많이 있다. 단순한 교회의 특성들이 신약성경의 리더십 패턴을 약화시키거나, 혹은 언약과 교회의 권징 등 의식을 행하는 부분에 있어서 성경적 뒷받침이 다소 부족하다는 평가가 있다. 나 역시 동의하는 바이다. 그러나 교회론은 교회의 크기와 상관없이 중요한 분야이다.

교회론의 원리들을 최소화하는 것은 좋지만, 단순한 교회 개척의 가장 어려운 점은 교회라는 의미를 충분히 갖추지 못한 그룹일 수 있다는 것이다. 대부분의 경우, 문제는 교리가 아니라 열정에 있다. 성경적 가정교회에 있어 더 큰 문제는 재생산하고, 배가하고, 열정을 가진 15명의 가정교회 모임보다 안정적이고, 제도화되어있고, 그러나 배가하지 않는 그들의 모임이 더 성경적이라고 생각하는 수백만 명의 믿는 자들이다.

5세기 전에 마르틴 루터는 이렇게 말했다(독일 예배와 예식 순서 서문):

---

9 Wayne Grudem, *Systematic Theology: An Introduction to Biblical Doctrine* (Grand Rapids, MI: Zondervan, 1994), 857.

"그리스도인이 되기 원하고, 손과 입으로 복음을 전하는 사람들은 그들의 이름을 적고, 집 안 어느 곳에서, 홀로 기도하고, 성경 읽고, 침례(세례)를 받고, 성체를 받고, 크리스천의 일을 해야 한다."[10] 진정 성경적이라면 우리 모두에게 격려가 되어야 한다.

단순한 교회는 어떻게 운영되는가?

단순한 교회는 어떻게 운영되는가? 유일한 대답은 없다. 가정교회는 가능한 한 단순해야 한다고 말한다 — 유급 직원도, 이름도, 조직도, 직분도 없다 — 단지 예수님의 이름으로 모인 믿는 자들의 그룹일 뿐이다. 다른 사람들은 교회에 여러 가지가 필요하다고 말한다. 그러나 그들은 이 한 가지에 동의한다: 단순한 교회는 건물이 필요하지 않다. 단순한 교회는 어느 곳에서도 만날 수 있는 새로운 교회이다. 규모가 커지면, 또 다른 가정으로 배가되는 것이지, 건물을 크게 세우는 것이 아니다.

가정(집)은 단순한 교회가 만나는 완벽한 장소이다. 사람들이 살 집을 짓기 시작한 것은 문화에서 나온 것인데, 오히려 이 문화의 산물인 건물이 거룩한 것을 차지해 버린다. 당시에는 천장이 있는 건물을 성당이라 불렀다. 스테인드글라스는 어느 집에서나 볼 수 있었던 흔한 장식이었다. 사람들은 자신의 집을 이런 식으로 보고 느낀다. 그러한 집에서 단순한 교회가 모인다는 것보다 더 나은 것이 있을까?

---

10 Martin Luther, "Preface," *The German Mass and Order of Divine Service*, ed. B. J. Kidd (1526; Hanover Historical Texts Project, 1995), 2015년 9월 17일 접속, https://history.hanover.edu/texts/luthserv.html.

관계적 교회는 규모가 작아서 모임도 관계적이다. 단순한 교회는 교인 수가 30명에 도달하면, 작은 그룹으로 배가한다. 진정성 있는 관계에 목말라 하는 신세대들은 잘 조직된 시스템보다는 관계성 위에 세워지는 이러한 교회를 선호한다. 교회 개척자이며 훈련자로 잘 알려진 찰스 브록은 이렇게 설명한다:

"토착화 교회 개척의 원리와 실제"(The Principles and Practice of Indigenous Church Planting)를 쓴 이후 오랜 시간이 흘렀다. 이 책은 교회 개척의 네 가지 절대적 본질들에 관해 설명해 준다: 씨, 성령, 심는 자, 그리고 토양이다. 오늘날 나는 이 네 가지가 필수 불가결한 요소라는 것을 전보다 더 확신하고 있다. 이 네 가지 본질적 요소들 이외의 다른 어떤 것을 덧붙이려 한다면 주의해야 한다. 어떤 것이라도 더해지는 것은 건강한 교회 개척에 해로울 수도 있다.[11]

브록은 계속해서 설명한다. "교회의 목적과 전략을 생각하기 전에 교회가 무엇인가에 대해 명확하게 답할 수 있어야 한다…. 교회에 대한 왜곡되고 변질된 견해는 교회 개척자들이 직면하는 가장 큰 장애 중 하나이다."[12]

시간이 지남에 따라 이러한 것들은 더 혼란스러워졌다. 과거에 사람들은 교회가 되는 것보다 교회에 "다니기" 시작했다. 교회는 삶의 방식이 아니라 하나의 장소로 여겨지기 시작했다. 이러한 갈등은 19세

---

11 Charles Brock, *Indigenous Church Planting: A Practical Journey* (Neosho, MO: Church Growth International, 1994), chap. 2.
12 Ibid., chap. 4.

기 선교 현장에서 아주 뚜렷하게 드러났다. 선교사들은 교회를 교회되게 하는 것이 무엇인지 고민했다. 롤란드 알렌(Rolland Allen)은 정작 필요한 것은 성경이 요구하는 것이라고 가르치기 시작했다: "[믿는 자]들은 침례(세례)를 통해 회원이 된다. 각각의 회원은 어느 곳에서나 가장 친밀한 영적인 유대 관계를 통해 모든 그리스도인과 연결되고, 함께 같은 성례에 참여하게 된다. 각각의 회원은 공통의 위험과 공통의 희망으로 모두에게 연결되어 있다."[13] 교회는 단순했고, 성경적이었으며, 그 외 건물이나 예산이 필요했던 것이 아니었다.

단순한 교회는 종종 네트워크로 존재한다. 단순한 교회는 결코 믿는 자들의 외로운 모임이 아니다. 주어진 지역에서 다른 가정교회들과 서로 연관되어 있다. 이 교회들은 다른 단순한 교회의 리더들과 더불어 교제를 위해 함께 만나기도 한다. 그러나 그 모임은 매주 만나는 모임은 아니다. 그런 모임이 "진짜 교회"처럼 보이지 않을 수도 있다. 그러나 진정한 교회는 모일 때마다 나타나는 자연스러운 현상이다.

단순한 교회의 주요한 이점: 재생산

전 세계에서 일어나는 운동(Movement)의 전형적인 특징은 단순하고, 재생산이 이루어진다는 것이다. 그러나 북미에는 이런 운동이 어디에서 일어나고 있을까? 워렌 버드(Warren Bird)와 나는 "바이러스성 교회"(Viral Church)라는 책에서, 아직 운동이 일어나지 않고 있다고 썼다. 이렇게 덧붙였다: "세계적 교회 개척 운동은 건물, 유급 성직자, 교단의

---

13 Roland Allen, *Missionary Methods: St Paul's or Ours?* (Grand Rapids, MI: Eerdmans, 1962), 126.

자격과정을 통해 일어나지 않는다. (1810년 이래) 이런 운동이 북미에서는 일어나지 않았다.[14]

다니엘과 나는 서구에서 절실히 요구되는 모델은 단순한 모델이어야 한다고 믿는다. 현재로서, 이 접근 방식을 통해서 많은 사람이 기대하는 돌파 단계에 이르지 못했다. 그러나 이 모델은 재생산할 수 있는 역동적 능력이기 때문에, 교회 개척을 위한 더 많은 통로가 열릴 것이다. 이 모델의 단순성은 교회가 어떤 다른 모델보다 더 빨리 재생산할 수 있게 해준다.

많은 교단과 네트워크들이 단순한 교회라는 표현을 확대하려고 노력하고 있다. 더 포스퀘어 교회(The Foursquare Church)는 새로운 교단적 범주를 만들어, 단순한 교회를 확대해 나가고 있다. 영국 국교회는 롤랜드 알렌을 떠올리게 하는 여러 가지 방식들을 찾고 있다. 예를 들어, 윌리엄 버슬리(Willaim Beasley)는 평신도들로 하여금 개척자가 되게 하는 교리문답 전략을 우리와 공유하였다. 복음주의적 자유교회(Evangelical Free Church)는 그들의 교회론을 재고하고 명백히 하여, 단순한 교회론적 구조를 가질 수 있게 되었다. 그래서 이 교단은 이 사역을 시도하고 있으며, 우리도 새로운 길로 가야 한다.

우리가 새로운 길이라고 언급한 것을 주목해 보라. 이것은 유일한 길은 아니다. 새로운 길에 있는 일부 사람들은 자금 지원을 받고 "제도적 모델"이라고 부르는 것을 중단하라고 요구하기도 한다. 우리가 생각할 때, 그들은 잘못된 길로 인도하고 있으며, 아직도 성숙해야 할 부분들이 너무 많다. 우리는 다른 길로 가는 것을 차단하기 전에

---

14 Ed Stetzer and Warren Bird, *Viral Churches: Helping Church Planters Become Movement Makers* (San Francisco: Jossey-Bass, 2010).

단순한 교회 모델을 더 많이 시도할 필요가 있다. 이런 가설에 기초한 열정("만일 당신이 내가 좋아하지 않는 그 길을 중단하고, 내가 원하는 길을 간다면, 함께 일할 수 있습니다")은 현명한 전략이 아니다. 어느 정도 열매를 맺고 있는 개념들을 배제하기 전에, 이런 상황 속에서 성공이 입증된 더 많은 사례가 필요하다.

그러나, 교회 개척 운동이 역동적으로 일어나고 있는 전 세계에 있는 우리 동료에게서 듣는 소식을 놓치고 싶지 않다. 여기서는 교회 개척 운동이 일어나지 않고 있다(다음 장에서 더 언급하겠다). 그들은 교회 개척 운동을 경험하고 있으며, 우리는 그 이유를 탐색할 필요가 있다. 만일 세계 어디에서 이런 운동이 일어나는 곳을 찾게 된다면, 그것은 바로 단순하고 재생산하는 방법이라는 것을 알게 될 것이다.

우리는 모든 것을 "단순한 교회"라는 바구니에 다 쏟아 놓아야 한다고 믿는 사람은 아니다. 그러나 하나님께서 이 모델을 세계에 강력하게 사용하시는 상황인데, 이 흐름을 무시해서는 안 된다는 것이다. 우리가 믿기로 이 모델은 장래의 돌파 사역의 주역이 될 것이다. 지금은 시작 단계이지만, 앞으로 더 많은 열매가 생길 것이라 믿는다.

다니엘과 나는 단순한 교회 접근을 신뢰하지만, 지금 우리는 기꺼이 이 사역에 뛰어들 사람과 이들을 후원하고 격려해줄 교단들과 네트워크와 다른 교회들이 필요하다.

결론

단순한 교회를 향한 우리의 애정은 그들의 단순성과 믿음에서 비롯되었다. 나의 동료인 다니엘은 청소년 시절에 단순한 교회에 다녔었다. 나이와 상관없이, 교회를 인도하고, 설교하고, 사역할 기회가 주어졌다. 우리가 다니는 교회는 점점 더 커지게 되었다. 교회에는 더 많은 재정이 들어오게 되었다. 우리는 교회 개척은 더 단순해져야 한다고 생각한다. 우리는 교회에 대한 이러한 정의를 좋아한다: "주 예수 그리스도의 새로운 신약교회는 침례(세례) 받은 자율적인 지역 회중이며, 복음의 신앙과 교제 안에서 언약으로 연합되며; 그리스도의 두 가지 의식을 행하고, 그분의 율법으로 다스려지고, 하나님의 말씀으로 그들에게 주어진 은사와 권리와 특권을 행사하며, 땅 끝까지 복음을 전파하기를 힘쓴다."[15]

어떤 사람들은 교회에 대한 전통적인 정의를 좋아한다: "이 가시적 공교회에 그리스도께서 하나님의 사역, 신탁, 의식을 주셨고, 성도들의 모임과 완전함을 위해, 이 땅에서 그리고 땅 끝까지, 하나님의 임재와 성령에 의해, 그분의 약속에 따라, 그들을 효과적인 자들로 세운다."[16]

신약성경 교회는 그의 백성들이 교회로서 기능할 때, 그들을 하나의 교회로 바라볼 때 존재한다. 만일 교회가 교회로서 기능할 때 그 자신을 교회로 바라본다면, 단순한 교회는 교회가 된다. 만일 단순한 교회를 원한다면, 이 책 속에서 그 원리 중 일부를 적용할 수 있을 것이다. 이 책에 나오는 패턴 중 많은 부분이 단순한 교회의 환경에 적용할 수 있을 것이다. 어떤 사람들에게는 이 모델이 특별히 "대형 교회"와 시설과 관련된 문제에 대해서는 적절하지 못할 것이다.

---

15 "The Church," The Baptist Faith and Message, 2015년 9월 17일 접속, http://www.sbc.net/bfm2000/bfm2000.asp.
16 Chapter XXV: Of the Church," Westminster Confession of Faith, 2015년 10월 17일 접속, http://www.reformed.org/documents/wcf_with_proofs.

CHAPTER 8

다민족 혹은 단일 민족 교회

1963년에 마틴 루터 킹 목사는 미국에 있는 교회의 풍경을 보았다. 주일 오전 11시 예배는 이 나라에서 특별히 구별된 시간이었다. 그러나 그는 이를 "비극"이라고 표현했다.[1] 그가 만일 오늘날의 예배를 본다면, 같은 말을 할지는 모르겠다. 라이프웨이에서 연구했던 최근의 프로젝트에 의하면, "일요일 아침은 미국인의 삶에서 가장 구별된 시간 중의 하나로 남아있다. 10개의 교회 중 8개 이상은 하나의 인종 그룹으로 형성된 교회들이었다."[2] 그들이 발견했던 것은 "미국 교인들의 3분의 2(67퍼센트)는 그들의 교회가 다양한 인종으로 구성되었다고 생각했으며, 절반 이하만이 좀 더 다양해질 할 필요가 있다고 말했다."[3]

이 연구에 기초해 볼 때, 대부분 사람은 이미 보편화 되어있는 단일 민족 교회를 선호한다. 그러나 꼭 그렇게 되어야 할까? 이것을 선호도의 차이 혹은 광범위한 교회론적, 혹은 신학적 의미로 보아야 하

---

1 Martin Luther King Jr., Western Michigan University in Kalamazoo during a Q&A session with students and faculty, December 18, 1963.
2 "Sunday Morning in America Still Segregated—and That's OK with Worshipers," LifeWay Research, 9월 17일 접속, http://www.lifewayresearch.com/2015/01/15/sunday-morning-in-america-still-segregated-and-thats-ok-with-worshipers.
3 Ibid.

는가? 계 7:9-10의 말씀은 이렇다: "이 일 후에 내가 보니 각 나라와 족속과 백성과 방언에서 아무도 능히 셀 수 없는 큰 무리가 나와 흰 옷을 입고 손에 종려 가지를 들고 보좌 앞과 어린 양 앞에 서서 큰 소리로 외쳐 이르되 구원하심이 보좌에 앉으신 우리 하나님과 어린 양에게 있도다 하니"

만일 이것이 계 7:9-10에 나오는 그리스도의 신부에 대한 비전이라면, 많은 교회가 이 비전을 왜 잃어버리게 되었는지 놀라지 않을 수 없다. 하나님께서 "각 나라와 족속과 백성과 방언"(계 7:9)에서 허다한 사람들을 모으시고, 다민족 사회가 점차 늘어가는 현실 속에서, 왜 단일 민족 교회들이 주류 교회가 되었을까?

이 말씀이 교회의 미래 비전을 정직하게 묘사한 것이라면, 왜 이러한 차이가 나타나는 것일까? 전 세계의 교회들 가운데 일치와 화해는 불가능할 것일까? 단일 민족 교회는 하나님 나라의 비전과는 거리가 먼 개념은 아닌가? 단일 민족 교회는 과연 필요한가?

단일 민족과 다민족 교회 간의 논쟁은 21세기에만 나타나는 현상인가? 이스라엘 백성들과 초대교회로부터 지혜를 구할 수 없나?

구약성경과 다민족 그룹

부활하신 그리스도께서 사도들에게 "가서 모든 민족을 제자 삼으라"(마 28:19)라는 명령을 통해 알 수 있듯이, 다민족을 향한 하나님의 비전이 신약성경 안에 증폭된 것을 확인할 수 있겠지만, 본래 **하나님은 이 세상을 창조하셨을 때부터 모든 문화에 대해 깊은 관심을 가지셨다.**

하나님께서 아브라함과 그의 후손들을 택하셔서, 특별한 민족으로 삼으시고, 그들을 통해 하나님의 구속 계획을 펼치셨다(창 12:1-3). 성경 어디에서도 하나님은 한 민족만 배타적으로 사랑하시거나, 자민족 중심이 되어야 한다는 기록은 없다. 하나님이 택하신 특별한 민족의 이름은 이후에 이스라엘로 명명되었으며, 이 민족은 처음부터 여러 족장과 함께 시작되었던 다민족 그룹이었다. 예를 들어, 야곱의 가문은 "아람, 아모리, 가나안, 그리고 이집트 요소들이 내재되어" 있었다.[4]

또한, 모세를 포함하여 많은 이스라엘 사람들도 이방 여인들과 결혼했다(모세의 아내는 구스 여인).[5] 예수님의 계보(마태복음 1장)를 보더라도, 이스라엘의 민족뿐 아니라 룻과 라합 같은 이방 여인들도 메시아의 계보에 들어와 있다.

이와 더불어, 하나님은 신약성경뿐 아니라 구약성경 안에도 모든 민족을 향한 특별한 관심이 있었다는 것을 알아야 한다(시편 24:1; 렘 22:3; 사 9:1-2; 특히 사 66:18-19). 이사야 안에 표현된 다민족에 대한 비전은 계 7:9-10의 비전을 연상시켜 준다. 구약성경에 묘사된 것 같이 하나님은 모든 민족을 사랑하시며, 그가 택한 백성은 다민족으로 구성된 나라이다.

신약성경과 다민족 그룹

성육신, 사도들, 초대교회, 그리고 신약성경에 나오는 종말론적 비전을 살펴볼 때, 다민족을 향한 비전은 훨씬 더 분명해진다. 예수님

---

4 J. Daniel Hays, *From Every People and Nation: A Biblical Theology of Race* (Downers Grove, IL: InterVarsity Press, 2003), 85.
5 Ibid.

께서 그분의 나라를 시작하실 때, 신비롭게도 다음의 세 가지 요소들을 강조하셨다[나라의 세 가지 요소: 사람, 언어, 영토]. 그리고 이 세 가지를 변화시키신다. 예수님은 그분의 나라를 이루기 위해 모든 열방으로부터 사람들을 모으신다.[6]

예수님의 삶을 통해 볼 때, 특히 대위임령(마 28:18-20)과 성령의 약속(행 1:8)을 통해서, 예수님은 모든 민족을 향한 하나님의 마음을 증거하고 있다. 오순절(행 2장)에 하나님은 성령을 통해 열방을 향한 그분의 마음을 보여주셨고, "이 오순절의 다원성을 통해 문화를 바꾸시고 사람을 구원"하신다.[7] 사도들, 특별히 사도 바울은 초대교회를 통해 다민족 사역을 수행했으며, 특별히 안디옥 교회를 통해 이 사역이 아름답게 드러났다. 계시록에 나타나는 궁극적인 교회의 모습은 단일 민족 교회가 아니고 다민족 교회이다(계 5:9, 7:9-10, 15:4, 21:24, 22:2).

첫 번째 다민족 교회

첫 번째 다민족 교회를 개척한 사람은 예수님이 아니다. 예수님은 교회를 시작하신 적이 없다. 사도들이 첫 번째 다민족 교회를 개척한 것도 아니었다. 기독교 역사를 볼 때, 첫 번째 다민족 교회는 "정상적" 그리스도인들이 모였던 안디옥에서 시작되었다(행 11:26). 그들은 모든 민족을 제자 삼으라는 예수님의 명령에 단순히 순종한 자들이었다(마 28:19).

---

6   Elizabeth Conde-Frazier, S. Steve Kang, and Gary A. Parrett, *A Many Colored Kingdom: Multicultural Dynamics for Spiritual Formation* (Grand Rapids, MI: Baker Academic, 2004), 57.
7   Ibid., 57.

안디옥은 그리스-로마 제국 안에 있었던 커다란 항구 도시였다. 그래서 지중해 모든 지역에서 온 사람들이(그리스인, 로마인, 아랍인, 시리아인, 카파도기아인, 유대인 등) 안디옥에서 사업을 하였다. 그러나 이러한 국제적인 조건과 그에 따른 상호작용의 효과도 있었지만, 이것이 서로에게 좋은 관계를 갖게 해주지 못했고, 인종 차별에 뿌리를 둔 증오와 두려움을 낳기도 하였다.[8]

안디옥 교회는 여러 민족이 섞여 있었음에도 인종 차별의 부정적인 모습이 드러나지 않았다. 안디옥 교인들은 교회에 오는 모든 사람을 환영했고, 어떤 민족에 속하든지 출신과는 상관없이 자격이 있는 사람들을 지도자로 세웠다. 결과적으로 교회의 지도자들은 예루살렘 출신 유대인(바나바), 다소에서 온 로마 시민(바울), 아프리카에서 온 흑인(니게르라 하는 시므온), "북아프리카의 리비아 수도"에서 온 한 남자(구레네 사람 루기오), 그리고 로마의 영주인 헤롯 안디바의 이복 동생(마나엔)[9] 등이다. 그래서 안디옥 교회에는 유대인과 이방인 그리스도인 간의 차이가 없었고, 그들이 자유롭게 같이 예배할 수 있었다. 우리가 깨닫게 되는 것은 안디옥 교회가 그 도시의 민족 현황을 보여주는 것만이 아니고, 그 도시를 향한 예언적 메시지를 전하고 있었다는 것이다. 그리스도 안에서 우리는 하나이다. 그리스도 안에서 문화적으로 적대감을 가지고 있었던 사람들이 이제는 그리스도 안에서 형제요 자매가 된다. 안디옥은 첫 번째 다민족 교회였다.

---

8   Daniel Im, "A Journey Towards a Theological and Missiological Coherent Biblical Vision: The Church in 21st Century North America" (2007), 미간행물.

9   Conde-Frazier, Kang, and Parrett, *A Many Colored Kingdom*, 59.

단일 민족 대 다민족 교회

단일 민족 교회 혹은 다민족 교회, 어느 교회를 개척할 것인가에 대한 성경의 명령이 있나? 아니면, 이는 단지 선호도의 문제인가? 이 질문의 틀을 잡는 또 하나의 방법은 대위임령이 다민족 혹은 단일 민족을 통해 더 잘 성취되는지 묻는 것이다. 이 논쟁의 양쪽 측면을 살펴보자.

단일 민족 교회를 선호하는 입장

사람들은 세 가지 이유에서 단일 민족 교회를 선호한다. 각각의 이유를 살펴보자.

1. **자신의 테두리를 유지한다.** 다민족 교회 안에서는 자신의 정체성을 드러내기보다는 전체 안에 묻어두는 경향이 많다. 이런 현상은 교회가 포트러크(각자 음식을 가지고 와서 같이 나눔)를 할 때 확실하게 드러난다. 한국인으로서 다니엘은 김치를 좋아했고, 스파게티를 먹을 때에도 할 수만 있으면 김치를 먹으려고 했다. 그러나, 교회에서 주관하는 식탁 친교 모임에 참석할 때는 자신의 취향을 내려놓아야 한다. 다른 사람들이 그 냄새를 싫어할 수 있기 때문이다. 젤로 안에 마시멜로를 놓아두는 것도 마찬가지이다.

이러한 분위기 속에서 일정한 단계에 도달하면, 스스로 누구인지 잊게 된다. "전체에 맞추어 통일되게 하려다 보면, 자아를 형성시켜주는 힘들이 약해지고, 중립적인 방향으로 이끌려 가기 때문이다"[10] 이것

---

10   Miroslav Volf, *Exclusion and Embrace: A Theological Exploration of Identity, Otherness, and Reconciliation* (Nashville: Abingdon, 1996), 63.

은 상당히 위험한 과정이다. 이것을 "단조로움"이라고 표현할 수 있는데, 한 공동체 안에서 오랫동안 영향력이 유지되기 때문이다.

단일 민족 교회 안에서는 자신의 고유 영역, 그리고 그리스도 안에서 형성되긴 했지만 계속해서 만들어져가야 하는 자신의 독특한 정체성을 찾기 힘들다. 예를 들면, 토착 교회의 신앙은 세상의 자연적 리듬과 친화된 것처럼 보인다. 반면, 백인 교회의 신앙은 개인과 하나님 사이의 개인적, 개별적 문제처럼 보인다. 아시아와 스페인계에서 신앙은 개인적인 것보다는 공동체의 문제가 된다. 만일 다른 민족에 속하는 사람들과 하나의 교회로 섞여 지내고자 한다면, 사역 방식에 따라 우선순위를 정해야 할 것이다. 이같이 내면에서 일어나는 갈등을 해결해 가면서 다민족 교회의 사역을 추구하는 대신, 우선 편안하게 갈 수 있는 단일 민족 교회만을 선호하는 경향이 있다.

2. 같은 문화 속에서 안전함. 비주류 문화에 속하는 자들이 주류 문화 속에서 계속 생활해야 할 때, 학교나 직장이나 이웃들과 교류해야 하는 삶이 편안하지 않고 부담을 느끼게 된다. 그래서 단일 민족 교회는 적어도 일주일에 한 번 주류 문화의 영향에서 벗어나는 안식처와 같은 역할을 한다. 예를 들어, 영어가 자유롭지 않고, 북미 문화에 잘 동화되지 못하는 중국 이민자들은 중국 이민자들로 이루어진 단일 문화권 교회에서 한 공동체임을 쉽게 느낄 수 있다.

단일 민족 교회는 구성원들이 공통의 이야기를 나누기 때문에 편안함과 안전함을 느낄 수 있다. 모든 사람이 잘 어울리고, 잘 소속되며, 자기 자신에 대해 일부러 설명하거나 정당화할 필요가 없다. 이런 안전한 환경은 같은 민족 공동체를 목표로 전도할 때 아주 좋은 기회를 만들 수 있다. 다음 문장을 보면, 단일 민족 교회의 역동성을 볼 수 있다.: "사람들에게 왜 같은 민족 교회를 선택했는지 물으면, 대답은 같다. '같은 사람들(우리 민족의 유산을 서로 나눌 수 있는 사람)과 만나고 싶어서'라고 대답한다. 그 후 복음을 받아들인 후에도, 아시아계 미국인들이 교회에 나오는 첫 번째 이유는 자기 민족의 사람들을 만날 수 있기 때문이라는 사실이다."[11]

3. 성장의 효율성. 교회 성장 운동을 지지하는 사람들은 건강하고 효과적이고 능률적인 교회들은 주로 단일 민족 교회라고 주장한다. 왜냐하면, 민족 간의 차이에서 생기는 갈등들을 다룰 필요가 없기 때문이다. 그들은 이 문제를 동질 집단 원리(homogeneous unit principle: HUP)라고 부른다. HUP의 가설은 사실로 입증되었지만, 그것이 정말 바람직한지는 여전히 논쟁 중이다(후에 더 언급하겠다). 사람들은 인종, 민족, 사회 경제적 벽을 허문 그리스도께 오고 싶어 한다 ─ 이는 누구나 인정하는 공통된 의식이다. 만일 더 많은 사람을 빠른 시간 안에 그리스도께 인도하고 싶다면, 선교 전략의 측면에서 볼 때 HUP가 가장 상식적인 실천 방안이다. 모든 열방을 주께로 인도하는 가장 바람직한 방법은 각각의 민족 그룹에 초점을 맞추어, 주어진 상황 속에서 적절한 방식으로 하나씩 차례로 접근하는 것이다.

백인인 나의 경우와 한국계 캐나다인인 다니엘의 경우를 볼 때, 미국의 흑인들에게 자신의 교회를 가질 필요가 없다거나, 그들도 다중 문화 교회에 속해야 한다고 목소리를 높이는 것이 항상 최선이라고 생각하지 않는다. 미국의 흑인 교회들도 그들 자신의 공동체를 가질 권한이 있다. 애틀랜타에 개척된 몽(Hmong)족 공동체도, 미니애폴리스에

---

11   Conde-Frazier, Kang, and Parrett, *A Many Colored Kingdom*, 120.

개척된 소말리아 공동체도 같은 입장이다. 그들이 영어를 사용한다고 할지라도 자기 민족의 공동체 구성원들을 전도하고자 하는 열정은 우리가 그들을 다민족 교회나 혹은 우리가 개척한 교회에 속하게 하려는 나의 열정보다 훨씬 더 강하다.

다민족 교회를 선호하는 입장

미국 인구 조사에 의하면, 2043년까지 미국에서 주류를 이루는 민족 그룹은 아예 없어질 거라고 말한다.[12] 캐나다의 토론토와 밴쿠버에 사는 주류 민족 그룹은 캐나다 태생이 아니다. 런던과 대영제국의 영역에 속해있는 모든 지역도 아시아 공동체들과 유사하다. 호주의 도시들은 오늘날에 국제적인 도시들이 되었다. **다민족이 새로운 기준이 되고 있다.** 오늘날의 도시들은 변하고 있다는 사실과 더불어, 다민족 교회가 새로운 기준이 되어야 하는 세 가지 이유가 있다.

<u>1. 하나님 나라의 비전.</u> 믿지 않는 자들이 크리스천이 되면 새로운 피조물로 변화된다(고후 5:17), 하나님은 그들의 눈을 열어, 하나님 나라의 실재를 보여주신다. 이 과정을 성화라고 한다. 더 나아가, 새로운 크리스천들이 하나님 나라 안에서 자라갈 때, 하나님은 "모든 나라, 민족, 백성, 언어"로부터 나온 허다한 사람들을 한 자리로 모을 것이다(계 7:9). 개인의 성화 과정도 이와 유사하며, 이 과정은 지역 교회 안에

---

12 Michael Cooper, "Census Officials, Citing Increasing Diversity, Say U.S. Will Be a 'Plurality Nation,'" The New York Times, December 12, 2012, 2015년 9월 19일 접속, http://www.nytimes.com/2012/12/13/us/us-will-have-no-ethnic-majority-census-finds.html?_r=0.

서 교회를 통해 개발된다. 한 작가는 이렇게 말한다." 하늘에서와 같이 땅에서 지역 교회의 성화를 추구해야만 한다.[13] 결과적으로, 같은 민족 출신의 크리스천들은 민족이 다른 크리스천보다 더 많은 유사점을 가지고 있다는 사실을 알게 될 것이다.

다니엘과 내가 강조하는 포인트는 하나님 나라는 이 땅에서 경험하는 어떤 실재보다 더 뛰어나다는 것이다. 왜냐하면, 하나님의 나라는 예수님께서 다시 오실 때 완성될 최종적인 것이며, 어떤 것보다 우월한 것이기 때문이다. 크리스천들이 자신의 민족을 무시해도 된다는 의미는 아니다. 하나님 나라가 어떻게 모든 민족을 포용할 수 있고, 하나의 민족 그 이상을 추구해야 하는지를 인식하기를 바란다. 이 개념을 깊이 이해하게 된다면, "새로운 창조의 영으로 태어난" 민족으로 생각하기에, 민족 문제에 대해서는 열린 자세를 갖게 될 것이다.[14]

2. 정화의 효과. 그리스도 안에서 "새로운 창조의 영으로 태어난" 민족(새로운 피조물 민족)이 된다면, 다른 민족들을 경쟁자나 적으로 바라보지는 않을 것이다.[15] 대신, 다른 민족들을 통해 자신의 민족적 정체성이 높아지는 것을 보게 될 것이다. 새롭게 창조되었다고 믿는 자신의 민족은 다른 민족들과 함께 연합하여 다민족 교회의 가치를 더욱 높이는 역할을 하게 될 것이다. 다민족 교회는 서로를 정화시켜 주는 역할을 할 것이며, "민족의 목소리도 예수 그리스도의 목소리에 의해 묻히지 않고 더 드러날 것이다."[16]

---

13 Dr. Mark DeYmaz, e-mail to the authors, July 10, 2015.
14 Volf, *Exclusion and Embrace*, 52.
15 Ibid.
16 Ibid., 54

3. 그리스도의 몸으로 연합됨. 다민족 교회는 서로 간의 차이점보다는 오히려 서로의 유사점을 공유하며 시작한다. 단일 민족 교회의 크리스천들이 현재 그들이 처한 상황에 계속 머물고자 하는 이유는 무관심, 익숙한 지리, 항상 해왔던 방식대로 반복되는 일상성 때문이다. 다른 민족들은 단일 민족 교회들의 연결 고리 안에 들어있지 않다. 라이프웨이가 내린 결론은 다음과 같다. 미국 교회의 2/3는 다양한 민족들로 구성되어 있다.[17] 이것 또한 해결해야 할 문제이다. 수평적 스펙트럼을 취할 때, 이를 "배타적 스펙트럼"이라 한다. 개인들은 다른 민족들을 포용하지 않으려 한다. 왜냐하면, 배타성은 무관심에서 비롯되는데, 다민족에 관한 관심이 없기 때문이다.[18]

다민족 교회는 성경의 말씀대로 "배타적 스펙트럼"을 바꾸고자 한다. 그러므로 시작점은 결코 배타적으로 되어서는 안 되고 늘 포용적이어야 한다. 그래서 바꾸어놓은 스펙트럼을 "포용적 스펙트럼"이라 부른다. 증오가 나타나는 배타성 대신 사랑의 포용성을 강조하며, 무관심으로 인한 배타성이 아닌 서로를 이해함으로써 상대를 수용한다. 이것이 다른 민족들을 바라보는 완전히 새로운 패러다임이다. 결과적으로, 다민족 교회는 배타적인 것보다는 의도적으로 포용적 태도를 보이며, 민족들 사이의 차이나 간격을 드러내지 않고 화해의 근원이 되어야 한다. 다민족 교회는 화목의 사역을 진지하게 수행하며(고후 5:16-21), 이 세상에서 적극적으로 살아가고 그리스도 안에 있을 때, "유대인

---

17 "Sunday Morning in America Still Segregated—and That's OK with Worshipers," LifeWay Research, January 15, 2015, 2015년 9월 19일 접속, http://www.lifewayresearch.com/2015/01/15/sunday-morning-in-america-still-segregated-and-thats-ok-with-worshipers.

18 Volf, *Exclusion and Embrace*, 77.

이나 헬라인이나 종이나 자유인이나 남자나 여자나 다 그리스도 예수 안에서 하나"(갈 3:28)이다.

해결책

그렇다면 해결책은 무엇일까? 교회 개척에 대한 해답은 단순하지 않다.

교회는 계 7:9-10에서, "각 나라와 족속과 백성과 방언에서 나온 큰 무리들이 함께 예배하는" 그리스도의 신부로서 아름다운 그림을 이루기 위해 교회는 무엇을 해야 하나? 다른 민족들 간의 배타성, 따돌림, 폭력, 증오를 없애고, 함께 하나로 연합하기 위해서는 무엇을 해야 하나? 우리는 어떻게 예수님의 아름다운 기도, "내가 비옵는 것은 이 사람들만 위함이 아니요 또 그들의 말로 말미암아 나를 믿는 사람들도 위함이니 아버지여, 아버지께서 내 안에, 내가 아버지 안에 있는 것 같이 그들도 다 하나가 되어 우리 안에 있게 하사 세상으로 아버지께서 나를 보내신 것을 믿게 하옵소서"(요 17:20-21)라는 기도에 대한 응답이 될 수 있을까? 이 말씀은 모든 교회가 다민족 교회가 되어야 한다는 것일까, 아니면 단일 민족 교회들이 다 함께 모여 다민족을 이루어야 한다는 것일까?

그것만으로는 충분하지 못하다.

여기에 균형이 필요하다. 그리스도는 사람들을 해방하는 것만을 위해, 단지 존경받고 축하받기 위해 오신 것도 아니다. 예수님은 하나됨을 위해서도 힘쓰셨다. 다른 말로 하면, 다니엘과 나는 단일 민족 교회도, 다민족 교회도 다 같이 성경적 비전에 신실할 수 있다고 믿는다.

그 이유를 설명해 보자.

계 7:9-10은 "각 나라와 족속과 백성과 방언에서" 나온 큰 무리를 묘사하고 있다. 우리가 아는 한, 이 본문에 나오는 모든 민족이 한 교회에서 나온 자들이 아니다. 단일 민족 교회는 다민족 환경을 불편하게 느끼는 개인들끼리 교제를 나누면서, 같은 민족만을 위해 사역하는 것이 과연 성경적 비전에 충실한 것일까? 단일 민족 교회가 타민족에 대해서 배타적인 사역을 한다면, 그 사역에 대한 대답은 부정적일 수밖에 없다.

어떤 교회들은 단일 민족 교회의 패턴을 따랐는데, 그 이유는 같은 민족이라 하더라도 같은 언어를 사용하지 않는 특이한 상황의 신앙 공동체였기 때문이었다. 그런 교회는 주로 이민자들을 위한 교회들이다. 그 교회들이 성경적 비전에 충실하려면, 같은 민족에 속한 개개인들을 계속해서 섬기고, 복음을 전하며, 자녀들의 필요를 채워주기 위해 힘써야 한다. 이민자들의 자녀들은(이민 2세들) 그들의 모국에서 태어나지 않았거나, 그들이 아주 어렸을 때 그들의 부모와 함께 이민을 오게 된 경우이다. 이들이 성인으로 자라면서 각자의 학교 문화나 혹은 생활 주변의 문화를 반영해 주는 교회에 가고 싶어 한다. 예를 들어, 호주에 이민 간 한국인 부부를 생각해보자. 그 부부는 한국에서 성장하였고, 한국에서 모든 교육을 마쳤다. 그들은 호주의 이민 1세대라 할 수 있다. 그 부부에게는 호주에서 자녀들이 태어나면, 그들은 이민 2세대라고 할 수 있다. 한국계 호주 이민 2세대가 자랄 때, 호주에서 다니는 학교와 자신의 생활 주변의 문화를 반영해 주는 교회에 가고 싶어 한다는 것이다. 이민 2세대들은 단일 문화에 속한 교회를 원할 수도, 원치 않을 수도 있다. 그러나 그들에게 선택권이 주어진다면, 다문화권 교회도 볼 수 있도록 해야 할 것이다. 그 교회가 영어를 사용하는 교회라면 더욱 그렇다.

더 나아가, 북미의 교회들도 단일 민족 교회들이 많이 있다. 왜냐하면, 주변의 공동체가 같은 민족들이거나 혹은 주변의 지역사회도 같은 민족들로 구성되었기 때문이다. 지금은 물론 달라졌다. 이전의 상황과 비교해 볼 때, 현재의 교회들은(지도자와 교인들) 다른 민족 그룹들이 들어올 가능성을 열어두고, 계속해서 그 지역의 공동체에 속한 사람들을 섬기며, 다민족을 향한 성경적 비전을 붙잡고 있다.

그런데, 서구 사회 안에서는 이러한 다민족 유형의 교회는 매우 드물다. 각각의 민족 그룹들이 자신의 집단 거주지가 있었던 시대가 지났고, 서구의 많은 국가의 상황이 바뀌고 있으며, 인구 통계와 경제적 위상도 많이 변화하고 있다. 그 결과, 전에는 단일 민족으로 형성된 공동체였기 때문에 단일 민족 교회였다면, 이제는 사회 변화에 편승하여 다민족 공동체가 되었어도 자기와 다른 문화에 대해서 문을 닫은 채, 배타적인 교회의 모습을 그대로 유지하는 교회들도 있다. 이러한 유형의 단일 민족 교회는 인종차별적인 교회이든지, 혹은 지역의 인구 통계와 현상을 무시하거나 아무 관심이 없는 배타적인 교회라 할 수 있다. 어떤 경우라도, 단일 민족 교회는 성경적 비전을 추구한다고 볼 수 없다.

단일 민족 교회와 비교해서, 다민족 교회가 성경적 비전에 더 충실하다는 주장을 더 하고 싶지는 않다. 왜냐하면, 이 장 안에 이미 충분한 증거들이 제시되었기 때문이다. 그러나, 다민족 교회의 측면에서 유의할 것이 있다면, 다민족 교회의 위험성은 민족이라는 관점에서 자신도 모르게 색맹이 될 수 있다는 것이다. 어쨌든, 교회는 한 개인의 민족적 배경을 부시해서는 안 된다. 민족의 고유 유산을 별 것 아닌 것으로 치부해 버리고, 모든 사람을 하나의 용광로에 넣지 않도록 주의해야 한다. 다민족 교회를 이런 식으로 이끌어 가는 것은 모든 역사적 민족주의자의 행동을 무시하는 것이며, 그와 더불어 하나님이 각각의 민족에게 주신 독특한 특성과 차이도 무시하게 되므로 문제가 될 수 있다. 마크 드이마즈는 이렇게 말한다. "마지막 날의 목표는 동화가 아니라 건전한 교회론에 뿌리를 둔 화합이다."[19]

다시 찾는 HUP

많은 목사가 동일집단 원리(HUP)를 자신의 사역에 성공적으로 활용했다. 이 원리가 말하는 바는, 자신의 동일집단 교회를 지원하고 성장시키기 위해, "인종적, 언어적, 혹은 계층적 장벽을 넘지 않는 범위에서 크리스천이 되고 싶어 한다"[20]는 것이다. 그러나 문제는 그들 중 많은 사람이 이 HUP의 본래의 의도를 오해할 뿐 아니라, 교회에 잘못 적용했다.

1978년, HUP의 아버지로 알려진 도날드 맥가브란(Donald McGavran)은 이렇게 기록했다. "선교사적이며 복음 증거의 원리로 생각해 보라"[21] 맥가브란은 또한 HUP의 오해와 오용을 경고했다. "교회가

---

19   Mark DeYmaz, *Building a Healthy Multi-ethnic Church* (San Francisco, CA: Jossey-Bass, 2007), 59-60.
20   Donald A. McGavran. *Understanding Church Growth*, ed. C. Peter Wagner (Grand Rapids, MI: Eerdmans, 1990), 163.
21   Gary McIntosh, "The Life and Ministry of Donald A. McGavran, A Short Overview," McIntosh Church Growth Network, March 16, 2015, 2015년 9월 19일 접속, ,

배타적이며, 교만하며, 인종주의자로 변할 위험성이 있다. 이 위험성은 반드시 제거되어야 한다."22

물론 우리는 교회를 개척할 때, 특정 그룹에 초점을 맞출 수 있다 (어떤 경우에는 그렇게 해야 하는 경우도 있다). HUP의 원리에 근거할 때, 공통적으로 물을 수 있는 것은 "목표로 하는 그룹이 누구인가?" 혹은 "복음을 전하려는 대상은 누구인가?"이다. 그러나 오늘날의 세계는 계속 변하고 있고, 다양하며, 다른 민족들과 함께 섞여 있는 복합적인 사회로 정의되기도 한다.

일부 HUP는 마크 드이마즈의 방식을 활용한다. 그의 방식은 같은 민족들로 구성된 셀 그룹들이 있지만, 전체적으로는 다양한 민족 그룹들의 셀 그룹을 가진 교회가 되어, 다양한 종류의 사람들을 전도하고 제자훈련한다.23 이 방식은 두 세계를 가장 잘 활용한 접근 방식으로, 알칸사에 있는 리틀 록(Little Rock)의 드이마즈 모자이크 교회(DeYmaz's Mosaic Church)에서 실행되었다. 이 목적을 이루기 위해 모자이크 교회는 유급 직원이든 자원봉사자든 민족 그룹의 리더들이 교회의 다민족을 향한 비전을 충분히 이해하도록 최선을 다한다. 그러한 이해와 리더십의 능력이 없다면, 전도와 제자훈련에 초점을 맞추어서 단일 민족으로 구성된 다민족 교회를 시작하려는 어떠한 시도도, 한 지붕

---

http://www.churchgrowthnetwork.com/freebies2/2015/3/13/the-life-and-ministry-of-donald-a-mcgavran.
22 Ibid.
23 마크 드이마즈(Mark DeYmaz)는 2015년 7월 10일 리버티 신학교(Liberty Seminary)에서 도널드 맥가브란(Donald McGavran)의 친구이자 그의 장례식에서 연설할 5명 중 한 명인 엘머 타운스 박사(Dr. Elmer Towns)와의 대화를 상기하며 저자들에게 이메일을 보냈다.

아래의 여러 개의 회중으로 분열되는 결과만을 초래하게 될 것이다. 그 새로운 교회들은 특정한 민족 그룹만을 대상으로 삼는 민족 그룹 리더를 채용하지 않았다. 오히려 여러 부류의 사역자들을 채용하여, 그들이 모자이크 교회의 폭넓고 다양한 사역을 할 수 있게 하였고, 조직면에서 볼 때도 일요일에 있는 언어별 사역부터 주중의 제자훈련, 전도 활동, 개인적 관계 형성까지 자신의 민족 그룹을 위해 다양하게 사역할 수 있게 하였다. 한편, 모자이크 교회는 스페인어권 직원을 채용하여 교회 재정을 맡겼고(푸에르토리코), 지역사회와의 접촉점을 시도하였으며(온두라스), 흑인과 백인, 강단에서 설교하는 중국인 목사들은 물론이고, 홍콩에서 온 어린이 사역자도 있다(중국).

선교에 대한 분명한 이해와 모자이크의 폭넓은 다양성이 그 지역사회에서의 영성, 사회 정의, 경제 개발 등의 엄청난 열매를 맺을 수 있었다. 이것은 선교적 복음증거이며, 다민족을 추구했던 신약성경의 안디옥 교회의 모습과도 같다.

다니엘이 이전에 섬겼던 교회인 앨버타의 에드먼턴(Edmonton, Alberta)에 있는 뵐라 얼라이언스 교회(Beulah Alliance Church)는 다민족 교회의 비전을 위해 일하는 또 하나의 모델이다. 뵐라 교회는 1921년에 유럽에서 온 백인들로 구성된 그룹이었는데, 캐나다의 와일드 웨스트(Wild West)지역의 복음화를 위한 계획이 있었다.

그 도시의 인구 통계가 변하고 교회의 중점 사역도 바뀜에 따라 교회는 다민족 사역을 하게 되었고, 이 사역은 상당한 진전을 보였다. 다니엘이 뵐라 교회의 사역자로 일했을 때, 그 교회는 그 도시에서 증가하고 있었던 필리핀과 아랍인들을 전도할 방법을 찾기 위해 기도하고 있었다. 다민족 교회를 세우고자 열망이 있었기에, 다른 민족 사람들과 분리되고 싶지 않았다. 그래서 그들은 두 가지 다른 접근 방식을 취했다.

아랍인 크리스천회(Christian Arabic Fellowship)의 미혼자 한 분이 뷀라 교회에 찾아와서 사역을 함께 할 방법을 논의하였다. 뷀라는 기쁜 마음으로 그 단체와 연합했고, 그를 그 교회의 사역자로 받아들였다. 결과적으로, 그들 가운데서 자원봉사 사역자가 뷀라 교회의 사역자 팀에 합류했고, 주말에 함께 모일 수 있는 공간을 제공해 주어, 아랍인 이민 1세대들이 자신들의 언어로 예배를 드릴 수 있게 되었다. 이 예배는 주일 대예배와 같은 시간에 이루어지기 때문에 그들의 자녀들은 자신들의 언어인 영어를 사용하는 모임에 들어가서, 어린이와 청소년 사역에 폭넓게 참여할 수 있었다. 이 모델은 아랍 회중들을 교회 전체 사역으로 연결하는 계기가 되었고, 그들의 모국어로 전도, 제자훈련, 지도자 훈련 등에 초점을 맞추어 사역할 수 있게 했다.

다니엘은 중간 크기의 공동체 그룹을 만들었으며, 많은 필리핀 사람이 그 모임에 참여했다. 이 모임의 성격은 가정교회와 선교적 교회가 혼합된 형태였고, 전도, 제자훈련, 지도자 훈련 등을 모국어로 할 수 있었다. 이것을 계기로 필리핀 사람들이 주말에 전체가 모이는 영어 예배에 함께 참여하고, 잃어버린 영혼들에게 복음을 전할 수 있었고, 필리핀에서 미국으로 오는 새로운 이민자들과도 함께 생활할 수 있었다.

결론

미국의 인구조사 기관이 전망한 바에 따르면, 2043년에는 미국 내의 주류 민족 그룹은 사라질 것으로 보았다. 실제로 미국에서는 소수 민족의 출생률이 백인들의 출생률을 이미 앞질렀다.[24] 그뿐 아니라, 호주, 캐나다, 독일도 전체 인구 대비 외국인의 출생 인구가 더 많아졌다.[25] **세계는 변하고 있고 미래는 현실이 되었다. 교회 개척자로서 가야 할 길에 영향을 주고 있다.** 단일 민족 문화는 점점 더 사라져 가고 있다. 스스로에게 물어야 질문이 있다. 어떤 유형의 교회를 개척하고자 하는가? 지금 전략적 질문을 하는 것이 아니다. 종말론적인 질문을 하는 것이다.

---

24 "Most Children Younger Than Age 1 Are Minorities, Census Bureau Reports," United States Census Bureau, May 17, 2012, 2015년 9월 19일 접속, http://www.census.gov/newsroom/releases/archives/population/cb12-90.html.
25 "Statistics Canada," Government of Canada, 2015년 9월 19일 접속, http://www12.statcan.gc.ca/nhs-enm/2011/as-sa/99-010-x/2011001/c-g/c-g01-eng.cfm.

PLANTING MISSIONAL CHURCHES

다중 지역 교회 개척

다중 지역에 대한 견해가 어떨지라도, 이것은 분명 "새로운 표준"이다. 다중 지역 사역이 과거에는 별 관심을 끌지 못했지만, 이제는 일반화된 사역 모델의 리스트에 올라와 있다. 대부분 사역자는 한두 개 이상의 다중 지역 교회들의 사례에 대해 이미 알고 있다. 15년 전만 해도 예상할 수 없었던 주제인데, 이제는 일반화되었다.

이제 더는 새로운 추세도 아니며, 미국 내에서는 8,000개의 교회에서 5백만 명 이상이 예배하는 교회들이 여기에 속해있다.[1] 다중 지역 교회는 대형교회보다 빠르게 성장했다. 2015년 통계에 의하면, 미국에서 가장 빠르게 성장하는 100개의 교회 중에서 62개의 교회가 2~14개의 다중 지역을 가진 교회였다(Outreach Magazine의 기사). 가장 빠르게 성장하고 있으며, 규모가 큰 교회 중 대부분은 이 모델을 도입하였고, 또한 이 모델을 적용한 교회들은 매년 성장하고 있다.

그러나 이 모델에 관한 토론도 많았다 ― 유익한 점과 불리한 점도 같이 논의되었다. 크고 빨리 성장하는 교회들이 이 사역을 실행하

---

[1] Warren Bird, "Leadership Network/Generis Multisite Church Scorecard: Faster Growth, More New Believers and Greater Lay Participation," *Leadership Network*, 2015년 7월 14일 접속, http://leadnet.org/wp-content/uploads/2014/03/2014_LN_Generis_Multisite_Church_Scorecard_Report_v2.pdf.

는 과정에서 몇 가지 의문점들이 드러나기도 했다. 다중 지역 교회들도 이에 대한 교회론적 질문과 그 외 몇 가지 의문점들을 갖게 되었다. 이 장의 목적은 이 모델의 교회론적 타당성을 논의하는 것이 아니다. 이 주제에 대해 찬반양론이 많다. 다중 지역 교회 사역에 필요한 기초적인 사항을 토론하거나 설명하려면 책 한 권으로는 충분하지 않으므로 여기서는 그것에 초점을 맞추지는 않을 것이다. 이 주제에 대해서는 다음과 같은 자료들을 추천한다: 스캇 맥코넬(Scott McConnell)의 "다중 지역 교회"(Multi-Site Churches), 조프 서래트(Geoff Surratt)와 그렉 리건(Greg Ligon)의 "다중 지역 교회의 변혁과 장거리 여행"(Multi-Site Church Revolution and Road Trip). 그러나 이 장에서 이 모델에 대한 개요를 제공하고, 찬반양론을 소개하며, 교회가 이 모델을 사용하여 배가하고 새로운 사역을 시도할 수 있을지를 예시할 것이다.

다중 지역 교회란 무엇인가?

다중 지역(Multisite)이란 한 교회가 두 개 혹은 그 이상의 지역에서 지도자, 예산, 비전, 그리고 이사회를 같이 공유하는 사역을 의미한다. 다중 지역 교회를 조망해 보면, 이 모델 안에는 서로 다른 작은 모델들이 이미 포함되어 있다. 예를 들면 라이프 교회(Life Church), 오클라호마에서 시작한 이 교회는 미국 전역에 퍼져있고, 외국에서도 인터넷 캠퍼스를 통해 연결할 수 있다. 모든 캠퍼스는 중앙에서 운영하는 리더십 팀 아래 서로 연결되어 있다. 이들은 담임목사인 크레이그 그로쉘(Craig Groeschel)의 비디오 교육을 통해 매주 공통의 비전과 사역의 패러다임을 나눈다. 한편 뉴라이프 커뮤니티 교회(NewLife Community Church)는 시카고에 20개 이상의 지역에 퍼져있는 다중 지역 교회이다. 각각의 시역은 같은 비전으로 하나가 되지만, 설교는 각각의 현장에서 직접 담당한다. 주중에 모든 지역에 속한 교육 목사들이 함께 모여 같은 설교를 만든다. 그래서 설교에 대해 같은 핵심 가치를 공유하게 되고, 그것을 기초로 각자의 지역 상황에 맞게 설교한다. 여기서 말하는 다중 지역의 모델은 다른 곳과는 달리 독특하다. 그들 모두는 서로 다른 다양한 지역에서 모이지만, 하나의 교회이다. 어떤 지역에서는 한 건물 안에 여러 장소에서 따로 모이는 교회도 있고, 또 어떤 교회는 다른 도시나 국가나 대륙에서, 서로 멀리 떨어져 있기도 하다.

다중 지역 교회의 범위를 살펴보면, 다섯 가지의 뚜렷한 모델이 있다: 비디오 연결, 지역 캠퍼스, 교육팀, 협력, 안전성 등이다(아래 표 1을 보라).

다중 지역 교회의 다섯 가지 모델[2]

다중 지역 모델	정의
비디오 연결 모델	비디오 설교(생중계 혹은 녹화)를 이용하는 한 개 이상의 캠퍼스의 환경을 만들며, 여기에는 다양한 예배 스타일이 있다.
지역 캠퍼스 모델	교회가 다른 지역의 공동체에 더 잘 접근하기 위해 본 캠퍼스의 경험을 새로운 지역의 캠퍼스에 이식한다.
교육팀 모델	본 캠퍼스 또는 여러 개의 외부 캠퍼스에 강력한 교육팀을 세운다.
협력 모델	지역 비즈니스 또는 비영리 재단과 함께 그들을 임대인 이상의 조건으로 협약을 맺고 그들의 시설을 사용한다.
안정성 모델	새로운 지역에서 프로그램을 단순화하고 재정적 투자를 최소화하여 위험도를 낮춘 실험적 모델이다. 전도와 성장의 관점에서 볼 때 성공률이 높다.

2　Geoff Surratt, Greg Ligon, and Warren Bird, *The Multi-Site Church Revolution* (Grand Rapids, MI: Zondervan, 2006), Kindle ed., loc. 479.

실제로 많은 다중 지역 교회들은 두 개 혹은 그 이상의 모델을 혼합하여 활용한다. 예를 들어, 다니엘이 캐나다 몬트리얼의 리버스 엣지 커뮤니티 교회(River's Edge Community Church)에서 사역하고 있었을 때, 그 교회의 메인 캠퍼스는 급속도록 성장하고 있었고, 웨스트 아일랜드(West Island)에 있는 많은 교인이 메인 캠퍼스로 몰려왔다. 그래서 그 교회는 같은 설교자와 예배 팀이 두 개의 캠퍼스에서, 지역에 맞는 캠퍼스 모델과 교육팀 모델을 적용하기 시작했다. 한국 서울에 있는 온누리 교회는 65,000명의 교인이 여러 번의 예배 시간에 비디오로 캠퍼스를 연결하여 예배를 드렸다. 한편, 다른 지역의 예배에서는 교육팀 모델을 활용하였다. 결국, 온누리 교회는 일요일 오전 6시부터 밤 10시까지 온종일 예배가 있었다. 동시에 온누리 교회는 그들의 도시, 국가, 전 세계에 캠퍼스를 가졌기 때문에 지역 캠퍼스 모델의 효과를 신뢰하면서 적용하였다.

다중 지역 교회의 문제

타비티 안얍와일(Thabiti Anyabwile)은 복음 연합(Gospel Coalition) 웹사이트에 있는 자신의 블로그에 "다중 지역 교회는 마귀로부터 온 것이다"라는 제목의 글을 올렸다. 블로그에 올린 글에서 그는 "비디오를 통한 다중 지역 사역이 어떻게 우상숭배, 교만, 자아 선전, 심지어 복음 증거마저 야망으로 이루어지는지"[3]를 설명하면서 자신의 주장을 입증

---

3   Thabiti Anyabwile, "Multi-Site Churches Are from the Devil," The Gospel Coalition, September 27, 2011, 2015년 9월 19일 접속, http://www.thegospelcoalition.org/blogs/thabitianyabwile/2011/09/27/multi-site-churches-are-from-the-devil.

하고 있다. 그가 제기하는 많은 문제가 있는데, 그중 "나중 지역 교회는 가족, 유기체, 목장 등의 개념을 사명을 가진 제자들의 그룹으로 보지 않고, 익명의 모임으로 평가절하 시킨다"고 했으며, 또한, 교회를 본질적인 사명을 가진 제자들의 모임에서 단순한 하나의 모임으로 전락시킨다고 하였다.[4]

많은 사람은 다중 지역 운동에 대해서 반대하고 있다. 한 블로그에는 258개의 댓글이 올라왔는데, 이 블로그를 통해서 찬반양론에 관한 주장이 과연 적절한 것인지를 판단할 수 있을 것이다. 뒤에서도 살펴보겠지만, 다중 지역 사역에 대한 반대는 전체적인 측면보다는 세부적인 하부 모델에 관한 내용이다. 그럼에도 불구하고 반대 의견은 가치 있는 내용이며, 다음의 네 가지로 분류할 수 있다: 목회자의 책임 분산, 교회의 프랜차이즈화, 값싼 제자훈련, 담임목사에 대한 찬양 등이다. 네 가지 사실들을 좀 더 자세히 살펴보자.

목사의 역할 혼동

비디오로 훈련하는 다중 지역 교회에서는 목양의 주체가 누구인지에 대한 혼동이 생길 수 있다. 캠퍼스 안에서 캠퍼스를 담당하는 목사가 있다. 이때 교인들은 비디오를 통해 설교를 듣는데, 비디오 설교자를 개인적으로 만날 수 없다면, 목회적 필요를 위해 목회자를 만나고자 할 때 누구를 찾아가야 하는가? 캠퍼스가 작다면 캠퍼스 목사를 찾아갈 수 있겠지만, 비디오로 연결된 캠퍼스의 교인이 1,000명이 넘는다면 어떻게 할 것인가? 대답은 단순하지 않다. 더불어, 교회 안에서

---

4 Ibid.

교인에 대한 권징이 필요할 때도 혼동이 올 수 있다(고전 5장, 마태복음 18장). 캠퍼스 목사의 책임인가, 아니면 담임 목사의 책임인가? 스크린을 통해 만나는 설교자의 영향을 더 많이 받고 있으므로, 캠퍼스 목사에게 가지 않고 스크린 설교 목사에게 간다면 어떻게 할 것인가?

교회의 프랜차이즈화

당신이 다중 지역 교회의 웹사이트에 들어가 보면, 예배 장소와 시간 리스트를 스스로 확인할 수 있어서 편리하게 느낄 수 있을 것이다. 그러나 자기에게 적합한 장소와 시간을 스스로 선택할 수 있기에, 교회는 "소속하여 섬기는 곳"이라는 의미보다 "가서 얻는 곳"이라는 인식을 줄 수 있다.

값싼 제자훈련

대부분의 다중 지역 교회의 예산을 보면, 제자 삼는 사역보다는 주말 행사에 더 많은 관심을 집중한다는 것을 보게 된다. 물론 이 문제는 일반 교회 사역에서도 있을 수 있는 일이지만, 다중 지역 교회들은 교인들에게 더 많은 예배를 제공하기 때문에 이 문제가 더 크게 보인다. 새로운 지역에 교회를 세울 때 교인들을 제자훈련하는 일에 더 많은 예산을 투입한다면 어떻게 될까?

담임목사에게 집중되는 찬사

"권력은 부패하기 쉽고, 절대 권력은 절대적으로 부패한다. 위대한 사람들은 늘 잘못된 행동으로 흘러가기 쉽다."⁵ 이러한 현상은 교회 생활에서도 반복되고 있다. 이러한 현상은 단일 지역 교회에서도 일어나는 일인데, 다중 지역 교회에서도 숫자가 작은 그룹들은 그러한 권력과 영향력을 감당하지 못하여 무너진다 ― 사람들이 감당할 수 없을 만큼 너무나 강력하다.

다중 지역 교회의 유익

한 교회가 일정한 지역에서 다중 지역으로 옮기는 것은 이기적인 욕심이나 자기 교회를 선전하고자 하는 것은 아니다. 교회는 그 도시의 특정 지역에 사는 잃어버린 영혼들을 접촉하는 곳이고, 자신이 사는 지역에서 더 많은 사람을 주께로 인도하는 사역을 하는 곳이다. 다중 지역 사역은 더 많은 사람에게 복음을 전하기 위한 방법의 하나다. 다중 지역 교회에 대한 찬반 논쟁을 살펴보면 염려되는 부분도 있지만, 유익한 점들도 많이 있다는 것을 알게 될 것이다. 한 쪽만을 강조하는 것은 단순한 판단이다. 사역에 대해 전체적인 그림을 보려 하지 않고, 다중 지역 교회만을 보는 것도 역시 좁은 시야라 할 수 있다. 이제 우리는 다중 지역 교회를 있는 그대로 보고, 그들이 가지고 있는 좋은 점들을 살펴봐야 할 것이다.

영향력이 큰 사역

행 1:8에서 우리는 사역을 위한 네 가지 환경을 볼 수 있다. "오직

5　1887년 4월 5일 Mandell Creighton 주교에게 쓴 편지. 출처–Historical Essays and Studies , ed. J. N. Figgis and R. V. Laurence (London: Macmillan, 1907).

성령이 임하시면 너희가 권능을 받고 예루살렘과 온 유대와 사마리아와 땅 끝까지 이르러 내 증인이 되리라 하시니라" 예루살렘은 현재 자신이 사는 지역이고, 유대는 지리적으로 더 넓게 확대된 영역이며, 사마리아는 그들과 이웃한 주변 국가들이다. 이에 반해 "땅 끝"은 전 세계적 영역에 속한다. 단일 지역 교회와 다중 지역 교회가 어떻게 행 1:8의 비전을 성취할 수 있는지 비교해 보자.

행 1:8에서의 단일 지역 교회와 다중 지역 교회의 비교

지역 환경	단일 지역 교회	다중 지역 교회
예루살렘 (가까운 지역)	1년 동안 현재의 교회에서 가장 가까운 지역에 새로운 사역 세 개를 시작한다.	각각의 캠퍼스는 1년 동안 현재 교회에서 가장 가까운 지역에 새로운 사역 세 개를 시작한다.
유대 (폭넓은 지역)	그 도시의 다른 지역이나 혹은 그 주의 다른 지역에 한 명의 목사와 하나의 개척 팀을 파송하여 3년이 지나면 교회를 개척한다.	다음 3년 동안 매년 그 도시나 혹은 그 주의 다른 지역에 새로운 캠퍼스를 시작한다.
사마리아 (국가적 지역)	다음 5년 안에 이웃 국가에 있는 교회와 협력한다.	다음 5년 안에 이웃 국가 안에 새로운 캠퍼스를 시작한다.
땅끝 (세계적 지역)	다음 5년 동안 세계 안에 있는 교회 중 하나에 팀을 파송하여 협력한다.	다음 5년 동안 전 세계 중 한 지역에 팀을 파송하고, 새로운 캠퍼스를 시작한다.

청지기

다중 지역 교회가 성경적 청지기 원리(마태복음 25장)에 따라 새로운 캠퍼스를 새롭게 시작한다는 것은 그 캠퍼스가 계속해서 성장하도록 촉진하는 역할을 한다. 다중 교회가 된다는 것 자체가 성장의 비법을 소유한다는 것은 아니다. **만일 개척한 교회가 한 곳에서도 제대로 성장하지 못한다면, 두 개의 교회를 세운다 해도 성장하기는 어려울 것이다.** 하나님께서 그들에게 성장을 허락하셨고, 목회자가 교회의 성장을 잘 유지한다면, 다중 지역 교회는 하나님의 사명을 진지하게 수행하는 교회가 될 것이다. 왜냐하면, 모든 캠퍼스는 그들의 이웃에게 복음을 전하는 또 하나의 기회가 되기 때문이다.

재정 규모

다중 지역 교회에서 새로운 캠퍼스가 시작되면, 그 교회는 새로운 지역을 위한 새로운 조직, 비전, 이사회, 시스템을 염려할 필요가 없다. 새로운 캠퍼스는 메인 캠퍼스에서 실행했던 자원들을 채택하면 되기 때문이다. 결과적으로, 새로운 캠퍼스의 리더십 팀은 메인 캠퍼스의 사역 시스템과 자료들을 활용하여 이웃들의 전도에 초점을 맞추기만 하면 된다.

리더십 개발의 활성화

한 교회가 다중 지역 사역을 시작할 때, 지도자들과 자원자들의 사역을 많이 필요로 한다. 실제로 "다중 지역 사역을 하는 교회의 평신도 참여율은 88%에 이른다는 보고가 있다."[6] 동시에, 한 교회가 다중 지역 사역을 결정하고, 첫 번째 캠퍼스에서 사역을 시작하면, 예배당 의자에만 앉아있던 사람들이 자원하여 그 일을 맡고자 하지만 사역을 위한 올바른 역할이 무엇인지 모른다. 새로운 캠퍼스를 시작하면서, 그 때 비로소 그들이 할 수 있는 구체적인 기회와 필요가 무엇인지

---

6   Bird, "Leadership Network/Generis Multisite Church Scorecard."

알게 된다. 결과적으로 사역의 기회가 더 많이 생기고, 자원봉사자도 더 증가 될 때, 추수지에서 수확이 일어나고, 이런 자원봉사자는 미래의 지도자로 성장한다.

다중 지역과 교회 개척

다중 지역 목사들에 대한 연구조사를 볼 때, 많은 목회자가 다중 지역 사역을 고려하는 추세를 발견하였다. "다중 지역 전략은 하나님 나라의 성장에 동참하는 방법으로서 이를 다른 방법으로 대치하자는 것이 아니다. 교회 개척, 개인 전도, 방문 프로그램, 투자와 초청, 섬김 전도, 혹은 전도 훈련 등을 다른 것으로 대치하지 않았다."[7] 도시에 복음을 전하기 위한 새로운 전략이 아니었다: "교회 개척, 건물 확장, 예배 횟수 증가, 현 위치에서의 참여 통로 확대, 캠퍼스 이전 등은 오늘날에도 여전히 시도하는 방법들이다. 다중 지역 사역은 또 하나의 새로운 대안을 만드는 것이 아니고, 현재의 사역 위에 첨가할 수 있는 사역이라고 할 수 있다."[8]

과거에는 다중 지역 캠퍼스를 통한 사역의 성장을 일시적 유행에 불과하다고 생각하는 사람들이 많았다. **그러나 이 사역은 이미 하나의 추세로 자리 잡고 있다.** 이 사역이 과거에는 대형교회들이 추구했던 영역이었다면, 이제는 작은 교회들도 얼마든지 시도할 수 있는 일반적인 사역이 되었다. 과거에는 이 사역을 시도하는 교회의 규모가 1,000

---

7 Scott McConnell, *Multi-Site Churches: Guidance for the Movement's Next Generation* (Nashville: B&H, 2009), Kindle ed., locs. 228-29.
8 Ibid., 222-24.

명 정도였다면, 이제는 교인 수가 80명만 되어도 다중 지역 사역을 시작한다.[9] 다니엘과 나에게 흥미 있었던 것은 다중 지역 사역을 활용하여 개척했던 교회의 숫자이다. 이 두 가지는 서로 배타적인 요소가 아니다. 다중 지역과 교회 개척에 관련된 교회의 모델은 세 가지이다.

1. 양자 병립(Both/And) 모델

노스 캐롤라이나 더함(Durham)에 있는 더 서밋(The Summit) 교회는 열정적으로 배가하고 있고, 교회 개척과 다중 지역 사역을 교회의 사역 전략으로 사용하고 있다. 더 서밋 교회 리더십의 선임 목사인 데이빗 톰슨은 더 서밋 교회가 다른 사역보다 이 다중 지역 사역에 전념하는 과정을 이렇게 설명한다:

그 고등학교 건물 안에서 교회로서의 공간을 더이상 확보할 수 없게 되자, 200석 정도의 건물을 가진 교회로 제3의 예배를 시작하기로 했다. 그 지역은 본 교회에서 4마일 떨어진 곳이었다. 그리어 목사는 고등학교에서 첫 설교를 했다. 첫 예배의 설교를 마친 후, 곧바로 강대상에서 내려와 차를 타고, 본 교회로 갔다. 음료수와 초콜릿을 먹으면서 4마일을 달려와 강대상에 올라가 설교를 했다. 설교한 후 그는 곧바로 차를 타고 다시 학교로 와서 그 곳에서 2부 예배 설교를 했다. 길고 힘든 주일 하루였지만, 교회는 사람들을 찾으러 밖으로 나갔고, 하나님은 더 많은 사람이 교회에 오도록 역사하셨다.

더 서밋 교회가 15분이 떨어진 곳의 창고 건물로 다시 이전했고, 노스

9　Ibid.

더함에 있는 200석 규모의 교회 건물은 유지하기로 했다. 목사 중 한 명이 매주 그 교회에서 예배를 인도하였다. 그들은 "캠퍼스 목사"가 해야 할 일을 몰랐고, 다중 지역 사역에 대한 비전도 없었다. 그러나 그들은 새로운 일을 기꺼이 시도했다. 약 400명의 사람들이 새로운 사역의 기회를 찾게 되었고, 이렇게 다중 지역 사역의 여정이 시작되었다.[10]

더 서밋 교회에 있어서 **다중 지역은 교회 개척을 위한 새로운 대안이 아니다. 그것은 더 큰 예배당에 대한 대안이다.**[11] 이것이 바로 더 서밋 교회가 두 가지 특성을 유지하는 이유이다. 더 서밋 교회를 담임하는 그리어 목사는 배가 전략에 대해 다음과 같이 말한다: "2050년까지 하나님께 구하는 기도 제목은 랄리 더함에 있는 모든 사람이 15분 이내에 교회 캠퍼스에 와서 예배하는 것이며, 그와 동시에 1,000개의 교회가 전 세계의 여러 도시에 새롭게 개척되는 것이다."[12]

2. 양자 분립(Both/Then) 모델

더 서밋 교회가 활용하고 있는 다중 지역과 교회 개척에 대한 양자 병립(Both/Then) 접근방식 대신에 텍사스 플라워마운드(Flower Mound)의 더 빌리지 교회(The village Church)는 양자 분립(both/then)방식을 채택하고 있다. 더 빌리지 교회는 하이랜드 제일 침례교회의 매트 챈들러(Matt

---

10　David Thompson, "Propelling a Movement of Multiplying Churches from the Summit Church in Raleigh-Durham, North Carolina" (DMin final project, The Southern Baptist Theological Seminary, 2014), 41.
11　Ibid., 42.
12　J. D. Geear, "Why The Summit Church Is Multi-Site," June 3, 2013, 2015년 9월 19일 접속, http://www.jdgreear.com/my_weblog/2013/06/why-the-summit-is-multi-site.html.

Chaldler)목사로 더 많이 알려져 있는데, 이 교회는 교회 개척에 대한 비전으로 가득 차 있다. 교회가 성장하면서, 더 빌리지 교회의 장로들은 대형 캠퍼스를 건축하는 대신에 다중 지역 모델을 채택하기로 했다. 그 교회가 새로운 캠퍼스를 세워갈 때마다, 기존 교회의 리더들은 새로운 캠퍼스에서 시작된 교회가 자율적인 교회가 되도록 기도로 후원해 줄 정도로 성장해 갔다. 첫 번째 캠퍼스는 2015년 덴튼(Denton) 캠퍼스였다. 그들은 다중 지역과 교회 개척 사역을 위해서 첫 캠퍼스를 시작하였고, 이 교회는 든든하게 세워져 갔다. 새로운 캠퍼스들이 잘 준비되어지면, 곧 분리하여 독립하도록 한다. 더 빌리지 교회는 "전형적인 다중 지역 접근방식을 활용하여 더 많은 교회를 세워가고 있다."[13]

3. 양자 등립(Both/Equal) 모델

시카고 뉴라이프 커뮤니티 교회와 뉴욕 트리니티 은혜 교회는 양자 등립(both/equal) 방식을 택하고 있다. 이 교회들은 각각의 캠퍼스의 목사들에게 설교하고, 인도하고, 목양하는 모든 사역을 이양하고, 자신들은 개척자와 같이 동역한다. 새로운 캠퍼스들은 새롭게 개척된 교회와 동일하다. 그러나, 이렇게 세워진 교회들은 목회자들 서로를 통해 배우고, 설교 준비도 같이하고, 행정 전반의 서비스를 받을 수 있다.

교단과 다중 지역

이제는 교단에서조차 다중 지역 사역을 교회 배가의 타당한 전

---

13 "Campus Transitions," The Village Church, August 17, 2014, 2015년 9월 19일 접속, http://www.thevillagechurch.net/sermon/campus-transitions.

략으로 여기며, 새로운 캠퍼스를 확대와 교회 개척을 교회 배가 사역에 포함하고 있다. 하나님의 성회(Assembly of God)와 캐나다에 있는 기독교/선교사 연합교회(the Christian and Missionary Alliance Church in Canada), 그리고 미국의 복음주의 자유교회(the Evangelical Free Church of America)는 이러한 단계를 수용했던 교단들이다. 미국의 복음주의 자유교회의 교회 배가 촉진자인 제프 소르빅(Jeff Sorvik)은 다중 지역 캠퍼스 사역을 배가 사역에 포함시킬지, 아니면 기존 교회의 사역 안에 포함시킬지를 구분하는 기준을 다음과 같이 제시하고 있다.

- 다중 지역 사역이 일어나는 곳에 그 지역 사회를 목양하는 캠퍼스 목사가 따로 있나? 교회 개척자는 교회 개척의 양식으로 그 지역의 지도자들을 개발하는가?
- 새로운 캠퍼스는 기존의 교회들이 접촉하지 않는 새로운 지역을 목표로 하고 있나? 개척 교회의 사명이 있는 파송 교회는 현재 영향력이 충분히 미치지 못하고 있으며, 효과적인 사역을 하기 어려운 지역을 위해 다중 지역 사역을 시도한다.
- 새로운 캠퍼스는 기존 교회가 관리하지 못하는 사람들을 대상으로 하고 있나? 파송 교회는 본 교회 캠퍼스가 관리하지 못하는 인구 계층을 목표로 하는가? 그렇게 함으로써, 그 지역의 상황을 이해하게 되고, 그 지역 사회에 접근하여, 그들의 필요를 채워주는 사역을 할 수 있다. 이 캠퍼스는 파송 캠퍼스에서 멀리 떨어진 곳일 수 있고, 기존의 시설물들을 이용하여 사역을 시작할 수 있다(예를 들어 제 2외국어 예배).
- 선교적/복음 증거적 사역이 명백하게 정의되어 있나? 단지, 파송 캠퍼스의 더 큰 성장만을 위한 것이 아니라, 배가를 위한 다중 지역 캠퍼스

는 수많은 잃어버린 영혼에 초점을 맞춘다.
- 배가를 위한 계획이 명백한가? 다중 지역의 캠퍼스 개척은 교회 개척의 경우와 같이 지역의 상황 속에서 제자, 리더, 교회/캠퍼스를 배가하고 있나? 교회나 캠퍼스를 개척하는 힘은 단지, 파송 교회만이 아니라 모든 캠퍼스에서 나타날 수 있다.[14]

결론

다니엘과 나는 다중 지역 사역을 반대하는 것도 아니고, 대형 교회 사역을 반대하는 것도 아니다. 단지 소비자주의에 입각한 사역에 반대할 뿐이다. 교회는 종교적 "상품과 서비스"를 조달해 주는 기관이 아니다. 만일 대형교회 혹은 다중 지역 사역이 단지 "와 보라" 정신만을 강조하여 자기 교회만을 키우기 원한다면, 그것은 바람직한 모습이 아니다.

당신의 교회가 몇 개의 캠퍼스를 가지고 있다 해도, 그 사역의 목표는 재생산이어야 한다. 재생산하는 신자, 사역, 그룹, 교회가 되어야 한다. 그 교회가 대형 교회일 수도 있고, 다중 지역 교회도 될 수 있고, 심지어 단순한 교회가 될 수도 있다. 만일 당신이 다중 지역 사역을 시작하고자 한다면, 하나님께서 주신 사명에 따라 배가하는 사역에 초점을 맞추어야 한다. 교회의 브랜드가 중요한 것이 아니고 한 영혼을 구원하는 것이 중요하다. 다른 지역의 캠퍼스 스크린에 담임목사의 얼굴을 중계하는 것, 그 이상의 의미 있는 사역이 일어나야 한다.

14　Jeff Sorvik, 저자에게 이메일 발송, 2015년 5월 29일.

PART 3
교회 개척을 위한 시스템

서론: 교회 개척을 위한 시스템

　교회 개척 사역을 위한 완벽한 모델은 없고, 그에 대한 묘책도 없다. 물론 유용한 모델들은 많이 있다. 그것이 바로 제 2부에서 교회 개척에 관한 여러 가지 모델들을 설명한 이유이기도 하다. 두 사람의 교회 개척자들이 한 도시 안에서 같은 모델을 사용하지만, 그 결과는 다를 수 있다. 여기서 우리가 같은 모델을 제시했지만, 교회 개척자들이 각자가 사용했던 시스템에 대해서는 언급하지 않았다. 예를 들면, 경찰이 사용하는 전기 충전 자동차와 차고에 주차해 놓은 자신의 전기 충전 차를 비교해서 생각해 볼 수 있다. 언뜻 보면 두 대의 차가 같은 것 같지만, 두 차의 성능은 낮과 밤이 다른 것처럼 완전히 다르다. 경찰차는 엔진을 비롯하여 배터리, 알터네이터, 냉각기, 서스펜션, 브레이크 등 자동차를 구성하는 많은 다른 요소들을 늘 최상의 상태를 유지해 놓는다. 자동차의 차체 혹은 모델은 다르지 않다. 그러나 자동차를 구성하는 모든 부품, 그것이 바로 시스템인데 이것은 아주 다르다.

　다니엘과 나는 이 자동차의 예가 완벽한 예가 아니라는 것을 알지만, 교회 개척 분야에서 시스템이 얼마나 중요한지를 설명하고자 했다. 이 시스템은 교회 개척자들이 세부적이고도 체계적으로 세워야 할 중요한 단계이다. 그러나, 많은 교회 개척자가 이 분야에 대해 취약한 편이다. 결과적으로 교회 개척자들은 실제적인 많은 부분을 고려한 시스템의 관점에서 일하기보다는, 3만 피트 높이의 고지에서 교회 개척의 성공 모델만을 바라보면서 일하려고 한다. 모든 일이 개척의 현장 안(in)에서 이루어지지 않고, 개척의 현실과 동떨어진 위(on)에서 이루어진다면, 교회 개척 사역을 움직이게 해 주는 시스템이 작동하지 않게 된다. 그렇게 된다면, 새로 개척되는 교회의 운명도 그에 따라 결정될 것이다. 예를 들어, 개척 위에서 일한다는 것은 위치, 이름, 로고, 비전 선언문 등을 고려한 사역을 의미한다. 반면 개척 안에서 일한다는 것은 장기적인 재정확보, 교회 사역 구조, 창립 팀, 회중 형성을 따른 복합적인 상황, 장기 제자훈련 등이 이에 속한다.

    개척자들이 모든 세부적인 일들을 다 담당할 수는 없을 것이다. 13장에서 논의될 창립 팀을 위해 주도해야 할 역할을 언급한 것이다. 개척자로서 모든 과정에 관여해야 함을 말하고 있다. 만일 하나님께서 교회 개척자로 부르셨다면, 이 비전을 관리해야 할 관리자로 부르셨다는 것을 알아야 한다. 자신에게 맡겨진 책임을 소홀하게 여기지 말고, 세부적인 일들이라 해도 다 맡기지는 말라. 개척자로서 교회의 시스템을 세우지 않고 교회가 흘러가는 대로 계속 내버려 둔다면, 어떤 결과가 생길 것인가? 교회의 인적 구조를 조성할 때(10장) 성경적으로 자격 있는 사람이 아니고, 교회의 장로들이나 결정권자 중에서 큰 목소리를 내는 사람을 세우게 된다. 그렇게 되면, 비전을 불붙여주는 사역의 불씨는 다 꺼지게 되고, 기도의 삶과 일상의 삶은 주변으로 밀려나게 될 것이다(11장). 지혜롭게 사역할 수 없고, 목회의 모든 일을 다 처리해야 하므로 주말까지 열심히 일해도 일을 충분히 했다는 느낌이 들지 못할 것이다. 교회의 부흥을 위해, 그 도시에서 하나님께서 주신 전도 대상자들이 누구인지 찾으려 하는 대신에, 그곳에서 가장 성공적으로 성장한 교회를 찾아 그 교회를 모방하려고만 할 것이다(12장). 개척을 위한 창립 팀은 좋아하는 사람들로 구성될 수 있지만, 그들이 객관적으로 세워주는 법을 모른다면 당신에게 문제가 생길 때 객관적인 조언을 주지 못할 것이다(13장). 만일 신탁 펀드의 초보자일 경우 혹은 먼 친척이 교회 개척 자금을 지원하는 경우라면, 재정 지원도 받지 못할 것이다(14장). 교회 장소를 모색할 경우, 지금 당장 혹은 가까운 장래에 필요한 장소를 찾기보다 3년 이후 이루어질 교회의 모습을 고려하여 적절한 장소를 찾아야 할 것이다(15장). 창립 주일에 해야 할 일들이 많을 것이다. 그러나 그 일들이 실제로 해야 할 일들과는 차이가 있을 수 있다(16장). 창립 주일이 지난 그다음 주에 해야 할 업무들이 많아야 하는데, 정작 해야 할 일이 없다는 것을 발견하게 될 것이다(17장). 마지막으로, 모든 열방을 제자로 삼는 일보다는 주말에 하는 행사에 더 몰두하게 될 것이다(18장).

어떤 시스템도 사역을 방해하거나 사역을 못 하게 하지는 않을 것이다. 시스템은 과업을 행하도록 돕고, 중복되는 일을 없애주는 기차 철로와 같은 역할을 한다. 사역이 더 오랫동안 지속할 수 있게 해 주고, 교회를 개척하는 데 필요한 시간을 줄일 수 있게 해 준다. 결과적으로 다니엘과 나는 이 글이 여러분에게 유용한 가이드가 되기를 바라며, 여러분들이 교회 개척을 위한 시스템을 얻을 수 있도록 쉽게 쓰려고 노력했다. 3부에 빠진 것이나 부족한 것들이 있다면, www.NewChurches.com에 나온 교회 배가(church multiplication)에 관한 최근 기사와 자료들을 참조하길 바란다.

CHAPTER 10

교회 구조

전형적인 교회 개척자들은 첫 번째 창립 예배를 드릴 때, 열정이 넘치는 수많은 회중 가운데, 설교하는 연습을 하고, 세부적인 사역들이 어떻게 펼쳐질지를 매 순간 상상한다. 다른 한편으로, 개척자들은 새로운 교회의 구조 혹은 행정 조직에 대해서는 별다른 계획이 없을 수 있다.

시스템, 절차, 구조에 대해서는(오즈의 마법사에 수록된) 도로시, 양철나무꾼, 허수아비가 사자, 호랑이, 곰에 대해 생각했던 것을 떠오르게 한다. 교회 개척 동력의 첫 번째 파도를 타고, 장기적 성장을 위한 견고한 기초를 쌓기 위하여, 교회 개척자들은 환영의 환상에만 매달려 있지 말고, 어떻게 구조를 형성해 갈지 결정해야 한다.

나의 교회 개척 경험이 좋은 예가 될 것 같다. 나는 갈보리 크리스천 교회에서 21명과 함께 공개적으로 개척 예배를 드리면서 첫 번째 교회를 시작했다. 실제로, 주일 출석 인원은 9명이었다. 우리의 계획은 전체 회중을 셀 중심으로 나누고, 여러 명의 장로가 사역 행정을 맡는 방식이었다.

개척 1년 동안 어려움을 겪은 후에, 21살의 청년으로서 경험도 없고, "9명의 전체 교인"으로부터 오는 압력을 견뎌야 했던 나는 한 컨퍼런스에 참여한 후, 우리의 전략을 전환하기로 했다. 우리는 곧 새로운 계획을 세웠고, 셀 그룹을 없앴다. 우리는 목회 리더십을 계속 강화하였고, 장로 그룹들과 다른 조직들을 약화해 나갔다.

1년이 못 되어, 우리는 조직을 다시 개편해야 했고, 이번에는 집사의 리더십을 강화하였다. 리더로서 나는 분명히 신중하게 생각했지만, 어떤 행정 조직이 가장 적합한지 몰랐고, 교회 조직에 관한 성경의 권고에 대해서도 무지했었다. 당시 나는 최근 컨퍼런스에서 배운 것이든, 좋은 책을 통해 배운 것이든, 무엇이든지 적용하려고 했다(그때 내 생애에 처음으로 신학교에 가기로 했다). 교회 구조에 대한 방황을 거듭하면서, 교회는 곧 절망적인 상태가 되었다.

개척자들은 주로 젊고, 이상적이고, 때로는 대학교나 신학교를 막 졸업한 사람들이 많이 있다. 그들은 신학교에서 교회의 패러다임에 대해 배운다. 사실상, 공부할 때에는 여러 가지 모델 중에서 한 가지 모델이 강조될 수 있다. 개척자들은 그중에서 어떤 것을 자신의 모델로 채택할지를 결정한다. 새로운 교회를 시작함으로써 그들이 선택한 교회의 구조가 가장 좋다는 것을 입증할 수 있다. 그러나 교회론의 원리를 입증하기 위해서 교회를 개척한다면 결국 실패할 수밖에 없다.

예배 스타일을 바꾸는 것이 교회의 분열 원인이 될 수 있고, 구조와 리더십 스타일에 변화를 주는 것도 회중을 양분화하고, 사기를 저하하고, 사람들을 낙담케 하고, 성장을 중단시키는 요인이 될 수 있다. 예를 들어, 초대교회가 직면했던 문제 중 하나는 구조의 문제와 관련된 것이었다. 사도행전 6장에서, 히브리파 사람들에 대한 헬라파 사람들의 불평은 그들의 미망인들이 무시되고 소외된다는 것이었다. 사도들은 교회의 하나 됨과 교회의 사명을 흔드는 이 문제를 어떻게 해결했나? 그들은 사역 구조를 세웠고, 이 사역을 위해 7명을 임명하였다

(행 6:1-6). 결론적으로 말해, **교회 개척자는 하나님께서 주신 사명과 비전 뿐 아니라, 그것들을 수용할 수 있는 성경적 구조를 가져야 한다는 것이다.**

구조가 없는 교회인가 혹은 구조가 너무 많은 교회인가?

어떤 개척자들은 성경적 교회 구조의 중요성을 경시한다. 교회의 조직이 활성화되기 위해서는 사역 구조는 피해야 할 신학적 이론이며 함정이라고 믿는 사람들이 있다. 그러나 처음부터 사역 구조가 경시된다면, 결국에는 문제에 직면하게 되는 경우가 많다.

다른 한편으로, 어떤 교회들은 교회론에 대한 언급이 지나치게 많다 보니, 교회 안에서 모임이 너무 많아지면 그에 따라 문제가 끊임없이 발생한다. 방문자들이 볼 때도 교회는 교회 안의 어떤 기관이나 부서의 승인 없이 어떤 것도 결정하지 못한다고 생각한다. 나 역시 처음에는 사역을 이렇게 시작했다. 첫 번째 교회에서 첫 예배를 마친 후에, 32쪽 분량의 교회 규약을 만들었는데, 당시 출석하는 교인은 9명에 불과했다. 출석 교인 한 명당 3쪽이 넘는 분량이다. 위원회 위원들의 수는 교인 수보다 많았다. 매달 사무처리회 모임을 했는데, 나는 그렇게 하는 것이 교회를 향한 하나님의 의도라고 생각했다. 교회가 구조 문제에 지나치게 초점을 맞추면, 하나님을 섬기는 것보다 구조를 생각하는 시간이 더 많아진다.

바람직한 교회 구조를 통해 선교적 교회 개척을 실현하려 한다면, 그 구조의 목적은 교회의 사명을 촉진하는 것임을 명심해야 한다. 이런 방식으로 교회 구조를 이해하는 이유는 많은 선교학자와 신학자가 주장하는 바와 같이, 선교론이 교회론을 이끌어 간다는 믿음에 근거하기 때문이다. 신약성경은 복음 사역의 운동성이나 자발성을 억제하는 구조가 아닌, 교회(교회의 순수성)를 수호하고, 제자들을 세우고, 효과적이고 효율적으로 선교하는 교회의 사역 구조를 제공해 준다. **성경적 구조를 선택하면서, 다니엘과 나는 교회를 수호하고, 제자를 세우고, 복음의 운동성과 자발성이 제한됨 없이 선교가 추진되는 교회를 누구나 원한다는 것을 굳게 믿고 있다.** 성경과 조직의 원리를 충분히 반영하여 보편화한 선택사항들이 여기에 있다.

- 장로들: 순수한 장로 패러다임은 어떤 선임 리더도 세우지 않지만, 그런데도 신뢰할 수 있는 복수 관리 체제를 제공해 준다. 이는 형제회 교단(Brethren denominations)과 일부 성서교회들이 실행하고 있는 사례이다. 이 견해를 지지해 주는 성경적인 근거들이 있다.
- 목사들과 장로들: 이 접근 방식은 목사와 장로들을 포함한 다양한 리더들이 함께 공존하는 구조이다. 모두가 동등하지만, 목사가 선임의 역할을 한다. 다른 장로들은 평신도이거나 혹은 유급(풀타임) 사역자일 수도 있다. 풀타임 사역자를 세우는 것을 지지하는 리더들도 있다. 이 모델은 성경적 가르침에 가장 근접한 거버넌스(관리조직)이며, 장로들은 유급 사역자일 수도 있고 무보수 자원자일 수 있다는 것이 나의 견해이다.
- 목사와 이사회(Board): 목사가 리더이지만 리더십의 과업과 주요 의사결정 사항들에 대해서는 교회의 이사회와 상의한다. 이사회는 집사 혹은 장로들로 구성될 수 있다. 이 패턴은 성경적인 뒷받침이 부족하다 해도 가장 공통으로 실행되는 교회의 거버넌스이다.
- 이사회와 목사: 이 형태로 보면 목사는 이사회의 지침에 따라 사역을 수행하는 이사회의 고용인으로 인식된다. 이 모델이 많은 교회에서 실행

되고 있지만, 성경적인 근거는 없다.
- 목사: 교회론적 시스템을 추구하는 교회들은 오로지 목사만을 추종한다. 이 모델은 독립 침례교, 은사주의 오순절 교회들 가운데 나타난다. 목사는 교회의 의사 결정자이고, 회중 정치하에서 모든 교인의 의사결정이 아니라면, 누구에게도 목사의 권위를 양도할 수 없다. 가장 큰 문제는 다른 리더들이 세워지지 않는다는 것이다. 목사가 교회를 떠나면 (사역지를 옮긴다든지, 사망 때문에), 교회는 의사결정 하는 일에 어려움을 겪게 된다.

성경의 기준

성경적 기준을 따른다면, 서로 간의 언약적 관계에 기초하여 한 그룹의 목사-장로들이 리더로 교회를 섬겨야 한다. 일반적으로 교회를 담임하는 목사-장로가 있다. 그러나 리더십 팀은 설교 팀과 교회 회중 전체에게서 나와야 한다. 리더십 팀은 목사들, 이중직 목사-장로들, 그리고 평신도 목사-장로들을 포함한다. 이것이 성경이 가르치는 교훈이지만, 믿는 자들 사이에서는 이 문제에 대해 다른 견해를 가진 사람들도 있다. 그러나 어떤 스타일을 택할 것인가의 근거를 개인에서 찾지 않고, 성경에서 찾는다는 것은 매우 중요하다.

교회론에 대한 성경적 가르침을 이해하는 데 도움이 되는 성경 구절은 다음과 같다: 요 17:23; 행 4:3, 14:23, 20:17, 21:18, 20:28-32; 고전 11:17-18; 갈 6:10; 엡 4:3; 딤전 3, 4:14, 5:1-2, 17-19; 딛 1:5-9, 약 5:14-15; 벧전 5:1-5.

"선교적" 교회론

앞에서도 언급했지만, 많은 선교학자, 신학자, 실천가는 하나님의 선교(선교학)가 교회의 구조(교회론)를 이끌어가야 한다고 주장한다. 그러므로 **우리가 세우는 교회는 선교적일 뿐 아니라, 성경적인 선교적 구조로 되어 있어야 한다.** 이것이 실현되기 위해서, 적어도 교회는 세 가지 면에서 구조를 정리해야 한다.

첫째, 신약성경이 말하는 바는 하나님께서 교회를 사용하셔서 세상에 복음을 전하고, 그리스도의 몸을 세우고, 하나님 나라를 확장하는 것이므로, 교회는 의도적으로 밖을 향하는 전도와 선교에 초점을 맞추는 구조를 가져야 한다. 그러한 교회의 관리 조직은 인간의 골격과 같이 구조상 꼭 필요한 기능을 하지만, 겉으로는 보이지 않는다. 이 구조는 성경적이어야 하는데, 구조적 성격으로 볼 때 겉으로 드러나지 않는다. 교회 개척자인 다린 패트릭(Darrin Patrick)은 교회가 크지 못하는 이유는 교회 안의 구조가 약하기 때문이라고 말한다. 다린은 이렇게 설명한다:

> 대부분 목회자는 시스템, 구조, 과정, 그로 인해 파생되는 결과들에 대해서 모른다. 그들은 사람들을 돌보긴 하지만, 돌보는 시스템을 구축하지 않는다. 대부분 목회자는 리더들을 개별적으로 개발하지만, 리더십 개발의 과정을 이행하는 기술은 부족하다. 목회자 한 사람이 목회를 지원하는 시스템과 구조를 세울 수는 없지만, 목회자로부터 돌봄을 받고, 리더로서 위임을 받을 수 있는 유일한 자는 목회자 "주변에" 있는, 목회자와 아주 가까이 있는 사람들이다. 교회의 크기는 목회자의 크기를 넘

어설 수 없다.¹

둘째, 교회는 자신의 구조를 적절한 방식으로 구축해야 한다. 성경은 하나님의 성품에 근거하여 교회도 규모가 있어야 함을 강조한다: "하나님은 무질서의 하나님이 아니시요 오직 화평의 하나님이시니라"(고전 14:33). 바울은 또한 그리스도의 몸을 실제 몸에 비유한다. 몸의 각 지체(예를 들어 눈, 귀, 손 등)들이 위치와 목적이 있는 것처럼 그리스도의 모든 지체도 자신의 위치와 목적을 이해해야 한다(롬 12:3-8; 고전 12:12-30). 더 나아가 베드로도 교회를 영적인 집으로 비유하면서 이렇게 기록한다: "너희도 산 돌 같이 신령한 집으로 세워지고 예수 그리스도로 말미암아 하나님이 기쁘게 받으실 신령한 제사를 드릴 거룩한 제사장이 될지니라."(벧전 2:5) 집을 세울 때 순서가 필요하듯이, 영적인 집을 짓는 것도 순서, 즉 질서를 고려해야 한다. 질서의 반대는 혼돈이다. 혼돈이 있는 곳에는 혼란이 야기된다. 하나님은 혼란의 하나님이 아니시다.

셋째, 교회는 목사들과 장로들이 효과적으로 양 무리를 돌볼 수 있는 구조(교회의 사역구조)를 가져야 하며, 성도(믿는 자)들을 훈련하여 그들이 스스로 사역하게 해야 한다. 예수님은 자기를 따르는 자들을 "양 무리"라고 표현했다. 예수님은 그리스도인들을 그의 "양"이라고 불렀고, 교회는 그의 "양 무리"라고 했다(요 10:14-16). 이러한 강조는 "목사"(pastor)라는 교회 지도자의 명칭에서도 잘 나타난다. 그리스 단어인

---

1 Ed Stetzer, "7 Top Issues Church Planters Face, Issue #4—Systems, Processes and Cultures," Christianity Today, January 2011, 2015년 9월 19일 접속, http://www.christianitytoday.com/edstetzer/2011/january/7-top-issues-church-planters-face-issue-4--systems.html.

포이멘(poimen)은 "목자"(shepherd) 혹은 "목사"(pastor)라고 번역될 수 있다. 목사는 목자로 섬기는 자이다 — 하나님의 양 무리를 먹이고, 보호하고, 인도한다. 목사의 과업은 선한 목자(요 10:11, 14; 벧전 5:2)를 돕는 보조 목자 혹은 대리 목자로서 섬기는 자이다. 베드로는 예수님을 목자장(the chief Shepherd, 벧전 5:4)이라고 했다. 목사들은 하나님께서 맡기신 양 무리들을 돌보는 "목자"가 되라는 부르심에 순종한 자들이다(행 20:28; 벧전 5:2).

목사들-장로들이 양 무리를 돌보는 구조를 가질 때, 교회 안에서 재생산하는 문화를 만들게 된다. 바울은 에베소 교회에 이렇게 썼다. "이는 성도를 온전하게 하여 봉사의 일을 하게 하며 그리스도의 몸을 세우려 하심이라"(엡 4:12). 바울에 의하면, 리더들은 성도들을 온전하게 하여 복음의 사역을 하게 하는 자이다. **사람들이 복음의 사역을 하여 몸 된 교회와 지역의 공동체를 섬길 때, 재생산이 일어난다.** 그래서, 효과적인 구조에 관련된 리더십 중에서 가장 훌륭한 특징 중 하나는 성도를 온전케 하여 봉사의 일을 하게 하는 것이다. 성장과 질서, 효과적인 사역과 재생산을 위한 구조를 구축하는 교회는 하나님께서 일하실 수 있는 선교적 구조를 갖추는 교회이다.

성경적 리더십의 모든 원리는 장로직에 대한 성경적 개념을 규명한다(성경에서는 "목사"와 "장로"를 혼용하여 사용한다). 이 역할에 대해서는 다음 장에서 충분히 다루도록 하겠다.

공식적 리더십의 직무

지역 교회를 개척하는 과정에서 리더십과 성경적 직무가 어떠해야 하는가에 대해 본문의 의미를 충분히 고려하여 다음과 같이 기술한다.

목사-장로

신약성경은 목사-장로의 직무를 직접 언급하고 있다("목사"와 "장로"는 성경에서 혼용하여 사용되었다). 목사-장로들은 집사를 선출하고(행 15:22), 다스리고(딤전 5:17), 약한 자들을 위해 중보기도한다(약 5:14). 이 리더들은 임명받은 자들이다. — 개척된 교회 안에는 적어도 한 사람 이상의 리더들이 있었다(딛 1:5).

목사의 역할을 설명해 성경 구절들이 있다. 가장 명확한 구절 중 하나는 딤전 5:17이다: "잘 다스리는 장로들은 배나 존경할 자로 알되 말씀과 가르침에 수고하는 이들에게는 더욱 그리할 것이니라." 또 다른 유익한 본문은 벧전 5:1-4이다:

> 너희 중 장로들에게 권하노니 나는 함께 장로 된 자요 그리스도의 고난의 증인이요 나타날 영광에 참여할 자니라 너희 중에 있는 하나님의 양무리를 치되 억지로 하지 말고 하나님의 뜻을 따라 자원함으로 하며 더러운 이득을 위하여 하지 말고 기꺼이 하며 맡은 자들에게 주장하는 자세를 하지 말고 양 무리의 본이 되라 그리하면 목자장이 나타나실 때에 시들지 아니하는 영광의 관을 얻으리라

이 두 구절에 따르면 어떤 목사-장로들은 가르치며, 어떤 자들은 가르치지 않는 것을 암시하고 있다(딤전 5:17은 말씀과 가르침에 수고하는 자들은 배나 존경할 자로 알라고 한다. 두 배로 더 존경을 받는다는 말을 왜 하고 있을까?) **전통적인 목사는 한 교회 안에서 한 명밖에 없는 장로가 아니다. 어떤 장로들은**

전하고 가르친다. 어떤 장로들은 그렇게 하지 않는다. 더 나아가 장로는 "감독자"(그리스어: episkopos, 이 단어는 "비숍"이라고 잘못 번역되었다) 그리고 목자-목사(그리스어: 포이맨을 번역하면, "목사" 혹은 "목자"라는 표현이다) 라고도 불린다.

그러므로 교회는 목사-장로들의 인도를 따른다. 그들 중에 어떤 목사는 가르치는 기능을 가진 목사가 있다. 목사는 양 무리를 먹이고 인도하고, 그들이 사역할 수 있는 분야를 찾도록 도와주고, 건강한 가족이 갖는 사랑의 태도로 그들을 인도한다. 교회의 본질을 올바르게 이해하여 그와 연관된 성경 구절을 살펴보면, 교회 개척자들에게 요구되는 리더십 특성을 이해할 수 있다.

흥미롭게 발견한 사실은 그리스도께서 "이 반석 위에 내 교회를 세우리니"(마 16:18)라고 말했던 대상인 베드로는 베드로전서 5장에서 자신을 "함께 장로된 자"라고 말했다는 것이다. 이것은 우리의 사역 구조에서 볼 수 있는 방식과는 다르다. 베드로가 리더 장로(나는 그렇다고 생각한다)였는지 아닌지 상관없이, 베드로는 이 성경 구절이 말하는 장로와 같이 목양의 책임을 진 자였다. 베드로는 또한 장로들에게 양 무리는 그들 자신의 양 무리가 아니고 하나님의 양 무리임을 상기시킨다.

개척자들은 그들이 세우고 있는 교회가 그들 자신의 것이 아니라는 이 전망을 종종 놓치고 있다. 교회 개척자들은 자신의 목회에 쏟아부은 것이 너무 많았기 때문에 그런 식으로 생각하기 쉽다. 또한, 어떤 개척자들은 하나님 중심의 공동체를 세우기보다는 자기 자신의 인격에 기초한 공동체를 세우려고 한다. 믿는 자들의 몸이 하나님 중심이 되고, 하나님의 인도하심에 발맞추어 나갈 때, 목회 팀 혹은 장로들의 영적 지도력이 발휘된다.

집사

신약성경에 따르면, 집사들은 교회의 사역 목적을 성취하기 위해 교회를 돕고 섬기는 자들이다. 집사(deacon)라는 용어는 "종"(servant)이라고 번역될 수 있다. 집사의 역할은 사역하는 일이다. 사도행전 6장에서 집사들의 책임은 양식을 매일 배급받아야 했던 미망인들을 위해 봉사하는 일을 감독하는 것이었다. 집사들은 일정한 삶의 방식과 행동 지침을 따라야 했다(딤전 3:8-13). 바울은 그들을 교회 리더라고 소개했다(빌 1:1). 집사들은 교회의 목사-장로의 지도력 아래서 섬기는 사역 리더이다.

중립적 용어

나의 교회 개척 경험들을 돌이켜 볼 때, 우리는 장로와 집사의 직분에 대해 중립적 용어를 사용했던 것을 기억한다. 우리는 목사-장로들을 "행정 팀"(administrative team)이라고 불렀고, 집사들을 "사역 리더"라고 불렀다. 부정적인 측면으로 바라볼 때, 이러한 기능들이 성경적인 직무라면 성경적인 용어를 사용하는 것이 마땅하다. 중립적 용어들은 교회의 비즈니스적인 모델을 지나치게 강조하는 한편 성경적 용어는 교회의 성경적 본질을 강조하게 된다.

그러나 사람들은 중립적인 용어를 사용할 때 개념을 쉽게 이해한다. 새로 개척되는 교회는 교회에 다니지 않는 사람들이나, 다른 교회나 교단으로부터 옮겨오는 사람들에게 호감을 줄 수 있으며, 이러한 접근은 새로운 교회가 신선하게 출발하는 데 도움을 준다. 반면, 하나님의 교회(Church of God) 배경의 한 회원은 장로가 리더에 속하고, 집사는 섬기는 자라는 인식이 있었다. 그러나 이러한 관점은 미국 침례교인들과는 맞지 않을 수 있다. 그들은 교회의 중심 리더들인 "이사회"를 구성하는 자들이 바로 집사들이라고 생각하기 때문이다. 새 신자들은 사용했던 명칭들을 수정해 줄 필요없다. 그들은 직분의 명칭이 의미하는 대로 받아들인다. 그러므로 개척자들에게는 명칭에 대한 복잡한 과거를 다시 언급할 필요 없이, 일반인들이 이해하기 쉬운 용어를 사용할 것을 추천한다. 달리 말해, 용어 사용에서도 문화적 상황이 고려되어야 한다는 것이다.

실제로 중립적 명칭을 사용하는 과정에서 고려해야 할 것들도 있다. 사람들을 설득하기 위해 설명을 해 주어야 하고, 논쟁이 생길 수도 있다. 이러한 상황을 고려하여 나의 목회 경험에 비추어 볼 때, 명칭을 사용하는 데 있어서 가장 적절한 방법은 성경적인 용어를 사용하는 것이었다. 성경적 용어를 사용한다면, 리더십의 역할에 관해 설명하고 묘사할 때 사람들은 성경의 본문을 살펴보게 된다. 물론 이런 과정은 큰 노력을 해야 하지만, 이러한 시도는 교회의 가족들이 성경의 본문을 내면화할 수 있도록 도와준다. 교인들이 장로의 자격에 대한 성경 본문을 읽게 되면, 사람들의 마음속에 장로 역할을 할 사람이 떠오를 수 있다. 마찬가지로 집사에 대한 성경 본문을 읽는다면, 집사라는 명칭과 역할을 연결해 볼 수 있다.

의미

직분에 대한 이러한 이해는 새로운 교회의 구조에 어떤 영향을 미칠까?
1. 새로운 교회들은 목사-장로를 세워야 한다. 목사-장로는 영적으로

덕망이 있고, 숫자상으로 적지만 중요한 역할을 한다. 성경에서 요구하는 목사-장로 자격에 적합한 자들이 많지 않지만, 리더는 그런 자격을 갖추고 있어야 한다. 작은 그룹일수록 리더들 가운데 친밀감은 더 깊어지고, 상호책임은 더 높아진다. 이러한 리더들은 세울 때 시간상으로 서두를 필요는 없다. 새로운 교회에는 여러 기능을 하는 위원회들을 많이 두지 않아도 된다. 사역 계획들을 조율하기 위해서, 상호책임의 구조를 가진 행정위원회가 유용하리라 본다. 새로 시작하는 교회들은 운영위원회나 혹은 리더십 자문 팀을 세우기도 한다. 운영위원회는 아직 리더십의 조직에 속하지는 않지만, 교회의 방향을 제시해 주는 자문 역할을 한다. 어떤 경우에는, 새로운 교회가 구성될 때, 목사-장로가 운영위원회의 역할을 맡기도 한다.

2. 교회가 인정해야 할 것은 목사가 곧 장로라는 사실이다. 만일 세 명으로 구성된 목사-장로 팀이 있다면, 한 사람은 전임 목회자로 섬기고, 다른 두 사람은 평신도 사역자로 사역할 수 있다. 교회의 성장 정도에 따라 교회는 스텝들을 보강하거나, 목사-장로의 역할을 이양할 수도 있다.

3. 교회는 교회의 업무를 맡는 목사-장로를 두어야 한다. 교회의 결정 사항을 목사-장로에게 위임하면, 교회 안에서 행정적인 모임들을 많이 줄일 수 있다. 교회가 시작될 때부터, 개척자-목사는 목사가 교회를 이끌어 간다는 것과 목사-장로 팀이 개척 목사와 함께 교회를 인도한다는 것을 명시해야 한다. 이렇게 직분에 대한 성경적 구조를 가질 때, 목사는 교회의 효율성을 극대화하는 상호책임의 임무를 수행할 수 있다. 적절한 상호책임과 리더십을 통해 교회는 사역과 성장이라는 목적을 달성할 수 있는 권한을 갖게 된다.

4. 교회가 건강하고 성경적인 교회 구조로 되어 있다 해도, 리더십이 얼마나 건강한가에 따라 그 결과는 달라진다. 목사, 장로, 집사로 구성되는 리더들이 교회의 사명, 비전, 구조를 중심으로 하나가 되는 것이 무엇보다 중요하다.

결론

교회 구조는 교회의 사명과 비전을 세우는 데 도움을 주는 좋은 도구이다. 그러므로 교회를 개척할 때, 교회가 어떤 구조를 갖는가 하는 것은 절대적으로 중요하다. 성경적 교회 구조를 따르기로 한다면, 신실하고 효율적인 리더십이 먼저 준비되어야 한다. 그 어떤 것도 효율적인 리더십을 대체할 수는 없다. 기존 교회에 있어서 이 리더십은 말할 것 없이 중요하지만, 새로 시작하는 교회에도 가장 기본이 되는 부분이다. 이런 속담이 있다. "모든 것의 성패는 리더에 달려있다." 이 말은 사실이다. 하나님께서 이끄시는 리더들은 교회를 개척할 때, 성도들을 훈련하여 복음 사역에 참여하게 함으로써 성경적 교회를 이루어 간다.

개척자 – 목사의 리더십에 관한 문제

리더십은 중요한 주제이다. 세속적인 관점과 기독교적 관점에서의 리더십에 관한 저서들은 차고 넘친다. 다니엘과 나는 여기에서 같은 내용을 반복하지는 않을 것이다. 그러나 앞으로의 리더십에 관한 연구를 위해서, 교회 개척 리더십에 필수적인 네 가지 주제들을 다루고자 한다. 즉, 기도의 우선순위, 일상성의 패턴, 문화적 적응의 문제, 코칭/멘토링의 중요성 등이다.

기도가 먼저다

현장에서의 사역과 문화적 적응을 다루기에 앞서, 교회 개척자들의 기도 생활에 대해 말해보자. **하나님과 규칙적인 대면의 시간을 갖지 않고서는 사람들을 경건의 삶으로 이끌 수 없다.** 교회 개척자라 해도 실제로 기도의 사람이 아닐 수 있다.

기도는 전문 사역자들의 전유물이 아니다. 기도는 사람들을 하나님의 사역에 동참하게 해주는 개인적 영적 여정의 일부분이다. 어떤 면에서 기도는 사역이지만, 모든 그리스도인이 진지하게 받아들여야 하는 사역이다. 불행하게도, 너무나 많은 개척자가 기도를 최우선순위에 두지 않고 교회를 시작한다. 베리타스 교회를 개척한 데이비드 슬레이

글(David Slagle)은 그의 박사 과정 프로젝트를 교회 개척에 있어서 기도의 삶에 관한 연구에 초점을 맞추었다.[1]

데이비드의 연구 주제는 교회 개척에 있어서 기도의 역할이었다. 교회 개척자들의 질문은 교회 개척 전이나 혹은 개척하는 과정에서의 그들의 신앙과 실천 문제들이었다. 많은 개척자가 심각하게 받아들였던 것은 그들에게 깊은 기도가 부족했다는 것과 교인들을 그리스도께로 더 깊이 인도하지 못한 것이었다.

오직 소수의 개척 목사들만이 금보다 귀한, 건강한 기도의 삶을 살면서 교회 개척을 이끌어 왔다. 그러나 대부분 개척자의 기도는 하나님과의 관계에 기초한 기도라기보다는 필요에 따라 산발적으로 구하는, 혹은 개척 준비만을 위한 기도였음을 고백했다.

이 연구에서 가장 특이한 점은 목사들 중 거의 대부분은 교회 개척에 완전히 뛰어들었을 때 느꼈던 감정은 절박함이었다고 고백했다. 그 절박함은 개척 목사들을 다음 두 가지 중 하나로 이끌었다: 기도로 무릎을 꿇게 하든지, 사무실로 가서 연구하게 하든지. 데이비드는 다음과 같이 말한다.

> 대부분 목사들이 열망하는 가치보다는 실제 기도 실천을 더 추구한다는 사실을 알고 기뻤다. 그러나 안타까운 것은 이들의 사역 시간이 너무 많다는 것이다. 개척하는 목사들의 성향은 강한 에너지를 가지고 일을 주도하는 자들이다. 여러 가지 다양한 필요들이 생길 때, 기도하기보다는 바쁘게 일해야 한다는 유혹을 받게 된다. 뭔가 해야 한다는 유혹을

---

1 www.NewChurches.com/PMC를 보라.

뿌리치고 기도하는 자들은 절망을 이기고 평화, 확신, 지혜 그리고 공동체의 삶을 누리게 된다. 하나님께 기도하는 개척자들의 필요를 채워주시는 하나님의 기적 같은 이야기들을 다 열거할 수 없다: 암으로부터의 치유, 창립하기 전날 설교에 앞서 들려주신 하나님의 말씀, 수백만 불의 헌금, 말할 수 없는 고통과 절망 속에서도 흘러넘치는 평안, 꼭 필요한 순간에 전달된 수표, 하나님께 드려진 토지와 건물, 마음이 닫혔던 사람들이 그리스도께 돌아와 마침내 교회의 리더가 된 이야기 등이다. 수없이 많은 하나님의 공급하심은 교회 개척의 꿈이 깨어질 때마다, 나의 손에서 쟁기를 놓지 않을 수 있었던 용기와 힘이 되었다.[2]

사역에 가장 기본이 되는 영적인 훈련을 등한시 하는 개척자들도 있다. 여러 교단과 네트워크를 통해 교회 개척자들과 대화하다 보면, 하나님과 깊은 관계를 지속하는 것이 힘들다고 말하는 개척자들을 볼 때 많이 놀라게 된다. 그들은 하나님을 사랑하고 개척의 미래를 하나님께 맡긴다고 하지만, 대부분은 하나님과의 친밀하고 깊은 관계를 갖지 못하고 있다.

교회 개척자들은 대부분 바쁜 일정이 있고, 스트레스가 많다. 교회 개척이라는 막중한 일들이 목사들을 육체적으로, 정서적으로, 영적으로 메마르게 한다. 교회 개척이 아직 안정되지 않은 단계에서 리더들로부터 성공에 대한 압력을 계속 받는다. 많은 목사는 설교, 봉사, 홍보, 연락, 행사 때마다 성공해야 한다는 부담을 느낀다. 많은 행사로 인해 압력을 받게 되면, 그리스도 안에서의 신학적 정체성으로 인해 눌

---

2   2005년 10월 1일 저자에게 이메일 발송.

리게 되고, 불안감이 끊임없이 엄습하며, 그로 말미암아 교회의 사역들이 그들의 영혼을 더 고갈시킨다. 이런 악순환은 계속해서 되풀이될 수 있다.

하나님의 임재 안에서 안식을 찾는 것이 유일한 해답이다. 다음에 해야겠다는 마음으로 계속 미루다 보면, 안식을 찾기란 어렵다. 개척자들에게 있어서 "다음"(next)은 그들의 삶 속에서 "지금"(now) 임하시는 하나님의 역사에 해로운 적이다. 결과적으로, 개척자와 하나님과의 관계는 시간이 지남에 따라서 서서히 멀어져 가며, 영적으로 메마르고 공허해진다.

만일 이러한 악순환에 묶여 있다면, 해결책은 단 하나밖에 없다 — 멈추라! 멈추라는 말이 교회 개척을 "중단"하라는 말은 아니다. 그저 짊어지고 있는 책임감의 무게를 다른 사람의 손에 내려놓으라는 말이다(그들이 나의 짐을 짊어지리라 생각지 않는다 해도). 그리고 하나님과 함께 하는 시간을 더 많이 가져 보라. 규칙적으로 기도하고, 홀로 있고, 안식하는 시간을 가져 보라. 하나님 앞에 여유 있게 앉아서, 풍성한 영적인 생명과 능력을 노려보라. 하나님과의 시간을 최우선으로 두지 못하는 개척자들은 개인적인 삶에서 여러 가지 분주한 일들로 인해 고통을 겪게 될 것이고, 교회에도 심각한 부정적인 영향을 미치게 된다.

일상의 역할과 계획

개척자들의 일정을 보면 사역의 우선순위가 어디 있는지 알 수 있다. 많은 개척자는 자신들의 근무시간이 주당 40시간이라는 것에 대해 불만을 느낀다. 그러나 목사들은 교회 자원봉사자들이 직장에서 주당 40시간만 일하는 것이 아니라는 사실을 알아야 한다. 그들은 직장에서 40시간 혹은 50시간을 일한다. 그 외에 목회자들은 그들에게 교회를 위해 한 주에 5시간, 혹은 10시간 더 일할 것을 요구한다. 또한, 이중직 목회자들도 주당 50시간 이상 일할 수도 있다.

생산적이고 열매 맺는 사역을 설계하는 것은 결코 쉬운 일이 아니다. 여기서는 전임 사역자와 이중직 개척자들을 위한 세부적인 일정을 제안해 보겠다.

외부 전도 활동: 주당 15시간(전임 목회자), 주당 3시간(이중직 목회자).
잃어버린 영혼들을 위해 시간을 투자하지 않고서는 교회를 개척할 수 없다. 개척자가 복음 전하는 일을 최우선순위에 두지 않는다면, 교회는 결코 성장할 수 없다. 개척을 시작할 때 핵심 그룹 구성원들이 없으면, 개척자는 집집이 전도할 사람들을 찾아다니고, 전화를 걸고, 사람들과 만나는 일을 하지 않고서는 전도할 다른 방법이 없다. 계속된 만남을 수용하는 사람들을 효율적으로 관리할 수 있는 점검표를 활용하는 것도 유익하다.

설교와 성경공부 준비: 주당 10시간(전임 목회자), 주당 3시간(이중직 목회자). 신학생 중 많은 사람은 설교를 위해 주당 30시간 이상은 투자해야 한다고 들었을 것이다. 실제로 교회 개척자, 특히 이중직 목회자는 설교 준비를 위해 그만큼의 시간을 낼 수 없다. 일정을 조정하여 설교 준비에 더 많은 시간을 확보하기 전까지는 주어진 시간 안에서 연구하는 일에 최선을 다해야 한다. 성경은 때를 얻든지 못 얻든지 항상 힘쓰라고 했다(딤후 4:2). 교회 개척자는 건전하게 성경적인 설교를 하는 일을 우선순위에 두어야 한다. 그러나 교회를 처음 시작할 때에 이렇게 사역하는 것은 쉬운 일은 아니다.

로저 맥나마라와 켄 데이비스는 교회 개척 시 설교 준비를 위한 시간을 효과적으로 활용하려는 방법으로 개척 6개월 전부터 설교 준비를 시작하라고 제안하다. 그렇게 하면 "설교 준비를 위해 보내는 시간보다 지역사회를 섬기는 일을 위해 더 많은 시간을 사용할 수 있다."[3]고 말한다.

설교 준비를 위해 필요한 도구들은 많이 개발되어 있다. WORDsearch Bible, 로고스, 어코던스(Accordance) 등은 본문을 주석하기 위한 좋은 자료들이며, 개척자들이 성경적으로 건전한 설교를 준비하는 데 도움을 준다. 인터넷상에서 활용할 수 있는 여러 가지 도구들도 관주와 예화를 활용하는 데 도움이 된다. 또한, 본문 구절에 대하여 다른 사람들은 어떻게 이해했는지를 서로 나누는 것도 설교 아이디어를 작성하는 데 도움을 준다. www.NewChurch.com도 교회 개척자들에게 설교와 목회 사역을 준비할 때 도움이 되는 WORDsearch의 풍성한 신학적 자료들을 무료로 제공해 준다.

행정: 주당 10시간(전임 목회자), 주당 2시간(이중직 목회자).

모든 목회적 기능과 마찬가지로, 행정도 중요한 업무이므로 다른 업무와 균형을 이루어야 한다. 행정의 은사를 가진 목회자는 회의 진행과 계획을 작성을 원활하게 진행할 수 있을 것이다. 교회 개척자들

---

[3] Roger N. McNamara and Ken Davis, *The Y.B.H. Handbook of Church Planting: A Practical Guide to Church Planting* (Longwood, FL: Xulon, 2005), 194.

에게 이러한 시간은 사역을 위한 실행 계획을 수립하는 것을 포함하여, 전도에 필요한 자료와 전략들을 개발하는 것까지 포함한다.

돌봄의 사역: 주당 15시간(전임 목회자); 주당 3시간(이중직 목회자).

교회 개척자들이 돌봄의 사역에 지나치게 매달려 있는 경우가 많다. 새로운 교회에 오는 사람 중에는 여러 종류의 문제를 안고 있는 사람들이 있다. 그들은 교회 개척자들이 이상적이고, 활력적이고, 사람들을 사랑하고, 사람들을 찾아가면서 자신들을 돌봐주기를 바란다. 그 일에 많은 시간을 사용하다 보면, 개척자는 문제를 안고 있는 사람들의 필요를 채워주는 일에 피로해질 수 있다. 조지아주 알파레타에 있는 노스포인트 커뮤니티 교회의 목사인 앤디 스탠리는 이렇게 말한다: "주일 아침은 서로 소통하는 시간이지 상담하는 시간은 아닙니다. 실제로 어떤 사람에게 이 말은 영적이지 않게 들릴 수도 있지만, 상담을 원하는 사람들을 중심으로 교회를 세워갈 수 없다고 생각합니다. 당신의 교회가 성장했고 더 많은 일꾼을 갖게 된다면, 그 후에 그런 사람들이 다가와서 당신이 세운 교회의 사역을 통해 그들이 도움을 받을 수 있을 것입니다."[4]

교회 개척자로서 시간을 어떻게 사용해야 하는지, 비효율적으로 사용되는 부분은 무엇인지, 좋지 않은 시간 사용 습관을 가졌는지 등에 대해 주의를 기울여야 한다. 새로운 교회를 시작할 때 업무가 많고, 또한 엄청난 에너지를 쏟아야 하므로, 능력이 부족한 부분에 대해서는

---

4   2002년 8월 25일 Andy Stanley와 점심 모임.

미루거나 혹은 등한시 하기 쉽다.

예를 들어 창의적이고 활력이 넘치는 개척자에게는 행정 능력이 약한 부분일 수 있는데, 매일 해야 하는 일들을 등한시 하고 미루다 보면, 마침내 위기의 순간이 올 수도 있다. 만일 이런 사례에 해당한다면, 이 약한 부분을 잘할 수 있는 사람을 팀에 합류시켜, 무리가 되고 부담이 되는 일들을 보완할 수 있다. 또한 성경 연구를 좋아하고, 설교 준비를 좋아하는 교회 개척자는 새로운 사람들을 찾아가고 만나서 교회의 신앙과 비전을 계속해서 나누는 등 교회의 중대한 과업을 잘하지 못할 수 있다. 이러한 사례에 속한다면, 위에 언급한 전도 부분을 다시 읽어보고, 도울 수 있는 다른 팀 구성원을 찾아 성경 연구와 전도의 균형을 이룰 수 있도록 하라.

개척자는 시간 사용에 있어서 깨어 있어야 하고, 유의해야 하며, 이 소중한 자원에 대한 충성스러운 청지기가 되어야 한다. 새로운 교회를 시작하는 사람들에게 이 부분은 부담스러울 수 있지만, 자신의 장점을 극대화하고, 약점을 기쁨으로 보완해 줄 수 있는 사람들을 찾을 수 있다는 사실을 기억하라.

2011년에 교회를 개척하려는 리더들을 대상으로 한 연구 조사에서, 개척자들에게 가장 어려운 문제로 거론되는 분야는 지도력 개발에 관한 문제였다. 개척자들이 이 문제에 대한 어려움을 당연시할 필요는 없다. 개척자 혼자 리더의 역할을 모두 다 감당할 수 없다. 교회 개척자는 자신의 교회에서 교인들을 훈련하고 재생산하는 일을 최고의 우선순위에 두어야 한다. 그 목적을 위해 우리가 개척자들에게 www.NewChurches.com/offer 안에 소개된 Ministry Grid에 1년 동안 무료로 접속할 기회를 제공하고 있다. 이것은 개척 지원자들이 쉽고 간단하게 훈련받을 수 있는 리더십 개발 온라인 플랫폼이다.

함께 일할 동역자를 찾을 때, 그들이 재생산할 수 있는 자인지, 다른 사람들을 섬기고자 하는 자인지를 주의 깊게 살펴보라. 개척자들은 주로 재생산하는 리더가 될 수 있는지를 염두에 두고 동역자들을 찾기보다는 지금 당장 시간을 낼 수 있는 사람들에게 관심을 둔다. 좋은 리더로 검증된 사람들은 어떤 사역이든 이미 헌신했을 것이고, 리더로 사역하고 있을 것이다. 그렇다면, 앞으로 재생산할 수 있는 잠재력 있는 자들에게 시간을 투자해서 더 많은 사람을 준비시키고 훈련하여 교회를 섬길 수 있는 사람들을 세워야 한다. 그렇게 되면 교회는 그들을 통해 사람들의 필요를 채워줄 수 있고, 목사는 그들 가운데서 새로운 리더를 세우고, 사람들을 인도할 수 있다. 일을 많이 해야 잘하는 것이 아니고, 우선순위와 시간 관리의 중요성을 말하는 것이다.

크로스 로드 교회(델라웨어 주 윌밍턴시)의 담임목사인 빌 하이더(Bill Heider)는 이렇게 말한다.

> 우리는 2008년에 "선교적 정신"(missionally minded)에 입각한 공동체를 지향하는 교회를 세웠다. 그 당시 나는 '선교적'이라는 말을 사회의식을 가지고 복음을 증거하는 것으로 생각했다. 새로운 변화가 나타날 수밖에 없는 현실에서 선교를 그런 의미로 받아들였다는 것을 감사하게 생각했지만, 선교적이라는 것이 무엇을 의미하는 것이고, 내가 생각했던 것 이상의 더 많은 의미가 있음을 알게 되었다. 선교적 사역의 핵심은 그리스도, 신앙 공동체, 그리고 그들의 문화에 대한 열정을 가지고, 잘 훈련된 제자들을 재생산하는 것임을 알게 되었다. 지금은 우리가 하는 모든 사역에서 배가하는 문화를 형성되어 있다.

최근 우리 사역에 들어온 한 사람과 이야기하는 중에 이 사역을 더 명백하게 이해하게 되었다. 그의 이야기는 참으로 대단했다. 국제 마약 밀매 혐의로 150년 형을 받은 그가 교도소에서 믿음을 갖게 되었고, 그로부터 7년 후에 석방되었고, 지금은 그리스도를 위한 사역 훈련을 받고 있다. 하나님께서 내게 주신 비전 즉, 지역 교회라는 울타리 안에서의 사역만을 키워가기보다는 도시 전역에 배가하여 제자 공동체를 세워가는 것이 하나님께서 내게 주신 비전임을 그에게 설명하자, 그는 이렇게 대답했다. "그것이 과거에 제가 했던 사업과 같아요! 우리가 한 사업은 불법이었지만…" 그 배가의 전략이 과거 국제 마약 밀매범들의 사업 확장 수법이었는데, 교회 사역 분야에서는 왜 사라져 버렸을까 하는 생각이 들었다. 그래서 우리는 모든 분야에서 배가를 위한 사역을 구조화하고 있다. 우리의 목표는 도시 전체를 대상으로 하여 다양한 모습으로 예배를 위해 함께 모이며, 제자 양성과 선교의 정신이 이끌어가는 공동체들의 네트워크를 형성하는 것이다.[5]

진정한 리더 재생산이 일어나면, 교회에서 몇 사람이 증가하는 것이 아니라 배가가 일어난다. 리더 재생산을 통한 교회 개척은 리더를 재생산하기 위해 시간을 투자하는 교회 개척자들을 통해 이루어진다.

문화 충격과 피로

교회 개척자들은 새로운 교회의 시작 단계에서 교회에 다니지 않

---

5 2015년 5월 30일 저자에게 이메일 발송.

는 사람들을 만날 기회가 많은데, 이때 방향 상실감(예: 물 밖에 있는 물고기)과 같은 문화 충격을 어느 정도 대비해야 한다. 교회 개척 시 겪게 되는 어려움은 여러 가지 면에서 해외 선교지에서 겪는 어려움과 유사하다. 개척자들, 특히 신학교를 갓 졸업했거나, 기독교라는 온실에서 지냈던 자들에게는 개척 현장에서 만난 사람들의 생각, 말, 행동이 낯설게 느껴진다.

현실은 그 이상일 수 있다. 문화 피로는 문화 충격에서 나온 권태감이다. 이는 "낯선 땅에서 이방인"처럼 일하고 있다는 느낌을 주며, 개척자가 낙관적인 태도를 잃게 만들고, 심지어 모든 에너지가 다 소진되었다고 느끼게 하며, 정서적 탈진감에 휩싸여 그들에게 진리의 말씀을 계속 전한다 해도 그들은 받아들이지 않을 거로 생각하게 된다.

이런 어려움은 누구에게나 생길 수 있으므로 미리 대비해야 한다. 주변 분위기와 사람들에게 친숙한 곳인 개척자의 고향에서 교회를 개척한다 해도 믿지 않는 사람들을 대상으로 사역한다면 예기치 않은 스트레스를 겪게 될 것이다. 개척자가 그 지역 출신이라 해도 다른 문화 속에서 다른 관점을 가진 그리스도인이 그곳에 교회를 개척하기 위해서는 큰 노력이 필요하다. 그곳에서는 이방인일 수밖에 없다. 그 사실을 받아들이는 시간이 오래 걸리면 걸릴수록 더 많은 스트레스를 겪게 될 것이다.

문화 충격과 문화 피로로 인해 생기는 탈진을 예방할 수 있는 몇 가지 방법들이 있다.

첫째, 개척자는 이 사실을 진지하게 받아들여야 한다: **모든 개척자는 어떤 형태로든 타문화적 갈등을 겪게 된다는 것이다.** 이것을 피하지도 말고, 무시하지도 말라. 받아들이고, 적절하게 계획을 세워 대응하라.

둘째, 에벤에셀, 즉 하나님의 도움의 돌 혹은 기념물을 찾으라(삼상 7:12). 이것은 개척자에게 이 장소에서 새로운 교회를 개척하는 것이 하나님의 부르심이고 약속이라는 것을 상기시켜 준다. 개척자는 왜 이곳에 있어야 하는지 의문이 생기고 피로가 가중되어도 하나님의 인도하심은 분명하고, 실수가 없으시다는 "에벤에셀"의 기억으로 돌아갈 수 있어야 한다. 펜실베이니아 어리(Erie)에서 교회를 개척한 짐 듀몬트(Jim Dumont)는 1981년에 그곳에 돌아와, 어리 크리스천 펠로우십을 시작했다. 그는 살 집도 없었고, 아는 사람도 없었다. 그는 하나님의 부르심에 전적으로 순종하여 그곳에 왔다. 그의 가족들은 6주 동안 캠프장에서 생활하였다. 몇 년이 지난 지금 그는 이렇게 고백한다. "이 캠프장에 올 때마다, 신실하신 하나님을 상기시켜 준다." 짐 목사에게 이 캠프장은 그를 위한 에벤에셀이다.

셋째, 높고 낮은 무력감과 절망의 파도들이 몰려올 때마다, 그를 지지해 주는 다른 개척자들, 중보자들, 멘토들, 지도자들의 네트워크를 만들라. 이 사역의 여정에서 당신을 지지해 주는 공동체가 필요하다. 이제 멘토와 코치에 대해 언급해 보자.

교회 개척 멘토 혹은 코치

교회 개척자들은 스스로 개척을 시작하고, 필요한 것들도 스스로 공급하는 자라고 생각하는 경향이 있다. 그러한 성품의 유형을 가진 사람들은 다른 사람들의 충고나 생각을 받아들이려고 하지 않는다. 다른 사람의 이야기를 들어야 한다면, 아예 처음부터 교회를 개척하지도 않앉을 것으로 생각한다. 그러나 코칭을 통한 유익을 얻지 못하는 자는 그의 사역 여정에서 얻을 수 있는 엄청난 유익도 얻을 수 없다.

슈퍼바이저와의 만남의 빈도

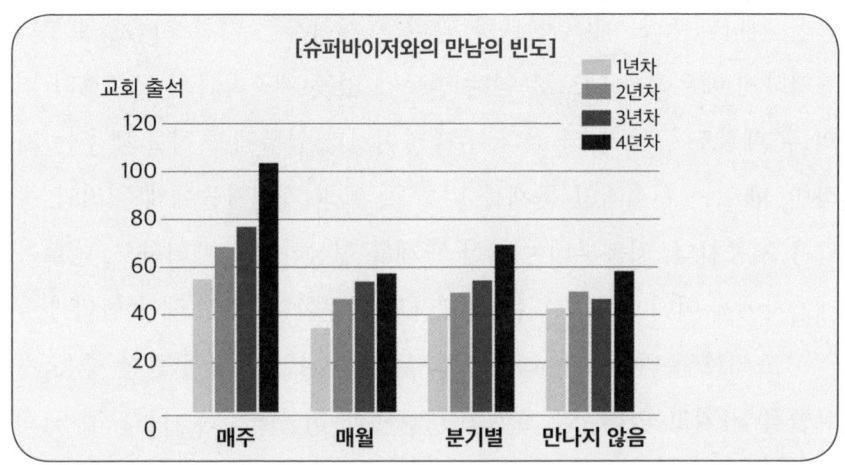

600명 이상의 교회 개척자들의 사례를 분석한 결과를 보면, 멘토나 슈퍼바이저의 도움을 받는 것이 개척자들에게 상당한 유익을 주었다.[6]

예를 들어, 슈퍼바이저와의 상호책임을 위한 만남은 새로운 교회의 출석률과 밀접한 연관성을 보였다. 빈번한 만남을 가졌다는 것은 후원 기관이 깊이 참여하고 있음을 나타내는 것이고, 개척자가 슈퍼바이저와 더불어 긴밀한 관계에 있음을 보여주는 것이다. 내가 알고 있는 대부분의 개척자는 슈퍼바이저와 매주 한 번씩 만나는 것을 부담

---

6   이 두 그래프의 출처는 나의 박사학위 논문이다. 연구 요약은 www.NewChurches.com 에서 확인할 수 있다.

스러워서 하지만, 연구한 바에 의하면, 이런 만남이 개척자들에게 긍정적인 영향을 주고 있다는 사실이다. 상호책임은 생산적인 결과를 이끌어 주고 있다.

멘토와의 만남은 교회의 출석률에 다소 긍정적인 영향을 주고 있음을 나타내준다. 매주 멘토와 만나는 개척자는 다른 사람들로부터 진지하게 배우려는 태도로 인해 멘토가 없는 개척자들의 교회보다 거의 두 배정도 규모가 더 컸다. 슈퍼바이저가 업무에 초점을 맞추는 자라면, 멘토는 인격적인 문제를 다루고, 교회 개척자들에게 격려와 공급을 제공한다. 처음부터 이러한 관계를 형성하기로 계획하고, 멘토가 개척자에게 어떤 어렵고 힘든 문제라도 질문할 수 있게 해야 한다.

스티브 옥니(Steve Ogne)는 교회 개척을 위한 코칭에 관한 좋은 자료들을 가지고 있다. 팀 로엘(Tim Roehl)과 더불어 그는 [선교적 교회로 전환하기 위한 코칭: 변화하는 사역의 현장에서 리더의 역량 강화] (TransforMissional Coaching:: Empowering Leaders in a Changing Ministry World)라는 책을 공동으로 저술하였다. 그 책에서 저자들은 포스퀘어 교회의 교회 개척에 관한 연구, 즉 나의 자문 혹은 컨설턴트 사역을 인용하였다.

2004년에 행해진 이 연구는 교회 개척자들의 2/3는 코치가 교회 개척 사역에 유익한 영향을 주었다고 답했다. 코치를 받은 사람 중 77%는 코칭이 개인의 효과와 생산성에 "다소"(some)와 "매우 의미 있는(very significant)" 영향을 주었다고 답했다. 그중 54%는 "의미 있는" 혹은 "매우 의미 있는" 영향을 주었다고 답했다. 2001년과 2003년 사이에 개척된 425개의 포스퀘어 교회 중 90%는 성공적이었다. 실패한 교회 중

60%는 코칭을 받고자 하는 노력을 하지 않은 개척자들이었다.[7]

관계가 리더를 만든다. 현명한 리더는 배우는 관계를 만든다. 자유롭고 개성이 강한 대부분의 교회 개척자들에게 이것은 쉽지 않다. 그러나 **성공적인 교회 개척자들은 배움을 통한 자기 계발, 상호책임을 통한 리더 훈련을 통합하여 적용한다.**

멘토와 의도적으로 관계를 맺어 가는 것은 교회 개척자들에게 뿐 아니라, 개척자들의 가족들에게도 필요한 지원을 제공해 준다. 그러나 실제로 많은 개척자는 다른 동료들과 교제하는 것도 부족한 상태이다. 개척자들은 주변에 사역의 부담과 고난을 함께 나눌 사람이 없다. 많은 경우, 개척자들은 보호와 안전 차원에서 아내와도 사역을 나누지 않는다. 그러나 배우자는 어떤 문제가 생길 때 제일 먼저 인식하는 자이다. 누적되는 스트레스와 탈진으로 인해 결혼과 가족 문제에 있어서도 위기로 전락할 수 있다. 멘토와의 정기적인 도움과 상호책임을 갖는다면, 개척이라는 대가로서 개척자의 가족이 희생되는 것을 방지할 수 있다.

마지막으로, 개척자는 무엇보다 인생의 가장 혹독한 불구덩이 속에서도 순종하는 종들에게 하나님은 신실하시며 그들과 늘 함께하신다는 것을 배우고 기억해야 한다. 그분은 불타는 용광로 안에 함께 하시는 하나님이시다(단 3:19-20). 소중한 음성을 기억할 수 있게 해주는 것은 사역의 여정에서 매우 중요하다.

---

7   Steve Ogne and Tim Roehl, TransforMissional Coaching: Empowering Leaders in a Changing Ministry World(Nashville: B&H Books, 2008), 80에서 인용.

해결해야 할 문제는 이것이다: 개척자는 그러한 멘토를 어떻게 구할 수 있을까? 기존 교회에서 파송된 교회 개척자들이나 교단의 지원 계획에 의해 도움을 받는 개척자들은 그런 관계 속에서 자연스럽게 멘토를 찾을 수 있다. 어떤 개척자들은 파송 교회나 교단에서 보내는 멘토를 좋아하지 않는다. 어떤 개척자들은 이러한 영역에 관해 아무런 지원을 받지 못하고 있다. 교회 개척자들은 이런 분야의 지원을 받아야 하고, 규모가 큰 그리스도의 몸된 기관들로부터 지원을 받아야 한다. 교회 개척자들, 개척된 교회는 다른 목사들이나 다른 교회들과 건강한 관계를 맺어야 할 필요가 있는데, 그들을 도울 수 있는 교회들뿐 아니라 그들이 도울 수 있는 교회들과의 관계도 포함된다.

많은 교회 개척자는 목회적 경험이 많지 않고, 신학교에서 갓 졸업한 젊은 목회자들이거나, 혹은 청소년 사역을 하던 자들이다. 그들보다 앞서간 선배 목회자들의 지혜와 리더십을 배울 필요가 있으며, 이러한 교회 파트너십은 그들에게 꼭 필요한 완벽한 자원이 된다.

결론

리더십은 반드시 필요하다. 많은 재정적 지원과 전임 사역 팀들과 좋은 지역을 확보할 수도 있지만, 만일 리더십 기술이 개발되지 않거나 리더십 기술을 개발하는 것을 등한시 한다면, 개척은 성공할 수 없다. 반대로 재정적 지원도 부족하고 팀도 없고 생활한 장소도 없지만, 리더인 당신을 통해 하나님께서 일하시면 성공할 수 있다.

CHAPTER 12

초점 그룹 정하기

　교회 개척자들이 가장 먼저 해야 할 일 중 하나는 교회의 전도할 대상이 되는 그룹을 정하는 것인데, 이를 "초점 정하기"(focusing)라고 한다. 이는 해외 선교 사역을 하는 데도 공통된 과정이다. 해외에서 사역하는 선교사들의 경우 캘커타에서는 택시 기사들, 멕시코에서는 농부들을 대상으로 초점 맞추기를 할 수 있다. 교회 개척자들도 하나의 그룹에 사역의 초점을 맞춘다. 초점 그룹을 정하고, 그를 이해하는 것은 그들과 관계를 맺고 소통하며, 그 관계를 지속하기 위해 계속해서 에너지와 시간을 쏟는 데 도움을 준다. 또한, 초점 정하기는 그 그룹을 통해 복음이 들어가지 않은 지역까지 들어갈 기회를 만들어 준다.

　민족별 그룹의 세분화(초점 정하기)는 어떻게 정해야 할까? 먼저 교회 개척을 시작할 때 특정한 민족 그룹을 선정하는 것을 반대하는 입장부터 생각해보자. 교회 개척자들이 모든 사람을 대상으로 사역하지 않고, 일정한 민족 그룹에 초점을 맞춘다는 것은 배타적인 접근이라는 이유로 이 접근을 반대한다. 개척자들은 사역 대상을 정할 때 모든 사람에게 열려있어야 하는 것이 마땅하지만, 새로운 교회는 계층의 폭을 좁혀 1~2개의 초점 그룹을 정한다. 이 전략에 대해 동의하지 않는다면, 동의할 수 있기를 바란다. 만일 현대 음악을 듣는 사람들을 대상으로 사역을 시작한다면, 그 음악을 좋아하는 대상에게 초점을 맞추지 않겠는가? 그 음악을 좋아하지 않는 사람들을 배제하지 않겠는가? 혹은 만일 백몽(White Hmong)언어를 사용하는 몽족 교회를 대상으로 사역을 한다면, 쿠르드 이민자들을 대상으로 전도하지 않겠는가?

초점 정하기는 우리가 전에 나누었던 것 — 사람들은 일반적으로 사회적, 인종적, 혹은 경제적 한계를 벗어나지 않으려는 경향이 있다는 것을 인정하는 것이다.[1] 차알스 크래프트는 이렇게 보았다. "사람들은 공통적인 어떤 것을 공유하는 자들과 함께 모인다."[2]

해외에서 사역하는 선교사들은 이 사실을 익히 알고 있으며, 예비된 대상 그룹을 선정하여, 그 그룹에 초점을 정하고 사역을 시작한다. 교회 개척 훈련을 위해 말레이시아에 있었을 때, 내가 인도한 반은 인도, 말레이시아 태생의 중국인, 그리고 다른 중국인, 이반(Iban) 원주민, 서구인들, 그리고 몇몇 다른 사람들로 구성되어 있었다. 서로 알고 있는 이반족들은 이반 사람들에게 더 가까이 다가가려 한다는 것은 당연한 사실이다. 그들이 우리 그룹 안에 있는 다른 민족 사람들과 같은 언어를 사용한다 해도, 그들은 이반족의 전통 음악, 예배 표현 등을 사용했다. 그들은 그들끼리 따로 분리하려고 하거나 세분화하려는 태도를 보이지 않았지만, 이반 사람들은 이반 교회 안에서 더 쉽게 그리스도께로 나아올 수 있다는 것을 이미 인식하고 있었다.

초점 정하기는 전도에 관한 것이다 — 먼저 다가가야 할 사람들이다. 그러나 전도는 교제가 아니다. 이 장에서 말하는 전도는 이반족

---

1 Donald A. McGavran, *Understanding Church Growth*, 3rd ed. (Grand Rapids, MI: Eerdmans, 1990), 163-78.
2 Charles H. Kraft, Culture, *Communication, and Christianity* (Pasadena: William Carey Library, 2001), 62.

의 경우와 같이, 도시 안에 있는 특정 민족 그룹에 다가가기 위해 초점을 정하는 것이다. 그러나 교회 안에서의 교제는 계 7:9에 나와 있는 대로, 모든 언어, 종족, 나라가 다 포함되어야 한다. 앞에서 언급된 예와 같이, 교회 안에서의 예배 음악이 이반족의 문화라 해도, 교회는 이반족의 음악 스타일을 받아들이는 다른 민족 그룹 사람들도 포함하고 있다(8장의 "다민족 혹은 단일 민족 교회"를 참조하라).

1970년대 도널드 오헨세(Donald Hohensee)는 교회들이 중앙아프리카의 후투족과 투치족 사이에서 어떻게 연합하여 꽃을 피웠는지를 보여주었다. 그러나 제3그룹에서 온 믿는 자들이었던 타족(Twa)들은 그렇지 못했다. 하나 됨과 아무 상관이 없었다. 타족들은 그들로부터 멸시받았던 피그미족들이었지만, 그들끼리의 교제권이 허락되지 않았다. 그들을 후투족이나 혹은 투치족에 합류하게 했다. 선교학적인 연구에 따르면, 믿지 않는 자의 입장에서는 그들과 유사한 문화를 가진 믿는 자들의 그룹 안에 들어가게 될 때 전도가 가장 효과적이라는 것이다.[3]

이런 현상은 광범위한 대륙 안에서만 나타나는 현상이 아니고, 내가 살고 있는 도시 안에서도 동일하게 나타날 수 있는 현상이다. 볼티모어의 빌리지(The Village)교회 목사인 댄 현(Dan Hyun)은 여러 민족 그룹들을 동시에 접근하는 것이 어렵다는 것을 이렇게 표현한다:

과거 우리의 희망은 빌리지 교회가 화목하게 하는 복음의 능력을 갖추

3　　Donald Hohensee, *Church Growth in Burundi* (South Pasadena, CA: William Carey Library, 1977), 132.

어 모자이크와 같은 볼티모어의 다민족들이 하나가 되고, 우리 교회를 그들의 가족으로 부르게 되는 것이었다. 복음이 제로인 상태에서 다민족 교회를 세운다는 것은 쉽지 않은 도전이었으며, 교회 성장 전문가들도 서로 다른 문화들을 연결하는 사역은 교회의 성장을 저해할 것이라고 말하였다. 역시 전문가들의 진단이 맞았다. 다른 민족, 계층, 배경을 가진 사람들이 자기 집처럼 느낄 수 있는 다양한 다문화 공동체를 형성하고자 하는 우리의 희망은 초창기 우리 교회의 성장을 전반적으로 늦추게 하였고, 우리가 과연 올바른 길에 서 있는지 고민하게 하였다.[4]

다른 사람들과 같이 현 목사도 복음의 메시지를 다양한 그룹에 맞게 상황화하는데 있어서 복잡함과 어려움을 인식했다.

물론, 우리는 다민족 사역을 강조하는 것에 대해 반대하지 않는다(전장에서 강조했던 것들을 보라). 그럼에도 우리는 교회 개척에 영향을 주는 사회학적 요인들을 현실적으로 이해할 필요가 있다. 텍사스 리치몬드에 있는 리버 포인트(River Pointe Church) 교회의 패트릭 켈리(Patrick Kelley) 목사는 자기 교회가 다른 민족 그룹들을 연결하는 능력이 부족하다는 것을 알고 상당히 낙심했다. 그래서 그가 목표로 하는 지역의 도시 안으로 들어가서 "당신의 목사가 되기에 나의 피부색이 너무 흰가요?"라는 팻말을 들고 광장을 돌아다니기 시작했다.[5]

4　Dan Hyun, e-mail to the authors, May 27, 2015.
5　Patrick Kelley, e-mail to the authors, June 19, 2015.

초점 그룹 개발하기 - 당신의 도시를 알라

초점 지역의 도시를 모른다면, 그 도시를 사랑할 수 없을 것이다. 또한 그 도시를 사랑하지 않는다면, 그곳을 향해 갈 수 없다. 이 중요한 단계를 성급하게 다루거나 그냥 지나쳐서는 안 된다. 하나님이 맡긴 그 지역과 사람들에 관한 정보는 참으로 중요하다. 도시 연구를 할 때, 어떤 것들을 연구에 포함해야 할지를 고려해야 한다. 여러 가지 중요한 요인들을 연구해야 한다: 언어, 이민자, 경제적 수준(가난), 새로 세워진 교회들, 문을 닫은 교회들, 기독교 단체들, 범죄 상황 등. 그러한 연구는 교단을 초월한 전체적인 연구이어야 한다. 특정 교단에 관한 연구 과업에만 국한하는 것은 바람직하지 않다.

초점 지역의 도시를 연구하기 위한 몇 가지 지침들이 있다.

지역 거주자: 여러 유형의 사람들이 그 지역에 거주하고 있고, 그들의 일터는 모든 지역에 흩어져 있다. 여기에 거주하는 사람들은 어떤 사람들인가?

중요한 질문을 기억하라: 초점 그룹의 사람들에게 효과적이고, 삶을 변화시키고, 문화적 상황에 맞게 복음이 전파되려면 어떻게 해야 하나? 하나님이 개척자에게 가라고 하신 민족 그룹을 이해할 때 그 대답에 답할 수 있다. 신약성경에서 사도 바울은 그리스 철학자들과 유대인들을 다른 방식으로 대했다. 바울은 서로 다른 그들의 생활 방식과 배경을 고려했다(고전 9:19-23). 교회 개척자들은 바울의 이러한 방식을 따라야 할 것이다.

데이터를 가지고 시작하라: 인구조사 자료, 경제 프로파일, 그리고 다른 데이터베이스를 연구하고 활용하여, 초점 그룹에 대한 인구 정보, 사회 경제, 문화, 교회, 및 영적 정보를 얻을 수 있다. 효과적인 선교 활동과 교회 개척의 방법들은 상황화적이고 토착적이야 한다. 즉 개척자가 마치 그 지역 태생의 사람처럼 살아가고, 말하고, 생각할 수 있어야 한다.

"평균의 오류"를 알고 있으라. 나이, 가족 구성원 수, 교육 수준, 평균 소득, 주택 유형, 인종 등과 같은 정보가 사역 전략을 세밀하게 만들어 줄 수 있다. 그러나 연구조사에서 데이터 적용이 잘못되면, "평균의 오류"가 나올 수 있다. 예를 들어, 한 지역사회 안에 있는 두 연령 그룹들 중 하나는 60대 후반이고 다른 하나는 20대 초반일 경우가 있다. 그러면 평균 연령은 40대 초반으로 나온다.[6] 그러나 실상은 그 지역에는 중년기의 사람들이 거의 없는 경우도 있다. 정보를 그래프로 만들어 보면서, 새로운 교회가 필요한 지역인가를 평가해야 할 것이다.

우편번호가 아닌 인구조사 자료 연구: 보다 광범위하고 훨씬 더 다양한 지역을 초점으로 하는 연구 대신에, 특정 지역에 대한 구체적인 지역 연구(공립 도서관과 온라인 조사연구 가능)에 초점을 맞추면 이런 필요를 해결할 수 있다. 수집된 데이터는 더 많은 연구조사를 통해 검증되어야 하고 "윈드쉴드 조사"(차량을 이용한 직접 조사방법)를 통해 내용을 보강할 수 있다.[7] 또한, 지역사회 리더들과 함께 하는 "소프트 데이터" 연

---

6   중위수(Median)는 "중간수"이다. 80과 20의 중위수는 50이다. 데모 그래픽 데이터(demo-graphic data)는 실제로 존재하지 않는 평균을 나타낼 수 있다. 이 오류로부터 보호하는 한 가지 방법은 그래프를 구성하는 것이다. 그렇게 하면 플랜터는 데이터에 대한 시각적 표현을 갖게 되고 가능한 거짓 평균을 식별할 수 있게 된다.

7   찰스 브록은 지역교회 개척에 관한 그의 저서에서 앞유리 조사(windshield surveys)에 대해 묘사했다: "어떤 수단을 통해서든 지역을 돌아다녀 볼 필요가 있다. 그러면서 교회 개척에 대해 계속해서 생각하고 기도하라. 당신이 사는 지역에서 시작해서 점차 외곽 지역으로 넓혀가라. 대도시에 산다면, 당장은 도시에서 멀리 떨어진 곳까지는 조사할 필요

구, 지역사회 주민 지원 단체 등은 더 자세한 정보를 제공해 줄 것이다.

그리스도를 세계로

교회 개척자들의 궁극적인 목적은 전 세계의 모든 영혼을 그리스도께로 인도하는 것이다. 그러나 그러한 거대한 목표가 우리를 낙심케 하고 주눅들게 할 수 있다. 천 리 길도 한 걸음부터 시작하듯이, 우선 하나님께서 개척자의 마음에 품게 하신 민족 그룹에 초점을 맞추고, 그 다음에 다른 그룹으로 확대할 수 있다.

다양한 차원의 노력: 이러한 전략은 먼저 미전도 종족 중 특정한 하위 그룹에 접근한 후, 그 후에 첫 번째 회심자들이 다른 미전도 그룹들에 초점을 맞추어 그들에게 다가가도록 한다. 이 과정은 첫 번째 회심자들의 신앙의 여정이 믿음으로 나아가도록 이끌어 주어야 하고, 이로 말미암아 세워진 교회는 첫 번째 회심자들의 세대와 다른 대상자들을 찾아가도록 한다. 개척자들은 잃어버린 영혼에 초점을 맞추어야 한다. 그러나 그들의 과업은 그들의 회심자들이 또 다른 잃어버린 영혼

는 없을지도 모른다(비록 출발은 우리가 사는 지역에서부터 하겠지만, 성령의 인도하심을 그 지역으로만 제한해야 한다고 생각하지 않는다).
아래 목록은 일반적인 설문 조사를 할 때 확인 할 몇 가지 사항이다.
1. 주요 고속도로, 하천, 산 등 자연경계
2. 주요 인구 센터
3. 산업, 무역, 상업, 농업
4. 사람들의 경제적 수준(생활환경의 격차 정도 주목)
5. 민족, 크기 및 언어
6. 이 지역의 지배적인 종교(복음주의 종교로 분류되는 종교의 수를 고려하여 예배 시설이 존재한다는 것을 알게 될 것이다. 종교 시설이 있다는 것은 종교 단체가 그 지역을 목표로 하는 것을 알 수 있지만, 교회 건물이 있다는 것이 항상 그 교회가 지역 공동체를 접촉하고 있다는 것을 의미하지는 않는다.) 해당 지역.

들을 인도할 수 있을 때까지 끝나는 것이 아니다.

타 문화권 교회 개척: 예를 들어, 개척자가 아프리카계 미국인일 경우, 하나님이 그에게 아이오와의 데스 모인즈(Des Moines)에 거주하는 히스패닉 민족들을 인도하라는 소명을 주셔서 타 문화권 선교로서 새로운 교회를 개척한다. 아프리카계 미국인 개척자는 새로운 히스패닉 크리스천들에게 전도를 가르쳐서 히스패닉 지역사회에서 첫 번째 복음 전하는 자가 된다. 타 문화 교회 개척자는 다음 세대 리더들을 세우기 위해 제자, 훈련자, 교사, 멘토가 된다.

교회에 나오지 않는 사람들에게 다가가는 타 문화 개척

교회 개척자들은 교회에 나오지 않는 사람들, 타 문화에 속한 사람들이라 할지라도 이들을 대상으로 선교할 수 있다. 만일 그들이 수용적인 사람들에게 접촉하고, 잃어버린 영혼들의 상황을 이해하고, 당면한 필요들을 이해하고, 교회와 관련된 저항의 요인들을 해결해 주고자 노력한다면, 이 일에 동참할 수 있다.

수용적인 사람들을 찾으라

현재 사역하는 지역에 사는 사람들은 누구인가? 연구의 결과를 보면, 복음을 수용하거나 혹은 저항하는 것에 영향을 주는 다양한 사회적, 개인적 요인들이 있다는 것을 알 수 있다.[8] 예를 들어 명예를 존

---

8 복음에 대한 수용과 저항에 관해 도움이 되는 설명은 다음을 보라. see Edward R. Dayton and David A. Fraser, *Planning Strategies for World Evangelism*, 2nd ed. (Grand Rapids, MI: Eerdmans, 1990), 129-30.

중히 여기는 문화 속에서 가족에게 수치를 보이는 경우가 생긴다면, 그 가족들은 복음을 받아들이기 어렵게 된다.

이사, 강제 이직, 이혼, 결혼, 출산, 질병, 혹은 사랑하는 자의 죽음과 같은 인생의 중요한 전환기 때 사람들은 복음에 더 긍정적으로 반응한다. 지혜로운 교회 개척자들은 그러한 요인들로 인해, 복음에 수용적인 사람들을 찾아간다. 도시 계획이 확장됨에 따라 새로운 부서들이 새로운 지역에 세워지게 된다. 사람들이 새로운 지역으로 이사하게 되면서 새로운 교회를 찾게 된다.

에밀리 온디쉬는 노스 케롤라이나의 햄스테드에 있는 리노베이션 교회의 이야기를 다음과 같이 나눈다:

리노베이션 교회는 2015년 1월 초에 스물다섯 가정이 어린이 놀이시설에서 첫 모임을 했다. 햄스테드에 교회를 개척하기 전, 그 지역에는 22,000명의 인구와 21개 교회가 있었다. 그 교회의 목표는 2010년에서 2030년 사이에 카운티 인구 중 98%까지 복음화율을 높이는 것이었다. 복음화 비율이 오락가락하고 새로운 교회 개척도 일어나지 않는 상황 속에서 새로운 교회를 개척하는 것이 이 지역사회를 복음화하는 최선의 길임을 인식하게 되었다. 2015년 부활절에 톱세일(Topsail)중학교 부속 체육관에서 517명이 모인 가운데 리노베이션 교회를 창립했다. 교회가 시작된 이래, 주님은 지역사회의 톱세일 중학교의 직원들과 관리들을 포함하여 여러 단체, 사업체들 함께 협력할 많은 기회를 주셨다. 예를 들면, 600명 이상의 사람들에게 음식을 제공해 주는 비영리단체인 "식탁 나눔"(Share the Table), W.A.R.M(Wilmington Area Rebuilding Ministry), 그 외 다른 기업체들과 연합하여 사역하게 되었다. 참으로 놀라운 일은 전에는 교회에 한 번도 와 본 적이 없던 사람들인데, 그들이 이제는 우리 지역사회에서 가장 열심히 복음을 전하는 자들이 되었다는 것이다.[9]

주변의 도시에서 고난과 문제들로 인해 복음에 열려있는 인구 계층은 이민자들 그룹이다. 2010년 미국 인구조사에 따르면, 미국 안에 있는 이민자들의 수가 4천만 명이 넘고, 그들이 처한 상황으로 인해 복음에 더 수용적이다.[10] 북미에 있는 많은 교회를 보면, 수많은 이민자가 자신들의 사회 계층에게 맞는 교회로 가서, 예수 그리스도를 따르는 삶을 시작한다. 새로 예수님을 따르는 자들은 자기 민족 그룹들에게 복음을 전하는 중요한 복음 전파의 열쇠가 된다. 예를 들어, 라오스의 티 밋삼판은 그 가정의 외아들인데, 테네시 멤피스로 이민을 왔다. 그의 가족들은 지역 교회를 통해 예수님의 사랑을 경험하게 되었고 복음을 들은 후에 회심하여 그리스도인이 되었다. 지금 티는 멤피스의 동남아시아인들을 위한 교회의 목사가 되었다.

웨스 그랜버그-마이클슨은 이렇게 말한다: "수많은 밀레니얼 세대가 교회를 떠나고 있다고 말한다. 그러나 밀레니얼들이 미국 교회의 앞문으로 나가는 동안, 이민자들로 구성된 기독교 공동체가 바로 우리 옆에서 일어나고 있고, 교회의 뒷문을 두드리고 있다. 그들은 미국 기독교 회복의 문을 열 수 있는 열쇠를 쥐고 있을지도 모른다."[11]

---

9   Emily Ondish, 2015년 6월 26일 저자에게 이메일 발송.
10 "The Foreign-born Population in the United States: 2010," U.S. Census Bureau, May 2012, 2015년 9월 21일 접속, https://www.census.gov/prod/2012pubs/acs-19.pdf.
11 Wes Granberg-Michaelson, "The Hidden Immigration Impact on American Churches," September 23, 2013, 2015년 9월 21일 접속, https://sojo.net/articles/hidden-immigration-impact-american-churches#sthash.B6n5SJc4.dpuf.

비공식적 토론을 시작하라

교회에 다니지 않는 사람들은 몇 가지 이유, 즉 실제적인 이유와 그들이 추측하는 이유로 인해 교회에 오는 것을 싫어한다. 이러한 장벽을 깨뜨릴 수 있는 한 가지 방법은 그들이 교회를 어떻게 생각하는지 파악하는 것이다. 개척자는 초점 그룹들과 함께 집에서 만나 이야기하든지, 커피숍에서 대화하든지, 그들이 교회와 교단의 개념에 대해서 어떻게 생각하는지를 알아내야 한다. 우리 중 많은 사람은 우리 교회의 공동체 안에서 이러한 질문들에 대한 답을 찾으려 하지만, 교회에 나오지 않는 사람들의 관점이 아니라 교회 공동체의 관점에서 찾으려 한다.

차알스 브록(Charles Brock)은 교회 개척자가 두 종류의 가죽이 닳아 없어질 때까지 노력해야 한다고 말한다: 성경 표지 가죽과 구두 가죽이다. 그의 요점은 사람들 삶 속으로 들어가야 한다는 것이다. 예수님과 실제적인 관계를 갖는 것이 분명히 열매 맺는 사역의 비결이지만, 열매 맺는 사역은 사람들과의 만남을 통해서 일어나야 한다. 교회는 개척자의 사무실에서 일어나는 것이 아니다.

지역 식당이나 커피숍에서 시간을 보내는 것은 매우 적절한 대안이 될 수 있다. 마크 콕스(Mark Cox)는 오하이오 콜럼버스에서 엑세스(Access) 교회를 어떻게 개척했는지를 설명한다.

> 우리가 교회 개척을 시작했을 때 사람들이 하나님을 발견하도록 돕기 위해 사람들과 더불어 삶을 나누는 일을 계속 해야겠다고 생각했다. 그래서 사람들을 대규모 집회에 초청하는 행사를 자제하고, 사람들을 일대일로, 가정 대 가정으로 만나기를 결정했다. 교회가 빨리 자립해서 재정적 부담도 덜고 다른 사람들에게도 성공적으로 보이기를 바라는 마

음이 있었지만, 천천히 그러나 꾸준히 가는 것이 주변 사람들과 연결되고, 그들의 삶 속 깊은 수준까지 나아가는 데 도움이 된다는 것을 알게 되었다.[12]

아무리 해도 안 될 때, 묻고 들으라

문제의 원인을 찾는 가장 좋은 방법은 교회에 나오지 않는 사람들이 교회에 대해 어떤 생각을 하는지 혹은 그들이 원하는 것이 무엇인지 묻는 것이다. 귀담아 들어야 할 주의사항들이 있다: 입을 열지 말고 듣기만 하라. 그들이 말하는 것에 대해 논쟁하려는 유혹을 뿌리치라. 우리들이 사용하는 대부분의 전도 방법은 말로 하는 것인데, 가장 필요한 것은 유익하고, 깊고, 호소하는 질문을 잘 사용하는 것이다. 그 때 비로소 그 대답을 듣게 된다.

글렌 바르트(Glen Barth)는 이렇게 말한다. "온라인 조사와 익명의 양적 연구 방법의 시대에 사는 우리는 대면 인터뷰가 도시 안에서 정보와 관계를 형성해 주는 힘을 유발하게 하여 협업의 무브먼트를 일으킨다."[13]

당면한 필요(Felt Needs)를 채워주면서 예수님께 인도하라

관계를 맺어 가는 동안 교회 개척자는 모임에 오는 사람들이 당면한 필요들을 채워주고 그들의 진로를 지원하는 기회들, 즉 부모 교

---

12 Mark Cox, 2015년 6월 1일 저자에게 이메일 발송.
13 Ed Stetzer, "You Can't Love a City if You Don't Know a City, Part 6: The Value of Face-to-Face Interviews," Christianity Today, April 14, 2011, 2015년 9월 21일 접속,, http://www.christianitytoday.com/edstetzer/2011/april/you-cant-love-city-if-you-dont-know-city-part-6-value-of.html.

육, 중독자들을 위한 모임, 혹은 체중 다이어트 모임 등을 만들 수 있다. 부모들에게는 가정 문제들, 즉 부부의 갈등, 친구 간의 이기적 관계 극복 등이 가장 큰 관심사이다. "회복"(recovery) 사역을 하는 사람들의 경우 진정한 "능력"은 그리스도 안에 있음을 알아야 할 것이다. 다이어트에 관심 있는 사람들은 낮은 자존감이 과식을 초래하게 되고, 음식이라는 수단으로 욕구를 채우려는 것은 부적절한 시도라는 것을 인식하게 된다. 이와 더불어 개척자와 높은 신뢰 관계가 형성되면, 구성원들에게 그들의 궁극적인 필요는 그리스도와의 지속적인 관계라는 것을 소개할 기회를 얻게 된다.

사람들이 좋아하는 음악 스타일을 질문하라

예배 스타일은 교회에 나오지 않는 사람들에게 하나의 걸림돌이다. 개척자는 사람들에게 그들의 음악적 성향에 관해 물어볼 수 있다. 어떤 교회 개척자들은 지역사회에 퍼져있는 닐슨(Neilson)의 고급 음악 방송을 활용한다. 초점 그룹 구성원들의 성향을 보면 그들의 스타일 면에서 볼 때, 사실 그런 유형의 음악 방송을 듣는다. 그렇다면 그 사람들에게 가장 쉽게 다가갈 수 있는 음악 스타일이 무엇인지 물어볼 수 있다.

스타일과 가치를 고려하라

지역사회 사람들의 시간 관리 패턴과 여가 활용 유형을 보면, 교회 개척 시 접근해야 할 성향을 알 수 있다. 개척자들은 그들의 여가 활용, 정치적 성향, 사회 활동에 대해 인식하고 전략을 개발한다.

당면한 필요에서 실제적 필요로

교회에 나오지 않는 많은 사람은 그들에게 구원자가 필요하다고 생각하지 않는다. 그들은 삶에서 뭔가 필요한 것이 있다고 생각하지만, 그것이 무엇인지 모른다. 믿지 않는 자들이 그들의 당면한 필요로부터 실제적 필요로 옮겨가게 하려면, 그들 스스로 필요의 본질이 무엇인지를 발견할 수 있도록 적절한 전략을 사용해야 할 것이다. 이것은 일련의 과정이다. 일반적 연간 설교 계획에 따르면, 1년에 두 차례 봄과 가을에 사람들이 느끼는 당면한 필요와 연관된 설교를 한다. 왜냐하면, 우리가 다가가는 대부분의 사람은 주로 그 시기에 교회에 나왔기 때문이다. 겨울과 여름에는 필요의 초점을 당면한 필요에서 더 깊은 필요로 옮긴다.

그러나 교회 개척자들은 사람들의 당면한 필요 차원에서 머물러서는 안 된다. 물론 사람들의 당면한 필요로부터 시작하지만, 더 깊은 필요에 귀를 기울여야 한다. 변화하는 인생살이는 사람들의 당면한 필요에서 실제적 영적인 필요로 옮겨가는 체계적 과정을 보여준다. 당면한 필요에 대한 설교만으로는 영적으로 성숙한 사람과 교회를 세울 수 없다. 그러나 때로 전략적인 측면에서 당면한 필요가 먼저 언급될 수 있다.

발견의 전략

현명한 교회 전략가는 초점 그룹들이 간절히 바라는 필요들을 찾아낸 후, 그들의 실제적 필요를 채우고자 하는 전략을 세운다. 우리가 전하는 메시지의 내용은 성경이 결정한다. 그러나 초점 그룹의 필요에 따라서 변하지 않는 성경의 메시지를 언제, 어디서, 어떻게 전할 것인지는 우리가 정해야 한다.

반복된 분석 전략

개척자가 전략을 짤 때, 초점 그룹의 필요와 그것을 이룰 가장 효과적인 방법을 정한다. 개척자가 직접 계획을 세워야 하지만, 효과적인 전략을 세우기 위해서 함께 일할 사람들의 네트워크를 구성하여 필요한 새로운 정보를 제공하고 초점 그룹을 위해 변하지 않는 필요를 전할 수 있다.

중대한 질문

「Reconnecting God's Story to Ministry」에서 톰 스테펀(Tom Steffen)은 독자들에게 새로운 문화에 접근할 때 중요한 질문을 하라고 격려한다.[14] 첫째, 초점 그룹 대상자, 즉 그들이 파키스탄 나라 안에 있는 종족이든, 시애틀에서 유행을 따라 사는 사람(Hipster)이든 상관없이 그들의 세계관이 무엇인가? 둘째, 그들의 의사결정 유형은 무엇인가? 그 외 물어야 할 질문들은 다음과 같다: 이 초점 그룹은 명예/수치, 무죄/유지, 혹은 능력/공포 문화가 있는가?[15] 그들은 기독교 문화를 어떻게 이해하나? 그들에게 복음을 전하는 가장 좋은 방식은 무엇인가? 이 과정은 그들의 문화에 가장 잘 어울리는 구속의 이야기들을 드러나

---

14 Tom A. Steffen and David J. Hesselgrave, *Reconnecting God's Story to Ministry: Cross Cultural Story Telling at Home and Abroad* (La Habra, CA: Center for Organization and Ministry, 1997).

15 Tom Steffen, "Minimizing Crosscultural Evangelism Noise," *Missiology: An International Review* (2015): 1-16.

게 하는 데 도움을 준다. 이 문화 그룹이 복음의 기본적인 요소에 대해 이미 믿고 있는 것들이 무엇인지 파악하는 것이 필요하다.

초점 그룹에 적절한 자료 개발

교회 개척자는 초점 그룹의 영혼들에 효과적으로 나눌 수 있는 적절한 자료들을 개발한다. 한 개척자는 그의 초점 그룹 안에 속한 많은 사람이 설교 듣는 것을 지루해하고 있다는 것을 알게 되었다. 그 교회는 주의 깊게 그 사실을 인정하고, 새로운 교회에서의 설교는 지루하지 않을 것이라는 약속과 함께 알림의 편지를 보냈다.

다른 상황, 다른 관심 이해하기

내가 밀크릭 커뮤니티 교회를 개척하고, 그 교회에서 다른 교회들을 개척했을 때, 우리는 미국의 동북부에 있었다. 우리의 초점 그룹의 관심은 다른 지역의 사람들과 달랐다. 개척을 시작하는 사역 대상자들은 우리가 교회 건물을 소유하지 않았기 때문에 이단이 아닌지 궁금해했다. 그들은 신앙은 없고 명목상의 가톨릭 교인들을 대상으로 개척을 하고 있었다. 그들은 예배시간이 너무 길지는 않을까 하는 염려하고 있었다. 그들 중 많은 사람은 "대 가톨릭 죄의식 기계"(the great Catholic guilt machine)라는 배경을 가진 사람들이었다. 그들은 죄의식으로 가득 찬 설교를 통해 그들의 죄를 통회하도록 해주기를 기대하거나, 율법주의를 강조하는 설교를 기대했다. 우리의 초점 그룹은 지루한 설교보다는 다른 것들에 대한 염려가 있었다.

그들의 관심사를 이해하는 차원에서, 기독교인 우리는 "역사적 기독교의 뿌리를 가진" 자라는 사실을 그들에게 알리는 우편을 보냈다. 그리고 사람들에게 우리의 예배는 9시 35분에 시작하여 10시 45분에 끝날 것이고, 어떤 강요도, 죄의식을 느끼게 하지도 않을 것이라고 재차 알렸다.

그러한 일들은 현재의 개척 사역이 갖는 관심사들은 아니다. 우리의 전도 활동은 매우 다르다. 우리의 초점 그룹의 관심을 드러내는 요소들을 잘 대비하여, 그들의 두려움을 덜어주고, 위협적이지 않은 분위기로 복음을 전할 수 있어야 한다.

초점 그룹을 정하는 것에 대한 반대

초점 그룹을 정하는 전략에 대해 반대하는 사람들의 목소리를 듣고, 그에 대해 반응을 적어야 하겠다고 생각했다. 도널드 맥가브란의 "동일 집단 원리"[16]의 내용은 사람들은 일반적으로 자신들의 사회, 인종, 혹은 경제적인 선을 넘지 않는 범위에서 그리스도께로 돌아온다는 것을 발견했다. 어떤 개척자들은 이러한 접근을 인종주의에 대한 변명으로 오용하거나, 새로운 교회를 시작할 때 다른 사람들, 즉 회원들이 보기에 바람직하지 않은 사람들을 배제시키는 부작용을 낳을 수 있다.

많은 경우에 이것은 사실이다. 내가 알고 있는 대부분의 교회 개척자들은 거의 비슷하게 상류사회를 대상으로 개척하고 있었다. 그것이 내게는 의아스러웠다. 그들은 자신의 초점 그룹을 하나님의 부르심대로 따르지 않고, 경제적으로 유리한 곳으로 정하려는 경향이 있다.

---

16   McGavran, Understanding Church Growth, 163-78.

그러나 데이터를 통해 보면, 사회경제적으로 볼 때 상류계층의 사람들보다 더 낮은 부류에 속하는 사람들이 새로운 교회를 더 선호한다는 것을 보여준다. 상류계층의 사람들은 일반적으로 신앙심이 비교적 낮고, 영적인 문제에 관심이 적다. 그러므로 재벌들을 대상으로 개척하려는 개척자는 중도층으로 바꾸는 것을 고려해야 할 것이다. 북미에서 가장 큰 선교지는 도시 안에서 다른 사람들로부터 소외된 사람들일 것이다.[17]

교회는 단지 "대중"(mass)들로부터 소외된 "계층"(class)에게만 초점을 맞추는 것을 피해야 한다. 이와 더불어, 우리가 고려해야 하는 것은 비록 그들의 상황이 우리에게 맞지 않게 여겨진다 해도 그들의 상황과 동떨어진 접근을 피해야 한다는 것이다. 과거 선교사들의 중대한 실수 중 하나는 새로운 회심자들을 그들의 환경에서 떼어내어 선교사들의 영역으로 데려오려 했다는 것이다. 이는 그들의 사회 네트워크에 있는 사람에게 예수님을 전하는 것을 매우 어렵게 만드는 결과를 초래했다. 초창기 선교사였던 존 네비우스(John Nevius)는 이에 반하여 새로운 자세를 갖게 하였다. 그는 이렇게 말했다. "기독교는 자기 주변에 있는 사람들과의 사회적 관계를 저해해서는 안 된다. 반면, 기독교는 그들의 자리에서 만족을 느끼고, 부르심을 받은 그 삶의 자리에서 복음을 조명하며 살아야 한다."[18]

---

17   Larry L. Lewis, *Church Planter's Handbook* (Nashville: B&H, 1992), 27.
18   John L. Nevius, *The Planting and Development of Missionary Churches* (New York: Foreign Missions Library, 1899), 19.

결론

초점 그룹을 정하는 것은 본질적인 문제이다. 왜냐하면, 교회가 자신의 빛을 집중시킬 수 있고, 복음의 빛이 퍼질 수 없는 곳에 복음을 전할 수 있게 해주기 때문이다. 오히려 교회에 나오지 않는 수많은 사람에게 예수 그리스도의 복음을 더 많이 전할 수 있게 해준다. 초점 그룹으로 시작하여, 더 많은 그룹에게 복음의 영향력을 확대해 갈 수 있다. 교회에 나오지 않는 사람들에게 복음으로 다가가기 위해서는 바로 이것을 통해서만 완성될 수 있다. 그것이 전도(evangelism)이다.

CHAPTER 13

창립 팀 구성

교회 개척에서 가장 어려운 단계는 의외로 빨리 찾아온다 - 교회 개척자가 창립 팀을 모으려고 시도할 때이다. 이 단계에서, 개척자는 관계가 형성된 사람도, 모임 장소도, 프로그램도, 찬양 팀도 없는 상태이다. 사람들에게 보이지 않는 꿈을 위해 헌신하라고 말하기는 쉽지 않다. 창립 팀을 찾아서 만들어 가는 것은 너무나 어려운 일이지만, 꼭 해야 하는 일이다. 지금이 바로 새로운 교회의 탄생을 위해 개척자가 기초를 놓아야 할 때이다.

이 책의 초판에서, 이 장의 이름은 "핵심 그룹(core group) 구성하기"였다. 이 용어가 바뀌었는데, 왜냐하면 교회를 공개적으로 시작한 지 1년이 되어도 창립 팀을 세우지 못하는 경우가 있기 때문이다. 이름을 "핵심 그룹"이라고 할 때, 만일 핵심 구성원들이 떠난다면, 교회는 무너져 버리게 된다. 대신, "창립 팀"(Launching Team)이라는 이름으로 일한다면, 적어도 창립 전에는 떠나지 않을 것이다.

모든 교회의 개척자들이 창립 팀을 필요로 하는 것은 아니다. 유기적 교회, 단순한 교회, 선교적, 성육신적 접근은 "공개적 창립일" 혹은 "시작일"을 갖지 않아도 된다. 그러나 대부분 교회는 그런 행사를 하고 있다. 그처럼 우리도 고려해 볼 가치가 있다고 생각한다.

창립 팀 구성의 첫 단계는 태어나기 전의 잉태기이다. 새로운 교회 개척의 잉태기는 인간 출생 전의 잉태기와 유사하다. 출생하기 전의 아이는 출생 후에 여러 생물학적인 기관들이 개발되어 효과적으로 기능할 수 있어야 하고, 출생 후에도 자리를 잡고 있어 적절한 개발이 계속 이루어질 수 있어야 한다. 새로운 교회도 마찬가지이다. 교회의 시스템이 세워져야 한다. 그렇지 않으면 교회는 출생한 후에 성공하지 못할 수 있다.

창립 팀은 교회 개척의 심장과 같이 교회를 섬긴다. 궁극적으로 새로운 교회가 출생하도록 도우며, 이러한 시스템을 위한 사역의 근육을 제공한다. 자원자로 구성된 창립 팀이 없다면, 교회 개척을 위한 여러 가지 사역들은 존재할 수 없다.

창립 팀의 규모

오늘날 대부분 개척자는 공개적 예배를 시작할 때까지 오래 기다린다. 창립 팀에 대해서, 오브리 맬퍼스(Aubrey Malphurs)는 팀의 규모가 크면 클수록 더 좋다고 말한다.[1] 그룹의 크기는 대부분 개척되는 교회의 유형에 따라 결정된다. 예를 들어, 첫 예배를 크게 시작하는 교회는 첫 예배에 데려오기를 희망하는 인원을 열 명으로 할 때, 창립 팀은 열 명당 한 명으로 구성되어야 한다(핵심 그룹 대 전체 인원의 비율은 1:10이다).

---

1 Aubrey Malphurs, *Planting Growing Churches for the 21st Century* (Grand Rapids, MI: Baker, 1992), 320.

창립 팀 구성원 찾기

창립 팀을 구성하는 과정은 쉬운 과업이 아니다. 훈련만 제대로 된다면 누구나 창립 팀을 계획하고 적절하게 광고하여 창립 팀에 사람들이 들어올 수 있도록 준비할 수 있다. 그러나 효과적인 창립 팀 구성은 쉽지 않다. 개척자와 함께 새로운 교회를 시작하는 일에 헌신하는 사람들을 찾는 몇 가지 방법이 있다.

후원 교회에서 멤버들을 확보하라

창립 팀 멤버들을 구성하는데 유리한 곳은 후원 교회이다. 이 교회는 자원자 가족들에게 도움을 요청할 수 있다(때로는 이들을 "연장 교인"이라고 부른다). 노스우드 교회의 목사이며, GlocalNet의 설립자인 밥 로버츠(Bob Roberts)는 그의 교회에서 180개의 교회를 개척할 수 있었다(GlocalNet과 협력하는 교회들은 더 많다). 그들의 교회는 매년 25명의 훈련, 멘토링, 그리고 코칭을 직접 시행하고 있다. 몇 가지 사례들을 통해 알게 된 것은, 그는 교회의 회원을 보내서 새로운 교회들을 시작하게 한다는 것이다. 밥은 이렇게 말한다:

우리가 개척하는 교회들을 후원하지만, 교회마다 다르다. 일반적으로 새로운 교회를 개척할 때, 본 교회에서 셋 혹은 여덟 가정을 보낸다. 때로 우리의 교역자들을 보낼 때도 있다. 우리가 그러한 사람들을 일부러 찾지는 않는다. 왜냐하면, 기존 교회에서 나온 핵심 그룹들이 동참하면 교회 개척의 속도는 느려진다는 사실을 알게 되었다. 개척자는 소그룹부터 시작하고, 노스우드에서 인턴을 하는 동안 그 그룹은 배가된다. 만일 그들이 배가하지 못한다면, 교회 개척을 할 수 없다. 나는 훈련을 마친 사람들에게는 후원하는 사람들과 함께 100% 영혼 구원의 자격증을 전달한다.[2]

이것은 긍정적인 면과 부정적인 면 모두를 내포하고 있다. 긍정적인 면을 볼 때, 개척자는 아침부터 밤까지 일하는 창립 팀을 구성할 수 있고, 그렇게 되면 창립을 준비하는 시간을 상당히 줄일 수 있을 것이다. 교회는 일대일 관계를 더 개발시키게 되고, 공식적으로 예배를 시작하게 된다. 더불어, 개척자는 자원자 가족들이 세워지는 과정에서도 언제라도 도울 수 있는 건강한 자라는 사실을 알게 된다.

부정적인 면을 볼 때, 모든 자원자가 노스우드 교회와 같이 건강한 교회에서 오는 것만은 아니다. 경험이 많은 신자들은 예배, 리더십 스타일, 그리고 다른 것들에 대하여 강한 느낌을 받을 수 있다. 만일 그들의 확신이 교회 개척자의 비전과 다르다면 교회의 시작 단계부터 심각한 갈등이 생길 수 있다. 이러한 갈등은 후원 교회로부터 오는 재정적 지원이 중단될 수 있는 위험 요소가 될 수 있다. 다니엘과 내가 추천하는 것은 후원 교회와 개척자의 목회 철학과 스타일이 비슷하고, 새로운 교회의 상황이 후원 교회의 상황과 유사한 경우에만, 추천 교회로부터 창립 팀원들을 추천받도록 하는 것이다.

SWAT 팀을 구성하라

자원봉사를 연장하는 팀원들이 없고, 그들을 활용할 수 없을 때,

---

[2] Bob Roberts, e-mail to the authors, July 21, 2015.

창립 팀을 선발할 수 있는 몇 가지 가능한 방법들이 있다. 한 가지 대안은 SWAT 팀을 구성하는 것이다. 이 말의 약자는 섬기는 자(Servants), 자원하는 자(Willing), 그리고(And), 임시로 사역하는 자(Temporary)를 의미한다. SWAT 멤버들이 섬기는 기간은 대개 6개월 정도의 짧은 시간이다. 자원자들은 어린이부, 소그룹, 창립 준비팀, 혹은 창립 후 첫 몇 달 동안 여러 가지 일들을 담당한다.

어떤 교회들은 자기 교인들을 일정 기간 개척 교회로 보내, 그들을 돕도록 한다. 예를 들어, 마운틴 리지교회(Mountain Ridge Church)의 브라이언 바우만(Brian Bowman) 은 아리조나에 있는 밸리 라이프교회 개척을 돕기로 했고, 그 교회 교인들의 그룹으로 조직된 자원봉사 팀들을 개척 교회로 보냈다. 이 팀들은 5주 동안 각자 다른 방면으로 섬기면서 교회 창립을 도왔다. 5주째 되던 날, 밸리 라이프교회는 어린이들을 섬길 교사가 필요했는데, 다른 부부가 어린이들을 가르치는 일을 돕기 위해 6개월을 헌신했다. 이러한 봉사가 개척 교회에 얼마나 큰 도움이 되겠는가! 첫 단계 동안 단기간의 헌신이었지만, SWAT 자원자들은 봉사의 기간이 끝난 후에도, 그 교회에 남아 정식 회원이 될 수도 있다. 밸리 라이프교회에서 SWAT 봉사자 중 두 가정이 새 교회의 회원이 되기로 했고, 그중 한 가정은 그 교회의 재정 관련 팀 리더로 섬기고 있다.

그와 같은 방식으로 존 켈리가 워싱턴 주 타코마의 프리덤 힐교회 개척을 준비하고 있었을 때, 파송 교회였던 베다니 침례교회는 켈리에게 주일 10시 예배 후 네 번의 비전 모임을 인도할 기회를 주었다. 그 모임에서, 켈리는 교회를 향한 자신의 비전을 나누었고, 그 교회 교인들과 더불어 그의 팀에 합류할 수 있는 구체적인 방안들을 나누었다. 이 모임 후에, 20명의 자원자가 창립 팀에 자원하였다. 자원자들이 처음에는 약 6개월에서 2년 동안 헌신할 것을 계획했지만, 실제로는 아직도 많은 가정이 남아서 그 교회를 섬기고 있다.

근처 교회에서 오는 교인

새로운 교회에 오기 원하는 근처 교회의 신자들은 창립 팀으로서는 제3의 자원이다. 그런데도, 그들의 신뢰성과 순수성을 확인하고 유지하기 위하여, 그들을 새로운 교회의 구성원으로 받아들이기 전에, 이전 교회 목사로부터 교회 이전의 허락을 받아 오라고 요구한다. 교회를 옮기고자 하는 사람들은 순수한 마음으로 개척자의 비전에 따른 교회 개척에 헌신해야 한다.

광고

창립 팀을 구하는 또 다른 방법은 기독교 라디오 방송과 TV 광고를 활용하는 것이다. 기독교 서점에 광고를 올리는 것도 자원자들을 찾을 수 있는 방법의 하나다.

사람을 찾되 위험 부담이 있음을 기억하라

사람을 찾는 일반적인 방법들은 위험 부담을 안고 있다. 기독교인들은 "완전한" 교회 개척을 꿈꾼다. 자신들이 그 일에 동참하는 것이 그 일을 통해 자신들의 꿈을 이루려는 것일 수도 있다. 그래서 창립 팀에 자원한 자들의 생각이 개척자의 비전과 다를 경우 혹은 자신의 봉사가 이용되었다고 생각할 때, 곧 위험한 일들이 일어난다.

개척자는 자원자들이 자신의 비전을 이해하고 동의하는지를 확인해야 한다. 그렇지 않다면, 개척자는 그들을 떠나라고 말해야 하는 상황에 도달할 수도 있다. 그러므로 창립 팀원들을 구성할 때는 철저히 준비해야 한다.

관계를 통한 창립 팀 구성

내가 좋아하는 교회 중 하나는 켄터키주 루이빌에 위치한 소전 커뮤니티교회(Sojourn Community Church)이다. 그 교회의 개척자는 전에 나의 학생이었던 다니엘 몽고메리(Daniel Montgomery)였다. 그는 관계 형성을 할 때, 인위적인 방식을 사용하는 것을 원치 않았다. 대신, 커피숍에서 함께 만나 이야기하고, 같이 음악을 듣고, 구 루이빌의 하이랜드 축제에 같이 참석했다.

그가 예술적인 성향이 돋보이는 보헤미안 지역사회 모임에서 사람들과 관계를 형성할 때, 그 지역사회로부터 신망을 얻기 위한 하나의 전략이 필요했다. 그는 공식 예배를 시작하기에 앞서 한 건물을 임대하고, 개조하여, 그곳을 화랑으로 만들었다. 이곳은 그와 창립 팀이 예술가들의 공동체와 관계(신뢰)를 형성할 수 있는 곳이 되었다.

그들의 교회는 지금 수천 명이 모이고 있지만, 그러나 그들은 여전히 그 시설 안에서, 그리고 지역사회를 위해 예술 활동을 사랑하고, 그 일에 종사한다.

외부 행사를 통한 창립 팀 구성

의도적인 외부 행사를 통해서 다른 사람들과 관계를 형성할 수 있는 여러 가지 방법들을 발견할 수 있다. 이러한 행사를 통해 지역사회 안에서 여러 행사를 주도하여 할 수 있을뿐만 아니라 지역사회 안에 있는 사람들과 교회 개척에 대해 자연스럽게 이야기를 꺼낼 좋은 기회가 된다. 창립 팀을 구성하고, 교회를 알리는 것까지 할 수 있는 유익한 활동이다. 여기에 몇 가지 제안이 있다.

- 이웃과 함께하는 소풍/바베큐
- 기존의 지역사회 이벤트를 위해 후원하기(예, 집 소유주들을 위한 이벤트)
- 뒤뜰 성경학교
- 자동차 청소
- 음료(물병, 레몬주스, 커피 등) 나누기(출퇴근자, 자전거 이용자, 운동장에서)
- 다른 지역 사회 이벤트에서 페이스 페인팅 혹은 풍선 만들어 주기 등
- 지역사회의 공무 일을 하는 사람들을 위한 음식/디저트(경찰, 소방관, 응급의료원, 간호사 등)
- 화재경보기용 건전지 나누어 주기(집마다 방문)

홍보 우편물을 활용한 창립 팀 구성

창립 팀 구성 과정을 촉진시킬 수 있는 또 하나의 방법은 홍보 우편물(mailer: 홍보/초청 우편물)을 사용하는 것이다. 이 우편물은 개척자가 일반적으로 접촉할 수 없는 많은 사람을 대상으로 동시다발적으로 접촉할 수 있는 방법이다. 이 우편물은 일회성 발송이라는 점을 유의하라. 효과적인 접촉 방법은 관계를 통한 방법이다.

창립을 위한 홍보 우편물 활용은 창립 전에 행하는 광고와는 다르게 회신을 요구한다는 것이다. 그랜드 오프닝 우편물은 창립 행사에

참석하도록 촉구하는 것이다. 그와 같이 이 우편물 역시 거절, 두려움 해소 등으로 답하고, 더불어 행사를 안내한다.

다른 한편으로 창립을 위한 홍보 우편물 활용은 관심 있고 호의적인 사람들이 소인이 찍히지 않은 답장 카드를 다시 보낼 수 있게 되어있다. 답장 카드의 비용이 얼마 되지 않는다 해도(5센터 미만), 이것을 보내는 사람은 이 모임에 관한 관심과 동기 부여가 된 사람들이다.

창립 팀 홍보 우편물을 만들 때, 교회에 대한 기본적 안내, 개척자에 대한 소개, 회답용 카드까지 만들어야 한다. 그런 메시지는 단순하다. 새로운 교회의 시작, 새로운 교회의 리더가 초청자들에게 새로운 교회로의 초청이 포함되어야 한다.

창립 팀 홍보 우편물을 비싼 것으로 할 필요는 없다. 최근에는 온라인을 통해 스스로 우편물을 디자인할 수 있고, 우표도 직접 프린트할 수 있다.

인터넷을 활용한 창립 팀 구성

창립 팀 구성을 위한 또 하나의 중요한 영역은 다양하면서도 지속해서 쏟아져 나오는 인터넷 자료이다. 이 자료들은 개발도상국 상황 속에서 많이 활용되고 있는데, 전통적인 방식으로는 접촉할 수 없는 곳에서도 스마트폰을 통해서 점점 많은 사람이 적절하게 활용하고 있다.

2012년, 그레이 매터 연구소는 온라인 사용자의 거의 절반이 종교를 위한 인터넷을 사용한다는 통계를 발표했다. 나는 그보다 더 많을 것으로 예상하지만, 이 자료는 가장 최근의 종교 분야 정보를 보여주고 있다. 다음과 같이 말한다:

미국인들의 온라인 사용에 대해서, 종교 목적으로 인터넷을 사용하는 것은 젊은이들 사이에서는 매우 흔하다. 35세 이하의 성인들 중 57%가 종교를 위해 온라인을 사용했다고 답했다. 이는 35세와 49세 사이의 성인들이 48%, 50세에서 64세까지가 36%, 65세 이상이 31%인 것과 비교된다.

종교적인 활동이 많은 사람이 종교 목적으로 인터넷 사용을 의무화하는 것도 놀라운 일이 아니다. 예를 들면, 한 달에 한 번 이상 예배에 참석하는 사람 중 69%는 영적 목적으로 인터넷을 사용하는데, 정기적으로 예배에 참석하지 않는 사람들이 27%인 것과 비교될 수 있다. 이와 유사하게, 성경이나 종교 자료들을 읽을 목적으로 인터넷을 사용하는 사람 중 70%가 인터넷을 사용하고 있다. 이는 그렇지 않은 사람이 20%인 것과 비교될 수 있다.[3]

이 연구 조사는 미국인들이 과거보다 더 많이 종교적 자료와 그와 관련된 것들을 찾기 위해서 인터넷을 사용하고 있다는 것을 보여준다. 단적으로, 오늘날 많은 사람은 새로운 교회를 찾기 위해 먼저 인터넷을 본다는 것이다. 이러한 경향은 다른 나라에서도 마찬가지이다.

ConstanceContact, MailChimp, 이메일 소식지도 많은 사람과 모임에 비전을 전할 수 있는 이메일 디자인을 주문하여 활용할 수 있다. 이러한 서비스들은 의사소통을 할 수 있는 사람들에 대한 적절한

---

3   Grey Matter Research (Phoenix, AZ) interviewed a demographically representative sample of 1,011 American adults for this study. "Almost Half of Online Americans Use the Internet for Religious Purposes," Grey Matter Research & Consulting, 2015년 9월 21일 접속, the full research release can be found at: http://greymatterresearch.com/index_files/Online_Religion.htm.

피드백을 제공해 준다. 규칙적으로 블로그를 운영하면 창립 팀 구성원들에게 개척의 진척 상황과 기도 제목을 계속 알려줄 수 있는 효과적인 수단이 된다.

페이스북, 트위터, 그리고 인스타그램과 같은 소셜 미디어는 협력하는 교회와 공동체, 그리고 창립 팀을 연결해 주는 허브를 제공해 줄 수 있다. 사실상, 페이스북을 통해 광고할 내용을 도시 안에서, 같은 시간대에 특정 연령층에 전달할 수 있다. 캐시드럴의 토드 코르피(Todd Korpi of the Cathedral)는 미시간 플린트(Flint)에서 교회를 개척할 때, 소셜 미디어를 활용하여 2015년에 창립 팀을 세웠다:

> 플린트는 412,000명의 인구를 가지고 있고, 현재 미국에서 17번째 후기 기독교 도시로 분류되고 있는 메트로폴리탄 지역이다. 우리는 앞서 2005년에 플린트에서 다문화 교회를 세우라는 하나님의 부르심을 받았다. 오랫동안 기도하고, 지혜를 구하고, 기금을 모으고, 창립 팀을 구성하였고(창립 일에 45명으로 집계되었다), 도시 중심 지역에서 사람들과의 관계를 형성해 나가기 시작했다. 이 사역을 위해 홍보하고, 지원 기지를 구축하는데 활용했던 가장 주요한 방법 중 하나는 소셜 미디어였다: 교회를 창립하기까지 우리에게는 2,000개의 페이스북 "좋아요", 850개의 트위터 팔로워, 280개의 인스타 그룹 팔로워들이 있었다. 그로 인해 창립 주일에 많은 열매를 볼 수 있었고, 그 후에도 소셜 미디어 활동으로 캐시드럴(The Catheral)에 들어오게 된 사람들도 있었다. 우리는 플린트라는 메트로폴리탄 지역에 있는 267,000명의 교회에 나오지 않거나 교회에서 이탈된 사람들을 적극적으로 찾아 나섰다. 이 사역은 그 이후 웹을 통하여 다중 지역 모델, 자신의 분야에서 개인적인 커뮤니티의 상황

화된 사역으로 성장하게 되었다.[4]

대상자 구분하기

　창립 팀을 구성할 때, 불신자들, 이탈 신자들, 새로운 신자들, 혹은 성숙한 신자들 등 여러 부류로 분류될 수 있다. 또한, 환멸을 느낀 사람들, 상처 입은 자들, 능력을 구하는 사람들도 들어올 수 있는데, 그런 사람들이 한 팀으로 어울리기가 상당히 어렵다. 사전에 이런 정보를 가지고 있어야 여러 부류의 자원자들로부터 창립 팀을 구성하는 데 더 주의하고 지혜를 구할 수 있다.

　교회 개척을 위해 개척지에 도착한 후 두 주가 지났을 때, 한 가족이 개척 교회의 구성원이 되기를 원한다고 했다. 대화를 통해서, 나는 그들의 교회가 최근에 문을 닫게 된 것을 알게 되었다. 그들은 정규적으로 십일조도 하였고, 사역도 하였고, 성경을 가르치기 원하는 사람들이었다. 비록 그들이 좋은 봉사자처럼 보였지만, 새로운 개척 교회에 맞는 사람들은 아니었다. 그들은 교회가 어떠해야 한다는 강한 확신을 가진 사람들이었다. 새로운 교회가 추구하는 방향을 쉽게 받아들이지 못하는 사람들이었다.

　새롭게 개척되는 교회들은 자원자들을 받아야 할 이유가 있다 해도, 개척자는 창립 팀에 들어오기 원하는 사람들을 무조건 받아들이지 말고, 주의 깊게 걸러야 한다. 비전 선언문, 사역 선언문, 핵심 가치가 정해졌다면, 훨씬 쉽게 걸러질 수 있다. 이러한 도구는 새로운 교회의 방

---

[4] Todd Korpi, 저자에게 이메일 발송, 2015년 6월 4일.

향과 보호를 위한 꼭 필요하다. 새로운 사람들이 창립 팀에 들어오기 전에, 가입 조건으로서 이러한 가치들에 동의한다는 서명을 해야 한다.

결론

창립 팀 구성은 쉽지 않은 과정이며, 집중적인 노력이 필요한 사역이다. 우편, 인터넷, 그리고 다른 캠페인 등으로 영입 과정을 시도한 후에도, 개척자는 새로운 교회 팀과 어울리지 않는 사람들을 걸러내야 하는 어려운 과업을 거쳐야 한다. 이러한 노력이 수십 차례 이루어져서 적절하고도 관심 있는 사람들이 세워진다면, 그 후에 교회의 사역은 제자리를 찾게 될 것이다.

다니엘과 나는 다섯 가지 마지막 고려 사항들을 제시하며 창립 팀 구성을 마무리 하고자 한다.

1. 건강한 창립 팀은 교회를 시작할 때부터 선교를 중요하게 여긴다. "빠르게 성장하는 교회 개척"이라는 책을 쓴 스테판 그레이는 빠르게 성장하는 교회와 그렇지 않은 교회 사이에는 21개의 차이가 있다고 말한다. 그 가운데는 건강한 창립 팀이 중요하다는 것도 포함되어 있다. 그레이는 빠르게 성장하는 교회 중 88%는 창립 전에 창립 팀이 있었고, 그렇지 않은 교회 중에서는 12%만이 창립 팀을 갖고 있었다.[5]

2. 교회 개척은 스포츠 팀과 같다. 개척자와 그의 가족이 팀원이

---

5   Stephen Gray, *Planting Fast-Growing Churches* (St. Charles, IL: ChurchSmart Resources, 2007), 102.

없는 지역으로 이사하게 될 때, 위험 요소는 증가한다. 이때 생기는 어려움은 더 감당하기 어렵다. "낙하산 개척"은 개척자가 알고 있는 사람들이 없고, 팀 구성과 자원자 모집도 더디고, 어려운 상황이 가중될 때를 말한다. 혼자서는 이 사역을 감당할 수 없다.

3. 창립 팀의 관계적 그리고 선교적 네트워크는 창립 전에 해야 할 과업들을 분담해서 수행하는 데 도움을 준다. 대부분 개척자는 관계 형성을 잘하는 편이다. 그러나 개척자들에게는 창립 전에 해야 할 행정 업무(시설, 홍보, 장비, 법적 문제 등)를 처리하는데 예측하기 어려운 너무 많은 시간이 소요된다. 행정적인 문제들을 처리하기 위해서, 관계를 형성하고 팀을 구성하는 데 소요되는 시간만큼 많은 시간과 노력이 필요하다. 능력이 있는 팀들은 교회를 창립하는데 수반되는 많은 일을 잘 수행할 수 있을 것이다. 그러나 꼭 처리해야 할 행정적인 일들 때문에, 관계를 맺고 팀을 구성해야 하는 개척자의 시간을 빼앗아 간다. 그래서 능력 있는 창립 팀을 구성하는 것이 개척에 있어서 필수적이다.

4. 믿는 자들로 구성된 창립 팀이라고 항상 좋은 것만은 아니다. 이것은 2번 문항과 대립되는 것처럼 보인다. 그러나 우리의 이야기에 귀를 기울여 보라. 파트너 교회들이 창립 팀을 보내는 것이 바람직하지만, 개척자는 그런 팀과 일할 때도 어려움이 있음을 알아야 한다. 개척자가 도착하기 전에 자원자들이 먼저 사역지로 들어가게 된다면, 어려움이 일어난다. 종종 팀원들은 개척자가 자신의 비전에 맞추기를 기대하기 때문이다. 팀들이 개척자의 비전에 맞추려고 하지 않는다. 개척자는 비전의 리더십을 보여주어야 하고, 파트너 교회의 자원자들은 개척자를 돕는 동안 자기와 다른 방향에 대해서도 수용할 준비가 되어 있어야 한다. 창립 팀이 같은 방향을 가도록 해야 한다. 그래야 팀의

잠재력이 오랫동안 증폭되어 나타날 수 있다.

5. 새로운 교회의 창립 팀은 고통의 잔재를 경험한다. 교회 개척 초창기에 겪는 고통스러운 일들은 창립 팀이 떠난 후에 나타나기 시작한다. 많은 개척자는 창립 팀의 멤버였던 좋은 친구들과 작별하게 됨으로써 낙심을 경험하게 된다고 말한다. 개척 첫 해 동안 개척 창립 팀 멤버 절반이 다시 자신의 삶으로 복귀하는 것은 일반적인 현상이다. 개척은 어려운 일이다. 지친 자원자들은 기존의 안정된 교회를 찾아서 떠난다. 개척자는 정서적으로나 영적으로 관계적 상실을 대비해야 한다. 우리가 이미 기술하였듯이, 이것은 "핵심 그룹"이 아니고 "창립 그룹"이라고 명명한 이유이다. 이는 일시적이며, 특별히 선교에 맞춘 그룹이라는 특징을 갖기 때문이다.

창립 팀을 구성하는 것은 새로운 교회의 장기적 사역과 생명력을 위해서 필수불가결한 일이다. 그러므로 창립 팀 구성을 위한 전략에 노력, 시간, 재정을 투자해야 한다. 그렇게 할 때, 교회의 미래를 결정할 수 있는 견고한 창립 팀을 구성할 수 있을 것이다. 방문, 우편, 온라인, 트위터 등 할 수 있는 대로 모든 방법을 활용해서 이 과업을 이루라. 새로운 교회를 개발하는 단계에서는 시간과 재정이 충분히 사용되어야 한다.

재정 확보 및 통제

개척자들은 종종 우리에게 이런 질문을 한다. "새로운 교회를 시작하려면 재정을 어떻게 확보해야 합니까?" 여기서는 전임 목사가 주도하는 교회 개척에서의 재정 확보, 그리고 교단의 시스템과 더불어 개척 협력자들이 관여하고 있는 재정 확보에 대해서 알아볼 것이다. 이 장에서는 재정이 나올 수 있는 출처, 개척 기금, 기금 운용, 그리고 선교 헌금 등을 살펴본다.

밥 로건(Bob Logan)과 스티브 옥너(Steve Ogne)는 교회 개척 제안서를 효과적으로 작성해야 함을 강조하면서, 「교회를 개척하는 교회」(Church Planting Church)에서 개척 재정에 관해 탁월하게 설명한다.[1] 그들이 제안한 개요 중 마지막 부분에서 재정적 질문의 중요성을 보게 될 것이다.

교회 개척 제안서의 사례에 대해서 www.NewChurches.com/PMC를 방문해 보라.

교회 개척 제안서의 내용

---

1 다음에서 각색. Robert Logan and Steven L. Ogne, *Churches Planting Churches: A Comprehensive Guide for Multiplying New Congregations* (Carol Stream, IL: ChurchSmart Resources, 1995), 4, 10–11.

새 교회를 개척하는 이유
- 소명을 분명하게 기록한다.
- 기대하는 비전을 나눈다.
- 바람직한 교회 개척의 이유를 밝힌다.
- 새로운 교회가 필요한 이유를 제시한다.

사역 초점 그룹은 누구인가?
- 사역 초점 그룹을 설명한다.
- 공동체의 필요를 설명한다.
- 적절한 인구 통계를 포함한다.
- 예상되는 지역을 표시한다.

개척하려는 교회의 유형
- 핵심 가치를 명백하게 기술한다.
- 사명 선언문을 기록하고 설명한다.
- 교회의 사역 스타일을 기술한다.
- 사역의 모델을 규정한다.
- 사역의 기록 차트를 만든다.

교회를 누구와 함께 개척할 것인가?
- 예상되는 창립 팀에 대해 설명한다.
- 확정된 사역 파트너들의 프로파일을 포함시킨다.
- 참여자들의 구체적인 역할을 규명한다.
- 필요로 하는 팀 멤버들을 분명하게 파악한다.

교회는 언제, 어떻게 개척되는가?
- 전반적인 전략 계획을 수립한다.
- 개척에 수반되는 재정 조달 계획과 재정적인 자립 시기에 대한 전반적인 재정 계획을 수립한다.
- 첫 18개월부터 36개월 사이의 세부적인 시간 계획을 수립한다.
- 핵심 그룹 혹은 창립 그룹의 구성 계획을 세부적으로 설명한다.

재정 기금의 출처

새로운 교회 사역에 필요한 기금이 규칙적으로 조달되어야 한다. 재정 지원이 전혀 되지 않는 이중직 개척자가 새로운 교회 개척을 시작하는 것이 가능하지만, 전반적 교회 운영을 위해서 모임 장소, 프로그램, 그 외 다른 비용에 대한 재정적 지원이 필요하다. 또한, 교회 개척에는 창립 행사, 전도 프로젝트, 영상/음향 장비, 집회 등 지출해야 할 분야들이 많다.

교단 기관, 네트워크, 교회, 그리고 개인들이 북미 지역에 걸쳐 새로운 교회들이 개척될 수 있도록 재정적 지원을 위해 노력하고 실천했다. 그러나 교회 개척자들과 협력자들은 이런 관계를 어떻게 정립해야 하는지 힘들어하고 있다.

Hope 채플 운동(Hope Chapel movement)의 설립자 랄프 무어(Ralph Moore)는 그의 저서 「새로운 교회 개척」(Starting a New Church) 중 "교단이 어떻게 도울 수 있나?"라는 장에서 아주 잘 설명해 주고 있다. 그는 이렇게 설명한다: "교단에서 오는 지원금은 뒤에 꼬리가 붙어 따라온다는 것을 곧 알게 될 것이다. 만일 지원금을 받는다면, 교단의 프로그램에 참여해야 한다. 이것이 힘든 요인이 될 수 있다. 그저 나무 한 그루를 심으려고 노력하지만, 교단 책임자들은 숲에 초점을 맞추는 시스템 안으로 들어오라고 할 것이다.[2]

새로운 많은 교회 개척자는 교단에 속한 대부분 교회의 예배와는 다른 스타일을 갖고 있다. 그러나 만일 하나님께서 교단에 속하라고 한다면, 그러한 구분을 넘어서야 한다. 교단이 교회 개척자들을 재정적으로 돕는다면, 그들과의 협력은 진정성을 가지고 이루어져야 한다. **교단으로부터 재정 지원을 받는 교회 개척자들은 그들의 사역을 가능하게 해주는 사람들에 대해 부끄러워하지 않고 오히려 진정성을 가지고 대해야 한다.**

물론 새로운 교회의 이름 안에 교단의 이름을 꼭 넣어야 하는 것은 아니지만, 교단의 가치가 반영되어야 한다.

내가 알고 있는 몇 가지 일화 중 한 이야기는 이 원리를 예시하기 위한 특별한 사례이다. 한 자매가 친구에게 들은 이야기이다. 그 친구가 다니던 교회가 교단으로부터 재정적 지원을 받기 시작했다는 것이다. 전에 그런 이야기를 들어 본 적이 없었기 때문에, 그 친구는 목사에게 그것이 사실인지 물었다. 목사는 그것이 사람들에게 문제가 되는 것을 두려워하여, 교회가 교단과 관계하게 되었다는 것을 설명하지 않았다. 개척하는 교회와 교단 사이의 관계를 알게 되었다 해서 교인이 갑자기 지지하는 태도를 바꾸었다 해도, 개척자로서의 역할을 회피해서는 안 된다. 그것은 투명성에 좋지 않은 영향을 미친다. 만일 사람들이 그 사실을 안다면, 배신감을 느낄 수 있다. 만일 앞으로 교단과의

---

2   Ralph Moore, *Starting a New Church* (Ventura, CA: Gospel Light, 2002), 56.

관계에서 문제가 드러나기 시작하면, 그것이 문제가 될 수도 있다. 그 사실을 공개적으로 광고할 필요는 없지만, 그것을 부끄러워해서도 안 된다. 만약 그 문제 때문에 부끄럽다면, 다른 교단이나 초교파로 갈 수밖에 없을 것이다.

일반적으로 교단은 기금 모금에 관한 교단 정책이 있으며, 개척자들은 교단 리더로부터 그 정책에 대해 알 수 있다. 그 정책에 대해서 다른 제한 사항이 없으므로, 도움받을 수 있는 아이디어들을 아래와 같이 소개하였다.

네트워크를 구성하라

어떤 개척자들은 자기를 마치 론 레인저스(Lone Rangers)처럼 생각하기 때문에 재정적으로 부족하다고 생각한다. 그들은 관계 형성을 위해 시간을 투자하려 하지도 않고, 전략적 파트너십을 유지하려고 하지 않는다. 밀크릭 커뮤니티교회 사역의 마지막 1년 동안에 우리는 교회 개척과 성장을 위해 20만불의 기금 모금에 성공했다. 우리 자신의 힘으로는 만들어 낼 수 없는 액수였다. 다양한 사람들과 파트너들과 관계를 형성하면서, 우리는 그날 첫 모임에서 200명 이상 모일 수 있는 두 개의 자매 교회들을 개척할 수 있는 자원들을 찾을 수 있었다. 우리 교단이 우리를 도와주었고, 우리는 비어있는 교회 건물(우리가 판 건물)을 받게 되었고, 기금을 모을 수 있었다.

교회 개척을 위한 네트워크와 지방회들, 예를 들면 ARC(Association of Related Churches), Acts 29, V3, 소마(Soma), 소전(Sojourn), 교회 배가 네트워크(Church Multiplication Network), 스타디아(Stadia), 리디머 도시에서 도시로(Redeemer City to City) 등은 교회 개척을 위한 건강한 단체들이다. 사실

상, 네트워크들은 뉴노멀에 속한다. 네트워크들이 생겨남으로 말미암아, 많은 교회 개척자는 교단과 네트워크 연합을 동시에 연결하고자 한다. 물론 어떤 교단 관계자들은 교회 개척 네트워크에 대해서, 교단에 대한 신뢰 혹은 적절성에 대한 부정적 영향을 주지 않을까 하여 좋지 않은 반응을 보이기도 한다. 그러나 네트워크와 교단은 서로 배울 수 있고, 서로 배워야 하는 것이 사실이다(28장을 참조하라). **교단과 네트워크들은 서로에 대해 자기 몫을 빼앗아 가는 경쟁자로 보지 말고 사명을 위해 함께 일하는 협력자로 보아야 한다.**

다른 사람들과 교회들도 포함시켜라

다른 사람들과 다른 교회들도 재정 기부자에 포함될 수 있다. 많은 교회 개척자는 새로운 교회들을 지원하는 크리스천 기업가들을 찾는다. 만일 재정 후원을 받기 위해 기업가들을 만나야 한다면, 자신만의 전략과 재정 후원 항목들을 가지고 가야 할 것이다. 재정적인 면에서 성공한 사람들은 적어도 세 가지 영역에서 자세한 설명을 듣기 원한다: (1)실현 가능한 목표들, (2)그 목표들을 달성하는 방법, (3)재정의 지출 명세 등이다. 그들은 또한 진행 상황과 결과에 대해 계속 알려 주기를 원한다.

재정 후원자를 찾는 또 다른 방법은 여러 교회를 접촉하는 것이다. 뉴욕의 교회 개척 전략가인 스티브 알렌(Steve Allen)은 새로운 교회의 후원자들과 연결하는 방안에 대해 다음과 같이 설명한다:

미국 내에서 가장 높은 생활비와 운영비가 들어가는 지역에 있는 뉴욕의 새소망 교회(New Hope Church)는 새로운 교회가 개척될 때마다 여러 명의 파트너를 연결해 주었다. 뉴욕/뉴저지 근교에서 한 명의 개척자를 위해서 여러 명의 파트너가 다음과 같은 다양한 필요들을 채워준다:

- 재정
- 멘토링
- 보급 지원(가구, 유아실 항목 등)
- 중보-기도 후원
- 도덕적 후원-탁아, 교통편의 등 개척자의 가족 돌보기
- 동원-교회 개척 현장 구축하기[3]

그들의 예산 언어로 말하라

기부자들은 사람들에게 후원하기 위해서 다른 "주머니" 혹은 다른 항목들을 마련해 놓고 있다. 기존의 교회 혹은 다른 교단의 기관들은 기꺼이 후원하지만, 만일 개척자들이 "봉사" 혹은 "전도"라는 명목(이런 명목을 가지고 있다) 대신에, "교회 개척"이라는 명목(이런 명목을 가지고 있지 않다)으로 후원을 요청하면, 지원을 받지 못할 것이다. 교회나 기관이 재정을 후원할 때 과거에 어떤 방식으로 후원했는지를 미리 연구한다면, 교회 개척자가 다른 사람들과 관계를 쌓고 재정 후원을 요청할 때, 그곳으로부터 재정 후원을 얻는 데 도움이 될 것이다.

그들의 마음의 언어로 말하라

도움을 요청하기 전에, 잠재적인 기부자 혹은 교회의 열정이 무엇

---

3 Steve Allen, 2005년 11월 10일 저자에게 이메일 발송.

인지를 배우라. 어떤 사람들은 필요를 보고 응답하지만, 대부분은 비전을 보고 응답한다.

"섬세한 필요"(Soft Needs) 혹은 눈에 보이는 필요(건물)

내 동료들은 학생들을 위한 장학금의 형식으로 자기 모교에 기부금을 보낸다. 다른 사람들은 새로운 건물을 위해서나 혹은 건물 재건축을 위해 투자해 주기를 원한다. 어떤 기부자들은 눈에 보이는 프로젝트를 돕기 원하는 한편, 또 어떤 기부자들은 사람의 필요를 채우는 일에 기부한다. 거액의 기부자들은 개척자들을 후원하거나, 건물 임대를 위해서 매달 후원하는 것보다 한 번의 기부를 선호한다.

손을 내리지 않고, 손을 든다

다른 후원자들은 재정적인 후원보다 실제적 참여로 후원하기를 원한다. 어떤 교회들은 지속적인 재정 후원을 위해 약정하지는 않지만, 손쉽게 참여할 수 있는 프로젝트에 참여함으로 후원한다. 예를 들어, 일리노이주 에번스턴의 교회 개척은 그 지역의 한 중학교 학생들을 위해 200개의 학교 가방이 필요했었다. 필요한 액수의 금액을 요구하지 않고, 웨스턴 옥스 침례교회(Western Oaks Baptist Church, 일리노이 스프링필드)교인들로부터 그들의 필요를 채우기 위해 자원자를 받기로 하였다. 웨스턴 옥스 교회는 에반스톤의 교회 개척을 위해서 학교 가방과 학용품을 사서 가방에 가득 채워 그들에게 전달해 주었다. 결국, 웨스턴 옥스 교회는 이 프로젝트를 위해서 1,500불의 재정과 가방을 채우기 위해서 많은 시간을 선물할 수 있었다.

개인적 기부자들

개인들도 새로운 교회를 위한 재정 후원자가 될 수 있다. 교회 개척자는 홍보지, 편지, 대화 등과 같은 자료들을 활용하여 재정 모금을 할 수 있다. 이러한 자료를 활용할 때, 개척자는 교단 안에서 존경받고 잘 알려진 지도자로부터 교회 개척의 추천사를 담아, 개척 기금을 위한 서신과 안내서를 준비해야 한다. 이 안내서는 가능성 있는 기부자들과 특별히 새로운 사역에 관심을 보인 사람들에게 보낸다. 지역 교회를 다니고 있는 개인들을 접촉할 경우, 그 기부자의 목사로부터 허락을 받는 것이 좋은 방법이고 진정성 있는 모습이 될 것이다.

개척자는 재정 모금을 위한 대화에서 설명한 정보를 활용하여 재정 후원에 관련된 질문에 대답해 주기 위해 전화로 후속 조치를 해야 한다. 필요하다면, 개척자는 후원 예정자들을 개인적으로 방문할 수도 있다. 방문한다면, 정확하고 잘 정리된 디지털식의 설명은 기부자들에게 교회 개척의 미래를 향한 비전을 제시해 줄 수 있다.

재정 모금 원리

시 50:10은 하나님을 "뭇 산의 가축"을 소유하시는 분으로 묘사한다. 재정 모금의 실제적 문제는 재정의 근거가 되는 하나님도 아니고 후원을 하지 않으려는 사람들의 마음도 아니다. 교회 개척자들이 재정 후원을 받지 못하는 이유는 구하지 않기 때문이며, 구해도 받지 못한다면, 잘못 구하기 때문이다(약 4:2-3을 보라). 이것은 재정 모금에서의 첫 번째 원리이다.

또 하나의 원리는 사람들은 필요를 따라 재정을 후원하는 것이 아니고, 비전을 보고 후원하는 것이다. 기부자들에게 필요를 간청하는 것은 좋은 결과를 얻지 못한다. 자신의 이야기를 확신있게, 영적으로 전달한다면, 기부자에게 깊은 감동을 줄 수 있다. 하나님의 백성들은 개척자들에게 재정적인 지원을 하는 것을 가치 있다고 생각하기 때문에 후원에 동참한다.

지역 교회

새로운 교회가 목사의 재정 지원을 외부로부터 받겠다고 한다면, 새로운 교회는 헌금에 관해 성숙한 크리스천이 되지 못할 것이다. 톰 네벨(Tom Nebel)은 그의 책,「교회 개척의 지뢰밭」(Church Planting Landmines)에서 "돈에 대한 두려움"이 개척 첫 해에 갖게 되는 10가지 지뢰밭 중 하나라고 했다. 톰은 담대하게 말한다. "교회 개척자들의 돈 문제에 대한 두려움 혹은 소홀함은 일반적으로 재정적인 어려움이 만연한 사회 속에서, 개척자 자신의 개인적 상실감으로까지 거슬러 올라간다."[4] 대신에 우리는 새로 개척된 교회에게 성경적 청지기직을 적절한 방식으로 가르쳐야 한다.

교회 개척자들은 주일 설교에서 헌금과 십일조를 가르칠 수 있고, 가르쳐야 한다. 그러나 새로운 교회는 일반적으로 십일조 시리즈의 설교를 하지 않는다. 대신에 개척자는 설교에서 자연스럽게, 기회가

---

4   Tom Nebel and Gary Rohrmayer, *Church Planting Landmines: Mistakes to Avoid in Years 2 Through 10* (St. Charles, IL: ChurchSmart Resources, 2005).

될 때마다 청지기의 삶을 언급해야 하며, 더 헌신된 그룹을 대상으로 깊이 있는 청지기 삶을 공부해야 한다.

새로운 교회에서 재정 문제를 토의하기 위해서는 목사의 설교보다는 준비된 프로그램을 활용하여, 영적 성숙을 위한 클래스나 혹은 소그룹 차원에서의 메시지 시리즈를 통해서 교육할 수 있다. 만일 독립된 클래스로 교육하고자 한다면, 영적인 성숙도에 따라 믿는 자들의 그룹에 목표를 정하여, 한 해에 몇 차례씩 훈련을 제공한다.

이중직/텐트 메이킹 사역

교회 개척자는 세속 직업을 가지면서 재정적 필요를 충당할 수 있다. 교단이나 교회가 개척자를 재정적으로 지원할 수 없는 상황이라도, 개척자가 교회를 시작할 수 있다.

교회와 개인이 기억해야 할 것은 교단이 교회 개척자에게 개척의 소명을 주는 것이 아니라는 것이다. 소명은 하나님에게서 온다. 개척자를 부르시는 분은 하나님이시다. **만일 하나님께서 개척자를 부르셔서 교회를 시작하신다면, 그 개척자는 믿음으로 앞을 향해 나가야 한다.**

만일 하나님이 부르셨는데, 기대한 대로 재정이 채워지지 않는다면, 하나님이 교회 문을 닫으셨다고 단언해서는 안 된다. 재정 문제가 하나님의 뜻을 분별할 때 결정적인 요인은 아니다. 만일 하나님이 부르심을 서두르신다면, 개척자는 다른 길이 없는 상황에서는 새로운 길을 만들어 가야 한다. 교회가 목사를 재정적으로 뒷받침할 수 있을 때까지 이중직으로 일을 할 수 있다.

내가 첫 교회에서 충분한 재정을 확보할 수 없었을 때, 나는 집

공사하는 일을 했다. 아침 일찍부터 일을 시작했고, 내 차 안에서 전화로 몇몇 직원들을 감독할 수 있었다. 동시에, 내가 그 지역에 있었을 때면, 내 신을 신고 몇몇 가정을 방문할 수 있었다. 나를 고용한 회사는 필요할 때 시간을 낼 수 있도록 나를 융통성 있게 대해주었다. 그 직업은 또한 주변 사람들을 사역으로 연결할 수 있는 좋은 접촉점이었다. 새로운 교회가 할 수 없었던 재정적 문제를 해결할 수 있었다.

셋 쉘톤(Seth Shelton)은 미조리주 스프링피드에서 더 웨이 교회(The Way Church)를 개척했을 때, 이중직 직장을 구해야만 했다. 그의 모교회가 더 웨이 교회를 개척하는 것을 지원해주기만 했어도 좋았을 텐데, 그에게는 재정도, 물품들도, 사람도 없었다. 결과적으로 더 웨이 교회를 개척했던 5년 동안, 셋은 비행기 보수 작업장에서 생산 매니저로 일했다.[5]

그의 교회 개척에 대한 책, 「친절한 지역 사회」에서 스티브 조그렌(Steve Sjogren)과 롭 레빈(Rob Levin)은 교회 개척자들에게 재정적인 지원이 잘 되어 교회 사역에 전념할 수 있어도, 출석 교인 200명이 될 때까지는 교회 밖에서 일할 것을 권고한다. 두 저자는 다음과 같이 이중직 목회의 다섯 가지 유익한 점들을 제시하고 있다:

1. 직장에서 일하는 동안 전도할 사람들을 만나게 된다.
2. 성-속의 이중적 갈등을 해결하는 데 도움을 준다. 기존 신자 중 대부분은 시장에서 일하는 것보다 교회에서 일하는 것이 더 가치 있는 일이라고 생각하는 경향이 있다.

---

5   Seth Shelton, e-mail to the authors, May 19, 2015.

3. 사람들에게서 떨어져서 살지 않는다는 메시지를 계속해서 준다. 교회 바깥에서 얻은 수입을 교회에 드린다. 훌륭한 리더는 자기 교회에서 가장 헌금을 많이 하는 사람 중 하나이다.
4. 성도들이 목사를 언제라도 만날 수 있도록 하는 것이 아니라, 때로는 교인들이 자신들의 문제를 스스로 해결할 수 있도록 해야 한다. 외부에서 직업을 갖는 것은 교회 안에 있는 '무료 치료사'라는 인식을 갖지 않도록 해준다.
5. 시장 안에 있는 사람들과 교류하면서, 목사의 권위 바깥에 있는 보통 사람으로 살아가는 자로 인식하도록 돕는다.[6]

이중직 사역자들이 일할 수 있는 분야는 많이 있다. 「주말에 할 수 있는 101가지 최고의 직업」의 저자인 단 램지(Dan Ramsey)는 교회 개척자가 할 수 있는 바람직한 이중 직업을 다음과 같이 소개하고 있다.[7]

교회 개척자를 위한 이중 직업의 종류		
전통 양식 복구 서비스	아파트 입주 서비스	자동차 부품 서비스
은행 서비스	회계 장부 서비스	도우미 서비스
카페트 청소	캐더링 서비스	어린이 돌봄
굴뚝 청소	수집 서비스	노인 서비스
컴퓨터 강사	컴퓨터 수리	건설 현장 청소
요리 강사	공작실 운영	데스크탑 제작

---

6 Steve Sjogren and Rob Lewin, *Community of Kindness* (Ventura, CA: Regal/Gospel Light, 2003), 172-74.
7 See Dan Ramsey, *101 Best Weekend Businesses* (Wayne, NJ: Career, 1996).

도로 보수 서비스	음식 배달	기금 모금
가구 보수	수리 서비스	주택 청소
주택 페인트	수입 사업	세금 보고 서비스
정보 중계인	주방 용품 수리 서비스	우편물 판매
석조 건물 서비스	뉴스레터 제작	신문사 통신원
개인 컨설턴트	사진 서비스	사진틀 서비스
화초 도우미	수영장 청소	렌트 준비 서비스
연구 서비스	이력서 작업	재회 설계사
보안 서비스	가정용 전기도구 수리	기술 교육
전화 설문 서비스	통역 서비스	정원 서비스
가정 교사 서비스	중고차 판매	동영상 복제 서비스
벽지 서비스	결혼 설계사	창문 청소
목공	워드 프로세서	작가

이중직 사역을 할 때 주의할 점이 있다. 어떤 사람에게 이중직은 평생의 사역이 될 수 있다. 그러한 선교적/성육신적 개척 혹은 가정교회 공동체에게 있어서 이중직 사역은 재정 확보 전략이 된다. 어떤 사역자들에게 이것은 전임 사역으로 가기 위한 하나의 디딤돌 역할이 될 수도 있다. 두 가지 접근이 모두 가능하다. 전임 사역을 위한 계획을 세우고 이중직 사역을 하는 개척자들에게 스티브 조그렌은 다음과 같이 말한다:

교회 개척의 시작 단계에서 이중직 사역을 계획한다면, 교회의 개척 목적을 잊어선 안 된다. 세속적인 일 속에서 경력을 쌓기 위해 직장을 옮기는 것이 아니다. 일하는 직장에서 합당한 이유 없이 나의 에너지와 열정을 빼앗긴다면, 새로운 직장을 찾아보라. 그러려면 아래의 사항들을 고려할 필요가 있다.

• 시급으로 보수를 지불한다.
• 주간에 근무하고, 저녁에는 자유롭게 리더와 창립 그룹들과 함께 시간을 낼 수 있다.
• 정서적으로, 육체적으로 지나치게 힘이 소모되지 않는다.
• 사역하는 도시에서 사람들을 만날 수 있는 좋은 길목이 된다.
• 내가 경험한 바로는 세일즈 혹은 교육에 관련된 일은 개척자들에게 적절하지 않다는 것을 알게 되었다.[8]

개척자들은 이중직 개척 사역을 형벌이 아니고 기회로 보아야 한다. 사도 바울은 자신의 이중직 사역을 이렇게 설명했다. 바울이 복음 사역을 위한 대가를 받을 권리(고전 9:3-18)가 있었지만, 복음의 효과적인 진보를 위하여 장막 만드는 일을 하기로 했다. 이것은 일리노이주 오크파크에 있는 빌리지 교회(Village Church)의 담임 목사인 시스코 코토(Cisco Cotto)가 한 일과 같다. 시스코 목사는 처음부터 결단한 바가 있었다 ― 담임 목사인 자신은 물론 빌리지 교회의 모든 리더는 이중직 사역을 해야 한다는 것이다. 물론 이것은 절대 쉽지 않은 일이었지만, 시스코 목사는 이것이 놀라운 축복임을 받아들인다. 그의 관점에서 볼 때, 이중직 사역은 리더들을 배가하고, 사람들을 새로운 다른 방식으로 접

---

8   Sjogren and Lewin, *Community of Kindness*, 206.

촉할 기회를 얻게 해주었다.[9]

초대교회 때부터 모라비안 교도들의 선교적 추진과 그리고 오늘날에 이르기까지 이중직 사역과 평신도 교회 개척 사역은 시간이 지나면서 확실하게 검증되었고, 선교사들의 재정에 관한 성경적이고 효과적인 방법임을 인정하게 되었다. 교회 개척자들도 곧 선교사라고 볼 때, 이중직 교회 개척은 모든 개척자가 고려해야 할 사항이다.

재정에 관한 새로운 접근

역전된 순차적 모델

전통적인 순차적 모델은 교회 개척자는 개척 후 일 년 동안 전체 재정의 100%를 지원받고, 그 후 2년 차에는 66%, 3년 차에는 33%, 4년 차에는 개척자와 교회가 재정적으로 자립하게 된다는 것이다. 나의 동역자 다니엘은 이 전통적 모델의 문제는 개척자가 새로운 교회를 개척해서 사람들이 새로운 교회로 오게 되면, 첫 해에 재정의 100%를 개척자에게 제공하지 않아도 된다는 것이다. 개척자는 시간제로 일하면서 지역사회 안에서 새로운 관계를 맺어 가는 것이 더 효과적이며, 개척자가 사례를 받는 것이 필요하다면, 교회가 개척자에게 사례비를 지급하고, 교회는 그 책임을 담당한다.

이것이 역전된 순차적 모델이다. 일 년 내에 재정의 100%를 받기보다는, 25%만 받는다. 일 년 후에 교회가 성장함에 따라서 비율을 올린다. 교회가 계속해서 성장해 가면, 개척자는 시간제 일을 그만두어야

---

9   Cisco Cotto, 2015년 6월 7일 저자에게 이메일 발송.

할 것이다. 역전된 순차적 모델의 장점 중 하나는 처음 몇 년 동안 개척 교회와 개척자가 가져야 할 재정적 스트레스를 많이 덜 수 있다는 것이다. 우리가 생각하는 전통적 순차적 모델은 교회가 3년 혹은 4년이 지나도 성장하지 못할 때, 교회가 개척자들은 더 많은 재정적 압박감을 느낄 수밖에 없을 것이다.

협력적 펀딩을 공유하는 모델

이 모델은 개척 교회와 개척자들에게 네 개 이상의 후원지로부터 재정이 지원되는 것에 초점을 맞춘다. 첫째, 개척자는 친구, 친척, 여러 교회로부터 전체 예산의 25%를 구해야 한다. 개척자 한 사람이 기금을 모을 수 없다면, 개척자는 교회를 시작할 수 없을 것이다. 둘째, 그 외 25%를 지원하는 후원교회를 찾는다. 어떤 교회들이 개척자의 "후원"교회가 된다 해도, 재정적으로 그다지 많은 후원을 하지 않는다. 재정적으로 후원하지 않는 교회들은 일반적으로 볼 때 개척 교회나 개척자들을 결국 냉담하게 대하게 된다. 많은 경우, 개척 교회나 개척자들이 신뢰할 수 있고, 일관된 책임의식을 가지고 후원하는 교회는 다른 재정 지원을 받는 데도 하나님의 도구로 쓰임을 받는다.

세 번째 25%는 그 지역구, 법원, 교회 개척 네트워크, 혹은 지방회에서 나올 수 있다. 위에 제시한 기관 중에서 한 곳 이상과 연결될 수 있다면, 평가, 코칭, 훈련 등을 받을 수 있다. 마지막 25%는 교단 본부로부터 지원을 받을 수 있다.

협력적 자금 제공을 공유하는 모델은 하나로서 모든 것을 해결하는 모델은 아니다. 그러나 전문적인 재정 모집 모델에 있어서, 개척자가 먼저 재정을 모금하고, 후원교회가 재정 모금에 동참하고, 지역

단체도 후원하고, 교단 본부가 재정 후원을 한다면, 이것은 가장 안정된 재정 모금 모델이라고 볼 수 있다.

군중 펀딩 모델

나의 동역자 다니엘은 군중 펀딩 모델이 교회 개척 기금을 마련하는 또 하나의 방식이라고 말한다. 군중 펀딩 모델은 기업가들이 소셜 미디어(페이스북, 트위터, LinkedIn 등)를 통해 친구들, 가족, 동료들의 네트워크를 활용하여 새로운 비즈니스를 시작하거나, 새로운 투자자들을 유치한다. 이런 TV쇼, 즉 드래곤즈 덴(Dragod's Den)이나 혹은 샤크탱크(Shark Tank)를 본 적이 있다면, 기업가들은 군중 펀딩으로 투자금을 받은 후에, 더 많은 투자를 얻기 위해 설명회를 유치하는 것을 볼 수 있다. 가장 유명한 군중 펀딩 방식은 단언컨대 페블 스마트 워치(Pebble Smart Watch), 오컬루스 리프트(Oculus Rift), 그리고 하버보드(백투더 퓨처 II의 도구들이 현실화하고 있다) 등이다. 교회 개척이라는 현장에 적용해 볼 때, 군중 펀딩 모델은 개척에 대해 배우는 교실 학습과 실제 개척 현장에서 행해지는 경험을 통합하기 위해 고안된 실험적 교육 모델이라 할 수 있다. 다니엘에 따르면, 군중 펀딩 모델은 교회 개척자들에게 교실과 현장 경험을 하나로 묶을 수 있는 완벽한 방법이라는 것이다. 왜냐하면, 개척자들이 개혁하고, 협력하고, 비전을 제시하고, 역동적 힘을 만들어 내고, 기금을 모집하는 등 실제로 경험할 기회에 동참할 수 있기 때문이다. 하나의 아이디어를 위해 혹은 교회 개척을 위한 군중 펀딩을 통해 교회 개척자는 한 사람이 교회를 개척하거나, 교회를 운영하는데 필요한 여러 가지 분야들을 훈련받을 수 있을 것이다 (예를 들어, 비전 개발, 비전 제시, 구조 개발, 목표 설정, 관계 개발과 네트워킹, 예산 편성과 관리 등).

교회 개척과 교회 목회에 있어서도 군중 펀딩의 개념 그 이상이 있다는 것을 분명히 알 수 있다. 그런데도, 군중 펀딩은 아주 좋은 훈련의 터전이며, 한 개척자가 교회를 개척하고 목회할 수 있는 기본 능력을 갖추고 있는지를 시험해 볼 수 있는 리트머스 시험지 역할을 한다. 그와 더불어, 성공적인 군중 펀딩 시도는 교회 개척의 기금 모집을을 위해 더욱 힘을 쏟고, 노력할 수 있는 부가적인 수입원을 창출할 수 있게 해준다.

성공적인 군중 펀딩 시도에 대한 조사한 결과, 다니엘은 다섯 가지 공통된 특징을 발견하였다.

1. 아이디어는 혁신적이었다.
- 경쟁과는 다른 어떤 것이 있다.
- 문제를 해결하기 위한 아이디어이다.
- 아이디어가 성공적이었다는 사실은 시장에서도 통했다.

2. 한 팀이 그 아이디어를 추진했다.
- 인디고고에 따르면, 두 명 이상의 멤버가 시작한 캠페인은 한 개인이 시작했던 캠페인보다 94%나 더 많이 모금하였다.[10]
- 더 다양한 기술들을 사용할 수 있었다.
- 활동이 공유되었다.
- 더 많은 네트워크로 인해 더 많이 홍보할 수 있었다.

---

10 Indiegogo, 2015년 9월 22일 접속, https://learn.indiegogo.com/wp-content/uploads/2014/11/igg-film-field-guide-04-17-14.original.pdf.

3. 강력한 비전이 있었다.
- 스토리를 통해 들려지는 비전은 동영상을 통해 전달이 잘 되었다.
- 군중들의 필요와 채우는 법을 알았다.
- 사람들에게 특별한 것을 하도록 요청했고, 단지 재정을 모으는 것 이상의 큰 목적을 갖도록 했다.

4. 캠페인 전과 중간 그리고 그 후에 모멘텀(탄력)이 있었다.
- 창립 전, 창립, 창립 후의 시간 계획을 세웠다.
- 후원자들에게 특권과 장려금을 주었다.

5. 재정을 요구하였다.
- 분명하게 재정을 요구하였고, 그것을 부끄러워하지 않았다.

위의 다섯 가지 특징과 함께, 군중 펀딩이 모든 교회 개척 프로그램을 위한 핵심 커리큘럼 중 하나라면 어떨까? 개척을 준비하는 개척자들 모두는 다음과 같은 능력을 개발하게 될 것이다.

1. 혁신
- 그들 교회의 고유한 가치를 세우고 다른 교회와의 차별성을 갖게 될 것이다.
- 사람들의 필요를 파악하고 해결책을 제시할 것이다.

2. 협력
- 한 팀으로 일할 것이다.

- 장점과 약점에 대한 자기 인식을 쌓아갈 것이다.
- 장점 강화와 약점 보완을 위해 다른 사람들과 함께 협력할 것이다.

3. 비전 제시
- 설득력 있는 태도로 메시지를 만들고 의사소통할 것이다.
- 홍보용 영상을 만들고 영상과 스토리텔링의 중요성을 알게 될 것이다.
- 스토리텔러가 될 것이다.

4. 모멘텀(계기)을 만든다.
- 모든 사역이 잘 되도록 시간 계획표를 만들고 시스템을 만들 것이다.
- 프로젝트를 운영할 것이다.
- 내적 그리고 외적인 동기를 사용하는 능력을 개발할 것이다.

5. 재정을 모금한다.
- 재정을 요청할 때 효과적으로 모금할 것이다.
- 어떻게 예산을 편성하는지 알게 될 것이다.
- 어떻게 예산을 지출하는지 알게 될 것이다.

요약해 보면, 우리가 교회 개척의 잠재적 펀딩을 증가시키기 위한 새로운 방법으로 군중 펀딩을 고려해 보면 어떨까?

재정의 볼트와 너트

교회가 개척될 때 쓰이는 전형적인 비용들은 외부 전도 활동, 건물 임대비, 음향 영상 장비 등에 대한 것들이다.

결과적으로 새로운 교회를 위한 첫 번째 관심은 개척에 필요한 예산을 수립하는 것이다. 많은 새로운 교회들은 처음에 기타와 프로젝터만 가지고 시작할 수밖에 없다. 어떤 선교 단체들은 목회자에게 재정을 지원하지 않지만, 새로운 교회가 첫 예배를 위해 예배 준비를 위한 일회적인 재정 지원을 제공할 것이다. 지원 헌금이 개척 기금으로 쓰인다면, 목회자를 위한 재정 지원과 기간이 줄어들게 된다. 그러나 어떤 교단들은 실제로 목회적 지원과 개척 기금을 제공한다.

안전장치에 관한 기금은 평판과 진정성에 있어서 근본적인 문제를 가지고 있다. 시행착오로 시작되는 교회(혹은 부적절하게 보이는 교회)의 숫자가 상당히 많다.

잘못된 결과를 피하려면, 교회 개척자는 자신과 연루된 문제의 원인을 만들어서는 안 된다. 교회의 계좌가 교회의 이름으로 되어있어도, 계좌를 만들 때 미국에서의 사회보장 번호를 사용하거나 외국에의 경우라도 개인의 아이디를 사용하여 계좌를 만들어서는 안 된다. 만일 그렇게 한다면, 이 계좌에 들어가는 모든 재정은 세금을 내야 하는 수입원이 된다. 만일 미국에 있다면, IRS로부터 EIN(Employer Identification Number)를 받아야 할 것이다. EIN 넘버는 교회를 위한 일반 수표 계좌를 발행하는 데 사용된다. EIN을 만드는 것이나 미국과 다른 나라에 관련된 물류 문제들에 대한 더 많은 정보를 얻고자 한다면, NewChurches.com/PMC를 참조하기를 바란다.

교회에 안전장치가 잘 마련되어 있지 않다면, 개척자 자신의 이름으로 계좌를 만들어서는 안 된다. 재무와 재정 회계가 나와서 그 일을 맡을 때까지 계좌를 개설해서는 안 된다. 만일 재정 지출을 해야 할 경우가 생긴다면, 모 교회의 재무, 선교팀을 위해 후원교회에서 지명한 재무, 혹은 교단에서 파송된 자격증이 있는 개인이 새로운 교회의 펀드를 위한 임시 재정 관리자가 될 수 있다.

재무는 헌금 관리와 수표 발행에 관한 일들을 관리해서는 안 된다. 다른 사람들이 이 역할을 함으로써, 교회는 재무와 계수자 사이에서 점검과 균형을 유지해야 한다. 어떤 지역이나 도시 행정부는 서로 다른 사람들이 서로 다른 역할을 해야 한다고 명시하고 있다. 주 정부가 어떻게 보느냐에 상관없이, 한 사람이 교회의 재정적 업무를 맡는 것은 위험 부담이 너무 크다. 한 사람이 그렇게 많은 책임을 떠맡아서는 안 된다. 이것은 커다란 유혹이자 세상에 대해서도 성실하지 못한 모습이다.

재정을 적절히 다루는 또 하나의 그룹은 헌금과 다른 영수증 계수자들이다. 헌금 계수는 항상 두 사람 이상으로 구성된 팀이 담당한다. 계수자들은 헌금을 계수하는 것에 대한 책임이 있다. 재정 회계는 헌금을 은행에 예치하고, 재무는 예산 지출에 대한 수표를 발행한다. 지출은 지출한 내력을 보관하기 위해 기록된 수표로 지출한다.

서로 이해관계가 없는 두 사람이 교회 수표에 서명하는데, 개척자는 제외된다. 개척자는 재정 문제로부터 거리를 둠으로써 투명성에 대한 보호를 받아야 한다. 우리의 문화에 따르면, 목사들은 재정에 관해 문제를 보여서는 안 된다. 개척자는 재정 문제로 비난받아야 할 어떤 근거도 변명도 만들어서는 안 된다.

재무는 모든 재정 문제에 대해서 공명정대하게 보고서를 작성해야 한다. 보고서는 모든 기금과 회계에 관해 문서로 만들고, 분명하고, 규칙에 맞게 작성하여 정기적으로(월별) 교회 앞에 제출해야 한다. 보고서는 자세할수록 더 훌륭한 보고서가 된다. 재정을 관리하는데 개발된 탁월한 소프트웨어 프로그램을 활용하여, 재정을 다루거나 보고서를 만드는 일에 있어서 문제가 생기지 않도록 해야 한다.

교회가 시작되는 첫 날부터, 교회는 일반 헌금에서 선교 헌금을 보낼 수 있어야 한다. 국내와 전 세계를 향한 선교 활동을 위해 재정적인 지원을 함으로써, 새로운 교회는 축복을 다시 받게 된다.

내가 권고하는 것은 모든 새로운 교회는 일반 헌금의 십일조를 선교 헌금으로 드리라는 것이다. 지역 교회가 헌금 수입의 십일조를 선교 헌금으로 드리는 것에 대한 신학적 근거를 제시할 수는 없지만, 새로운 교회는 개척부터 힘써 헌금하는 본을 보일 수 있다. 어떤 새로운 교회는 그보다 더 많이 드리고 있고, 앞으로 드리려고 할 것이다. 예를 들어 내가 새로운 교회를 개척했을 때, 교단의 선교 헌금에 10%를 드리기로 정했고, 3%는 지방회로, 7%는 개척 첫 주일부터 교회 개척 기금으로 헌금했다.

처음에는 헌금의 액수가 교인들에게 중요하지 않은 것 같이 보인다. 그러나, 헌금의 퍼센트를 정하는 법을 배우고, 그 수준을 유지하고, 시간이 지남에 따라 액수를 높여가는 것은 많은 다른 교회 개척자들과 선교 기관들에는 신생 교회의 헌금의 영향으로 큰 격려와 용기를 얻게 된다. 적어도 이러한 관대함의 태도는 교회의 회원들이 그들의 십일조 혹은 그 이상으로 헌금할 수 있다는 것을 본을 통해서 가르쳐야 한다.

나는 개척 교회가 첫 예배 때 모은 헌금 전체를 다른 교회 개척 기금으로 헌금한 사례를 알고 있다. 이러한 헌신이 의미하는 바는 무엇일까? 이 헌금은 우리의 것이 아니고, 하나님 나라를 위해 우리의 마음을 활짝 열고, 헌금해야 함을 말하고 있다. 이렇게 하기로 결단하는 교회 개척자들은 첫 번째 예배 때, 그들이 어떤 헌신하는 마음을 가졌는지를 알게 된다면, 어려운 일도 잘 헤쳐나가리라 믿는다. 가장 작은 교회일지라도 새로운 교회는 세계 선교의 일부분이 될 수 있다는 것을 믿고 나아가라. 선교의 하나님은 항상 나의 필요보다 더 큰 축복을 부어주심으로 풍성하게 보답해 주신다. 이것이 하나님께서 주신 약속의 말씀이다.

재정적 출처에 관한 미래

우리는 종종 이런 질문을 받는다 — 교회 개척을 향한 자원들을 확보하기 위해 많은 사람이 부단히 노력하면서 이런 질문을 한다: "이제 앞으로 볼 때, 교회 개척자들에게 열려있는 펀딩 옵션들에 대해 어떻게 생각합니까?" 현재 상황이나 과거의 상황에서 볼 때, 교회 개척자들에게 열려있는 펀딩은 줄어들 것으로 전망한다. 그런 이유로 우리는 교회 개척을 위한 재정 확보의 새로운 접근, 이중직 사역과 자비량 사역 모델에 관심을 두게 될 것이다.

미래에 대한 비관적 전망 대신, **우리가 할 수 없다는 사실을 인식하고 새로운 교회 배가 운동으로 나가야 하는 것은 선택이 아니라 필수임을 깨달을 필요가 있다.**

비록 다음 세대의 교회를 위한 개척을 위한 모금은 더 어려워진다 해도, 하나님께서 주신 사명을 성취하기 위해 희생을 감수하며 새로운 길을 향해 나아가는 자와 계속 전진하고자 하는 자에게 하나님께서 새롭고도 풍성한 길로 인도할 수 있고, 인도하신다는 것을 기억

하라. 교회 개척자들이 새로운 차원에서 길을 가고자 하는 것을 고려할 때 몇 가지 고려할 사항이 있다:

- 기도 골방을 활용하라: 전에 했던 것과 같은 방식으로 하나님께서 인도하셔서 필요한 자원들을 공급하시도록 기도하라.
- 마음을 활용하라: 하나님께서 보내주시는 사람들에게 사역의 기회와 요구사항을 전달할 수 있는 커뮤니케이션 기술을 개발하라.
- 머리를 활용하라: 창의적인 방식으로 개발하라. 이것은 부분적인 보수가 아니고 전체적인 개혁이다.
- 손을 활용하라: 교회 개척자 혼자만 있는 것은 아니다. 모든 사람은 각자 기술을 가지고 있으니 그들을 활용하라. 창조적인 홍보를 하고, 웹사이트를 만들고, 통학버스를 운행하라. 이런 점들을 활용한다면, 많은 사람을 교회로 인도할 수 있을 것이다.

기억하라. 재정이 부족하다고 해서 사명을 감당 못 하는 것이 아니다. 바울의 패턴을 놓치지 말고, 더 중요한 것은 예수님의 소명과 교회의 사명을 붙잡아라.

결론

재정에 대한 전반적인 그림을 검토해 본다면, 실질적인 도움은 이미 하나님의 사람들의 손 안에 있음을 알게 될 것이다. 즉 하나님의 사업에 동참하고자 하는 유력한 재단, 부유한 기부자, 능력 있는 교회, 혹은 단순하고도 전형적인 개인 신자 등 스스로 자산을 가치 있게 여기고자 하는 자들의 역할이 크다. 개척자와 새로운 교회는 재정 문제를 다루거나 기부자나 협력자들을 대하는 태도에 있어서 신실해야 하며, 윤리적으로 깨끗해야 한다. 개척자는 현명해야 하며, 하나님은 교회 개척자를 위해 기적적인 방식을 행할 수 있으며, 교회와 개척자가 찬양하며 기쁨의 함성을 외칠 수 있다: "우리 자신이 한 것은 아무것도 없습니다. 오직 하나님께서 모두 공급해 주셨습니다. 우리가 다시 돌려주기 원하는 것은 우리 아닌 다른 사람들도 기적적인 방식으로 새로운 교제를 경험하게 된다는 것입니다."

PLANTING MISSIONAL CHURCHES

모임 장소 찾기

새로운 교회는 함께 모여 예배하는 장소를 가져야 한다. 아주 작은 가정교회부터 가장 큰 대형 교회에 이르기까지, 장소나 크기와는 상관없이 새로운 교회, 성장하는 교회는 모일 장소가 필요하다. 가정교회는 본질상 외형적인 시설물이 필요한 것은 아니다. 가정교회를 제외한 모든 교회의 모임에는 일시적이든 영구적이든 건물이 필요하다. 이 장에서는 새로운 교회, 성장하는 교회가 필요로 하는 건물에 대해 언급한다.[1]

처음부터 적절한 장소를 찾아라

새로운 교회의 위치는 병원과 같다. 새로운 교회의 출생이 "시작" 되는 곳이다. 교회 위치는 사용할 수 있는 건물이 있는가에 따라 결정된다. 오래전에, 나는 맨해튼 지역의 멋진 극장에서 모였던 교회에 출석했다. 그들은 극장에서 모임을 했는데, 그 이유는 그 장소가 비어있었고, 그들이 접촉하려 했던 사람들을 만날 수 있는 곳이었기 때문이었다.

---

1 새로운 교회를 성장시키기 위한 시설은 나중에 논의될 것이다.

커피와 교회의 프로그램이 제공되었던 그곳의 로비는 바로 거리로 나가는 인도와 연결되어 있었다. 예배에 온 사람들은 자리에 앉기 위해서(바의 위쪽) 2층으로 올라가야 했다. 그 건물에는 어린이들을 위한 공간은 없었지만, 그다지 필요한 것도 아니었다. 그곳에 거주했던 사람들은 자녀들은 없고, 반려견만 있을 뿐이었다. 결과적으로, 그 교회는 그들의 필요를 채워주는 공간을 찾은 것이다. 모든 교회는 그들이 전도하고자 하는 사람들을 연결할 수 있는 장소를 찾아야 한다. 적절한 장소를 찾는 것은 시대적 흐름을 반영하고, 일반적인 지침을 따르지만, 개인적인 상황이 반영되어야 한다.

비전통적이며 특별한 거부감이 없는 장소

교회가 모일 수 있는 가장 적절한 장소에 관한 연구조사를 했다. 대부분의 기존 교회들은 건물을 가지고 있었기 때문에, 새로운 교회를 필요로 하는 곳에 더 중점을 두었다. 우리가 첫째로 질문한 것은 "교회에 나오지 않는 사람들이 비전통적인 장소에서 모이는 교회에 올 것인가?"라는 질문이었다. 연구조사 결과는 "그렇다"라는 대답이었다.

위의 예에서 이미 보았듯이, 대부분의 조사 대상자들에게, 특히 교회에 다니지 않는 자들에게 있어서 비전통적 장소는 별로 문제가 되지 않았다. 내가 국내선교회(North American Mission Board) 미셔널 리서치 센터(Center for Missional Research)에서 일하고 있었을 때, 우리는 1,200명에게 질문한 내용은 교회의 장소가 전통적 건물이라는 것을 아는 것이 교회를 방문하거나 교회에 등록하는 데 어떤 영향을 주었나 하는 것이었다. 그 설문의 거의 4분의 3은 전통적인 건물에서 모임을 하는지 아닌지가 교회 참석에 별다른 영향을 주지 않았다고 답변했다.

좀 더 정확하게 말한다면, 우리가 질문한 내용은 "만일 어떤 교회를 방문하거나 등록하고자 할 때, 그 교회가 전통적인 건물에서 모임을 한다는 것을 아는 것이 자신의 결정에 영향을 준다고 생각합니까?" 그 질문에 대한 답변에는 재미있는 결과들이 나타난다:

- 아무런 차이가 없다: 73 %
- 나의 결정에 부정적 영향을 준다: 19%
- 나의 결정에 긍정적 영향을 준다: 6%
- 잘 모르겠다: 2 %

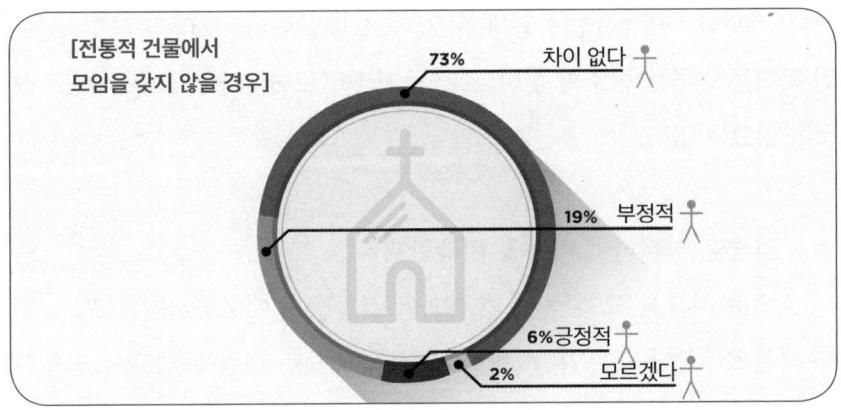

이 통계는 "교회에 나오지 않는 사람들"에게 설득력 있는 자료가 된다. 사실상, 교회에 전혀 나가지 않거나 거의 나가지 않는 사람 중 대부분이 대답한 바는 "전통적 교회 건물"이 그들이 교회에 나오거나 등록하는 것에 대해 아무런 차이를 주지 않는다는 것이다.

결과는 아주 놀라웠다. 지난 25년간, 주류를 이룬 교회 성장 이론의 주장은 그와 반대였다: 자신의 교회가 전통적 교회 건물을 가지고 있지 않다면, 교회는 성장하지 못한다. 그 당시에, 교회는 극장, 학교, 식당, 가정, 심지어 자동차 극장과 같이 다양한 유형의 장소에서 교회가 개척되었다. 만일 그들이 교회에 나오지 않는 사람들을 접촉하려 했다면, 그들은 중립적 장소에서 그들을 만나러 가야 했다고 말한다.

그동안 사람들의 마음속에 지배적이었던 생각이 최근 몇 년 새에 변하기 시작했다. 새롭게 등장한 많은 리더, 또한 특별히 미국의 도시 지역에서 교회에 전혀 나오지 않았던 사람들은 부정적이든 긍정적이든 전통적인 교회 건물에 대한 기억이 없다. 미국인들 가운데 4명 중 3명은 교회에 출석하거나 등록하는 것을 결정할 때, 전통적 건물이 영향을 주지 않는다는 것이다. 사실상, 우리가 연구했던 모든 조사에서 적어도 응답자의 60%는 관계가 없다고 대답했다. 달리 말하면, **선교의 목적을 이루는 장소를 찾아 그 장소가 덜 "교회답다"라고 느껴져도 걱정할 필요는 없다.**

건물을 임대하여 비용을 비축한다

새로 시작한 교회는 첫 단계에서 건물을 임대하면 장기적으로 볼 때 목돈을 비축할 수 있다. 새로 개척한 교회는 재정 문제에서 신용이 쌓이지 않았기 때문에 토지나 건물을 살 때 대출 융자를 받을 수 없다. 건물을 매입한다면 마감 비용과 그 외 많은 항목에 대해 지출해야 한다. 빨리 성장하는 새로운 교회들은 영구적 시설물들을 사기 전에 일정 기간 재정을 모으는 것이 현명할 수 있다. 유의 사항은 전체 경비를 낮게 유지하면, 건물에 들어가는 교회 재정을 사역자 지원, 전도 활동, 지역사회 이벤트 등에 사용할 수 있다.

그러나 임시 시설물을 사용한다면, 교회가 기동성 있는 사역을 개발해야 한다. 존 스탬(Jon Stamm)은 더 저니 교회(The Journey Church)가 동부 광역 지역에서 유기적으로 빨리 성장한 사례를 다음과 같이 나누고 있다:

> 한 가정의 거실에서 시작한 소그룹 모임이 두 개, 네 개로 불어나면서, 우리는 좀 더 효율적 교회 건물을 찾기 시작했다. 그러나 하나님은 다른 계획을 갖고 계셨다. 우리는 볼링장의 지하실을 임대했다. 우리 교회의 자원봉사자들은 전날 밤에 결혼식 연회장으로 사용되어 맥주와 땀으로 얼룩진 그 방을 예배실로 사용하기 위해 매주 정리하였다. 설교시간에 위층에서 마치 천둥소리처럼 볼링을 치는 소리가 나면, 교회의 회중들은 그 소리가 마치 목사의 설교를 아름답게 강조하는 것처럼 들리는 것 같아서 웃음으로 맞이한다.[2]

임시 시설물에서 모임을 하려면, 시설에 필요한 장비들은 이동 가능한 것들이어야 한다. 새로운 교회의 특별한 필요에 따라서 설계되고, 제작된 교회 가구들과 장비들은 임시 세팅이지만, 임시적으로 보이지 않는 것으로 공적인 집회에서도 충분히 사용할 수 있는 것들이다. www.NewChurches.com을 보면 이동용 장비에 대해서 더 많은 정보를 얻을 수 있다.

새로운 교회들을 위해 가장 많이 사용되는 장소는 신뢰가 형성된 다른 교회의 건물을 빌려 사용하는 것이다. 민족 그룹의 많은 교회는 일반 교회 건물의 일부를 사용하거나, 모 교회 건물을 나누어 사용하

---

[2] Jon Stamm, 2015년 6월 14일 저자에게 메일 발송.

기도 한다. 교회를 빌려 사용하는 것 이외에 많이 사용하는 건물은 공립학교다.

많은 사람이 말하기를 교회가 성장하기 위해서는 교회 소유의 건물이 필요하다고 말한다. 그러나 조지아주 달라스에 있는 웨스트 릿지 교회는 본 교회 소유의 건물로 이전하기까지 3,000명이나 되는 인원이 학교의 체육관에서 모였다. 사우스케롤라이나주 앤더슨에 있는 뉴스프링교회는 옮겨 다니는 장소에서 모였지만 4,000명 이상이 출석하는 교회였다. 지금은 사우스케롤라이나에서 15개 이상의 모임 장소를 가지고 있다(어떤 곳은 교회 소유의 건물이고, 어떤 곳은 아니다). 새들백 교회도 괄목할 만한 성장을 했지만, 이동식 건물을 유지하고 있었다. 이동식을 유지한다는 것이 결코 장애 요소만은 아니다. 오히려 유익이 될 수도 있다.

임대 가능한 장소

영화관

많은 교회가 영화관에서 모이고 있으며, 그곳이 적절한 모임 장소임을 인식하게 되었다. 합법적 영화관들은 교회를 위한 임대 부서를 두고 있다. 캐나다의 시네플렉스 영화사도 같은 경우이다. 앨버타주 에드먼턴에 있는 뷜라 얼라인스 교회(Beulah Alliance Church)는 그들의 두 번째 캠퍼스를 위한 적당한 장소를 찾고 있었는데, 그들이 시네플렉스를 방문했을 때, 그 도시에 새로운 영화관이 세워진다는 소식을 듣게 되었다. 그래서 그 교회는 예배 팀을 위해 무대 공간을 넓혔던 극장의 사례를 참고하여, 그 극장의 설계 과정 시작부터 함께 참여할 수 있었다. 나의 동역자인 다니엘은 극장 로비를 활용하여 방문객을 맞이했고, 파티 룸을 활용하여 영아들을 위한 비디오 교육실을 만들었고, 소극장을 활용하여 다른 어린이들을 위한 예배실을 꾸몄고, 가장 큰 극장을 대예배실로 사용하였다. 어린이 교실마다, 어린이들을 위한 자료들은 상자 안에 담아서 이동식 카트로 운반하였다. 모든 극장의 의자가 안락했기 때문에, 예배 분위기를 위해서 조명기구나 음향 장비들을 더 마련했다. 이 모든 시설과 자료들을 설치했다가 모임이 마친 후 치우기 위해서는 많은 자원봉사자가 필요했는데, 모든 담당자는 30분 또는 40분 전에 미리 와서 그 일들을 담당했다.

식당과 회의실
이 장소들은 새로운 교회 모임 장소로서 또 다른 형태를 제공해준다. 전에 내가 목회했던 한 교회는 일정 기간 식당과 넓은 사교실이 딸린 아메리칸 리전 홀에서 모임을 했다.

어린이집(Day Care Centers)
방들이 너무 작으면 예배실로 적합하지는 않지만, 대부분의 어린이집은 예배하기 적합한 넓고 오픈된 방들을 가지고 있다.

학교

지역 교육청마다 교회나 다른 종교기관을 위한 장소 임대에 관한 규정이 있다. 예를 들면, 일주일에 한 번 있는 예배가 국가와 교회 사이의 관계를 과도하게 얽히게 한다고 판단한다면, 장소 임대에 대해서 쉽게 거부할 것이다. 이것은 군이나, 시, 도, 국가에 따라 다를 수 있다.

학교 당국이 임대 수입을 선호한다면, 일요일에 모임을 마치고 난 후 청소 담당자를 선정할 것이다. 만일 청소부가 학교에만 소속되어 있다면, 이들은 주중 40시간만 일하기 때문에 문제가 생길 수 있다. 감가상각비 또한 학교 측에서는 고려해야 할 문제가 된다. 그런 문제들이 있다 해도, 학교 건물을 임대하는 것은 유익한 점들이 많다. 예를 들면, 학교에는 사용할 수 있는 교실들이 많고, 넓은 예배실도 사용할 수 있고, 주차시설도 충분하다. 규모가 큰 학교를 임대한다면, 강당까지도 사용할 수 있는데, 그렇다면, 매번 의자를 설치하고 치우는 수고를 덜어준다. 학교 건물을 임대하는 것에 대한 또 다른 이점은 교회가 지역사회를 위해 섬길 기회를 얻게 되며, 학교에 축복이 될 수 있다.

다른 대안들

지역사회의 상황에 따라서, 소방서 건물도 임대 장소로 유용하게 쓰일 수 있다. 소방서의 자원봉사자들은 기금 모금이나 다른 행사를 위한 넓은 장소를 가지고 있다. 어떤 가톨릭 교회들은 그들의 친교실을 다른 종교나 단체를 위한 모임 장소로 임대하기도 한다. 토요일에 예배하는 교회들도 종종 일요일에 예배하는 교회를 위해 장소를 제공하기도 한다.

위치 선정을 위한 현명한 선택

개척자와 교회는 모임을 위한 건물만이 아니라 위치 선정까지 주의 깊게 고려해야 한다. 지역사회와의 친밀성 있는 관계, 지역의 역사를 고려하는 것도 위치 선정에 도움이 된다. 어떤 지역에서는 건물 자체가 평판이 좋지 않거나, 안전하지 않고, 새로운 사람들이 오기를 꺼리는 장소들도 있다.

건물에 필요한 요소

교회 창립의 규모를 크게 하려면 교회 건물도 커야 할 것이다(자세한 것은 추후에 언급할 것이다). 가정교회 정도이거나 약간 더 큰 경우, 새로운 개척 교회 역시 준비해야 할 것이 많이 있다. 작지만 새로운 교회는 아파트 단지나 콘도미니엄 단지에 있는 레크레이션 실과 넓은 거실, 그리고 식당의 큰 방, 학교 식당 혹은 체육실, 쇼핑센터의 비어있는 공간 등을 고려할 수 있다. 때때로 오래된 교회들은 자기 건물 안에 사용하지 않는 공간을 임대하는 것을 좋아한다.

교회는 어디서나 모일 수 있다. 킹 스트리트교회의 루크 에드워즈 목사(노스캐롤라이나의 분연합감리교회의 새로운 캠퍼스)는 다음과 같이 말한다.

우리 교회는 노스캐롤라이나 분에 있는 작은 예배 모임의 네트워크에 속한다. 우리의 초점은 전에 한 번도 경험해 보지 못한 기독교 공동체로 사람들을 초대하는 것이다. 우리 모임은 2014년 8월에 시작되었다. 최근에 우리는 일곱 개의 모임을 하고 있다. 지역의 술집에서 매주 모이는 모임이 두 개 있다. 하나는 일요일 저녁에 모이는 분 살롱이고, 또 하나는 화요일 저녁에 모이는 포트폴리오 모임이다. 이 모임에는 대학생들로 구성된 하나의 그룹이 있는데, 분(Boone) 도심에서 멀지 않아, 우리 집 거실에서 화요일 저녁마다 모인다. 우리는 매주 수요일 오전에 카운티의 교도소에서 남성들로 구성된 모임을 하고 있다. 또한, 미혼모이면서 작은 사업체를 운영하는 여성이 매월 미혼모들을 위한 모임을 인도하고 있다. 우리는 그 지역의 라이론 커피숍의 죽음의 카페라고 불리는 곳에서 죽음, 상실, 애통함에 관해 열린 대화를 나누고 있다. 마지막으로, 한 달에 한 번 서비스 프로젝트를 위한 그룹을 시작했다. 이 작은 모임들은 과거에는 전혀 경험해 보지도 못했고, 생각해 본 적도 없는 일들을 기독교 공동체 안에서 효과적으로 진행하게 되었다. 그 교회는 하나님을 예배하기 위해 모이는 하나의 그룹이며, 서로서로 세워가면서 세상을 구원하는 모임이다. 우리는 집에서나 바에서나 아니면 어느 곳에서든지 이 일을 할 수 있다.[3]

교회가 모이는 곳은 어디서나 그 공간이 유용해야 하며, 즐겁고, 관리가 가능하며(다음 장에 이에 대한 설명이 있다), 문화적으로도 잘 맞아야 한다. 그 그룹이 필요로 하는 것은 재정이 아니고, 필요가 적절히 충족되는가 하는 문제이다.

임대 피로감

새로운 교회들은 일반적으로 일정 기간 시설을 임대한다. 먼저, 그들은 일요일 오전 예배시간만을 위해 임대한다. 이러한 임대 시설들은 항상 가구와 장비들을 갖춘 전통적인 교회 건물과는 완전히 다르다. 장소를 임대하게 될 때, "임대 피로감"이 서서히 드러난다. 이 일은 오랫동안 매주 장비들과 도구들을 설치하고, 철수하는 일을 반복해야 하므로 창립 팀에게는 피로가 쌓이게 된다. 이런 수고가 그다지 심

---

3 Luke Edwards, 2015년 6월 22일 저자에게 이메일 발송.

각한 것은 아니지만, 매 주일 아침 5시나 6시에 일어나 두세 시간 동안 이 일을 위해 봉사한다면, 이 이 사역은 봉사자들을 쉽게 지치게 한다. 교회의 정규 회원들이 그러한 현상을 사역에의 부르심과 그 사역 자체만으로 만족감을 얻을 수 없다면, 그 피로감은 쉽게 그들의 열정을 식게 만들 수 있다.

효율적인 이동성

임대 피로감을 극복하는 것은 쉬운 일이 아니지만 불가능한 것도 아니다. 개척자의 첫 번째 단계는 다양한 방법의 의사소통을 통해서, 강단에서, 소식지를 통해서 이 사역의 소중함을 체험한 회원들의 간증을 통해서, 이동식 사역이 장려되어야 한다. 개척자는 교회가 아직 안정되지 않았기 때문에, 이동성이 얼마나 중요한지를 낮게 평가할 수 있다. 빌 이섬과 피트 데오도르는 그들의 책 「유랑자 교회」(The Nomadic Church)에서 건물이 없는 교회에 대한 비전을 어떻게 강조하는가에 대한 유용한 지침을 제공해 준다. 같은 방식으로, 이스라엘은 40년의 광야 생활과 그 후에도 이동식 장막을 사용했다. 그러므로 새로운 교회 역시 이동식 교회는 가능하다.

선한 청지기 장려

개척자는 이동성에 기초한 사역이 청지기의 좋은 모범이라는 것을 이해하도록 도울 수 있다. 회원들에게 여러 자원을 활용하여 지역 공동체에 복음으로 접근하는 것이 최우선순위임을 강조하고, 회원들이 이러한 사역을 우선순위에 두도록 도와야 한다. 교회가 건물을 세울 때까지 건물 없는 교회를 유지한다면, 회원들은 건물을 사역의 도구로 볼 수 있을 정도로 성숙한 자들이 될 것이다.

소명 받은 존귀한 사역자들

많은 사람이 예배 중에 사람들을 가르치거나 인도하지는 못한다. 그러나 그들은 의자와 오디오 시스템을 설치할 수 있고, 그 일을 기쁘게 받아들일 것이다. 회원들을 예배 준비 사역에 동참시키는 것은 예배를 위한 모든 일을 준비하는 것뿐 아니라, 그들이 봉사의 일에 신실하게 참여할 기회를 주는 것이다. 비록 목회자 혹은 창립 팀이 그 사역을 수행한다 해도, 교회 안에서 다른 봉사를 하지 않는 사람들에게 이 일에 참여하게 함으로써 그들이 소중한 봉사의 사역을 한다는 느낌이 들게 해줄 수 있다. 리더들은 이러한 봉사자들이 중요한 사역에 충성하는 것에 대해 공개적으로 그리고 개인적으로 칭찬해 주어야 한다. 그러한 봉사자들은 그리스도 안에서 "몸의 지체"이며, 좀 덜 귀하게 보인다 해도, 실제로는 그들의 섬김에 하나님 나라에 더 소중한 사역이 된다(고전 12:21-26).

안식교회 임대

임대 비용이 더 들어간다 해도, 임대 피로감을 덜 수 있는 또 하나의 방법은 안식교회를 임대하는 것이다. 이 임대는 24시간 사용할 수 있어서, 사무실 업무와 주중 사역을 위해서 주중에도 건물을 사용할 수 있다. 이 임대는 일요일에는 아무도 건물을 사용하지 않고, 일요일 예배를 위해서 가구와 집기들을 이동시킬 필요가 없으므로 이동 문제를 줄일 수 있다. 이러한 계획이 교회를 시작하기 전에는 필요하지 않다고 해도, 교회를 시작한 후 몇 달이 된다면, 이런 방법도 고려해 볼 필요가 있다. 임대 피로감, 교회의 사역 개발, 재정 확보 등을 포함하여, 여러 가지 요소들이 있다면, 안식교회를 임대하는 것도 고려할 수 있다.

유랑자 교회

이러한 시도가 건물 중심의 가치를 당황스럽게 해도, 어떤 교회들은 실제로 유랑자적 태도를 — 필요하면 새로운 장소로 이동하는 — 하나의 존재 양식으로 받아들인다. 교회 개척에 대한 이런 시도는 점점 확대되었는데, 특히 주거비가 많이 들어가는 도시 환경 속에서는 더욱 그러했다. 이런 경향이 일어난 것에 대해 이해할 만한 이유가 있다. 이러한 현상은 전 세계의 도시 지역에서 교회 개척을 시작할 때 생기는 문제임이 틀림없다.

제한된 면적

도시 환경에서 개척을 시작하기 위해서는 적지 않은 예산이 필요하다. 어떤 지역에서는 건축하기 위해 땅을 사는 것도 허용되지 않는다. 오래되었고, 심지어 허물어져 가는 건물임에도, 그 지역이 역사적 명소로 지정되어 도시 개발이 금지된 장소이기 때문이다. 역사적인 지역에서는 종종 볼 수 있는 현상이다. 여러 지역사회에서 그들의 역사적 유산을 간직하고 싶어 한다. 도시 환경에서 어떤 지역은 야생동물들을 보호하기 위해 주택이나 교회를 세우는 것을 금지하는 지역도 있다. 또 다른 지역에서는 종교적, 정치적, 혹은 사회적 압력들로 인해, 새로운 교회가 토지를 사 건물을 세우는 것을 못 하게 할 수도 있다.

사용할 수 있되 충분치 않은 면적

사용할 수 있는 토지가 있어도 필요를 채우기에는 부족할 수 있다. 일반적으로 150명당 1에이커의 땅이 필요하므로, 1,500명의 구성원이 생긴다면, 10에이커의 땅이 필요하게 된다. 뉴욕의 심장과도 같은 맨해튼 섬에서는 어떤 것도 할 수 있는 공간이 없다. 노던 버지니아는 최근에 살 수 있는 땅이 나오지 않는다. 멜버른이나 리버풀도 마찬가지이다. 땅을 사용할 수 있다 해도, 그 비용은 1에이커당 수백만 불이 되기 때문에 구입하기 쉽지 않다.

새로운 시대를 향한 새로운 패러다임

도심에서 교회 개척을 성공하려면 10에이커의 면적 위에 세워진 건축물이 필요하다는 생각을 버려야 한다. 진정한 신약 교회는 오늘날 도심에서 세워지는 첫 번째 장로교회와 같이 고층 빌딩의 16층에서 모일 수 있다. 21세기가 시작되면서 나타난 변화들을 보면, 토지와 건물을 소유하는 상황에서 지혜로운 청지기의 모습을 다시 정립해야 한다. 우리에게는 새로운 시대를 위한 새로운 패러다임이 필요하다.

공간의 공유

공간의 공유는 건물을 소유하는 데 따른 엄청난 비용에 대한 또 하나의 대안이다. 전 세계의 교회들이 이러한 접근을 통해서 경제적인 해결책을 찾게 되었는데, 두 개의 교회 혹은 그 이상의 여러 그룹이 같은 공간을 공유하는 것이다. 이런 사례는 때로 교단이 다른 경우, 혹은 다른 민족 그룹들로 구성된 교회일 경우이다.

건물의 소유

어떤 점에서 교회는 건물을 소유하고 싶을 것이다. 비록 건물을 사거나 건축하려는 신호를 매번 느끼지는 않는다고 해도, 그럴 필요를 느낄 때가 있다. 어떤 지역에서 교회들은 건물을 소유하기 전까지 돌파의 사역이 일어나지 않는 예도 있다.

문화적 필요

예를 들어, 교회가 매우 소규모의 적절한 시설도 합리적인 가격에 확보할 수 없다면, 구입하거나 건설하는 것 외에는 현실적인 선택지가 거의 없다. 교회의 존속성에 대한 지역사회의 인식도 공통점이다. 뉴욕의 버펄로(기억할지 모르지만 내가 개척했던 교회) 지역은 로마 가톨릭의 교세가 센 지역이다. (다른 지역과 같이) 로마 가톨릭은 대체로 "건물 중심"의 교회라고 여겨진다. 전도 대상자가 여러 가지 경우에 있어서 가톨릭 의식을 행하지는 않는다고 해도, 그들은 새로운 우리 교회가 "교회를 가지기까지" 즉, 건물을 소유하기 전까지는 눈길도 주지 않는다. 많은 경우, 우리가 접근하려는 사람들로부터 다음과 같이 말하는 것을 들었다. "교회 건물이 생기면, 당신을 만나러 가겠습니다."

이러한 문화적인 필요에 반응하기 위해서, 우리는 결과적으로 150년 된 교회 건물을 구매하여 우리의 필요에 맞게 리모델링을 하였다. 때때로 문화적 필요는 새로운 교회가 자체 시설을 갖추도록 촉구한다. www.NewChurches.co/PMC에서 칼 엘리스는 아프리카계 미국인들의 교회 개척에 관하여 유사한 경우를 기록하고 있다:

근사한 교회 건물은 아프리카계의 미국인들의 패러다임으로 볼 때 상당히 중요한 요소이다. 그러나 스토어프론트 교회(storefront church)는 이에 대한 예외이다. 과거 아프리카계 미국 이민자들이 몰려왔던 시기에, 도시 지역에서 생겨난 교회이다. 이 스토어프론트교회들의 절반은 성결교 혹은 오순절/성결교파에 속하며, 나머지는 침례교가 주류를 이룬다. 대부분 참석은 남부의 시골 지역에서 거주했으며, 도시에서 생활하는 이 주민들의 삶은 과거에 그들이 지역사회에서 나누었던 친밀함을 추구하게 했다. 이런 필요로 인해 그들은 스토어프론트교회 안에서 만났다.

새로운 세대들이 도시 지역에 나타나면서, 남부 시골에서의 삶의 기억들을 다시 떠올릴 필요가 없어졌다. 점차 스토어프론트교회는 현재와 무관하고 시대에 뒤떨어진 교회로 보였고, 결과적으로 건물이 없는 교회는 합법적인 교회가 아닌 것으로 보게 되었다. 연구에 따르면, 이러한 오점으로 인해, 많은 교회가 5년 이내에 자신의 건물을 마련하였다. 아프리카계 미국인 교회들이 건물을 확보한 후에 교회를 개척하는 것이 흔한 일이 돼버렸다.[4]

회복할 수 있는 단 한 번의 기회

신발의 크기가 얼마나 커야 할지를 발이 결정하게 해서는 안 된다. 교회가 건물을 건축할지, 구입할지 결정한다면, 그것을 결정하는 공간이 교회의 성장을 보장할 수 없다는 사실을 알아야 한다. 교회가 건축

4　Carl Ellis Jr., "Observations and Implications of African American Church Planting," Christianity Today, July 2013, 2015년 9월 24일 접속, http://www.christianitytoday.com/edstetzer/2013/july/observations-and-implications-of-african-american-church-pl.html.

하기로 했다면, 미래를 위하여 계획한 건물이 다음 주뿐 아니라 미래를 위해서도 충분한 공간이 되는지를 고려해야 한다. 교회는 계획에 없었던 시설을 증축할 수 있지만, 그것이 골칫거리가 되지 않고, 큰 비용이 들게 해서는 안 된다. 보완하여 증축할 기회는 단 한 번뿐이다 ― 첫 번째 건축.

세미놀 커뮤니티 교회는 지난 몇 년 동안, 고정된 예배 장소가 마련될 때까지 플로리다의 샌퍼드에 있는 장례식장, 체육관, 영화관, 초등학교 등에서 모였다.[5] 그 교회는 새로운 필요가 생김에 따라 다른 장소로 옮기게 되었고, 이러한 과정에서 그들은 건물을 갖는 것을 고려하게 되었다.

건물의 위치

한 교회가 건축을 해야 한다고 결정하면, 그 위치는 아주 중요한 요인이 된다. 어떤 교회들은 위치가 그다지 중요한 것이 아니라고 말하는데, 특히 탄탄하고 잘 세워진 교회들에는 더욱 그렇다. 예를 들면, 조지아 알파레타의 노스포인트 교회는 미국에서 가장 큰 교회 중의 하나이다. 나는 그 교회의 입구까지 운전하여 들어갔는데, 계속 놀랄 수밖에 없던 것은 사람들은 작은 사인과 작은 입구에서처럼 눈에 띄는 것이 없는데도, 그 교회를 찾아간다는 것이었다. 그 교회는 지역 사회 안에서 자신의 존재감을 형성하였고, 급속히 성장하였기 때문에, 대형 교회로 성장하기까지 교회의 위치가 문제되지는 않았다. 그러나 그런

---

5   Seth Shelton, 2015년 5월 19일 저자에게 이메일 발송.

사례가 일반적인 것은 아니다.

위치, 위치, 위치

새로운 교회가 건축하기로 한다면, 기존의 교회와는 다르므로 위치를 선정하는 것은 매우 중요하다. 새로운 교회는 그 지역사회로부터 어떠한 평판도 아직 얻지 못한 상태이다. 새로운 교회가 방문자들의 눈에 잘 들어오지 않고 쉽게 접근하기 어렵다면, 교회의 위치를 쉽게 찾을 수 없을 것이다. 편리하고 접근이 쉬운 지역에 있는 건물이 지역사회에서 교회의 위치를 부각할 수 있다.

넓은 면적; 실제 사용 공간은?

교회가 일반적으로 출석 교인 150명당 1에이커의 공간이 필요하다는 것을 기억하나? 교회는 전체 면적 중에서 얼마나 사용 가능한지를 고려해야 한다. 우리가 펜실베니아에서 개척한 레이크포인트 커뮤니티교회는 건축을 위해서 20에이커의 토지를 샀다. 그 면적의 1/3은 습지였고, 건축할 수 없는 땅이었다. 다행히도 그 교회는 구매하기 전, 그 땅이 건축하기에 적절하지 않다는 것을 알게 되어 현실을 반영하여 계획했다. 모든 교회가 이렇게 잘 해결되거나 혹은 철저하게 일을 처리하지는 못한다. 컨설팅 전문가들이 교회에서 생길 수 있는 그러한 막대한 재정과 위험한 문제들을 해결하는 데 도움을 준다.

건축 캠페인

교회가 건축 계획을 세우면, 건축에 대한 계획뿐 아니라 구매를 위한 재정 계획도 세워야 한다. 대부분의 컨설팅 전문가들은 건축 캠페인을 위해서 연간 예산 수입보다 3배까지 올릴 수 있다고 본다. 만일 컨설팅 전문가에게 의뢰한다면, 규모에 상관없이 건축 캠페인에 대한 방대한 자료를 가지고 있는 옥사노(Auxano) 전문업체를 추천한다.[6] 이렇게 말하지만, 나는 새로운 교회에는 전문가를 통해서 기금을 조성하는 큰 교회들의 방식을 추천하지 않는다. 많은 전문업체는 탁월한 방식을 가지고 있지만, 그들에게 고액의 수수료를 지급해야 한다(대략 기금 조성의 5-15%를 지불한다). 이는 재정적으로 어려운 교회에게는 부담이 너무 크다. 새로운 교회와는 일하지 않으려는 업체들도 있다.

다른 대안들

또 하나의 대안은 효과적이고도 진정성이 있는 기금 조성 방법을 잘 활용하는 교단 컨설팅 전문가의 도움을 요청하는 것이다. 전문가가 제시하는 방식은 기금을 조성하는 데 도움을 준다. 더 나아가, 전문가는 교회가 성숙한 청지기의 역할을 할 수 있도록 해 주고, 교회는 대행업체에서 나온 전문가에 대해 존경심을 갖게 될 것이다.

교회 대출

새로운 교회는 건축을 위한 대출을 위해 선택할 수 있는 몇 가지 대안이 있다.

---

6   Auxano, accessed September 24, 2015, http://auxano.com.

전통적인 대출

은행, 대출 업체, 신용 조합 등과 같은 금융 업체들이 교회를 위한 대출 자원들을 제공해 준다. 교회는 그 지역사회에서 신용이 있는 곳으로부터 유익한 조건에서 대출받을 수 있는 길이 있다.

교단 산하기관

어떤 교단은 교회 건물 구매나 증축을 위한 기금을 대출해 준다. 필요한 모든 기금이 교단 산하기관을 통해 제공되지는 못했어도, 교회가 건축 계획 및 기타 시작단계에서 필요로 하는 기금을 충분히 제공해 준다.

기금 위원회

많은 주와 지역에는 대출이나 기부금을 제공해 줄 수 있는 작은 대행사 혹은 부유한 평신도들이 있다. 이때 지역 교회 혹은 교단 리더들에게 어떤 기회가 있는지 질문해야 한다. 예를 들어, 올드 리틀 교회 기금 위원회는 교회 건물을 보수하거나 증축하는 데 필요한 기금을 제공해 준다.[7] 그런 기부금이 많지는 않아도, 그들이 목표로 하는 교회는 작고 새로운 교회들이다. 새로운 많은 교회는 이러한 견고한 대행사들로부터 도움을 받을 수는 있다.

---

7   Oldham Little Church Foundation, accessed September 24, 2015, http://www.oldhamlcf.org.

채무 서비스를 위한 전체 수입의 1/3

새로운 교회가 건물을 구매하는 데 있어서 대출 기관 혹은 대출 수단과 상관없이, 채무의 한도액이 주일 헌금 수입의 1/3이 넘어서는 안 된다. 이런 경고를 무시하면, 교회의 영적 분위기에 문제가 생기고, 교회의 생명과 사역에 장애를 가져온다는 사실을 인식해야 할 것이다.

결론

모임 장소는 교회의 존재에 필수불가결한 요인이지만, 장소가 교회의 방향을 결정해서는 안 된다. 장소에는 비용, 크기, 유지 보수에 대한 필요, 혹은 그 외 다른 요소들이 수반된다. 우리가 보았던 것처럼, 교회가 건물을 건축하여 소유하고자 할 때, 교회 건물의 "안정성"을 확보해야 하지만, 그로 인해 그 지역사회에 융통성 있게 접근하는 것이 방해를 받아서는 안 된다.

교회들은 사업가들이 "몰 사이클"(mall cycle)이라고 부르는 것도 고려해야 한다. 새로운 상가 혹은 일반적으로 사람들이 부르는 생활 센터를 새로운 쇼핑몰이라고 부르는데, 사람들은 이곳으로 많이 모인다. 15년에서 20년이 지나면 사람들은 다른 지역으로 이동하게 되며, 그곳에 새로운 쇼핑몰이 세워진다. 그와 더불어 이전의 쇼핑몰은 텅 비게 된다. 내가 지금 사는 테네시에서도 이런 현상들을 볼 수 있다. 대형 상가들이 10마일 이상 떨어진 곳으로 이사해서 새로운 상권을 개발한다.

사업가들은 이러한 현상을 잘 인식하여 개발을 시작한다(이런 계통에 밝은 사람들이 있다). 그들은 그들의 건물이 영원하지 않다는 것을 알고 있으며, 언젠가 다른 지역으로 옮겨지리라는 것을 알고 있다. 사업은 사람들이 있는 곳에서 이루어져야 하며, 사람들은 수십 년 동안 항상 그 자리에 있을 것이라고 기대해서는 안 된다. 그들은 몰 사이클이 오늘날의 현실임을 알고 있다. 그런 건물들이 영원하지 않다는 것이다.

많은 목회자와 교회 리더 그런 인식을 갖지 않고 건축을 한다. 그들은 교회 시설을 마치 영원히 존재하는 것처럼 생각한다. 그들은 교회 예산의 대부분을 건축비에 쏟지만, 그 건물을 융통성 있게 사용하지 못한다. 그 지역의 많은 사람이 다른 지역으로 이동하게 되면, 교회는 기존의 건물 때문에 다른 곳으로 가지 못한다. 임대하든 구매하든, 현금으로 사든, 대출을 받든, 새로 건축을 하든 다른 빌딩을 개조하든, 당신의 교회가 모이는 건물은 관리만을 위한, 기념비적인 건물이어서는 안 된다. 건물을 잘 활용할 수 있도록 계획을 해야 한다.

창립 – 새로운 교회 창립일

어떤 개척자들은 교회가 창립되기 전, 잉태기와 준비기에 너무 큰 노력을 기울이다 보니, 실제 창립일의 중요성을 인식하지 못하게 된다. 이 장은 창립일 바로 전 마지막 며칠 동안에 해야 할 일들을 점검한다.

창립 전의 광고: 교회 창립에 관한 홍보

새로운 교회가 시작된다는 사실을 지역사회에 알리는 몇 가지 방법들이 있다. 어떤 개척자들은 창립 전의 기간을 잉태기에 비교했다. 새로운 교회에 대한 비전은 잉태기에 속한다. 새로운 교회가 창립되기 전에 전개되는 과정은 출생 전의 성장 과정과 같다. 창립일은 태어나는 날이다.

대부분의 교회 개척자는 기존의 광고 형태를 사용하여 교회의 창립을 알린다. 출생은 마땅히 광고할 가치가 있다. 새로운 교회 역시 광고할 가치가 있으며, 특히 높으신 주님께 영광을 돌리는 교회의 출생을 홍보한다는 것은 귀한 일이다.

광고는 제한된 시간에 많은 사람에게 알릴 수 있는 효과가 입증된 홍보 수단이다. 효과적인 광고는 많은 사람을 교회로 오게 하는 수단이 되지만 역시 많은 예산이 들어간다. 교회 개척자들은 교회 창립을 광고할 때 몇 가지 대안들을 선택할 수 있다. 다음은 이미 알려진 홍보 방법들이다.

다이렉트 메일 Direct Mail

우리가 한 연구와 관찰을 통해 볼 때, 다이렉트 메일은 효과가 있지만 모든 곳에서 항상 효과가 있는 것은 아니며, 그 효과는 이전과 같지 않았다. 최근 우리가 이 방법을 사용한 적이 있었는데 효과가 있었지만 다른 여러 지역에서는 이 방법을 사용하지 않는다.

그렇다면 홍보의 효과를 어떻게 알 수 있을까?

지역 내 얼마나 많은 교회가 이 방법을 사용하고 있는지 알아볼 필요가 있다. 다른 교회들이 이 방법을 사용하고 있다면, 아무래도 효과는 떨어질 것이다. 그러므로 그런 홍보를 위해 예산을 지출할 필요는 없다. 사람들은 중복되는 우편물을 받으면, 그만큼 관심이 낮아진다.

이제는 대부분 다이렉트 메일을 사용하지 않고 있지만, 어떤 교회들은 이것이 효과가 있다고 믿는다. 그들은 우편 홍보를 일 년에 여러 번 사용함으로 방문자들이 많이 찾아오게 되었고, 교회가 지역사회에 동참하는 방법의 하나가 바로 이 우편 홍보라고 생각한다. 나도 교회를 시작할 때, 다이렉트 메일을 발송하였고 일 년에 몇 차례 이 우편 홍보를 하곤 했다.

한편으로 다이렉트 메일의 효과가 있는 지역을 보고 놀란 적이 있었다. 여전히 많은 교회가 다이렉트 메일을 사용하고 있으며, 효과를 보고 있다. 최근 2015년 라이프웨이 연구소가 NewChurches.com과 함께 연구한 미국의 교회 개척 현황을 보면, 교회 개척 시에 사용했던 홍보 방법으로서 가장 효과적인 세 가지 방법의 하나가 바로 우편 홍보였다. 이 홍보 방법을 사용한 교회들은 사용하지 않은 교회에 비해 예배 평균 출석자 수가 증가하는 것을 발견하였다.[1]

평균 예배 출석 수		
연도	우편 홍보	우편 홍보 하지 않음
1	69	46
2	97	68
3	129	86
4	173	110

만일 다이렉트 메일을 보내려고 한다면, 중요한 질문은 바로 이것이다: 우리의 초점 그룹에게 이 홍보는 효과가 있을까? 교회 개척자들이 사용하고 있는 다이렉트 메일 전략들을 고려해 보자.

<u>1회 편지</u>: 초대장을 보내는 것은 1회 우편 발송 방식으로 가장 많이 사용된다. 초대의 편지가 초점 그룹에 속한 사람들의 특별한 필요를 파악하여, 그 필요의 내용을 언급해 준다면 가장 효과가 있을 것이다.

이 초대 편지는 새로운 교회, 편지를 받는 사람, 그 외 관련된 사람들의 미래에 대한 열정을 담고 있어야 한다.[2] 이 편지는 교회와 영적인 문제에 대해서 대상자들의 관심을 끌고, 그것을 채워줄 수 있어

---

[1] 다음 내용을 내려 받으라. the State of Church Planting in the U.S. 2015 Report at www.NewChurches.com/PMC
[2] 여러 종류의 교회개척 우편물의 예는 www.New-Churches.com/mailers. 에서 볼 수 있다. 그곳에서 각자의 자료도 공유할 수 있다.

야 한다. 이 편지는 대상자들이 "교회"라는 이미지에서 나타나는 두려움을 없애는 데 도움이 되어야 한다. 신학적인 용어 혹은 교회의 용어를 삼가거나, 이해하기 쉬운 표현을 사용해야 한다(문법적인 오류가 없어야 한다). 수신자들이 편지를 읽었을 때, 호기심이 느껴지며, 새로운 교회에 가고 싶다는 마음이 들게 해야 한다.

2회 편지: 어떤 교회들은 두 번의 우편 발송이 더 효과적이라는 것을 발견했다. 첫 번째 예배 열흘 전에 1차로 발송을 하고, 두 번째는 닷새 전에 발송하는 것이다. 우편은 여러 번 해야 효과가 있으며, 그 메시지의 효과는 우편을 두 번 받을 때 더 올라간다.

복수 편지: 교회의 홍보는 많이 하면 할수록 효과는 더 좋아진다. 어떤 교회들은 새로운 교회의 메시지 효과를 높이기 위해 같은 지역에 5번 이상의 우편을 발송한다. 그러나 우편을 많이 발송하면 그만큼 많은 예산을 지출해야 한다. 처음 창립 때 많은 사람이 오기를 바란다면, 한차례 편지 발송으로는 효과를 볼 수 없다. 다이렉트 메일의 효과를 기대한다면, 빈번한 접촉이 관계 형성에 도움을 줄 수 있다. 이 홍보의 효과가 있을 수도 있고 없을 수도 있지만, 예산을 얼마나 투입하느냐에 효과는 달라질 수 있다.

공개 예배(preview services)와 소그룹

이런 공개 모임은 지난 20년 동안 잘 활용되었다. 공개 모임은 새롭게 개척되는 교회가 첫 번째 공식적인 예배를 시작하기 전에 시리즈로 만드는 월별 모임이다. 새로운 교회는 가능한 많은 사람을 참여하게 하여, 첫 번째 공식 예배 때에는 모이는 사람들의 숫자가 늘어나는 것을 보게 된다. 첫 번째 공개 예배를 위해 너무 많은 편지를 보내지 않도록 주의하라. 공개 예배 때 200명이 참석해도, 공식적으로 시작하는 창립 예배 때에는 100명으로 줄어들 것이다. 이러한 숫자의 감소는 용두사미의 느낌을 주게 되고, 그러면 교회의 성장 동력을 잃게 될 것이다.

창립 예배를 시작하기 전에 공개 예배를 3회 이상 갖지 말라. 사람들은 더 기다리려고 하지 않으며 정규 예배가 시작되기를 원한다. 공개 예배는 찬양 인도자들이 찬양 인도를 시도해 볼 기회를 준다. 예배에 참석하는 자들에게 이렇게 말하라: "오늘 예배에 오셔서 반갑습니다. 오늘 예배는 우리가 함께 드리는 첫 번째 예배입니다. 부족한 점이 많이 있을 것입니다." 공개 예배 때에는 예배 팀이 실수해도 용납이 되지만, 창립 예배 후에는 용납되지 않는다. 경험 있는 교회들은 현재 참여하는 사람들을 통해 창립 팀을 구성하여, 공개 예배를 먼저 시작하는 것이 성공적이었다고 말한다.

다른 개척자들이 사용했던 또 다른 방식은 공식적인 창립 예배를 시작하기 전에 소그룹부터 먼저 시작하는 것이다. 워싱턴의 그리스도 킹 사우스사이드교회의 롭 로저스 목사는 이렇게 말한다:

우리 가족과 함께 교회를 개척하기 위해 펜실베이니아 피츠버그에서 워싱톤 주 벌링햄으로 이사하기 전에, 우리가 알고 있었던 사람 중에 교회 개척에 관심이 있는 사람들과 함께 소그룹을 먼저 시작하였고, 그 후에 창립 예배를 드리게 되었다. 우리가 2012년 6월에 그 도시로 이사하기 전 3개월 동안 소그룹 모임을 했다.

우리 그룹은 계속해서 만났고, 정보를 서로 나누는 모임을 했으며, 우리의 이웃들, 가족들, 친구들을 찾아갔고, 2012년 10월, 65명의 장년으로 구성된 공식적인 모임을 시작하였다. 만일 우리가 예배를 먼저 시작했다면, 개척을 시작하는 중요한 시기에 사역의 동력을 찾으려고 애를 썼을 것이다. 우리가 그 도시로 이사하기도 전에 소그룹 모임을 먼저 시작하다 보니, 다른 사람들에게 연락하여 그들을 이 모임에 초대할 수 있었고, 초대받은 이들은 강력한 주인의식을 갖게 되었고, 이것이 지역 교회의 미담으로 남게 되었다.³

이메일과 인터넷 마케팅

이메일 마케팅 역시 효과가 입증된 방법이다. 그러나 사람들이 집에서 정크 메일을 받게 되는 것과 같이, 정크 이메일이 메일 박스 안에 들어올 수 있다. 그래서 이메일 마케팅은 신중하게 사용되어야 한다. 이에 대한 효과적인 방법은 사람들에게 부담을 주지 않으면서 관심을 끄는 것이어야 한다. 13장에서 이미 언급한 바와 같이, ConstantContact과 MailChimp는 사용자의 기호에 맞춘 이메일 디자인을 사용하여 여러 부류의 사람들과 네트워크로 발송하는데 도움을 준다. 이러한 이메일 서비스는 이메일을 받는 수신자들이 미래의 이메일 수신에 대해서 쉽게 수신거부(Opt out)하거나 개인 정보 수집에 동의하여(Opt in) 정규적으로 메일을 수신할 수 있게 해준다.

인터넷은 또한 교회가 창립하게 될 때, 마케팅을 가능하게 해주는 다기능 자원이다. 창립일이 다가온 시기에는 웹사이트나 블로그를 통해서 웹 사역을 하는 것도 도움이 된다. 새로운 교회의 웹사이트는 24시간 활용할 수 있는 마케팅 전략이다. 우선 개인적인 접촉, 전화, 이

---

3   Rob Rogers, 2015년 6월 2일 저자에게 메일 발송.

메일, 혹은 소셜 미디어 등을 통해 일차적으로 마케팅을 한다 해도, 웹사이트는 새로운 교회에 관해 생동감 있고 업데이트 된 정보를 제공해 주기 때문에 사람들의 관심을 끌 수 있다. www.NewChurches.com/offer 사이트를 통해서 새로 개척된 교회가 웹사이트 전문업체들과 협력하여 무료로 웹사이트를 제작할 수 있도록 안내해 준다.

소셜 미디어

역사를 통해 볼 때, 모든 세대의 사람은 도심의 광장에서 모인다. ― 도심은 지역사회의 구성원들이 사회적, 상업적 목적으로 함께 모였던 공공의 장소였다. 과거에는 문자 그대로 "도심의 광장"이었고, 아직 이런 장소가 여전히 남아있는 곳이 있다. 소셜 미디어가 등장할 때까지 도심의 광장이 쇼핑몰이었고, 사람들이 함께 모이는 장소였다. 소셜 미디어는 21세기의 도심의 광장이다. 그러므로 새로운 교회들은 소셜 미디어 안으로 들어와야 한다.

지역사회에서 교회의 창립을 홍보하기 위한 주요한 수단 중 하나는 페이스북이다. 퓨 연구소(Pew Research Center)에서 발표한 통계를 보면 2014년 미국의 소셜 미디어의 현주소를 말해 준다.[4]

- 온라인을 사용하는 모든 성인 중 71%가 페이스북을 사용한다.
- 모든 성인 인구의 58%는 페이스북을 사용한다.
- 온라인을 사용하는 남성 중 66%가 페이스북을 사용하고, 온라인을 사

---

[4] "Social Media Update 2014," Pew Research Center, January 9, 2015, 2015년 9월 24일 접속, http://www.pewinternet.org/files/2015/01/PI_SocialMediaUpdate20144.pdf.

용하는 여성 중 77%가 페이스북을 사용한다.

이 연구는 페이스북이 얼마나 폭넓게 사용되고 있는지 보여준다. 이는 젊은 청년 세대에만 국한되지 않는다.

- 18-29세 사이의 온라인 사용자의 87%가 페이스북을 사용한다.
- 30-49세 사의의 온라인 사용자의 73%가 페이스북을 사용한다.
- 50-64세 사의의 온라인 사용자의 63%가 페이스북을 사용한다.
- 65세 이상의 온라인 사용자의 56%가 페이스북을 사용한다.

교회 개척자들이 페이스북을 활용할 필요가 있다고 말하는 것은 당연한 일이다. 성인 중에 여전히 많은 사람이 이를 사용하고 있기에, 이를 활용해야 한다. 그러나, 페이스북이 사람들이 사용하는 유일한 소셜 미디어만은 아니다. 퓨 연구소(Pew Research)가 2014년에 발표한 바로는, "온라인을 사용하는 성인 중 52%는 2-3개의 소셜 미디어를 사용하고 있으며, 이는 인터넷 사용자가 42%였던 2013년에 비해 월등히 증가한 것이다." 다른 두 개의 소셜 미디어 사이트는 트위터(Twitter)와 인스타그램(Instagram)인데, 이것들은 교회 개척을 계획하는 지역과 인구 통계에 기초하여 그곳에 교회의 창립을 알릴 수 있는 아주 효과적인 도구이다.

트위터 사용자들의 대상은 폭넓고 다양한 인종들이지만, 그중에 청년층, 대학교육을 받은 자들, 부유층, 그리고 도시 지역에 사는 자들이 많은 것 같다. 교회 개척 지역이 어느 곳이라 할지라도, 특히 중산층에 속하거나 대학 환경이 있는 곳이라면, 트위터는 아주 좋은 홍보의 도구라 할 수 있다. 트위터 계정을 개설하고, 지역사회와 연결을 시도하라.

인스타그램 사용자들도 트위터 사용자만큼 다양한 계층을 가지고 있다. 그러나, 백인 계층보다는 아프리카계 미국인과 라틴 계통의 사람들에게 더 인기가 있다. 퓨 연구소의 통계를 보면, 가장 많이 사용하는 인스타그램 사용자는 대학교육을 받았고, 도시 지역에서 사는 18세에서 29세 사이의 아프리카계 미국인 여성들이 제일 많다고 말한다. 청소년들이나 청년들을 대상으로 교회를 세우고자 한다면, 인스타그램이 가장 효과적인 소셜 미디어이다. 이 소셜 미디어 플랫폼은 급격하게 성장하고 있으며, 인스타그램은 교회 개척 상황이 어떻게 되어 가는지를 사진과 비디오로 보여줄 좋은 도구이다.

소셜 미디어는 더 이상 유행이 아니다. 이것은 우리의 문화 속에 깊이 자리 잡고 있다. 새로운 교회 개척은 이런 만남의 현장 속에서 대중과 연결하기 위해서 할 수 있는 모든 것을 다 해야 한다. 2014년 1월 현재, 온라인을 통해서 참여하고 있는 자 중 74%는 소셜 미디어를 사용하고 있다고 말한다. 그렇기에 이곳에 연결되어야 한다. 전략적으로 생각해보아도, 교회는 소셜 미디어를 규칙적으로 사용하는 사람들과 접촉할 수 있다. 사도 바울이 말한 것과 같이, "내가 여러 사람에게 여러 모습이 된 것은 아무쪼록 몇 사람이라도 구원하고자 함이니 내가 복음을 위하여 모든 것을 행함은 복음에 참여하고자 함이라"(고전 9:22-23).

반대를 예상하라

교회를 홍보하기 위해서 어떤 도구를 사용한다 해도, 반대하는 자들이 있음을 예상해야 한다. 만일 소인이 찍힌 반송 카드를 보낸다면, 달갑지 않은 답장을 받게 될 것이다. 페이스북에서도 피드에 올린 글을 비난하고 문제 삼는 "악성 댓글"들을 볼 수도 있다. 어떤 사람들은 보이는 현상을 그대로 믿을 것이다. 그들에게 믿음은 개인적인 문제와 연관되어 있기 때문이다.

어떤 교회 개척자들은 모든 대중적인 접촉을 하지 않기로 한다. 오늘날 대부분 사람은 관계적이기 때문에, 이런 식의 접촉은 부정적인 결과만을 가져올 것이라 생각한다. 이런 현상은 내가 관찰한 것은 아니다. 대중과의 접촉을 통해 비난받았던 사람들은 세속적인 방식으로 혹은 진정성 없이 나섰던 크리스천들이었다. 영적인 자세를 가지고 이에 임하는 사람들은 일반적으로 그런 접촉을 통해서 공격을 받지 않는다.

피해야 할 방식들

다니엘과 나는 교회 개척자들이 신문을 사용하는 것을 권하지 않는다. 대부분은, 지역 교회에 해당하지 않는 너무 광범위한 지역까지 관여하고 있고, 신문 광고비도 비싸다. 그러나 작은 도시의 지역 신문이나 해당 민족이 구독하는 신문은 예외이다. 만일 신문을 활용한다면, 광고 문구는 전문적이면서도 사람들의 눈을 끄는 것이어야 한다. 솔직히 말해, 젊은 세대는 지역 신문을 읽지 않으며, 인터넷이나 소셜 미디어를 통해서 정보를 얻는다.

라디오를 사용하는 것도 추천하지 않는다. 라디오 청취자들은 너무 광범위하여, 초점 그룹의 사람들을 만날 수 없다. 만일 라디오를 사용하려 한다면, 개척하려는 교회에 잘 맞고, 교회가 창립할 때 사용하고자 하는 음악 스타일을 전하는 방송국을 활용하라. 예를 들면, 예배 때 클래식 찬양을 사용할 계획이 없다면, 클래식 음악을 보내는 방송국에 광고를 의뢰하지 말라는 것이다.

빌보드는 피해야 할 또 하나의 미디어 방송이다. 이 방송은 반응보다 비용이 지나치게 비싸다. 이런 방식에 익숙한 사람들은 첫 창립 예배 때까지 카운트 다운을 하면서 사람들의 눈을 끄는 빌보드식 방식을 채택하려고 한다. 빌보드 방송의 가장 취약한 점은 듣는 사람들이 아무 생각 없이 운전하면서 이 방송을 듣는다는 것이다. 사람들의 눈을 끄는 것은 빌보드 자체이다.

텔레비전 시청 시간 역시 터무니없이 비싸다. 케이블 TV는 예외일 수 있다. 의자에 앉아 성경과 설교를 듣는 30분간의 케이블 TV 프로그램에서 광고하는 것은 선교적 교회 개척에는 효과적이지 않다. 어떤 케이블 채널은 CNN, MSNBC, 그리고 FOX 뉴스의 지역 방송 시간에 광고를 판매한다. 전국 방송 네트워크의 지역 광고는 효과가 있을 수도 있다.

큰 그룹 형성

이러한 방식들을 사용하는 이유는 더욱 큰 그룹을 형성하여, 첫 단계에서 다음 단계로 발전하기 위함이다. 참석자들의 수와 상관없이 공식적인 예배를 시작할 때, 중요한 이벤트를 만들라. 창립 팀들이 그들의 친구들을 모두 초대하도록 격려하라. 창립 팀에게 이렇게 말하라: "우리는 새로운 교회를 시작합니다. 우리 친구들을 모두 초대합시다. 이 새로운 교회를 통해 하나님께서 어떤 일을 하시는지 주목하여 함께 봅시다." 교회 창립 때에는 30명, 혹은 300명이 참석할 수도 있다. 몇 명이 오든 상관없이, 이러한 방식을 지혜롭게 활용할 수 있어야 한다.

창립을 위한 준비

창립 예배를 언제부터 준비해야 하나? 창립일까지 무엇을 준비해야 하나? 이 질문들에 대한 대답은 교회 개척의 모델과 비전에 따라 달라질 수 있다. 어떤 교회 개척자에는 교회 창립일 전까지 해야 할 일이 "주요 이정표"(major mileposts)들을 세우는 것이다.[5] 이 시점에서 다뤄야 하는 전반적인 질문은 건강한 선교적 교회를 세우기 위해 성취해야 할 주요한 과제(이정표)들이 무엇인가 하는 점이다. 어떤 개척자들은 이런 질문을 한다.

- 창립 팀들은 주변의 많은 사람을 충분히 접촉했는가?
- 어떤 교회가 되어야 하는지에 대한 비전을 공유했나?
- 적절한 모임 장소를 확보했나?
- 예배 팀들은 정해졌나?
- 지역사회와 충분히 소통하였고, 그들이 잘 이해하고 있나?
- 유아부와 유초등부를 위한 프로그램이 준비되었나?
- 현재 소그룹들이 구성되어 있나?

---

5   이 부분의 자료는 다음에서 발췌하여 편집하였다. Tom Cheyney, J. David Putman, and Van Sanders, eds., *Seven Steps for Planting Churches* (Alpharetta, GA: North American Mission Board, SBC, 2003), 59-60.

- 지속해서 진행해야 하는 교회 프로그램이 준비되어 있나?
- 적절한 전도 전략이 준비되어 있나?

　교회 "이정표"가 무엇이든, 창립일까지 완수하는 것을 목표로 하라. 창립 예배를 효과적으로 치루는 데 필요한 사람들과 자원들을 공급해 주실 것을 기도하라.

창립 예배

　통계에 따르면 **창립 예배를 큰 행사로 치르는 교회가 작은 행사로 치르는 교회보다 더 성장한다고 말한다.** 창립 예배를 큰 행사로 치러야겠다는 동기 부여를 주지는 않는다고 해도, 그것을 안다는 자체가 중요하다. 큰 행사와 작은 행사와의 차이가 기대했던 그것보다 크지 않다고 해도, 첫 예배를 큰 행사로 치르는 교회는 2년에서 4년 사이에 출석 교인이 많은 교회가 된다는 것이다.

　오늘날 많은 새로운 교회들은 "창립 예배"를 큰 행사로 치른다. 창립 팀은 첫 공식 예배에서 많은 사람이 올 수 있도록 노력한다. 교회에 나오지 않는 사람들을 접촉하는 것이 하나의 과업이라면, 그들이 교회에 와서 편안함을 느끼도록 도와주는 것이 또 하나의 사역이다.

　만일 그 일을 같이 한다면, 교회에 나오지 않는 많은 사람을 만날 수 있다. 살아가면서 생기는 근심을 버리고, 진정한 인생의 문제에 초점을 맞추는 분위기를 만들기는 쉽지 않은 일이지만, 노력할만한 가치 있는 일이다.

　우리는 교회 개척자들이 그들의 창립 팀 숫자의 10배 이상의 많은 사람을 인도해 와야 한다고 말할 필요가 없다. 20명의 창립 팀이 200명을 목표로 하는 창립 예배를 준비해서는 안 된다. 우리는 이것을 "다수에서 소수 비율로"(Crowd to Core ratio)이라고 말한다. 만일 10명의 창립 팀이 300명 이상의 사람들을 인도해야 한다면, 찬양, 어린이 프로그램, 적응(assimilation) 등을 위한 자원봉사자들을 충분히 모을 수 없으므로 상당히 어려움을 겪을 수밖에 없다. 새로운 교회는 창립 팀에 적절하게 맞을 정도로 계획해야 한다.

창립 예배 계획이 올바르게 되도록 시간적 여유를 충분히 가져라. 모든 교회 회원이 다른 사람들을 초대하고, 하나님이 기뻐하시는 예배를 준비하고, 그들과 관계를 형성하여 교회로 돌아올 수 있도록 한다.

결론

교회를 개척하는 것은 결과적으로 공식적으로 예배를 경험하는 것이라 할 수 있다. 교회 개척자들은 공식적인 창립 예배가 가장 효과적이라고 종종 말한다. 그러나 창립 팀은 사역 계획을 효율적으로 계획을 짜서, 수준 있는 예배로 발전되어야 한다.

CHAPTER 17

새로운 교회로 성장

아이를 갖는 것은 참으로 놀라운 일이다. 안절부절못할 때도 있지만, 신나는 일이다. 아이가 태어나기 전에 많은 준비가 필요하다. 특별히 처음 아기를 가질 땐 의사를 만나고, 아기 책도 사고, 신생아 교육도 받고, 아기용품점에도 가고, 출산 축하 선물 모임도 열고, 아기를 위한 가구와 그림 등을 준비한다. 실제로 준비해야 할 것도 많지만, 아기가 건강하고 안전하게 태어나 아이가 균형 있게 성장할 수 있도록 잘 준비된 육아 환경을 조성하는 것이 무엇보다 중요하다.

때때로 교회 개척자들은 너무 열심히 창립 행사만을 준비하다가 새로운 교회가 시작된 후 며칠 동안 허둥대기도 한다. 다른 말로 하면, 그들은 아이를 갖는 것에 너무 흥분한 나머지 그 아이를 잘 자라게 하고 성숙하게 준비하는 일을 잊어버린다. 창립 이후에 해야 할 일들을 잘 준비하지 못하면, 새로운 교회 개척의 영적, 수적인 성장이 방해받을 수 있다. 만일 우리의 역할이 많은 군중을 모으는 것이라면, 우리의 모든 것을 창립이라는 하나의 바구니 안에 넣게 되는 것이다(위험성이 크다). 그러나 우리의 과업이 "각 사람을 그리스도 안에서 완전한 자로 세우게 하는 것"(골 1:28)이라면, 교회가 이 목표를 이루기 위해서는 창립일을 준비해야 한다. 이 장은 개척자가 신생 교회를 잘 자라고 성숙하게 하기 위해 어떻게 준비해야 하는지를 제시하고 있다.

10명으로 시작하든, 1,000명으로 시작하든, 숫자와 상관없이 새로운 교회의 성장은 창립 후 첫날부터 시작된다. 제자들을 영적으로, 교회를 수적으로 성장할 수 있도록 준비하기 위해서는 다음과 같은 것들이 필요하다: 새로운 관계를 계속해서 만들어 가고, 후속 프로그램을 개발하고, 제자훈련 계획을 마련하고, 소그룹 배가 전략을 세우고, 비전이 흔들리지 않게 붙들고 가는 것이다.

지속적인 새로운 관계 형성

관계 카드(Connection Cards)

회원들이 새로운 사람들, 정규 출석자들, 방문자들을 계속해서 연결하기 위한 효과적인 방법은 관계 카드를 사용하는 것이다. 새로운 교회가 교회 예배 혹은 교회 행사에 참석했던 사람들에 대한 후속조치를 취하기 위해서는 첫 예배 때부터 — 매주 — 출석자 명단을 기록하고 관리해야 한다. 모든 교회가 방문자 명단을 보관하고 있지 않다. 그러나 교회에 오는 사람들의 이름을 묻지 않고도 출석자를 알 수 있다면 더 좋지 않을까.

방문자들은 일일이 확인받는 것을 원하지 않는다. 그러므로 모든 사람을 위한 관계 카드를 기록해두는 것이 유익하다. 교회가 크게 성장하면, 이런 방식은 바람직하지 않을 것이다. 그러나 새로운 사람들을 계속해서 연결하고 새로운 정보를 보완해 간다면 불편한 점들을 줄여나갈 수 있을 것이다.

단순하지만 효과적으로 사용할 수 있는 관계 카드는 다음의 요소들을 포함한다.

- 이름과 연락처(주소, 전화번호, 이메일): 새 가족들이 편안하게 이 카드의 빈 칸을 채울 수 있도록 충분히 의사소통해야 한다.
- 후속 단계: 후속 단계에서 필요한 것들은 다음과 같다.: 예수님을 따르는 자, 침(세)례, 새 가족 소개 시간 참석, 한 주간 지정된 성경 읽기, 성경 구절 암송, 다음 주에 친구를 교회로 데려오기.
- 교회 모임 안내 혹은 등록카드: 이 단계에서 필요한 내용은 소그룹 안내, 제자훈련 과목, 예배 안내, 단기선교 계획 등이다.
- 기도 제목

교회에 처음 온 사람들에게 관계 카드를 소개할 때, 핵심 리더 중의 한 사람이 이 카드의 목적을 설명하고, 그들이 직접 작성을 한 후에 제출하도록 한다.

관계 포인트

관계 카드는 새로운 사람에 관한 정보를 가지고 연결하는 방법인데, 계속된 관계를 유지하기 위한 의도적인 방법이다. 다시 말해 연결할 기회를 계속 만들면서 그 사람들과의 관계를 넓혀 나간다. 교회가 제공하는 관계 포인트 중 하나는 소그룹 사역이다. 그러나 새 가족들이 소그룹 안으로 금방 들어오지는 않는다. 특히 소그룹 안에 아는 사람이 없을 때는 더욱 그렇다. 그러므로, 다른 관계 포인트를 활용하면서 그들이 소그룹에 들어올 준비가 될 때까지 계속해서 연결점을 만들어 간다.

소그룹 혹은 제자훈련반 이외에도, 관계 포인트는 예배 후에 선물을 받고 리더를 만날 수 있는 새 가족 환영실부터, 아기를 돌보면서 교회에서 보드 게임을 할 수 있는 곳에서도 이루어진다. 관계 포인트를 통해 방문자들은 목사와 다른 리더들과 만나 환영을 받으며, 소그룹으로 모여 교회의 비전과 사명을 배우기도 한다.

관계 카드와 관계 포인트는 새 교회가 사람들을 접촉하고 연결해 주는 도구가 된다.

후속 조치 프로그램 개발

창립 팀을 조성하고, 창립일을 홍보하고, 사람들과의 관계를 형성하면서 몇 달 동안 수고한 끝에, 드디어 창립일을 맞이하고, 창립일이 지나간다. 새 교회의 창립일이 지난 다음 날은 감격의 하루이다. 창립일에 참석자 목표를 달성하면, 그 창립 예배를 성공으로 여긴다. 그러나 성공을 자축하는 동안 창립일이 지나가면서 진짜 사역이 시작된다. 많은 교회 개척자는 첫 예배 다음 날부터 해야 할 많은 일로 인해 오히려 더 많은 부담을 갖기 시작한다.

창립일을 위해 수고하고 헌신한 목회자를 비난할 사람은 없다. 그날의 중요성도 과소평가할 수 없다. 그러나 후속 조치를 계획하고 준비하는 일을 간과해서는 안 된다. 교회 성장 전문가인 게리 메킨토시(Gary McIntosh)에 따르면, 방문자를 다음 주에도 다시 오게 하는 교회는 그 방문자가 교회에 등록하게 될 확률이 85%라고 말한다.[1] 첫날부터 양육 과정을 시작하는 것이 너무나 중요하다.

---

1 Gary L. McIntosh, *Beyond the First Visit: The Complete Guide to Connecting Guests to Your Church* (Grand Rapids, MI: Baker, 2006), 25, 121.

후속 조치 과정을 준비할 때, 다음 질문들에 답해야 한다.

1. 의사소통을 위한 후속 조치로 무엇을 하기를 원하는가? 달리 말하면, 왜 방문자들을 계속 후속 조치를 하려고 하는가? 성공적인 후속 조치 과정에는 몇 가지가 따른다. 첫째, 교회가 사람을 소중히 여긴다는 메시지를 전한다. 둘째, 교회를 방문한 것에 대해 감사한다. 셋째, 교회를 소개한다. 넷째, 다음 단계로 인도한다. 후속 조치의 궁극적 목적은 연결이다. 만일 방문자를 다음 단계로 인도하지 못한다면, 그들을 교회로 연결할 수 없을 것이다.
2. 방문자들을 어떻게 후속 조치하기를 원하나? 그들에게 선물을 주기를 원하나? 전화하기를 원하나? 이메일을 보내기를 원하나? 문자메시지? 손편지 혹은 엽서? 아니면 모든 것을 다 하기를 원하나? 함께 나오는 어린이나 청소년들에게도 전해주기 원하나?
3. 사람들의 정보를 어떻게 얻으며, 어떻게 후속 조치를 할 것인가? 아무런 정보를 가지고 있지 않은 사람들을 위해 후속 조치를 할 수는 없다. 예배 동안에 방문자에 대한 정보를 얻을 수 있는 두 가지 방법이 있다. 첫째, 위에 언급한 대로 관계 카드를 사용하는 것이다. 둘째, 어린이 사역을 활용한다. 만일 예배시간에 어린이 사역 프로그램이 있다면, 어린이 등록카드를 활용해서 부모를 후속 조치할 수 있다.
4. 후속조치를 담당할 사람은 누구인가? 간략하게 환영 전화를 걸어 주고, 환영 편지를 보내고, 봉투에 주소를 쓰는 일 등을 담당하는 환영 팀을 조성한다. 그와 더불어 이 팀원들이 방문자들에게 환영 이메일을 발송한다.

후속 조치의 일정은 어떻게 하나? 다음은 후속 조치 일정의 예이다.

일요일

- 후속 조치 팀은 교회 전도 팀들이 방문자들에게 보낼 편지를 준비한다. 전도부장은 편지에 서명하고, 편지들을 우체국에 보낸다.[2]
- 후속 조치 팀은 이메일을 보내고, 간략히 전화를 걸어서 예배에 참석한 방문자들에게 환영과 감사를 표한다.

월요일

- 후속 조치 팀은 감사 전화하는 일로 마무리한다.

화요일

- 후속 조치를 위한 편지가 수신된다.
- 후속 조치 팀은 목사에게 참석자 명단을 보낸다.
- 목사는 개인적인 후속 조치 편지와 이 메일을 보낸다.

수요일

- 목사와 후속 조치 팀들은 방문자 리스트에 있는 모든 대상자에게 초청 엽서를 보낸다.

목요일

- 엽서가 수신된다.

---

2   우편이 제때 수신될 수 있도록 전도부장이 개인적으로 전달 여부를 확인해야 한다. 우편 전달 업무가 하위 팀으로 다시 내려가서 거기서 우편 업무를 하게 된다면 시간이 너무 많이 지체되어 제때 전달이 안 될 수 있다. (이런 경우를 많이 목격했다). 우편이 제대로 발송되는지를 우체국의 시스템 과정도 확인할 필요가 있다.

금요일, 토요일
- 목사는 개인적인 전화로 방문자들이 다음 모임에 다시 오도록 초청한다. 방문자가 원한다면 목사는 심방 약속을 한다.

제자훈련 계획[3]

제자훈련은 기독교의 DNA이다. 제자훈련은 영적 성숙, 성경적 공동체 형성, 하나님의 말씀에 대한 전폭적인 순종, 예수님의 복음을 세상에 말로 전하고 보여주어 그리스도와 함께하는 삶으로의 초대이다. 단적으로, 제자훈련은 우리가 마땅히 해야 하는 예수님의 기본적인 명령이며, 하나님의 선교와 선교적 교회 개척의 핵심이다.

새로운 교회의 성장을 생각할 때, 제자를 생각해야 한다. 그것은 하나님을 명예롭게 하고, 하나님을 영광스럽게 하는 성장의 열쇠이다.

제자의 속성

최근 나는 톰 라이너와 함께 「변형적 교회」(Transformational Church)라는 책을 썼으며, 에릭 게이거와 함께 「변형적 그룹」(Transformational Groups)을 썼다. 이 책에 수록된 기초적 내용을 근거로 하여 라이프웨이 연구소에서는 "변형적 제자훈련 평가"(TDA)를 제작하였다. 이를 통해 교회들이 제자훈련과정을 충실하게 접목하기를 기대했다. TDA 연구는 믿는 자의 삶 속에서 자라나는 여덟 가지 믿음의 요소 혹은 속성을 보여준다.

---

3   변형적 제자도 평가에 대한 더 자세한 내용은 다음을 보라. Transformational Discipleship Assessment, 2015년 9월 24일 접속, tda.lifeway.com.

1. 성경과 연결
2. 하나님께 순종하고 자기를 부인함
3. 하나님과 다른 사람을 섬김
4. 그리스도를 전함
5. 실천하는 믿음
6. 하나님 추구
7. 관계 형성
8. 담대한 투명성[4]

TDA는 전문가들의 인터뷰, 개신교 목사의 연구조사, 평신도의 연구 조사를 토대로 연구한 것이며, 위에 제시한 제자훈련의 속성들은 성경이 말하고 있는 그리스도를 따르는 자들이 가져야 할 속성들이다.

당연하게도, 제자의 속성은 문화와 세대를 초월한다. 제자의 속성을 아는 것은 제자훈련을 개발하고 설계하는 데 도움을 준다. 이는 24장의 주제이기도 하다. 그러므로 교회의 연합 예배, 소그룹 사역, 어린이와 청소년 사역, 제자훈련반, 선교 전략을 개발할 때, 이 속성들을 기억해야 한다.

소그룹 배가

21장에서 소그룹의 주제와 중요성을 언급하겠지만, 소그룹을 배가하는 효과적인 계획을 개발할 방법을 간략히 소개한다. 일반적으로,

---

4 변화를 위한 제자 평가(Transformational Discipleship Assessment)를 위한 자료는 다음 주소에서 구할 수 있다. Transformational Discipleship Assessment, accessed September 24, 2015, tda.lifeway.com.

소그룹 배가에 실패하는 교회는 효과적인 제자훈련과 수적인 성장에도 성공하지 못한다.

더 성장하기 원하는 교회는 하나님과 멀어진 사람들을 더 많이 접촉해야 한다. 그 일을 위해서 교회는 더 작아져야 한다. 소그룹은 이 목적을 성취할 수 있게 해주는 해결 방안이다. 소그룹 배가 전략을 개발하기 위해서 다음의 원리를 기억하라.

<u>그룹의 형성과정을 간단히 하면 할수록, 더 많은 그룹을 재생산할 수 있다</u>: 복잡함은 재생산 사역에 방해가 된다. 제한된 공간, 열악한 어린이 돌봄, 커리큘럼 비용, 과도한 헌신은 소그룹 구조를 복잡하게 만든다. 그러므로, 소그룹 사역은 공간, 어린이 돌봄, 커리큘럼 비용, 완벽한 출석(거의) 등, 재생산을 어렵게 하는 요소들에 매달려서는 안 된다는 것을 기억하라.

내용 전달보다는 변화에 초점을 맞추라: 오늘날과 같이 분주하고 신속한 문화 속에서 사는 사람들이 소그룹 모임에 참여하는 것에 대한 부담이 많이 있다. 사람들은 더 많은 정보를 얻으려고 소그룹에 가지 않는다. 오늘날 우리는 정보의 홍수 시대에 살고 있다. 그들을 변화시켜 주는 어떤 것이 있다면 그곳에 찾아갈 것이다. 변화를 일으켜 주는 것은 무엇인가? 관계이다.

<u>"가르치는 역할"에서 "제자 삼는 역할"로 바꾸고, 리더십의 신뢰를 얻으라</u>: 많은 소그룹 모델은 "가르치는 역할"을 하는 것으로 이루어진다. 교회는 이 모델은 위해 교사를 발굴하고, 그들을 훈련하여 소그룹을 인도할 수 있게 한다. 물론 이러한 모델의 소그룹이 장점이 있지만, 이 모델은 재생산할 수 없는 단점을 가지고 있다. 모든 사람이 다 가르치는 자로 부르심을 받거나 은사를 받은 것은 아니다. 그래서

그룹이 많이 있어도 은사를 가진 "교사"가 없다면 문제가 발생한다. 그러나 믿는 모든 사람은 제자 삼으라는 부르심을 받았다. 성장하는 모든 그리스도인이 소그룹을 인도할 수 있고 제자 삼을 수 있다는 확신으로 소그룹을 개발한다면, 이를 통해 재생산할 수 있는 환경을 만들어 갈 수 있다.

고정된 시간보다는 융통성 있는 시간을 활용하라: 보다 많은 사람이 소그룹에 참여하기 위해서 고정된 시간보다는 융통성 있는 시간을 활용하라. 그룹의 모임 시간을 같은 장소, 같은 날(한번 혹은 두 번)로만 잡지 말고, 다른 날, 다른 시간, 다른 장소에서 만날 수 있는 선택의 기회를 주라.

이러한 원리에 따라 소그룹을 개발하는 교회는 보다 빨리, 효율적이며, 효과적으로 소그룹을 배가할 수 있을 것이다.

흔들리지 않고 확고하게 비전을 붙들고 유지하라

창립 예배 이후에 비전과 사명을 유지하는 것은 교회의 지속적 성장을 위해 아주 중요하다. 개척자는 창립 예배 때만 모든 에너지를 쏟아부어서는 안 된다. 창립 팀원들과 다른 회원들의 헌신이 식지 않도록 동기부여를 시키는 것이 필요하다. 그러나 창립 팀원들은 물론이고, 개척자가 어떻게 비전에 대한 헌신을 확고하게 유지할 수 있을까?

창립 이후 사역 준비

창립 이후에 개척자와 창립 팀은 앞으로 나타날 네 가지 변화에 대해 대비하고 있어야 한다.

첫째, 창립 이후에는 사람의 수가 변한다. 창립일을 어떻게 치렀는가에 따라서, 새로운 교회에 오는 사람들의 수가 몇십 명에서 몇백 명이 될 수도 있다. 창립 팀은 개척자와 이미 친숙한 관계를 맺었고, 자주 만날 수 있었기 때문에 창립 이후에도 별다른 새로운 경험은 없다. 그래서 종종 창립 팀원들은 창립일 이후에 새로운 개척지로 떠나기도 한다. 새 교회가 크게 성장할수록, 창립 팀원들은 더 많이 떠난다. 이에 대한 대비로서 첫 번째 단계는 창립 팀에게 창립일 이후에 일반적으로 나타나는 떠남의 현상에 대해 주의를 시킨다. 창립 팀을 계속 유지할 수 있는 최선의 길은 비전에 초점을 맞추는 것이다.

둘째, 창립일 이후에 목사의 기능이 변한다. 창립 전에 개척하는 목사의 역할은 목자였다. 개척자/목사는 모든 교인의 이름을 알고, 그들의 필요에 항상 응할 수 있어야 하고, 창립 팀 모두를 섬기는 자였다. 창립 팀원이 20명 정도라면 이 사역이 가능하다. 그러나 교인의 숫자가 10배 이상이 되면, 목자의 역할은 불가능하며, 건강한 목회가 될 수도 없다. 목사가 그 일을 계속한다면, 결국에는 탈진으로 이어질 수밖에 없다. 또한, 목사는 모든 사람의 필요를 채워주기 위해 그들과 항상 함께할 수 없다. 만일 계속 그렇게 된다면 교회는 성장을 멈추게 될 것이다.

목회자의 탈진 혹은 도피로부터 보호하고, 비전과 방향을 유지하기 위해서, 개척자는 다른 스타일의 리더십을 받아들여야 한다. 라일 샬러(Lyle Shaller)는 리더십 스타일이 "목자의 태도"에서 "목장 경영자 태도"로 바뀌어야 한다고 말한다.[5] 샬러는 은유를 통해서 이렇게 말한다.

---

5   Lyle E. Schaller, *Survival Tactics in the Parish* (Nashville: Abingdon, 1977), 52.

목자는 양 떼를 지키고 돌봐야 할 책임이 있다. 그러나 목장 경영자는 다르다. 목장 경영자는 목자들을 훈련하여, 그들이 양 떼 돌보는 일을 잘 하도록 한다. 현명한 목장 경영자는 그들의 시간과 에너지를 목자들을 훈련하는 데 사용한다. 교회 개척자는 리더들을 목양하고, 리더들이 나머지 회원들을 목양하게 한다.

목장 경영자 태도가 성공적으로 실행되면, 교회의 수적인 성장의 가능성은 한계를 넘어선다. 영향력과 돌봄의 피라미드식 구조하에서 목사는 목자들을 계속해서 목양한다. 교회가 성장하면서, 목자는 자신이 맡은 그룹을 최대한 자라게 한다. 이런 식으로 교회는 목자-리더라는 새로운 계층을 형성하게 되고, 이들은 자신의 책임 아래서 여러 가족을 돌보기 시작한다. 교회는 수적인 규모가 커지면서, 새로운 리더 계층들이 늘어나게 된다.

셋째로, 창립 이후에는 통제의 형태가 변한다. 창립 팀은 친밀감이 상실될 뿐 아니라 통제의 범위도 사라진다. 창립 전에 창립 팀은 모든 에너지를 쏟아부어 교회를 "독점"할 수도 있는 영향력을 행사한다. 그러나 창립 후에는, 많은 교인이 새로운 교회에서 주인의식을 가지고 일하기 시작한다. 새로운 교인들은 창립 팀들이 창립을 준비하며 얼마나 큰 노력을 했는지 모를 수 있다. 창립 팀은 교회가 시작되기까지 치러야 할 대가를 아무런 계산 없이 지불했다. 그러나 새로 교회에 들어온 사람들은 교회 운영 방식에 대해 다른 생각들을 나타낼 수 있다. 그러므로 창립 팀은 새로 오는 교인들과 새로운 아이디어들을 포용하는 법을 배워야 한다.

넷째로, 창립 이후에 비전이 선포되었지만 실현될 가능성은 희박한 때도 있다. 창립 팀원들은 대부분 개척자의 비전을 받아들인다 해도, 그 비전의 일부만을 받아들이는 경우가 있다. 창립 팀원 중 많은 사람은 결혼하는 신랑이나 신부처럼, "결혼하면 바꿔야지!"라고 말하면서 자신의 비전을 계속 붙잡고 있는 경향이 있다. 창립 예배가 지난 후에 어떤 창립 팀원들은 이것이 우리가 바랐던 것은 아니었는데… 라고 말하는 자들도 있다.

사람들을 만나다 보면, 이런 갈등의 내용들을 자주 듣게 된다. 창립 팀원 중 실제로 많은 사람이 전도하기 위해 믿지 않는 사람들을 찾아가지만, 그들을 데려오는 만큼 치러야 할 대가 — 새로운 사람들과 함께 새로운 생각들 — 도 크다. 어느 날 문득 "자신의 비전이 사라진" 것을 알게 된다. 그에 대해 안타까움과 분노가 자라면서, 그들은 새 교회 안에 머물러 있으면서 다시 해보자는 마음보다 교회를 떠나고 싶은 마음을 갖게 된다.

창립 팀에서 떠난다고 해서 그들의 헌신이 진정성이 없었다는 것은 아니다. 그들은 새로운 사람들을 데려오는 것이 어떤 대가를 치르는 것인지를 몰랐다. 이런 사실들로 인해, 봉사자들이 계속해서 헌신하는 것을 부담스럽게 여길 수 있다.

또한, 교회가 계속해서 불신자들을 인도하다 보면, 교회에서 일하는 일꾼들과 아직 세속적 방식으로 행동하는 새로운 자들과 함께 섞여 교제하게 된다. "교회 문화"에 익숙한 사람들 — 주로 창립 팀원들 — 은 크리스천의 삶의 태도에 낯선 자들과 함께 동역하면서 난처하고 당황스러운 일들을 겪을 수 있다.

비전을 품은 자가 되라

개척자는 모든 교인에게 교회의 비전을 상기시켜 주어야 한다. 비전은 쉽게 잊힌다. 교회 회원들은 종종 사역에 있어서 정작 "중요한 일"로부터 이탈하곤 한다. 나의 친구, 숀 러브조이(Shawn Lovejoy)는 내가 만났던 사람 중에서 정말 대단한 사람인데, 그는 분명한 비전을 갖고 있어야 한다고 강조한다. 비전이 중요하다고 말한다.

개척자의 비전은 교회 교인들과 함께 공유되어야 하는데, 교인들에게 비전을 한 번 말하는 것으로 끝나서는 안 된다. 앤디 스탠리는 이렇게 말한다: "하나님께서 맡겨주신 모든 비전은 함께 나누어진 비전입니다. 누구도 혼자 할 수는 없습니다. 그러나 하나님은 한 사람을 세우셔서, 말로 설명할 수 있는 분명한 그림을 보여주십니다. 이 과업을 직접 붙잡으라고 말씀하십니다. 하나님의 부르심에 응답하는 사람들의 마음과 상상력을 사로잡는 그림입니다."[6]

개척자는 중요한 직분을 맡은 리더들과는 적어도 한 달에 한 번은 만나야 한다. 그 모임에서 세부적인 사항들을 나누어야 하지만, 가장 핵심적인 것은 비전을 다시 나누는 것이다. 모든 교인을 같은 방향으로 향하게 하려면, 일주일에 한 번 모든 그룹은 모임 가운데 비전을 나누어야 한다. 비난을 받을 수도 있고, 진부하게 들릴 수도 있지만, 사람들에게 그들은 누구이고, 어디로 가야 하는지, 정기적으로 일깨워 준다면, 그들은 진정한 유익을 얻을 수 있다.

비전은 단순한 제안도 아니고, 가치 있는 진술도 아니고, 진리도 아니다. 비전은 마음속에 그려진 영상이다. 비전은 사람들의 마음을 움직이며, 교회의 목적에 동참하고자 하는 마음을 갖도록 한다. 비전은 이렇게 전달해야 한다. "비전은 당신이 얻고자 하는 바로 그것이며,

---

6   Andy Stanley, *Visioneering* (Sisters, OR: Multnomah, 1999), 85.

헌신하고자 하는 바로 그것이다." 사람들이 비전을 행하기 전에, 교회의 핵심 가치가 비전으로 보여야 한다.

비전을 전하는 자가 되라

기존 교회들은 때때로 비전 제시(Vision Casting)가 필요하다고 생각하지 않는다. 물론 교회들이 비전을 가질 필요가 없는 것은 아니다. 기존의 전통과 이미 만들어진 형식이 교회를 이끌어가는 역할을 하기도 한다.

그러나 새로운 교회에서 비전 제시는 필수이다. 교회를 위해 희생을 감수하는 이유는 비전이 있기 때문이다. 예를 들면 아직 시작하지 않은 교회의 창립을 위해 일하는 것 혹은 어린이 사역이 갖추어지지 않은 교회에 자녀를 데리고 가는 것은 자신의 권리를 포기하는 것이다. 그런 가족들을 위해 비전을 제시하는 것은 희생을 감수하는 이 사역에 대한 확신을 심어주고, 이에 동참하게 하는 데에 있어서 필수불가결한 일이다.

교회 개척자 한 사람이 많은 사람에게 비전을 갖게 하는 방법 중 하나는 이와 유사한 비전이 다른 교회에서 성공적으로 열매를 맺고 있다는 것을 보여주는 것이다. 물론 다른 교회들을 탐방하고 다른 교회들의 비전을 보여주는 것도 도움이 되지만, 무엇보다 중요한 것은 개척자 자신이 교인들에게 보여주는 신뢰감과 창립 팀이 품은 비전을 나누는 것이 훨씬 효과적인 방법이다. 이런 것들을 통해 리더는 교회에 무엇이 필요한지를 보게 된다. 결국, 리더들은 미래를 보는 능력을 키워가고, 미래를 위해 자신을 헌신하는 역량을 개발한다.

비전 제시는 신뢰감으로 유지되어야 한다

비전의 힘은 비전을 전하는 자의 신뢰감에서 나온다. 교회 개척자의 태도, 행동, 가치가 신뢰받지 못한다면, 비전의 가치는 상실하게 된다.

다른 한편으로 비전은 성공을 통해서, 혹은 성공이 예상되는 상황에서 신뢰를 얻는다. 개척자가 교회와 창립 팀을 향해 성공적으로 비전을 전달할 때, 교인들은 더 장기적 비전을 갖게 된다.

같은 식으로, 개척자의 "신뢰도의 탱크"는 성공할 때 채워지고, 아무리 노력해도 실패로 돌아가면, 신뢰도는 떨어진다. 교인들과 그룹 리더들은 기대했던 성공들이 실현된 꿈으로 이어질 때, 힘을 얻게 되고 열정을 갖게 된다. 그러나 목표를 성취하지 못하거나 실패로 끝나면, 비전을 전하는 자의 신뢰도는 약화한다.

성취-도전(Peak-to-Peek) 원리를 활용하라

정상에 오른 경험을 한 사람은 사람들이 더 큰 비전을 품도록 할 것이며, 성취를 향해 더 노력할 것이다. 신뢰도의 문제는 "성취 경험 원리"와 일맥상통한다. 다음 단계를 향해 전진하자는 비전 제시의 시점은 현재 성공의 정점을 이룰 때가 적기이다. 교인들이 성취한 목표를 넘어 앞으로 가야 할 곳에 대해 미리 맛보게 함으로 비전을 제시한다.

밀크릭 커뮤니티 교회의 목사였을 때, 우리 사역자들은 부활절 주일의 출석 목표를 700명으로 잡았다. 당시 우리 교회의 평균 출석자 수는 약 250명이었다. 700명의 비전을 제시하는 대신 700명 이상을 수용할 수 있는 고등학교 시설을 임대했다. 그 후에 우리는 500명 이상의 비전을 제시했다(이를 비전 제시라고 하는 이유는 이것이 우리의 목표이고, 사람들을 그 방향으로 인도하는 것이기 때문이다). 스텝의 입장에서 볼 때, 교인들은 500명 이상의 사람들을 이끌 수 있다고 믿지 않았다. 그러므로 제시된 비전을 교인들이 믿을 수 있도록 하는 것이 중요하다.

놀랍게도 부활절 아침에, 750명이 모였다. 그날 우리는 우리가 다음으로 해야 할 일에 대한 비전을 제시했다. 이것이 바로 그 방법이다. 예배 도중에 나는 우리 교회 방문자들과 교인들에게 인사했다. "오늘 여러분들을 만난 것이 너무 좋습니다. 오늘 750명이 나왔는데, 교회 역사상 처음 있는 일입니다. 우리가 기대했던 것보다 250명이 더 오셨습니다. 하나님께서 올 가을에 밀크릭 커뮤니티 교회를 통해서 하실 일들을 말씀드리겠습니다. 우리는 두 개의 교회를 새로 개척할 것입니다."

정말로, 우리는 부활절 예배 이후 6개월 만에 두 교회를 새로 시작하였다.

"성취-도전 원리"(peak-to-peek principle)에는 성취 뒤에 찾아오는 침체의 골짜기가 수반된다. 그러나 이는 새로운 성취에 초점을 맞춤으로써 극복될 수 있다. 현재의 성취 규모는 문제되지 않는다. 이미 경험한 성취로부터 비전을 세우는 것은 교인들에게 새로운 "도전"을 제시한다는 점에서 매우 중요하다.

그러므로 교회의 새로운 목표를 위해 5명에서 10명의 일꾼과 함께 준비를 시작한다. 이 성취로 말미암아 교회는 다시 배가하는 것에, 혹은 새로운 목표에 에너지와 관심을 집중하는 단계로 나가게 될 것이다. 성취의 규모는 중요하지 않다. 현재의 성취를 진행하는 동안, 앞으로 경험하게 될 "성취"(peak)를 바라보며, 새로운 "도전"(peek)을 위한 시기를 알아, 일관성 있게 전진해 나가야 한다.

비전 방해자들

창립 후 기존의 창립 팀원들과 새로운 교인들 사이에 갈등이 일어나기 시작할 때, "비전 방해"(vision hijacking)라고 불리는 현상이 나타날 수 있다. 비전 방해는 교회의 회원들 혹은 헌신적으로 일했던 창립 팀원들 가운데서, 처음의 비전은 더 적절하지 않기 때문에 새로운 비전으로 바꾸어야 한다고 주장하는 것이다. 이러한 현상은 주로 교회의 저변에서 나타나기 시작한다.

톰 네벨(Tom Level)은 그가 공저한 저서「교회 개척의 폭발물」(Church Planting Landmines)에서 이를 자세히 다루었다. 그는 이런 현상을 "리더십 역풍"이라고 부르며, 이런 그림을 보여준다:

분명 수많은 역동성들이 리더십의 역풍을 일으키지만, 그중 중요한 두 가지가 있다. 하나는 리더가 다른 사람들의 눈에 어떻게 인식되는가 하는 점이고(리더의 인격, 스타일 등), 다른 하나는 리더가 교회를 어디로 이끌고 가는가 하는 방향성이다. 이 표는 그것을 구체적으로 보여준다. 리더와 리더의 비전 둘 다 좋아하는 사람들을 어떻게 대해야 하는지를 알고 있다(1사분면: 이 사람들과 일하라!). 우리는 또한 리더도, 리더의 비전도 좋아하지 않는 사람들을 어떻게 대해야 하는지도 알고 있다(4사분면: 그들과 변론하지 말라). 그러나 2사분면과 3사분면은 애매하다. 그들의 입장은 유동적이다. 그러므로 가속도(모멘텀)가 열쇠이다. 만일 조직 속에서 가속도가 긍정적으로 일어나고 있다면, 2와 3사분면에 속한 사람들은 1사분면 쪽으로 기울어진다. 그들은 리더와 리더의 비전을 그다지 좋아하지 않을 수도 있다. 그래서 그들이 문제가 될 수도 있다. 그래서 새로운 리더십이 올 때까지, 리더를 따라가든지 혹은 머물러 있을 것이다. 리더십의

역풍이 문제가 되기 전에 이를 극복해야 하는데, 그 열쇠가 바로 가속도(모멘텀)이다.[7]

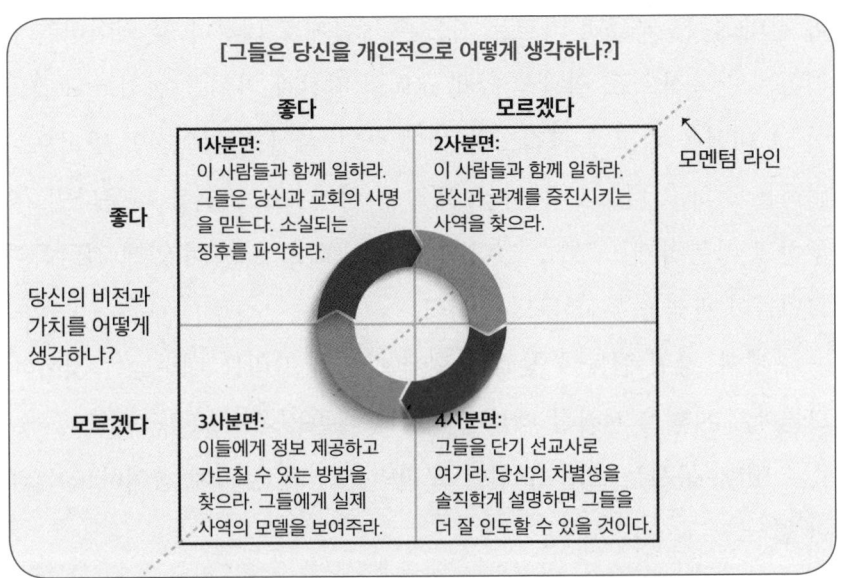

교회와 개척자는 비전 방해의 공격을 피할 수 없다. 새로운 교회는 성숙한 창립 팀원들이 필요하다. 교회가 어려움을 겪게 될 때, 교인들이 새로운 방향을 요구할 수 있다는 것을 미리 알릴 필요가 있다. 내가 알고 있는 모든 교회 개척자는 교회를 시작한 이후 3년 이내에 비전 방해의 공격을 받았다고 말한다. 개척자들이 이러한 공격을 피할 수는 없지만, 그런 공격에 대비할 방안이 있다.

첫째, 새로운 구성원들에게 교회의 비전과 방향을 가르치는 것

---

7   다음 책에서 발췌하여 2005년 11월 9일 저자에게 이메일 발송, Tom Nebel and Gary Rohrmayer, *Church Planting Landmines: Mistakes to Avoid in Years 2 through 10* (Charles, IL: ChurchSmart Resources, 2005).

이다. 목사가 이 반의 교사가 되어야 한다. 다른 리더는 교회의 비전을 잘 이해하지 못하거나 잘 설명하지 못할 수 있다.

둘째, 개척자는 매달 예외 없이 교인들에게 비전을 반복해서 전해야 한다. 듣는 자들과 따르는 자들은 놀랍게도 너무나 잘 잊어버린다. 리더는 반복적으로, 일관성 있게 교회의 비전과 가치를 전해서 교인들이 그 비전을 확고히 붙잡도록 해야 한다. 새롭고 창의적인 방식으로 비전을 전하고 나누도록 하라. 똑같은 방식으로 비전을 나눈다면, 지루하고 따분하게 느낄 수 있다. 새로운 방식으로, 흥미 있게 전달하여 교인들이 관심을 두고 듣도록 하라.

셋째, 창립 팀들이 창립 이후에 자신의 자리를 내려놓는 것이다. 그들에게 사역을 시작할 때부터 미리 말해주는 것이 효과적이다.

넷째, 목사는 모든 교인이 교회의 사명과 사역에 참여하도록 해야 한다.

새로운 교회에서는 모든 사람이 적어도 한 개의 사역의 노를 젓는다. 모든 교인이 한 개의 노를 잡아야 한다. **배에서 노를 젓는 사람들은 쉽게 흔들리지 않는다**. 모든 사람이 사역에 참여할 때, 교회는 "주인의식"을 갖게 되며, 교회 안에서 특별한 사역을 맡게 되면, 교회는 수적으로나 질적으로 건강하게 성장하게 된다.

교회의 비전과 방향에 있어서 하나 됨을 유지하는 것은 성장에 필수적이다. 많은 새로운 교회가 시작한 뒤 한 달이 지나면 느슨해지기 시작한다. 그들은 가속도를 유지할 수 없다. 그렇게 되면, 방향성을 잃고 초점을 잃게 된다. 처음부터 계획을 잘 세우고 비전을 제시하는 것이 이런 장애를 피하는 방안이 된다.

결론

다니엘과 내가 교회를 개척할 때 어떤 교회 개척 모델을 가지고 있으며, 성장하는 교회를 세운 개척자로 생각하는지 모르겠다. 교회를 자라게 하시는 분은 하나님이시다. 물론 우리가 심고, 물을 주는 것을 통해서 하나님 나라가 자란다(고전 3:6). 그래서, 새로운 교회가 계속해서 자란다. 교회와 창립 팀은 사람들을 연결하기 위해 열심히 노력하고, 후속 조치 과정을 개발하고, 제자훈련 계획을 마련하고, 소그룹 모임이 배가되게 하며, 열정적으로 교회의 비전을 이루는 일에 헌신한다.

PLANTING MISSIONAL CHURCHES

CHAPTER 18

교회 세우기

새로운 교회가 개척된 후에, 공식적인 교회로 세워지는 시간이 드디어 왔다. 이 과정은 단지 교회의 개념만을 가지고 있고, 예배하는 사람들이 모인, 하나의 그룹이 성경적인 교회로 발전해 가는 단계이다. 교회로 세워지기 위해서는 법적으로 그리고 행정적으로 필요한 요소들을 처리해야 한다. 법적인 요소들은 모든 사람에게 해당하지만, 행정적 요소는 법적인 조직을 원하는 교회에 해당한다. 어떤 교회는 함께 언약을 맺는 것을 강조하는 한편, 조직적인 요소는 강조되지 않는다. 아래의 정보는 더욱 공식적인 조직 구조를 원하는 교회를 위한 것이다.

새로운 교회의 공식적 조직 구성

아기가 태어났을 때, 일반적으로 부모는 출생 증명서를 작성한다. 출생증명서는 중요한 서류이다. 많은 나라가 출생 증명서를 가지고 아이가 시민권자임을 증명한다. 이 출생 증명서가 없으면(아니면 다른 증명서), 그 사회에서 시민으로서 활동할 수 없다. 이 법적인 서류를 가져야 은행 계좌를 개설할 수 있고, 신용카드를 만들 수 있고, 운전 면허증을 받을 수 있고, 차를 사고, 건강보험도 가입할 수 있으며, 그 외 여러 가지를 할 수 있다. 알고 있듯이, 이런 서류들은 각 개인이 효율적으로 생활하고 법적으로 보장받는 삶을 살 수 있게 해준다.

이처럼 출생증명서와 다른 법적 서류들과 같이 교회는 교회의 존재와 정체성을 증명하기 위해서 서류들을 만들어야 한다. 특별히 정부와 공식적인 조직과의 관계 속에서 이런 서류들이 필요하다. 더불어, 일단 교회가 이런 서류들을 완성하면 국가로부터 법적인 지위를 얻기 위해 몇 가지 단계를 거쳐야 한다. 그렇게 함으로써 교회는 주 정부와 국가로부터 법적인 지위를 얻을 수 있고, 여러 가지 혜택을 누리게 되며, 효율적으로 활동할 수 있게 된다.

조직체의 영적 구비 서류

교회가 연방 정부, 주 정부와 관할 지역으로부터 합법적인 조직체로 인정을 받는 것과 상관없이, 다음의 서류들을 준비하는 것이 필요하다.

신앙 진술(Statement of Faith)

신앙 진술서는 교회의 신앙을 고백하는 안내서이거나 혹은 믿는 바에 대한 진술이다. 교단에 속한 교회는 일반적으로 그 교단의 신앙 진술을 채택한다. 어떤 교회들은 그들이 선망하는 교회의 신앙 진술을 이용하기도 한다. 어떤 것이든 신앙 진술은 교회의 핵심 문제들을 언급하고, 신학적 문제들에 대한 교회의 의견을 명백하게 밝힌다. 신앙 진술이 너무 포괄적이면(자세할 필요는 없다) 오히려 교회 내부에서 의견이 나뉠 수 있으며, 너무 좁으면 다른 기독교인들과 사역자들에게 불필요한 오해를 살 수가 있다.

헌장(Constitution)

헌장은 새로운 교회가 어떤 교회인지를 기술한다. 헌장은 교회의 사역을 구성하는 신앙과 원리에 대한 문서화 된 자료이다. 헌장은 대개 교회의 신앙의 조례들을 포함한다. 우리 교회는 우리의 가치와 제도를 설명하는 교회의 징계 문제도 포함했다. 우리 교회는 모든 교인이 이 헌장을 의무적으로 읽도록 하였다.

새로운 교회가 창립될 때 반드시 헌장을 만들 필요는 없지만, 이후에 예배 시간을 통해 이를 제정할 수 있다. 창립 때 헌장이 만들어진다 해도, 미래에 해야 할 교회의 중요한 사항들을 다 포함하기에는 교회가 아직 충분히 성숙하지 못한 상태일 수 있다. 교회는 재정적 능력과 성장 패턴을 키워야 하고, 성숙한 단계로 발전하기 전에 견고한 리더십을 세워놓아야 한다.

교회의 헌장을 제정하기 전에, 이를 제정하는 이유가 있어야 한다. 교회가 이를 감당할 수 있을 때, 이 작업을 시작할 수 있다. 래리 루이스(Larry Lewis)는 공식적인 교회의 회중을 구성하려면 적어도 그 지역에서 100명의 신실한 교인이 모여져야 한다고 말한다.[1] 비록 출석 인원의 하한선을 만들지 않는다 해도, 헌장을 만드는 것은 교회를 다른 단체와는 다른 독립적이고 구별적인 정체성을 세워가는 일이다.

헌장은 단순해야 한다. 모든 문제들을 포괄하는 긴 헌장은 교회를 건강하게 하기보다는 불신감을 조장할 수 있다. 개척된 다른 교회들

---

1   Larry Lewis, *The Church Plantersion Board* (Nashville: Broadman, 1992), 133.

의 헌장의 예들을 활용하는 것도 좋은 방법이다. www.NewChurches. com/PMC에서 몇 가지 헌장의 예들을 참조할 수 있다.

규약(Bylaws)

규약(Bylaws)은 교회 운영에 관하여 헌장보다는 보다 구체적인 정보를 제공해 주며, 이 교회가 어떻게 운영되는지 규정해 준다. 규약을 운영하는 곳은 교회이다. 국세청(IRS), 캐나다 관세청, 호주 자선 관리국, 비영리 운영국 혹은 영국의 자선 관리국등의 단체의 승인을 받을 필요가 없다. 대부분의 국가에서는 단체(영리 혹은 비영리)들은 규약을 가져야 한다고 규정하고 있다. 규약은 교회 리더들의 자격, 선출 방법, 회원권, 규약 개정 등에 대한 내용을 포함한다. 규약의 개정은 헌장 조항을 개정하는 것보다 쉬워야 한다. 만일 교회가 처음부터 이 규정을 명백하게 규정한다면, 처음 세운 교회의 핵심 가치(헌장에 명시된)들은 개정할 수 없을 것이다.

규약과 운영 수칙 개정은 보다 쉬워야 한다. 왜냐하면 교회가 지역 사회에 다가갈 수 있는 방법들과 핵심 가치를 실천하는 방법들이 실제로 적용되어야 하기 때문이다. 헌장의 개정 과정은 이보다 어려워야 한다. 규약과 운영 수칙들은 행정 팀 혹은 목사나 장로의 리더십 팀들의 결정을 통해 개정될 수 있어야 한다.

조직체의 법적 구비 서류

영적으로 교류하는 단체들의 조언을 따르면, 법적인 서류들도 준비해야 한다. 합법적인 조직체를 세우려면, 법적인 요구를 따라야 한다. 성경은 이렇게 말한다. "각 사람은 위에 있는 권세들에게 복종하라 권세는 하나님으로부터 나지 않음이 없나니 모든 권세는 다 하나님께서 정하신 바라… 너희가 조세를 바치는 것도 이로 말미암음이라 그들이 하나님의 일꾼이 되어 바로 이 일에 항상 힘쓰느니라 모든 자에게 줄 것을 주되 조세를 받을 자에게 조세를 바치고 관세를 받을 자에게 관세를 바치고 두려워할 자를 두려워하며 존경할 자를 존경하라"(롬 13:1, 6-7). 다음은 교회가 공인된 단체로서 합법적이고 효율적으로 운영되기 위해서 완성해야 할 법적인 절차들이다. 이러한 법적인 문제들은 나라마다 다르므로 죄송하지만, 다니엘과 내가 제시하는 절차들은 미국의 경우라는 것을 밝히고 양해를 구한다. 다른 나라의 경우를 살펴보려면 역시 www.NewChurches.com/PMC를 참조하기를 바란다.

교회 설립(Incorporation)

많은 나라의 경우, 교회 설립은 정부가 합법적으로 교회의 인가를 허용하는 단계이다. 여기에는 법적으로 밟아야 할 단계들이 있다. 여러 가지 면에서 이를 따라야 할 이유가 있다.

대부분의 나라는 교회가 공식적으로 설립하도록 규정하고 있다. 이러한 절차는 법적인 문제가 발생할 때 교역자들과 직원들을 보호해 준다. 그렇지 않고 교회가 공식적으로 설립되지 않으면, 모든 문제에 대해서 교회가 스스로 책임을 져야 한다. 그러나 공식 설립은 모교회나 혹은 교단으로부터 독립된 법적 단체가 되었음을 인정해 주는 것이다. 공식 설립을 위해서, 헌장과 규약이 있어야 한다. 교회에 이것들을 먼저 만들고 이를 공개하거나 혹은 먼저 공식 설립을 한 후에 헌장을 위한 특별 모임을 할 수도 있다.

공식 설립을 위해서는 교회 이름, 위치, 조직의 유형, 설립 목적 등을 제출해야 한다. 그런데 주마다 요구하는 것들이 다를 수 있다. 주별로 무엇을 요구하는지를 알기 위해서 주에서 운영하는 웹사이트를 활용하면 된다.[2]

대부분의 주 정부들과 정부 기관들은 공식 설립 안내 혹은 지침들을 제공해 주고 있고, 전자로도 등록할 수 있는 수단을 마련해 놓았다. 공식 설립을 하기 전에 꼭 알아야 할 것은 정부의 요청에 따라 교회가 비영리 단체로서 등록하는 양식대로 신고해야 하기 때문에 변호사 혹은 공식 설립을 위한 문서 작성에 사용되는 용어에 익숙한 전문인의 도움을 받아야 한다.

평등을 강조하는 교단에서는 교회가 공식 설립이 되면 독자적인 단체가 되고 목사가 세워져야 한다. 새로운 교회는 목사를 세우고, 목사의 공식적인 역할을 교회 내 사무처리회의 공식적 회의록에 명시해야 한다. 대부분의 경우, 교회의 문제는 모든 교인이 참여하는 투표에 의해 이루어진다.

교회의 회중이 구성되기 전까지는 새로운 교회에서 교인으로 인정될 수 없다. 헌장이 구성되어야, 비로소 헌장이 규정하는 교회 회원이 될 수 있는 첫 번째 기회를 갖게 된다. 교회는 이러한 기회를 중요

---

[2] 미국 이외 지역에서는 다양한 법인화 또는 등록 요구사항이 존재한다. 캐나다에서는 www.cra-arc.gc.ca을 방문하면 법인화에 대한 더 많은 정보를 알 수 있다. 호주에서는 캐나다 국세청 www.acnc.gov.au을 방문할 수 있다. 2015년 9월 25일 접속. 영국에서는 "자선 위원회(Charity Commission)"HYPERLINK "http//www.gov.uk/government/organisations/charity-commission"www.gov.uk/government/organisations/charity-commission 를 방문할 수 있다. 2015년 9월 25일 접속, 업데이트된 링크는 New-Churches.com에서 확인할 수 있다.

한 회중적인 그리고 공동체의 이벤트로 만들도록 계획해야 한다.

대부분의 교회에서는 헌장에 입각한 정식 교인이 멤버십 클래스에 참석하고, 멤버십 서약과 헌장 서류에 서명하며, 회원 임명식에 참석하도록 한다.

교회는 변호사로부터 도움을 받을 수 있으며, 사역의 협조 사항들을 온라인으로 얻을 수 있고, 공적 설립을 위한 자료들을 온라인으로 구매할 수 있다. 아니면 교회가 원할 경우, 그리고 주변에 행정적 업무처리를 잘하는 사람이 있다면, 주 정부의 직원들로부터 정보를 얻어서 교회 스스로 공적 설립을 추진할 수 있다.

사업자 등록 번호(Employer Identification Number)

이 등록 번호는 획득하기 어렵지 않지만, 이 번호가 있어야 교회의 은행 계좌를 열 수 있다. 이 등록 번호는 국세청(IRS) 웹사이트를 통해서 신청할 수 있다.

연방정부 면세(Federal Tax Exemption)

미국에서 교회는 본래 세금이 면제되는 기관이다. 변호사들과 회계사들이 아무리 세금 면제 혜택을 받기 위해서 그들의 도움을 받아야 한다고 말해도, 교회는 면세의 혜택을 받기 위해 면세 대상임을 입증할 필요가 없다.

그러나, 국세청(IRS)으로부터 면세 통지서를 받는 혜택도 있다. 이로 인해 비영리단체로서 단체 우편료 혜택과 주 정부의 세금 면제 혜택도 받을 수 있다. 그뿐만 아니라, 공식적인 501(c)(3) 대상자로서, 교회는 신용을 인정받아 헌금을 받을 수 있게 되면, 대형 기금 단체로부터 오는 헌금으로 지역사회를 섬길 기회를 얻게 된다. 교단에 속해있는 교회들은 교단이나 단체가 주도하는 회계 업무를 그에 합당한 증명서를 가지고 수행해야 한다. 공식적인 승인을 원하는 교회들은 모든 과정을 다 거쳐야 한다.

주 정부 면세(State Sale Tax Exemption)

어떤 주는 교회에 판매세를 면제해 준다. 이 면세 제도는 해당 주마다 다르다. 예를 들면 어떤 주는 면세 허가증을 제시하면 판매세를 면제해 준다. 반면 어떤 주는 이미 지급한 세금을 분기별로 다시 돌려준다. 그 지역의 교회가 이런 과정에 관해 설명해 줄 수 있고 혹은 지역 담당자의 안내를 받을 수도 있다. 대부분 주는 자신들의 원칙을 가지고 있으며, 재정분과 홈페이지에 필요한 지원 절차를 소개해 놓고 있다.

보험

새로운 교회가 들어야 할 보험 중에는 책임 보험, 산재 보험, 자동차 보험, 필요하면 과실 보험 등이 있다. 당신에게 가장 적합한 보험의 보상 범위와 유형은 고려해야 할 중요한 요소이다. 당신의 특별한 상황을 나누고, 보상의 유형, 보상 지급 일시 등을 논의하는 것이 필요하다.

비영리단체 우편 혜택

비영리단체의 우편 요금은 영리 단체의 요금보다 아주 낮다. 그로 인해, 다량의 우편을 발송하기 전에 비영리단체 요금의 혜택을 받는 것이 아주 유용하다. 교회는 지원서를 제출하고 허가신청비를 지급하면 단체 우편 혜택을 받을 수 있다. 지역사회의 단체 메일 담당자와 좋은 관계를 형성해 놓으면, 단체 우편 지원 과정 시 안내를 받을 수 있고, 앞으로의 우편 발송 시에 도움을 받을 수 있다.

비영리단체로서 단체 우편 혜택을 받기 위해서, 교회에 관한 서류(공식 설립 문서), 교회 활동 사례(사역 안내서, 주보, 소식지 등), 국세청의 면세 허가증 등을 우체국에 보여야 한다. 국세청으로부터 받지 못한다면, 국세청에 지원서 복사본을 보내든지, 재정 보고서를 보낼 수 있다. 새로운 교회는 모 교회가 이미 자신의 이름으로 우편 혜택을 받고 있다면, 모 교회와 같은 이름으로 혜택을 받을 수 없다. 만일 모 교회의 이름을 사용하고 싶다면, 지역의 우체국 담당자에게 모 교회가 이미 수락했다는 사실을 알려야 한다. 실제 보내려고 하는 우편물의 샘플이나 복사본을 활용할 수 있다.

결론

교회 개척자들은 교회의 헌장과 규약과 같은 자료들이 실제로 중요하기 때문에, 이를 어떻게 사용해야 하는지 배우고 익혀야 한다. 이러한 자료들은 교회의 비전을 끌어올려 주기도 하고 보호해 주기도 한다. 그러나 또한 앞으로 생길 갈등으로부터 교회를 지켜주기도 한다. www.NewChurches.com/PMC를 방문하여 이 장에서 언급한 모든 자료의 사례를 찾아보기 바란다.

비록 개척자가 이런 모든 과업에 대해 궁극적인 책임을 져야 하지만, 이 일에 관련된 세부적인 일들은 교회의 평신도 중에서 능력 있는 자에게 맡기면 더 잘 활용될 수 있다. 예를 들어, 만일 변호사와 같이 일할 수 있거나 혹은 법적인 분야에 해박한 사람의 도움을 받을 수 있다면 더할 나위 없이 좋을 것이다. 더불어 교회가 교단에 가입되어 있다면, 교단 담당자의 점검표와 조언을 통해 도움을 받을 수 있다. 이런 과정을 잘 수행하려면 유능한 전문가의 도움이 필요하다는 것을 인정하게 된다.

PART 4
교회 개척을 위한 사역 부서

서론: 교회 개척을 위한 사역 부서

모든 목회자가 교회 개척자는 아니지만, 모든 교회 개척자는 목회자이다. 우리는 각자 다른 달란트와 재능을 가지고 있다. 많은 달란트가 있지만, 교회를 개척하는 데 필요한 리더십의 능력들은 더 작고 세분화될 수 있다. 달리 말하자면, 개척자는 교회 창립일까지 많은 것들을 준비해야 한다. 이 기간은 6개월에서 1년까지 걸릴 수 있다. 개척을 시작할 때 5장에서 설명한 '사도적 추수 교회 개척자'가 아닐 경우 개척자는 담임목사의 역할로 사역할 가능성이 크다. 물론, 개척자는 교회의 창립을 준비하는 동안 담임목사와 같은 마음을 가질 것이다. 하지만 교회가 창립되면, 개척자의 역할이 바뀔 수 있다.

교회 개척자는 창립하기 전에 재정 준비, 창립 팀 조직, 입지 확보 등의 과제에 몰두하게 된다. 그리고 창립 후에는, 핵심 사역을 위해 주요 리더들을 세워야 한다(19장). 방문자 사역, 봉사자, 전도, 등록 및 그룹, 어린이 사역, 예배, 그리고 재정 문제 등 일곱 가지 분야의 핵심 지도자들을 세워야 한다. 교회가 계속해서 성장하기 위해서는 다른 교회에서 이전하여 온 성도들뿐만 아니라 불신자들의 전도에 집중해야 한다(20장). 이는 단지 전도 행사를 개최하는 문제가 아니라, 전도 문화를 개발하고, 이를 어떻게 교회에 맞게 최적화할 수 있을지를 배우는 것이다. 소그룹은 또 하나의 중요한 사역 영역이다(21장).

소그룹의 유익은 수없이 많다. 소그룹은 교회에 새로운 사람들을 불러오게 하고, 성도들의 믿음을 굳건히 하며, 목회적 돌봄을 위한 좋은 환경을 제공한다. 일요일은 매주 돌아온다. 예배를 위해서는 견실한 계획과 올바른 신학이 필요하다. 예배는 단지 스타일의 문제만이 아니다. 만약 교회가 음악이나 설교의 스타일을 설교 내용보다 우위에 두고 있다면, 중요한 핵심을 놓치는 것이다(22장).

목회자에게 설교는 매주 주일마다 돌아오는 일상이며, 예배와 마찬가지로 설교에는 여러 종류의 형태가 있다. 성도들의 출석률을 높이기 위해서 복음의 메시지에 다른 것들을 덧붙이거나 변질시키기 쉽다. 그러나 이것은 거짓이다. 복음의 메시지를 변질시켜서는 안 된다(23장). 대형 교회에서 목회를 해도, 교인들 개개인이 영적인 어린아이의 수준에 머물러 있다면, 교회 개척은 실패이며, 더 나아가 영적 생활도 실패일 수밖에 없다. 그래서 이 4부에서는 영적인 기초 형성을 다루고 있다(24장). 24장에서는 영적인 기초를 형성하는 문화를 조성하는 방법과 그에 따른 다양한 방법들을 다룬다. 마지막으로, 어린이 사역의 수준이 그 교회의 수준을 결정하고, 교인들의 유형을 결정하는 요인이 된다는 것에 유의하라(25장). 그러므로 어린이 사역은 부모가 예배드리는 동안 이루어지는 어린이 돌봄(baby-sitter) 사역같이 되어서는 안 되며, 그 수준을 넘어야 한다.

다니엘과 결혼 예비 상담을 할 때, 예비부부에게 결혼식을 준비하는 것이 아니라 결혼 그 자체를 준비해야 한다고 상기시킨다. 마찬가지로 교회 개척자로서 단지 교회 창립을 준비하는 것이 아니라, 교회 자체를 준비하는 것이어야 한다. 창립일을 준비하느라 그것에 열중한 나머지, 다음 주일을 잊으면 안 된다.

교회 개척에 있어서 첫 번째 법칙은 '이미 만들어진 틀을 새로 만들지 말라'이다. 사역을 도와줄 수 있는 자원들은 수없이 많으며, 전문가들이 얼마든지 도와줄 수 있다. 우리는 주위에 있는 모든 자원을 맹목적으로 수용하라고 말하는 것이 아니라, 사전 준비 없이 혼자 만들어 나가려고 하지 말라는 것이다. 여기저기 자료들을 모아 와서, 이것들을 수정하고 상황에 바꾸어 보라. 그러나 모든 것을 혼자 만들려고 하지 마라. 이 시간은 리더들을 성장시키는 데 사용하고, 나만이 독특하게 할 수 있는 것에 초점을 맞추어 사용하라. 교회 개척자들을 위해 제공하는 라이프웨이(Lifeway) 자료들을 사용해도 좋다. www.NewChurches.com/offer.

팀 만들기

일부 교회 개척자들은 팀과 함께 사역지에 들어가지만, 대부분 사역지에서 팀을 구성한다. 어떤 상황 속에서도, **연합하여 훈련된 교회 개척 팀의 중요성과 잠재력은 결코 과소평가할 수 없다.** 우리가 사는 곳은 어느 곳이나 선교지이다. 하지만 우리는 종종 선교 현장에 산다고 하면서, 선교에 참여하지도 않고, 훈련하지도 않고, 선교의 원동력인 하나님의 사람들을 나태하게 한다.

존 마크 테리(John Mark Terry)는 말한다. "바울은 팀 사역을 했다. 사람들은 선교 팀이 근대의 개념이라고 생각하지만, 바울은 선교 사역을 할 때 항상 팀 사역을 했다. 팀으로 이동할 때 더 안전하다는 것을 알았다. 일꾼이 많으면 그만큼 사역의 열매도 더 많이 맺혔으며, 팀 사역은 바울에게 새로운 선교사들을 훈련할 기회를 제공했다."[1]

대부분 교회 개척 팀은 한 명의 개척자/목회자와 여러 명의 평신도로 구성되어 있다.[2] 교회 개척자의 주된 역할은 교회 개척 팀을 목양하고, 훈련하고, 그리고 격려하는 일이다. 각 구성원은 교회 개척 사역에 이바지할 수 있는 중요한 은사를 가지고 있지만, 종종 방향과 기회

---

1   John Mark Terry and J. D. Payne, Developing a Strategy for Missions (Grand Rapids, MI: Baker Academic, 2013), 58.
2   이중직 (전임) 교회 개척팀에 대해서는 다음에 논의할 것이다.

를 제시해 줄 사람이 필요하다. 바울은 디모데를 훈련했고, 그에게 다른 사람들을 훈련하라고 격려했다(딤후 2:2).

팀을 구성하는 것은 교회 개척 과정에서 초기에 이루어야 할 필수적인 단계다. 팀의 규모가 클 수도 있고, 작을 수도 있지만, 크기와 상관없이 개척 팀은 꼭 필요하다. 미시간주 플린트(Flint)의 교회 개척자 토드 코르피(Todd Korpi)는 자신의 경험을 이렇게 나눈다. "우리는 기도하고, 지혜를 구하고, 재정을 모으고, 창립 팀을 만들고(창립 주일에는 45명), 도심지에서부터 사람들과 관계 맺는 일을 하는데 상당한 시간이 걸렸다."[3]

개척자는 신실하고, 열려있고, 배우고자 하는 일꾼들을 위해 기도하며 찾아서, 가능한 한 빨리 사역에 동참하도록 훈련하고 도와야 한다. 교회 개척 전략을 실행할 때, 시도할 만한 좋은 사례가 있는데, 훈련되고 헌신 된 평신도들이 교회 창립 전에 사역에 동참하게 하는 것이다. 창립 전 단계는 태아의 성장 과정과 유사한데, 출생 후에 기능이 일어나게 해주는 시스템이다. 이러한 시스템이 개발되지 않아 기능하지 않는다면 태어난 아기는 성장하지 못할 것이다. 마찬가지로, 교회의 운영 시스템이 첫 번째 공식 예배가 시작되기 전까지 충분히 기능을 발휘해야 한다. 그렇지 않으면 교회는 제대로 성장하지 못한 상태에서 시작하기 때문에, 하나님 나라의 확장을 이루는 데 필요한 요소들을 갖추지 못할 것이다.

한 가지 경고가 있다면, 자리만 채우기 위한 일이 되지 않도록 주의해야 한다. 나와 다니엘이 교회를 개척하면서 흔히 저지른 실수이다.

---

3   Todd Korpi, 2015년 6월 4일 접속.

사역이나 부서에 맞는 적임자를 찾는 과정에서 서두르지 말라. 그렇지 않으면 결국 누군가가 그 자리에서 내려와야 하는 불편한 일을 겪게 될 수도 있다. 이것은 시간과 에너지를 낭비하는 것뿐만 아니라, 교회와 사역자들과의 신뢰와 확신의 문제이기도 하다.

누가 부르심을 받는가?

평신도(Laypeople)라는 단어는 교회에서 사용되는 흔한 명칭이다. 그러나 나는 이 단어를 좋아하지 않는다. 이 단어의 명칭은 실제로 모든 직업(의사, 변호사 등)에 해당하는 비전문가 집단에게도 적용될 수 있다. 그러나 이 명칭은 주로 교회에서만 사용한다.

이 용어의 이미지로 인해 교회 안에는 두 부류의 사람들로 나뉜다. 첫 번째 부류는(첫 번째임을 강조한다) 전문 성직자인데, 어떤 교회들은 이들을 "사역자"라고 부른다. 두 번째 부류는 평신도이다. 그러나 이는 비성경적일 뿐 아니라, 하나님의 사람들에게 모두 주어진 하나님의 사명이 방해받고 있으며, "평신도"들은 교회에서 아무것도 하지 않는 사람들 또는 가치 없는 사람들로 여겨진다.

"평신도(laity)"라는 단어의 원어를 자세히 살펴보면, 이 명칭의 근원에 문제가 있음을 알게 된다. 어떤 사람들에게 익숙한 이 단어는 헬라어에서 파생된 프랑스어이다. 라오스(laos)라는 단어는 우리가 배웠던 헬라어의 기초 단어 중 하나이다. 이 단어가 의미하는 바는 무엇일까? "사람들"(people)이라는 뜻이다. 그렇다면, 평신도를 "사람들"이라고 부른다면 성직자는 사람들이 아니라는 뜻일까? 우리가 말하고자 하는 뜻을 이해하길 바란다.

내가 염려하는 것은 그리스도의 몸 안에 "부르심을 받은 자들"(called)과 "부르심을 받지 않은 자들"(not so much called)의 부류로 만들었다는 것이다. 진리에서 벗어나서는 된다. 평신도들의 사역은 단지 누워있는 것(lay- lie 눕다)이 아니고, 부르심을 받은 사람들에게 모든 일을 맡기는 것도 아니다. 평신도들은 성직자들의 '상점'에 들어가서 필요한 종교적 물품과 서비스를 받는 소비자들이 아니다. 현재 우리에게 맡겨진 일들이 다를 수 있지만, 우리는 모두 부르심을 받은 사람들이다.

예수님께서는 평범한 사람들에게 "아버지께서 나를 보내신 것 같이 나도 너희를 보내노라"라고 말씀하셨다(요 20:21). 이들은 전문 어부와 전문 세무사를 제외하고는 전문가들이 아니었다. 우리가 세상으로 들어가서 복음을 들고 전도하기를 원한다면, 이 사명을 전문직 또는 전문가들에게 맡길 수 없다.

평신도들은 이 구절을 그저 "헌금하고, 기도하고 사역자들이 열심히 사역하도록 자리를 비켜주는 것"으로 생각한다. 우리가 평신도들에 대해 가볍게 여기고, 무책임하게 대하지 않는다는 것을 확실히 하기 위한 한 가지 중요한 것이 있다. 기대감의 분위기를 조성해야 한다.

우리는 각자의 역할이 무엇인지 이해해야 한다. 하나님의 부름을 받은 목회자가 사람을 위해 일한다면, 사람들은 상처를 받게 되고, 하나님의 사명은 방해를 받게 될 것이다. 하나님께서 디자인하신 교회는 그리스도의 몸의 모습이다. 이와 같은 모습이다. "각 사람에게 성령을 나타내심은 유익하게 하려 하심이라"(고전 12:7). "각각 은사를 받은 대로 하나님의 여러 가지 은혜를 맡은 선한 청지기 같이 서로 봉사하라"(벧전 4:10). 교회는 모든 성도가 성령이 주신 하나님의 사명으로 섬길 때, 생명력으로 가득하게 된다.

고객에서 주인으로

내가 펜실베이니아주에서 교회를 개척했을 때, 우리는 역동적으로 시작했고 북쪽 지역이 크게 성장하여 첫 해에 교인 수가 125명이 되었다. 첫 해 25명으로 시작했는데 점차 더 많은 사람이 들어오게 되어 100명으로 성장했다. 그러나 새로 들어온 100명은 아무 사역을 하지 않았다. 그들은 하나님의 사명을 향한 적극적인 참여자라기보다 수동적인 구경꾼이었다. 그때 우리 공동체 안에 문화적인 문제가 있다는 것을 알게 되었다.

그 교회의 문화는 참여하지 않는 것이다. 사람들은 사명을 위한 동역자가 아니고, 사역의 대상이었다. 사람들은 소위 말하는 "종교적 상품과 서비스를 추구하는 고객"이 되기를 원했고, 새로운 교회가 제공해 줄 수 있는 즐거운 이벤트만을 받기를 원했다. 그것이 내게 너무 고통스러웠다.

나는 많은 시간을 들여서 그들을 위해 사역하고 소통하고 일하고 권면하여, 그들도 같은 일을 하기를 원했다. 사람들은 주는 것보다 받는 것을 좋아하지만, 그것이 진리는 아니다.

그래서 우리는 분위기를 바꾸어, 사람들이 사역에 헌신할 수 있도록 하였다.

나의 동기는 그다지 복잡한 것은 아니었다. 내가 원했던 것은 교회의 문화를 수동적인 자세에서 능동적인 자세로 바꾸는 것이었다. 우리 교회에 온 새로운 사람들은 25명의 능동적인 교인들보다도, 100명의 수동적인 교인들과 자연스럽게 연결되었다. 분위기는 더 악화되었다.

우리는 지난 1년 동안 설교와 교육과 훈련을 통해 변화를 위해 노력했다. 교인들이 이 일에 참여하도록 도왔다. 설득력 있는 캠페인을 시작했고, 이런 질문을 던졌다. "역동적인 섬김의 가치를 어떻게 경험할 수 있을까요?" 우리는 1년 동안 봉사에 대한 설교를 전했고, 소그룹에서 나눔의 시간을 가졌고, 캠페인을 통해 훈련을 받게 했다. 그리고 우리는 25명의 능동적인 교인들에게 긍정적이고 은혜로운 부담감을 100명의 수동적인 교인들과 더불어 같이 나누기를 요청했다.

우리는 문서 자료, 간증, 비디오 등을 통해 홍보했다. 또한, 서로의 집을 방문하여 모두가 참여하도록 격려했다. 모든 교인이 주인의식을 가지고 교회 사역에 참여하는 분위기로 변화되기를 기대했다.

"제리, 이 일 좀 해주세요."라고 말하는 것으로 충분하지 않았다. 그 일을 하기 위한 구체적인 방법과 분명한 단계가 필요했다. 그래서 이렇게 한다. "제리, 이 사역을 해주시면 좋겠어요. 하지만 먼저 훈련을 받아야 해요. 세 가지 수업을 들어야 하는데, 그중 하나를 저와 같이 해보지 않겠어요?" 처음에는 반응이 느렸지만, 시간이 지나면서 사람들은 변하기 시작했다. 어떻게 변했을까? 모든 사람이 사역에 참여하지는 않았다. 한 사람이 나한테 다가와 이렇게 말했다. "에드, 나와 아내는 이 수업을 안 들어도 될 것 같아요. 우리는 모태 신앙인들인데, 이 수업을 왜 들어야 하나요?"

이렇게 대답했다. "충분히 이해하지만, 우리 교회에는 이렇게 합니다." 그리고 덧붙였다. "물론 성경에 이 세 개의 수업을 들으라는 명령은 없습니다. 그러나, 우리 리더십들과 교회가 하나님께 기도하고 결정한 일입니다. 이 교회가 당신의 교회라고 생각한다면, 함께 하길 바랍니다." 그 부부는 즉시 교회를 떠났고 얼마 후 다른 사람들도 떠났다.

이런 경험을 통해 교회 안에 있는 '고객'들에 대한 네 가지 사실들을 고려하길 바란다.

첫째, 사람들은 본래 사역의 주체가 아니라, 사역의 대상이 되고 싶어 한다. 그래서 성경은 이렇게 말한다. "서로 돌아보아 사랑과 선행을 격려하며"(히 10:24).

둘째, 사람들은 다른 사람들이 자신을 섬겨주기를 원한다. 그러나 성경은 이렇게 말한다. "각각 은사를 받은 대로 하나님의 여러 가지 은혜를 맡은 선한 청지기 같이 서로 봉사하라"(벧전 4:10).

셋째, 목사로서 가장 중요한 역할은 교인들을 사역에 동참하도록 준비시켜 주는 것이다. 하나님께서 리더를 통해 하시는 일에 대해 성경은 이렇게 말한다. "이는 성도를 온전하게 하여 봉사의 일을 하게 하며, 그리스도의 몸을 세우려 하심이라"(엡 4:12).

넷째, 주는 자(giver)가 되는 것은 결코 쉬운 일이 아니다. 받는 자(receiver)가 되기는 쉽다. 받는 것은 사람들의 기본 욕망이지만, 성경은 거듭 이것을 강조한다. "주는 것이 받는 것보다 복이 있다"(행 20:35).

하나님의 사람들이 섬김을 받는 고객이 아니라 주인의식을 가지고 사역한다면, 교회는 완전히 새롭게 바뀔 것이다.

문화를 바꾸는 필수 요소

평신도들을 한 단계 더 높은 수준으로 끌어올리기 위해 어디서부터 시작해야 하나?

우리의 목표는 그들을 경기장 밖에서 안으로 데려와, 관객이 아닌 선수가 되게 하는 것이다.

의사소통

교회의 문화를 변화시키기 위해서는 의사소통이 필수적이다. 목사는 관객처럼 생각하는 교인들을 선수와 같이 대하려 한다. 그들을 선수로 뛰게 하는 것이 중요하다. 조금 우스운 이야기일 수 있다. 내가 가장 좋아하는 팀에 선수가 아닌 관객을 영입한다고 생각해보자. 이상하지 않은가? 그러나 하나님은 재능 있는 사람보다 기꺼이 하고자 하는 의지를 가진 사람을 사용하신다.

교인들이 하나님께서 주신 은사, 역할, 기대를 스스로 알고 있을 거로 추측해서는 안 된다. 일반적으로 볼 때, 교인들의 수동적 특성을 고려해 본다면, 그들은 하나님이 주신 은사, 역할, 기대가 무엇인지 모를 것이다. 어떤 사람들은 자신의 은사를 알고 있겠지만, 대부분 모르거나 관심이 없다고 생각된다.

교회가 변화되기 위해서는 비전, 기대, 미래의 결과들을 교인들과 함께 나누는 시간을 가져야 한다. 몇 년 전, 나는 작은 시골 교회를 목회하면서, 사역과 선교에 집중했다. 매주 100명의 교인이 출석했었다. 그중 20명이 사역과 선교의 일꾼들이었다. 가장 먼저 그 20명을 동역자로 임명하고, 그들이 문제를 같이 해결하는 동역자들이 되었다. 그들에게 "여러분은 이미 섬김의 사역을 하고 있지만, 다시 도움을 요청합니다. 우선 은사 발견 수업을 들은 후에, 이 수업의 유익한 점을 모든 사람에게 나누시고, 그들도 똑같이 그렇게 하라고 말해 주십시오."라고 말했다. 그들은 동의했고, 우리는 이 과정을 시작했다.

권한이 부여된 리더

교회가 성장하려면 리더에게 권한을 부여해야 하고, 목사는 이를 두려워해서는 안 된다. 많은 목회자는 교인들을 무서워한다. 목회자는 부모와 같이 행동하고, 교인들을 어린 자녀들처럼 통제하면서, 아무 문제 없이 완벽하고 무탈하게 목회할 수 있을 것으로 생각한다. 그러나 이렇게 할 경우, 오히려 교인들이 목회자를 통제하게 되고, 목회자가 원하는 결과를 얻을 수 없다. 더 나아가 좌절하고, 탈진하게 된다.

권한이 부여된 리더들이 없으면, 교회의 건강은 지속적으로 악화된다. 교회 성장의 저자들은 "성장을 막는 장벽은 리더십의 장벽"이라고 말한다. 이 문제에 대한 해답은 더 많은, 더 좋은, 더 권한이 부여된 리더들이다.

예를 들면, 출석 수 35명을 넘기지 못하는 교회가 많다. 이에 대한 해답은 한 명의 리더(아마 담임목사일 것이다)가 모든 일을 다 맡지 않고, 동역하는 리더들이 여러 사역 분야들을 나누어 맡는 것이다. 예를 들어, 작은 시골 교회에서는 한 사람이 어린이부나 청소년부를 담당하고, 다른 사람이 소그룹 혹은 주일학교를, 다른 사람이 전도부를 담당할 수 있다. 하지만 35명이 출석하는 교회가 변화하고 성장하기 위해서는 더 많은 사람이 동참하고, 위임받고, 사역하고, 봉사해야 한다.

사역의 역할이 무엇이든 상관없이, 리더십과 역할의 영역이 확장되면, 교회는 성장의 장벽을 뛰어넘는다. **교회는 리더십이 확대하면서 같이 성장한다.** 리더십이 교회 성장의 유일한 이유는 아니지만, 리더십의 문제가 해결되지 않으면 그것이 바로 성장 정체의 원인이 된다.

인정과 격려

확실하고 일관성 있게 사람들을 인정하고 격려하는 것은 변화의 문화를 조성하는 데 중요한 역할을 한다. 사람들은 가치 있는 것을 지속하고 싶어 하며, 그것이 문화 속에 녹아야 한다. 어떻게 가능할까? 교인들이 교회의 사역에 기꺼이 참여하는 문화를 만들기 위해서 여러 방면의 노력이 필요하겠지만, 더욱 중요한 것은 사람들을 격려해 주고, 그들이 교회의 선교와 사역에 참여하도록 격려하고 세워줘야 한다. 예를 들면, 어떤 교회들은 교인의 70~80%가 선교와 사역에 적극적으로 참여하고 있다.

대부분의 교회가 광고 시간에 사회자나 목회자 혹은 강사가 나와서 "오늘 찬양 팀의 찬양이 너무 은혜로웠습니다."라고 격려한다. 찬양팀은 많은 교인으로부터 감사의 말을 자주 들을 수 있지만, 찬양 팀 이외 다른 사역 팀에서 봉사하는 사람들에게도 이런 인정과 격려가 필요하다. 찬양 팀은 주로 교인들 앞에 서는 자리이기 때문에 많은 사람으로부터 격려를 받는다. 지금 교회에서는 하나님의 일꾼들을 어떻게 인정해 주고 격려하고 있나?

평가

교인들이 자신의 은사와 재능을 발견할 경우, 사역에 적극적으로 동참한다. 그러나 영적인 은사를 아는 것이 항상 중요한 키는 아니다. 은사에 대한 더 잘 인식하게 되면, 하나님에 대한 인식과 자신들의 삶에 대한 인식도 높아지지만, 그러나 그것이 다는 아니다.

교인들이 은사를 알고 있다고 해서 교회의 사역을 오랫동안, 효과적으로 지속하는 것은 아니다. 오늘날의 복합적인 문화 속에서, 이를테면 직업도 두 개, 가정도 복합 가정, 음악/운동 등 여러 개의 레슨 등을 받으면서 사람들은 그들의 은사가 무엇인지 쉽게 찾지만, 그 은사를 사용하지는 않는다. 그러나 은사에 대한 지식은 그리스도를 따르는 자들에게 하나님을 향한 자신의 의무와 책임이 무엇인지 발견하는 데 도움을 준다. 은사는 교인들에게 하나님이 그들을 어떻게 부르셨고, 하나님의 사역과 선교에 어떻게 동참하여, 쓰임 받을 수 있는 길을 제공해 준다. 그러나 이것은 단지 시작일 뿐이다.

나의 공동 저자 다니엘은 이를 위해서 "갤럽 장점 측정 평가(Gallup StrengthsFinder assessment)"를 이 과정에 통합하였다. 다니엘은 전에 사역하던 교회에서 성령의 은사에 관한 성경 본문을 가르쳤다. 성령의 은사 테스트 자료 중 하나를 사용하지 않고 장점 측정평가 도구를 사용했다. 그 주된 이유는, 장점 측정 평가(StrengthsFinder assessment)가 어떤 다른 영적 은사 테스트 도구보다 사용 가능성이 크고, 통계적 정확성이 뛰어나기 때문이다.

성령의 은사 테스트를 위한 도구를 사용하여 교인들의 행정 업무 또는 다른 돕는 사역을 발견했을 때는 이 은사들을 실생활에 적용하기 어려웠다. 그러나 장점 측정 평가(StrengthsFinder Assessment)를 사용하여 자신의 재능을 발견했을 때, 사람들은 자신의 재능을 교회, 가정, 그리고 일터에 적용할 수 있다는 것을 알게 되었다. 이로 인해 많은 사람이 자신이 원하고 즐거워하는 일에 참여하게 되는 결과를 갖게 되었다.

일곱 가지 주요 리더의 역할

교회 개척 팀은 교회를 개척하는 개척자와 함께 개척할 지역 사회로 들어갈 수 있다. 그러나 개척자들은 교회가 개척될 지역에서 함께 일할 현지 사람들로 팀을 구성한다. 어떤 경우이든, 개척자들은 그들 가운데서 주요 리더들을 세우고, 그들의 역할을 정해야 한다.

팀을 구성할 때, 선호하는 대형 교회의 사역 구조를 적용하려 하지 말라. 교회 개척은 대형 조직이 아닌 창업 조직이다. 팀을 구성할 때, 첫 공식 예배인 창립 예배 전까지 일곱 가지 중요한 역할을 담당할 리더들을 세워야 한다.

- 새 가족 담당자(Guest Services Coordinator)
- 자원봉사 담당자(Volunteer Coordinator)
- 전도 담당자(Evangelism Coordinator)
- 연결 및 소그룹 담당자(Assimilation and Groups Coordinator)
- 어린이부 담당자(Children's Coordinator)
- 예배/찬양 담당자(Worship Coordinator)
- 재정 담당자(Finance Coordinator)

교회 개척자는 마음과 뜻과 정성과 힘을 다해 예수님께 순종하고, 예수님을 사랑하는 구원받은 죄인이다.

교회 개척자/목사는 팀을 총괄하며, 교인들이 사역에 동참하도록 양육하고 준비시키며, 봉사의 일을 하게 하는 책임을 진다(엡 4:11-12). 위의 제시한 일곱 가지 리더 중, 양육 담당자가 없는 것을 발견했을 것이다. 교회를 시작할 때, 교회의 방향과 영적인 분위기를 세울 때, 개척자의 역할이 매주 중요하다. 그와 더불어, 모든 사람을 다 양육할 수 없고 교회의 리더들을 양육하는 데 초점을 맞추어야 하므로, 교인들을 제자훈련할 올바른 리더들을 선발해야 한다.

<u>새 가족 담당자</u>는 교회에 등록하지 않은 사람들에게 따뜻한 관심과 환대를 보여주는 자이다(롬 12:13; 히 13:9). 교회 사역의 첫 단계부터

잘 흘러가게 해줄 뿐 아니라, 아직 믿지 않는 자들에게 복음을 자연스럽게 나타내는 역할을 한다. 새 가족 담당자는 환영 담당, 안내 담당, 그 외 분위기 조성과 새 가족들을 편하게 대하는 역할들을 총괄한다. 환영 담당자는 새 가족들이 환영받고 있으며, 교회에 속하기를 원한다는 느낌이 들도록 돕는 자이다. 자원봉사자들은 새 가족들의 자리와 할 일들을 안내해준다.

이 자원봉사자들 그들의 행동이 사람들에게 복음의 영향력이 스며들어 간다는 것을 알아야 한다. 그러므로 그들은 친절해야 하며, 미소를 지으며, 구원의 기쁨을 나타내야 한다. 필요로 하는 것은 무엇이든 기쁨으로 채워줄 수 있도록 훈련되어야 한다. 구급상자가 어디 있는지 알아야 하고, 가장 가까운 정수기가 어디인지 알아야 하며, 교회의 모든 부서, 소그룹실, 화장실 등 모든 위치를 알고 있어야 한다. 그 외에 해야 할 일들은 다음과 같다:

- 주차장 안에서 새 가족 환영
- 알기 쉽게 출입구 표시
- 모든 참석자에게 이름표 제공
- 새 가족들을 지정석으로 안내, 다른 교인들과 교제할 수 있는 자리 배치
- "3분 규칙" 진행 — 예배 종료 후 기존 교인들이 3분 동안 모르는 사람과 대화하기
- 교회 안에 환영 담당자와 안내 담당자의 사역을 제도적으로 추진

자원봉사 담당자는 교회의 안과 밖에서 교인들이 사역에 동참할 수 있는 자리를 찾도록 코치해주는 역할이다. 자원봉사 담당자는 교인

들과 방문자들이 교인으로 등록하고 교회의 생활에 좀 더 깊이 동참할 수 있도록 방법을 개발하고 지도하는 자이다. 자원봉사자를 세우는 일은 시간이 걸린다. 특히 새 가족들 가운데서 이 일에 동참하게 하려면 더 많은 시간이 필요하다. 교회의 개척 준비 단계부터 이 일을 준비하고 개발한다면, 장기적인 제자훈련 프로그램으로 개발할 수 있을 것이다.

이렇게 하기 위해서는 새로운 교회는 교인들의 재능과 은사를 발견하고 이를 사역으로 연결하는 시스템을 구축해야 한다. 새로운 교회는 교인들이 자신의 재능과 은사를 발견하여, 지역 사회의 필요를 채울 수 있는 전략을 개발해야 한다. 교회 개척의 시작 단계에서는 은사와 그에 따른 실제적인 적용을 폭넓게 시도해야 한다. 특정 은사나 사역에 맞추기보다, 필요로 하는 부분들을 채울 수 있는 섬김과 봉사의 마음을 가져야 한다. 교회 개척의 상황에서는, 필요를 채우기 위해서는 자원하는 사람들이 필요하겠지만, 자신의 은사가 아니므로 봉사의 요청을 거절하는 일이 없게 하라.

전도 담당자는 성경에서 말하는 '복음 전하는 자'이며(엡 4:11), 복음을 전파되지 않은 곳에 복음을 증거하는 사역을 해야 하고, 다른 리더들을 도와서 그들의 인맥을 통해 복음을 증거 하도록 격려하는 자이다. 새로운 교회의 사명은 당연히 전도이지만, 많은 경우 찬양을 준비하는 일, 어린이들을 돌보는 일, 또는 기금을 모금하는 일에 치중하다 보니, 복음 증거가 소홀히 될 수 있다. 전도 담당자는 엡 4:10이 말하는 복음 전하는 자로서, 교회가 전도하는 사명을 기억할 수 있도록 도전하는 책임을 진 자이다. 어떤 사람들에게는 전도가 새로운 사역이 될 수도 있다. 이전에 전도의 경험이 없는 사람이 갑자기 전도의 능력을 갖출 수는 없다. 전도 담당자는 교인들의 매일의 삶에서 그리스도를 전하는 복음 증거의 능력을 갖춰야 할 책임감이 있다. 그렇지 않으면 전도는 삶이 아닌 하나의 프로그램으로 전락하게 된다. 전도는 프로그램으로 되는 것이 아니고 삶을 통해 훈련된다.

연결 및 소그룹 담당자는 사람들을 연결하는 역할을 한다. 교회가 성장하면서 주말에 하는 예배 사역의 비중이 커진다. 이 사역의 담당자는 사람들을 교회 회원 교육, 그 외 다른 사역, 그리고 소그룹 모임으로 연결하는 역할을 한다. 그 열매는 성숙한 제자들을 배출하는 것이다.

어린이부 담당자는 어린이들에게 그들의 문화에 맞게, 성경을 가르치기 위해 깊이 있게 생각하고 기도하는 사람이다. 이 담당자는 교육, 자료 개발, 의미 있는 예배 구성을 위한 최상의 시스템을 개발하는 역할을 한다. 예를 들면, 어떤 교회들에서는 어린이들이 부모가 같이 예배를 참석하지만, 다른 교회들은 어린이들과 함께 예배하는 것은 예배의 집중에 방해가 되고, 도움이 되지 못한 방식이라고 생각한다. 어린이부 담당자는 교회가 성장함에 따라 더욱 성숙해져서, 리더들을 세워 사역을 위임할 수 있어야 한다.

사람들이 (의식적으로든 무의식적으로든) 교회를 선택하곤 하는데, 시설 면에서 세 가지 기준을 가지고 있다. 편리한 주차장, 쾌적한 여성 화장실, 수준 있는 어린이 사역이다. 이 세 가지 기준 중에서 교회 개척자가 할 수 있는 것은 어린이 사역이다. 그러나 예배 팀을 세우는 것과 마찬가지로 교회 개척자는 모든 사역을 시도하는 데 있어서, 시간이 걸려도 제대로 할 수 있도록 해야 한다.

교회 개척자들에게 권하는 바는 교회를 시작할 때부터, 영유아부 사역을 시작하라는 것이다. 처음 교회를 시작할 때에는 자원봉사자들이 많지 않기 때문에, 전 연령대를 위한 사역 부서를 만들고자 하는 유혹을 잠시 내려놔야 한다. 자원하는 봉사자들이 채워질 때까지 조금 더 기다려야 한다. 대부분 부모는 연령별 부서를 원하기 때문에 개척자에게는 이것이 도전이 될 것이다.

교인들에게 도전할 수 있는 가장 좋은 방법은 미래의 사역을 위해 어린이 사역을 개발하는 비전을 나누면서, 부모들이 어린이와 청소년 사역에 함께 참여하는 것을 사역의 우선순위로 생각할 수 있도록 격려하는 것이다. 목회자는 이 일에 시간을 더 할애하여, 예배 시간을 통해서, 부모가 주중에 자녀들을 영적으로 양육하는 데 사용할 수 있는 유용한 자료들을 제공해 줄 수 있다.

또한, 개척자는 부모에게 중요하게 생각되는 어린이 사역의 질을 높이기 위해서는 적절한 팀을 구성해야 한다. 부모들은 영유아들에 대해 가장 신경 쓰는 부분은 안전문제이다. 부모가 영유아부에 자녀를 맡기고, 예배에 들어갈 때 반드시 안정감을 느낄 수 있도록 해야 한다. 다음은 이를 위한 세 가지 기준이다.

1. 아이를 맡기고 데려오는 사람을 같은 사람으로 정해야 한다. 최근의 어린이 체크인 시스템 과정을 보면, 그 과정이 단순하고 안전하다.
2. 영아부 봉사자들의 복장은 깨끗하고, 깔끔한 유니폼 혹은 통일된 복장을 하도록 한다. 부모들에게 표준화 된 인상을 보여주기 위함이다. 슬픈 현실이지만, 이를 통해 부모들은 안전과 안정감을 느끼게 된다.
3. 예배 시간 중에 부모를 호출할 수 있는 알림 시스템을 구축하라. 예배 스크린에 번호를 띄우든지, 문자 메시지를 보낼 수 있다. 이러한

시스템은 부모들에게 미래의 어린이 사역이 훨씬 더 높은 수준을 갖게 될 것이라는 확신하게 한다.

예배/찬양 담당자는 은사가 있고 문화적인 감각이 있는 찬양 리더여야 한다. 그래서 예배 중에 문화에 맞게 하나님을 경험하는 성경적인 예배를 인도할 수 있어야 한다. 직접 찬양을 인도하지 않는다면, 찬양을 인도하는 사역팀에게 위임하고, 그 팀을 평가, 도전, 격려하는 능력을 갖추고 있어야 한다. 예배 담당자는 찬양 팀을 구성하는 일을 한다. 예배/찬양 담당자는 예배에 참석하는 자들이 하나님을 향하도록 설득력 있고 의미 있는 예배를 준비한다. 새로운 교회의 형편에 따라 예배 시스템은 달라질 수 있다. 어떤 팀은 12명의 찬양팀 멤버와 멀티미디어를 이용한 영상 자막 및 프로그램을 활용할 수 있고, 어떤 팀은 기타 한 대와 몇 명의 찬양팀으로 소박하게 예배를 인도할 수 있다.

규모와 상관없이, 예배 시스템은 교회 창립 전까지 반드시 준비되어야 한다. 오늘날의 시대는 교회와 같은 자원자들로 구성된 단체에 대해서도 최상의 자막 영상 수준을 기대한다. 수준이 기대 이하이면 한번 온 방문자는 다시 오지 않을 것이다. 그러나 이런 목표를 세우는 이유는 사람들의 눈을 즐겁게 하기 위한 목적이 아니라, 만물의 창조주이신 하나님과의 진정한 만남을 도울 수 있도록 최선의 것으로 예배를 준비하기 위함이다. 이 목표에 도달하기 위해서 얼마나 기도하고 시간을 투자할지를 계획하라. 효과적인 예배 팀을 위해서는 음악적 실력도 중요하지만, 이것이 오히려 예배에 거슬리지 않고 효과적인 예배로 잘 연결될 수 있도록 다듬어져야 할 것이다.

마지막으로, 재정 담당자는 새로운 교회의 재정을 총괄하는 사람이다. 재정 문제를 담당해 주는 후원교회가 없다면, 새로운 교회의 재정 담당자의 역할은 특히 중요하다. 재정 담당자 새로운 교회에서 예산 계획, 헌금 계수, 재정 지출, 후원교회 보고 등의 업무를 담당해야 한다.

재정관리를 잘하는 교회는 다른 어떤 것보다 교회의 교인들과 개척 목회자를 보호해준다. 교회의 헌금은 안전하고, 적절하게 다루어질 때, 리더들의 진정성과 교회의 위상이 보호를 받게 된다. 이를 위해 몇 가지 제안을 소개한다:

- 교인들에게 헌금이 어떻게 사용되고 있는지 구체적으로 알린다. 이것은 헌금하는 사람들뿐 아니라 헌금하지 않은 방문자들에게도 신뢰감을 줄 것이다.
- 개척자와 개척 팀은 창립 예배 전에 교회 재정에 대한 보호 장치와 회계를 위한 전략을 미리 준비해야 한다. 헌금 계수 요원을 두 명과 교회의 헌금을 은행 계좌에 입금할 때 수표와 현금을 관리할 사람을 준비한다. 계수 요원이 아닌 다른 사람이 은행 계좌에 입금한다.
- 담임 목회자 혹은 개척자가 직접 헌금을 다루는 않는 시스템을 구축하라. 물론 목회자 혹은 개척자는 매주 집계된 헌금을 보고 받아야 한다. 어떤 목회자가 교회의 헌금을 집에 가지고 가서, 계수하고 은행에 입금하는 것을 본 적이 있다. 이는 매우 위험한 방법이다. 너무 많은 유혹이 따른다. 교회를 다니지 않는 사람들로부터 목회자와 교회가 재정을 제대로 관리하지 못한다는 오명을 받을 수 있다.
- 헌금을 많이 하는 교인에 대한 편애를 방지하기 위해서, 목회자들이 헌금에 대한 개인의 정보를 알지 못하는 경우도 많이 있다.

주의해야 할 사항

리더를 세우기 위한 시간을 충분히 투자하라. 해야 할 과업을 맡기는 것만으로는 충분하지 못하다. 교회 개척자는 리더들을 양성해야 한다. 리더들을 세우는데 지혜롭지 못하면, 그 결과에는 고통이 따른다.

스티브 쇼그렌(Steve Sjogren)은 리더를 세우는 데 있어서 충분한 시간을 투자할 것에 대해 다음과 같이 경고한다.

> 개척 초기에 리더들을 신뢰하는 것은 당연하다. 그러나 오래지 않아, 그들이 "LWA(leaders with an agenda)"— 다른 목적을 가진 리더들이라는 사실을 알게 된다. 이로 인해 교회 개척자들은 몇 년 동안 심각한 문제에 부딪히게 된다. 우리에게 리더가 절실히 필요하다. 그러나 자원하는 리더들은 대부분 준비된 리더들이 아니다. 이들을 세워야 하는가? 왜 이런 준비되지 않은 리더들이 개척하는 새로운 교회에 오려 하는가? 과거에 다른 교회로부터 거절당한 사람들은 새로운 교회들에서 다시 시작하는 것에 매력을 느낄 것이다. 여기서 고민할 것은, 이전에 실패한 사람들에게 새로운 기회를 주어야 하는가 아니면 미래의 교회를 생각해서 올바른 리더십을 세워야 하는가 하는 문제이다. 나의 결론은 이것이다. 개별적으로 볼 때 훌륭한 리더들을 선택하기보다는, 하나님의 더 큰 일을 고려해야 한다는 것이다. 황금알과 알을 낳는 거위를 생각해보라. 황금알(개별적인 리더들)도 좋지만, 무엇보다도 거위의 건강(교회)이 우선이다.[4]

---

[4] Steve Sjogren and Rob Lewin, *Community of Kindness* (Ventura, CA: Regal/Gospel Light, 2003), 207.

결론

    이 장에 나오는 리더들이 처음부터 개척자와 함께 개척지로 갈 필요는 없다. 이러한 리더들은 개척 현장에서 찾을 수 있다. 마지막 두세 번의 개척 전까지는, 팀들과 같이 시작하지 않았다. 팀과 같이 개척 현장에 들어간 적이 없었다. 많은 교회 개척자가 개척 현장에 팀과 같이 가지 않는다. 현장에 도착해서 팀을 구성한다. 나 역시 개척 초반에는 사역 현장에서 사람들을 만나고, 그들 중에서 개척 팀을 구성했고, 이들이 창립 팀이 되어, 이들과 함께 창립 예배를 준비했다. 중요한 것은 팀과 같이 현장에 들어가든, 현장에 들어가서 팀을 구성하든, 교회를 개척하기 위해서는 팀이 필요하다는 것이다.

    교회 개척자의 중요한 과제는 팀원을 구성하여 준비시키는 것과 창립일을 준비하기 위한 시스템을 구축하는 것이다. 창립 팀에게 사례비를 지급할 수도 있지만, 받을 수도 있지만, 창립 팀은 주로 평신도인 새신자들로 구성된다.

    교회 개척자는 초반에 사역자를 모집하는 일에 대해서는 신중히 고려해야 한다. 교회의 꿈, 비전, 은사, 지역 사회를 위한 전도와 사역의 시스템을 바탕으로 꼭 필요한 인원만 선발해야 한다. 남성을 위한 사역, 여성을 위한 사역은 창립 이후에 계획하라. 새로운 팀의 모든 구성원은 창립 일을 위해 모든 힘을 쏟아야 한다.

    이러한 시스템이 정착되면, 교회는 공적 예배를 시작할 준비가 된 것이다. 교회의 창립이 건강하게 이루어진 교회는 성장의 속도도 빨라질 수 있다. 이러한 시스템을 세우는 데 있어서 팀원들의 역할이 중요하다는 것은 아무리 강조해도 지나치지 않다.

전도

교회 개척에 관한 책에서 전도에 대한 내용을 수록한다는 것이 이상하지 않은가? 교회 개척 분야가 실제로 성장하면서도, 새로운 교회를 개척하는 것의 기본이라 할 수 있는 전도가 감소하고 있다는 것이 모순이다. 최근의 교회 성장 전략은 불신자를 위한 전도가 아닌 기존 신자의 이동을 위한 방식으로 자리 잡고 있다. 마이크 브린(Mike Breen)은 "교회 성장의 96%는 이동 교인 때문이며, 교회가 적진으로 들어가지 않는다"고 탄식하고 있다. 새로운 예배와 프로그램들이 발전하기 때문에, 내심 승리라고 스스로 위안을 삼지만, 그러한 성장은 이동 교인으로 인한 성장일 뿐이다. 이것은 승리가 아니다.[1] J. D 페인(Payne)은 성경적 교회 개척을 "새로운 교회를 낳는 전도"라고 말한다. 그가 말하는 교회 개척의 정의는 이동 교인이 아니다.[2]

더 문제가 되는 것은, 최근 기독교인 중 많은 사람이 전도를 시대에 뒤떨어진 구시대적 산물이라고 여긴다는 것이다. 그러나 전도는 교회 개척에 있어서 필수적인 요소이다. 왜냐하면, 우리는 전해야 할 복음이 있고, 잃어버린 영혼에게 기쁜 소식을 전하는 것은 교회의 중심적

---

[1] Mike Breen, "Obituary for the American Church," Mission Frontiers 34, no. 4 (July-August 2012), 28.

[2] J. D. Payne, *Unreached Peoples, Least Reached Places* (self-published, 2011), 12.

인 사명이며, 새로운 교회들을 태어나게 하는 것이다.

나는 지금 마이애미 중심가에서 이 글을 쓰고 있다. 기막힌 현실 앞에서 충격을 받았다. 세상에는 예수님을 필요로 하는 사람들이 여전히 많고, 하나님은 새로운 교회들을 사용하셔서 복음이 전파되게 하신다. 제네바 푸쉬(Geneva Push)라는 호주의 교회 개척 네트워크에서, 나의 동료들은 수백 개의 교회와 함께, "실존으로 인도하는 전도"라는 주제를 가지고 대화하였는데, 참으로 옳은 일이다.

의도적인 전도를 위해 계획을 세우는 것은 중요한 일이다. 전도의 수고 없이 실제로 교회를 개척할 수 있다는 사실이 나에게는 놀라울 뿐이다. 사실, 지역 사회에서 기존 교회의 교인들을 데리고 와서 교회를 시작하는 것은 새로운 제자를 낳기보다 훨씬 쉽다. 믿지 않는 사람들에게 접근하는 **전략을 세우기 위해서는 많은 노력과 창의성을 쏟아 부어야 한다.** 새로운 제자를 양육하는 것보다 그리스도인들을 끌어오는 것이 더 빠를 수 있다. 그러나 성경적인 교회가 되길 원한다면, 남의 양들을 훔쳐 오지 말고, 팀과 함께 지역 사회 안에 있는 그리스도를 모르는 자들에게 전적으로 집중하라. 복음의 씨를 적절하게 뿌리는 방법을 찾기 위해서 많은 시간과 노력을 투자해야 한다.

선교학자들은 시대의 문화에 따라 복음을 전하는 방법은 변하지만, 복음의 메시지는 변하지 않는다고 가르쳤다. 그러므로 우리는 복음을 전하는 일을 위해 상황화하는 법을 배워야 한다. 즉, 우리가 전달하는 복음의 본질을 유지하면서, 복음을 전하고자 하는 사람들이 이해할 수 있는 방식으로 복음을 전하는 법을 배워야 한다. 이 장에서는 복음이 문화적으로 적절하게 증거되어야 할 필요성과 새로운 교회가 그 지역 사회의 사람들에게 문화적으로 어떻게 접근해야 하는

지를 보여준다.

변하지 않는 복음의 메시지, 변하는 전도의 방식

믿지 않는 자들과 항상 접촉하면서도, 예수 그리스도의 복음을 전하지 않을 수 있다.

전도는 사람들을 좋은 프로그램으로 모집하는 것이 아니다. 전도는 봉사활동에 참여하는 것도 아니다. 물론 봉사활동을 함으로써 전도로 연결될 수는 있다. 그러나 온종일 봉사활동을 하면서도, 예수 그리스도의 복음을 전하지 않을 수도 있다. 전도는 복음을 듣고 도전받으며, 들은 복음에 반응하도록 초청될 때 일어나는 것이다. 사람들은 복음을 듣고, 복음에 반응하기를 주저할 수도 있다. 그러나 우리는 그들이 복음을 듣고 도전을 받아, 복음에 반응하기를 원한다.

복음의 메시지는 변하지 않는다

전도는 언제나 피 흘린 십자가와 빈 무덤을 동반한다. 복음은 언제나 우리의 죄를 위해, 우리 대신 돌아가신 예수 그리스도의 죽음을 이야기한다. 이러한 진리는 변하지 않는다. 복음(기쁜 소식)의 메시지가 없으면 전도라고 할 수 없다. 전도는 초문화적이고 보편적이며 모든 시대와 시간을 초월한다. 전도는 예수 그리스도를 신뢰하고 따르는 자들의 증거이며, 복음의 능력은 죄를 회개하는 사람들이 변화된다는 것을 믿는 것이다. 그러나 복음을 어떻게 전할 것인가, 즉 복음 선포의 시점을 어떻게 잡을 것인가 하는 문제는 시간과 장소에 따른 문화적 요소들에 의해 영향을 받을 수 있다.

전도의 방식은 시대에 따라 변한다

전도는 언제나 사람들을 회개로 이끌고, 그리스도를 신뢰하고 따르게 하며, 복음의 능력으로 거듭나는 역사를 일으킨다. 여기서 시대에 따른 전도의 방법론들을 고려해 볼 수 있다. 몇십 년 전에는, 많은 사람이 방송(라디오) 설교자들을 통해서 예수님을 믿었다. 그 시대에는 방송 전도가 영향력이 있었고, 최첨단이었다. 1970~80년대는 버스 전도 사역이 매우 효과적인 전도 방법이었다. 나의 누이가 뉴욕 외곽 롱 아일랜드에서 버스를 타고 교회를 다녔다. 누이는 어린 소녀 때 복음을 듣고 도전을 받았고, 그리스도를 믿고 따르게 되었다. 누이를 통해 어머니께서 복음을 들었고, 그 후에 나도 예수님을 믿게 되었다.

전도 부흥 집회는 운동장이나 경기장에서 열린 대규모 집회에 친구들을 초대하여 복음을 듣는 모임이었다. 하나님은 오늘날에도 이러한 세계 곳곳에서, 그리고 이곳에서도 이런 모임들을 사용하신다. 1988년, 나는 뉴욕 버팔로에서 열린 빌리 그래함 전도 집회 직후 첫 교회 개척을 시작했다. 빌리 그래함 목사님의 가장 큰 집회는 1973년 대한민국 서울에서 열린 집회였고, 100만 명 이상의 사람들이 모였었다. 그러나, 최근에는 대중 집회 중심의 전도 행사는 빈도수가 줄었고, 이러한 방법이 과연 효과가 있는지 검토하기 시작했다. 그러나 하나님께서 누군가에게 은사를 주셔서, 하나님의 사람들을 훈련하고, 그리스도의 몸을 세우는 사역을 하신다면, 이 방식도 여전히 쓰임을 받을 수 있을 것이다.

다니엘과 나는 소그룹을 인도하고 있는데, 교회에 다니지 않는 친구들을 빌리 그래함 전도 집회에 데려갈 수는 없더라도, 우리를 잘 알고 신뢰한다면, 그들을 우리 집으로 초대할 수 있다. 즉, 친구들에게 복음을 전하기 위해, 대규모의 집회에 의존할 필요는 없다.

빌리 그래함 전도 협회는 오늘날 하나님께서 우리 사회에서 사용하시는 전도 방법은 가정을 중심으로 전도하는 것이라고 정리하였다. 빌리 그래함의 미국 내 마지막 복음 사역 중 하나는 "미국 복음화를 소망하는 전도 캠페인"(My Hope America evangelistic campaign)으로 복음의 메시지를 가능한 한 많은 가정에 전하기 위한 모임이었다.

예수 그리스도는 모든 나라와 모든 세대의 유일한 소망이시다. 그리스도와 함께 믿지 않는 사람들에게 효과적인 방법으로 복음을 전하는 일은 우리의 영광이고 기쁨이다. 우리는 절대 변하지 않는 복음의 메시지로 인해 감사하면서, 동시에 전하는 방법들에 대해서는 민감하게 대처하여, 많은 사람이 예수 그리스도의 복음을 들을 기회를 만들어야 한다.

의도적인 복음 증거

믿지 않는 자들에게 전도하는 "진정한 성경적 교회 개척"은 개척 팀이 "잃어버린 밭"에 집중하도록 해야 한다. 결국, 성경적 교회 개척이란 전도를 통해 이루어지는 새로운 교회이다. "잃어버린 밭"에 전도를 집중하는 진정한 성경적 교회를 개척하려면, 의도적이 되어야 한다. 의도성을 실행에 옮길 수 있는 세 가지 원리를 소개한다.

첫째, 교회 개척자는 지역 사회에 속한 사람 중 이미 교회에 다니는 사람들을 대상으로 하지 않고, 잃어버린 영혼들에게 어떻게 찾아갈 것인가를 모색하는 전도 전략을 의도적으로 개발해야 한다. 의도성이 없다면 전도는 일어나지 않는다. 이 의도성은 개척자에게 개인적인 전도방식을 개발하게 하며, 믿지 않는 자들에게 가장 효과적으로 접근할 수 있는 전략을 개발하는 일에 전적으로 헌신하도록 유도한다. 교회 개척 구성원들이 서로 책임감을 느끼고, 믿지 않는 자들과의 관계 형성을 하며, 복음을 전해야 한다.

둘째, 의도적인 전도는 전도 대상자에게 조직적으로 다가갈 수 있는 시스템을 구축한다는 것이다. 복음을 전하고 있는 모든 사람을 머리로 기억하기에는 한계가 있다. 전도 대상자들은 우리가 소홀하게 대할 수 없는 소중한 사람들이다. 그들의 이름을 기억하기 위해서 여러 종류의 소프트웨어 프로그램을 사용할 수도 있지만, 간단한 메모장에 그 사람들의 명단을 적는 것만으로도 충분하다. 전도 대상자 명단을 만드는 것이 부담될 수도 있지만, 의도적으로 전도하고자 하며, 자기 주변의 가까운 사람들만의 관계를 넘어서 다른 사람들도 전도하고자 한다면, 이 명단을 활용해야 한다. 잘 정리된 시스템에 적혀있는 이름들은 단순한 이름이 아니다. 전도하고자 하는 그 사람들에게 관심을 가져야 하고, 그들을 기억하고 섬겨야 하며, 좋은 관계를 계속 유지해야 한다. 전도 대상자들을 위해 계속 기도하고, 방문하고, 복음을 전한다면, 주님은 그들 가운데서 영적으로 굶주린 사람들을 만나게 해주실 것이다. 우리는 이 사람들을 "평화의 사람"이라 부른다.

라이언 부시(Ryan Bush)가 멤피스의 라티노 공동체에서 교회를 개척했을 때, 간단하지만 체계적인 시스템을 만들었다. 새로운 라티노의 가정을 만나게 되면, 전도 대상자를 위한 기도 노트를 만들어, 그 가정을 위한 페이지를 정하고, 그 안에 그들의 이름과 주소를 적어 놓았다. 그 후 그들을 만나서 그들에 대한 새로운 정보들을 알게 되면, 그 내용을 기도 노트에 적어 나갔다.³ 이 시스템은 여러 부분에서 우리에게 도움이 되었다. 첫째, 기도 노트는 그 가정을 위해 지속해서, 또 그들에 대해 잘 알면서 기도할 수 있게 해주었다. 둘째, 기도 노트는 그들을 만날 때마다, 이전 이야기들을 기억할 수 있도록 도와주었다. 셋째, 기도 노트는 어떤 가정들이 영적인 관심이 있는지 알게 해주었고, 그들에게 더 집중할 수 있도록 도와주었다.

셋째, 의도적인 전도는 교회 개척 팀을 훈련하고 동원하여, 전략을 행동으로 옮기게 해주는 것이다. 행동으로 옮기지 않는 전략은 아무 의미가 없다. 개척자는 전도 계획을 행동으로 옮겨야 한다. 예배 시간 전 혹은 예배 중에 교인들이 자신의 간증과 간단한 복음의 내용을 서로 나누게 하여 전도 훈련을 할 수 있다.

전도, 과정과 이벤트

진정한 전도는 점진적인 과정이지 일회성 이벤트가 아니다. 노스포인트 커뮤니티 교회(North Point Community Church)의 앤디 스탠리(Andy Stanley)는 이렇게 말했다. "설교를 듣는 동안, 무신론자에서 믿는 자로 돌아서는 사람은 없다……. 그러나, 구원은 과정이 아니고, 믿음으로 나오는 것이다."⁴ 그리스도께 나아오는 믿음의 발걸음은 종착지에 도착하는 것이 아닌 여정의 시작이다. "어린양의 생명책"(계 21:27)에 우리의 이름이 기록되어야 하는 시점이 있다. 회심은 일회적 사건이다. 그

---

3 Ryan Bush, 저자와의 이메일 내용, 2015년 7월 31일
4 Andy Stanley와의 점심 모임, 2002년 8월 25일

러나, 전도는 사람들을 회심의 여정으로 안내하며, 영적 성숙으로 인도한다.

복음을 전혀 들어보지 못한 종족을 찾아간 선교사를 상상해보라. 성경을 본 적도 없고 예수님의 이름을 들어보지도 못한 종족이다. 선교사가 도착하자마자, 그들에게 복음을 전한다고 생각해보라. "여러분 모두는 죄를 회개하고, 성경을 믿고, 예수님을 영접해야 합니다." 라고 말한다면, 어리둥절한 눈으로 바라볼 것이다.

오랜 시간 동안 복음을 전하고, 예수 그리스도의 삶과 죽음에 대한 배경 이야기들을 전해주는 것은 비단 시골에 있는 종족들에게만 해당하는 전도 방법이 아니다. 교회 개척자는 전도 대상자가 예수님이 누구신지, 죄가 그들의 삶을 어떤 결과를 가져오게 했는지, 이미 알고 있다고 속단하면 안 된다. 이는 미국에서도 마찬가지다. 나바호(Navajo)의 속담에 이런 말이 있다. "당신에게 온 손님은 언제나 피곤하고 춥고 배고픈 상태라고 생각하고, 그에게 맞게 대접하라." 이 권고를 전도에 적용해야 할 것이다.

최근의 문화를 보면, 영적인 세계 안에 물질적 문화가 퍼져있고, 다양한 신념들이 섞여 있는 시대인데, 이런 문화 속에서 사람들은 더 배고픔을 느끼고 있다. 답을 모른 채, 혼돈 속에 살아가는 사람들이 많이 있다. 그들의 믿음과 신념은 여러 세계관과 여러 철학으로 섞여 있는 혼합체이다. 부분적이나마 영적으로 조금 열려있다고 해서, 복음을 받아들이고, 그리스도께 무릎을 꿇는 일이 일어나리라 생각하는 것은 속단이다.

엥겔 척도

기독교의 확산이 어떻게 성숙해져 가는가를 이해하게 되면서, 선교학자들은 회심을 일회적 사건이 아닌 하나의 과정으로 보고자 하였다. 최근 회심의 모델들을 보면, 회심에 대한 점진적인 특성이 있음을 알 수 있다. 결단과 전환점 전체적인 과정으로 이해되고 있다.[5]

영적 성숙도를 측정할 수 있는 도구 하나인 "엥겔 척도"가 있다. 제임스 F. 엥겔(James F. Engel)이 개발한 평가 도구이며, 개인 또는 단체가 하나님을 모르는 단계에서 예수님의 제자로서 그리스도인의 성숙한 단계까지의 여정을 묘사해 준다. 이 모델은 회심의 과정을 강조하며, 사람이 그리스도를 믿고 회심에 이르기까지의 과정과 여러 단계를 설명한다.[6] 피터 와그너(Peter Wagner)는 이렇게 설명한다. "엥겔 척도는 특정한 사람이 기독교 신앙의 여정 가운데 어느 단계에 속해 있는지를 알 수 있도록 도와준다. 이는 어떤 상황에 있느냐에 따라, 사람마다 다른 접근이 필요하다는 것을 시사해 준다."[7]

아래 제시된 수직적 등급에는[8] 하나의 축이 있는데, 이는 영적인

---

[5] Richard Y. Hibbert, "Negotiating Identity: Extending and Applying Alan Tippett's Model of Conversion to Believers from Muslim and Hindu Backgrounds," *Missiology: An International Review 43*, no. 1 (2015): 62.

[6] 본래 이 모델은 엥겔과 비고에 의해 개발되었으며, 이후에 엥겔이 다시 정리하였다. 이 개념을 행동과학적으로 통합하여, 다음의 책에 발표하였다. *What's Gone Wrong with the Harvest: A Communication Strategy for the Church and World Evangelism* (Grand Rapids, MI: Zondervan, 1975).

[7] C. Peter Wagner, "Recent Developments in Church Growth Understandings," *Review and Expositor 77* (1980): 510.

[8] 엥겔 척도에 대한 다른 버전들이 있다. 맬퍼스의 설명은 나의 설명과 약간 다르다 (Aubrey Malphurs, *Planting Growing Churches for the 21st Century* [Grand Rapids: Baker Book House, 1992], 275).

인식이 전혀 없고 복음에 무지한 단계부터 그리스도께 헌신한 성숙의 단계까지를 나타낸다.

엥겔 척도에서의 등급은 아래와 같이 -8에서 +3까지의 단계로 구성된다:

-8: 절대적 존재에 대한 인식은 있지만, 복음에 대한 적절한 지식은 없다.
-7: 복음에 대한 첫 번째 인식
-6: 복음의 기초에 대한 인식
-5: 복음의 의미 파악
-4: 복음에 대한 긍정적인 태도
-3: 대가를 계산
-2: 행동으로 옮기는 결단
-1: 회개와 그리스도를 믿음
중생
+1: 회심 후 평가
+2: 공동체 안에 들어옴
+3: 그리스도 안에서 성장하는 삶 - 제자훈련과 봉사

-1은 회개와 믿음 단계이며 가장 중요한 단계이지만, 별도로 독립된 이벤트는 아니다. 이 단계까지 오기까지 일련의 과정이 필요하다. 그리스도를 향한 회개와 믿음, 즉 회심이 일회적 사건이 될 수도 있지만, 일련의 과정을 거치게 된다. 이와 더불어, 신학자들은 회심과 중생의 순서에 대해 논쟁하지만, 사람들의 삶을 살펴보면 회심이 하나의 과정이라는 부인할 수 없을 것이다.

회심 또는 중생 후 새로 믿게 된 신자는 자신의 결단을 평가하기 시작하고, 믿는 자들의 공동체로 들어오게 되며, 복음을 역동적으로 전하는 사람이 된다. 교회 개척자의 임무는 하나님의 인도하심에 따라 복음을 이해하는 단계로부터 시작하여, 회개하고 그리스도를 믿는 단계로 옮겨가게 하는 일이다. 효과적인 교회 개척자는 사람들의 인식 단계가 각자 다르다는 것을 알고, 복음을 전하기 위해 어떤 방법이 적절한지를 개발할 수 있어야 한다.

이러한 동역 과정에서, 개척자는 -6단계에 속한 사람을 만날 수 있다. 지혜로운 기독교인이라면 예수님의 필요성을 아직 꺼내지 않을 것이다. 이러한 접근은 대상자가 성경의 권위를 인정하고 있으며, 성경을 개인적으로 적용하는 사람일 경우에 가능하다. 이 사람에게 기독교를 잘 이해할 수 있도록 성경의 진리들을 설명해주고, 앞으로의 삶을 통해 믿음이 무엇인지 보여줄 수 있다.

복음을 받아들일 것인지 결정하기 전에 먼저 복음이 무엇인지 알아야 한다. 예수님이 제자들에게 제자가 되기 전에 제자가 치러야 할 대가가 무엇인지 계산해 보라고 말씀하셨다(눅 14:25-35).

영적 발달의 단계는 사람마다 다르다는 것을 잊어서는 안 된다. 예를 들어, 이전에 목회하던 곳에서 한 젊은 여성이 교회에 왔으며, 예배가 끝날 때쯤 그녀는 울고 있었다. 나중에 나와 이야기를 나누면서 그녀는 "지금 나는 그리스도와 멀어져 있으므로, 그리스도를 내 마음속으로 모셔야 한다는 것을 알고 있어요."라고 말했다. 그녀는 회심의 문 앞에 서 있었다. 내가 할 수 있는 일은 그녀가 믿음의 발걸음을 내디딜 수 있도록 도움을 주는 것뿐이었다. 한편, 중국인 교회에서 섬겼을 때, 나는 기독교에 대한 인식이 없는 사람들을 많이 만날 수 있었다. 나는 그들에게 성경이 말하는 하나님의 존재를 가르쳤고, 내 삶과 우리의 관계 속에 계신 그리스도를 전하기 시작했다.

서구 사회의 대부분 문화는 많이 변했다. 21세기에 사는 우리는 기독교 후기 문화에서 살고 있다. 이 시대의 엥겔 척도는 그들의 부모 세대의 수치보다 하나님을 모르는 단계에 머물러 있다. 그리고 기본적인 진리마저 듣지 못했거나, 기독교가 낯설게 느껴지는 환경에 사는 사람들이 점점 더 많아지고 있다.

그레이 매트릭스

회심에 대해 깊이 고민한 학자는 제임스 엥겔(James Engel)뿐만이 아니었다. 프랭크 그레이(Frank Gray)는 엥겔 척도에 수평축을 첨가해서 이를 발전시켰다. 엥겔 척도에는 두 가지 문제점을 내포하고 있다. 하나는 사람들의 삶을 일직선으로 묘사할 수는 없다는 점이며, 다른 하나는 사람들이 일부 진실을 오해하거나 거부할 수 있다는 점도 고려하지 않았다는 점이다. 엥겔 척도는 일차원적으로 복음의 지식을 측정하지만, 그레이 매트릭스는[9] 이차원적 접근으로서 복음을 바라보는 지식과 태도 두 가지를 동시에 측정한다. 이를 통해 엥겔 척도를 보완하여, 복음의 과정을 더 잘 이해하게 해준다.

- "전도" 축은 왼쪽에서 오른쪽으로 진행된다. 이 축에는 기독교에 대한 사람들의 태도를 나타내는데, 부정적 태도에서 긍정적 태도를 나타낸

---

9 "The Gray Matrix," accessed September 29, 2015, http://thegraymatrix.org/?page_id=19.

다. 여기에는 봉사와 교제, 엄마와 아기 클럽, 의료 및 자기계발 등이 포함될 수 있는데, "설교"가 아닌 활동 위주이다. 예수님께서 우리에게 "복음을 전파하라"(막 16:15)라고 말씀하셨을 때, "전하라 혹은 설교하라"라는 뜻은 말보다 더 넓은 의미를 담고 있다. 의사소통을 가리킨다.

- 대상자 또는 대상 그룹이 위의 척도에서 어느 단계에 위치하는지 알 수 있다면, 그 단계에 적절한 접근 방식을 선택하여 그들과 접촉할 수 있다.
- 사람들의 태도가 척도의 아랫부분에 있다면, 기독교적인 용어와 관념들을 사용하는 것은 그들에게 아무 유익이 되지 못한다. 그들의 눈높이에 맞춰서 우리의 메시지를 다듬어야 한다. 이 시점에서는 결단을 촉구하는 심각한 메시지를 던지는 것도 적절하지 못할 수 있다.
- 사회와 문화의 압박, 그리고 사탄의 전략은 사람들을 척도의 왼쪽 아래로 끌어 내리는 것이라면, 하나님의 목적은 성령과 믿는 자들의 증거를 통하여 사람들을 오른쪽 위로 끌어 올리는 것이다.

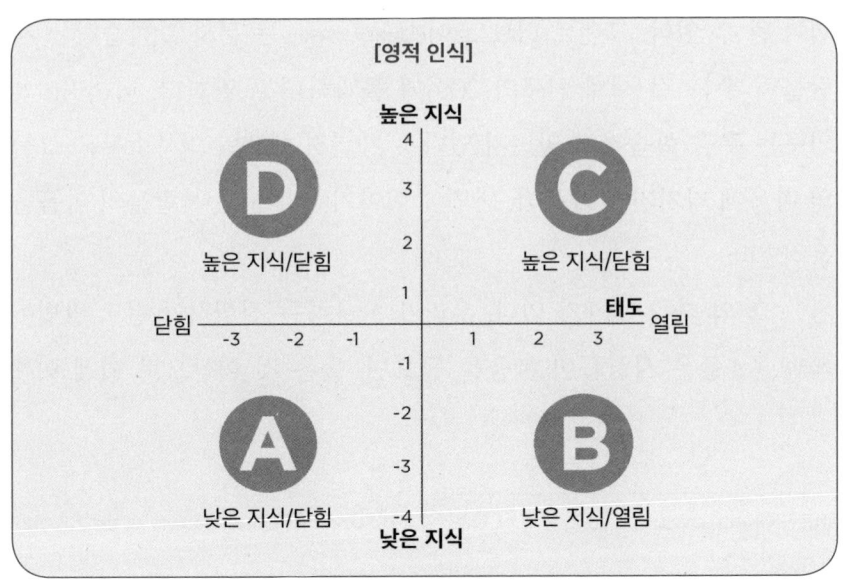

복음의 이야기를 나눔

엥겔 척도와 그레이 매트릭스는 복음에 있어서 기본적임에도 불구하고 간과되고 있는 회심의 부분을 강조한다. 사람들이 그리스도께 나와 회심하기 전까지는 그리스도 쪽으로 점차 다가가는 경향을 보인다. 이 과정에서 볼 때, 복음에 대한 지식과 태도가 얼마나 중요한지 알 수 있다. 이는 우리가 복음을 이웃들에게 어떻게 전해야 하는지를 돌아보게 해준다.

지난 수십 년 동안 전통적 전도방식이 전도의 중요한 전략으로 재등장했다. 복음은 내러티브, 즉 이야기이다. 그러나 우리는 구속에 대한 성경의 장엄한 서사 이야기의 내용을 줄이고 다듬어서 몇 개의 명제들로 개념화하려는 경향이 있었다. 이렇게 정리된 개념적 표현들은 지적 학습에 익숙한 사람들에게 도움이 되지만(고등 교육과 서양 사상에 익숙한 사람들), 그 나머지에 해당하는 사람들에게는 이해하기 어려운 개념이 될 수 있다. 그랜트 러브 조이(Grant Lovejoy)는 문자로 학습하는 사람들의 수는 전 세계 인구의 20%에 불과하다고 말한다. 나머지(57억) 인구는 구술 학습자로 알려져 있다.[10] 개념적 형태의 의사소통은 그들의 마음에 다가가지 않는다. 반면에 이야기(내러티브)는 사람들의 마음을 움직인다.

그 외 다른 문제가 있다. 우리가 사용하는 전형적인 전도 방법(논리적인 방법)들은 사람들이 복음을 들으면, 들은 것 이상으로 쉽게 이해

---

10 Grant Lovejoy, "The Extent of Orality: 2012 Update," *Orality Journal* 1, no. 1 (2012): 11-39.

할 것으로 추측한다. 팀 켈러(Tim Keller)는 말한다. "우주적 구원에 대한 성경의 웅대한 이야기는 하나님을 이해하는 데 도움을 주는 중요한 요인이 된다."[11] 칼슨(D. A. Carson)은 이와 같이 동의한다. "성경적 세계관이 확립되어 있지 않다면, 예수 그리스도의 복음은 일관성이 없는 이야기에 불과하다."[12] 예수님의 죽음과 부활의 복된 소식(신학적 교훈)은 창조부터 재림까지의 광범위한 하나님의 구속 이야기 안에 포함되어야 한다.

전형적인 전도 방법은 두 가지 약점을 가지고 있다. (1)이야기로 표현하지 않고 개념을 제시한다. (2)이 내용을 전하면, 듣는 자들이 쉽게 이해할 것이라고 착각한다. 이러한 약점을 보완하기 위해서 복음을 전할 때 이야기로 전하는 방식을 다시 찾아내었다. 이것이 바로 C2C(Creation to Christ)라고 불리는 '창조에서 그리스도까지'라는 전도법이다. C2C는 창조부터 시작한 하나님의 구속 이야기를 성경의 플롯으로 구성하여 예수 그리스도를 전한다. 이를 다음과 같이 분류해서 정의해 보자.

- 이야기 — 순수한 이야기 형식의 전달이다.
- 구속 사역 — C2C 안에 내포된 모든 부분은 그리스도에게 집중된다.
- 창조에서 시작 — 가장 효과적인 이야기 형식은 연대기적 전달이다.
- 성경의 맥락 — 예수님의 이야기는 성경 전체와 분명하게 연결된다.

---

11 Timothy Keller, *Center Church* (Grand Rapids, MI: Zondervan, 2010), 33.
12 D. A. Carson, *The Gagging of God* (Grand Rapids, MI: Zondervan, 1996), 502.

왜 이런 방법으로 복음을 전하는가? 먼저, 다른 접근 방식과 같이, 성경적이기 때문이다(눅 24장; 행 7, 8, 13장 참조). 성경의 기본적인 배경을 모르는 자들에게 효과적이다. 더 나아가, 대부분의 세상 사람들은 이야기 형식으로 정보를 주고받는 것을 선호한다. 그리고 이야기 형식(스토리텔링)은 문화적으로 보편적인 성향이 있으므로, 이러한 전달 방식은 기독교에 적대적인 사람들에게도 좋은 반응을 얻는다.

C2C는 다양한 문화적 현장 속에서 개발되었다. 이미 사용되고 있는 C2C의 내용 보면 이해하는 데 도움이 될 것이다. 그러나, 비판 없이 사용하기보다는 현지의 상황에 맞게 C2C를 재구성할 수 있다. 가장 최근에 재구성된 C2C는 www.NewChurches.com/PMC에서 확인할 수 있다.

들려주는 복음 vs 보여주는 복음

우리의 딜레마

많은 교회부터 흥미로운 대화들이 오가는 것을 볼 수 있다. 여러 교회 중에서, 그리고 지도자 중에서도 이런 질문을 하곤 한다: "복음을 들려주는 것과 복음을 보여주는 것 사이의 균형을 어떻게 이룰 수 있을까?"라는 질문이다.

들려주는 복음은 분명하게 복음을 선포하는 것이다. 사람들은 예수 그리스도를 통해 복음을 듣고, 은혜로 인하여 믿음으로 말미암아 복음에 반응할 기회를 얻는다. 보여주는 복음은 예수 그리스도의 이름으로 다른 사람들에게 봉사하며, 그리스도를 믿고 말하는 바를 사랑의 행동으로 보여주는 것이다. 그리스도인들은 이 세상에 꼭 필요한 빛과 소금이 되어야 한다(마 5:13-16). 나는 이것을 "복음을 살아내는 것"이라고 부른다. 복음으로 변화된 삶을 행동으로 보여주는 것이다.

교회의 사명에 대한 여러 가지 주장들이 있다. 교회가 진리를 말로 전해야 하나 아니면 행동으로 보여야 하나? 구태여 하나를 선택할 필요는 없다. 두 가지 중요한 요인 사이에서 균형을 잡는 것은 말처럼 쉽지 않으며 논쟁으로 흐르기 쉽다. 인간으로서 우리는 삶과 사역, 둘 중 하나로 치우칠 때가 있다. 이 논쟁도 마찬가지인데, 둘 사이에서 균형을 이루기가 쉽지 않으며, 한 쪽으로 기울어질 때가 많다. 그래서, 때로는 말로 복음을 전하는 것과 삶으로 복음을 보여주는 것 사이에 논쟁이 필요하다.

복음을 전하는 방식에 왜 문제가 생기는지 궁금해할 수 있다. 그러나 20세기 초, 예수님의 사랑을 보여야 한다고 강하게 주장하던 사람들은 결국 예수님의 사랑을 말로 전하는 것조차 하지 않게 되었다. 단적으로 말해, 사람들은 과거와는 달리 복음을 전하지 않았다. 그들은 선행만을 강조할 뿐 복음 증거를 잊어버렸다. 그러나 나는 최근 더 많은 사람이 예수님의 사명에 동참하고, 상처받은 사람들을 섬기면서, 복음을 전하는 것을 보고 너무 기뻤다. 왜 그럴까? 이러한 행동은 예수님의 사명을 드러내기 때문이다.

예수님의 섬김과 구원

예수님은 눅 4:18에 공적인 사역의 시작을 선포하신다. "주의 성령이 내게 임하셨으니"라고 말씀하신다. 그리고 가난한 자, 포로 된 자, 눌린 자에게 복음의 좋은 소식을 전하는 사명을 선포하신다. 성경 곳곳에 하나님께서 과부와 고아와 눈먼 자와 가난한 자와 소외된 자들을 위해 부르시는 것을 볼 수 있다. 그리스도인들은 상처받은 사람들을 섬기기 위해 오신 예수님의 빛 가운데 살아야 하는데, 이는 그리스도인으로서 당연할 뿐 아니라 반드시 그렇게 살아야 한다.

예수님은 구약의 예언을 다음의 말씀들을 통해 완성하셨음을 알고 있다. 즉 눅 4:18-19뿐만 아니라, 눅 19:10에서 예수님은 "잃어버린 자를 찾아 구원하기" 위해 오신 하나님의 아들이다. 예수님은 죄인들을 구원하러 오셨기 때문에, 복음은 선포돼야 하며, 복음이 전해져야 사람들은 복음을 들을 수 있다(롬 10:14). 이 두 가지를 동시에 강조하는 교회를 보면 격려가 된다. 예수님께서 가장 위대한 계명 두 가지를 제자들에게 가르쳐주셨다. 첫째는, 우리의 모든 것을 다해 하나님을 사랑하는 것이며(마 22:37), 내 이웃을 내 몸과 같이 사랑하는 것이다 (마 19:19). 예수님의 사랑을 전하고 보여주는 것이다.

균형을 이루신 예수님

베드로는 행 10:38에서, 예수님은 "두루 다니시며 선한 일"을 행하셨다고 말한다. 그러나, 기독교는 선한 행실만 강조하는 종교가 아니다. 선한 행실은 구원의 결과이다. 그러나 그 선한 행실로 구원받는 것은 아니다. 복음을 말로 전하는 것과 삶으로 나타내는 것 사이에 균형을 이루어야 하며, 그것이 그리스도께 충성하는 우리들의 사명이다.

마태는 복음을 선포하는 것과 복음을 삶으로 나타내는 것, 두 가지 중요하다고 강조한다. "예수께서 모든 도시와 마을에 두루 다니사 그들의 회당에서 가르치시며 천국 복음을 전파하시며 모든 병과 모든 약한 것을 고치시니라 무리를 보시고 불쌍히 여기시니 이는 그들이 목자 없는 양과 같이 고생하며 기진함이라"(마 9:35-36) **예수님은 복음이 없는 곳으로 가셨다. 예수님은 선포하셨고, 섬기셨다. 그분의 사역은 이것의 반복이었다.**

하나를 선택하는 것은 사명이 아니다

복음을 선포하는 것과 삶으로 나타내는 것을 두 개의 서로 다른 사역으로 보지 말고, 그리스도인의 삶 속에서 이 두 가지는 연합된 하나로 보아야 한다. 성경을 보면, 사람들은 예수님의 권위 있는 가르침을 듣고 놀랐다고 말한다(막 1:22). 예수님은 두루 다니시면서 육체적, 영적 필요를 보셨고 그 필요를 채우시며 복음을 선포하셨다.

예수님은 물질적인 세상 안에서 하나님의 나라를 실제로 이루셨다. 예수님은 아버지의 일에 열정을 보이셨고, 연약한 자들과 함께 교제하시며, 그들을 돌보셨다. 그들에게 나타내셨다. **우리가 예수님의 사명에 동참한다면, 사람을 변화시키는 복음의 능력으로 잃어버린 영혼들을 향한 긍휼의 마음으로 그들에게 다가가야 한다.** 우리가 예수님처럼 되길 원한다면, 긍휼한 마음이 동기가 되어 사랑하는 사람들의 실제적인 필요를 채워주어야 한다.

사람들은 이런 태도를 보인다: "사람들을 돌보기 전까지 머리로만 알고 있는 지식은 아무 소용이 없다." 입술로 선포할 것인지, 삶으로 보여줄 것인지, 선택할 필요가 없다. 실제로 우리가 그들을 사랑하지 않는다면, 아무리 그들을 사랑하는 구세주가 있다고 말해 주어도, 그들은 우리의 말을 듣지 않을 것이다.

전도의 초점을 잃어버림

전도를 강조하지 않아도, 교회를 개척할 수 있다고 언급한 적이 있다. 교회가 전도의 열정을 가지고 시작한다 해도, 후에 그 초점을 잃어버릴 수 있다. 이런 문제가 발생하는 데는 두 가지 이유가 있다. 새 가족이 갑자기 많아질 경우와 비전이 탈취될 때이다.

갑자기 많아진 새 가족

교회에 나오지 않던 사람들이 갑자기 많이 오게 될 경우, 당황하게 되는 일이 발생한다. 새로운 교회는 이 숫자를 감당할 수 없으며, 어떤 사람들은 전도를 잠시 쉬어도 되겠다고 생각할 수 있다.

전에 한 헌신된 교인이 나에게 한 질문이었다. 많은 새 가족들을 제자 훈련하기 위해서, 전도의 속도를 늦추자는 것이었다. 나는 그에게 제자훈련의 사역을 주로 담당하도록 하는 한편, 다른 교인들에게는 계속해서 전도할 것을 강조하였다. 이 계획은 결과적으로 성공적이었다. 교회 10주년 기념 주일에 그를 만났는데, 그는 여전히 새로운 신자들을 양육하는 사역을 계속하고 있었다.

교회 개척자가 전도를 의도적으로 계속하지 않으면, 개척자와 교회는 얼마 가지 않아 전도의 열정을 잃어버릴 것이다. 전도에 대한 초점이 흐려지면 전도의 열정을 다시 회복하기 어렵다. 선교적 교회는 기독교 공동체의 모범이 되어, 의도적으로 전도를 실천하면서, 다른 사람들도 이 여정에 동참하도록 영향력을 끼쳐야 한다.

비전 탈취

새로운 교회의 전도와 열정에 찬물을 끼얹는 두 번째 문제점은 17장에서 언급한 "비전 탈취"(vision hijacking)이다. 대부분의 새로운 교회에서 일어나는 현상인데, 일부 핵심 그룹의 구성원들이 개척자와 초창기 구성원들이 세웠던 교회의 본래 비전을 수정하고, 바꾸려고 시도한다.

교회가 없는 곳에서 모든 것을 처음부터 새롭게 시작할 때 수반되는 스트레스와 어려움은 종종 비전을 바꿔보자는 말이 나오게 한다. 이러한 시도는 전도의 열정을 식게 만든다. 다른 신자들에게 다가가는 것은 새롭게 전도하기보다 훨씬 쉽다. 기존 신자들은 헌금을 많이 하고, 그들의 자녀들은 예배에 집중하는 법을 배웠으며, 교회 프로그램을 어떻게 진행해야 하는지도 알고 있다. 개척자나 혹은 개척 팀이 잃어버린 사람들을 찾아갈 때마다 이런 갈등이 생긴다. 개척자는 이런 갈등이 생길 때, 대처를 잘해야 한다.

적절한 전도 방법

다음은 모든 교회 개척의 사역에서 적절하게 사용할 수 있는 전도 방법들이다.

관계 형성

교회에 다니지 않는 사람들과 관계를 형성하는 것이 가장 기본이다. 그들을 단지 전도 대상자로만 보지 말고, 진정으로 우리가 섬겨야 할 자들로 보아야 한다. 이 일은 우리가 마땅히 해야 할 사역일 뿐 아니라, 실제로 유익한 사역이다. 믿지 않는 자들은 우리의 진정성을 민감하게 감지한다.

종종 지역 사회의 리더들과 더불어 관계 형성을 시작한다. 개척자들은 그 지역 모임의 회원이 되거나, 자문 역할을 함으로써 지역 사회의 리더들을 만날 수 있고, 지역 사회의 조직 단체에 참가할 수도 있고, 시장이나 정부 지도자들에게 직접 연락함으로써 리더들을 만날 수 있다.

그와 마찬가지로 교회 개척자들도 이웃 사람들을 알아야 한다. 개척자들은 교인들하고만 모든 시간을 보낼 것이 아니라, 주변에 거주하는 사람들과도 친해져야 한다.

교회를 개척하는 사람들이 다른 사람들과 의도적으로 관계를 맺게 될 때, 사람들은 그가 누구인지, 왜 그곳에 살고 있는지를 알게 된다. 심지어 그들이 새 교회를 찾아올 수도 있다. 지역 사회 지도자들과의 의도적인 관계 형성을 통해 그 교회는 사람들로부터 신뢰를 얻을 수 있다.

시장을 통한 새로운 교제권 형성

이것은 그 지역 사회에 속한 상인들과 꾸준히 접촉하면서 새로운 교제권을 만들어 가는 의도적인 과정이며, 이 관계 형성을 통해 복음을 전할 기회를 얻게 된다. 새로운 지역으로 이사할 때, 은행 계좌를 그 지역 사회로 옮기고, 지역 사회에 속한 주유소, 식당, 식품점 등을 다니면서, 거기서 일하는 사람들의 이름을 알게 되고, 서로 친해질 수 있다. 오늘날의 문화는 셀프 계산대, 셀프 주유소 등 비대면 방식으로 변하고 있다. 그러나 의도적으로 된다는 것은 셀프로 얻을 수 있는 편리한 서비스 대신에, 수고스럽지만 사람들을 접촉할 수 있는 방식을 택하는 것이다.

전도 대상자 카드

관계 구축의 역학관계는 문화마다 다르겠지만, 교회 개척 과정에서의 관계 구축의 필요성은 여전히 동일하다. 밥 로건(Bob Rogan)은 이 과정을 "장터 농사"(marketplace farming)라고 부르는데, 사람들을 정기적으로 만나기 위한 의도적인 과정이라고 설명한다. 로건의 말에 의하며, 개척자는 사람들과 관계를 맺기 전에 적어도 여섯 번은 만나야 한다고 말한다.[13] 이 과정에서 대상자와 연락을 유지할 수 있는 방법은 전도 대상자 카드를 활용하는 것이다. 대상자들과 만날 때마다(대면 만남, 전화, 이메일, 문자, SNS) 만났을 때의 시간과 내용을 기록한다.

가장 좋은 대상자는 최근에 이사한 가정과 같이, 환경이 바뀌거나 긴장 상태에 놓여 있는 사람들이다. 이 사람들은 새로운 관계를 맺기 위한 기회에 열려있다. 개척자로서 당신의 지역에 이사 오는 사람들의 이름과 주소를 얻는 방법을 연구해야 한다. 이 과정은 지역마다, 나라마다 다를 수 있다.

다른 대상자로, 신혼부부와 신생아가 생긴 부부들을 생각할 수 있다. 결혼이나 출산에 대한 간단한 축하 카드는 대상자들과 접촉할 수 있는 아주 좋은 방법이다. 개척자는 그들에게 영적인 의미와 중요성을 상기 시켜 줌으로써 훨씬 더 직접적이고 긍정적으로 전도할 수 있다.

기존의 관계 활용

관계를 통해 사역하는 것이 최상의 방법이다. 교회 교인들은 이미

---

13   Robert Logan, *Church Planter Tool Kit* (St. Charles, IL: ChurchSmart Resources, 1991), audiotape 5.

친구들로 구성된 관계의 망을 가지고 있을 것이다. 「오가닉처치」(The Organic Church)"라는 책을 쓴 닐 콜(Neil Cole)은 전도는 우리의 기존 관계로부터 시작되어야 한다고 강조한다. 오이코스라는 헬라어는 기본적인 그룹으로서, 각자의 관계로 인해 자연스럽게 형성된다. 그는 오이코스란 "한 사람의 가족, 친구, 이웃, 동료"이며, 하나님 나라의 확장을 위해서 이 오이코스에게 다가가야 함을 강조한다.[14]

나는 교인들에게 "대상자 일곱"(seeker seven)을 선정하라고 도전하며, 그들이 그리스도께로 나오기를 기도하라고 권한다. 자신의 주변에는 복음에 대해 열려있는 사람들이 적어도 7명은 있을 것이다. 교인들은 그들의 기도 제목을 기록하고, 우리는 교인들이 자신의 대상자들을 초대할 수 있도록 전도 축제나 행사를 준비할 수 있다.

결론

성경적 교회 개척은 이동 교인으로 성장에 의존하지 않고, 전도를 통해 교회를 세우는 것이다. 교회 개척자는 특히 교회 개척의 초기 단계에서 의도적이며, 우선하여 전도에 임해야 한다. 이를 위해 믿지 않는 사람들의 관계를 형성하기 위해 노력해야 한다. 잃어버린 영혼들을 전도하는 것은 절대로 우연히 일어나지 않는다. 지혜로운 교회 개척자는 교회가 없는 곳에 새로운 교회가 생겼다고 해서 사람들이 모여들 것이라고 기대하지 않는다.

---

14 Neil Cole, *Organic Church: Growing Faith Where Life Happens* (San Francisco: Jossey-Bass, 2005), 164.

실제로, 최근 2015년 라이프웨이와 NewChurches.com이 제출한 교회 개척 보고서에 따르면, 적극적으로 전도한 교회들은 믿지 않는 자들에게 다가가기 위해서 전략을 세워 공개적으로 모임을 한 교회였다고 밝혔다. 결론은 의도성으로 귀착된다. 어린이 전도, 방문 전도, 전도지, 땅 밟기 기도, 전도 성경공부, 체육 행사 등 전도를 위해서는 어떤 형태도 모두 가능하다. 놀라운 것은, 전도를 실천하는 교회는 전도 하지 않는 교회보다 전도의 열매가 더 많다는 것이다. 무디(D. L. Moody)는 분명하게 말한다. "전도하지 않는 당신의 방식보다 전도하는 나의 방식이 내게는 더 훌륭합니다."[15]

호주인들이 전도를 중요하게 생각하는 것을 보고 도전을 받는다. 호주 제네바 푸쉬(Geneva Push)의 책임자인 스캇 샌더스(Scott Sanders)는 전도와 교회 개척에 관한 최근 설문 조사에서 다음과 같은 결과를 발표하였다.

제네바 푸쉬 네트워크를 통해 전도의 성장을 가져온 것에 대해 감사한다. 2014년, 우리가 개척한 17개 교회는 새롭게 그리스도를 믿은 사람들로 인해 33%의 성장을 이루었다고 보고했다. 그 외 29%는 새로 믿게 된 호주인이었는데, 이들이 교회의 회원이 되었다. 모두 합해 62%의 성장을 보였다. 3년 전에는 존재하지도 않았던 교회들이었다. 하나님께 영광을 돌린다.[16]

---

15 미국 내 교회 개척 통계 2015년 보고서는 www.New-Churches.com/PMC에서 내려 받으시오.
16 Scott Sanders, , 2015년 7월 31일 저자에게 이메일 발송.

소그룹

소그룹은 건강한 교회를 위한 필수적인 사역이다. 소그룹 조직은 셀 모임, 가정 모임, 주일 성경 모임, 그 외 다른 모임 등 믿음의 가족들의 관계를 증진시키는 모임이다. 출석 인원이 50명 이상이 모이는 건강한 교회는 재생산하는 소그룹 네크워크를 구성해야 한다. 이러한 소그룹의 형태들은 각각 다르지만, 이를 통해 교회를 함께 세워가는 목적을 성취할 수 있다.

소그룹의 목적과 중요성

교회는 다양한 방법으로 소그룹의 목적을 소통하고 나눌 수 있다. 그러나 소그룹의 가장 큰 목적은 제자 양육, 즉 개인을 하나님의 교회에 연결해 하나님의 형상으로 변화되어 하나님의 사명에 동참하게 하는 것이다. 이 소그룹의 목적은 교회 각각의 특성에 맞게 상황화되어야 하지만, 이 사역은 교회의 전반적인 사명과 연결되어야 한다.

일차적인 목적 외에도, 소그룹은 성경적으로나 실제적인 면에서 중요한 역할을 한다. 소그룹이 중요한 이유 일곱 가지를 다음과 같이 소개한다.

1. 하나님의 속성을 반영한다

소그룹은 삼위일체 하나님의 속성을 반영한다. 삼위일체 하나님은 선교적(missional)이실 뿐만 아니라, 또한 공동체적(communal)이시다. — 성부 하나님, 성자 예수님, 성령 하나님. 하나님은 완벽한 교제를 누리시기 위해 인간을 창조하셨고, 삼위 하나님은 남자와 여자를 공동체로 창조하셨으며, 그들에게 "생육하고 번성하여 땅에 충만하라, 땅을 정복하라"라는 창조 명령을 주셨다(창 1:28). 달리 표현하자면, 하나님은 사람을 공동체로 창조하셔서, 삶의 모든 영역에서 하나님의 형상을 증거하여 전 세계적 공동체를 창조하고, 한편 그 일부가 되어, 하나님께 영광을 돌리게 하셨다. 믿는 자들이 소그룹에 적극적으로 속한다는 것은 삼위일체 하나님의 공동체적 속성을 반영하는 것과 같다.

2. 소그룹의 모델이다

초대교회는 소그룹의 모델을 따랐다. 사도행전에서는, 날마다 마음을 같이하여 성전에 모이기를 힘쓰고, 집에서 떡을 떼며 기쁨과 순전한 마음으로 음식을 먹었던 장면을 보여준다(행 2:46). 예루살렘 성도들의 공동체는 성전에서 대규모로 모였고, 가정에서 소규모로 모였다. 교회는 가족이 되었다. 초대교회의 소그룹은 그리스도인들이 실제로 모였던 모임의 모델이었고, 믿는 자들은 소그룹에서 새로운 가족의 일원이 되었다.

3. 사역이 이루어진다

소그룹을 통해 효과적인 사역, 목양, 그리고 리더십 위임이 이루어진다. 전에 언급한 대로, 개척자는 교회가 성장함에 따라, 리더십 스타일을 바꾸어야 한다. 개척자가 자신만을 신뢰하고, 자라가는 회중을 관리만 하려 한다면, 교회는 곧 실패하거나 성장을 멈출 수밖에 없다. 개척자는 그렇게 해서도 안 되고, 그런 사역으로 부름을 받은 것도 아니다. 그러므로 개척자는 모세와 이드로가 보여준 것처럼 소그룹을 구성하여 리더십의 위임을 통해 공동체를 목양함으로 효과적인 사역을 이루어야 한다(출 18:13-23).

이드로가 모세에게 권한 것 같이 바울도 에베소 교회의 리더들에게 다음과 같이 권면한다. "그가 어떤 사람은 사도로, 어떤 사람은 선지자로, 어떤 사람은 복음 전하는 자로, 어떤 사람은 목사와 교사로 삼으니 이는 성도를 온전하게 하여 봉사의 일을 하게 하며 그리스도의 몸을 세우려 하심이라"(엡 4:11-12). 달리 말하면, 바울은 교인들을 훈련하여, 리더로 세우고, 그들에게 사역을 위임하여 그들이 사역을 감당하게 해야 한다. 목사와 리더는 믿는 자들을 훈련하여 그들을 사역자로 세우고, 그들을 통해 하나님께서 맡겨주신 양떼를 목양하는 것이 바로 소그룹이다. 실제로, 게리 메킨토시(Gary McIntosh)는 "교회나 단체가 커지면 커질수록 구성원을 잘 돌보기 위해서는, 더 작은 소그룹으로 나누어야 한다.[1]" 라고 강조했다.

4. 안정성을 구축하라

사람들은 소그룹을 통해서 교회와 오랫동안 안정된 관계를 갖게 된다. 사람들과의 관계를 증진하는 가장 좋은 방법이 바로 소그룹이

1　Gary McIntosh, *Taking Your Church to the Next Level* (Grand Rapids, MI: Baker, 2009), 185.

다. 사람과 사람이 연결되면 교회를 떠나기 쉽지 않다. 윌리엄 헨드릭스(William Hendricks)는 그의 책 「떠나는 자들과의 인터뷰」(Exit Interviews)에서 사람들이 교회를 떠나는 이유는 그들이 다른 사람들과 연결되지 못했기 때문이라고 말한다. 주일 아침에만 출석하는 교인들은 교회나 그들의 삶에 어려움이 생기면, 쉽게 교회를 떠나는 경향을 보였다. 이혼, 중독, 사별, 직장을 잃는 어려움 등의 이유로 떠나기도 한다. 교회적으로 보면, 사역자가 떠나가거나, 너무나 많은 변화 등이 원인이 될 수 있다. 그러나 소그룹에 속해 있는 사람들은 마치 세콰이어 나무와 같다. 세콰이어 나무는 수세기 동안 높게 자라 흔들리지 않는 나무이다. 이 나무가 태풍이 와도 쓰러지지 않는 이유는 단지 뿌리를 깊이 내려서가 아니다. 옆에 있는 다른 나무들의 뿌리들이 서로 얽혀서 서로를 세워주면서 자라기 때문이다. 다른 말로, 그들이 오랫동안 안정되게 지낼 수 있는 비결은 공동체 안에서 같이 자랐기 때문이다. 이와 마찬가지로, 사람들이 숲과 같이 소그룹에서 함께 자란다면, 그 지역에 같이 사는 한 오랫동안 안정되게 지낼 수 있을 것이다. **소그룹은 교회의 뒷문을 닫아 주는 역할을 한다. 그래서 교회를 떠나는 사람들을 막아준다.**

5. 개인주의에 대항하라

소그룹은 개인주의 문화적 우상에 대항한다. 잠 18:1은 "무리에게서 스스로 갈라지는 자는 자기 소욕을 따르는 자라 온갖 참 지혜를 배척하느니라"라고 말한다. 이 잠언은 개인주의에 빠진 우리 문화의 모습을 보여준다. 사람들은 공동체 안에 있을 때보다, 혼자 있을 때 더 많이 위축됨을 느낀다. 그러나 복음의 요소 중 하나는 우리 자신으로부터 우리를 구해주며, 하나님의 영광을 위해 하나님의 백성들로 구성된 새로운 공동체로 인도해 준다. 오늘날 교회에서 드려지는 주일 예배의 진행 과정을 보면, 구원받은 하나님 백성의 공동체를 경험하기 어려운 것이 사실이다. 소그룹이 개인주의의 우상에 대항하게 해주는 이유는 사람들이 일렬로 세우지 않고, 서로 마주 대하면서 "내"가 아닌 "우리"를 먼저 생각하게 해주기 때문이다.

6. 개인적으로 전도하라

소그룹에 참여한 사람들이 개인 전도에 더 많이 참여하는 경향이 있다. 라이프웨이(LifeWay) 연구소에서 조사한 설문에 의하면, 교인들의 소그룹 참여와 개인 전도에 사이에 유의미한 상관관계가 있다는 것을 발견했다. 소그룹을 참여하면 개인 전도가 증가하는 이유는 무엇일까? 믿는 자들이 성경을 배우면서 실제적인 문제를 가진 사람들과 만나게 되고, 복음으로 인한 변화를 경험하며, 그리스도 안에서 자신의 믿음이 깊어진다. 이를 경험한 사람들은 주변의 고통 받는 사람들에게 사람을 변화시키는 복음의 능력을 담대하게 전한다.

7. 변화를 촉진하라

소그룹은 변화를 촉진하는 데 도움을 준다. **변화는 개인이 아닌 공동체 안에서 일어난다.** 그러므로, 성장을 향한 가장 큰 잠재력은 공동체 안에서 실현된다. 라이프웨이의 교회 변혁(Transformational Church) 연구소에 따르면, 소그룹에 참여하는 교회의 성장과 소그룹이 없는 교회의 성장을 비교해 볼 때, 유의미한 차이가 나타남을 발견하였다. 하버드 실험의 연구자들인 토드 헤더튼(Todd Heatherton) 과 페트리샤 니콜스(Patricia Nichols)는 사람들의 삶을 급진적으로 변화시키는 요인에 관한 연구에서, 그 요인 중 하나가 공동체임을 발견했다. 그 실험에서 헤더튼은 "사람들 속에서 변화가 일어난다"라고 기록했다.[2] 물론 이 결과가 새로운 내용은 아니지만, 성경의 진리가 말해 주는 것과 같이 변화는 개인이 아닌 공동체 안에서 일어난다는 것을 확인해 주었다.

보는 바와 같이, 소그룹은 교회의 건강과 생명력을 유지하는데 필수적인 요인이며, 특별히 새로운 교회에게는 더욱 그러하다.

소그룹 모델들

소그룹은 여러 가지 형태를 갖고 있다. 소그룹의 구조는 목적에 따라서 달라진다. 소그룹의 다섯 가지 유형이 아래에 소개되어 있다.

1. **학습 중심**: 학습 중심 소그룹은 주로 학습을 가르치는 것을 강조한다. 소그룹은 학습을 목적으로 하기에 탁월한 교사가 필요하다. 교사가 없으면, 그룹을 구성하기가 어렵다. 학습 중심 소그룹은 주로 특정한 성경 혹은 본문을 공부하거나, 하나의 커리큘럼 혹은 주제별 공부를 할 수 있다. 주일학교, 성경공부, 제자훈련 과목 등은 학습 중심 소그룹에 해당한다. 또한, 성별로 공부하는 성경 과목들도 이 소그룹에 속한다.

2. **공동체 중심**: 공동체 중심의 소그룹이 커리큘럼을 정해 성경을

---

[2] 하버드 대학의 이번 연구는 다트머스 대학의 토드 헤더튼 교수와 하버드 대학의 패트리샤 니콜스 교수가 퍼스낼리티와 사회 심리학 게시판에 발표한 보고서의 일부이다. 다음을 참조하시오. 2015년 10월 3일 접속, http://dartmouth.edu/~thlab/pubs/94_Heatherton_Nichols_PSPB_20.pdf.

공부하거나 설교 나눔을 지침서로 공부할 수도 있지만, 주된 강조점은 서로 연결된 공동체라는 것이다. 그래서 소그룹은 관계 중심의 목양, 접대, 돌봄, 격려를 강조한다. 그러므로, 삶 나눔 모임, 공동체 모임, 성경 나눔 모임, 가정 모임 등은 이 공동체 중심의 소그룹에 해당한다.

3. 멘토링(상호책임) 중심: 멘토링(상호책임) 중심 소그룹은 학습 중심이나 공동체 중심 소그룹보다 작은 인원으로 구성되어 있으며, 신앙의 여정을 깊이 나눌 수 있는 그룹이다. 성경 본문이나, 도전되는 책이나 혹은 워크북을 이용하여 리더들 혹은 동료들 간의 상호책임을 통하여, 하나님께서 각자에게 가르치시는 것들과 그들 스스로 씨름하고 있는 것들을 서로 나누는 모임이다. 닐 콜(Neil Cole)은 그가 저술한 「하나님을 위한 삶의 개발」(Cultivating a Life for God)에서 "삶 변화 모임"(Life Transformation Group [LTG])을 소개하는데, 이는 멘토링과 상호책임에 관한 좋은 사례이다. 닐 콜의 "삶의 변화 모임"은 영적 성장과 개발을 위해서 두세 명으로 구성된, 같은 성별의 상호책임 소그룹이라고 말한다. LTG 안에서는 서로 죄를 고백하고, 성경을 깊이 새기고, 영혼들을 위해 기도한다.³ 이 모임은 일단 시작이 되면, 한 과정이 끝날 때까지 새로운 회원을 받지 않는다.

4. 선교 중심: 선교 중심 소그룹은 전도, 선교, 봉사를 강조한다. 다른 소그룹은 선교적이 아닌 것은 아니지만, 선교 중심 소그룹의 주된 목적은 선교이다. 교회 소그룹 사역의 주된 목적이 선교라면, 이들은 믿지 않는 자들에게 복음을 전하고, 지역 사회를 위해 봉사할 것이

---

3 Neil Cole, *Cultivating a Life for God* (Carol Stream, IL: ChurchSmart Resources, 1999), 63-70.

다. 어떤 교회들은 선교 중심 소그룹을 파송하여 아파트 단지나 이웃들 가운데 믿지 않는 자들에게 복음을 전한다. 또 어떤 선교 중심 소그룹은 비즈니스 전문가들을 파송하여 그 지역 전문인들의 네트워크 들어가서, 그들과 관계를 맺고, 그들을 위해 봉사한다. 또 어떤 선교 중심 소그룹들은 어머니들로 구성되어 있어서 전도 대상자 어머니들과 교제의 시간을 보낸다. 섬김의 실천을 통해 지역 사회를 섬기려는 교회들과 봉사 사역을 위해서 노숙자들, 의도치 않은 임신 여성들, 지역 사회 센터, 혹은 음식 나눔 등의 사역으로 섬길 수 있다. 어떠한 상황일지라도, 선교 중심 소그룹의 의도는 교회 공동체와 지역 사회 사이에 다리를 연결하여 그들에게 복음을 전하고자 하는 소망이 있다.

5. 목적 중심: 목적 중심 소그룹은 특정한 주제를 중심으로 형성된다. 목적 중심 소그룹은 재정관리 대학[4], 이혼 상담[5], 회복 축하[6], 슬픔 나눔[7] 등이 있다. 이러한 소그룹은 교회 내에서도 좋은 자료들로 사용될 뿐만 아니라 재정, 결혼, 그리고 개인적인 문제를 가진 자들을 도움으로써 전도할 기회를 얻을 수 있다. 소그룹의 형태에는 옳고 그름이 없다.

교회에 여러 가지 다양한 모델들을 적용하기 어렵다면, 최소한으로 적용할 수 있는 효과적인 소그룹 전략을 세워 하나부터 시작하면 된다. 어떤 그룹을 정하든지 교회의 우선순위에 따라 결정할 수 있다.

---

[4] Dave Ramsey, Financial Peace University, accessed October 3, 2015, http://www.daveramsey.com/fpu.
[5] DivorceCare, accessed October 3, 2015, http://www.divorcecare.org.
[6] Celebrate Recovery, accessed October 3, 2015, http://www.celebraterecovery.com.
[7] GriefShare, accessed October 3, 2015, http://www.griefshare.org.

효과적인 소그룹 계획 개발

소그룹은 중요한 사역이며, 여러 가지 형태를 가질 수 있다는 것을 알게 되었다면, 이제 효과적인 소그룹을 개발할 준비가 되었다. 당신이 교회를 개척하면서, 교회의 청사진을 만들 듯이(이런 청사진이 있기를 바란다), 소그룹 사역에 대한 전반적인 계획을 구상해야 한다. 안타깝게도, "변화를 위한 모임"(Transformational Groups) 연구 보고서에 따르면, 목회자 중 절반 이상이 소그룹을 위한 구체적인 전략이 없다고 말한다.

그래서 효과적인 소그룹 계획을 개발하기 위해서, 다음과 같은 실행전략을 세우기를 바란다.

1. 목적

소그룹의 목적을 정하라. 다시 말하면, 소그룹의 주목적은 제자양육이다. 각 개인이 하나님의 교회에 연결되어, 하나님의 형상으로 변화되고, 하나님의 선교에 동참하도록 한다. 그러나 우리가 본 바와 같이, 소그룹은 제자훈련의 다양한 형태를 취하여, 제자훈련의 여러 가지 측면들을 성취할 수 있다. 소그룹 계획을 개발하는 중요한 이유는 구체적인 목적을 정하여, 그 목적을 보다 큰 교회의 사명과 비전에 통합시키기 위함이다. 변화를 위한 모임(Transformational Groups)에서 언급했던 것과 같이, 교회의 비전과 사명과 상관없이 독자적으로 운영되는 그룹들은 스스로 성장할 수 있지만, 그 성장은 교회의 사명과는 상관없는 성장이 된다.[8] 소그룹 사역이 교회의 사역 안에서 이루어지게 하고, 그

---

8   Ed Stetzer and Eric Geiger, *Transformational Groups* (Nashville: B&H, 2014), 97.

안에서 조화를 이룰 수 있도록 하라.

소그룹의 목적을 정할 때 고려해야 할 사항이 또 하나 있다. **모든 것을 다 이루고자 한다면, 아무것도 이룰 수 없을 것이다.** 성경을 깊이 공부하는 소그룹, 교인들을 공동체와 연결하고자 하는 소그룹, 지역 사회에 선교하며, 믿지 않는 사람들을 모임에 초청하는 소그룹은 건강한 그룹이다. 그러나 기억해야 할 것은 모든 것을 다 이룰 수는 없다는 것이다. 그러므로 소그룹 사역을 단순화하고, 주된 사역을 제자훈련 모델로 정할 수 있다.

그렇다면, 이렇게 질문할 수 있을 것이다. "어떤 모델을 택해야 하는가?" 이 질문에 대한 대답으로, 나의 저서인 「변화를 위한 그룹」(Transformational Groups) 안에 있는 내용을 발췌하였다.

> 이는 전반적인 제자훈련 전략에 따라 달라질 수 있다. 예를 들어, 주일 예배 설교가 40~45분간의 강해 설교라면, 소그룹에서 다시 학습을 되풀이할 필요는 없다. 그럴 때 소그룹의 목표를 다른 것으로 정할 수 있다. 물론, 소그룹에서 성경을 같이 공부하기를 원할 수도 있다. 그러나 소그룹의 목적은 설교 말씀을 바탕으로 한 공동체적 연합이다. 반면에, 어떤 교회들은 소그룹에서 성경공부와 영성 훈련을 하기도 한다. 왜냐하면, 주일 설교가 주제별 혹은 기초원리에 관한 공부이기 때문이다. 이럴 경우, 소그룹에서 더 깊이 성경을 공부할 필요가 있다. 소그룹 사역이 교회의 전반적 사명과 교회의 현재 사역에 조화를 이루어야 한다.[9]

---

9   Ibid., 102.

효과적인 소그룹 전략 개발의 열쇠는 주일 예배 설교와 겹치지 않고 더 보완하는 것이다.

2. 가드레일(차량 보호막)

소그룹을 위한 가드레일(핵심 가치)을 만들라. 소그룹의 주된 목표를 정했다면, 가드레일 또는 핵심 가치를 만들어서, 소그룹 사역의 방향을 정하고, 곁길로 가는 것을 막을 수 있다. 가드레일을 명확하게 하려면, 소그룹이 무엇에 가치를 두는지를 파악해야 한다. 예를 들어, 소그룹 사역이 공동체 중심이라면, 네 개의 G로 정할 수 있다 — Glory(영광), Gospel(복음), Guest friendly(친절), Grace(은혜) — 이 네 가지가 소그룹을 이끄는 기준이 되어야 한다.

영광(Glory)은 소그룹이 하나님의 영광을 위해 존재한다는 것을 의미한다. 그러므로 소그룹의 모든 활동을 통해 하나님께 존귀와 영광을 돌려야 한다.

복음(Gospel)은 좋은 소식이다. 우리의 상상을 초월하신 거룩하신 하나님이 우리의 판단을 뛰어넘는 악한 우리를 위해 예수님을 보내 주셔서, 그분의 나라를 세우시고, 사람들과 세상을 하나님과 화목하게 하셨다. 예수님은 우리가 측량할 수 없는 무한한 사랑으로 우리를 위해 희생하셨고, 예수님의 죽으심과 부활을 통해, 그분의 은혜로 말미암아, 성경에서 말하는 새롭고 영원한 생명을 우리에게 주셨다. 그리스도의 복음이 핵심 가치 중 하나라면, 모든 소그룹은 매일 복음을 가르치며, 삶에 적용해야 한다.

친절(Guest Friendly)은 각각의 소그룹 안에 조성되어야 하는 분위기를 말한다. 각 그룹은 방문자들을 친절하게 맞이하고 환경을 조성할 책임이 있다. 새로운 사람들을 환영하고, 그들에게 열려있는 환경을 만들어야 한다.

은혜(Grace)는 구성원 각자가 서로에게 대하는 방식이다. 은혜가 충만한 소그룹은 서로를 판단하거나 정죄하지 않는다. 은혜의 울타리를 안에서, 구성원들이 자신의 상처, 아픔, 죄, 의심을 자유롭게 나눈다.

영광(Glory), 복음(Gospel), 친절(Guest Friendly), 은혜(Grace), 이와 같은 핵심 가치는 소그룹이 나아갈 방향을 제시할 뿐만 아니라 소그룹을 보호하는 역할을 한다. 두세 명이 모인 곳에는 항상 문제가 따른다. 다시 말해, 문제와 갈등과 오해가 그룹 내에서 발생할 수 있다. 그러므로, 소그룹에 가드레일을 설치하여 성경적이며, 건강한 방법으로 이러한 문제들을 해결할 수 있는 틀을 마련할 수 있다. 물론, 소그룹의 핵심 가치는 교회의 전체 핵심 가치를 반영하며, 보완해야 한다.

3. 리더

역할에 맞는 리더를 찾고 훈련하라.[10] 이제 목적과 방향을 정했다면, 소그룹 사역을 위한 리더들을 선발하고, 훈련할 준비가 된 것이다. 올바른 리더를 찾을 때, 두 가지를 고려해야 한다. 첫째, 사람들과 소그룹을 향한 열정이 있어야 할 뿐 아니라 교회의 사명과 비전에 대해서도 열정이 있는 사람을 찾아라. 이는 사역의 기본이다. 목회자라면 교회의 방향에 대한 열정이 없는 사람이 소그룹을 인도하는 것을 원치 않을 것이다. 또한, 사람들과 함께 어울리는 것을 좋아하지 않는 사람을 리

---

10 이 부분의 내용은 5장에 실려 있다. "The Right Leaders," in *Transformational Groups*, 117-36.

더로 세워서도 안 된다. 둘째, 리더 대상자의 자연적, 영적, 사회적 자격을 평가하는 데 도움이 될 수 있는 것을 찾아보라. 리더 대상자가 자기에게 맡겨진 일을 잘 마무리하는지 확인해 보라. 이 사람은 관계를 중요하게 생각하는가? 배우는 데 마음이 열려있는가? 가르치는 은사가 있는가? 듣고자 하는 자세가 있는가? 갈등이 생길 때 해결할 능력이 있는가?

올바른 사람을 찾는 것과 그들을 효과적으로 훈련하는 것은 다른 것이다. 소그룹 리더를 효과적으로 훈련하고, 잘 준비하기 위해서 고려해야 할 네 가지 사항이 있다. 첫째, 모임을 인도할 리더에게 구성원들의 기대를 분명하고 실제로 전달해야 한다. 모임을 인도한다는 것은 어려운 도전이다. 대부분 리더는 전임 직장, 가족, 교회 밖의 생활 등 해야 할 일이 많이 있다. 그러므로, 교회 개척자는 모임 리더에게 실천 불가능한 일들을 요구하거나 기대하지 않도록 하라. 둘째, 자주 확인하고 소통해야 한다. 리더를 선발하고 훈련하는 동안 자주 소통하지 않는다면, 그는 무책임하고 허약한 리더이다. 소그룹 리더와 이메일이나 전화로 자주 소통하는 것이 교회 공동체와 지속해서 연결할 수 있는 가장 좋은 방법이다. 지속적인 리더십 개발을 위해 매달 또는 격월로 소그룹 리더들과 모임을 해야 한다(대면 모임 또는 온라인 회의). 리더들과 함께 최근의 근황, 문제점, 그리고 좋은 사례 등을 나누라.

셋째, 리더들의 신실함을 사람들 앞에서 인정해 주어야 한다. 다른 말로 하면, 리더들의 희생과 충성을 인정해 주는 기회를 만들라는 것이다. 비즈니스 세계에서 활약하는 체스터 엘턴(Chester Elton)과 에이드리언 고스트릭(Adrian Gostick)이 집필한 「당근 원칙, 주황색 혁명」(The Carrot Principle)과 「주황색 혁명」(The Orange Revolution), 「올인」(All In)에서

"인정하는 말은 직원들에게 동기부여와 활력을 불어넣어 준다."[11] 교회에서의 인정해 주는 말은 감사 편지, 이메일 보내기, 간단한 격려 전화, 예배 중에 소그룹 리더들의 수고를 인정해 주고 작은 선물을 주는 것 등이 될 수 있다.

넷째, 농장 시스템을 구축해야 한다. 농장 시스템 즉 수습 프로그램을 만들어서, 교회가 소그룹 리더를 훈련하여, 수습 기간에 있는 훈련생들이 리더가 되면 소그룹 사역의 모든 것들을 미리 알게 된다. 그레이스 교회에서는 새로운 소그룹을 시작할 때, 모임 리더들이 수습 리더를 정하고, 훈련하고, 격려하며, 그룹을 인도할 수 있도록 돕는다.

4. 비전

소그룹을 향한 비전을 선포한다. 사람들을 소그룹으로 이끌려면 이에 대한 큰 거래를 해야 한다. 교회 개척자로서, 소그룹을 향한 비전을 선포하는 것은 중요한 사역이다. 어떤 사람을 소그룹 리더로 임명했어도, 교회의 목회자로 교회의 비전을 선포해야 한다. 여러 가지 방법으로 소그룹을 향한 비전을 나눌 수 있다.

첫째, 소그룹을 직접 인도하거나 소그룹에 참여함으로써 소그룹의 중요성을 교회 앞에서 본으로 보여야 한다. 교회의 리더가 소그룹에 참석하지 않는다면, 누가 소그룹에 참여하겠는가? 사례비를 받는 리더든, 받지 않는 리더든 그것과 상관없이 모든 리더는 소그룹 사역

---

11   Joyce E. A. Russell, "Career Coach: Celebrating Small Wins with the Entire Team," The Washington Post, November 30, 2014, accessed October 3, 2015, http://www.washingtonpost.com/business/capitalbusiness/career-coach-celebrating-small-wins-with-the-entire-team/2014/11/25/8a8884e8-6f52-11e4-ad12-3734c461eab6_story.html.

에 있어서 모범을 보여야 한다.

둘째, 적어도 일 년에 한 번 이상 성경적 공동체와 소그룹 사역을 장려하는 시리즈 설교를 해야 한다.

삶과 가르침으로 모범을 보일 뿐만 아니라, 셋째, 이 사역을 홍보해야 한다.

모든 기회를 활용하여 소그룹을 홍보해야 한다. 주일 예배, 영상, 게시판, 이메일, 교회 홈페이지, SNS 등을 통해 교회가 소그룹 홍보에 다 함께 힘써야 한다.

5. 연결

사람들이 소그룹을 쉽게 찾을 수 있고, 쉽게 연결할 수 있어야 한다. 어려움에 정면 도전하여, 그룹을 찾고 그룹에 들어가는 것이 새로운 사람들에게는 쉽지 않은 일이다.

「변화를 위한 소그룹」(Transformational Groups)에서 공동체와 분리된 사람들을 어떻게 연결할 수 있는지를 언급했다.[12]

- **삼분 법칙을 활용하는 요령을 교인들에게 가르친다.** 주일 예배가 끝나면, 삼분 법칙이 시작된다. 이 시간은 회원들과 정기적으로 출석하는 자들을 위한 교제의 시간이 아니고, 방문자 또는 그룹을 찾는 사람들을 위한 시간이다. 이때 그리스도인의 따뜻한 환영을 보여준다. 이 시간을 활용하면서 많은 사람이 소그룹과 연결이 되지 않았다는 사실을 알게 될 것이다.

---

12   Stetzer and Geiger, *Transformational Groups*, 176-80.

• **소그룹 안내원들을 가장 좋은 장소에 배치한다.** 새로운 그룹을 찾는 사람들을 위해서 안내원은 소그룹에 대한 최신의 정보를 알고 있어야 한다. 이를 통해 사람들을 소그룹으로 연결하기 위해서 사람들의 필요를 채워줄 수 있어야 한다.

• **새 가족을 위한 기초반 혹은 비공식 모임을 한다.** 목회자와 리더들이 방문자와 교제할 수 있는 쉽고도 의도적인 방법이다. 이 시간에 교회의 사명과 비전을 나누고, 이들을 다음 단계로 인도할 수 있다.

6. 소그룹을 시작하는 날과 마치는 날을 정한다

시작하는 날과 마치는 날을 확실하게 정한다. 날짜를 정해야 하는 세 가지 실제적인 이유가 있다. 첫째, 시작과 끝을 정해서 사람들이 소그룹에 들어가고 나올 수 있는 출구를 제공한다. 새로운 사람들은 진행되고 있는 소그룹이나, 성경 공부 반으로 중간에 들어가기는 쉽지 않다. 소그룹 시작하는 날을 정해놓으면, 새로운 사람들이 자연스럽고 쉽게 그 그룹에 들어갈 수 있다. 래리 오스본(Larry Osborne)은 그의 책 「친밀한 교회」(Sticky Church)에서 10주 과정의 소그룹을 소개한다.

10주 소그룹의 장점은 사람들에게 소그룹의 시작과 끝의 날짜를 제공해 준다. 나는 교회에 새로 오는 사람들에게 세 개에서 네 개의 모임을 거쳐야 자신에게 맞는 모임을 찾을 수 있다고 말한다. 첫 소그룹에서 적응하지 못하는 사람들이 죄책감이나 무책임감을 느낄 필요가 없다. 그것은 새로운 사람의 잘못이 아니다. 그들에게 결코 혼자가 아니라는 것을 말해 주고 싶다. 그들이 올바른 그룹을 찾을 때까지 계속 시도해 보

기를 바란다.[13]

10주 과정의 소그룹을 가져야 한다고 말하는 것이 아니다. 시작하는 날과 끝나는 날짜를 정하는 것이 새 가족들을 소그룹으로 연결하는 데 더 효과적이다.

둘째, 구체적인 시작 시각과 끝 시간을 정하여 사람들이 소그룹 사역에 성공적으로 연결되게 한다. 사람들이 일정을 정하기 전에, 소그룹 활동에 얼마의 시간과 노력을 투자해야 하는지 알 수 있다. 시작과 끝을 정확하게 알려주면 사람들의 참여도가 높아진다. 예를 들어 12주 과정의 소그룹에 들어간다고 가정해 보자. 한 가정이 야구 시즌 때문에 8주 차까지는 바빴지만, 그 소그룹은 4주만 지나면 끝나기 때문에 그들은 그 소그룹에 끝까지 남아있을 것이다.

셋째, 소그룹의 시작 날짜와 끝나는 날짜가 분명하게 정해졌다면, 사람들에게 쉼과 여유를 줄 수 있다. 의학 박사, 리차드 스웬슨(Richard Swenson)은 그의 책 「여백」(Margin) 에서 여백이란 우리의 일의 무게와 우리의 한계 사이에 있는 공간이라고 설명한다. 그 일은 우리의 한계를 넘어가는 분량이라고 할 수 있다. 이는 만일의 사태에 대해 준비하는 것이고, 예기치 않은 일들이 일어날 때를 위한 비상 대책이다. 여백은 쉼과 탈진 사이의 공간이다. 자유롭게 숨 쉬는 것과 숨 쉴 수 없는 것 사이에서의 공간이다.[14] 명확한 시작과 끝을 통해 여백을 형성

---

13 Larry Osborne, *Sticky Church* (Grand Rapids, MI: Zondervan, 2008), 11.
14 Taken from Michael Hyatt, "How to Create Margin in Your Life," Your Virtual Mentor, accessed October 4, 2015, http://michaelhyatt.com/more-margin.html. Also see Richard A. Swenson, Margin (Carol Stream, IL: Tyndale House, 2014).

하여 잠재된 탈진으로부터 당신의 성도들을 보호할 수 있다. 한 과정이 끝나고 공백기 때의 시간 동안 리더들, 소그룹 장소를 마련한 집들과 참여자들 모두에게 쉼의 시간이 주어진다. 성경은 다음과 같이 말한다. 성경에서 "안식"은 건강이다.

7. 결과

결과를 측정할 수 있는 점수표를 만들어보라. 소그룹의 효과를 측정할 수 있는 가장 쉬운 방법은 참여한 성도들의 숫자를 확인하는 것이다. 많은 사람의 목표는 예배에 참석한 사람 중 100%가 소그룹에 참석하는 것이지만, 사실 우리는 불완전한 세상에서 살고 있으므로, 주일 예배 출석의 50~80%만 소그룹에 참여해도 성공적이라 할 수 있다.

소그룹 평가를 숫자로만 측정하고 있지만, 그 이상의 평가가 필요하다. 숫자 이외에, 소그룹 본래의 목적을 달성했나 하는 점이 더 중요하다. 이 평가는 일 년에 한두 번 설문 조사를 통해서 확인할 수 있다. 설문 조사는 표준화된 설문 항목이 있어야 하는데, 소그룹이 학습 중심인지, 공동체 중심인지, 아니면 선교 중심인지를 파악할 수 있다.

교인들의 영적 건강과 성장에 대한 양적 측정을 원한다면, "변화를 위한 제자훈련 평가"(Transformational Discipleship Assessment-TDA)를 사용할 수 있다. TDA는 소그룹 참여도, 봉사, 개인적 제자 양육을 측정한다.[15]

---

15 "Transformation Discipleship Assessment," 2015년 10월 4일 접속, http://tda.lifeway.com.

소그룹의 중요한 요소

건강한 소그룹에는 네 가지 중심 요소들이 있다: 교제, 기도, 성경공부, 선교.

교제

소그룹은 교제의 시간이다. 영적인 이해를 위해 공부하는 부분도 중요하지만, 교제 시간을 통해 서로간의 관계가 발전된다. 함께하는 시간을 늘려가는 것이 중요하다. 팀 켈러(Tim Keller) 는 이렇게 말한다. "말하자면, 제자 삼는 가장 좋은 방법은 그들과 함께 편한 시간을 많이 보내는 것이다."[16] 교제를 잘 할 수 있는 최상의 방법 중 하나는 함께 식사하는 것이다. 소그룹에서 만날 때 매주 음식을 나누는 것은 불가능하겠지만, 적어도 한 달에 한 번, 혹은 일 년에 몇 번은 식사 모임을 가질 수 있어야 한다. 소그룹 교제의 중요한 요소 중 하나는 그룹원들이 서로 연결되어 서로 알게 되는 것이다.

기도

기도는 하나님과의 소통이므로 소그룹의 중요한 요소 중 하나다. 기도는 회원들이 하나님과 연결되고, 서로에게 연결될 수 있게 도와준다. 회원들이 자신들의 기도 제목 또는 감사 제목을 나누도록 격려하라. 기도 제목과 감사 제목을 나눌 때 회원들이 서로 연결되고, 그들의 관계도 깊어진다. 또한, 성경공부와 토론을 위해서도 기도하라.

---

16 Tim Keller, *Center Church* (Grand Rapids, MI: Zondervan, 2012), 311.

하나님의 말씀을 더 명확하고 깊이 깨달을 수 있도록 기도하면서 하나님을 더 의지하게 된다.

성경공부

소그룹 모델이 학습이든, 공동체이든, 선교이든, 아니면 멘토링 중심이든 간에 그룹 안에서의 공부 시간에는 성경이 중심이 되어야 하며, 교사나 리더가 주도하지 않도록 해야 한다. 참여자들의 성경 지식이 깊지 않더라도, 강의식이 되어서는 안 된다. 성경 공부를 가장 효과적으로 하기 위해서는, 오랫동안 사용해 온 교회의 용어나(예: 어린양의 보혈로 씻김 받음), 기존의 교인들에게 익숙한 용어는 피하고, 새로 온 교인들도 쉽게 이해할 수 있는 말들을 사용해야 한다.

선교

초대교회가 성전에서 공적 예배로 모이고, 집에서 신앙의 공동체로 모이면서, 그들은 또한 더 큰 지역 사회와도 연결이 되었다. 성경은 그들이 온 백성에게 칭송을 받았다고 말한다(행 2:47). 그 결과 하나님이 "구원받는 사람을 날마다 더하게 하시니라"라고 사도행전은 말한다. 하나님은 선교하시는 하나님이므로, 그리스도인들도 선교하는 사람들이다. 이것이 우리의 DNA이다. 선교는 교회에 속한 부서의 일이 아니고, 교회 전체의 시스템이다. 그러므로, 모든 소그룹은 크던지 작던지 간에 선교에 동참해야 한다. 기도와 후원으로 선교사를 돕거나 미전도 종족을 입양하는 일을 할 수 있다. 6주에 한 번씩 지역 사회의 노숙자 센터에 가서 봉사할 수도 있다. 새 학기가 시작될 때 주변의 학교 선생님을 도와 교실 장식을 도울 수 있다. 소그룹이 선교에 동참할 기회는 국내와 해외에 얼마든지 많이 있다. 선교를 위해 외부로 눈을 돌리지 않는 소그룹은 결국 내부에만 한정되는 소그룹으로 전락할 수밖에 없다.

결론

소그룹 전문가인 릭 호워튼(Rick Howerton)은 새로운 교회가 성장하고, 소그룹이 배가되면서 고려해야 몇 가지 원리들을 제안한다.

• **모범이 되는 모임은 계속 모범이 되도록 하라.** 소그룹 리더들은 그들이 보고 배운 대로 자신의 모임을 인도한다. 본래 기대했던 것들을 초창기 소그룹들에서 확실히 이루도록 하라. 그 후에, 새로운 리더들은 좋은 모범을 보인 소그룹 리더들의 본을 다시 따르도록 한다.

• **회원이 아닌 소그룹 리더를 세우라.** 그룹에 속한 영적으로 성숙한 사람들을 미래의 소그룹 리더로 여기라. 소그룹 리더들은 그들의 그룹을 믿음의 공동체로 인도할 뿐 아니라, 잠재적인 리더들을 찾아 세우는 일도 같이해야 한다.

• **회원의 일상적 삶이 서로의 이야기가 되게 하라.** 사람들은 서로를 알기 전까지 그리스도의 몸의 일부분에 속한다고 생각하지 않는다. 우리의 삶에서 가장 필요한 것 중 하나는 내가 다른 사람들을 알고, 다른 사람들이 나를 알게 되는 것이다.

• **권고할 때가 아니라 필요할 때 배가하라.** 교회 내에서 몇 사람

들끼리만 극도로 친해지게 하는 것보다는 교회 내에 속한 각각의 부분들이 전체로 통합되게 하는 것이 필요하다. 대부분의 소그룹 전문가들은 18개월에서 2년이 지난 후에 배가하는 것을 추천한다. 개척 교회가 이런 성장을 경험하기란 쉽지 않다.

• **의미 있게 배가하라.** 배가가 의미 없이 이루어진다면 오히려 사람들을 잃게 된다. 소그룹이 배가되어야 할 때 서로 친한 사람들끼리 모임을 편성하지 말고, 성령의 은사에 근거해 새로운 모임을 만들어라. 수습 리더 또는 리더의 개인적인 욕심으로 그룹을 나누지 않도록 하라.

소그룹 형태가 어떻든 간에 건강한 교회라면 소그룹 네트워크가 배가 되어야 하며, 이를 통해 교회가 하나로 연결되어야 한다. 교회 성장을 계획한다면 다 같이 모이는 전 교인 예배와 소그룹 모임, 이 두 가지를 집중적으로 고려해야 한다. 주일 전 교인 예배에만 집중하는 교회는 건강한 교회를 개척할 수 없다. 소그룹이 없는 교회는 사람들이 뒷문이 활짝 열린 교회와도 같다. 그러나 **효과적인 소그룹 사역은 큰 배의 돛과 같이, 사람들을 교회라는 배로 연결하는 역할을 한다.** 그러나 배의 선장이 예수 그리스도임을 잊지 말자.

예배

 교회를 개척하는 목적 중 하나는 다같이 모여 공적으로 하나님을 예배하는 교회를 세우는 것이다. 「열방을 향해 가라」(Let the Nations be Glad)에서 존 파이퍼(John Piper)는 선교 사역(missions)이 존재하는 이유는 아직도 예배하지 않는 곳이 존재하기 때문이라고 말했다. 우리는 교회를 개척하고 있다. 교회를 "예배하는 사람들"이라고 정의한다면, 예배에 대한 글을 쓰는 것은 마치 운전하는 것에 대해 글을 쓰는 것처럼 익숙한 주제이다. 그래서 누구나 다 예배에 대해 말할 수 있고, 자기가 제일 잘 안다고 착각한다.

 최근 예배에 관한 책이 많이 출판되었다. 예배 전문가들은 예배를 위해 "가장 올바른" 음악적 스타일에 대해 토의한다. 구도자 예배에 대한 반론도 많이 제기되었다. 헌신된 신자들 가운데서도 가장 적절한 형태의 예배가 무엇인지에 대한 질문이 많이 제기되었다.

 어떤 사람들은 예배란 그리스도인에게만 주어진 것이라고 믿는다. 교회는 예배와 성경공부를 위해 모이는 것이며, 그 후에 믿는 자들이 영적으로 성장하여 나가서 전도할 것이라고 믿는다. 이러한 생각은 부분적으로 옳지만, 완전히 옳지는 않다.

 교회와 예배는 신자들만을 위한 것이 아니다. 우리는 하나님을 기쁘시게 하려고 부름을 받은 자들이다. 교회는 믿는 자들을 세워가는 일을 해야 한다. 그러나 교회의 목적은 하나님께서 정하신 목적의 크기만큼 더 넓어져야 한다. 하나님의 목적은 Missio Dei, 즉 하나님의 선교이다. 하나님의 선교는 하나님께서 이 세상에 행하시는 모든 것을 포함한다. 하나님은 이 세상 속에서 자기 일을 넓혀 가신다. 그것이 바로 우리의 일이다. Missio Dei, 즉 하나님의 선교는 예배뿐만 아니라, 전도, 봉사, 격려, 목회적 돌봄 등 모든 것을 포함한다.

어떤 교인들 그리스도께 이끌려 나온 "부르심"을 받은 자이지만, 그리스도를 위해 헌신하지 않는다. 성경은 교회를 에클레시아, "부르심을 받아 나온 자들" 즉 그리스도를 따르기로 헌신한 자들이다. 부르심을 받은 자들이 함께 모일 때, 개척자는 하나님의 메시지를 전하여, 믿는 자들에게 도전하고, 믿지 않는 자들을 격려하여 그들이 그리스도께 헌신하도록 한다.

초대교회가 탄생한 후 수백 년 동안, 어거스틴은 여전히 알곡(신실한 신자)과 가라지(불신자)를 가려내는 것이 불가능해졌음으로 인해 애통해했다. 그의 생각은 명확했다. 교회의 시대에서 믿지 않는 자와 믿는 자들이 공존할 것이라는 사실이다. 이게 사실이 아니라면, 바울이 고린도 교회에 보내는 편지에서, 예배하러 갈 때 믿지 않는 자들이 어떻게 생각할 것인가라는 말을 왜 썼겠는가?(고린도전서 14장)

다니엘과 나는 **예배의 목적은 참석한 자들이 설교를 잘 들을 수 있도록 그들의 마음에 열정을 일으키는 것**은 아니라고 믿는다. 물론 실제 목표는 믿는 자들이 예배와 말씀으로 하나님을 경험하는 것이지만, 그러나 포괄적 예배의 목적은 믿지 않는 자들에게 하나님과 인간의 만남을 보게 하고, 그들이 하나님과의 개인적인 관계를 갖기를 갈망하도록 하는 것이다.

여러 해 동안 윌로우 크릭 교회(Willow Creek Church)는 구도자 예배 운동의 선두주자였다.[1] 구도자 예배는 믿지 않는 자들이 복음의 메시지를 들을 수 있도록 준비하는 예배였다. 이 접근 방식은 대중 집회를 통해 믿지 않는 자들에게 다가가는 접근 방법이다. 구도자 예배의 주일 예배는 마치 전도 집회와 비슷하다. 믿는 자들을 위한 예배와 세움의 모임이 아니다. 하나님을 예배하고 성도들을 훈련하는 사역은 주중에 이루어진다.

구도자 위주 교회들에 대한 많은 비판은 그들의 전략을 오해한 것에서 비롯되었다. 구도자 위주 주일 예배는 교회처럼 보이지 않으면서, 계속해서 전도를 위한 예배로 준비된 것이다. 나와 함께 윌로우 크릭 교회를 방문한 한 학생은 주일 예배가 청년부 모임 같았고, 믿지 않는 자들이 이해하기 쉬운 전도 집회와 같으며, 믿는 자들의 입장에서 더 깊은 대화는 다른 모임에서 한다고 평했다. 역사적으로 볼 때, 나는 신학적인 이유로 이 전략을 옹호하지는 않지만, 윌로우 크릭 교회에서의 이 전략은 성공했으며, 많은 교회가 이 전략을 따랐다. 나는 이 전략을 옹호하는 자는 아니지만, 분명히 이 운동에서 배울 점이 많다. 그래서 몇 가지 수정하여 이를 발전시키기를 제안한다.

이제는 구도자 예배에 대해 초점을 맞추는 대신에, 교회의 존재 이유가 무엇이며, 그 후에 예배의 내용이 무엇이어야 하느냐를 질문해야 한다고 본다. 교회는 하나님을 예배하고, 성도를 세우고, 세상에 복

---

[1] 2007년에 윌로우 크릭 교회는 그들의 사역에 대한 영적 효과에 대한 1년간의 자체 분석 결과 그들의 프로그램이 영적인 성장과 성숙을 가져오지 못했음을 알게 되어, 프로그램을 변화시키기 시작했다. 그중 하나의 중대한 변화는 구도자 예배를 줄이고, 성숙한 신자들이 더 헌신할 수 있는 예배를 늘리는 것이었다.

음을 전하는 일을 해야 한다.[2] 예배는 무엇보다 먼저 하나님을 찬양하는 것이다. 이 진술은 하나님 중심의 예배를 강조하며, 믿는 자들은 믿음으로 성장해야 하고, 마지막으로 진정한 예배는 믿지 않는 자들에게 복음을 전도할 수 있어야 한다.

그리스도인들만을 위한 교회를 구상하는 사람들은 그들을 위한 설교를 계속해서 듣게 되면, 그들이 성숙해져서, 그들이 믿지 않는 자들을 전도하게 된다는 것이다. 그러나 나는 이렇게 된 경우를 본 적이 없다. 의도적으로 전도하지 않는 교회는 높은 수준의 성경의 가르침만으로는 사람들이 전도하지 않는다는 것이다. 성경적 지식이 우리를 전도로 인도할 수 있었다면, 벌써 오래전에 모든 사람에게 복음을 다 전했을 것이다.

교회의 존재가 믿는 자들만을 위한 양육이라면, 스펀지처럼 더 많은 영적인 지식을 흡수만 하는 신자들이 늘어날 것이다. 이러한 스펀지들은 자신들의 영역 안에 물을 빨아들이기만 하지, 아무것도 하지 않는다면 곧 부패하게 될 것이다. 믿지 않는 자들은 그런 교회의 분위기 속에서 환영받는다는 느낌을 받을 수 없다.

하나님 중심의 예배

문제는 믿는 자들에게 적절하면서 동시에 믿지 않는 자들도 이해할 수 있는 예배의 분위기를 구성하는 것이다. 예배는 하나님 중심 또

---

2 다렐 로빈슨은 세가지 목적을 설명한다: 구세주 찬양, 성도를 세움, 죄인들에게 전도. 그의 책 참조하라. *Total Church Life*, rev. ed. (Nashville: Broadman, 1993).

는 하나님이 이끄시는 예배가 되어야 한다. 믿는 자들이 하나님의 임재에 들어가는 것을 보고, 믿지 않는 자들이 영향을 받는 것이 사실이다. 샐리 모겐탈러(Sally Morgenthaler)는 그의 책 「예배 전도」(Worship Evangelism)에서 예배에 관한 풍부한 자료를 제공한다.[3] 믿지 않는 자들은 교인들이 왜 예수님의 임재 속에 예배하기 원하는지 알고 싶어 한다. 교회는 믿지 않는 자들의 이런 시선들을 알아야 한다. 그래서 믿지 않는 자들이 그리스도인들과 예배의 현장에 같이 있어야 한다. 그들은 그리스도인들이 하나님을 예배하는 모습을 보아야 한다.

구도자들이 이해하는 예배

나는 이 단원이 제목을 "구도자에 민감한 예배"(Seeker-Sensitive Worship)라고 정했었다. 그러나 이 표현이 어떤 사람들에게 다른 의미로 적용되기 때문에 이제는 사용하지 않는다. 믿지 않는 자 또는 구도자들에게 민감해야 하며, 우리의 예배 안에 그들도 함께해야 한다는 것을 잊지 말아야 한다. 그러나 정작 중요한 것은 구도자들이 이해할 수 있는 예배이어야 한다. 믿지 않는 자들을 환영하는 분위기로 만든다는 것은 그들의 필요에 민감하고, 그들의 상황에서부터 출발하여 그들을 연결해 주는 다리가 있어야 한다.

교회는 하나님을 예배하고 말씀을 선포하는 것이 중심이 되어야 하며, 구도자들의 필요가 무엇인지 알아야 한다. 달리 말하면, **구도자**

---

3   Sally Morgenthaler, *Worship Evangelism: Inviting Unbelievers into the Presence of God* (Grand Rapids, MI: Zondervan, 1995).

들에게 다가가고자 하는 열정이 그리스도 중심, 성경 중심, 성령님이 인도하는 자리를 대신에 해선 안 된다. 불신자들에게 다가가기 위해서는 그들에게 민감해야 하지만, 그러한 관심이 중심이 되어서는 안 되며, 그 초점이 하나님이 아닌 사람이 되어서는 안 된다.

　　가장 효과적인 전도 방법의 하나는 믿지 않는 자들이 하나님을 향한 진실한 예배를 맛보게 하는 것이다. 안 믿는 자들은 믿는 자들의 예배를 보면서 예배를 배운다. 구도자들이 "이해할 수 있는" 예배는 하나님 중심의 예배와 구도자들에게 열린 균형 있는 예배를 구성하는 것이다. 구도자들이 이해하는 예배는 하나님을 예배하고 말씀을 선포함으로 하나님을 높이는 동시에 구도자들이 공감할 수 있는 적절한 환경을 제공하여, 그리스도를 믿음으로 구원으로 들어오도록 도전하는 예배이다.

　　구도자들이 이해하는 예배를 준비하면서 이런 질문을 던질 수 있다. "어떻게 하면 안 믿는 자들이 이해할 수 있고, 이런 상황 속에서 어떻게 해야 그들이 편하게 느낄 수 있을까?" 우리가 그들을 완전히 편안하게 해줄 수는 없다는 것을 인정해야 한다. 물론 그리스도의 십자가의 메시지가 안 믿는 자들에게 편안한 이야기는 아니다. 그러나 복음에는 좋은 소식이 담겨 있다. 성경적으로 건전한, 구도자가 이해하는 교회는 이런 질문을 던진다. "어떻게 하면 예배가 교회 밖 사람들을 환영하는 동시에 하나님, 말씀, 인도, 그리고 신앙의 실천을 높여갈 수 있을까?"

　　모든 교회가 정도에 따라 다르지만, 구도자에 민감하다. 예를 들면, 우리가 한 지역의 언어로 예배하고, 그 지역 스타일에 맞게 옷을 입고, 지난 천년 동안 만들어진 찬양들을 부르면서 예배한다면, 우리 예

배에 참석하는 사람들을 고려한 예배를 드리고 있는 것이다.[4]

실제적인 문제는 이것이다: 구도자들이 이해하는 예배가 되려면 어느 정도까지 고려해야 하는가의 문제이다. 교회는 그들에게 찬양의 의미를 설명해야 하는가? 언제 서고 앉아야 하는지 안내해야 하는가? 주의 만찬을 어떻게 갖는지 설명해야 하는가? 안 믿는 자들이 모르는 단어들을 피해야 하는가? 모든 교회는 안 믿는 자들이 공감할 수 있는 예배를 드리기를 원한다. 하지만 얼마나 민감해야 하는가? 나의 주된 관심은 교회가 복음의 메시지를 바꾸지 않는 선에서 불신자들을 이해하고 그들의 필요에 민감해야 한다는 것이다.

수용의 분위기

교회가 믿지 않는 자들에게 민감해야 할 부분 중 하나는 그들이 교회를 방문했을 때, 그들이 환대받고 있으며, 그들을 원한다는 느낌을 받게 하는 일이다. 많은 목회자가 "친절하게 대하는 방법"에 대해 설교하기도 한다. 그러나 수용하는 분위기를 만드는 것은 쉬운 일이 아니다. 왜냐하면, 믿지 않는 자들은 그리스도인처럼 행동하거나 살지 않기 때문이다.

수용은 동의가 아니다
삶의 방식은 동의하지 않으면서 사람들만 받아들인다는 것은 옳

---

[4] The pre-Vatican II Roman Catholic Church was a good example of a truly non-seeker-sensitive church. They worshipped in Latin regardless of the location.

지 않다. 사람들의 삶이 성경에 어긋난다 해도 그들을 사랑해야 한다. 물론 모든 것이 다 용납될 수는 없겠지만, 모든 사람을 환영할 수 있어야 한다. 교회 개척이란 바로 그런 것이다. 하나님으로부터 멀어져 있는 사람들을 다시 하나님께 연결하는 일이다.

우리가 선 곳에서

성경적 거룩함은 사람들이 교회의 회원이 될 때부터 강조되어야 하는 항목이다. 교인들의 비성경적인 행습을 바로 잡지 않고 그대로 두는 것과 예배 때 안 믿는 자들을 환영한다는 것은 근본적으로 다르다. 새로운 교회들은 교회 회원에 대해서 처음부터 성경적 관점을 가져야 한다.

교회는 사람들의 삶의 방식과 상관없이 모든 사람에게 열려있어야 하고, 누구나 들어 올 수 있어야 한다. 그러나 그리스도인이 되고, 그분의 제자가 되는 것은 삶의 변화를 요구한다. 그리스도는 변화를 원하신다. 교회도 변화를 기대해야 한다. 교인들의 삶이 그리스도 안에서 성숙해질 때, 새 가족에 대한 그들의 헌신도 뒤따르게 되어있다. 교회 공동체의 진정성은 그러한 책임감에서 비롯된다. 예수님이 믿지 않는 자들을 사랑하셨던 것처럼, 교회도 그들을 사랑해야 하고, 예수님의 본을 따라, 교회는 교인들을 삶을 변화시키는 제자로 양육해야 한다.

영적 필요를 채워주는 예배

믿는 자와 믿지 않는 자들은 비슷한 필요를 가지고 있다. 믿지 않는 자들은 인식하지 못하겠지만, 모든 사람은 삶을 변화시키는 복음의 능력이 필요하다. 기독교인이든 비기독교이든 자녀 양육, 재정, 우선순위와 같은 문제들에 대한 도움이 필요하다. 도움이 필요한 자에게 하나님의 말씀이 적용될 수 있고, 구원과 성장을 구하는 자에게 하나님의 능력이 다가갈 수 있다. 하나님의 말씀은 인생의 모든 문제에 대한 해결책이다. 교회는 믿지 않는 자들에게 하나님의 말씀을 전하여, 그들이 성령의 능력으로 새로운 인생의 진로를 정하도록 격려해야 한다. 예배 가운데 전해지는 성경 말씀과 찬양이 이들의 변화 과정에 도움을 준다.

올바른 찬양

사람을 변화시키는 데 있어서 찬양의 능력을 과소평가해서는 안 된다. 우리는 설교가 줄 수 없는 마음의 감동을 찬양을 통해서 얻을 수 있다. 영적 능력을 공급해 주고, 진리를 전달하는 데 있어서 찬양의 힘은 탁월하다. 그러므로 예배 찬양은 신학적으로 건전하며, 예배 진행에 적절해야 한다(다음 단원을 참조하라).

찬양은 교회와 상관없이 살았던 자들의 불안한 마음을 진정시켜 주고, 그들의 마음속에 영적 관심을 불러일으켜야 한다. 사람들이 교회에 들어올 때는 무슨 일이 일어날지 모른다. 영적인 힘을 불러일으키는 찬양은 그들의 불안함을 진정시켜주고, 그들의 마음의 문을 열어 하나님의 음성을 듣게 한다.

불행히도, 우리는 믿지 않는 자들을 어리둥절하게 만드는 찬양들을 많이 부른다. 예를 들어, "통로의 삶," "어린 양의 피," "원수를 불태우고" 등의 찬양을 부른다면, 안 믿는 자들은 어떻게 생각할까? 이러한 찬양을 멈추라는 뜻이 아니라, 가사의 의미를 설명해주어서, 그들이 부른 찬양의 의미가 무어신지 이해할 수 있도록 도와주어야 한다.

시청각 보조 장비들을 사용하라

시청각 보조 장비란 예배의 효과를 높일 수 있는 파워포인트, 슬라이드, 동영상 등의 장치를 의미한다. 주일 예배 때 설교의 주제와 소제목들을 빈칸 채우기 형식으로 만들어서 나누어 주면, 설교자가 슬라이드를 사용해서 설교할 때, 교인들은 이를 통해 설교에 더 집중할 수 있을 것이다. 프로프리젠터(ProPresenter) 혹은 이지워십(EasyWorship)이라는 소프트웨어를 사용하면, 좋은 시각 자료들을 만들 수 있다.

주제를 구성하라

우리가 개척한 교회 중 한 곳에서는 가을 주제를 나타내는 현수막을 설치했다. 우리가 거주하는 지역 사회의 주민들은 원거리에서 출퇴근하는 사람들이 많았다. 우리의 주제는 "오늘을 다시 생각하자: 무엇을 위해 그리 멀리 가는가"로 만들었다. 그 현수막은 다른 현수막들과 잘 어울렸다(도로에서, 현관에서, 예배당에서, 놀이터에서 등등). 우리는 매주 주제 광고를 활용했다.

시리즈로 설교하라

디지털이나 인쇄 자료 외에, 교인들이 설교에 집중할 수 있게 하는 방법은 주제를 담은 시리즈 설교이다. 이러한 설교는 믿지 않는 자들이나 청년들의 삶 위에 신앙 발달의 기초를 쌓는 데 도움을 주는 지식의 틀을 제공해 준다. 설교는 하나님의 말씀으로 사람들과 소통하기 위해, 하나님께서 선택하신 방법이다. 효과적인 설교자는 다양한 방법을 활용하여 설교의 영향력을 극대화한다(설교에 대한 심층적 접근은 다음 장에서 다룬다).

설교자의 언어 표현과 행동

일반적인 복음주의 교회들은 예배 중 부담스러운 행동을 요구할 때가 많다. 갑자기 자리에서 모두 일어나기도 하고, 신호에 따라 손을 흔들고, 다같이 헌금하고, 설교 후에 강단 앞에 나와 기도하기도 한다. 이런 행동들에 대한 아무런 설명도 듣지 못한 방문자들은 상당히 불편한 느낌을 받을 것이다.

오브리 맬퍼스(Aubrey Malphurs)는 "많은 예배가 새로운 사람들을 그리스도께 이끌기보다, 오히려 그리스도에게서 멀어지게 한다"라고 예리하게 지적한다.[5] 교회 개척자들은 믿지 않는 자들이 불편해하는 것들에 대해 민감해질 필요가 있다. 교회에 찾아오는 방문자들을 손님으로 생각한다면, 손님으로 맞이해야 한다. 방문자들의 마음을 혼란스럽게 하는 것들이 있다면, 빠짐없이 설명해주어야 한다.

찬양

교회 개척이 선교사의 사역과 같다면, 교회 개척자와 교회 개척팀은 예배 찬양을 선교사처럼 계획해야 한다. 교회 리더들은 예배와 설교의 전체적 맥락에 맞게 선별해야 한다. 찬양도 선교적이고 (선교사

---

5   Aubrey Malphurs, *Planting Growing Churches for the Twenty-First Century* (Grand Rapids, MI: Baker, 1992), 187.

적) 전체 흐름에 맞는 경배의 찬양이 되어야 한다.

종족을 대상으로 사역하는 해외 선교 역시 이런 문제들에 자주 직면한다. 이 문제는 종족 사역을 초월한 보편적인 문제이다. 이러한 민감한 사항들은 해외에서 사역하는 선교사들뿐만 아니라 다원주의 문화 속에서 일하는 교회 사역자들에게 똑같이 적용된다. 개척자와 팀원들은 그 문화와 상황에 적절하게 찬양을 선정해야 한다.

찬양을 선정하는 하나의 방법은 초점 그룹을 파악하는 것이다. 그들이 선호하는 찬양은 무엇인가? "나 같은 죄인 살리신"을 편곡한 현장 사역자들처럼, 특정 스타일에 맞게 찬양 가사들을 쓰거나 개사해야 한다. 현장 사역자가 늘 하는 말은 "기독교적 음악이 있는 것이 따로 있는 것이 아니고, 기독교적 가사가 있을 뿐이다."라는 것이다. 그러므로 **복음의 내용을 바꾸지 않는다면, 찬양 스타일은 얼마든지 바꿀 수 있다.**

그러면 당신의 교회에서 사용하는 찬양 스타일이 당신의 현장 상황에 적절한지 평가하는 데 도움을 주는 일곱 가지 평가 기준을 소개한다.[6]

1. 메시지 확인: 이 방법은 일곱 가지 방법 중 가장 간단하다. 찬양 가사를 확인하고, 가사가 주는 메시지를 고려하라. 이 가사들은 하나님의 말씀을 전하고 있는가? 우리가 하나님께 영광을 돌리기를 원한다면, 찬양 가사의 메시지는 하나님께서 성경을 통해 주시는 말씀과

---

6 Adapted from Elmer Towns and Ed Stetzer, *Perimeters of Light: Biblical Boundaries for the Emerging Church* (Chicago: Moody, 2004).

일관성이 있어야 한다.

2. 목적 확인: 모든 음악은 목적을 염두에 두고 만들어진다. "이 찬양은 어떤 목적으로 만들어졌나?" 혹은 "이 찬양이 드러내고 세워주려 하는 것은 무엇인가?" 이런 질문을 던져보라. 찬양이 슬픈 것인지, 기쁜 것인지, 즐거운 것인지, 편안한 것인지를 결정하라. 한 번 좋았던 찬양이 다음 번에도 좋으리라는 보장은 없다. 우리가 부르는 찬양에 대해서 목적 확인을 할 때, 그 찬양이 그리스도인의 정체성과 교회의 가치를 담고 있는가를 확인하라.

3. 연상 확인: 모든 찬양은 연관성을 가지고 있다. 아무리 좋은 찬양이라도 그 찬양이 연상시켜주는 것 때문에 그 찬양을 사용하지 못할 수 있다. 연상 확인에서 던지는 질문들은 다음과 같다. "이 찬양은 예배자의 마음에 무엇을 떠오르게 하는가?"이다. 이 질문을 오해해서는 안 된다. "내 마음에 떠오른 것"이 아니라, "예배자의 마음에 떠오르는 것"이다. 사례 한 가지를 소개하겠다. 목회자들과 대화하는 중이었는데, 그 모임에는 자메이카 목회자들도 있었다. 그들은 교회에서 여러 장르의 음악을 사용할 수 있지만, 레게 음악은 수용할 수 없다고 말했다. 왜냐하면, 그들에게 레게 스타일은 마약을 연상시켜주기 때문이었다. 만일 우리 지역에서는 레게 음악이 마약과 아무 상관 없이 없다면, 레게 스타일을 사용해도 되겠다고 물었을 때, 그런 상황에서는 사용하는 것에 동의했다. 음악적 스타일이 문제가 아니고, 그 음악이 무엇을 연상시키는가? 그것이 중요했다.

다른 예를 들자면, 사람들은 힙합(랩) 음악이 폭력과 여성 혐오적인 것과 연관된다고 말한다. 그러나 어떤 사람들에게는 죄와 맞서서 싸우는 도구로 사용될 수 있다(엡 6:12). 르크래(Lecrae)라는 크리스천 래퍼는 그의 노래 저항(Rebel)에서 이렇게 말한다.

> 랩은 우리가 부르는 찬양이다. 이보다 더 거룩할 수는 없다.
> 나는 생명의 떡을 랩으로 노래한다. 그들이 그 떡을 원하기 때문이다.
> 거리에서 죽어가도, 나는 저항하리라.
> 순응을 거부하는 당신은
> 왕의 식탁에 앉지 못할 것이다.
> 문화에 맞서 저항하셨던 그리스도는
> 죄인들의 식탁에서 함께 먹으며, 바리새인들을 책망했다.
> 결혼한 적도 없고, 돈도 없고, 집도 없으신 이분을
> 나는 오늘도 따라가고 있다.

르크래는 "Rebel Intro"에서 새로운 의미를 전달하기 위해 하나의 형태를 사용했다. 랩이라는 형태는 그에게 찬양과 다를 바 없었다. 그 위에 그려야 할 캔버스와 같다. 르크래에게 있어 저항의 대상은 오늘날 만연한, 그리스도를 대적하는 문화의 태도였다.

4. 기억 확인: 의미 있는 노래에는 기억과 과거의 경험이 연관된 경우가 많다. 이 영향은 긍정적일 수도 있고, 부정적일 수도 있다. 여기서 확인해야 하는 것은, "음악이 과거 기억을 되짚어 주는가?" 이다. 회개는 회심에 있어서 중요한 단계다. 과거의 죄로부터 돌이켰다면, 과거의 죄를 연상시켜주는 노래를 부르지 말라. 이는 대부분 개인적인 문

제이다. 어떤 사람들은 그 음악과 연관된 기억들로 인해 괴로워하지만, 다른 사람들은 같은 음악을 아무런 거리낌 없이 들을 수 있다.

내 스타일에 맞는 음악적 스타일만을 고집하는 것은 다른 형제의 마음을 상하게 할 수 있다. 그것은 성경에서 말하는 태도가 아니다. 성경은 다른 사람을 죄짓게 하는 행동을 삼가라고 말한다. 세상 음악을 듣는 것이 어르신들에게 죄를 짓게 하는 것은 아니지만, 걸림돌이 되게 할 수는 있다. 이 둘 사이에 분명한 차이점이 있다.

5. 감정 확인: 음악은 부정적이든 혹은 긍정적이든 감정을 건드린다. 여기서 확인해야 할 것은 "음악이 우리에게 부정적인 또는 죄악의 감정을 자극하는가?" 하는 점이다. 크리스천 음악은 우리에게 거룩함과 기도와 의로운 삶을 살고자 하는 열정을 불러일으킨다. 음악이 죄를 탐하게 하는 감정을 일으킨다면, 음악 자체에 나쁜 의도가 없었더라도, 그것은 잘못된 것이다. 음악이 우리의 감정에 어떤 영향을 주는지 항상 평가해야 한다.

6. 이해 확인: 어떤 음악의 형태를 가장 잘 이해하고 있는지 확인하라. 어떤 사람들은 클래식 음악을 이해하지만, 어떤 사람들에게는 음악이 공감되지 않는다. 서부 컨트리 음악도 마찬가지다. 클래식 음악을 공감하는 사람들은 남부 복음성가 4중창을 듣는 것보다 헨델의 메시아를 들으면서 하나님을 예배할 것이다. 사람에 따라 다르겠지만, 그들의 취향에 맞게, 가장 효과적으로 예배에 임할 수 있게 한다.

7. 음악 확인: 다른 것들과 같이, 음악 확인은 문화적 확인에 속한다. 물론 문화는 지역마다 다르지만, 찬양이라는 측면에서 평가한다.

이 찬양은 부르기가 너무 어렵지 않은가? 이 찬양을 따라 부르고 싶은가? 크리스천이 가사를 쓰고, 헌신된 그리스도인들이 찬양한다 해도, 청중들에게는 공허한 노래로밖에 들릴 수 있다. 왜냐하면, 이러한 찬양들은 음악적인 공감을 얻지 못했기 때문에 사람들로부터 외면당할 수밖에 없다.

이러한 테스트들을 통해 알게 되는 단순한 진리가 있다. 하나님은 모든 형태의 음악, 음악적 스타일, 취향도 다 사용하신다는 것이다.

개척하는 교회에서 찬양을 선곡할 때, 이러한 문제들을 고려하라. 자유롭게 곡을 선정하되 분별력과 지혜를 가지고 선곡하라. 모든 음악적 스타일이 허용되지만, 지혜와 성경적 가치관을 가지고 이 음악적 스타일이 예배의 상황에 적합한지 확인해야 한다. 이러한 문제들을 해결하는 과정이 바로 선교이다. 교회에서 사용하는 음악과 찬양을 통해 섬김 받을 모든 사람이 예배 중에 하나님을 경험하게 되길 바란다.

인내를 통한 갈등 해결

교회를 개척할 때, 음악적인 문제로 인해 중요한 점들이 드러난다. 교회 개척자는 선교사의 역할로서 개척해야 할지, 아니면 기존 교인들의 가치와 비전에 맞추어서 개척할지 결정해야 한다. 나의 저서, 「선교적 코드를 무너뜨려라」(Breaking the Missional Code)에는 "얽매이기 쉬운 죄"에 대해 언급한다.[7] 너무 많은 목회자와 개척 팀은 사람들이 예

---

7 Ed Stetzer and David Putman, *Breaking the Missional Code: Your Church Can Become a Missionary in Your Community* (Nashville, TN: B&H, 2006).

배를 이해하고 참여할 수 있도록 돕는 것이 아니라 자신들이 선호하는 스타일과 방식의 맞게 예배를 디자인한다.

효과적인 교회 개척자는 믿지 않는 자들에게 복음을 전하는 것에 관심을 가져야 한다. 효과적인 선교사들의 선교 현장에서는 전도 대상 그룹에게 어떤 내용의 예배와 설교를 원하는지 묻지 않는다. 대신 이들은 선교지의 설교 스타일, 음악 스타일, 구조, 형태 등을 묻는다. 선교지의 사람들에게 어떠한 방법이 마음에 와닿는지를 질문하며 접근한다.

음악적 스타일이나 설교의 방식이 복음의 메시지를 방해한다면, 선교적 교회 개척자는 아주 큰 문제를 범하고 있다. 예배는 진리의 말씀이 포함돼야 한다. 음악, 선포하는 스타일 등의 수단들을 통해 신자들을 세워주고, 믿지 않는 자들을 그리스도를 따르도록 격려해야 한다.

결론

예배는 마음과 생각을 어루만져야 한다. 예배는 빌립보서 2장에서 말하는 예수님의 비움처럼, 인지적 측면에서 우리의 지성을 어루만질 수 있어야 한다. 또한, 시편과 같이 감성적 측면에서 우리의 가슴을 어루만질 수 있어야 한다. 새로운 교회들은 이 두 가지의 경험이 필요하다.

매 주일 이 두 가지 요소가 다 포함될 수는 없을 것이다. 그러나 교회 회원들의 삶을 어루만져 주고, 그들의 삶이 변화되기 위해서는 이 두 가지가 필요하다. 예배 스타일과 상관없이, 예배 때마다 하나님의 인도하심이 있어야 하고, 오직 말씀 안에서 안식을 누려야 한다. 진정한 예배는 하나님 중심이며, 동시에 구도자에게 민감한 예배이다. 우리의 예배가 하나님만 바라보고, 예배에 참석하는 자와 전도하고자 하는 자 모두에게 공감할 수 있을 때, 내면적으로 의미 있는 예배가 될 뿐 아니라 외면적으로도 선교적인 예배가 될 것이다.

CHAPTER 23

설교

오늘날의 설교는 많은 혼란을 일으킨다. 어떤 사람들은 한 가지 형태의 설교만을 주장하지만, 어떤 사람들은 문화적 관련성이란 명분으로 설교를 포기한다. 이 두 견해 모두 교회 개척에 도움이 되지 않는다. 10명이 모이는 가정교회에서든, 수천 명이 모이는 컨퍼런스 센터에서든, **하나님의 말씀을 설교하는 것은 교회의 진정한 증표이다.**

새로운 교회에서 설교하기는 절대 쉽지 않은 도전이다. 믿는 자와 믿지 않는 자 모두 모이는 곳에서 믿는 자들을 양육하고, 동시에 믿지 않는 자들을 전도해야 하는 두 가지 역할을 해야 한다. 예수님께서 직설적으로 복음 설교를 하셨을 때, 설교는 단지 성경을 열어서 읽고 주석을 붙이는 것이 아니라는 것을 보여주셨다.

새로운 교회에서의 설교는 단순해야 하지만, 간단해서는 안 된다. 성경은 정보 전달만이 아니라 변화를 일으키는 말씀이다. 설교자는 청중들에게 신비한 신학적 진리를 전달하여 좋은 인상을 줄 수 있지만, 그것이 생명과 소망을 주지는 못한다. 반면, 설교자는 그리스도의 임재를 경험하게 하여, 진리의 말씀으로 삶을 변화시킬 수도 있다.

이것이 하나님께서 의도하시는 설교의 결과이다. 그러나 이에 못 미치는 설교가 아직도 많이 있다. 어떤 새로운 교회들은 사람들과 가까이 가고자 하는 시도로 설교를 포기하기도 한다. 나도 이런 시도를 한 적이 있다. 하나님의 말씀보다 내 생각이 더 많은 설교를 수없이 전했었다. 물론 성경적 원리에 기초한 것이지만("아내를 사랑하라", "염려하지 말라", "최선을 다해 일하라") 성경적 구원의 이야기를 근거로 한 설교가 아니었다. 그러자 늘 나의 아내 돈나(Donna)가 이제는 성경이 무엇을 말하는지 모르겠다고 고백했다. 그녀의 남편으로서, 목사로서, 아내에게 경건에 이르는 삶에 대해 설교했지만, 성경이 말하는 하나님을 가르친 것은 아니었다.

성경적 설교를 절박하게 필요로 하는 시대가 되었다. 성경적 설교란 주어진 상황 속에서 일반적인 진리를 성경의 말씀으로 입증하는 것이 아니다. 성경 본문의 의도와 목적으로 설교의 의도와 목적으로 삼는 것이다. 전에 나는 이러한 진리들을 진지하게 받아들이지 않았다. 이것은 나 혼자만의 실수라고 생각하지 않는다. 그래서 그레이스 교회를 개척할 때, 우리는 성경과 구원의 이야기가 우리의 설교의 핵심이 되도록 했다.

좋은 설교는 신학적 진리에만 집중하고 적용을 생략하지 않는다. 진리와 적용 둘 다 필요하다. 성경이 신학적 진리를 나타낼 때, 계시된 말씀에 대한 적용이 뒤따라야 한다. 철저한 자기 비움의 찬양인 빌 2:6-11은 그리스도를 이렇게 묘사한다. "그는 근본 하나님의 본체시나 하나님과 동등됨을 취할 것으로 여기지 아니하시고" 이것은 신학적 자료지만, 더 중요한 것은 전체의 말씀을 어떻게 열어가는 방식이다. "너희 안에 이 마음을 품으라 곧 그리스도 예수의 마음이니" 신학적 진리(그리스도의 선재(先在)의 전달은 항상 실제적인 적용이 뒤따라야 한다(여기서는 우리의 태도가 그리스도의 모범을 통해 어떻게 바뀌는가를 봐야 한다).

순서를 바꾸어도 마찬가지이다. 모든 관계적 진리는 구속의 이야기 뿌리를 둔 성경 본문에서 비롯된다. 에베소서의 전반부(1~3장, 허물로 죽은 우리를 그리스도와 함께 살리셨고, 우리에게 베푸신 능력의 지극히 크심)를 설교하지 않고, 후반부(무릇 더러운 말은 너희 입 밖에도 내지 말라, 배우자를 사랑하라, 자기 손으로 수고하여 선한 일을 하라)를 설교할 수 없다. 또한 "선행을 실천하라" 혹은 "성실하게 살아라"는 설교를 우리 안에 역사하시는 하나님의 능력의 말씀 없이 설교한다면, 이 또한 적용할 수 없는 설교가 된다.

삶을 변화시키는 기본적인 신학의 진리들이 삶의 기초가 되어야 변화할 수 있으므로 청중들은 이러한 진리를 들어야 한다. 신학적인 내용과 삶의 적용 사이에 균형을 이룰 때, 도전이 일어난다. 새로운 교회를 시작할 때, 현실적인 필요들을 채우는 설교를 많이 하게 되지만, 당면한 필요만을 채워주는 설교는 장기적 면에서 볼 때 바람직한 설교 전략이 될 수 없다.

강해 설교

성경적 설교는 강해 설교이어야 한다는 표현은 올바른 정의라고 믿는다. 강해는 "의미나 의도의 표현"이다. 진정한 성경적 설교는 성경의 의미와 의도를 드러낸다. 성경을 구절 하나하나마다 다 설명하라는 의미는 아니다(많은 교회에서 이루어지는 방식이지만). 그러나 이는 성경의 의미와 의도를 정확히 전달해야 함을 의미한다.

딤후 4:2에서 바울의 엄격한 권고는 "말씀을 전파(설교)하라"이다. 이 구절들은 개인적인 의견을 피력하라는 것도 아니고, 유행을 증명하라는 것도 아니다. 바울이 디모데에게 명하는 것은 "말씀 전파"(설교)였다.

성경 중심 설교가 인기 있는 것은 아니다. 성경적 가치관이 아직 형성되지 않은 믿지 않는 자들은 십자가의 메시지를 듣고 화를 내기도 한다. 이런 일로 인해 목회자와 믿지 않는 자들 사이에 갈등이 생길 수 있다. 그런데도 교회 개척자는 "말씀을 전파(설교)하고 때를 얻든지 못 얻든지 항상 힘쓰며 범사에 오래 참음과 가르침으로 경책하며 경계하며 권면"해야 한다(딤후 4:2). 교회 개척자의 설교는 성경 본문이 질문을 만들고, 성경 본문이 문제를 해결해 나가도록 해야 한다.

우리는 사도 바울의 본을 따라야 한다. 비교적 짧은 시간 내에(5개월에서 18개월) 바울은 후원 교회의 지원을 받아 세워진 선교 센터가 아니고, 자체 공동체로 견고하게 개척된 교회를 세웠다. 바울의 교회 개척 전략을 주의 깊게 공부한다면, 바울은 복음으로 교회를 세웠고, 하나님의 말씀을 복잡하지도 않고 간단하고 명료하게 가르쳤다.[1] 결론적으로, 바울의 교회 개척이 성공한 원인은 성경에 기록된 복음을 직설적으로 가르쳤기 때문이었다.

1980년과 1990년의 현대 교회 운동에 참여하면서(지금은 참관인) 아주 흥미로운 경험을 했다. 1990년대에 일어난 일부 사상학파들은 잃어버린 영혼에 접근하기 위해서는 성경의 내용을 희석해야 한다고 말했다. 랄프 무어(Ralph Moore)는 이렇게 말한다.

> 우리 호프 채플에서 성경 중심적 접근으로 인해 낯 뜨거워진 적이 있다. 다른 교회에서 여러 명이 우리 교회를 방문하였다. 그날 저녁 교인들에

1　Roland Allen, *Missionary Methods: St. Paul's or Ours?* (London, UK: Robert Scott, 1912; repr., Mansfield Centre, CT: Martino, 2011), 6.

게 성경을 펴서 본문을 보자고 말하였다. 이분들은 눈을 휘둥그레 하면서 서로의 옆구리를 찌르기 시작했다. 나중에 알게 되었지만, 그들은 훈련받고 있던 젊은 목회자들이었다. 교회에서는 믿지 않는 자들을 위해 성경을 사용하는 것은 매우 민감한 사항이라고 배웠던 것이다.[2]

그들은 보편적 진실을 설명하며(예를 들어, "배우자를 사랑하라") 성경이 이를 지지한다고 말한다. 지난 몇 년 동안 이러한 설교는 점점 사라져 가고 있었다. 새로운 세대들에게 다가가는 교회 개척자들은 "성경은 이렇게 말합니다. 그리고 이렇게 적용합니다. 이 말씀을 우리 삶에 적용하기 위해 최선을 다합니다. 당신도 할 수 있습니다."라고 말한다.

이런 현상은 참으로 좋은 소식이다.

반면, 일부 어떤 사람들은 본문의 말씀을 구절마다 다 설교해야 한다고 주장한다. 또 어떤 사람들은 구절 별로 하는 설교를 강해 설교라고 말하고, 이러한 설교만이 타당한 설교라고 주장한다. 이것이 사실이라면, 초대교회는 요한 크리소스톰(John Chrysostom)이 이런 형태의 설교를 확대하기 전까지 약 350년 동안 설교를 하지 않은 셈이 된다.

단적으로 말해, 선포는 하나님의 말씀을 설명하는 것이다. 강해 설교는 주제를 미리 정한 후에 그 교훈을 뒷받침해 주는 구절을 성경에서 찾는 것이 아니다. 먼저 성경 본문을 묵상한 후에 그 말씀을 설명하는 것이 강해 설교이다.

현대 교회들의 설교는 강해 설교가 부족하다는 이유로 비판을 받아왔다. 일부 새로운 교회들이 성경 중심의 강해 설교를 경시했기

---

2   Ralph Moore, *Starting a New Church* (Ventura, CA: Gospel Light, 2002), 189.

때문에 오해가 생기기도 하였다. 성경 말씀을 설교의 본문으로 삼지 않으니, 성경 말씀이 설교 본문에 영향을 주지도 않는다.

믿지 않는 자들을 그리스도께 이끌기 위해서는 성경을 잠시 옆에 밀어놔야 한다고 주장하는 교회들을 너무 많이 보아 왔다. 바이블 벨트 지역의 어떤 목회자는 매 주일 아침 교인들에게 짧은 격려의 메시지를 전하고 바로 집으로 돌아가게 하는 것이 자신의 전략이라고 소개하는 것을 보았다. 그 교회는 예배 시간도 줄여, 길어도 45분을 넘지 않는다. 목회자나 혹은 개척자가 하나님의 말씀을 선포하지 않는다면, 결국 실패로 끝나게 된다. 목회자, 개척자는 반드시 말씀을 선포해야 한다.

혁신적인 설교도 좋지만, 중요한 것은 사람들을 하나님의 말씀으로 인도하는 것이다. 토크쇼에서 들을 수 있는 상식적인 이야기를 전해서는 안 된다.

가장 중요한 것은, 성경적 설교는 복음 중심 설교라는 것이다. "복음 중심"의 설교라고 해서 설교 때마다 계속해서 구원의 길에 대해 설교하라는 것은 아니다. 복음이 삶의 변화를 가져오게 하는 원천임을 가르치는 것이다. 리디머 장로 교회(Redeemer Presbyterian Church)의 팀 켈러(Tim Keller)는 복음이 항상 변화의 원천으로 선포될 수 있게 하는 과정을 이같이 설명한다.

> 포스트모던 시대의 청중들에게 전해지는(우리 교회의) 사역과 설교 철학의 중심에는 복음이 우리를 죄의 형벌로부터 구원해줄 뿐 아니라, 전체적인 기독교 삶의 근본적인 원동력이라는 확신이 배어있다. 이 복음은 개인과 공동체, 공적과 사적으로 모든 방면에서 영향력을 갖고 있다. 더

엄밀히 말하면, 우리가 복음을 믿음으로 구원 받았다고 말하는 것이며, 복음을 믿음으로 시간이 지날수록 우리의 모든 뜻, 마음, 생명이 변화된다는 것이다.[3]

바울의 예를 다시 볼 때, 토마스 스크레이너(Thomas Schreiner)는 "바울에게는 복음 선포 없이 선교의 진전을 이루었다는 개념은 없다"라고 보았고, 근본적으로, "바울의 선교는 말씀 선포 안에서, 말씀을 통해서 전진한다"[4] 고 말했다. 결국, 바울은 복음 선포를 통해 교회를 개척했다. 바울은 복음이 넉넉히 사람을 구원하고, 변화시킨다고 믿었다.

도어 교회(Door Church)의 스캇 브룩스(Scott Brooks)는 이렇게 말한다.

도어 교회는 단순한 교회다. 예수님의 사랑을 소개하며, 그 사랑을 다른 사람들에게 연결하도록 돕는 것이다. 우리 교회의 이야기는 하나님께서 그분의 영광을 위해 역사하시며, 그의 백성에게 만족과 아름다움을 나타내시는 이야기다. 우리 교회가 많은 일을 잘했다는 것이 아니며, 개척 이후 대단한 일을 한 것도 아니다(예를 들어, 건축, 재정 지원, 핵심 사역, 10년 계획 등등)…. 그러나 우리는 예수 그리스도의 복음의 능력이 구원을 주시는 하나님의 능력임을 믿고, 받을 자격 없는 자에게 주시는 은혜로 인한 하나님의 사랑이 교회 가족들 안과 밖으로 스며들게 한다.
이 단순한 전략이 4년의 사역 동안 믿을 수 없는 열매들을 맺게 해 주었

---

[3] Timothy Keller, Ockenga Institute Pastors' Forum, October 14, 2003, held at Gordon-Conwell Theological Seminary in South Hamilton, Massachusetts.
[4] Thomas Schreiner, *Paul, Apostle of God's Glory in Christ: A Pauline Theology* (Downer's Grove, IL: IVP Academic, 2006), 64.

다. 그리스도의 아름다움으로 인해 매주 100명 이상의 사람들이 모였고, 사람들은 그 아름다움을 이웃, 가족, 직장 동료, 독서 모임, 헬스장에 전했으며, 수십 명의 사람이 예수님을 믿고 침례를 받게 되었으며, 지역 리더가 세워지고, 다른 교회들과 협력하여 수천 불의 헌금이 복음 증거를 위해 쓰이는 놀라운 일들을 경험하게 되었다.[5]

네 종류의 강해 설교

성경 본문과 본문의 메시지를 설교로 만든다면, 본문에 충실한 몇 가지 방법으로 설교할 수 있다. 강해 설교를 위한 네 가지 가장 일반적인 방법은 구절 설교, 교리 설교, 이야기 설교, 주제 설교이다.

구절 설교. 66권의 성경 중 하나를 택하여 세부적인 분석을 통해서 성경을 체계적으로 읽고 설명하는 방식이다. 책 한 권을 구절별로 설교하는 것은 개척한 교회에게 "성경적 지식"을 높이기 위해서는 효과적인 방법이다(이 방식은 우리 교회에서 주로 하는 방식이다). 이 방식은 66권 중 한 권에 대한 목적과 관심사들을 다루기 때문에 설교를 위한 명확한 방향을 제공해 준다.

교리(테마) 설교. 교리 설교는 성경의 교리를 설교하기 가장 좋은 방식이다. 목회자는 구체적인 성경 본문을 깊이 있게 설명함으로 일상의 삶의 주제들에 대해 초점을 맞추어 설교할 수 있다. 목회자는 성경에 초점을 맞추어 특정 주제와 연관된 성경 본문들을 주의 깊게 연구하고 주석한다.

교리 강해 설교는 일반적으로 몇 주 동안 이어지는 시리즈 설교

---

5 Scott Brooks, e-mail to the authors, May 25, 2015.

이며, 같은 주제에 해당하는 성경 본문을 소개한다. 교리 설교는 설교 한편 10개에서 12개의 성경 구절을 포함할 수 있다. 이러한 교리들은 성경의 다른 책들 안에 담겨있는 내용도 다루기 때문에 이 방식은 "하나님의 뜻을 다" 전할 수 있는 좋은 방법이다(행 20:27). 이 방식은 또한 새로운 신자들과 아직 교육받지 못한 믿지 않는 자들에게 성경 전체에 나오는 일반적인 교리와 패턴을 소개한다.

예를 들어, 세인트루이스에 있는 저니 교회(The Journey)의 다린 패트릭(Darrin Patrick)과 그의 동역자는, 로마서와 다른 성경 본문에서 발췌하여 예배의 주제에 대해 설교했다. 중요한 것은 성경이 그러한 주제들에 대해 무엇을 가르치는가이다. 설교의 재원은 그들의 견해도, 취향도 아니고, 성경 본문이어야 한다.

이야기(내러티브) 강해 설교. 이야기 설교는 성경의 본문을 이야기의 형태로 제시하고 그 이야기를 완성한다. 이야기 설교는 시작과 끝을 성경 본문으로 삼아 긴 예시로 풀어나간다.

이러한 설교를 사용할 때, 설교자는 예수님과 사마리아 여인의 만남과 같은 복음서의 이야기를 나눈다(요한복음 4장). 이 이야기를 나눌 때, 설교자는 청중들을 이야기 속으로 초청한다. 그 결과, 청중들은 예수님의 말씀과 가르침의 절정을 보게 된다. 이러한 형식의 강해 설교는 전통적인 방식을 거부하는 사회적 상황 속에서, 수 세기 동안 이야기와 내러티브로 진리를 소통해 왔던 주류 사회 속에서 더욱 효과적일 수 있다.

얼마 전 나는 서아프리카에서 있었던 교회 개척을 위한 집회에서 이야기 설교의 가치를 발견했다. 집회 첫날, 나 스스로 대단한 설교를 했다고 생각했지만, 아프리카 사람들에게는 누가복음 14장의 구절 설교가 그들의 마음에는 와닿지 않았다는 것을 발견했다.

둘째 날, 나는 요한복음 3장에 나오는 예수님과 니고데모와의 이야기를 이야기식 강해 설교를 시도했다. 이야기가 전개될 때, 중요 사건마다 나는 청중들로부터 공감의 박수갈채를 들을 수 있었다. 그들의 마음은 기대로 가득 찼다. 예수님께서 십자가에 못 박히셨을 때, 그분의 발 아래 니고데모도 있었다고 말하자, 청중들은 기쁨으로 충만했다. 그날 밤, 많은 사람이 복음의 초청에 응답했다. 그 후 새로 개척된 교회에 참석한 사람들은 100명 넘었다.

이야기 설교는 최근 더 많은 인기를 누리게 되었다. 이야기가 성경 본문과 일관되는 한 훌륭한 방식이다. 예수님께서는 비유를 통하여 이야기 설교의 중요한 가치를 보여주셨다.

주제 강해 설교. 네 가지 강해 설교 중에서 주제 강해 설교는 내가 가장 추천하지 않는 방식이다. 이 방식의 약점은 시간의 한계가 있어서 설교의 주제에 대해 성경 본문을 충분히 인용할 수 없기 때문이다. 개인적으로 선호하지 않은 방식이지만, 때로 도움이 될 수도 있다.

주제별 강해는 한 본문 속에서 하나의 주제에 집중한다. 한 가지 주제를 가지고 설교하기 때문에 주제 설교라고 불린다. 설교의 자원이 성경 본문이기 때문에 강해 설교에 포함된다.

많은 설교자는 이러한 형식의 설교를 어버이날, 부활절과 같은 특별한 행사 때 사용하지만, 다른 강해 설교 방법과 달리 하나님의 전반적인 뜻을 전할 시간적 여유가 없다. 구절 설교와 달리 주제 설교는 문맥을 충분히 이해해서 전달하기가 쉽지 않다. 게다가 주제 설교는 이야기 설교처럼 생동감 있는 이미지를 주지 못한다. 교회 개척자들은 아마도 주제별 설교를 사용하겠지만, 시간이 지날수록 그 방식에서 벗어나기를 권한다.

적용

좋은 설교는 하나님께서 하시는 말씀이 왜 그들에게 중요한지를 생각하게 해 주는 설교이다. 설교자는 말씀이 삶에 어떠한 영향을 끼치는지 보여주기 위해 청중들의 삶에 말씀을 적용할 수 있도록 도와야 한다.

많은 경우 목회자는 교인들이 정말 알고 싶어 하고, 해결하고 싶어 하는 개인적인 문제들에 대한 답을 제시해 주지 못한다. 예를 들어, 설교를 듣는 한 여인은 자신의 결혼 생활이 얼마나 오래갈지 불안해하는 동안 설교자는 구약 율법의 중요성을 가르치고 있을 수 있다. 설교자가 빌립보서에서 나오는 인내에 대해 설교할 때, 청중 속 한 남편은 불륜 관계를 생각할 수도 있다.

목회자는 교인들이 묻는 말에 답해야 하고, 말씀(복음)이 모든 문제의 해답이며, 말씀이 사람들의 삶에 영향을 준다는 사실을 가르쳐야 한다.

그렇게 하기 위해서는, 목회자는 청중들이 설교를 기억할 수 있게 효과적이고, 시각적으로 연상할 수 있고, 격려되는 설교를 해야 한다.

효과적인 기억: 가장 효과적인 설교는 단순하고 쉽게 기억할 수 있는 설교이다. 바울은 몇 가지 예를 들어 설명한다. 간결한 표현이 효과적이다. 다음 성경 구절들을 참조할 수 있다.

"악한 동무들은 선한 행실을 더럽히나니"(고전 15:33).

"율법 조문은 죽이는 것이요, 영은 살리는 것이니라"(고후 3:6).

"일하기 싫거든 먹지도 말라"(살후 3:10).

"적은 누룩이 온 덩어리에 퍼지는 것을 알지 못하느냐?"(고전 5:6).

시각적 감동: 바울은 여러 번의 예를 들었는데, 운동 경기와 군대가 그 예라고 볼 수 있다.[6] 이러한 예시가 적절했던 이유는 일상에서 경험할 수 있는 것들이기 때문이다. 예화도 필요하다. 좋은 메시지는 예화를 사용하여 기억할 수 있도록 도와준다.

나는 릭 블랙우드(Rick Blackwood)의 「다중 감각 설교와 교육의 힘: 주의력, 이해력 및 유지력 향상」(The Power of Multisensory Preaching and Teaching: Increase Attention, Comprehension, and Retention)에 깊은 영향을 받았다.[7] 더 열린 삶을 위해서, 올해 그리스도 펠로우쉽교회(Christ Fellowship)에서 매주 정기적으로 설교하는 기회를 얻었다. 그곳에서 설교할 때, 시각적 예화를 한두 개는 꼭 사용하고자 했다. 예를 들어, 신명기 6장에 나오는 가정과 자녀와의 관계를 설명하는 율법(신 6:7) 즉, 자녀에게 율법을 부지런히 가르쳐서 자녀들이 친밀한 관계를 갖도록 설교하면서, "한배에 타기"라는 예화를 들었다. "가족"이라는 배를 같이 타고, 잔잔한 물이나 혹은 급류 가운데 함께 갈 때는 배 안에서 항상 같이 있어야 함을 설명했다.

그리스도 펠로우십 교회에서는 실제로 배를 갖고 와서 그들에게 보여주었다(모형이 아닌 실제의 작은 배). 지금, 이 교회는 매주 만 명이 모인다. 그렇다고 당신이 낙심할 필요는 없다. 과거 교회 개척을 했을 때는 프로프리젠터(ProPresenter)를 사용해 화면으로 배를 보여줬다. 이를 통해 교인들은 예화(배 안에 함께 있는 가족)를 통해서 중요한 핵심을 잘 기억할 수 있도록 도울 수 있다(네 자녀에게 부지런히 가르치며, 신 6:7).

---

6   Raymond Bailey, *Paul the Preacher* (Nashville: Broadman, 1991), 99.
7   Rick Blackwood, *The Power of Multisensory Preaching and Teaching: Increase Attention, Comprehension, and Retentions* (Grand Rapids, MI: Zondervan, 2008).

격려: 바울은 청중들에게 감정을 호소하는 것이 어렵지 않았다.[8] 휴스턴 에클레시아 교회(Ecclesia)의 목회자, 크리스 시에이(Chris Seay)는 자신의 정직과 투명성 때문에 얼마나 힘들게 갈등했는지를 나누었다. 자신의 갈등을 어떻게 극복할 수 있었는지를 할 수만 있다면 청중들에게 보여주고 싶었다: "기본적으로 나의 설교 스타일은 사람들 앞에서 드러내는 것이다. 그의 설교 스타일은 이렇다. "이번 주 나는 이 말씀으로 하나님 앞에 나올 수 있었고, 내가 저질렀던 죄는 이런 것들이다."[9]

설교할 때 좋은 자료들과 주석을 사용해서 청중들의 호감을 받는 것보다 **본문 내용을 설교하면서 자신의 부족함과 갈등을 솔직하게 나누는 것이 더 효과적이다**.[10] 이러한 것이 진정성 있는 설교이다.

바울은 위대한 연설가는 아니었다. 이 주장에는 논쟁들이 많지만, 사도 바울에게 커다란 약점이 있었다고 볼 수 있다.[11] 전하는 기술은 복음을 전하는 데 그다지 중요한 것으로 생각하지 않는 것 같다. 바울은 이러한 평가를 받았다. "그들의 말이 그의 편지들은 무게가 있고 힘이 있으나 그가 몸으로 대할 때는 약하고 그 말도 시원하지 않다 하니"(고후 10:10). 하지만 바울의 마음은 언제나 열려 있었다. 바울 설교의 권위는 그의 순수함과 그의 약함으로부터 나온 것이다.

---

8 Bailey, *Paul the Preacher*, 81.
9 Interview with Chris Seay, electronically published on disk by Sermon Resources Incorporated.
10 John R. Claypool, *The Preaching Event* (San Francisco: HarperCollins, 1989), 87.
11 Bailey, *Paul the Preacher*, 28.

청중을 반영하라

국가의 비극적 사건이 발생한 후 나는 한 유명한 교회 안에 있었던 것을 기억한다. 그 교회 목회자는 교인들이 어떤 생각을 하는지, 왜 그런 일이 일어나는지 언급하거나 그 문제를 짚어주지도 않았다. 대신, 그 목회자는 몇 개월 전부터 계획한 대로 설교를 진행했다. 그는 청중들의 필요를 고려하지 않았다.

성경은 다른 패러다임을 보여준다. 예를 들어, 바울은 청중들의 필요와 영적 상태에 따라 메시지를 다양하게 맞추었다. 아래 표는 바울의 설교 스타일이 다양하게 변화되는 것을 보여 준다:

본문	위치	청중	접근
행 13:15-41	비시디아 안디옥	관심을 보인 유대인들	풍부한 역사 및 히브리 성경
행 14:15-17	루스드라	우상 숭배자들	복음의 연결점으로서의 자연
행 17:22-31	아덴	지식이 많은 철학자들	스토아 시인을 인용, 그들의 종교적 의문을 인정
행 22:3-21	예루살렘	유대인 군중	개인 간증

바울은 상황에 맞게 설교를 했다. 그가 비시디아 안디옥에 들어가 순수 유대인들로부터 설교 초청을 받았을 때, 구약성경으로 설교를 시작했다. 구약성경을 직접 인용하지 않았지만, 역사적 배경을 요약하며 시작했다. "이스라엘 사람들과 및 하나님을 경외하는 사람들아 들으라. 이 이스라엘 백성의 하나님이 우리 조상들을 택하시고 애굽 땅에서 나그네 된 그 백성을 높여 큰 권능으로 인도하여 내사, 광야에서

약 사십 년간 그들의 소행을 참으시고 가나안 땅 일곱 족속을 멸하사 그 땅을 기업으로 주시기까지 약 사백오십 년간이라"(행 13:16-19).

　루스드라에서 제대로 교육받지 못한 사람들에게 바울은 자연과 바다와 농작물 등을 예화로 사용했다(행 14장). 농사를 짓는 사람들에게 농사에 대한 비유를 들어 전했다. 반면, 아덴의 다른 회중들 앞에서는 다른 방식으로 접근했다. 사도행전 17장에 볼 수 있듯이, "바울이 아레오바고 가운데 서서 말하되 아덴 사람들과 너희를 보니 범사에 종교심이 많도다. 내가 두루 다니며 너희가 위하는 것들을 보다가 알지 못하는 신에게 라고 새긴 단도 보았으니 그런즉 너희가 알지 못하고 위하는 그것을 내가 너희에게 알게 하리라"고 말했다(행 17:22-23).

　사도 바울은 지금 설교를 듣고 있는 사람들이 어떤 상황에 있는지를 알았고, 거기서부터 설교를 시작했다. 유대인들에게는 구약을 바탕으로 한 고대 역사로부터 시작했다. 반면 헬라인들에게는 그들과 연관되는 부분으로 그들에게 접근했다. 이 두 가지 경우에서도 바울은 그리스도를 전했다는 사실을 주목하라. 설교할 때 출발점은 다르지만, 메시지의 내용은 그리스도이고, 풍성한 성경 말씀이어야 한다. 여기서 요점은 소통의 출발선이다. 성경 본문이 설교의 목적과 형태를 구성한다. 그러나 모든 설교는 본문을 향해 질문을 던져야 한다. 이 본문이 나에게 왜 중요한지를 물어야 한다. 이 본문이 청중의 삶에 아무런 연관성이 없다면, 그 설교는 삶을 변화시키는 진리가 아니고, 의미 없는 사실에 불과할 것이다.

　그렇다면 어떻게 전해야 하는가? 성경 중심적 목회자들은 이렇게 설교한다:

1. 성경은 이렇게 말한다.
2. 이것은 매주 중요하다.
3. 성경 말씀을 믿고, 반응하고, 행동해야 한다.

이 방식을 시도한다면, 설교를 준비할 때, 1번부터 시작하길 권한다. "성경은 이렇게 말한다."에서 시작한 후에, 이 메시지가 그들의 삶에 왜 중요한지 볼 수 있도록 도우라. 설교 메시지로 작성하기 전에 이 과정을 거쳐야 할 것이다:

1. 왜 이 본문이 중요한가? 이것이 나의 삶과 어떤 연관성을 갖나?
2. 본문은 말하는 것은 무엇인가?
3. 이것이 왜 중요한가?
4. 성경이 말하는 것에 대해 나는 어떻게 반응할 것인가?

효과적인 설교는 그 중심에 굳건한 선교적 확신과 선교학적 관점 가치관이 내포되어 있다. 이 방식으로 청중들과 성경적 진리를 소통하는가? 아니면 설교와 청중들이 듣는 주파수가 서로 맞지 않아, 청중들의 귀에는 들리지 않는 설교는 아닌가?[12]

---

12 Adapted from Ed Stetzer, "*Contextual Preaching,*" *Christianity Today,* January 15, 2009, accessed October 4, 2015, http://www.christianitytoday.com/ed-stetzer/2009/january/contextual-preaching.html. Originally from Ed Stetzer and David Putman, Breaking the Missional Code: Your Church Can Become a Missionary in Your Community (Nashville: B&H, 2006).

결론

새로운 교회가 시작될 때, 처음에는 성숙한 교회를 대상으로 설교하듯, 깊이 있는 설교를 하기가 어렵다. 새로운 교회의 초기 단계에서는 설교자가 래리 모여(Larry Moyer)가 정의한, 복음적 설교를 해야 한다. 복음적 설교란 설교의 초점이 분명하고, 청중들의 성경 지식이 부족한 점을 고려하고, 본문 연구에만 치우치지 않고, 설교 구성이 간단히 하고, 삶을 드러내고, 예화를 활용하는, 유머러스한 설교이다.[13] 새로운 교회를 위한 좋은 설교는 결국에는 보다 철저히 성경적이며, 동시에 실제적인 설교로 귀착이 된다. 어떤 사람들은 이러한 설교를 "삶과 상황 설교"(life-situation preaching)이라고 부른다.[14]

설교의 가장 효과적인 형태는 유행을 따르고, 문화에 이끌려 가는 설교가 아니다. 그 대신, 하나님 말씀을 진리의 원천이 되고, 청중들이 말씀을 통해 도전받고 다듬어지게 하는 설교이다. 청중들을 설득하려고 하거나 성경이 이해되도록 애쓸 필요 없이, 권위 있는 하나님의 말씀을 나누고, 청중들이 말씀을 받아들이는 결단을 하도록 돕는 것이다. 청중들에게 전한 메세지는 오직 예수님의 복음과 성경이다.

칼빈 밀러(Calvin Miller)는 설교의 목적은 가르침이 아니고, 하나님을 경험하는 것이라고 설명했다.[15] 하나님의 말씀을 성실히 전하는 동

---

13 Larry Moyer, "Evangelistic Preaching," *in Leadership Handbooks of Practical Theology*, Volume 1: Word and Worship,
14 Lloyd M. Perry, *Biblical Preaching for Today's World*, rev. ed. (Chicago: Moody, 1973, 1990), 143.
15 Calvin Miller, *Marketplace Preaching: How to Return the Sermon to Where It Belongs* (Grand Rapids, MI: Baker, 1995), 142.

안, 이 과정에서 사람들이 하나님을 만나는 경험을 하기를 바란다. 존 칼빈(John Calvin)의 말을 반복해서 듣고 싶다. "나는 내가 알고 있는 한도 안에서, 하나님의 말씀 중 한 구절도 변질시키지 않았고, 왜곡시키지도 않았다. 나는 단지 순수하게 말씀을 공부할 뿐이었다."[16] 우리 시대의 설교도 다른 시대와 다르지 않게 성경적 설교가 되어야 한다. 전달하는 스타일은 변할 수 있지만, 하나님의 말씀을 전파해야 한다. 점점 더 많은 회중이 성경적 설교의 가치를 재발견하고 있다.

아직도 이 문제에 대해서 나의 위치가 어디인지 모른다면, 다시 한번 명확하게 말한다. 지금 소유하고 있는 유일한 메시지는 오직 그리스도와 성경이라는 것이다. 어떠한 이유로든 설교의 탁월성을 깎아내리는 것은 위험스러운 타협이다. 믿지 않는 자에게 다가가는 한편, 설교를 담고 있는 성경에 대해 정직해야 한다.

나의 친구 마크 클리프톤(Mark Clifton)의 말을 인용하며 이 장을 마무리하고자 한다.

나와 함께 동역하는 모든 교회 개척자들에게 존 파이퍼(John Piper)의 「예수님의 수난」(The Passion of Jesus)이라는 책을 읽으라고 선물한다. 이 책에는 십자가의 능력과 의미에 대한 50개의 설교가 포함되어 있다. 여기서 분명히 말할 수 있다: 십자가 하나로 충분하다. 구원, 치유, 소망, 평화, 기쁨을 누리고, 낙심을 극복하기 위해서는 십자가 하나로 충분하다. 친구들과 동역자들에게 권하는 것은 교인들에게 모든 것을 다 가르치

---

[16] John Calvin, cited in John Stott, *Between Two Worlds: The Challenge of Preaching Today* (Grand Rapids, MI: Eerdmans, 1982), 128.

라는 것은 아니다. 그러나 오직 한 가지, 십자가 하나로 충분하다는 것을 알고, 믿고, 살도록 가르쳐야 한다는 것이다. 모든 설교 안에 십자가를 세우라. 십자가는 구원을 위해서 만이 아니고, 삶, 갈등, 승리, 희생에 대한 메시지이다. 이것이 오늘날의 설교에서 회복되어야 할 진리다.[17]

---

17 John Mark Clifton, e-mail to the authors, November 8, 2005.

CHAPTER 24

영적 형성

하나님께서는 믿지 않는 자들이 그리스도와의 관계를 회복하고 그리스도께 돌아올 때 교회를 통해 엄청난 은사들을 맡기신다. "양부모"로, 영적인 자녀들을 돌보는 위탁 부모로서, 교회 공동체는 새로운 신자들을 성실하게 훈련해야 할 책임을 져야 한다. 우리를 사용하시고자 하는 하나님의 계획을 가볍게 생각해서는 안 된다.

주일예배가 아무리 효과적이고 영적일지라도, 새신자에게 충분한 영적 영양분을 제공할 수 없다. 교회는 주일예배 1시간 이외의 교육과 지원을 제공해야 한다. 교육과정의 종류와 전달하는 방법이 무엇이든 상관없이, 교회는 기독교 신앙의 기초 교육을 제공해야 한다. 이러한 기초 교육 이외에도, 교회 공동체는 교인들의 신앙이 계속 성장할 수 있도록 효과적인 제자 양육을 계획하고, 제공하고, 점검해야 해야 한다.

여러 사람이 교회 안에서 가르치고, 제자를 양육할 수 있지만, 제자 양육의 궁극적인 책임은 교회 개척자 또는 목회자에게 있다. 교회 리더들의 첫 세대들을 선발하고, 멘토링할 사람은 개척자이다. 개척자는 제자 양육의 틀과 시스템을 구축해야 한다. 개척자는 제자 양육이 계속 이어질 수 있도록 주도적으로 중요성을 강조하고, 본을 보이면서 교인들과 소통하며, 이 과정을 이끌어 가야 한다. 이러한 역할을 개척자가 잘 감당한다면, 새로운 공동체는 성장할 것이고, 청년들은 성숙한 일꾼으로 자라고, 교회를 위해 평생 헌신하는 새로운 사람들이 늘어남으로 인해, 하나님께 영광 돌리게 될 것이다.

영적 형성 / 제자 양육

적절한 시점에 도달하면, 교회 개척자는 교인들을 직접 양육하는 역할을 넘어, 교인들의 지속적인 영적 성숙을 위한 영적 형성 과정을 만들어야 한다. 제자 양육 과정은 올바른 환경, 내용, 기회를 통해서 개인이 지속해서 성장하여 영적 성숙에 이르게 된다. 제자 양육은 어느 순간 갑자기 이루어지는 것이 아니다. 예수님께서는 그의 제자들에게 "그러므로 예수께서 자기를 믿은 유대인들에게 이르시되 너희가 내 말에 거하면 참으로 내 제자가 되고 진리를 알지니 진리가 너희를 자유롭게 하리라"고 말씀하셨다(요 8:31-32). **교회 개척자는 단순히 믿는 사람이 아니고, 제자를 삼도록 부름을 받은 자들이다.**

제자의 올바른 정의는 예수님을 따르는 사람이다. 제자는 배우는 사람이다. 제자는 또한 열매 맺는 그리스도인의 삶을 살기 위해, 성경에서 말하는 경건한 생활을 실천하는 사람이다. 성숙한 신자는 기도, 전도, 성경공부, 금식 등의 경건의 삶을 실천한다. 제자는 열매 맺는 제자로 살려고 일부러 이런 경건의 삶을 실천한다.

교회를 다니는 많은 사람과 리더들은 젊은 신자들이 이러한 실천에 대해 잘 배웠고 알기 때문에, 그런 실천을 더 잘할 것이라고 생각한다. 그러나 이러한 추측은 오래된 교회든, 새로운 교회든 맞지 않는 주장이다. 성숙한 제자를 얻으려면, 훈련을 통해 경건을 실천하고, 성숙한 그리스도인으로 자라게 해야 한다. 여기서 질문해야 할 것은 교회에서 사용하는 접근 방식이 성숙한 제자들을 생산하고 있는가이다. 영적 형성의 과정이 성경적이고, 하나님 중심이며, 성숙한 신자를 양성한다면, 섬기는 제자를 양육하는 과정이라고 대답할 수 있다. 교회 개척자의 역할 중 하나는, 제자 양육을 위한 바람직한 환경과 공동체의 문화를 조성하여, 제자 양육의 사역이 핵심 가치로 떠오르게 하는 것이다. 여러 교회를 보면, 교회에서 행해지는 설교와 실천이 다를 때가 있다. 새로운 교인들은 영적 형성 과정에 대한 설교를 듣지만, 나머지 대부분 교인은 그 과정에 참여하지 않는다. 새로운 교인들은 리더들의 말보다 교회의 분위기에 더 귀를 기울일 수 있다. 교회 전체가 영적 형성에 가치를 두어서 모두 동참하게 해야 한다. 이렇게 되면, 교인들은 영적 형성이 리더들의 권고 때문만이 아니라 교회 자체 문화이기 때문에 이 과정에 참여하게 된다.

영적 형성의 문화 만들기/제자 양육

교회가 제자를 양육하기 위해서 어떠한 방법을 선택하든 간에, 목회자와 다른 리더들은 교회 공동체 모두가 참여할 수 있도록 교회 내에 제자 양육 문화를 의도적으로 구축해야 한다. **의도적인 개발이 없다면, 교회는 "넓지만 얕은 교회"가 될 가능성이 크다.** 그래서 영적 형성과 제자 양육의 문화를 조성해야 한다. 다음은 제자 양육과 영적 형성을 위한 문화를 새로운 교회에 정착하기 위해 먼저 시행할 수 있는 5가지의 방안들이다.

1. 초보 단계는 위험성을 내포하고 있고, 최종 목적지도 아니다. 히브리서 저자는 신자들에게 "그리스도의 도의 초보를 버리고", 성숙함에

이르라고 말한다(히 6:1). 어느 시점이 되면, 신자들이 초보 단계를 떠나 성숙함으로 나아가야 한다. 이 시점에서 균형이 필요하다. 교회 개척자들에게는 믿지 않는 자들과 구도자들을 위해, 이런 과정을 간략하게 줄이려고 한다. 우리의 사역 과정에는 물론 초보 단계가 있지만, 이 초보 단계는 위험성을 내포하고 있으며, 여기가 최종 목적지는 아니다.

단순한 것은 좋지만, 이것은 너무나 종종 단순주의로 전락하게 된다. 그래서 복음의 내용도 간단하게 줄이는 오류도 자주 범한다. 단순주의는 자칫 한 문장 지침으로 대치될 수 있다. 예를 들면, 이것을 기도하라. 이 모임에 참여하라, 이 액수만큼 헌금하라, 이 분야에서 봉사하라 등이다. 단순주의는 복음을 여러 개의 "하라 명령"으로 전락시킨다. 단순주의는 결국 대위임령의 핵심 사항인 제자 삼는 일에 걸림돌이 된다.

그렇다면, 초보 단계를 넘으면서 동시에 단순성을 유지할 수 있을까? 결코, 쉬운 일은 아니다. 첫째, 이는 교회 개척자의 개인적인 영적 성장으로부터 시작되어야 한다. 분주함으로 말미암아 그의 시선이 예수님으로부터 멀어지게 되었던 베드로처럼(갈 2:11-14), 그렇게 될 수 있다. 영적인 삶을 유지하는 것은 저절로 되는 것이 아니다. 자신도 영적으로 흔들릴 수 있다는 것을 인정하고, 먼저 자신과 가족을 목양하라. **개척 교회가 대형 교회로 커진다 해도, 자신이 여전히 영적인 어린아이라면 그 개척은 실패이며, 신앙생활도 실패가 될 것이다.**

더 나아가, 영적으로 흔들리는 교인들도 역시 목양해야 한다. 효과적인 영적 성숙을 위해서, 견실한 영적 성장 계획을 세워야 한다. 다음의 항목들을 참조할 수 있다.

- 제자들이 결정할 수 있도록 하라.
- 교회 영적 성장 과정을 제공하라.
- 교회를 개척할 때 창립, 정착, 예배 전략을 세울 때와 같이 시간과 에너지를 쏟아 제자 양육의 전략을 세우라.

교인들을 영적 성숙으로 인도하는 것은 한 학년씩 진급하는 학교 시스템과 유사하다. 학교에서는 6학년이 다시 6학년을 반복하지 않고, 3학년을 다시 되풀이하지도 않는다. 같은 학년에 오랫동안 머문다면, 대부분 학교를 그만두게 된다. 베드로는 성장하는 것의 중요성과 성장하지 않는 것의 위험성에 관해 이렇게 말한다. "이런 것이 너희에게 있어 흡족한즉 너희로 우리 주 예수 그리스도를 알기에 게으르지 않고 열매 없는 자가 되지 않게 하려니와 이런 것이 없는 자는 맹인이라 멀리 보지 못하고 그의 옛 죄가 깨끗하게 된 것을 잊었느니라 그러므로 형제들아 더욱 힘써 너희 부르심과 택하심을 굳게 하라 너희가 이것을 행한즉 언제든지 실족하지 아니하리라"(벧후 1:8-10). 따라서, 교인들이 서로 연결되어, 성장하기 위해서는 "초보 단계"를 넘어 성숙함에 이르게 하는 견고한 영적 성장 전략을 개발해야 한다.

2. 하나님은 교회가 영적 성장의 길로 전진하기를 원하신다. 만약 대위임령의 중심 명령이 제자 삼는 것임을 알아, 제자 양육을 위해 홍보, 건물, 조직에 관한 계획만 할 뿐, 제자 양육을 위한 계획을 세우지 않는다면, 그것은 중요한 핵심을 놓치는 것이다. 제자 양육을 계획한다는 것은 교인들이 나아갈 명확한 길과 과정이 있다는 것을 의미한다.

바울은 골로새 교회에 이렇게 쓴다. "이로써 우리도 듣던 날부터 너희를 위하여 기도하기를 그치지 아니하고 구하노니 너희로 하여금 모든 신령한 지혜와 총명에 하나님의 뜻을 아는 것으로 채우게 하시고 주께 합당하게 행하여 범사에 기쁘시게 하고 모든 선한 일에 열매를 맺게 하시며 하나님을 아는 것에 자라게 하시고"(골 1:9-10). 바울의 생각이 어떻게 진전되는지 생각해보라. ― 먼저 알고(knowing), 되고(being), 행하는 것(doing)이다. 성경은 이러한 패턴을 가르치고 있다. 지식이 이해(knowing)로, 이해가 동행(being)으로, 동행이 열매 맺음(doing)으로 진행되는 패턴이다.

우리 연구소의 통계에 의하면, 영적 성숙과 상관관계를 갖는 첫 번째 요인은 성경 읽기 훈련이었다. 교회에서 성경을 가르치는 사역이 중요하지 않다는 것이 아니다. 물론 중요하다. 목사가 자신의 설교 어휘력과 전달력과 뛰어난 웅변 실력으로 영적 양식을 숟가락으로 떠먹여 준다면, 교인들은 목사의 설교를 듣는 것만으로도 영적으로 성장할 수 있다고 착각할 수 있다. 그것은 잘못된 생각이다. 목사는 교인들로부터 똑똑하다는 말을 듣기보다, 교인들이 하나님의 말씀이면 모든 것이 충분하다고 생각할 수 있게 해야 한다.

3. 하나님은 우리 개인의 영적 성장과 교회의 영적 성장에 관여하신다. 회심과 달리, 우리는 영적 성장을 향하여 전진해야 한다. 회심과 더불어 하나님과 함께 하는 모든 것에서, 하나님 자신이 그 모든 것들의 근원이며 능력이다. 우리는 심고 물을 줄 수 있지만, 자라게 하시는 분은 하나님이시다. 진정한 영적 형성은 하나님에게서 온다(고전 3:1-7). 여기에 균형이 있다. 하나님이 자라게 하시며, 영적 형성의 궁극적인 책임자도 하나님이시다. 그러나 우리의 영적 성장은 우리가 책임지게 하셨다. 바울은 빌립보에 보내는 편지에서 이렇게 쓰고 있다. "그러므로 나의 사랑하는 자들아 너희가 나 있을 때 뿐 아니라 더욱 지금 나

없을 때에도 항상 복종하여 두렵고 떨림으로 너희 구원을 이루라 너희 안에서 행하시는 이는 하나님이시니 자기의 기쁘신 뜻을 위하여 너희로 소원을 두고 행하게 하시나니(빌 2:12-13)." 우리는 교인들에게 구원을 이루는 일에 시간과 에너지를 쏟으라고 가르쳐야 한다. 기억할 것은, 구원을 얻기 위해 일하는 것이 아니고, 구원이 드러나도록 구원을 통해 일한다는 것이다. 구원을 받기 위해 일하는 것이 아니고, 구원의 빛을 힘입어 일한다. 다른 말로 한다면, 구원의 빛을 힘입어 일한다는 것은 일회적 사건이 아니고 지속적인 훈련이다.

많은 경우, 교회 개척자는 풍부한 개척 전략을 쓰고 있지만, 영적으로는 파산되어 있다. 교회 개척에 대해서 처음부터 끝까지 잘 알고 있지만, 복음을 살아내는 것에 있어서는 부족하다. 화려한 전략만으로 교회를 개척하는 것은 마치 재산을 다단계 재정투자에 맡기는 것과 같다. 결국에는 무너져 버릴 것이다. 그러므로 교인들이 자신의 영적 형성에 대한 책임을 스스로 지고, 영적 성장을 추진해 갈 수 있는 계획을 세우도록 도와주어야 한다.

4. 제자 양육을 성직자로부터 분리하라. 교회의 사역과 선교가 너무 성직자 중심이 되었다는 사실을 많은 사람이 동의하고 있다. 존 파이퍼(John Piper)는 이것을 목회자들의 "전문화"(professionalization)라고 말한다.[1] 많은 교회는 믿음의 행동을 성직자에게 일임한다. 나는 이것을 "성직자화"(clergification)라고 부른다. 지위가 높은 성공회 교인이든, 지위가 낮은 형제교회 교인이든, 아니면 그 중간 직분에 있든, 성직자

---

[1] John Piper, Brothers, *We Are Not Professionals: A Plea to Pastors for Radical Ministry*, updated and expanded ed. (Nashville: B&H, 2013).

중심의 사역은 우리 모두에게 손해를 입혔다. 교회 개척자로서 한 종교의 가게 주인이 되어 사람들에게 종교적 상품을 제공하는 것이 아니라, 에베소서 4장에서 말하는 성도를 온전케 하여 봉사의 일을 하게 하는 것이다.

교회 개척자로서, 하나님께서는 한 사람이 공동체의 모든 사람의 영적인 성장을 인도하도록 디자인하지 않으셨다는 것을 깨달아야 한다. 사실은 그 반대다. 하나님은 모든 제자가 제자 양육을 하도록 디자인하셨다. 따라서, 교회를 개척할 때 영적 형성이란 한 사람이 수많은 제자를 낳는 것이 아니라, 모든 신자가 각자 다 제자 삼을 수 있도록 구성해야 한다.

5. 하나님께서는 교회를 영적인 학습자로 부르신다. 배우는 자가 되지 않고서는 제자 양육을 언급할 수 없다. 배움을 통해 삶과 신념을 지켜 낼 수 있기 때문이다. 여기서 삶과 교리 또는 신념을 지킨다는 개념은 교회 개척 과정이나 교회 개척 컨퍼런스에서 다루지 않는 부분들이다. 그런데도, 이러한 주제에 관해서 이야기하며, 언급할 필요가 있다. 바울은 디모데에게 "네가 네 자신과 가르침을 살펴 이 일을 계속하라 이것을 행함으로 네 자신과 네게 듣는 자를 구원하리라"고 말했다 (딤전 4:16). 누가도 행 17:11의 베뢰아 사람들의 방어적 습성에 대해 "베뢰아에 있는 사람들은 데살로니가에 있는 사람보다 더 너그러워서 간절한 마음으로 말씀을 받고 이것이 그러한가 하여 날마다 성경을 상고하므로" 라고 기록했다. 교회 개척자로서 우리는 앉아서 사색하는 사람들이 아니고, 가서 일해야 하는 자들이다. 그러나 우리는 우리의 삶과 신념을 굳건히 지켜야 한다. 마찬가지로 교회도 교회의 삶과 신념을 잘 지켜 내도록 인도해야 한다.

신앙 형성과 제자 양육을 위한 환경 조성

교회 안에 영적 형성과 제자 양육의 문화를 만들 때, 각 개인은 자신들이 처한 환경에 각자 다르게 참여한다는 것을 알게 된다. 예를 들어, 다른 사람들과 함께 교제할 때 어떻게 접근해야 하는지 생각해 보자. 야구 경기에서 사람을 만날 때와 파티, 가족 저녁 식사, 카페에서의 일대일 대화 등에서 사람을 만날 때와는 접근 방식이 다를 것이다. "근접학(proxemics)"이라는 원리로 인해, 공동체는 그러한 환경들이 각각 다르게 느껴지고 다르게 보인다. 에드워드 홀(Edward Hall)은 1960년대에 공간, 문화, 공동체, 소속감 사이의 관계에 기초한 이론을 개발하였다. 그의 연구에 따르면, 한 개인이 서로에 대하여 다르게 행동하는 네 가지 서로 다른 공간(공적, 사회적, 개인적, 친밀한)이 있음을 발표하였다. 이론의 장점(종족의 배경에 따라 개념이 달라질 수 있다)에 편승하여, 다니엘과 나는 이 이론의 보편적인 개념들을 목적에 맞게 간결하게 설명하고, 이 이론이 교회라는 환경 속에서 교회의 영적 형성과 제자 양육을 위해 어떻게 조직화할 수 있을지를 제시하겠다.[2]

• **공적 공간** (50명 이상의 참석자) — 교회의 예배 또는 스포츠 행사들이 공적인 공간의 예이다. 이 공동체에 소속되어, 공동체의 일원이 되며, 주변에 있는 사람들을 어느 정도 알고 있지만, 구성원들이 많으므로 실제로 서로를 알 기회는 많지 않다.

---

2   더 많은 정보는 다음을 참조하라. Edward T. Hall, *The Hidden Dimension* (New York: Anchor, 1990).

• **사회적 공간** (20-50명의 참석자) — 파티와 같은 편안한 분위기가 있는 모임이다. 본인의 결정에 따라 구성원이 되고, 모임의 구성원들과 깊은 관계로 발전할 수 있는 공간이다. 새로운 사람들이 와도 주목이 집중되지 않는 적당한 크기의 공간이다. 또한, 사람들의 수가 그다지 많지 않기 때문에 모임에서 소외되는 사람들도 적다. 모든 사람이 서로를 연결될 수 있고, 편안하게 의미 있는 대화들을 할 수 있는 정도의 적당한 크기의 공간이다. 이 공동체에 소속되어, 공동체의 일원이 되며, 한 단계 더 깊이 들어갈 수 있는 안전한 공간이다.

• **개인적 공간** (8-12명의 참석자) — 이 공간은 전형적인 소그룹 환경이며, 다른 사람들과 연결되어 의도적으로 관계를 깊게 할 수 있고, 서로 삶을 나누고, 서로 기도해 주고, 자신을 다른 사람들에게 쉽게 알릴 수 있는 공간이다. 사적인 정보를 나누지만, 자신의 연약함과 부족한 것도 모두 다 열어 놓고 나눌 정도의 공간은 아니다.

• **친밀한 공간** (1-3명의 참석자) — 이 환경은 소수의 사람에게만 허용되는 공간이다. 배우자, 절친, 혹은 상호책임 그룹 등이 여기에 속한다. 아무것도 숨기지 않는 환경이고, 의지적으로 서로를 격려하고 세워주고, 확인해 주고, 확인하며, 책임져 주는 공동체이다.

조지아주 알파레타(Alpharetta)에 있는 노스 포인트 커뮤니티 교회(North Point Community Church)는 이 원리를 교회의 삶에 적용하여 대중화시켰다. 그들은 여러 환경을 만들어서 교인들이 공동체 안으로 깊이 들어가게 했고, 제자 양육의 환경으로 들어갈 수 있게 하였다. 그들이 조성한 환경은 다음과 같다: "**로비**(foyer)" — 입문 단계로 방문자들이 처음에 와서 경험하는 주일예배이다. "**거실**(living room)" — 사회적 이벤트를 만들어 서로 교제하며, 관계를 형성해 갈 수 있는 장소이다. "**주방**(kitchen)" — 여섯 명에서 여덟 명으로 구성된 소그룹 성경공부를 하며, 지속적인 제자 양육을 한다. 노스 포인트 교회는 모든 교인이 "주방"으로 가서 사람들과 연결할 수 있도록 한다. 이곳이 삶이 바뀔 수 있는 가장 큰 잠재력이 있는 공간이다.

다니엘이 뷀라 얼라이언스 교회(Beulah Alliance Church)에서 목회할 때, 위의 네 가지 환경을 고려하여 제자 훈련코스를 개발했다. 주일예배(공적 공간)에서 소그룹(개인적 공간)을 모집하지 않고, 중간 크기의 공동체와 클래스(사회적 공간)를 모집했다. 왜냐하면, 새신자들이 서로 연결하기에는 사회적 공간이 더 안전한 환경이기 때문이었다. 이 사회적 공간 안에서 연결이 잘 되면, 소그룹(개인적 공간) 혹은 상호책임 모임(친밀한 공간)으로 갈 기회가 생긴다. 뷀라 교회는 이 사회적 공간 개념을 활용하여 공적 예배와 소그룹 사이를 연결하는 다리를 놓을 수 있었고, 이 교회는 다른 교회와는 달리 많은 교인을 제자 양육과 영적 형성 과정으로 인도할 수 있었다. 이러한 사역은 공간 이론을 활용했기에 가능한 사역이었다.

영적 형성의 본질/제자 양육

나는 여행을 많이 한다. 가방에 짐을 넣을 때, 꼭 필요한 것인지를 확인한다. 어쩌면 머리빗, 약품, 치약, 칫솔 그리고 갈아입을 옷 등이 필수품일 것이다. 그러나 이러한 물품은 필수품이 아니다. 그 지역의 약국이나 백화점에서 살 수 있는 물건들이다. 나에게 필수품이란 휴대 전화, 컴퓨터, 노트와 지갑이다. 이 물품들이 없다면, 여행에서 내가 할 수 있는 일이 별로 없을 것이다.

효과적인 여행을 위해서 여행 필수품이 필요한 것처럼 교회에서 영적 형성과 제자 양육을 효과적으로 할 수 있으려면, 이를 위한 필수품들이 있어야 한다. 라이프웨이 연구소(LifeWay Research)에서 우리가 개발한 "변화를 위한 제자 됨의 평가(Transformational Discipleship Assessment)"를 통하여, 가장 효과적인 제자들에게 공통적으로 나타나는 8개의 중요한 속성들을 찾았다. 이 8가지는 예수님을 닮기 원하는 제자들이 가져야 할 속성들이다.

여덟 가지 제자 됨의 속성

제자 됨의 속성	설명
성경과 연결	개인적 성경 읽기, 성경 진리 묵상, 신앙 서적 독서
하나님께 순종, 자신 부인	자기 희생과 하나님께 순종, 자기 인식을 통한 그릇된 결정 제거, 죄의 고백과 회개, 부정적 태도 조율
하나님, 이웃 섬김	성령의 은사를 통한 하나님, 이웃 섬김, 지역사회 필요 채우기, 희생적 헌금
그리스도를 전함	안 믿는 자들을 위한 기도와 초대(예배와 프로그램), 자신이 그리스도임을 알림, 그리스도인이 되는 방법을 전함
실천하는 믿음	어려운 상황 속에서 하나님을 신뢰, 하나님을 찬양하고 감사, 좋은 상황과 안 좋은 상황 속에서도 역사하시는 하나님을 신뢰, 안 믿는 자의 삶을 변화시키시는 하나님을 신뢰
하나님 추구	매일 기도, 예배, 감사로 하나님을 추구, 하나님께 영광, 하나님을 기쁘시게 하는 삶
관계 형성	주중에 다른 교인들과 함께 교제, 성경공부 혹은 소그룹에 참여, 성숙한 그리스도인으로부터 제자양육과 멘토링, 다른 사람들을 제자 양육, 멘토링
깨끗한 투명성	다른 사람과 함께 기도, 개인 간증과 이야기 증거, 다른 사람에게 죄를 고백, 서로 의존

여덟 가지 속성들은 제자 양육을 잘할 수 있는 도구가 될 것이며, 성숙한 제자들에게 제자 양육이 잘 적용되고 있는지 확인할 수 있는 척도가 될 것이다.

영적 형성과 제자 양육을 위한 내용

영적 형성과 제자 양육을 효과적으로 하는 교회는 이런 문화를 형성하는 것부터 시작한다. 교인들이 서로 연결될 수 있는 여러 가지 환경을 통해 제자 양육의 기회들을 만든다. 각 환경에서 제자 양육의 내용을 임의로 정하지 않고, 생활 속에서 바람직한 속성들을 개발할 수 있는 배움의 기회들을 만든다. 다시 말해, **가장 효과적인 교회는 제자 양육 과정을 상당히 의도적으로 이끌어가는 교회다.** 이를 실천하는 교회들은 지식 전달로는 변화가 일어나지 않으며, 교실의 환경에서는 그런 변화가 일어날 수 없다고 생각한다. 물론, 명확하게 가르치는 것이 중요하다는 것은 인정하다. 그러므로, 이러한 교회들은 제자 됨의 핵심 내용을 한 시리즈의 성경공부나 혹은 학습 경험으로, 이해하기 쉽고 단순하게 만든다. 이러한 교회들은 성경공부나 학습 경험을 제자 양육의 전부라고 생각하지 않고, 영적인 여정을 구성하는 요소 중의 일부라고 생각한다.

다음은 교회에서 제자 양육을 할 때, 지식 습득과 교실에서의 학습 경험을 정리한 내용이다. 다시 말해, 앞에서 언급되었던, 제자 됨의 여덟 가지 속성 중에서 지적 요소들을 개발하는 방법이다.

새들백 교회(Saddleback Church)[3]는 그들의 중심 콘텐츠를 "그리스도

---

3 Saddleback Church, 2015년 10월 4일 접속, http://saddleback.com.

인의 삶과 봉사 세미나"(Christian Life and Service Seminars, C.L.A.S.S.)라고 부른다.

- Class 101 교회 가족 발견하기: 새들백의 역사, 신앙, 멤버십
- Class 201 영적 성장 발견하기: 예수, 경건 생활 훈련, 공동체의 중요성
- Class 301 S.H.A.P.E. 발견하기: 성령의 은사(Spiritual gifts), 열정(Heart, passions), 재능(Abilities), 성향(Personality), 경험(Experiences).
- Class 401 인생 사명 발견하기: 개인의 소명과 전도

하일랜드 교회(Church of the Highlands)[4] 의 제자 양육 과정도 새들백 교회와 유사하다. C.L.A.S.S. 대신에 성장 경로(Growth Track)라고 부른다.

- 교회(Church) 101: 교회 소개 및 멤버십
- 필수(Essentials) 201: 그리스도를 따르는 자가 되기 위한 필수적 신앙
- 발견(Discovery) 301: 인생의 목적, 성향, 은사, 봉사 사역
- 드림(Dream) 401: 신청 사역 분야의 오리엔테이션 및 훈련 과목

시카고 윌로우 교회(Willow Chicago)[5] 도 네 가지의 클래스 모델이 있고, 각 클래스의 내용과 콘텐츠는 약간 다르다.

- 연결(Engage) 01 교회: 윌로우 교회의 역사, 핵심 가치, 멤버십

---

4   Church of the Highlands, 2015년 10월 4일 접속, 2015, http://churchofthehighlands.com.
5   Willow Chicago, 2015년 10월 4일 접속, http://www.willowcreek.org/chicago.

- 연결(Engage) 02 성령의 은사: 성령의 은사와 부르심
- 연결(Engage) 03 교회 안에서 정의: 정의의 대사로서 하나님의 나라 위해 살기
- 연결(Engage) 04 성경: 하나님의 말씀 이해하기, 매일 성경으로 살기

뷸라 얼라이언스 교회(Beulah Alliance Church)[6]의 제자 양육 과정은 다니엘이 석사 논문에서 디자인한 네 가지 필수 워크샵으로 구성된다.

- 필수 행동: 경건 생활 훈련, 영성 개발
- 필수 이야기: 하나님의 이야기와 전도
- 필수 인격: 장점, 재능, 성령의 은사 발견, 자아 인식, 영적 형성 패러다임
- 필수 생활: 그리스도 안에서 자유, 그리스도인의 정체성, 치유와 회복

빌리지 교회(Village Church)[7]의 제자 양육 과정은 다음과 같다: 변증학, 침례, 성경적 상담, 언약 멤버십, 전도, 가정 제자 양육, 재정 관리, 성경공부, 결혼, 신약, 구약, 자녀 교육, 싱글과 이성 교제, STEPS, 조직 신학.

에브리 네이션 교회(Every Nation Churches and Ministries)의 빅토리 포트 보니파시오(Victory Fort Bonifacio)[8]는 핵심 내용을 일대일 방식으로 가르치고, 2일 동안 수련회(Victory Weekend)를 한다.

---

6   Beulah Alliance Church, 2015년 10월 4일 접속, https://beulah.ca.
7   The Village Church, 2015년 10월 4일 접속, http://www.thevillagechurch.net. The STEPS class "teaches you to know the gospel and live out the gospel, helping you pursue redemption in Christ from sin and suffering."
8   Victory Fort Bonifacio, 2015년 10월 4일 접속, http://victoryfort.org.

- 일대일(One2One): 구원, 주 되심, 회개, 침례, 말씀과 기도, 교회, 전도
- 수련회(Victory Weekend): 그리스도 안에서의 자유, 영적인 기초, 진리, 회개, 믿음

제자의 길(Disciples Path)[9]은 제자 삼는 제자를 위한 프로그램으로 6개 영역에 집중한다.

- 시작: 제자로의 첫걸음
- 길: 예수님과의 친밀함
- 사명: 새로운 정체성
- 진리: 교리적 진리 탐구
- 생명: 필수 경건 훈련
- 선교: 하나님의 일에 참여

리디머 장로 교회(Redeemer Presbyterian Church)[10]는 여러 개의 강의와 학습 기회들을 제공한다. 제자 훈련은 두 가지 부분 즉, 필수와 교양으로 나뉜다. 한 해 동안 제공하는 필수 강의는 다음과 같다.

- 리디머 소개: 리디머의 역사, 신앙, 멤버십
- 필수 과정 1 기독교 탐구: 신뢰할 수 있는 기독교, 기독교 입문
- 필수 과정 2 성경: 성경 이해를 위한 기초지식, 신약성경 탐구, 구약성경

---

9 Disciples Path, 2015년 10월 4일 접속, http://www.lifeway.com/disciplespath.
10 Redeemer Presbyterian Church, 2015년 10월 4일 접속, http://www.redeemer.com.

탐구
- 필수 과정 3 그리스도인의 삶: 경건 생활의 기초, 올바른 큐티 생활, 기독교 변증, 기도, 변화된 삶
- 선택 과정 1 결혼과 가정: 자녀 사랑, 결혼 갱신, 십대의 부모, 교육 포럼
- 선택 과정 2 믿음과 행위: 행위의 중요성
- 선택 과정 3 사랑과 정의: 하나님의 사랑과 긍휼

홀리 트리니티 브롬튼(Holy Trinity Brompton)[11]은 알파(Alpha) 코스로 유명하다. 그 교회는 신학교와 네 개의 제자 양육 과정도 제공하고 있다.

- 성경 과정 1: 성경의 기초, 성경 내러티브, 주요 주제
- 삶 과정: 기독교와 진리, 도덕성, 악의 문제, 신앙과 정치, 신앙과 과학, 예배와 희생, 그리스도와 문화, 기독교와 이슬람, 기독교 공동체
- 성경 과정 2: 복음서와 사도행전, 예수님의 삶과 가르침, 성령님, 교회의 탄생
- 믿음 과정: 삼위일체, 예수님의 정체성, 성령님, 교회, 사명, 성령의 은사, 창조

지금까지 열거한 사례들을 살펴보면, 위의 교회들이 교실이라는 학습 환경을 통해 제자 양육과 경건 훈련을 하고 있다고 생각할 수 있다. 그러나 그렇지만은 않다. 이러한 클래스들은 교인들의 경건 생활의 기초를 세우기 위해 교회들이 세워 놓은 핵심 교과과정이다. 이러한

---

11   Holy Trinity Brompton, 2015년 10월 4일 접속, http://www.htb.org.

클래스들 외에 교인들의 영적 성장을 촉진해 주는 소그룹과 학습 환경들이 있다.

교인들로부터 가장 좋은 것을 기대하라

제자 양육을 계획하는 교회라면, 그리스도를 따르는 자들에 대한 성경적인 기대감을 가질 것이다. 이는 건강한 생각이다. 이러한 공동체들은 교인들로부터 희생과 헌신을 기대할 것이다. 일부 교회 개척자들은 교인들에게 너무 많은 것을 요구하면, 교인들이 헌신하지 않을 거라 믿는다. 그러나 이를 계획해야 한다. 교회 전체에 이를 알리고, 이 과정을 교회의 우선순위로 삼는다.

교인 중 일부는 교회를 떠날 것이다

설득되지 않는 사람들은 훈련에 참여하지 않을 것이다. 이들 가운데는 헌신을 원하지 않는 사람도 있을 수 있고, 다른 교회에서 이미 많은 여정을 거친 사람들도 있을 것이다. 성실하고 헌신적인 교인들도 교회의 전략이 이해가 되지 않으면 교회를 떠날 수 있다.

이러한 일은 생각보다 더 자주 일어난다. 믿지 않는 사람들을 교회 개척의 대상으로 삼는다면, 이미 믿는 사람들은 교회로 오지 않을 것이라고 예상할 수 있다. 그러나 기존 신자들이 올 것이다. 그들은 그리스도인의 삶에 대해 이미 많은 것들을 알고 있다. 그들에게 신앙의 "기초" 과목을 들으라고 권하는 것은 그들에는 따르기 힘든 권면일 수 있다. 하지만 성숙한 그리스도인들은 충분히 이해할 것이다. 목회자와 목회자 가족도 이 공부를 마쳤으며, 다른 교인들도 모두 이 공부를 한다는 것을 받아들일 것이다. 이것이 유일한 방법은 아니지만, 새로운 교회가 적용할 수 있는 방법이다. 자신이 갖고있는 계획을 교인들과 나누면, 따르는 사람들이 많이 생길 것이다. 그러나 기억해야 할 것은, 나이 드신 분들도 존경심을 가지고 성경을 배워야 한다는 것이다. 스스로 중요하다고 생각하는 것들을 그분들과 나누고, 그분들도 이 훈련에 동참해야 하는 이유를 분명하게 전해야 한다.

닮은 사람들끼리 서로를 끌어 당긴다

전도 대상자들과 심지어 교인들도 그들에게 요구되는 높은 기대감 때문에 부담을 크게 느낄 수 있다. 개척자는 닮은 사람들끼리 서로를 끌어당긴다는 것을 알아야 한다. 헌신의 정도가 깊은 교인들이 많으면 많을수록, 그 교회의 영적인 성숙도 더 높아질 것이다. 그러나 깊이 헌신된 사람들이라 해도 다수의 중간층으로 흡수되거나 헌신의 정도도 식을 수 있다. 그러므로 헌신된 소수의 의도적인 노력이 없다면, 다수의 수준을 끌어올리기가 절대 쉽지 않다.

요구는 헌신을 일으킨다

교회 개척자가 그들을 향한 높은 기대와 공동체의 비전을 분명하게 설명하면, 교인들은 긍정적으로 반응할 것이다. 높은 기대는 놀라운 헌신을 일으킨다. 기대치가 높은 교회에 그만큼 상당한 헌신이 따라온다. 왜냐하면, 사람들은 자신들보다 더 큰 무언가를 도전하고 싶어 하기 때문이다. 기대치가 높은 교회는 실천과 제자양육에 헌신하고자 하는 교인들을 세워주고 지원한다.

통계 조사에 의하면, 회원의 기준이 높으면 여러 가지 면에서 긍정적인 상관관계가 나타난다는 것이다. 교회가 멤버십을 요구할 때마다, 평균 출석률은 더 올랐다는 것을 알 수 있었다. 교인들에게 많은 것을 기대하는 교회는 그렇지 않은 교회보다 교인 수가 더 많았다. 교인들에 대한 기대치가 높으면, 교인들은 그 기대에 부응하기 위해 노력할 것이다. 반대로 교인들의 참여도에 대한 기대가 지속적으로 낮다면, 교인들은 결코 그 기대 이상으로 올라가지 않을 것이다.

말이 아닌 원칙

일부 교인들은 성경이 높은 기준을 세우라고 말하지 않는데, 교회가 왜 멤버십에 대한 기준을 높게 세워야 하는지에 대해 의문을 가질 수도 있다.

첫 번째 대답은 성경에는 높은 기준을 세우라는 구체적인 말씀은 없지만, 높은 헌신의 원리들을 강조하고 있다. 두 번째, 보다 실제적으로 말한다면, 교회 회중들의 실천은 그들의 헌신이 얼마나 실천되고 있는지 보여주는 것이다. 긍정적인 생각하는 것이 잘못된 것은 아니다.

솔직하지만 불편해하는 교인들에게는 편안한 곳을 찾을 수 있도록 도와주라. 교인들과 대상자들이 교회의 정책을 동의하지 않는다고 해도, 그것은 관점의 차이이지 영적이지 않은 것은 아니다. 또한, 기준을 세워 실천을 요구했을 때, 공동체가 그 일에 지나치게 열중한다는 의미도 아니다. 어떤 사람들에게는 다른 방식의 교회가 더 적합할 수 있다. 교회를 개척할 때, 교회와 맞지 않는 교인들에게 다른 형태의 교회가 있다는 것을 알려주는 것도 전체 양 무리를 목양하는 목자의 역할 중 하나이다.

영적 형성과 안정

모든 인간에게 안정에 대한 욕구는 기본이다. 특히 새신자들에게 더 필요한 부분이다.[12] 사람들이 크리스천이 되는 나이는 주로 18세 이전이다. 그러나 그 후에 믿는 경우는 대부분 위기를 경험하는 가운데 믿음을 갖는다. 많은 믿지 않는 자들은 이혼, 가족의 죽음, 실직, 혹은 다른 비극적인 사건들을 통해 성령님의 구원 역사로 인해 마음의 문을 열고 그리스도께로 돌아온다.

우리는 모두 그리스도를 믿음으로 위기를 피할 수 없다는 것을 안다. 비록 위기를 통해서 구원자가 필요하다는 것을 알게 되고, 그것이 자신을 그리스도께 헌신할 수 있게 해 주었다 해도, 사람들은 여러 분야의 삶 속에서 안정을 누리며 살기를 원한다. 영적 형성을 공부함으로써, 교인들이 성경적, 관계적, 실제적 안정을 찾는 데 도움을 줄 수 있다.

성경적 안정

교회를 다니지 않는 사람들은 비성경적 삶을 버리지 않고도 그리스도인이 될 수 있다고 생각한다. 새로운 신자들은 여전히 운세 또는 점성술이나 그리스도를 믿기 전에 참여했던 부도덕한 행동이 여전히 남아있다. 새신자들의 이러한 행동들이 성경과 교리에 어긋난다는 사실은 스스로 깨달을 때까지 기다릴 수는 없다. 새신자들을 처음부터 가르쳐야 한다. 그들의 삶이 그리스도 안에서 신학적 그리고 성경적인

---

12   Dan Morgan, "Assimilating New Believers," 미간행물.

삶으로 뿌리내릴 수 있도록 행동의 본을 보여주어야 한다.

안정을 확립하라: 새신자들을 믿음으로 세우는 교회는 여러 방면에서 어린 신자들을 도와야 한다. — 하나님의 용서에 대한 확신, 구원의 확신, 기도 응답의 확신. 이러한 경험들을 삶에 적용하도록 도와야 한다. 새신자들이 하나님, 예수 그리스도, 교회를 잘 이해할 수 있도록 돕고 지지해 주어야 한다.

하나님의 말씀으로부터 오는 안정: 새신자들에게 능력 있고, 권세 있고, 진리인 하나님의 말씀을 가르칠 때, 교리가 제공하는 안정을 얻게 된다. 이 안정은 세 가지 중에서 가장 쉽게 얻을 수 있으면, 새신자들이 계속해서 교회 모임에 참석하고, 하나님의 말씀에 귀 기울일 때 개발된다.

일용할 양식인 하나님의 말씀: 교회는 어린 신자들이 하나님의 말씀을 의지할 수 있도록 모든 노력을 기울여야 한다(벧전 2:2). 만약 교회가 새신자들에게 예수님을 처음 믿게 될 때부터 성경을 배우고 연구하는 법을 가르친다면, 그들은 하나님의 말씀이 영혼을 위한 일용할 양식이라는 것을 알게 될 것이다. 성경을 공부하면서, 새신자들은 인생의 전 과정에 걸쳐 삶을 변화시키는 습관을 개발하게 된다.

관계적 안정

윌리엄 핸드릭스(William Hendricks)는 이전에 언급했던 그의 저서 「출구 인터뷰」(Exit Interview)에서, 새신자들은 앞으로 6개월 이내 교회

공동체와 더불어 7가지의 의미 있는 관계를 형성하지 못하면, 교회를 떠나게 될 것이라고 주장했다.[13]

관계 문제는 너무 중요한 사항이다. 모든 것이 낯선 새신자들에게 관계적 안정을 줄 수 있는 분위기를 만드는 전략을 반드시 세워야 한다. 교인들이 새신자들에게 건강한 관계의 모습을 본으로 보여주고, 교회는 소그룹을 통해서 서로 세워주는 분위기를 강조해야 한다.

조건 없이 친구 되기: 새신자들에게는 친하게 지낼 수 있는 그리스도인 친구들이 필요하다. 그들에게는 또한 영적으로 성숙해져야 한다고 도전하면서, 그들을 있는 그대로 받아줄 수 있는 훈련자도 필요하다. 영적으로 어린 그리스도인들은 기존의 친구들이 편하기 때문에, 새 친구들을 만들려고 노력하지 않는다. 새로운 공동체는 새신자들의 성숙하지 못한 모습들을 받아들이고, 이들과 친구로 지내는 것을 우선적인 과제로 삼아야 한다. 이것이 바나바가 보여준 태도이다. 바나바가 없었다면, 두 명의 열정적인 리더, 즉 사울(바울)과 마가 요한(나중에 마가복음을 기술)같은 하나님의 나라의 능력 있고 효과적인 리더들이 세워질 수 없었을 것이다(행 9:26-27, 15:36-39). 교인들이 새신자들을 믿음의 공동체 안으로 품어주지 않는다면, 그들은 결코 성숙한 그리스도인들이 될 수 없을 것이다.

히브리서의 저자는 독자들에게 교제와 격려를 위해서 다른 믿는 자들과 같이 모이라고 권면한다(히 10:25). 새신자들을 교제 모임에 꾸준

---

13   Win Arn and Charles Arn, *The Master's Plan for Making Disciples: Every Christian an Effective Witness Through an Enabling Church* (Grand Rapids, MI: Baker, 1998), 156에서 인용.

히 참석하게 하는 것은 쉬운 일이 아니다. 내가 다른 사람들에 의해 받아들여진다는 신뢰와 확인이 없다면 이런 친밀감을 가질 수 없다. 이런 수준의 교제를 이루려면 먼저 하나님과의 개인적인 친밀감이 형성되어야 하고, 이것이 그룹의 수준까지 확대되어야 한다. 이러한 깊이 있는 친밀감의 수준은 성숙한 그리스도인은 물론이고, 어린 신자들도 훨씬 어려운 과제가 될 것이다.

소그룹: 소그룹은 사람들에게 관계 속에서 안정을 느끼게 해 준다. 교회는 새신자들이 소그룹을 경험하도록 격려해서, 그곳에서 공동체를 개발하고, 우정을 이어갈 수 있도록 해야 한다. "목사님과의 점심식사" 또는 약식 성경공부와 같은 부담 없는 모임을 통해 새신자들이 쉽게 소그룹 교제 모임에 참여하도록 격려할 수 있다.

기능적(전인적) 안정

새신자들은 기능적인 안정을 원한다. 만약 그들이 마약 중독, 성적 죄악, 다른 근심들과 씨름하고 있다면, 그들은 이러한 문제들이 해결되지 않는 한 영적 성숙이나 제자 양육에 집중하지 못할 것이다. 새로운 교회는 많은 문제에 대해 대처할 수 기능적인 구조가 부족하다.

새롭게 그리스도인이 된다고 그들의 삶이 자동으로 변화될 것이라고 기대해서는 안 된다. 교회는 새신자들이 성경을 체계적으로 공부할 기회를 주어야 하고, 이를 통해 믿기 전의 가졌던 도덕적, 심리적인 짐들을 극복하도록 도와주어야 한다.

치유 사역: 기능적 안정은 가장 개발하기 어려운 영역이다. 치유 사

역(12단계 프로그램)은 새신자들에게 기능적 안정을 증진할 수 있는 유익한 프로그램이다.[14] 이러한 사역은 훈련된 리더들의 기술을 필요로 한다.

새로운 공동체에 이러한 사역이 필요하지만 운영하고 관리할 수 있는 내부 자원들이 아직 없다면, 이미 치유 그룹들을 후원하고 있는 다른 교회의 도움을 요청할 수 있다. 이러한 협력 공동체들은 상담 요원들을 제공해 주며, 새로운 교회의 담당자가 다른 교회의 지원 팀과 연합하여 사역할 수 있다.

위기 대처 사역: 어떤 사람들은 개인적인 위기에 처했을 때, 대처하는 방법을 가르쳐줄 사람들을 필요로 한다. 교회 또는 목사의 도움 없이도 개인적 위기를 극복할 수 있다. 교회 가족이 아닌 외부에서 오는 도움을 받을 수도 있고, 본인 비용 부담의 상담 혹은 비용 차등제 비용 부담의 상담을 신청할 수 있다.

건강한 습관: 크리스천의 어떤 습관들은 개인 성장에 도움을 주거나 혹은 빨리 성장하도록 도와주기도 한다. 교회는 새신자들이 좋은 영적 습관들을 즉각적으로 갖게 되리라고 기대해서는 안 된다. 교회는 그들이 한 걸음씩 헌신하게 도와주어, 마침내 성숙한 신자의 습관을 개발할 수 있도록 도와야 한다.

교회 출석을 격려하라: 신실한 그리스도인이라면 매주 교회에 출

---

14   An excellent resource for an addiction-recovery ministry is Celebrate Recovery, 중독회복사역에 관한 탁월한 자료는 다음을 참조하라. 2015년 10월 4일 접속, http://www.celebraterecovery.com.

석해야 한다고 생각할 것이다. 몇 개월 혹은 몇 년 동안 교회에 출석하지 않는 사람에게 매 주일 출석은 대단한 헌신일 것이다. 새로운 교회에 오는 새신자들에게 매 주일 교회 출석은 쉽지 않은 습관이라는 것을 인정해야 한다.

한 가지 비결이 있다면, 영적으로 어린 단계에 속한 그리스도인들에게는 그들에게 맞는 작은 헌신을 하도록 격려하고, 축하해야 한다는 것이다. 새신자들에게 너무 많은 것을 기대하는 것은 오히려 그들을 좌절하게 만드는 요인이 될 수 있다. 그러므로 교회는 이들을 격려하며 단시간 내에 실천할 수 있는 작은 헌신을 먼저 성취하도록 하고, 이를 통해 좋은 습관이 개발되도록 해야 한다.

멘토링과 제자 양육: 새신자들은 성경의 중요성을 가능하면 빨리 깨닫도록 해야 한다. 교회는 새신자들이 신앙 생활하는 과정에서 생길 수 있는 문제들을 식별하고 해결하는 일을 주도적으로 해야 한다. 효과적으로 개발된 일대일 혹은 소그룹 제자 양육 프로그램은 새신자들에게 멘토링과 제자 양육을 제공할 수 있는 좋은 도구가 될 수 있다.

철이 철을 날카롭게 한다: 많은 교회가 청년 신자들을 잃고 있다. 처음 믿게 된 사람이라면 누구나 갖게 되는 기능적인 문제들을 해결해 주지 않기 때문이다. 어떤 교회는 영적으로 아직 어린데도 불구하고 성경적 지식으로만 도우려고 한다. 많은 교회가 관계적, 교리적 분야를 다루는 데는 성공하지만, 새신자들의 기능적인 안정을 다루는 면에는 실패하고 있다. 목회자와 개척자들이 모든 사람을 개별적으로 상담할 필요는 없겠지만, 교회는 책임감을 있게 기능적인 (전인적인) 안정의 문제들을 해결하도록 힘써야 한다. 하나님께서는 제자 삼는 제자를 통해 새로운 제자들을 양육하신다.

결론

교회 개척자가 교인들을 위해 영적 형성을 의도적으로 계획하지 않으면, 교회 공동체가 수적으로 많아질 수는 있어도 질적으로 깊어질 수 없다. 영적 형성의 계획은 주일 아침 예배만으로는 부족하다. 주일 예배가 그 계획의 일부가 될 수는 있어도, 예배가 영적 형성 자체가 될 수는 없다.

최근 2015년 미국의 교회 개척 보고서에 따르면, 교회 공동체에서 행해지고 있는 제자 양육 문화를 조성하는 일 그리고 헌신으로 이끄는 사역에는 부수적으로 지엽적인 유익을 많이 가져왔다고 보고한다. 이 연구에 따르면, 깊은 수준의 제자 양육과 멤버십에 대한 헌신은 아래의 표가 보여주는 것과 같이 훨씬 더 배가하는 교회로 이끌어 준다는 것이다.[15]

영적 형성에 초점을 맞출 때 발생하는 지엽적인 유익은 재정적인 자립으로까지 이어졌다. 설문 조사의 결과를 보면, 새신자들을 위한 클래스를 운영하는 교회들은 재정적으로 자립할 가능성이 더 큰 것으로 확인되었다.[16]

영적 형성에 초점을 맞추었을 때 지엽적인 유익을 많이 얻을 수

---

15   www.NewChurches.com/PMC에서 2015년 미국 교회 개척 보고서를 내려 받으시오.
16   www.NewChurches.com/PMC에서 2015년 미국 교회 개척 보고서를 내려 받으시오.

있지만, 핵심적인 유익은 성경이 말하는 대로 행하는 것이다. 결국은 대위임령이 말하는 것이다. "그러므로 너희는 가서 모든 민족을 제자로 삼아"(마 28:19). 가장 중요한 것은 지금 제자를 삼는 일을 위해 교회를 개척하고 있다는 것이다.

일대일 제자 양육을 실천하는 교회 중 26%가 첫 5년 안에 새로운 교회를 개척한다. 일대일 제자 양육을 실천하지 않는 교회 중 14%가 새로운 교회를 개척한다.

새신자반이 있는 교회의 71%가 첫 3년 안에 자립한다.

멤버십 서약을 요구하는 교회 중 26%는 5년 안에 새로운 교회를 개척한다. 멤버십 서약을 하지 않는 교회의 16%가 새로운 교회를 개척한다.

새신자반을 갖지 않는 교회의 53%가 첫 3년 안에 자립한다.

어린이 사역

새로운 교회들이 직면하는 가장 큰 어려움 중 하나는 어린이 전도와 양육을 위하여 지역의 상황에 맞는 비전과 전략을 개발하고 이를 실행하는 것이다. **어린이 사역은 부모가 예배에 참석하는 동안 어린이들을 맡기는 아이 돌봄(babysitting) 서비스가 아니다.** 어린이들에게 복음을 전하고 적용하게 하는 것은 실제적이고 중대한 사역이다.

어린이 사역을 위한 비전과 전략

작가인 킴 사익스(Kim Sikes)와 로리 헤인즈 나일즈(Lori Haynes Niles)는 어린이 사역을 이렇게 보았다.

이것은 다면적 사역이고, 다차원적 사역이다. 이 사역의 대상도 다양하다. 교회(어린이 사역)는 하나님께서 부르신 사람들에게 주신 선교 현장이며, 많은 새로운 가정에게 교회에 대한 첫인상을 주는 곳이고, 부모에게 안식과 훈련을 제공해 주는 곳이고, 무엇보다 어린이들이 자기 집 밖에서 하나님의 가족들과 처음으로 접촉하는 곳이다. 어린 자녀들이 그들을 창조하신 하나님이 그들이 알고 있는 모든 것의 주인임을 배울 수 있는 곳이다. 어린이를 통해 일하시는 하나님의 놀라운 일들을 더 경험

할 수 있는 곳이다.[1]

교회 개척자들과 새로운 교회는 해야 할 일들이 너무 많아 어린이들에게 복음을 가르치는 일을 소홀히 하기 쉽다. 어린이들은 영적인 필요가 채워지지 않아도 달리 표현할 길이 없다. 어린이들의 영적인 필요를 방치하는 것은 임시로는 가능할 수 있다. 특히 자녀가 없는 젊은 청년들을 위한 교회라면 가능할 수 있다. 그러나 장기적인 전략으로 볼 때, 이는 바람직하지 않다. **새로운 교회에서 어린이들에게 복음을 가르치지 않는 것은 교회의 근본적인 목적을 등한히 하는 것이다.**

어린이 사역 개발을 위해서는 많은 시간이 필요하다. 교회는 성장하면서 변한다. 그러나 어린이 사역에 대해 부모들이 긍정적으로 느끼는 것이 중요하다. 처음 시작하는 교회 중 대부분은 어린이 사역이 갖추어지지 않았을 것이다. 물론 사람들이 교회가 막 시작했기 때문에 어린이 사역이 없는 것을 이해하지만, 앞으로 어린이 사역은 반드시 필요하며, 어린이 부서가 곧 만들어진다는 것을 알려야 한다. 개척자는 이 비전을 교회 공동체에, 특별히 부모님들에게 계속해서 상기시켜 주어야 한다.

전략을 만들 때, 어른들과 마찬가지로 어린이들에게도 같은 성장의 기회를 제공해야 한다. 믿는 사람들의 80%는 어른이 되기 전에 회심했다는 통계는 어린이 사역이 얼마나 중요한지를 말해주는 것이다.[2]

---

[1] Kim Sikes and Lori Haynes Niles, *The Warm and Wonderful Church Nursery* (Loveland, CO: Group, 1999), 5.

[2] "When Americans Become Christians," 2015년 10월 4일 접속, http://home.snu.edu/~hculbert/ages.htm.

자녀들에게 공동체, 공적 예배, 헌금, 봉사를 경험할 기회를 주어야 할 것이다. 교회 개척자들이 젊은 세대에게 신앙의 능동적인 자세를 가르친다면, 10년이 지나 그들이 성인이 되었을 때, 그들에게 교회를 위한 봉사, 헌금, 십일조 등의 헌신을 강요할 필요가 없다는 것을 깨달아야 한다.

효과적인 어린이 사역을 시작하기 위해서는 처음부터 그 사역에 우선순위를 두고 에너지를 집중해야 한다. 이를 위해, 분명한 비전을 제시하고, 각 사람의 역할과 어린이 사역의 중요성을 알려야 한다. 어린이 사역의 비전은 교인들에게 단지 자원봉사자가 되어 달라는 것 이상이어야 한다. 다음 세대를 제자로 양육하는 일은 모든 사람에게 주신 긴박한 부르심이다. 모든 사람이 다 어린이 사역을 위해 부르심을 받은 것은 아니지만, 교실을 장식하고, 가족들을 보살피고, 장난감을 정리하고, 찬양 인도하는 등, 여러 가지 일을 통해 모두가 어린이 사역에 동참할 수 있다.

어린이 사역을 위한 모델들

어린이 사역을 위해 어떤 모델을 사용할 것인가? 어린이 사역을 부모와 분리할 것인가 아니면 통합할 것인가? 아니면 둘을 혼합할 것인가? 다음은 최근 공통으로 적용되는 어린이 사역의 세 가지 모델들이다.

1. 연령별 모델

이 모델은 어린이들의 활동이 부모님들과 완전히 분리되는 모델이다. 어린이들이 교회에 도착하면, 예배가 시작되어 마칠 때까지, 해당 어린이 부서에 배정된다. 어린이 부서는 전체 모임과 소그룹 모임으로 구성된다. 예를 들어, 어린이들을 연령대에 맞는 교실로 보내어 등록한다. 모든 어린이가 도착하면 간단한 성경공부를 한 후, 다같이 모이는 전체 모임으로 이동하여 예배와 성경공부를 한다. 그 시간이 끝나면 모임을 끝낼 수도 있고, 아니면 다시 연령별 교실로 돌아가 간식과 함께 다른 활동을 하기도 한다.

이 모델은 교회의 규모가 크든 작든, 자체 건물이든 임시 건물이든 상관없이 공통으로 사용되는 모델이다. 자체 건물에서는 연령별 수준에 맞게 교실을 설계할 수 있다. 교실 안에 있는 벽장식, 페인트, 조명, 장난감, 그리고 활동 도구들은 교실의 분위기를 놀랍게 바꾸어 준다. 그러나 자체 건물이 없는 교회들이 이렇게 하기는 어렵다. 조지아 주 알파테라에 위치한 스톤크릭 교회(StoneCreek Church)의 어린이부 사역자 제프리 리드(Jeffrey Reed, 지금은 라이프웨이 예배/봉사 사역 담당)는 교회 건물을 임대했기 때문에 매주 예배 공간을 디자인하고 장식하면서, 필요한 물품들을 사용한 후에는 창고나 혹은 트레일러에 보관해야 했다. 그때 제프리와 그의 팀은 창의적인 방식으로 공간들을 분리하여 그곳에 보관함을 비치했다. 그 위에 배너를 설치하여 어린이들에게 친근한 공간으로 디자인했다. 그뿐만 아니라 보관하기 어려운 테이블과 의자 대신에, 바닥에 러그를 깔아 어린이들이 바닥에 앉을 수 있도록 했다.³

2. 가족과 함께하는 모델

어떤 교회들은 어린이들이 부모와 분리되는 것을 불합리하다고

---

3   Jeffrey Reed, 2015년 7월 31일 저자에게 이메일 발송.

생각했다. 부모들이 나이와 상관없이 자녀들과 항상 함께 예배함으로써 자녀들의 제자 양육의 책임이 교회에 있지 않고, 부모에게 있다는 것을 확신시켜 준다. 이 모델을 적용한다면 누구를 대상으로 예배를 디자인할 것인지, 어떤 결과가 뒤따르는지도 알아야 한다. 어린이와 함께 하는 성인 대상의 예배를 디자인할 것인가, 아니면 성인들과 함께 하는 어린이를 대상으로 하는 예배를 디자인할 것인가? 이 질문에 대한 대답이 교회에 대한 철학이 될 것이며, 이로 인해 교회에 오고 싶어 하는 사람들도 있을 것이고, 반대로 교회를 떠나고자 하는 사람도 있을 것이다.

3. 둘 다 같이 하는 모델

마지막 모델은 위에 두 모델을 조합하는 모델이다. 인디애나주, 린컨 힐즈 교회 (Lincoln Hills Church)를 비롯한 어떤 교회들은 연령별 모델을 한 달에 세 번 갖고, 한 달에 한 번은 가족 내 모든 연령대 구성원이 모여 예배한다.

개척 교회에서의 어린이 사역

개척한 새로운 교회에 안정적으로 운영되는 주중 프로그램은 없어도, 시작할 때부터 중요한 원칙과 핵심 요소들이 적용되어야 한다.

대부분 새로운 교회들은 유아부 혹은 유치부만으로 시작한다. 부모가 뭔가를 배우려고 할 때, 자녀들을 다른 곳에 맡긴다. 그러나 유아부와 유치부에게 있어서 생명은 안전이다. "안전이란 어린이들이 환영받고 안전하며, 외부로부터 위험 요소가 없는, 걱정할 것 없는 환경을 제공하는 것을 의미한다. 안내(Guidance)는 어린이들이 결정을 잘할 수 있도록 도와주는 것이고, 성공의 기회를 경험하게 하여, 어린이들이 성취감을 느끼도록 도와주는 것이다.[4]

결국, 자녀들이 안전한 환경에서 돌봄을 잘 받고 있다는 것을 부모에게 알려 줌으로써 부모가 안정감을 제공해 준다. **어린이들의 안전이 보장된 어린이 사역 안에서 세부적인 과정을 개발해야 한다.** 이 사역은 너무나 중요한 일일 뿐만 아니라 부모의 마음에 안정감을 주고, 부모들도 편안하게 사역에 참여할 수 있게 된다. 교회가 어느 정도 성장하게 되면, 예배 중에 자녀의 이름 또는 번호를 예배 화면에 띄우는 시스템을 사용한다. 부모들이 자녀들을 맡기면서 번호 또는 스티커를 받는다. 유아부나 유치부로 돌아와서 번호 또는 스티커를 있어야만 아이를 찾을 수 있다. 문제가 생길 경우 화면에 자녀의 번호가 나오며, 자녀를 맡겼을 때 받은 번호를 갖고 있어야만 아이를 찾을 수 할 수 있다. 다른 교회들은 간단한 문자 메세지로 부모님들과 소통한다. 요컨대, 부모들은 자식들이 사랑받으며 돌봄을 잘 받을 수 있는 청결하고 안전한 환경이라는 확신을 가질 수 있어야 한다.

새로운 교회일 경우 어린이부 봉사자나 사역자를 구하고 훈련하기가 쉽지 않다. 유치부 봉사자는 다음의 요건들이 갖추어진 사람이어야 할 것이다.

등록 교인이면서, 그리스도와의 관계가 성숙해져 기도하는 마음으로 준

---

4   Thomas Sanders and Mary Ann Bradberry, *Teaching Preschoolers: First Steps Toward Faith* (Nashville: LifeWay, 2000), 17-18.

비하고 훈련하는 자, 유치부 어린이들을 사랑하고, 시간을 엄수하고, 융통성 있고, 의지하는 마음을 가지고 있고, 다정하고, 협력하고, 성숙함을 드러내고, 재치 있고, 열정을 보이는 자, 그리고 유치부 어린이들과 가족에게 다가가 가르치고, 방문하는 일에 헌신된 그리스도인이어야 한다.[5]

새로운 교회에 이러한 사람이 교회에 없다면, 다른 가까운 교회로 도움을 요청할 수 있다.

손발도 빌려줄 수 있는 열정있는 사람보다 함께 일할 수 있는 사역의 파트너를 찾아라. 협력하는 일에 집중해야 한다. 필요를 채워주기 위해 봉사하는 자가 아니라, 사역의 비전에 이끌려 봉사하는 자는 놀라울 정도로 깊이 있게 헌신하는 자이다. 미래의 봉사자를 찾는 가장 좋은 방법은 그들을 어린이 사역 컨퍼런스에 데리고 가는 것이다. 열정적인 어린이 사역자들과 2~3일 함께 시간을 보내다 보면, 어린이들과 그들의 가정들을 지키기 위해 분투하는 사역자들의 비전에 완전히 사로잡힐 것이다.

범죄 경력 조회

교회의 영유아부에 속한 모든 봉사자는 중요한 질문들에 답한 신청서를 제출해야 한다. 신청서에는 범죄 경력 조회에 대한 동의가 포함된다. 어린이부에서 사역하는 모든 봉사자는 예외 없이 범죄 경력 조

---

5 Cos Davis, *Breakthrough: Preschool Sunday School Work* (Nashville: Convention, 1990), 78.

회를 거쳐야 한다.

겉으로는 성범죄자인지 확인할 수 없다. 그러므로, 어린이부와 청소년부를 섬기는 모든 자원봉사자와 사역자는 직분에 상관없이 범죄 경력 조회를 받는 것을 제도화해야 한다. 왜냐하면, 그들이 어린이와 청소년들과 함께 있고 활동하기 때문이다. 조회의 범위를 전국으로 확대하기를 추천한다. 이렇게 해야 정확히 조회할 수 있다.

범죄 경력 조회를 하지 않는다면, 문제가 생길 때 교회가 모든 책임을 져야 한다. 그러나 그것이 결정적인 이유는 아니다. 범죄 경력 조회를 하지 않으면 어린 자녀들이 위험에 노출된다. 교회는 위험과 스캔들로부터 안전한 곳이어야 한다. 다른 바쁜 일들 때문에 신원조회가 미뤄질 수 있겠지만, 이것은 먼저 해야 할 중요한 단계이다.

제이나 맥루더(Jana Magruder)가 라이프웨이(LifeWay)의 어린이부(LifeWay Kids)의 책임자가 되기 전, 그녀는 오스틴 스톤 커뮤니티 교회(Austin Stone Community Church)의 어린이 사역자였다. 오스틴 스톤에서 제이나는 범죄 경력 조회뿐 아니라, 어린이 부서에서 봉사하려는 모든 사람과 인터뷰했다. 제이나는 이렇게 말했다. "인터뷰 할 때의 질문들은 대상자들이 영적 성장을 시작했을 때부터 어린이들을 가르쳤던 경험에 이르기까지 다양한 질문들을 포함한다. 과거의 있었던 일들에 대해 의심이 되는 부분들이 있다면 그들이 불편하게 느끼더라도 질문을 했다. 우리 사역자들은 인터뷰를 할 때 언어 표현이나 몸짓이 의미하는 바가 무엇인지 파악할 수 있도록 훈련이 되어있었다. 인터뷰는 몇 겹의 여과기처럼 성범죄자들을 걸러내는 역할을 했다."[6]

---

6   Jana Magruder, 205년 7월 30일 저자에게 이메일 발송.

봉사자 명찰

교회 유아부에서 사역하는 모든 사람은 항상 자신의 이름과 직분을 나타내는 명찰을 착용해야 한다. 이렇게 함으로 부모들은 자녀들을 위해서 봉사하는 사람이 누구인지 알 수 있다. 이것 또한 안전에 도움을 준다. 어떤 교회에서는 봉사자들 명찰이나 혹은 단체 티셔츠를 입게 하여 부모들이 봉사자들을 쉽게 알아볼 수 있도록 했다. 어떤 교회에서는 모든 봉사자에게 사진을 부착한 명찰을 착용하게 한다. 봉사자들과 사역자들을 부모들의 기대와 질문에 대해 항상 일관성을 가지고 대하도록 교육한다. 최근에 많은 교회가 인쇄된 보안 라벨을 사용한다. 이런 라벨을 하나는 자녀에게, 하나는 부모에게 준다. 이제는 많은 교회가 명찰이나 라벨이 아닌 스마트 폰을 사용해서 신원을 확인하는 시스템으로 자녀들을 찾을 것이다. 개척 교회와 같은 작은 공동체일 경우, 모든 교인이 서로를 모두 잘 알기 때문에 이렇게 하는 것이 불필요해 보일 수 있다. 그러나 하나님께서 교회를 성장시키시고, 방문자들을 보내주실 때, 그때를 대비해 미리 연습하는 것도 유익하리라 생각한다.

부모를 위한 사역

어린이 예배를 마친 후에 부모들이 자녀에게 가장 많이 하는 질문은, "재미있었니?"이다. 어린이들의 활동은 즐겁고 열정적이어야 한다. 자녀들이 그 시간을 재미있게 보내면, 어린이 예배에 다시 오고 싶어 할 것이고, 부모들은 자동으로 따라올 것이다.

두 번째로 많이 하는 질문은, "오늘 무엇을 배웠니?"이다. 이 책의 공동 저자인 다니엘은 세 명의 어린 자녀들이 있다. 첫째와 둘째는 교회에서 배운 것을 다 기억하지 못하지만, 배운 것을 다음과 같이 한 문장으로 말한다. "하나님이 우리에게 큰 평안을 주세요." 마찬가지로, 유치부와 유초등부를 가르칠 때, 자녀들이 집에 가서 부모에게 보여줄 수 있는 무언가를 주도록 하라. 예배를 통해 무언가를 배웠다는 것을 보여주는 것이다. 자녀가 그것을 가져오면, 가정에 와서도 부모와 함께 공부할 수 기회를 준다.

콜럼버스 오하이오주에 있는 빈야드 크리스천 펠로우십(Vineyard Christian Fellowship)은 어린이의 가정을 주님께 인도할 수 있는 귀한 사역이 어린이 사역임을 보여주는 교회이다. 그 교회는 커다란 형광색의 우편 카드를 방문자의 자녀들에게 나눠준다 (대형 카드, 45x60cm). 그 큰 카드에는 "빈야드에 와 주셔서 감사합니다"라는 문구가 적혀 있다. 그 카드는 자녀들이 아닌 부모들을 인도하는 카드이다.

부모와 자녀에게 전도하는 법을 훈련하는 것은 교회 성장에 필수적이다. 내가 미남침례교 국내선교회(NAMB, North American Mission Board)에서 섬길 때, 한 연구팀이 어린이부가 부흥하는 300개 이상의 교회를 조사했다. 필립 코너(Phillip Connor)는 효과적으로 어린이를 전도하는 교회에 대해 이렇게 설명한다. "효과적인 어린이 전도는 배가하며, 계속 새로워진다. 조사한 교회의 50% 이상은 자녀들과 함께 부모도 전도 훈련을 받으며, 이 교회 중 약 75%는 어린이들이 그들의 친구들에게 그리스도를 전하는 것을 훈련한다."[7]

---

7   Phillip Connor, 2005년 11월 9일, 저자에게 이메일 발송.

짐바브웨에 위치한 그리스도 커뮤니티 국제 교회(Christ Community Church International)는 교회가 개척되면서 놀라운 변화가 이웃 마을들에서 나타나는 것을 보게 되었다. 브리트 헴필(Britt Hemphill)은 이렇게 기록한다. "어와나 클럽과 주일 오전 예배를 통해서 어린이들이 복음을 듣고 반응했다. 이 복음의 능력으로 치고모(Chigomo)에 있는 형제와 자매들, 부모, 친척들의 마음을 주님께로 이끌었다."[8]

새로운 가정들이 교회에 나올 때, 부모들을 대상으로 부모-자녀 헌신모임을 갖게 하는 것은 너무 귀한 사역이다. 예배 때, 교회는 가정을 위해 기도하는 시간을 가지며, 자녀들을 믿음으로 양육한다는 부모의 헌신 시간을 가지라. 이 시간에 앞서, 부모로 하여금 가정에서의 신앙교육 클래스에 참여하도록 하라.

자녀들에게 복음을 전하라

어린이들은 믿음을 갖게 되면, 실천으로 옮긴다. 복음을 도덕적인 교훈으로 전락시켜, 어린이들이 순전한 복음을 들을 기회를 놓치지 말라. 우리는 복음을 상황화하여 전해야 한다는 말을 많이 한다. 그렇다면, 영원하신 하나님의 진리를 전 연령층에 맞게 다양한 장소에 적합한 메시지로 전할 수 있을까? 복음을 효과적으로 전달하기 위해 적절한 방법을 사용한다 해도, 변하지 않는 복음의 메시지는 같아야 한다.

그러나, 우리는 지금 어린이들에게 복음을 어떻게 전하고 있나? 어린이들에게 성경 이야기와 도덕적 교훈을 잘 가르치는가를 말하는

---

8   Britt Hemphill, 2015년 6월 5일 접속.

것이 아니다. 브루클린의 똑똑한 사람들에 맞게, 혹은 탄자니아의 종족에게 맞게 복음을 전하듯이, 어린이들의 상황에 맞게 복음을 전하는가? 어린이들과 효과적으로 소통하고, 가르치고, 예배할 수 있는 리더들을 양육하기 위해 시간과 노력과 자원을 투자하고 있나? 어린이들이 확실히 복음을 들을 수 있도록 하라.

좋은 이야기들을 모아놓은 성경

어린이들에게 이솝우화를 가르치듯, 성경을 도덕 이야기처럼 가르치는 경우가 있다. 성경 안에는 옳은 일을 한 사람들과 악한 일을 한 사람들의 이야기가 있는데, 이 이야기들을 통해 어린이들에게 인생을 어떻게 살아야 하는지를 가르친다. 선은 하나님으로부터 오고, 이것이 우리를 성공으로 인도하고, 악은 사탄으로부터 오며, 이것이 인생을 실패로 인도한다는 사실을 심어주어야 한다. 어린이들이 그렇게 살아가고 이 이야기들의 제목과 주제들을 잘 이야기할 수 있다면, 어린이들이 복음을 이해했다고 볼 수 있다. 교회가 어린이들에게 수많은 좋은 이야기를 전했지만, 그것이 복음이었나?

이야기 속에 있는 단편적인 이야기들을 하기는 쉽다. 그러나 우리는 더 큰 그림을 볼 수 있어야 한다. 복음의 일부분을 마치 전체 이야기인 것처럼 전하면서, 핵심적인 부분을 놓칠 때가 많다. 내 생각은 이렇다. 성경의 전체 이야기는 네 개의 주요한 장면들로 구성되어 있다. 즉 창조, 타락, 구속, 그리고 회복이다. 이것이 우리 교회에서 가르치는 이야기들이다. 물론 다른 교회들도 이렇게 하겠지만, 문제는 어린이들에게 이 이야기들을 어떻게 가르치는가이다.

다니엘과 나에게는 어린 자녀들이 있다. 자녀들에게 성경의 전체

이야기 중 일부분만 가르치기를 원하지 않는다. 성경은 처음부터 끝까지 하나님의 크고도 위대한 계획을 전하는 이야기이다. 우리의 자녀들이 성경의 한두 가지 진리보다는 전체를 알기 원한다. 성경을 분리된 조각으로 본다면 하나님께서 말씀하시고자 하는 이야기의 흐름을 놓치게 된다. 이 흐름을 알게 되면, 복음이 단지 단편적인 아이디어들을 모아놓은 것이 아니라, 사랑의 하나님이 인간을 구원하기 위해 설계하시고 실행하신 계획임을 깨닫게 된다.

어린이 수준에 맞춘 설교

다니엘과 나는 어린이부 사역자가 아니고 교육학 학위도 없지만, 어린이들에게 맞는 수준으로 하나님의 말씀을 가르쳐야 한다는 것을 충분히 이해하고 있다. 우리 모두 어린이와 같아야 한다고 성경은 말한다. "이르시되 진실로 너희에게 이르노니 너희가 돌이켜 어린 아이들과 같이 되지 아니하면 결단코 천국에 들어가지 못하리라"(마 18:3).

어린이들은 하나님의 말씀을 듣고, 거리낌 없이 하나님을 믿도록 디자인 된 자들이다.

그러므로 복음을 어린이들에게 정직하게 전해야 한다. 복음을 전체적으로 전하는 것이 더 상황에 맞추는 것이고, 어린이의 삶에 더 큰 영향을 미치게 될 것이다. 성경에 나오는 이야기를 전한 후에 마지막에서 복음을 첨가하지 않도록 주의하라.

어느 곳에서든지, 누구를 대상으로 하든지, 어린이의 수준에 맞추어야 한다. 그러나 복음의 능력이 포함되어야 한다. 하나님에게는 이야기가 있으며, 어린이들이 바로 그 이야기 안에 포함되어 있다. 기억하라. 올바른 상황화는 성경의 모든 이야기를 빠짐없이 효과적으로 가르치려는 노력이다.

결론

    페인트가 칠해지지 않고, 기증받은 아기 침대가 있는 작은 교실에서 어린이들을 지키는 것보다, 깨끗한 교실과 안전한 환경 속에서 자격을 갖춘 교사들이 성경적이고 복음 중심적으로 말씀을 가르치는 것이야말로 어린이들을 훨씬 소중하게 여기는 사역이 된다. 새로운 교회는 효과적인 어린이 사역이 무엇인지 주변에 있는 교회들로부터 배우고 본받아야 한다. 부모와 어린이들에게 복음을 효과적으로 전하는 방법에 대해서도 배워야 한다.
    어린이 사역자들이 제안한 열 가지 지침을 다음과 같이 소개한다.

어린이 사역을 위한 열 가지 지침

1. 한 방에서 어린이들과 함께 있을 때는 반드시 두 명 이상의 성인들이 같이 있어야 한다. 어린이와 리더 비율을 유·초등학생일 경우 6:1로, 영유아일 경우 3:1로 한다. 그러나 지역사회의 행정 규정에 따른다.
2. 범죄 경력 조회를 받지 않으면, 교사 또는 봉사자가 될 수 없다. 이로 인해 어려움을 당해도 이 원칙을 지켜야 한다.
3. 청결하지 않은 아기 침대, 장난감, 깔개, 이불 등을 사용하지 말라. 이러한 물품은 남이 쓰던 물건이 아닌 새 것으로 사용하고, 규칙적으로 청결을 유지하라. 특히 접촉 부위를 깨끗이 한다.
4. 부모가 허락하지 않은 음식은 어떤 것도 아이에게 주지 말라. 알레르기는 매우 치명적일 수 있다.

5. 부모들이 자녀들을 맡길 때 반드시 어린이의 이름, 알레르기, 건강 상태 등을 신청서에 작성하게 하라. 신청서 없이는 자녀를 받지 않는다.
6. 봉사자들에게 부적절하게 역할을 맡기지 않는다. 리더들을 정기적으로 훈련한다.
7. 매주 봉사자들이 어린이들을 섬기는 데 최선을 다하지 않을 것이라고 속단하지 말라. 리더들의 실수 중 하나는 봉사자들에 대한 기대가 너무 작다는 것이다.
8. 부모들을 위한 교육을 생략하지 말라. 정기적으로 부모들과 소통한다. 부모들은 가정에서의 영적 리더라는 것을 상기시킨다.
9. 어린이 사역은 부모들을 끌어오기 위한 수단이 아니다. 오히려 교회의 주된 사역이 어린이 사역이라고 생각하라. 어린이 사역이 부모들을 교회로 인도할 수 있다.
10. 어린이 사역이 어린이 돌봄을 위한 짧은 시간이라고 생각하지 말라. 의도적으로 복음과 하나님의 말씀을 가르친다. 성경, 유인물, 학습 자료, 미디어, 화면 등, 어린이들에게 설교 이해를 돕는 데 필요한 장비들을 사용하라. 그러나 무엇보다도, 어린이와 부모와의 일대일 관계를 통한 교육을 대신할 수 있는 것은 아무것도 없다.[9]

---

9   2015년 7월 30일 저자에게 이메일 발송. 이것은 제프 클라크(Jeff Clark)가 초판에 작성한 원본 목록을 확장한 것이다.

PART 5

배가와 운동

서론: 배가와 운동

교회를 개척하는 것은 마치 아이를 갖는 것과 같다. 언제 아이를 가져야 할지 분별하기도 쉽지 않다. 어떤 아기들은 태중에서 잘 자라지만, 어떤 아기들은 어려움을 겪기도 한다. 아이가 태어날 때 정신없고 고통스럽지만, 마침내 아름다운 생명이 태어나고 해산의 고통은 잊게 되며 또 다른 아이를 갖고 싶어 한다. 마찬가지로, 한 교회가 새로운 교회를 언제 낳아야 할지 시기를 계획하기 어렵다. 새로운 교회를 낳는 것을 미루는 이유는 얼마든지 많다. "교회를 시작한 지 2년도 안 됐어요. 사역자는 저 혼자예요.", "재정에 여유가 없어요.", "새로운 교회 개척을 고려해보겠습니다.", "우리 교회는 아직 너무 작아요.", "지교회를 시작하면, 교인들에게 재정적인 타격이 클 것입니다.", "교단이 책임지고 해야 할 일이 아닙니까?", "우리 앞가림도 못 하고 있는데, 무엇을 할 수 있을까요? 겨우 버티고 있어요."

현재 눈앞에 놓여 있는 장애물들을 넘어 새로운 교회 개척을 계획한다면, 교회 개척자들을 평가하고 훈련하여 개척 준비를 시작하게 될 때가 오기도 하고, 다른 한편으로 개척 과정이 쉽게 중단되기도 한다. 새로운 교회를 창립할 준비가 되면, 모든 것이 바뀌기 때문에 고통스럽다. 리더들, 교인들, 십일조, 정상적이었던 것들이 다 떠날 수 있다. 그러나 우리의 경험에서 볼 때, 새 교회를 개척한 교회에 사람들을 더 보내 주신다. 예수님께서 이렇게 말씀하셨다. "지극히 작은 것에 충성된 자는 큰 것에도 충성되고 지극히 작은 것에 불의한 자는 큰 것에도 불의하니라"(눅 16:10).

다니엘과 나는 교회가 산아 제한을 풀고, 자녀들을 갖기를 권한다. 그렇다. 교회 개척을 위해 재정을 후원하는 것도 중요하다. 그러나 재정으로 제한하지 말고, 교회가 동참해야 한다. 가서 새로운 교회를 개척하라. 다른 교회들과 동역하고, 신학교와 동역하고, 교단과 동역하고, 다른 네트워크와 동역하라. 지상 대위임령의 길을 막지 말라. 하나님은 사람들의 상상을 초월하시는 분이시므로, 우리가 그 자리에 서서 상상을 초월하여 세상을 변화시키는 하나님의 일들을 경험하자.

5부에서는 교회가 교회를 개척해야 하는 이유를 고찰할 것이다 (26장). 이 장에서는 비전 나눔의 도구들을 비롯하여 모교회가 되어 교회 개척자를 후원할 수 있도록 여러 도구들을 제공할 것이다. 다음 장에서는(27장) 신학 교육을 살펴볼 것이고, 왜 교회에 사역자의 빈 자리가 더 많고 자격을 갖춘 후보자가 없는지, 그리고 이것이 교회 개척의 미래에 어떤 영향을 미치는지 검토할 것이다. 신학교, 교회, 교단 그리고 네트워크들이 서로 더 동역하여 리더십이 부족한 이 위기를 극복할 수 있는 새로운 모델을 소개할 것이다. 그리고 28장에서 교단과 네트워크가 배가하는 교회와 교회 개척을 효과적으로 하기 위해 서로 무엇을 배워야 할지 고찰할 것이다. 29장에서는, 교회 개척 운동(CPM)과 교회 배가 운동(CMM)의 차이점을 비교하고, 우리가 그 운동에 동참하는 방법을 배우게 될 것이다. 마지막으로, 적용에 초점을 맞출 것이다. 영적인 리더로서 믿음과 야망의 역설과 긴장을 통해 어떻게 사역해야 하는지를 고찰할 것이다.

우리가 사는 이 도시에 교회들이, 교단들이, 네트워크들이, 신학교들이 이런 사역을 멈춘다면 어떤 일이 벌어질까? 만일 이들이 전쟁터의 장군처럼 그들이 사는 도시의 지도를 펼쳐 손을 잡고 같이 기도하고 전략에 따라 소임을 맡긴다면, 어떤 일이 벌어질까? 하나님의 나라가 이 땅에 더 풍성하게 세워지는 것을 볼 수 있지 않을까?

우리 모두 "예!"라고 화답하자. 내 사역이라는 이기적 탑에서 벗어나자. 서로 동역하는 것을 두려워하지 말자. 복음과 하나님의 나라를 위해 함께 동역하자. 그러면, 우리는 우리 세대에서 교회 배가 운동을 보게 될 것이다. 따라서 5부에 나오는 내용을 읽어가면서, 나의 이기적 탑을 어떻게 허물어야 할지, 그 일을 위해 나의 역할이 무엇인지, 하나님께 묻고 기도하라. "아버지여, 아버지께서 내 안에, 내가 아버지 안에 있는 것 같이 그들도 다 하나가 되어 우리 안에 있게 하사 세상으로 아버지께서 나를 보내신 것을 믿게 하옵소서"(요 17:21).

교회를 개척하는 교회

예수님께서 승천하시기 전, 제자들이 지상 대위임령을 받으면서, 복음을 전하기 시작했다. 먼저 예루살렘부터, 그리고 다른 문화권에 점차 확대되었다. 사도행전은 예수님의 명령에 순종했던 초기의 행적들을 기록한 책이다. 신약의 서신서들은 새로운 지역에서 기독교가 세워지는 것을 보다 구체적으로 기록한 편지들이다. 오늘날에는 다 알고 있는 이야기지만, **그리스도인들이 복음을 전한 곳은 어디에서나 교회가 세워졌다**는 사실을 잊어서는 안 된다. J. D. 페인(Payne)은 이렇게 말한다.

> 신약성경에서 교회 개척의 정의를 찾아볼 때마다, 새로운 교회는 전도의 결과라는 것을 발견할 수 있다(행 13-14장). 양들은 하나님 나라의 이곳저곳에 흩어져 살지 않았고, 예루살렘이나 안디옥 지역에서 파생된 곳에 거하였다. 전도는 현장(field)에서 일어난다. 제자들이 양육되고, 그들이 함께 모여 교회가 형성된다. 그들은 침(세)례 받고 순종을 배운다. 새로운 교회에서 목사가 세워진다.¹

---

1   J. D. Payne, *Unreached Peoples, Least Reached Places: An Untold Story of Lostness in America* (self-published, 2014), 10. 다음 사이트에서 자유롭게 이용할 수 있다. http://www.jdpayne.org/wp-content/uploads/2014/04/Unreached-Peoples-Least-Reached-Places-Payne.pdf, accessed October 4, 2015.

하나님 나라는 더하기가 아니고 배가를 통해 가장 효과적으로 확장된다. **새로운 교회 개척이 한 교회로 끝난다면, 그것은 성경의 역사와 권면을 부인하는 결과가 된다.** 새로운 교회가 후원하는 교회로 성장하게 되고, 성장한 교회는 개척 과정을 다시 반복한다. 하나님의 나라는 더하기가 아니라 배가를 통해서 효과적으로 확장된다. 재생산은 성경적인 교회의 DNA의 일부이다.

나는 「전염성 있는 교회」(Viral Churches)라는 책에서 미국 여러 교단의 담임 목사들과 인터뷰를 한 결과를 나누었다. 1,004개의 교회 중, 거의 모든 교회(85%)가 매달 기도회부터 단기선교에 이르기까지, 여러 형태로 선교에 동참하고 있었다.[2]

그러나 교회 개척을 선교적인 측면으로 평가해 볼 때, 개척된 교회의 28%만이 새로운 교회를 개척하는데 직접적인 도움을 주고 있었다(최소한의 지원도 포함). 이 조사에 대해 좀 더 자세하게 설명하자면, 개척 지원 교회 중 52%는 일회성 후원, 지속적인 파트너십 제공, 장비, 임대, 선교지에서 교회 개척 등의 여러 가지 방법들로 교회 개척에 참여했다.

그러나 28%중에서 그중 12%만이 모교회의 역할 또는 새로운 교회의 실질적 후원자로서 재정적 책임을 담당하는 교회들이 있었지만, 지난 12개월 동안 설문에 참여한 교회 중 오직 3%만이 새로운 교회 개척에 대한 진정한 책임감을 가진 교회이었다. 이는 상당히 우려되는 현실이다.

2　Ed Stetzer and Warren Bird, *Viral Churches: Helping Church Planters Become Movement Makers* (San Francisco: Jossey-Bass, 2010).

이 책을 읽는 독자들은 개척한 교회가 잉태 단계부터 성숙의 위치까지 자라가도록 최선을 다해야 할 것이다. 하나님은 그들이 다시 새로운 교회를 개척하라고 말씀하신다. 개척자들은 이렇게 생각할 것이다. "지금 이 교회를 개척하기 위해 전력투구하고 있는데, 내가 어떻게 새로운 교회를 다시 개척할 수 있을까?" 그러나 새로 시작되는 교회는 이미 개척 경험이 있는 모교회의 열정을 확대하고, 개척할 때 배웠던 모교회의 경험을 실천에 옮길 수 있는 최상의 기회를 가질 수 있다. **교회의 규모와 연수에 상관없이 모든 교회는 교회 개척에 참여할 수 있다.**

자신의 교회를 새로운 교회 개척 사역으로 인도하는 개척자들은 도시 전체를 바라보게 하며, 더 나아가 도시를 초월하는 비전을 갖게 되고, 한 교회 개척만으로 한정하지 않는다. 예를 들어, 버밍햄, 알라바마 주에 하일랜드 교회(Church of Highlands)의 목사 크리스 핫지스(Chris Hodges)는 그가 거주하는 도시 전체를 위해 사역하라는 부르심을 받게 되었다. 크리스 가족은 버밍햄에서 "복음의 단순성과 하나님과의 관계에서 나오는 사랑의 능력"에 집중하여, 교회 개척의 비전을 품고, 배튼 루즈(Baton Rouge)로 이사했다. 첫 예배는 2001년에 시작됐고, 미국에서 가장 큰 교회 중 하나로 성장하게 됐다. 하지만 크리스와 그의 팀은 멈추지 않았고, 사명은 아직 끝나지 않았다고 생각했다. 즉시로 그들은 더 많은 교회 개척을 계획하기 시작했고, 교회 개척을 사역을 계속 이어갔다.[3]

---

3   Sherri Brown의 리포트: "Becoming a Church Planting Church," *Leadership Network* 2015년 10월 4일 접속, http://storage.cloversites.com/northtexasdistrictcouncilofassembliesofgod/documents/Becoming%20a%20Church%20Planting%20Church.pdf.

필라 교회(Pillar Church) 역시 같은 비전을 가졌지만, 그들의 사역 대상은 그들의 도시가 아니었고, 전 세계에 흩어져 있는 미국 해병대(US Marine Corps, USMC)를 위한 교회를 개척하는 것이었다. 클린트 클리프톤(Clint Clifton)이 필라 교회를 2005년에 개척했을 때, 그는 버지니아 주 콴티코(Quantico)에서 시작했다. 그곳은 미국 해병대의 중심 기지였다. 그 결과 이 교회는 현역과 예비역 또는 은퇴한 해병과 그들의 가족들에 대한 영적인 부담을 갖게 됐다. 해병들을 위한 사랑과 교회를 개척하는 열정이 만나, 해병들이 다른 부대로 전출하면 그곳에서 교회를 개척할 수 있도록 훈련하는 지금의 비전을 갖게 되었다. 그들은 이 사역을 근위병 프로젝트(Praetorian Project)라고 불렀다. 그들은 지금까지 6개의 교회를 개척했으며, USMC 핵심 기지가 되는 네 곳에 먼저 집중하여 개척하고, 점차 전 세계에 흩어져 있는 모든 미군 해병대 안에 교회를 개척하는 비전을 갖게 되었다.

다니엘과 나는 은사가 많은 교회 개척자들이 교회 개척 이후 3년이 지나도 새로운 교회를 세우지 않는 것을 보고 실망하였다. 교회에 실망하는 것이 아니고, 개척자에게 실망한 것이다. 교회 개척자는 다음 세대 교회들의 최고의 옹호자이고, 후원자이어야 한다. 만약 개척자가 처음부터 새로운 교회를 개척할 마음이 없고, 개척 3년 이내 개척을 시작하지 않았다면, 개척자는 하나님 나라를 확장하는 사명에 있어서 교회 개척이 얼마나 중요한지를 망각한 것이다.

다음은 기존의 교회들이 새로운 교회를 개척해야 하는 이유들이다.

기존의 교회가 새로운 교회를 개척해야 하는 이유

1. 잃어버린 영혼에게 다가가기 위해

교회 개척은 잃어버린 영혼에 접근한다. 첫 번째 이유는 분명하다. 개척자와 기존 목사를 포함한 모든 목회자가 전도의 사명에 동의할 것이다. 잃어버린 영혼들에 예수님이 필요하다. 나는 믿지 않는 집안에서 자랐기 때문에, 이 사실은 개인적으로 나에게 깊이 다가오는 부분이다. 나의 친척들 대부분은 믿지 않는 자들이다. 하지만 최근에, 교회 개척을 통해 가족 중 두 명이 예수님을 믿게 되었다. 이런 일은 흔하지 않은 경험이다.

몇 년 전, 크리스쳐니티 투데이(Christianity Today)에 기고된 논문, "가서 모든 백성을 위해 교회를 개척하라"에서 오늘날 북미 복음주의자들에 따르면 전도 집회보다 교회 개척이 더 효과적인 전도 방법이라고 발표하였다.[4] 오늘날 교회를 재활성화하는 사역보다 교회 개척 사역을 더 선호할 만큼 많은 성장을 이루었다. 실제로, 교회 재활성화를 시도하는 목회자는 개척자보다 많지 않았다. 최근 회사 창업의 붐이 일어난 것도 교회 개척을 선호하게 이끈 원인 중 하나라고 볼 수도 있다. 그러나 교회 개척자들을 움직이게 만든 가장 큰 원동력은 믿지 않던 자들이 예수님께로 돌아오는 것을 보기를 소원하는 마음이었다.

기존의 안정된 목회자들이 새로운 교회를 개척하는 일에 도전하기를 바란다. 개척하는 교회를 통해 영혼들이 예수님께로 돌아오는 것

---

4 Tim Stafford, "Go and Plant Churches of All People," September 27, 2007, 2015년 10월 5일 접속, http://www.christianitytoday.com/ct/2007/september/36.68.html.

을 목격하게 될 것이다. 교회 내 수동적이던 사람들도 교회 개척에는 오히려 적극적일 수 있다. 그러므로, 교회가 교회를 낳고, 그 교회가 다른 교회를 낳고, 다른 교회가 또 다른 교회를 낳는, 그런 교회를 세우기를 원한다.

2. 성경의 패턴을 따르기 위해

교회 개척은 성경의 패턴을 따른다. 신약성경은 교회 개척을 이미 형성된 패턴으로 보고 있다. 먼저 밝혀야 할 것은 성경에는 교회 개척을 언급하고 있지 않다는 것이다. 교회를 개척하라는 말은 성경에서 나오지 않는다. "교회를 개척하라"라는 말씀이 없지만, 미루어 짐작할 수 있다. 이는 예수님의 대위임령에 순종하는 제자들의 최우선적인 사역이었다. 제자들은 교회를 개척했다. 신약에 기록된 대부분의 교회는 여러 모습으로 사람들을 파송하여 새로운 교회들을 세웠고, 또다시 다른 교회들을 세웠다. 아이러니하게도, 예루살렘 교회는 예외였다. 그들은 사람들을 파송해서 새로운 교회들이 점검하고, 곁길로 이탈하지 않도록 관리해주었다.

오늘날에는 예루살렘 교회와 유사한 교회들이 너무 많다. 새로운 교회들 안에 문제가 생길 때만 예루살렘 교회가 개입하는 것이다. 이러한 태도는 개선될 필요가 있다. 교회 개척은 성경적 열정이 차고 넘쳐서 새로운 교회들을 돕고 지원해야 한다. 그렇게 될 때, 모든 교회는 어느 시점이 되면 새로운 교회 개척을 시작하게 될 것이다. 그 정신을 본받아 더 많은 교회를 개척하자.

3. 교회가 사는 길이기 때문에

교회 개척은 생존을 위해 필수적이다. 기독교 운동(movement)이 일어나기 위해서는, 교회 개척이 필요하다. 통계적으로 말하자면, 교단이나 네트워크의 사역을 계속 유지하기 위해서는 적어도 3% 이상의 교회 개척이 있어야 한다. 100개의 교회가 속해있는 교단은 3개의 교회가 개척되어야 한다는 것이다. 성장하기 위해서는 5% 이상이 되어야 한다. 부흥하는 단계에 이르려면 10% 이상이 되어야 한다. 우리의 시도가 신학적인 면에서 이탈되지 않는 것이라면, 교회 개척을 통해 이를 적극적으로 지원해야 할 것이다.

4. 개척하는 교회의 유익을 위해

교회 개척은 개척하는 교회에게 유익을 준다. 제프 파머(Jeff Farmer)는 그의 박사 학위 논문에서 교회 개척이 개척하는 교회에게 어떤 영향을 주는가를 연구했다. 그는 규모가 다른 교회들을 대상으로 75개의 개척하는 교회와 개척하지 않는 75개의 교회를 비교하였다. 규모와 배경이 유사한 교회들을 비교해 보았을 때, 교회 개척을 하는 교회들이 그렇지 않은 교회들보다 더 건강한 것을 발견했다.

더 나아가서, 2015년 라이프웨이 연구소가 NewChurches.com과 더불어 시행한 교회 개척 현황 보고서에 따르면, 교회 개척 이후 3년에서 5년 사이에 새로운 교회를 개척하는 교회는 그렇지 않은 교회보다 매년 더 높은 예배 참석률을 보였다. 재정 후원으로 교회 개척에 동참한 교회들도 마찬가지였고, 개척 교회의 리더들을 돕는 교회들도 더 높은 성장률을 보였다. 배가 지향적 사역은 새로운 교회를 개척하

는 교회들의 높은 예배 출석과 서로 상관관계가 있음을 보였다.[5]

개척하는 교회들은 그 과정에서 교회가 더 건강해진다고 믿는다. 새로운 교회에서 일어나고 있는 변화된 삶에 대한 간증을 들을 때, 그들의 교회를 새로운 눈으로 보기 시작한다. 우리 교회도 이런 일이 생길 수 있겠다고 생각한다. 교회 개척의 수위가 높아지면 물 위의 있는 배들도 덩달아 떠오르게 된다.

다른 교회의 개척을 위해 재정을 후원한 교회의 예배 출석률 vs 재정 후원을 하지 않은 교회

연도	후원 교회	후원 안 한 교회
1	59	40
2	87	55
3	117	62
4	150	80

분기별로 새로운 교회의 리더들을 양육하고 멘토링 한 리더의 교회 개척 이후
3-5년 사이에 새로운 교회를 개척한 교회 vs 3-5년 사이에 새로운 교회를 개척하지 않은 교회

연도	개척한 교회	개척 안 한 교회
1	60	43
2	92	59
3	121	73
4	167	85

5 　미국 내 교회 개척 2015년 보고서는 www.New-Churches.com/PMC에서 내려 받으시오.

개척 이후 3-5년 사이에 새로운 교회를 개척한 교회 vs
3-5년 사이에 새로운 교회를 개척하지 않은 교회 예배 출석률

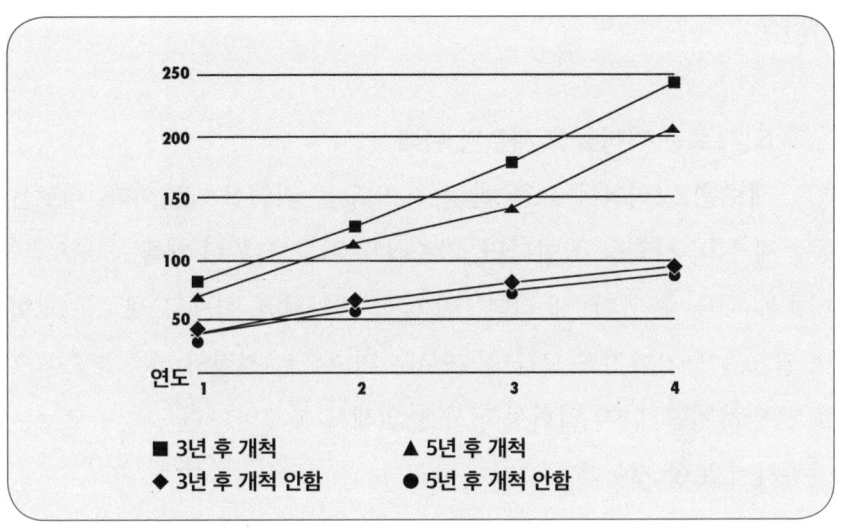

5. 복음의 서진(western world)을 위해

복음의 서진을 위해서는 교회 개척이 필수다. 복음을 서부 세계에 전하기 위해서는, 수천 개의 교회가 개척되어야 한다. 서부 세계는 지리적으로 광대하다. 그러나 더 중요한 것은, 수많은 문화가 공존하는 곳이다. 많은 사람은 이 세계를 미국과 호주같이 팬케이크처럼 납작한 세계로 생각한다. 그러나 자세히 들여다보면, 팬케이크와 같지 않다. 오히려 와플과 같다. 서부 세계에 있는 나라들은 수천 개의 와플 디벗(와플 무늬) 안에 서로 다른 관습, 문화, 배경을 가진 사람들이 그 안에 살고 있다. 예수님은 우리가 수많은 와플의 디벗들 안으로 들어가서, 그곳에서 전도하며, 그 안에 교회를 세우고, 그 교회가 또 다른 교회를 개척할 것을 말씀하셨다.

이와 더불어, 폴 베커(Paul Becker)와 마크 윌리엄스(Mark Williams)는 기존의 교회들이 새로운 교회를 개척해야 하는 몇 가지 이유를 제시했다.6

6. 새로운 리더들을 세우기 위해

새로운 교회의 중요한 한 가지 의무는 리더십 개발이다. 새로운 공동체가 이 사역을 잘한다면, 기존의 교회들보다 더 빠른 속도로 리더들을 세울 수 있다. 새 리더들이 많이 세워지면, 실제로 새로운 교회의 필요를 능가할지도 모른다. 새로운 리더들은 성령의 기름 부으심으로 충만하지만, 단지 일회성 행사를 위해서 봉사한다면 그것만으로는 만족하지 못할 것이다.

만약 새로운 교회에 두 개의 예배 팀이 있어서, 격주로 찬양을 인도한다면, 둘 중 한 팀은 교회의 축복 속에 새로운 교회에 파송되어, 그곳에서 리더로 섬길 수 있을 것이다. 두 개의 팀 중 한 팀은 교회에 남고, 다른 팀은 개척 팀이 되어 섬긴다면 한 교회에서 두 팀이 번갈아 예배를 인도하는 것보다 더 많은 섬김의 기회를 얻게 될 것이다.

이렇게 사역한다면 교회 안에 있는 리더들은 자신의 능력을 지속해서 개발하게 된다. 많은 목회자와 개척자들은 그들의 교회에서 리더들을 개척지로 파송했을 때, 하나님께서 빈 자리를 새로운 사람들로 채워주셨고, 더 많은 리더십들이 교회의 사역에 동참하게 해 주셨다고 간증한다.

---

6 이 개념은 다음 책에서 등장한다. Paul Becker and Mark Williams, The Dynamic Daughter Church Planting Handbook (n.p.: CreateSpace Independent Publishing Platform, 2013), 11-15.

7. 하나님 나라 확장을 체험하기 위해

성장에 관한 하나님 나라의 관점은 지역 교회라는 관점보다 더 중요하다. 교회 지도자들은 그들의 시야를 넓혀, 지역 교회를 초월하여 바라볼 필요가 있다. 하나님 나라의 유익을 위해 자신의 교회를 희생하려 하지 않는 교회는 성장이 중단되고, 하나님의 원대한 목적을 이해할 만큼 성숙하지 못한 자들이다. 지역 교회가 자신의 조직 규모와 능력을 키우는 것에만 자원을 투자하는 것보다, 새로운 교회를 개척할 때, 하나님 나라의 목적은 더 효과적으로 실현된다.

8. 영원한 유산을 전달하기 위해

새로운 교회를 후원하는 다른 이유는 "가족 유산" 때문이다. 전통을 이어가는 가문은 가족의 유산을 대대로 다음 세대에 물려준다. 가족 유산에 대한 인식은 다음 세대들에게는 기대감과 에너지를 불러일으킨다.

교회도 이와 마찬가지이다. 새로운 교회들은 교회의 신앙과 믿음을 물려준 믿음의 부모에 대해 뿌듯한 만족감을 느끼게 된다. 믿음의 유산은 새로운 교회들에 힘을 부여해 주고, 이러한 역사 속에 더 깊이 뿌리내려 믿음의 기초가 형성되는 느낌이 들게 해 준다.

후원하는 교회는 새로운 교회에 믿음의 유산을 전달하면서 하나님의 사람들이 늘어나고 하나님의 나라가 확장되는 것을 보며 기뻐한다. 이러한 기쁨은 새로운 세대의 교회들이 또다시 새로운 교회를 개척하게 될 때 더 풍성해진다. 후원하는 교회들은 자녀들을 성공적으로 양육한 자들을 위한 영광의 자리에 앉는 특권을 경험하게 된다. 그 교회들은 영적 자녀들이 열매를 맺기까지 많은 이바지를 했기 때문이다.

9. 하나님의 영광을 위해

지역 사회에 있는 모든 교회가 새로운 교회 개척에 참여하지 않을 수 있지만, 나의 교회가 이 사역에 참여하게 될 때, 하나님의 임재와 능력이 그 지역 사회에 나타나게 된다. 하나님의 백성으로 말미암아 새로운 교회가 세워질 때, 그곳에 하나님 자신을 드러내시고 선포하신다. 새로운 교회는 위대하신 하나님을 놀라운 간증이다!

비전 캐스팅

개척자는 새로운 교회를 개척하는 비전을 개발하고, 심어주는 사람이다. 새로운 교회 개척 첫날부터, 개척자는 재생산하는 교회가 되고, 또 다른 교회를 개척함으로 하나님 나라를 확장하는 전략을 구축해야 한다. 이 비전을 교인들과 더불어 정기적으로 소통한다면, 미국 교회 개척 현황 보고서와 같이 재생산하는 교회가 될 가능성이 크다. 앞에서 언급한 바와 같이, 3년 이내에 새로운 교회를 개척하지 않는다면, 영영 개척하지 못할 것이다.

개척자는 교회 개척 비전을 선포함으로 새로운 교회 개척을 시작한다. 비전은 강단을 통해 목회자의 마음에서 우러나와 말로 선포되어야 한다. 목회자는 하나님의 비전을 교회 공동체에 전하도록 하나님께서 기름 부은 유일한 자이기 때문이다.

더 나아가, 강단에서 설교를 통해 비전을 선포해야 하는 이유는 목회자의 많은 설교 중에서 교회 개척 비전이 무엇보다 중요한 사역이기 때문이다. 비전은 교회 복도에서 오가는 가벼운 대화가 아니다. 교회 모든 공동체에 선포되어야 한다.

목회자가 비전을 선포했다면, 교인들은 그 비전을 붙잡아야 하고, 자신들에게 적용해야 한다. **비전을 이루기 위해, 교회는 그 비전을 붙들어야 하고, 비전이 풍성하게 자라기 위해, 비전을 적용하여 자신의 것으로 만들어야 한다.**

다음은 비전 선포를 위해 도움이 되는 지침들이다.

기도로 시작한다

위대한 비전은 모두 기도의 골방에서 시작된다. 위대한 비전을 선포하길 원한다면, 먼저 하나님으로부터 비전을 받아야 한다. 말씀과 저널을 묵상하고, 도시를 위해 기도하고, 교회 창립 팀, 리더십 팀과 함께 비전을 나눈다. 다니엘과 나는 우리가 인도한 교회와 사역을 위해 여러 번 이렇게 해왔다. 항상 기도로 시작했다.

문제를 말하고, 영적 긴장감을 느끼게 한다

모든 이야기에는 왜 악이 존재할까? 훌륭한 이야기 속에는 항상 위기가 등장한다. 문제에 구체적인 답을 제시하지 않는 한 사람들은 비전에 귀를 기울이지 않을 것이다. 그 문제에 대해 비전이 답하는 바를 분명히 알고, 그것을 사람들과 나누라. 문제를 설명할 때, 긴장감도 같이 일어날 것이다. 그때 선포하는 비전을 사람들이 잘 받아들일 것이다.

미래에 될 이야기를 나누라

비전을 선포할 때, 이야기 형식으로 나누라. 우리는 모두 내러티브 형식과 이야기를 좋아하기 때문에, 이 이야기는 현재 그리고 있는 미래의 큰 그림으로 사람들을 데려다줄 것이다. 이야기로 비전을 전달하는 것은 비전에 살을 붙이는 것과 같다. 비전이 일 년에 한 번 새로 붙이는 벽에 붙어있는 구호가 되어서는 안 될 것이다. 또한, 비전을 이야기식으로 전한다면, 사람들에게도 더 기억에 남고, 공감할 수 있는 비전이 될 것이다.

집단적 비전을 개인화하라

대부분은 비전을 나누기만 하고 그다음은 아무것도 하지 않는다. 이렇게 되면 사람들을 행동으로 옮길 수 있는 최적의 기회를 놓치고 만다. 대신 교회의 비전을 나눈 후, 한 발자국 더 나아가 이 비전을 어떻게 개인적으로 적용하는지를 설명한다. 예를 들어 이 비전을 실현하기 위해서 개인적으로 할 수 있는 일이 무엇인가? 아니면, 누구에게 이 비전을 나누겠는가? 이런 쉬운 적용이 너무 단순하다고 생각할 수 있지만, 비전에 생명력을 불어 넣어줄 때, 이는 더 확대될 것이다.

교회를 개척하는 데 있어 또 다른 좋은 방법은 교회 개척 사역에 힘을 실어줄 수 있는 개척 리더십 팀의 임명식이다. 하나님의 비전을 가진 목회자가 강단에 서서 주위에 모인 개척 리더들을 교회 앞에서 임명할 때, 나머지 교인들도 교회 개척이라는 중대한 사역에 동참하게 될 것이다.

「리플 교회: 새로운 교회의 보육팀을 통한 사역 배가」(The Ripple Church: Multiply Your Ministry by Parenting New Churches)라는 책에서 필 스티븐슨(Phil Stevenson)은 이렇게 설명한다. "재생산하는 교회를 개척하기 위해 팀을 만드는 것은 꼭 필요하다. 이 보육 팀(parenting team)의 목적은 한가지이다. 이 목적이 성취되면 팀은 해체된다. 교회가 부양하는 사역을 꾸준히 하고자 한다면, 또 다른 교회를 개척하기 위해 새로운 팀들이 계속해서 만들어진다. 이러한 과정을 통해 더 많은 사람이 이 사역에 동참하게 되고, 그리고 교회 공동체는 주인의식으로 더 뭉쳐질 것이다."[7]

부모교회가 되기 위한 실제적인 방법

교회 공동체가 새로운 교회를 개척하도록 인도하는 것은 절대 쉽지 않다. 1970년대에 잭 레드포드(Jack Redford)는 교회 후원에 관한 실제적인 문제들과 어려움을 담고 있는 책을 저술했다. 레드포드는 새로운 교회를 개척하기 위한 순차적 8단계를 제공했다.[8] 레드포드가 사용한 용어들은 구시대적이지만, 그의 통찰력과 조언은 성경적 통찰력과 폭넓은 경험을 근거로 한 것이다.

1. 선교 위원회를 선임한다: 선교 위원회는 선교에 대한 마음이 있는 자들로서, 새로운 교회 개척에 깊은 관심을 가진 자들로 구성되어야 한다.

2. 지역을 선정한다: 지역을 선정하는 데 영향을 주는 여러 가지 요소들이 있다. 인구의 규모, 집중적인 전도 대상자가 되는 초점 그룹, 초점 그룹과 후원 교회 사이의 사회적 공통점, 그 외 다른 특징들을 고려한다.

---

[7] Phil Stevenson, *The Ripple Church: Multiply Your Ministry by Parenting New Churches* (Indianapolis, IN: Wesleyan, 2004), 121.

[8] Jack Redford, *Planting New Churches* (Nashville: Broadman, 1978).

3. 후원 교회를 구성한다: 후원할 수 있는 교회를 정하고, 후원 교회가 효과적으로 교회를 개척하는 방법을 설명한다.

4. 사역 현장을 연구한다: 앞으로 교인이 될 수 있는 사람들을 접촉하고, 지역 사회의 필요를 파악하고, 사역 대상이 되는 지역 사회에 관심을 기울인다.

5. 가정 성경 공부를 시작한다: 개척자와 팀은 개척 지역에서 영적인 관심을 가진 사람들을 찾고, 그들과 함께 소그룹을 형성한다.

6. 예배 장소를 확보한다: 하나 또는 두 개의 소그룹이 세워졌다면, 후원 교회는 예배 장소를 확보하는 일에 도움을 준다. 이 단계에서는 여러 지역의 소그룹들을 하나의 큰 모임으로 통합한다.

7. 재정 계획을 수립한다: 이 단계에서 새로운 개척 교회는 조직 공동체로 세워져야 한다. 아직 후원금을 모금하지는 않으며 개척을 위한 제한적인 후원을 받을 수 있다. 공동체의 조직이 단순하므로, 핵심 구성원들과 함께 비전 개발에 박차를 기할 수 있다.

8. 시설을 확보하고 교회를 구성한다: 후원 교회는 새로운 교회의 재정 주도권과 지침을 새로운 공동체에 위임해야 한다. 새로운 교회는 모든 행정, 관리, 그리고 리더십의 책임을 갖는다.

최근에, 컨버즈 교회 개척(Converge Church Planting)을 이끌고 있는 댄 맥스톤(Dan Maxton)은 개척 교회를 돕는 12단계를 제공했다. 이 단계들을 고려하여 레드포드의 방법과 비교해 볼 수 있다.

1. 그 지역을 위해 기도하고 연구한다.
2. 창의적으로 비전을 선포한다.
3. 적절한 후원자들을 찾는다.

4. 다른 교회들과 동역하여 영향력을 키운다.

5. 사람들의 파송 여부를 고려한다.

6. 목표로 하는 지역 사회를 정한다.

7. 교회 공동체의 헌신을 끌어 올린다.

8. 기업가형 교회 개척자를 선정한다.

9. 개척자가 부모교회와 깊은 유대 관계를 갖도록 돕는다.

10. 개척자를 위한 코치와 목회자를 위한 멘토를 확보한다.

11. 영적 부모가 되는 과정에서 역할이 바뀐다는 것을 기억한다.

12. 안식과 회복을 준비한다.[9]

맥스톤의 제안은 교회 개척을 할 때 다른 교회와 함께 협력하라는 것이 유익하다는 것이다. 다른 교회와 협력하여 교회를 개척하면 협력하는 교회들은 사역의 열매와 유익을 얻게 된다. 파트너가 된다는 것은 잃어버린 영혼들을 향한 증인이 된다는 것뿐 아니라 예수님이 온 세상을 통치하시는 분임을 증거하는 것이다. 우리 자신의 취향과 야망을 내려놓고, 사람들의 마음을 울리는 새로운 이야기를 창조해 간다. 피차 순종하고 서로 존중하여 사랑의 협력을 이루어 나간다면, 우리 자신의 영역이 넓어지는 것이 아닌 하나님 나라가 확장될 것이다. 많은 경우 교회 개척 사역이 우리 자신의 욕심으로 인해 하나님 나라의 깃발이 아닌 우리 자신의 깃발을 세우는 일이 될 수 있다. 교회 개척을 위한 협력 사역에서 "공통되는 모든 일들"을 함께 이루어 갈 때, 이 땅에 임하시

9　Dan Maxton, "Twelve Steps to Parenting a Daughter Church," accessed October 5, 2015, http://www.convergesw.org/files/sw/12_steps_to_parenting_a_church.pdf.

는 하나님 나라의 사역에 더 충성하는 자임을 알게 된다.

새로운 교회 후원을 꺼리고, 교회 개척 지원에 헌신하지 않으려는 것이 오늘날의 목회 현실이다. 자신의 교회를 통해 그리고 지역 사회를 넘어 하나님 나라의 확장을 꿈꾸며 향해 전진하는 목회자들도 많이 있다.

목사이며 코치인 디노 세네시(Dino Senesi)는 그의 교회가 어떻게 실천하고 있는지 다음과 같이 설명한다.

> 뉴올리언스 지역에서 파송교회 목사로 사역하고 있었을 때, 매년 모든 교회 공동체가 함께 축하하는 시간을 가졌다. 우리가 파송하여 세워진 교회들은 민족별로 세워진 교회들이었는데, 모두 잘 성장하고 있었다. 함께 예배를 드리며, 다양한 민족들의 음식을 나누며 교제했다. 우리는 우리 교회 공동체들의 다양성과 더불어 하나님 나라의 다양성을 경험할 수 있었다. 하나님께서 인종 차별과 인종에 관한 고정관념으로 힘들어하는 사람들의 마음을 변화시키셨다. 여러 공동체가 함께 하는 연합 모임을 위해서 우리 교회는 전략적으로 예산을 편성하였다. 교인들은 교회가 왜 이러한 투자를 하는지 이해하기 시작했다. 우리는 이 축하 모임을 위해 6개 이상의 교회들과 담임 목회자들을 초청했다. 이 모임에서 함께 찬양하고, 설교하고, 한해 동안 하나님께서 행하신 이야기를 나누었다. 이 사역은 우리 교회가 추진한 가장 축복된 전략이었으며, 또한 우리 교회를 통해 다른 교회들이 교회 개척 사역에 동참할 수 있게 하는 전략이었다.[10]

---

10   2015년 7월 29일 저자에게 이메일 발송.

교회가 교회를 후원할 때, 그들의 헌신과 노력으로 사람들이 변화되는 것을 직접 목격하게 되는 특권도 누리게 된다.

교회 개척자와 후원

이 장에서 우리는 후원 교회의 책임에 대해 논의했다. 궁극적으로, 새로 개척되는 교회에는 한 명의 책임자가 있어야 한다. 그가 곧 교회를 개척하는 자이다. 후원 교회의 역할은 교회 개척을 이끌어 가야 하는 개척자/목회자를 찾는 것이다. 이 과정에서 후원 교회는 여러 가지 고려할 점들을 가지고 있다.

신학적 문제

교회 개척 후보자는 후원 교회의 신학적 입장에 동의하는가 하는 문제는 매우 중요하다. 만일 신학적으로 동의하지 못하는 부분이 있다면, 어느 정도까지 허용될 수 있는지를 결정해야 한다. 이 문제에 대해서는 교회마다 견해가 다르다. 개척자가 후원 교회의 모든 신학적 교리에 동의해야 한다고 주장하는 교회들도 있다. 개척 후보자가 목표로 하는 초점 그룹의 인구 통계적 관점에서 볼 때, 신학적 입장을 일부 수용할 수 있다고 생각하는 교회들도 있다. 후원 교회는 첫 과정부터 자신의 기대하는 바를 분명하게 정리한 후 개척자를 물색해야 한다.

사역 경험

후원 교회가 고려해야 할 또 다른 사항은 사역 경험을 토대로 개척 후보자가 어떤 기대를 하는지에 대한 문제이다. 충분한 사역 경험이 있어야 하는가? 여러 명의 사역자가 함께 일하는 공동체에서 협력 사역을 잘 수행한 자인가? 다른 사람들과 함께 동역할 수 있는 대인관계의 기술과 능력을 갖추고 있는가? 개척 후보자는 자신의 리더들과 책임감을 느끼고 소통하는가? 책임감을 있게 리더의 권위를 행사하는가? 모범을 보이면서 사람들을 인도하는가?

성품 평가

후원 교회는 개척자를 찾을 때 교회 개척 평가서를 사용할 수 있다. 이러한 도구들은 후보자가 단지 좋은 리더인지, 아니면 교회 개척의 은사가 있는 합당한 리더인지 구분하는 데 도움을 준다. 이 평가는 교회 개척에 필요한 재능과 은사를 가진 사람들을 파악하는 동시에 다른 여러 분야에서 많은 재능을 가지고 있지만, 특히 개척이라는 관점에서는 재능과 은사가 부족한 사람들을 가려내는 데 도움을 준다.

지도를 위한 상호책임

교회 개척자를 찾을 때 고려해야 할 사항들은 상호책임, 지도, 그리고 멘토링이다. 실제로, 가장 중요한 것은 후원 교회와 개척자와의 관계이다. 지도를 위한 상호책임은 반드시 사전에 언급되어야 한다. 교회 개척을 시작하기 전에 후원 교회와 개척자는 서로의 동의가 있어야 한다. 예를 들어, 지도(supervision), 사역자 회의 참석, 그 외 세부 사항들에 대해 서로 어떤 기대하고 있는지 명시해야 한다. 개척자는 자신을 위한 멘토 또는 코치를 정해야 하고, 정서적 지지가 필요하다는 것을 인정해야 한다.

결론

교회가 교회를 개척한다. 이 사실은 성경에 이미 기록되어 있는 전례이며, 이 시대에도 여전히 이렇게 되기를 기대하고 있다. 후원 교회와 개척자의 역할은 교회가 개척되고, 그 교회가 재생산되는 과정에서 너무나 중요한 관계이다. 교회 개척자들은 그들을 부르신 하나님의 소명을 기억하고, 한 교회만 개척하는 것이 아니라 교회가 개척되고 성장하면 계속해서 새로운 교회를 개척해야 하는 거룩한 사명을 기억해야 한다. 이미 정착된 교회의 목회자들은 이 장에서 논의된 내용을 활용하여, 교회가 교회를 개척하는 전통과 문화와 그리고 그러한 선교 유산을 만들어야 한다.

PLANTING MISSIONAL CHURCHES

27 CHAPTER

목회 후보자들과 신학 교육의 미래

2030년이 되면, 베이비붐 세대들의 나이가 65세에 이르게 된다. 매일 10,000명의 베이비붐 세대들이 은퇴 나이에 도달하게 된다는 것이다.[1] 목회자들이 주로 65세에 교회 사역으로부터 은퇴한다는 사실을 고려해 볼 때, 지금은 분명 위기의 순간이다.[2] 톰 레이너(Thom Rainer)는 이렇게 서술한다. "목회자가 공석인 교회 수는 현재 자격을 갖춘 목회자의 수를 뛰어 넘는다. 문제는 인구 통계학이 보여주는 현실이다. X세대(1970~1980년)와 밀레니엄 세대(Millenials 1980~2000년)의 목회 후보자들의 수는 공석이 많아진 베이비붐 세대의 목회자 수를 채우기에는 역부족이다. 다음 세대 목회자들이 사역하게 될 목회 현장의 기독교 인구는 과거에 비해 훨씬 더 적어졌다."[3]

X세대와 밀레니엄 세대에는 기독교 인구가 적기 때문에, 목회 후보자들의 수도 부족할 뿐만 아니라 신학교에서 목회자 훈련을 받는

---

1 D'vera Cohn, "Baby Boomers Approach 65—Glumly," Pew Research Center, 2015년 10월 5일 접속, http://www.pewsocialtrends.org/2010/12/20/baby-boomers-approach-65-glumly.
2 William Vanderbloemen and Warren Bird, "Appendix 1," *Next: Pastoral Succession That Works* (Grand Rapids, MI: Baker, 2015), Kindle ed., location 3411.
3 Thom Rainer, "What Happens When Boomer Pastors Retire?," 2015년 10월 5일 접속, http://thomrainer.com/2014/09/happens-boomer-pastors-retire.

사람들의 수도 적어졌다. 예를 들어 2004년에는 80,140명의 학생이 북미신학교[4](North American Seminary)에 입학했지만, 10년 후 그 숫자가 72,014명으로 줄었다.[5] 좀 더 정확히 말하자면, 10년마다 더 적은 수의 목회자들이 양성되지만, 10년 동안 세계 인구는 5억 명이 더 늘었고, 그에 따른 불신자의 숫자도 천문학적으로 늘었다. 심각한 문제다.

다니엘과 나는 하늘이 무너진다고 절규하지는 않지만, 실제로는 심각한 상황이다. 은퇴하는 목회자들은 늘어나는데, 그 자리를 채울 사람이 부족하다. 오늘날 수많은 잃어버린 영혼에게 복음으로 다가가기 위해서는 더 많은 교회가 필요한데, X세대와 밀레니엄 세대의 예비 목회자들의 수는 은퇴하는 베이비붐 목회자 수를 따라가지 못한다. 이 문제를 어떻게 해결할 수 있을까?

오늘날의 교회는 목회자들의 수적 부족 현상에 직면하고 있다. 그러나 이것을 해결할 방법을 생각해야 한다. 추수의 일꾼들을 더 많이 모을 방법을 찾아야 한다. 감사한 것은, 신학교와 교회가 이 문제를 인식했고, 서로 배우며, 새롭고 창의적인 방법으로 동역하면서, 문제를 해결하고 있다. 새로운 협력의 시대로 진입하고 있는 것 같다.

신학교들의 반응

풀러 신학교(Fuller Seminary)는 모든 신학교의 입학생 숫자가 떨어

---

4 "2004-2005 Annual Data Tables," 2015년 10월 5일 접속, http://www.ats.edu/uploads/resources/institutional-data/annual-data-tables/2004-2005-annual-data-tables.pdf.

5 "2014-2015 Annual Data Tables," 2015년 10월 5일 접속, http://www.ats.edu/uploads/resources/institutional-data/annual-data-tables/2014-2015-annual-data-tables.pdf.

지고 있다는 것과 목회자들이 충분히 훈련되지 못하고 있다는 것을 인식했을 때, "미래의 신학교(Seminary of the Future)"라는 보고서를 발간했다. 북미 전역에 있는 사람들과 남아프리카 케이프 타운(Cape Town)에서 개최된 로잔 세계 복음화 대회(Lausanne Congress on World Evangelization)에 이러한 질문을 던졌다. "하나님은 세상에서 무엇을 하고 계시나? 전 세계에 있는 그리스도의 교회들이 이 세상에서 하나님의 선교에 동참하기 위해서는 어떤 교회가 되어야 하는가? 이 세상에서 하나님의 선교에 동참하는 교회가 되기 위해 신학교는 어떻게 교회를 준비시킬 수 있을까?"[6] 그들은 아래와 같이 관찰했다.

> 지난 2년 동안 우리들의 대화를 통해 많은 격려를 받았지만, 신학 교육의 핵심은 신학교가 지역 사회와 연관된 새롭고도 폭넓은 분야들을 다루어야 한다는 것이다. 실제로 많은 사람이 관심을 가지는 것은 부르심에 대한 신학적 비전이다. 성경적으로, 역사적으로, 그리고 신학적으로 사고할 수 있도록 준비시키는 신학교를 통해 목회자들이 잘 준비되어 더 많은 사람에게 영향을 줄 수 있을 것이다. 특히 신학교의 혜택을 받기 어려운 환경에 있는 사람을 위해, 신학교가 더욱 혁신적인 프로그램을 개발하여 그들을 도울 수 있다면 그 효과는 더욱 클 것이다. 신학교가 효과적인 모집 전략을 개발하고, 필수/선택 커리큘럼을 혁신적으로 전개한다면, 신앙과 삶의 통합적 접근을 배우기 원하는 리더들과 한때 "평신도"라고 불렸던 사람들 모두에게 더욱 많은 것들을 제공할 수 있을 것

---

[6] "Seminary of the Future," 2015년 10월 5일 접속, http://future.fuller.edu/About_the_Conversation/The_Process.

이다. 이제 평신도는 그리스도의 이름으로, 목회자들로부터, 그리고 그들 자신으로부터, 삶의 현장 안에서 일하는 사역자로 인식되고 있다.[7]

다른 신학교들도 이러한 위기에 대해 논의하였다. 다음은 일부 신학교들이 복음연합(The Gospel Coalition)을 통해 향후 20년에 걸쳐 가장 도전되는 과제들이 무엇이 될지 발표한 내용이다.

"지역 교회의 진정한 동역자가 되어 교회를 섬긴다: 사역 훈련은 변화하고 있다. 현대 기술과 수요자들의 의견을 반영하여, 복음의 사역자를 위한 훈련의 방향을 꾸준히 조정해 나갈 것이다. 신학교는 지역 교회와 진정성 있고 건강한 관계를 형성하기 위해 주도적으로 노력하고, 지역 교회에 지침을 제공하여, 믿는 자들의 공동체에서만 경험할 수 있는 훈련을 제공하게 한다."
—사우스이스턴신학교(Southeastern Seminary) 총장 다니엘 에이킨(Daniel Akin)[8]

"나는 전통 교육과 인턴십, 서비스 학습, 원격 학습, 그리고 교회와 교단과 사역 네트워크들과 새로운 동맹 가운데 거대한 접점을 볼 수 있으리라 생각한다."
—트리니티 국제 대학(Trinity International University) 총장 데이비드 다커

---

7   "Discussion Point," Seminary of the Future, 2015년 10월 5일 접속, http://future.fuller.edu/Discussion_Points/Discussion_Point_3_Rethinking_Vocation.
8   "The New Era of Theological Education," November 18, 2014, 2015년 10월 5일 접속, http://www.thegospelcoalition.org/article/the-new-era-of-theological-education1.

리(David Dockery)[9]

"향후 20년 이내 신학교가 직면하게 될 가장 큰 도전은 교육의 전달 모델이다. 우리는 학문적 표준을 유지하되 훈련의 모델들을 교회 중심으로 만들어야 한다. 우리는 기술을 받아들여야 하지만, 기술적 발전을 교육의 진보로 이해해서는 안 된다. 그 목적으로 신학교들은 교회와 교회 리더들로부터 하나님 나라의 일꾼을 양성하라는 압력을 받게 될 것이다. 왜냐하면, 신학생들은 주로 사역의 실천보다는 사역에 대한 신학적 또는 철학적 관념을 표현하고 싶어 하기 때문이다. 이러한 문제들을 해결할 때, 신학교에 미래가 있을 것이다. 그 외는 미래가 없다."
—게이트웨이신학교(Gateway Seminary) 총장 제프 오르쥐(Jeff Iorg)[10]

그 질문에 답하면서, 각 신학교 총장들은 해결점을 제시했다. 대니 에이킨은 교회를 섬기고, 교회들과 함께 동역하는 방법을 개발하는 것에 초점을 맞추었다. 데이비드 다커리는 전통적인 강의실과 제도적 영역의 경계선을 다시 그려야 한다고 강조했다. 제프 오르쥐의 관점은 전통적인 교육적 전달 모델을 재고하여, 하나님 나라에 초점을 맞춘 리더 훈련으로 재편성하는 것에 초점을 맞추었다.

우리는 신학교들의 미래와 신학 교육의 미래에 소망을 둔다. 신학교는 우리가 지금 어디에 있고, 어디로 가야 할지를 끊임없이 탐구하고, 제시해 주기 때문이다.

---

9   Ibid.
10   Ibid.

교회들의 반응

최근 몇 년 동안 많은 교회가 스스로 미래의 목회자들을 양성하려고 노력해 왔다. 신학교의 강의를 들으면서, 교회에 기초한 사역을 학습 실험실과 미래 목회자를 교육하고 훈련하는 사역 현장으로 활용했다. 이 모델은 공식적인 신학교 커리큘럼 없이 제자들을 훈련하셨던 예수님의 모델을 바탕으로 한 것이다. 이러한 교회들은 중국, 인도와 같은 나라에서 볼 수 있는 사례인데, 신학적인 훈련을 받은 목회자 없이 교회들이 폭발적으로 세워진 곳이다. 이러한 교회들은 신학교에서 새 목회자를 보낼 때까지 기다릴 수 없었기 때문에, 기본적으로 리더십의 격차를 해소하고, 차세대 교회 개척자들을 세울 방안을 마련한 것이다.

이러한 전환은 리더십 위기에 처한 교회들에 더 깊은 책임감을 느끼게 해 주는 긍정적인 효과를 가져다주었다. 그러나 이러한 모델에도 단점은 분명히 있다. 먼저, 신학 과정을 생략하는 이 모델은 공식적 신학 훈련을 받을 필요가 있는 사람들에게는 여전히 임시방편에 불과했다. 훈련자 역시 신학 교육을 받지 않은 자이기 때문이다. 또 한 가지는 훈련자가 훈련받는 자와 더불어 거하고, 함께 제자훈련을 해야 하는데, 이것 역시 어려움이 있다. 예수님께서 제자들에게 하신 방법 그대로 실천한다는 것은 쉽지 않은 일이다.

게다가, 신학교와 신학 교육을 완전히 배제하는 교회들은 그들의 사역자들을 대상으로 상담하거나 침(세)례를 주는 것 같은 단순한 역할을 교육했다 할지라도 그들이 신학적인 관점으로 사고할 수 있도록 훈련하는 것은 어려운 부분임을 발견했다. 신학적인 관점에서 벗어나면, 마치 열린 문으로 나가서, 내리막길로 추락하게 되는 잘못된 해석과 이단적인 방향으로 전락할 수 있기 때문이다. 그래서 디모데 전략(Timothy Initiative)과 같은 많은 사역은 중국과 같은 신학 교육이 불가능한 나라에서 목회자들을 위한 신학 훈련에 집중하고 있다.

새로운 통합적 모델: 교회 개척 레지던트

신학교들은 사역 훈련이 지역 교회의 현장 상황에서 가장 효과적으로 이루어진다는 것을 인정한다. 교회들 역시 누군가를 신학적으로 훈련하는 것과 실제 사역을 위해 훈련하는 것은 완전히 다르다는 것을 인식하고 있다. 바꾸어 말하면, 교회들과 신학교들이 리더십 위기를 극복하기 위해서는, 문제를 지적하기보다는 서로 협력해야 한다는 것을 깨닫고 있다. 그러므로 이 장의 초점은 레지던트 과정(residencies)에 초점을 맞추고, 당신의 교회가 어떻게 이를 통하여 미래의 교회 개척자들과 목회자들을 양성하고, 재생산하는 교회로 성장할 수 있을지를 다룬다.

이 레지던트 과정이 교회, 네트워크, 교단, 그리고 신학교가 함께 연합하고 동역할 수 있는 관문이 될 수 있다는 것을 발견한 것은 큰 수확이었다. 예를 들어, 조지아주에 있는 투엘브 스톤 교회(12 Stone Church)는 2년간의 풀타임 리더십 훈련 프로그램을 시행했는데, 그 결과는 매우 성공적이었으며, 다른 교회에도 이 프로그램을 적극적으로 추천할 정도였다. 그 교회의 교단은 "웨슬리 교회"(The Wesleyan Church)에게 깊은 영향을 끼쳤고, 이 레지던트 프로그램은 초기 사역 전략(Early Ministry Initiative)이라는 이름으로 시작했지만, 교단 전체로 알려지기 시작했다.

그러나, 레지던트 프로그램은 새로운 것은 아니다. 의료계에서 레지던트는 미래의 의사가 되기 전에 거쳐야 하는 기본적인 과정이다. 의과대학은 지식 및 기초 기술 이전에 중점을 두지만, 레지던트 제도는 의학의 특정 분야 내에서 심층적인 훈련을 위해 활용된다. 레지던트가 없다면, 의사들은 이론만 아는 지식인에 불과할 것이다. 만약 치료하는 의사가 의대에서 공부했지만 레지던트 과정을 안 거쳤다면, 그가 메스를 들었을 때 기겁하지 않겠는가? 이것이 육체의 건강을 돕는 사람들에게 사실이라면, 영혼을 위해 집중하는 사람들에게도 똑같이 적용되어야 할 것이다.

레지던트 과정의 여러 모델을 연구한 후 우리가 깨닫게 된 사실은, 차세대 교회 개척자들과 목회자들을 양성하는 데 있어서 신학과 실천을 통합하는 접근 방식으로 나가야 한다는 것을 똑같이 공감하게 되었다는 것이다. 그들 모두는 리더십 위기를 해결할 방법을 찾고 있었다. 의학 분야의 레지던트들이 병원에서 실제 수술을 위해 집도하기 전에 의대에서 시신을 가지고 연습해야 하는 것과 같이, 우리가 연구한 레지던트 모델은 기존의 신학교에서 행하는 공식적 신학 교육을 배제하지 않았다. 다른 기관에서는 실제 목회와 교회 개척 역량을 요구했고, 신학교를 마치는 동시에 사역할 것을 요구했다. 하지만 결국에는 **이러한 모든 부분을 구별하는 포인트는 어디서부터 시작하느냐였다.** 시작점이 중요했다. 아래에는 각자 출발점들이 다른 레지던트 과정 모델들이다.

출발점: 배가하기

뉴씽 네트워크(NewThing Network)는 배가에 집중하는 레지던트 프로그램으로 잘 알려진 기관이다. 그들의 비전은 "하나님께 돌아가는 방법을 찾는 일에 전적으로 헌신하는 교회들이 재생산 사역을 하도록 무브먼트를 만드는 일"이다. "즉 하나님에게서 멀어진 사람들에게 접근하여, 이 세상을 향한 하나님의 꿈을 회복하고, 예수님의 사명을 재생산하는 것이다."[11] 사실은, 뉴씽 멤버들이 늘 하는 말, "매년 한 곳에서 한 명의 인턴 리더"라는 비전을 통해, 그들은 교회 배가의 목표를 달성하고 있다. 이 비전은 그들의 레지던트들을 의도적으로 훈련하여, 그들의 레지던트 모델(apprentice model)을 통하여 다른 제자를 재생산한다 (딤후 2:2).

뉴씽이 끈질기게 배가에 집중하는 이유는 이 단체가 커뮤니티 크리스천 교회(Community Christian Church)에서 탄생하였기 때문이다. 커뮤니티 교회를 시작한 데이브와 존 퍼거슨(Dave and John Ferguson)은 그들의 책, 「기하급수적 성장」(Exponential)에서 재생산하는 문화에 관해 이렇게 말한다. "처음부터 우리는 하나의 대형 교회가 많은 사람에게 찾아가는 것만으로 만족하지 못했다. 교회가 커지는 동시에 계속해서 새로운 교회를 재생산하면서, 더 많은 사람을 인도하는 일을 생각했다."[12]

뉴씽의 책임자, 패트릭 오코넬(Patrick O'Connell)은 네트워크를 위한 개인적인 비전을 다음과 같이 말한다.

---

11 NewThing, 2015년 10월 5일 접속, http://www.newthing.org/about.
12 Dave Ferguson and Jon Ferguson, *Exponential: How You and Your Friends Can Start a Missional Church Movement* (Grand Rapids, MI: Zondervan, 2010), 21.

군에서 제대하고, 비즈니스 업계에서 성공적으로 사업을 마무리한 후, 마침내 커뮤니티 교회를 통해 하나님께 돌아왔다. 커뮤니티 교회의 교인이 된 후 하나님께서 나를 리더로 세워 주셨고, 그 후에 캔자스 시티(Kansas City)의 교회 개척을 위해 리더 레지던트 과정으로 인도하셨다. 우리의 꿈은 새로운 교회의 개척 운동을 일으키는 것이었다. 캔자스 시티에서 회복 커뮤니티 교회(Restore Community Church)를 개척하면서, 나는 여러 인턴 리더들을 훈련하고 코칭하였고, 결과적으로 12개의 교회를 개척할 수 있었다. 매트 밀러(Matt Miller)는 그중 한 명의 리더 인턴이었다. 그가 우리 팀에서 레지던트 실습을 하면서, 소니(Shawnee)에 뉴시티 교회(NewCity Church)를 개척했고, 이제는 그 교회는 뉴씽의 새로운 레지던트 훈련과 교회 개척 사역의 허브 센터가 되었다. 그들의 네트워크는 10개 교회로 구성되어 있는데, 이 네트워크 교회를 통해 캔자스 시티에 100개의 교회가 개척되는 비전을 품고 있다. 이 모든 것은 소수의 교회가 더 많은 교회를 개척하기 위해 레지던트라는 가치 있는 전략을 발견하여 적용했기 때문이다. 나는 늘 뉴씽의 리더십 과정에 감사한다.[13]

모든 뉴씽 레지던트들은 담임 목회자나 대학 캠퍼스 목사들에게 본을 보이면서, 매일 교회를 이끌기 위해서 무엇을 해야 하는지 가르치고 양육한다. 그들은 "점진적인 책임 이양" 모델을 사용하여, 그들의 과업을 레지던트들에게 모범으로 보여주고, 훈련 시키고, 과업을 이룰 수 있는 미래의 리더로 훈련한다.

---

13   Patrick O'Connell, 2015년 6월 24일 저자에게 메일 발송.

내가 하고, 당신은 보고, 같이 이야기합니다.
내가 하고, 당신은 돕고, 같이 이야기합니다.
당신이 하고, 나는 돕고, 같이 이야기합니다.
당신이 하고, 나는 보고, 같이 이야기합니다.
당신이 하고, 다른 사람이 봅니다.[14]

실제로, 1년 동안 자신의 경비로 사역하는 레지던트 과정은 경험적 학습, 자기 학습, 강의 및 멘토링 등으로 학습이 이루어진다. 그러나 뉴씽의 레지던트 과정은 도제학습이 핵심적 모델이다. 그래서 그들은 나의 재생산 계획(MyReproducing Plan)이라는 도구를 개발했다. 이 도구가 매년 뉴씽 교회들을 지도하는 전략적 계획이며, 교회 안에 배가하는 문화를 어떻게 조성할 수 있는지를 안내해 주는 도구다. www.NewChurches.com/PMC에서 자료들을 찾아볼 수 있다.

출발점: 지속 가능한 사역

엘리엇 그루덤(Elliot Grudem)이 빈티지 교회(Vintage Church)의 교회 개척 목사로 사역하게 되었고, 그는 교회 개척자들을 훈련하는 일에 관한 과거의 경험과 관점을 가지고 사역을 시작하였다. 그루덤이 커버넌트 신학교(Covenant Seminary)에서 7년간의 생명력 있는 목회 사역을 연구할 때 리폼드 신학교(Reformed Theological Seminary), 웨스민스터 신학교(Westminster Seminary)와 함께 협력하면서 깊은 연관성을 형성했다. "만일

---

14 Ferguson and Ferguson, *Exponential*, 63.

교회 개척자들이 성공적인 교회 개척에 집중하기보다는 건강하고 지속 가능한 교회가 되도록 하는 일에 집중한다면, 그 결과는 어떻게 되겠습니까?"

이러한 생각을 통해 엘리엇은 새로운 단체, 즉 리더 연합(Leaders Collective)15을 설립했다. 그의 연구에서 발견한 다섯 가지 특성을 개발하는 것에 집중하려는 개척자를 위한 레지던트 프로그램을 운영한다.

1. 영적 형성 — 예수님과 깊은 관계를 추구하며 날마다 그분을 닮아 가는 과정이다.
2. 자기관리 — 사회적, 정서적, 심리적, 육체적, 영적 생활에 주목하며, 삶의 모든 부분에서 건강을 증진하는 삶의 패턴을 형성한다.
3. 정서적, 문화적 지성 — 자기를 인식하고, 사역 현장의 상황과 문화를 인식하여, 삶과 사역에서 발생하는 도전들을 헤쳐나간다.
4. 결혼과 가정 — 아내, 자녀와 건강하고 행복한 관계를 만들고 유지한다.
5. 리더십과 관리 — 성장하고 변화하는 교회를 인도하고 관리하는 데 필요한 기술을 개발한다.16

엘리엇은 말했다. "이런 것들이 건강하고, 지속 가능한 사역을 추진하는 특성이라면, 우리는 이 영역들에 집중하여 계속 성장하게 해야 한다. 만일 이 일을 하지 않는다면, 우리는 물론 교회도 건강하지 않을

---

15 Leaders Collective, 2015년 10월 5일 접속, http://leaderscollective.com.
16 이 주제에 대해 보다 자세한 설명은 다음 책을 참조하라. Bob Burns, Tasha D. Chapman, and Donald C. Guthrie, *Resilient Ministry* (Downers Grove, IL: IVP, 2013).

것이며, 개척자들도 역시 건강할 수 없을 것이다."[17]

다섯 가지 특성 개발 프로그램은 10개월 동안 지속하는데, 이 기간에 자비량 레지던트들은 10개월 동안 12번 만나서 훈련을 받는다. 예를 들어, 상황화 학습 기간에는 상황에 맞게 복음을 전하는 노스캐롤라이나주 해변에 있는 원 하버 교회(One Harbor church)를 방문하여 문화적 지성(Cultural Intelligence)을 훈련한다. 엘리엇은 다음과 같이 설명한다.

개척자들은 이 두 도시에 있는 두 교회를 방문하고, 교회 목회자와 함께 상황화와 교회 개척에 관해 광범위한 대화를 나눈다. 그리고 개척자는 원 하버 교회 목회자들과 지정된 시간 동안 그들의 사역 상황과 지역 사회의 이웃들에게 어떻게 복음을 전하는지 설명을 듣는다. 대부분 개척자는 어떤 면에서 그릇된 방법을 사용하고 있는지, 혹은 어떤 중요한 부분을 놓치고 있는지를 자각하게 되면서, 특정한 상황 속에서 복음을 효과적으로 전하기 위해 변해야 할 부분이 무엇인지를 발견하게 된다.[18]

출발점: 리더십

1976년, 빌 웰론스(Bill Wellons)와 몇몇의 팀원들이 아칸소주 리틀락(Little Rock)에 교회를 개척하러 왔을 때, 40년이 지난 지금 리더십 개발 중심의 교회 개척 운동(leadership-development-focused church planting

---

17　Elliot Grudem, "The Challenge of Church Planting," 미간행 간행물. Leaders Collective Residency Material Package, 2015.
18　Elliot Grudem, 2015년 7월 14일 저장게 메일 발송.

movement)이 시작되리라고는 그 누구도 상상하지 못했을 것이다. 펠로우십 성서 교회(Fellowship Bible Church)에서 스티브 스나이더(Steve Snider)는 1999년에 펠로우십 협회(Fellowship Associates)이라는 레지던트 프로그램을 시작하여 리더 중의 리더들을 훈련한 뒤 복음 중심적으로 지역 사회에 영향력을 끼치며 교회를 개척하는 교회들을 세우는 일을 하였다.

그들의 커리큘럼은 리더십 개발 능력, 비전 선포, 고용 실습, 팀 사역, 전략 개발, 위기관리 등이다. 그들의 리더십 개발 패러다임은 자기 인식에 기초를 두고 있다. 빌 웰론스는 자기 인식을 이렇게 정의한다.

> 자기 인식이란 자신의 성격의 장단점에 대해 명확히 인식하는 것이다. 자기 인식은 자신의 열정이 무엇인지 이해하게 해 주고, 활력을 주고, 무엇을 잘하고 무엇을 못 하는지 깨닫게 해 준다. 자기를 인식하는 지도자는 다른 사람에게 도움을 주는 자일 뿐 아니라, 다른 사람으로부터 도움을 받도록 디자인된 자임을 안다. 이는 바람직한 사역 팀을 구성하는 데 중요하다. 바꾸어 말하면, 다른 사람을 받아들이는 것은 자기 자신을 아는 것에서 시작된다.[19]

자기 인식은 건강한 리더에게 필수다. 로스앤젤레스에 위치한 스토리 교회(Story Church)의 매트 러슨(Matt Lawson)은 자기 인식의 중요성을 다음과 같이 설명한다. "펠로우십 협회(Fellowship Associates)에 들어오기 전에 우리의 사역은 일의 성과로 평가된다고 생각했다. 자신을 알아가

---

19 E-Bill Wellons, 2015년 7월 29일 저자에게 메일 발송.

는 힘든 과정을 겪으면서 사역이란 겉으로 보이는 것이 아니라 오히려 보이지 않는 것, 즉 자기 자신을 인식하고 리더로서 자신의 내면을 가꾸는 일이라는 것을 알아가고 있다. 9개월 동안의 훈련이 없었다면, 나는 리더로서 자신을 무너뜨리는 길 위에서 벗어나지 못했을 것으로 생각한다."[20]

레지던트 훈련 중에 펠로우십 협회에서 주관하는 3일간의 수련회를 통해 자기 인식을 개발하는 기회를 얻는다. 수련회 기간 레지던트들의 삶 속에서 자기 인식을 끌어내기 위해 여러 가지를 병행하는 학습 방법을 활용한다. 예를 들어, 레지던트들은 상담사로부터 그들이 리더가 되기까지 변화된 여러 가지 삶의 경험들을 나누라는 질문을 받는다. 이러한 이야기는 좋을 수도, 나쁠 수도, 성공일 수도, 실패일 수도 있다. 레지던트들이 답변한 후 상담사는 인터뷰 기법을 사용하여 레지던트들이 실제로 그 경험들이 영향을 끼쳤는지 그리고 경험을 자신의 삶에 통합했는지를 확인한다. 펠로우십 협회는 말하기를, 많은 리더가 과거의 경험을 통해 자신의 삶을 바꾸는 과정으로 연결되지 못했으며, 그 결과로 그 경험들이 치료되지 않으면 그로 인해 리더들이 무너질 수 있다는 것을 발견했다.

레지던트 프로그램이 10년 동안 계속 진행되면서, 후보자들은 리틀 락으로 옮겨야 했다. 그 후로 이 훈련은 7개월의 모듈 형식으로 바뀌었다. 이 모듈 형식의 훈련은 매월 두 차례, 한번 모일 때마다 3일 동안의 수련회로 모인다. 뉴씽(NewThing)과 리더 연합(Leaders Collective)와는 달리, 펠로우십 협회가 레지던트들의 여행 경비와 매월 생활비를 제공

---

20 Matt Lawson, 2015년 6월 23일에 저자에게 메일 발송.

한다. 이를 통해 의도적으로 훈련의 중요성을 인식하게 한다.

출발점: 협력

"휴스턴을 향하신 하나님의 부르심에 순종하기 위해, 우리는 그 사역에 동참할 방법을 찾아야 한다." 2009년 11월에 교회 개척에 대한 초교파적인, 다민족을 향한 관심을 불러일으키는 하나 됨을 위한 사역의 외침이었다. 텍사스주 휴스턴, 클리어크릭 커뮤니티 교회(Clear Creek Community Church)의 브루스 웨슬리(Bruce Wesley)와 채드 클락슨(Chad Clarkson)은 복음만이 하나님 나라를 일깨우는 도시의 교회 개척 운동이라는 것을 깨닫고 이 회의를 결성했다.[21] 그들은 매달 모였고, 함께 이렇게 헌신했다. "(1)우리의 도시를 이해하고 기도한다. (2)교회 개척자들을 격려한다. (3)협력을 강화한다."[22]

이 월례 모임을 통해, 교회 개척자들을 훈련하고 자라게 하는 일에 헌신한 휴스턴의 여러 교회가 연합하여, 휴스턴 교회 개척 네트워크(Houston Church Planting Network, HCPN) 협력 레지던트 프로그램이 시작되었다. 개 교회들은 레지던트들을 재정적으로 후원하기 위해 재정적인 헌금을 보내주었고, 시간을 투자하여 레지던트들을 훈련하고 멘토링하였다. HCPN의 책임자, 채드 클락스(Chad Clarkson)는 이렇게 설명한다.

---

21 Bruce Wesley, "Collaboration for Multiplication: The Story of the Houston Church Planting Network," Exponential, 5, 2015년 10월 5일 접속, https://www.exponential.org/resource-ebooks/collaboration.

22 Ibid., 22.

클리어 크릭 (Clear Creek) 교회의 사역을 정리하고, 연합 교회 개척 레지던트 과정에 들어갔다. 처음에는 여러 교회가 스스로 레지던트 과정을 운영하는 것을 비전으로 삼았고, 가끔 모여 함께 이들을 훈련하는 계획을 세웠었다. 그런데 스스로 레지던트 과정을 만들 수 없는 교회들이 있었고, 그 교회들은 연합 레지던트 프로그램을 만들고 싶어 했다. 우리가 처음 생각한 것과는 달리 아직도 많은 교회가 개척 훈련을 하지 못한다는 것을 알게 되었으며, 개척자들을 효과적으로 훈련할 필요성을 발견하게 되었다. 지금은 레지던트의 마지막 과정인 HCPN 레지던트 과정을 운영하고 있다. 이 과정은 개척한 지 1년 정도 지난 개척자들을 들을 위한 훈련이다. 개척자 후보를 동원하고 평가한 결과, 개척의 가능성을 가진 분들이 수십 명이 있었지만 그들이 교회를 효과적으로 시작할 때까지 가려면 1년은 더 준비해야 할 것 같았다. 그래서 보다 기능적이고 기초적인 레지던트 프로그램을 포함하는 연결점을 개발하는 사역을 시작했다.[23]

똑같지는 않지만, HCPN 레지던트 과정은 펠로우쉽 협회 프로그램과 유사한 부분이 많다. 채드가 레지던트 과정을 구축하는 데 그들이(펠로우쉽 리더들) 많은 도움과 영감을 주었기 때문이다. HCPN 레지던트들은 그들의 교회들을 섬기면서, 채드로부터 주 2일간 훈련을 받기 위해 그 팀들은 시간을 확보한다. 이 레지던트들은 1년 레지던트 과정에 필요한 모든 자금을 지원받는다. 그들의 커리큘럼 중 특이한 점은 매달 레지던트들이 도시 전역의 HCPN 모임과 함께 모여 다른 개척자

---

23   Chad Clarkson, 2015년 6월 28일 접속.

들 혹은 이전의 경험을 가진 리더들로부터 경험담을 들을 수도 있다.

출발점: 신학 교육

많은 신학교 역시 미래의 교회 개척자들과 목회자들의 훈련을 재고하고 있다. 하나의 예로, 인디애나 웨슬리언 대학 안에 있는 웨슬리 신학교는 새로운 목회신학석사(M.Div) 과정 안에 모든 학생이 신학교 과정 동안 최소 주중 10시간 이상을 지역 교회 또는 사역 현장에서 사역을 실천하도록 요구한다. 이것은 학생들의 학습 무대를 "학습의 실험 현장"으로 옮겨, 그들의 사역 상황에서 함께 일하는 기회가 된다. 이는 한두 개의 실습 시간만 요구하는 목회신학석사 프로그램과는 상당히 다르다. 웨슬리 신학교는 학생들에게 적극적인 사역 참여를 요구함으로써 학생들이 "선교, 리더십, 예배, 선포, 공동체적 영적 형성, 그리고 공동체적 관계"를 통합하는 방법 등을 배우는 기회를 제공하며, 교육 과정 안에 이처럼 6시간 이상을 요구하는 "실천"(praxis) 과목들이 몇 개 이상 포함되도록 하였다.[24] 이 과목에서 요구하는 1차 과제는 매주 학생들이 행하는 연구와 사역에 대해 지역 교회 또는 목회자로부터 피드백을 받는 것이다. 학생들이 이 실천 과목들을 완수할 때, 영적 성숙으로 이끌어 주는 영적 형성 그룹에 속하게 된다. 이처럼 실천 과목들을 바라보는 시각이 바뀌게 됨으로써, 웨슬리 신학교는 신학 교육에 대한 책임성을 깊이 재고하고 있다.

---

24 "Master of Divinity," Wesley Seminary, 2015년 10월 5일 접속, https://www.indwes.edu/seminary/academics/master-of-divinity.

사우스이스턴 침례신학교(Southeastern Baptist Theological Seminary) 또한 EQUIP 프로그램을 통해 신학 교육의 범주를 재고하고 있다.[25] 사우스이스턴이 생각할 때, 신학 교육은 지역 교회와 동역할 때 가장 효과적이라고 믿는다. 그래서 그들은 EQUIP 프로그램을 통해 다양한 자료와 방법들을 활용하여 지역 교회들을 훈련하고, 지역 교회들은 이를 통해 자체의 레지던트 과정을 개발할 수 있도록 하였다. 심지어 교회가 그들의 레지던트 프로그램에 참여하기로 결정한 수준에 따라 최대 21학점을 부여하였다. 이 과정을 통해 취득한 학점들은 목회 신학 석사 과정과 교회 개척석사 과정(MA)에도 인정된다. 사우스이스턴은 신학 교육 과정을 학생과 교회에 효과적으로 전달할 방안을 깊이 연구하고 있을 뿐 아니라, 지역 교회들과 더불어 보다 쉽게 동역할 수 있는 길을 만들고 있다.

결론

이 장에서 함께 탐구했던 것 같이, 교회들은 리더십 격차의 문제에 직면하고 있다. 교회, 신학교, 교단, 그리고 네트워크들이 차세대 교회 개척자들과 목회자들을 양성하기 위한 협력의 길을 모색하지 않는다면, 곧 위기에 처하게 될 것이다. 만약 교회가 성장을 멈추고, 모든 베이비붐 세대의 목회자들이 은퇴하기 시작한다면, X세대와 밀레니얼 세대 목회자들이 그 공백을 메꿀 수 없을 것이다. 안타깝지만 그것이

---

25 "Equip," Southeastern Baptist Theological Seminary, 2015년 10월 5일 접속, http://www.sebts.edu/equip.

현실이다. 더 충격적인 사실은 만약 교회가 성장을 멈춘다면, 이러한 일들이 곧 현실이 된다는 것이다. 그러나 반대로 만약 교회가 계속 성장한다면 어떻게 될까? 리더십 위기는 훨씬 더 커질 것이다.

다니엘과 나에게는 '만약'이 문제가 아니다. 우리는 교회가 의지를 가지고 지속해서 성장하기를 소망한다. 교회와 신학교가 함께 동역하고, 서로 의지하고, 미래의 목회자들을 세우고 훈련하는 새로운 방식을 끊임없이 모색할 때, 거기에 희망이 있다고 믿는다.

교단과 네트워크

최근 한 컨퍼런스에서 오늘날의 교회가 직면하고 있는 주요 이슈들에 대해 저명한 목회자들이 대담한 내용을 보여주었는데, 거기에서 교단의 문제가 제기되었다. 잭 그레이엄(Jack Graham) 목사는 이론적으로 볼 때 교단은 좋은 것이지만, 오늘날 교단은 도움이 되지 못한다고 주장했다. "교단의 영향력이 줄어들고 있는 것은 사실입니다. 솔직히 사라져야 할 교단들이 많이 있습니다. 세계 선교에 대한 신학과 헌신이 없는 교단은 특히 더 그렇습니다."[1]

그레이엄의 견해는 주류 복음주의들이 제기하는 교단에 관한 입장 가운데서도 가장 긍정적인 의견이라고 본다. 이런 이야기들이 많이 들리고 있다. 그러나 안타깝게도 교단이 없어져야 한다는 주장을 뒷받침하는 사실들은 대부분 정확하지 못하다. 많은 정보가 쏟아지고 있지만, 그 정보들이 정확하지 않다.

교단이 쇠퇴하고 있는 것이 사실인가? 어떤 교단에는 그것이 사실이다. 그러나 어떤 교단들은 과거보다 더 건강하고, 흥미롭고, 더 효과적이고, 그 안에서 엄청난 운동이 일어나고 있는 것을 볼 수 있다. 많은 네트워크가 만들어졌고, 그것이 교단이 자신들이 가야할 방향을 제

---

1 The Elephant Room, Round Two, January 25, 2012.

대로 정하는 데 도움이 되었다고 본다. **이것을 기억하라. 만약 교단들이 더 효과적으로 되려면, 네트워크처럼 되어야 한다. 교회 네트워크들이 오래 지속하려면, 교단처럼 되어야 한다.** 만약 교단이 전도, 선교, 교회 개척을 통한 배가(multiplication)에 집중하는 레이저와 같은 네트워크를 구축한다면, 교단은 번성하게 된다. 만약 네트워크들이 적절한 구조를 구축하고, 신앙 시스템을 규정해 놓으면, 그들 역시 살아남을 수 있다. 이 둘은 동전의 양면과 같다. 그 둘이 전진하기 위해서는 서로가 필요하다.

다니엘과 내가 늘 기억하는 것이 있다. 하나님께서 대형 교회를 사용하셔서 한국에 복음이 확장되게 하셨고, 가정 교회를 사용하셔서 중국에 복음을 전하게 하셨다. 이 교훈을 통해 알 수 있는 것은, 방법론은 융통성 있게, 그러나 복음은 견고하게 붙잡아야 한다는 것이다. 이 교훈은 교회에도 적용된다. 특별히 복음의 협력을 통해 하나님의 선교를 확장하는 일에서도 이 교훈이 적용되어야 한다. 교단과 교회 네트워크들은 서로 적으로 생각하지 말고, 서로를 위한 효과적인 파트너가 되어야 한다. 기독교 사역의 현장에서 이러한 움직임을 많이 목격하고 있다. 성경 말씀을 보자. 이 점에 있어서 빌립보서는 탁월한 말씀이다. 많은 성경학자는 빌립보서를 기쁨의 서신이라고 말한다(물론 나도 동의한다). 그와 더불어 이 서신은 복음의 전진을 위한 파트너십에 대한 말씀이라고 생각한다. 빌 1:3-7의 바울의 인사를 보자:

> 내가 너희를 생각할 때마다 나의 하나님께 감사하며 간구할 때마다 너희 무리를 위하여 기쁨으로 항상 간구함은 너희가 첫날부터 이제까지 복음을 위한 일에 참여하고 있기 때문이라 너희 안에서 착한 일을 시작

하신 이가 그리스도 예수의 날까지 이루실 줄을 우리는 확신하노라 내가 너희 무리를 위하여 이와 같이 생각하는 것이 마땅하니 이는 너희가 내 마음에 있음이며 나의 매임과 복음을 변명함과 확정함에 너희가 다 나와 함께 은혜에 참여한 자가 됨이라

바울이 이 본문에서 전하고자 하는 포인트는 복음 전파의 진전을 이룰 수 있었던 비결은 빌립보 교회와 연결된 파트너십 사역이었다는 것이다. 이 파트너십은 중대한 주제이다. 왜냐하면, 이 파트너십은 협력 교회(parachurch)와의 하나 된 파트너십이기 때문이다. 바울은 안디옥교회에 의해 파송되었다. 그런데 지금 바울은 분명히 빌립보 교회에 편지를 쓰고 있다. 이것은 지역 교회와 교회 개척 선교사 사이의 파트너십이며, 바울의 사역 성공은 바로 이 파트너십에서 나온 것이라고 말한다. 여기서 배울 수 있는 것은, 하나님께서는 한 공동체 안에서 서로 협력하도록 우리를 디자인하셨다는 것이다. 왜냐하면 하나님 자신이 삼위일체라는 공동체로 존재하시기 때문이다. 삶에 모든 영역에서도 하나님은 우리가 다른 그리스도인과 함께 협력하기를 원하신다. 이것은 지역 교회 차원에서도 당연한 일이지만, 교단과 네트워크 차원에도 필수적인 일이다.

교회 개척 네트워크는 어디서 왔나?

톰 레이너(Thom Rainer)는 사람들이 교단과 교단 소속 교회들을 떠나 초교파 교회 또는 그런 환경으로 가는 8가지 이유를 다음과 같이 설명한다.

1. 교단 소속 교회에 대한 평판이 부정적이다.
2. 교단에서 하는 일은 찬성보다 반대가 더 많다.
3. 교단은 내부 분열과 정치가 많다.
4. 교단 소속 교회들은 너무 자유주의적이다.
5. 교단과 같은 제도권을 향한 충성심이 사라지고 있다.
6. 교단의 시스템과 기관들은 비효율적이고, 관료적이다.
7. 교단에 소속하는 것이 개 교회에 별다른 유익이 없다고 생각한다.
8. 교단의 재정 관리가 효과적이지 못하다.[2]

　이것을 보면, 래이너가 교단에 대해 뭔가 할 말이 있다고 생각할 수 있다. 이것들은 교단 차원의 대화에서 활용할 수 있는 유용한 지표들이다. 지난 몇십 년 동안에 걸쳐, 교단 사역에 몇 가지 분명한 변화들이 생겼다는 것을 알 수 있다. 이러한 변화 중 교회 네트워크의 출현은 가장 중대한 변화였다. 목적이 이끄는 네트워크(Purpose Driven), 윌로우 크릭 협회(Willow Creek Association)와 같은 유사 사역에 기초한 네트워크도 있고, 교회 개척과 같은 특정한 사역에 초점을 맞춘 네트워크도 있었다. 뉴씽 네트워크(Newthing Network)와 Acts 29는 교회 개척을 목표로 성공한 네트워크들이다. 그들 각각은 역사적으로 볼 때, 파트너 교회들과 공통된 신학적 정체성을 공유하고 있지만 뉴씽은 회복 운동(Restorationist Movement)에 속해 있고, Acts 29는 개혁공동체(Reformed

---

[2] Thom Rainer, "Eight Reasons People Are Leaving Denominational Churches for Nondenominational Churches," April 22, 2015, 2015년 10월 5일 접속, http://thomrainer.com/2015/04/eight-reasons-people-are-leaving-denominational-churches-for-non-denominational-churches.

Community)에 속해 있다. 그들의 신학적 정체성은 겉으로 드러나기보다는 교회 개척이라는 사역 속에 감추어 있는 경우가 많다.

그렇다면 이러한 교회 네트워크들이 증가하게 된 원동력은 무엇인가? 모든 답이 그렇듯이, 단순하지 않다. 다른 영향도 있겠지만, 내가 관찰한 바는 다음과 같다.

첫째, 1980년대에는 방법론적 공감대(Methodological Consensus)가 붕괴하였다. 즉 1980년대 이전에는 감리교회는 감리교회다웠고, 복음주의 자유교회는 복음주의 자유교회다웠으며, 침례교회 역시 침례교회다웠다. 그러나 1980년대 이후 방법론적 공감대 무너지기 시작했고, 교회들은 교단과 상관없이 유사한 모습으로 나타나기 시작했다. 심지어 신학적으로 노선이 다른 교회 안에 있어도, 고향 같은 편안함을 느끼게 되었다. 예를 들어, 오늘은 미주리 주, 스프링필드에 있는 하나님의 성회 제임스 리버 교회(James River Assembly of God)의 예배에 참석하고, 다음 주에는 애틀란타에 노스 포인트 교회(North point Community Church)에서 예배드리고, 마지막으로 사우스 캐롤라이나 주에 있는 뉴스프링 교회(Newspring Church)의 예배에 참여해 보아도, 세 교회에서의 경험한 예배들은 서로 다르지 않고, 유사한 예배로 느껴진다는 것이다.

방법론적 공감대의 붕괴는 또한 교단의 정체성도 함께 무너뜨렸다. 그래서 1980년부터 목회자들은 이미 규정된 교단의 방법을 따르지 않고, 개인이나 교회의 모델에 따라 교회 사역이 이루어졌다. 방법론적 공감대의 붕괴로 말미암아 자료, 자원, 패러다임, 네트워크들이 출현하기 시작했다. 이러한 전환의 과정에서, 복음주의 교회 안에서 가장 주목하게 되는 특별한 변화가 바로 네트워크의 출현이었다. **네트워크는 복음주의 개신교의 사역 방향을 재창조했다고 나는 믿는다.**

둘째, 방법론적 공감대가 붕괴하면서, 교회들 스스로가 공통의 목적과 정체성을 중심으로 네트워크를 형성하였다. 교단의 조직으로는 추진하기 어려웠을 것이다. 그 결과 훌륭한 네트워크들이 그들의 리더들과 더불어 다섯 가지 중요한 원리들을 실천하였고, 이로 인해 네트워크들은 급속한 성장을 이루게 되었다.

교단이 네트워크로부터 배울 수 있는 다섯 가지 실천 사항

1. 울타리를 낮추고, 불을 붙이라(Fire, Not Fences)

교단들은 주로 울타리, 특히 신학적 울타리를 세운다. 이 울타리에서 "안에 있든지 아니면, 밖에 있든지 둘 중 하나를 택하십시오."라는 철학으로 이끈다. 이것이 나쁘다고 볼 수는 없다. 자신이 누구인지를 이해하고, 자신과 같은 사람과 파트너를 맺는 것이 중요하다. 그러나 조직이 울타리를 세운다면, 그로 인해 밀려나는 사람도 생길 것이다.

그러나 운동(movements) 또는 네트워크들은 불꽃처럼 세워진다. 열정, 목적 공통성 공유, 단순함, 비전 등을 기초로 하여 형성된다. 그래서 네트워크 모임에 참석하면, 사람들을 끌어당기는 에너지를 보면서 흥미진진함을 느끼게 될 것이다. 이후로 교단이 성공하려면, 사람들을 운동의 에너지로 이끌어야 할 것이다. 울타리는 운동을 만들지 못한다. 울타리는 단지 운동이 있었던 곳을 표시만 할 뿐이다.

얼마 전 남가주 하나님의 성회의 지역 모임에 참석하고 있었다. 나의 강의가 있기 전에 지역 리더들은 선교 헌금에 관한 시상식을 하고 있었다. 선교 헌금이 증가한 교회들의 명단이 대형 스크린 위에 게시되었다. 그러자 선교 헌금의 증가 비율이 가장 높은 교회가 스크린에 소개되었고 그 교회 대표가 무대 위에 올라와 다른 많은 교회로부터 축하를 받는 모습을 보았다. 그러나 그 지역은 선교 헌금에만 초점을 맞추지 않고, 선교 자체에 초점을 맞추었다. 이렇게 선교를 구분하는 것이 중요하다. 헌금은 목적을 이루기 위한 수단이다. 목적은 효과적인 선교 사역이다. 그들은 선교가 중요하다고 생각했기 때문에 선교 헌금의 성과를 함께 축하할 수 있었다.

교단의 연 총회는 각각의 교회가 소망하는 것을 함께 축하하고, 운동의 정신을 조성할 수 있는 훌륭한 장이 될 수 있다. 총회가 교단의 바람직한 문화를 형성하는 데 도움을 줄 수 있는 네 가지 구체적인 단계를 소개한다.

강한 설득력으로 비전을 제시하는 설교자를 선택한다. 설교자가 핵심이다. 목표가 다양하다면, 다양한 목표에 맞추어 설교자들을 초청하라. 교회 개척을 사랑하는 교단을 원한다면, 설득력 있는 교회 개척자에게 설교를 부탁한다. 선교를 더 많이 하기 원하면, 많은 선교사나 선교에 정통한 설교자들을 강사로 초청한다. 만약 교단이 비즈니스 사역에 집중하고 싶다면, 그와 관련된 설교를 준비하고 로버츠 규약(Roberts Rules of Order)의 세부적인 부분을 주제로 토론하는 기회를 많이 가지면 된다.

보고를 줄이고 사명을 강조한다. 보고는 책자로 하는 것이 가장 좋다. 교단 회의에서 길고 오랫동안 보고하는 것은 효율적이지 않다. 공평한 보고 문화 즉, 교단 사업을 보고할 때, 모든 사람에게 공평한 보고 시간을 할당하는 것은 좋은 것이지만, 이는 회원들의 참석률을 떨어뜨리는 비효과적인 회의가 될 수 있다. 열방을 향한 세계 선교, 국내에서의 교회 개척, 그리고 참신한 사역에 대한 비전을 선포한다.

간소화하되 책임 있는 비즈니스 운영을 하라. 10년 동안 교단 회의에 제안한 결과, 기념비적인 변화가 일어났다. 주요한 변화가 있을 때를 제외하고는. 비즈니스에 관련된 사항들은 대폭 단축되었다.

논쟁하는 조직이 아니라 사명을 수행하는 가족이 되라. 가장 중요한 것은 가족처럼 되는 것이다. 어느 가정에는 사고를 일으키는 친척이 있기 마련이다. 그가 마이크를 잡는 동안에는 친절하고 인내심으로 대해야 한다. 가족들은 대부분 서로 사랑한다. 그들은 서로 함께 있고 싶어 한다. 그들은 서로를 아끼는 사람들처럼 행동한다. 모든 교단 회의가 레슬링 경기처럼 느껴진다면, 싸우는 선수들을 제외하고는 아무도 그 자리에 나타나지 않을 것이다. 정작 중요한 것에 초점을 맞추고, 서로를 사명을 가진 가족으로 여긴다면, 사명을 사랑하고 소중하게 여기는 사람들은 그로 인해 격려를 받고, 하나님의 일하심을 보게 될 것이다. 사소한 일보다 사명에 집중할 때, 분열보다는 열정이 솟아날 것이다.

2. 세금이 아닌 파트너십(Partnership, Not Taxation)

교단 지원 헌금은 세금처럼 느껴지는데, 교회 운동에 헌금하는 것은 파트너십처럼 느껴진다. 네트워크들은 교회의 필요를 아주 잘 파악했고 수입과 지출을 명확히 했고 모든 헌금을 선교로 연결하는 일을 훌륭하게 해냈다. 어떤 조직이든 교단이든 다르지 않다. 시간이 흐를수록 점점 더 많은 것들이 첨가되곤 한다. 그렇게 되면, 교단들은 우리가 지출하는 것과 관련하여 단지 이 지출이 투명하고 목적에 맞는가만을 다루는 경향이 있다. 우리 교단이 효과적으로 되려면, "어떻게 해야 세금이 아닌 파트너십으로 느낄 수 있을까?"라는 질문에 대답할 수 있어야 한다.

나의 몇몇 친구들은 오순절 교단의 국제 오순절 성결교회(International Pentecostal Holiness Church)에 속해 있다. IPHC 교단 정기총회에서의 가장 명예로운 일은 한 교회가 지난 1년 동안 교회를 개척했을 때, 교단으로부터 핀 하나를 받는 것이라고 한다. 이 핀은 그 교단이 인정하는 가장 명예로운 표시다. 교회 개척을 최고의 우선순위로 삼고, 이를 이룬 사람들에게 적절한 예우를 표시하는 것이다. 이러한 문화적 전환은 사람들이 교단의 방대한 조직 구조를 유지하기 위해 세금을 내는 것처럼 느끼기보다, 모든 사람이 사명을 위해 희생하는 것처럼 희생적인 정신으로 헌금할 수 있도록 도와준다.

좀 더 효과적으로 사역하기 원하는 교단들은 IPHC처럼, 우선순위를 먼저 강조하고, 그 우선순위와 사명을 수행하고 있는 사람들을 진정한 파트너로 삼는 방법들을 찾아야 한다.

3. 종족이 아니라 정신이다(Ethos, Not Tribe)

다음 세대들은 종족에 대해 신경 쓰지 않는다. 이것은 기억해야 할 중요한 내용이다. 차세대들은 민족, 인종, 문화, 성별, 그리고 심지어 언어적 장벽까지 뛰어넘기를 원한다. 그들은 단일 집단에 관심이 없다. 종족 대신, 그들은 에토스(정신)에 더 관심이 있다. 그들이 주장하는 바는 다음과 같다. "여기에 머물고 싶은 이유는 우리가 여기에 함께 있기 때문이다." 나의 교단은 사명을 중심으로 하여, 하나의 에토스(정신)를 만들어 낼 수 있는가? 그렇지 않으면 곧 어려움에 부딪히게 된다.

에토스를 형성하는 문제는 기존의 전통에 대해 의문을 제기하는 것이기 때문에 도전이 될 수 있다. 그러나 이러한 의문 제기는 생명력을 향해 도약할 수 있는 중요한 단계이다. 만약 우리가 교회 배가 운동이 일어나는 것을 경험하고 싶다면 교회의 형태에 대한 두려움, 즉 지금까지 지켜왔던 전통적인 모델과 반대되는 교회의 모델을 취하는 것에 대한 두려움도 극복해야 한다. 교회에 대한 성경적 정의를 수용하고, 교회의 성경적 특성이 있는 한 교회는 여러 가지 다른 방식의 모델을 가질 수 있고, 교회의 기능을 수행할 수 있다.

새로운 세대들로 인해 생기는 두려움과 그들에 의해 이루어지는 교회 개척 활동은 감사하게도 여러 교단에서(다는 아니지만) 일어나고 있는 공통적인 현상이다. 우리는 똑같은 방식으로, 하나의 그룹만을 위해 "교회를 하는"(doing church), 그 틀에서 벗어나는 시도를 두려워해서는 안 된다. 우리를 이끌고 가는 것은 공통된 것을 같이 믿으며 동시에 선교적 협력에 전념한다는 고백적 정체성이다. 이로 인해 하나의 공통된 고백과 사명을 가지면서, 모든 유형의 교회 개척 사역을 진행한다. 이러한 사역을 위해 노력한다는 것은 가치 있는 일이다. 교회 개척에는 희생이 따른다. 그것이 사람들을 두렵게 한다. 교회 개척은 또한 새로운 방식의 협력 사역이다. 그것이 일부 사람들을 두렵게 한다.

교회와 교단이 희생하지 않으면, 재생산은 절대 일어나지 않을 것이다. 새 교회를 시작하기 위해 사람을 파송하는 희생, 교단 내 논란이 일어나도 이를 감수한다는 희생, 헌금이 엉뚱한 사람에게 전달된다 해도 이를 감수한다는 희생(반대하는 목소리가 있을 것) 등이 포함될 것이다.

마지막으로, **진정한 배가(Multiplication) 운동이 일어나려면 우리가 협력하는 방식을 재고해야 할 것이다.** 방법론적 순응을 요구하기보다는 공통의 신앙을 공유하고 있으며, 사역의 상황은 서로 다르지만 공통된 고백과 선교적 협력을 할 수 있다는 것으로 기뻐하고 축하해야 한다. 그 과정에서 우리는 새로운 교회 개척자들을 위한 새로운 길을 열 수 있고, 미국과 전 세계에서 다시 한번 혁명과도 같은 교회 배가 운동을 목격할 수 있을 것이다. 교회, 교단, 리더들이 이러한 두려움을 극복할 수 있다면, 마침내 교회 배가 운동을 볼 수 있고, 보게 될 것이다. 이것이 복음을 전파하는 선교적 명령에 충성하는 길이며, 열매를 맺게 되는 길이다.

4. 감옥이 아닌 집(Home, Not Prison)

너무 자주 우리는 우리의 교단을 집이 아닌 감옥으로 대한다. 감옥은 어떤 사람들을 들어오게 하고, 어떤 사람들을 들어오지 못하도록 만들어진 곳이다. 교단이라는 감옥은 협력과 상호 학습을 거부한다. 감옥은 처벌하는 곳이지, 절대 격려하지 않는 곳이다. 반면 어떤 네트워크들은 사람들을 하나가 되게 하는 비전 공유를 중심으로 공동체 의식과 동지애를 키워주었다. 이러한 네트워크에 속한 교회 중에는 교단에도 속해 있는 교회들도 있다. 개척자들이 여행할 기회가 제한되고, 회의 참석 비용이 부족할 때에, 그들은 교단 모임에 가지 않고 네트워크 모임으로 간다. 왜 그럴까? 네트워크는 그들에게 가족과 같고 그들의 집과 같기 때문이다.

기독교 텔레비전과 인터넷의 출현으로 교단의 벽이 허물어지고, 교단이라는 공통성과는 상관없이 같은 리더들로부터 같이 듣고, 보고, 배우기 시작하였다. 예를 들어, 다니엘이 일본에 있었을 때의 경험을 이야기했다. 한국 서울에 있는 온누리 교회(Onnuri Community Church)가 일본에 CGNTV 위성망을 설치하고, 일본의 오순절 교단과 장로교 설교자들의 설교를 모두 방송하기 시작했다. 일본 기독교인들은 교단의 장벽이 있었을 때 알고 있었던 것보다, 장벽이 허물어진 후 서로에게 공통점이 많다는 것을 전보다 더 많이 깨닫게 되었다. 교단들은 과거의 행습을 계속해서 고집하지 않도록 주의해야 한다.

5. 멀지 않고 가까운 사명(Near, Not Distant)

개척자 개인에게 헌금하는 것보다 협력하는 네트워크에 헌금하는 것이 훨씬 효과적이다. 사람들이 일반적으로 이렇게 생각한다. 네트워크 안에 있는 사람들이 사명에 더 집중하는 경향이 있다(사명에 근접했다고 느낀다). 반면 교단들은 사명으로부터 멀리 떨어져 있다고 느낀다. 훌륭한 교단들은 교회 개척자들이 교회와 사람들을 밀접하게 느끼고, 쉽게 다가갈 수 있도록 돕고 있다.

교단의 장점 중 하나는 조직체라는 점이다. 전에 언급한 것과 같이, 바람직한 조직체는 조직의 사명을 오랫동안 유지하도록 도와준다. 반면, 약점 중 하나는 사람과 사명감 사이에 거리를 두게 한다는 것이다. 그러나 교회 네트워크들은 조직 단체와 교단들이 가지고 있는 조직체로서의 장점은 가지고 있지 않다. 결과적으로, 네트워크들의 존재 목적은 본질적으로 그들의 사명에 있으므로 그 안에서 사명과 사람이 필연적으로 밀접하게 연결될 수밖에 없다.

교단이 자문해야 보아야 할 질문 네 가지는 다음과 같다. 첫째, 운동(movements)의 사명과 우선순위가 명확하게 정의되어 있는가? 모든 사람이 그것을 알고, 어떻게 그것을 성취하고 있는지 이해하고 있는가? 둘째, 우리의 선교사들은 누구인가? 그들이 교단 안에 있는 모든 사람에게 접근할 수 있는가? 셋째, 교단에 소속된 사람들은 전 세계의 선교 파트너들과 연결하여 선교 사역에 쉽고 간단하게 동참할 수 있나? 넷째, 교단에 속한 사람들은 선교 현장에서 필요한 기도 제목들을 얼마나 명확하게 알고 있는가? 교회들은 운동을 위해 함께, 구체적으로 기도하고 있는가? 기도 제목들을 응답받았을 때 교회들과 소통하는가?

우리는 둘 다 필요하다

결국 효과적으로 교회 개척을 하려면 교단과 네트워크와의 논쟁을 그쳐야 한다. 많은 교회가 둘 다 선택하고 있지만, 그것이 올바른 선택인지 묻지는 않는다. 그뿐 아니라, 둘은 서로 조금씩 더 닮아야 한다. 교단과 같이 일하는 것을 다시 고려하는 시대가 되었지만, 교단과 같이 일하는 것을 포기하는 것은 현명하지 못하다. 현실적으로 볼 때, **미국과 캐나다에서 이루어지고 있는 대부분의 교회 개척은 교단의 책임하에 이루어지고 있다**. 이는 개 교회들이나, 기독교인들, 심지어 이머징 교회 개척 네트워크 기관보다도 더 많다. 그래서 교회 배가 운동을 추진하려면, 교단과 교단 리더들의 적극적인 지지가 필요하다.

그리스도인들은 결코 스스로 성장하고, 재생산하고, 자신의 힘으로 대위임령을 이행할 수 있는 자족할 수 없다. 교회들도 마찬가지이다. 스스로 할 수 없다. 적어도 혼자서는 할 수 없는 일이다. 교회는 다른 교회와의 파트너십이 필요하다. 만일 교회 배가 운동이 일어난다면, 교단의 지원은 선택이 아니라 필수이다.

리더들이 아무리 설득력이 있고, 말씀을 잘 전하며, 예배가 아무리 충만하다 해도, 여러 방면에서의 교단적 지지가 없다면, 교회 배가 운동은 성공할 수 없을 것이다. 단순히 교단과 상관없이 이루어지는 사역을 상상할 수는 있지만, 그런 미래는 아직 오지 않았다. 만약 배가 운동이 지금 일어난다면, 그 운동은 반드시 교단과 함께 일어나야 한다.

교회 개척은 모든 교단의 우선순위에서 우위에 있어야 하며, 중요성 또한 지속해서 강조되어야 하고, 리더들은 연합되어야 한다. 만약 내가 교단의 리더로서 교단의 비전을 교회 배가로 집중한다면, 리더십 위치에 있는 모든 사람이 이 비전을 말로만이 아니라 진정으로 품게 해야 한다. 배가 운동이 교단의 유일한 강조사항일 필요는 없지만, 교단 리더들은 교회 개척 사역과 배가 사역을 교단의 우선순위를 두어야 한다. 여기에 소망을 두는 이유가 있다. 예를 들어, 자유 감리교(Free Methodist)는 교단의 초점을 교회의 배가와 지도력 개발에 두기로 했다.

20년 전, 복음주의적 스칸디나비아계 미국인들을 섬기던 스웨덴 침례교 총회(Swedish Baptist General Conference) — 오늘날의 침례교 총회(Baptist General Conference) — 는 교회 개척 사역을 진지하게 받아들였다. 그들이 이 결정을 했을 때, 그 교단은 약 600개의 교회로 이루어져 있었다. 오늘날 이 교단은 19개국에 약 1,200개의 교회가 있으며, 17개의 민족 그룹들도 포함하고 있다. 이들은 20년 만에 교회 개척을 통해 교단 규모를 두 배로 늘렸고, 놀랍게도 교단 내의 분열 없이 언어와 민족적 장벽도 뛰어넘었다고 한다. 그들은 현재 "전 세계를 향해"(Converge Worldwide)라는 단체로 알려져 있으며, 이러한 변화를 강조하기 위해 2008년에 명칭을 바꾸었다.

나는 하나님의 성회와 함께 일할 기회를 얻었는데, 이 단체는 나중에 CMN(Church Multiplication Network)이라는 이름으로 바뀌었다. CMN은 교회 배가 운동 리더들(Church Multipliers)과 함께 협력하면서, 효과적으로 훈련하고, 전략적으로 예산을 집행하고, 혁신적인 새로운 신앙공동체들과 네트워크를 연결하는 일을 하게 되었다. CMN은 하나님의 성회(AG)의 교회 개척 기관이다. 하나님의 성회(AG)는 지난 20년간 세계에서 가장 큰 국제 교회 개척 운동 기관이 되었고, 이제는 전 세계적으로 312,000여 개의 교회들로 구성되어 있으며, 지난 10년 동안 미국에 2,700여 개의 교회를 개척했다. 이 도표에서 볼 수 있듯이, 개척 분야에 있어서 이 교단의 성장은 주목할 만하다.[3]

년도*	개척**	폐교**	총계	전년대비
2009	266	272	12,371	-6
2010	325	239	12,457	86
2011	368	230	12,595	138
2012	391	264	12,722	127
2013	324	254	12,792	70
2014	345	288	12,849	57
2015	326	278	12,897	48

* 매해 보고하는 시기가 다르다. 1981년 12월부터, 연말인 12월 31일에 보고한 통계이다.
** 일부 개척/폐교된 교회의 통계가 다를 수 있음

가장 큰 개신교 교단인 남침례교는 "Send North America"라는 개척 전략을 착수했다. 사역의 전개는 적극적이었고, 그에 따른 반

---

[3] Ed Stetzer, "Moving Toward Church Multiplication Movements: How Multiplication Can Be Enhanced Through Denominational Backing," Christianity Today, April 28, 2014, 2015년 10월 5일 접속, http://www.christianitytoday.com/edstetzer/2014/april/moving-toward-multiplication-movements-why-multiplication-n.html.

응도 흥미로웠다. 모든 사람이 교회 개척에 대해 호의적이라고 말하지만, 실제로 많은 사람이 개척 사역에 참여하지는 못했다. Send North America는 남침례교단의 완전히 새로운 교회 개척 전략인데, 인구 수는 많지만(교단의 기준에 비해) 교회 수는 적은 도시들에 집중하고 있다. 이 전략을 수행하기 위해, 재정 지원에 있어서 국내 교회 개척 단체의 수준으로 재분배하였다. 교단 전체를 대상으로 했기 때문에 다른 분야의 선교 파트너들은 이전에 받았던 것과 같은 재정을 더는 받지 못하게 되는 상당한 희생을 치르게 되었다. 교회 개척 쪽으로 예산이 재분배되었기 때문이다. 이러한 사역을 위해 교단은 지역 교회들과 연결하기 위해 부지런히 노력했다. 교회를 개척하는 선교사들은 교회의 승인을 받아야 했는데, 지역 교회들은 개척 선교사들의 파송 교회로 그들을 힘 있게 후원하였고, 선교사들은 사역지로 가서 교회 개척 사역을 시작했다. 모든 교회와 연결하려는 교단의 의도적인 노력은 또다시 교회 개척으로 이어지고, 교회를 개척하는 교회의 권위를 가지며 지역 교회는 이런 교회 개척 운동에 점점 더 많은 지원을 하게 되고, 그와 더불어 하나님으로부터 많은 보상을 받는 것 같다.

결론

일부 교단들이 교회 개척의 르네상스를 경험하고 있다. 이 교단 중 많은 교단은 네트워크들과 같은 열정을 품고 있다. 교단의 구조와 안정, 네트워크가 가진 단 하나의 열정과 단순한 전략, 이 세계의 장점들을 결합하여, 북미의 어떤 교단들은 교회 개척의 찬란한 시절을 경험하고 있다.

교단 지도자들이 교회 배가 운동의 비전을 받아들이고, 변화는 하나님의 계획의 주인공으로 젊은 교회 개척자들을 받아들이는 것에서부터 시작된다. 교단의 열렬한 지지를 받는다면, 교회 배가에 가속도가 붙어 엄청난 에너지를 받게 될 것이다. 결국 사람들이 회의, 컨벤션 또는 총회에서 교회 개척에 대해 듣고, 신학교에서 또한 축하하고, 교회에서 이야기하며 개척이 파트너십의 초점이 될 때, 교단은 교회 개척의 방해가 아니라, 촉매제가 된다.

교단은 다양한 방법으로 교회의 배가 운동을 지원할 수 있다. 교단이 재정을 지원하든, 정기적으로 기도하든, 아니면 일꾼들을 현장에 보내 배가 운동을 지지하든, 교단은 교회 개척자를 지원하는 데 있어서 모든 자원을 동원해야 한다. 교단은 절대적으로 복음의 확산을 위해 그리고 대위임령을 성취하기 위해 개척자들을 지지해야 한다.

교단과 네트워크들은 함께 살아남을 수 있고, 함께 살아남아야 한다. 조금 더 고민하며 개발해야 하겠지만 이는 얼마든지 할 수 있는 일이다. 만약 그렇게 된다면, 다니엘과 나는 이로 인해 하나님의 나라의 복음이 급속도로 퍼져 나가게 될 것을 믿는다.

PLANTING MISSIONAL CHURCHES

교회 – 배가 운동: 생각의 틀을 깨다

만약 교회 개척자들이 이 책을 단지 교회 개척을 위해 필요한 기술을 소개하는 도구로 읽는다면 다니엘과 나는 슬플 것이다. 이 책 안에 많은 도구와 기술들이 소개되기를 바라지만, 그러나 더 큰 의도는 독자들이 진정한 교회 개척자인 주님을 추구하게 하는 것이다. 여러분들이 이 책 한 장 한 장을 읽음으로써 교회 개척의 진수를 경험하기를 바란다. 얼마나 놀라운 일인가! 인간적으로는 불가능한 일이다. 교회를 설립하시고, 교회를 견고하게 하신 예수 그리스도 그분이 중심이시고, 그분이 절대적으로 필요한 존재라는 사실을 이해하기를 바란다. 예수 그리스도 없이는 개척자의 시작도 헛되며, 개척자의 개척도 헛될 뿐이다.

하나님이 일하실 때, 교회는 개척된다. 교회 개척은 언제나 기적이다. 하나님께서 사용하시도록 우리 자신을 내어 드려 교회가 교회를 개척하고 그 교회가 또 다른 교회를 개척한다면, 교회 배가 운동(Church Multiplication Movement)이 일어날 것이다.

교회 개척 운동

교회 개척 운동이 선교 현장에서 선교사들의 이목을 집중시켰다. 데이빗 게리슨 (David Garrison)의 책 「교회 개척 운동」(Church Planting Movement)이 나오자, 많은 교회 개척자가 이 책을 주목했다. 그는 전 세계의 몇몇 지역에서 교회들이 어떻게 폭발적으로 개척되어, 모든 민족이 그리스도께 돌아오고 있는지 설명했다. 교회 개척 운동이란 무엇인가? 게리슨은 다음과 같이 표준적 정의를 내리고 있다. "교회 개척 운동(Church Planting Movement-CPM)이 무엇인지 다음과 같이 단순하고 간결하게 정의를 내릴 수 있다. 교회 개척 운동이란 주어진 종족이나 인구 계층 안에서 개척된 토착 교회들이 급속하게 배가하는 것이다." 게리슨은 계속해서 설명한다. "이는 매년 몇 개의 교회들이 점차 늘어나는 성장이 아니고, 기하급수적으로 늘어나는 성장이다. 두 교회가 네 개의 교회가 되고, 네 개의 교회들이 여덟 개 혹은 열 개, 그 이상으로의 교회들로 증가한다."[1]

게리슨은 이 책에서 몇 가지 교회 개척 운동의 사례들을 기술하고 분석한다. 연구를 마친 후, 그는 지리적 위치와 관계없이, 관찰할 수 있는 보편적인 특성들을 다음과 같이 정리하고 제시한다.

1. 기도: 새로운 교회와 교회 지도자들의 삶에 영향을 끼치고, 그들이 본받고 싶어 하는 것은 선교사의 개인적인 삶 속에 나타난 생명력 있는 기도이다. 처음부터 선교사는 그의 힘의 근원이 기도로부터 온다는 것을 보여줌으로써, 그의 사역지에 가장 큰 자원을 효과적으로 제공한다.

2. 왕성한 전도: 우리는 전도가 매우 드물게 행해지거나 혹은 행해지지

---

[1] David Garrison, *Church Planting Movements: How God Is Redeeming a Lost World* (Monument, CO: WIGTake Resources, 2012), 21-22.

않는 곳에서 교회 개척 운동이 나타난 것을 아직 본 적이 없다. 교회 개척 운동은 언제나 풍성하게 뿌려지는 복음의 씨와 함께 동반된다.

3. **의도적인 교회 개척**: 교회 개척 운동이 진행되기 전에, 누군가 교회 개척 전략을 의도적으로 실행했다. 모든 상황적 요소가 다 갖추어진 사례들이 몇 차례 있었지만, 선교사들에게는 교회 개척 운동을 이끌어갈 기술이나 비전이 부족했다. 그러나 일단 이 요인이 전체의 모습에 더해졌을 때, 그 결과는 놀라웠다.

4. **성경의 권위**: 글을 읽지 못하는 종족 그룹 중에서도 성경은 교리와 교회 정치, 삶 자체의 지침이 되어 왔다. 모든 경우에 있어서 성경은 교회의 생활을 위한 방향을 제시해 주었고, 성경의 권위는 의심의 여지가 없었다.

5. **현지 지도자**: 교회 개척 운동에 관여하는 선교사들은 흔히 교회 개척 일을 직접 하기보다는 교회 개척자들을 멘토링 하는데 필요한 자기 자신의 개인적 훈련을 말한다. 지역 교회 개척자들과 옆에서 나란히 걷는 것이 현지 지도자를 양성하고 세우는 첫 단계이다.

6. **평신도 지도자**: 교회 개척 운동은 평신도들이 주도한다. 이러한 평신도 지도자들은 전형적으로 사역과 직업을 병행하며, 종족 그룹의 일반적 배경에 속한 사람들이다. 그러나 신학 교육을 받은(글을 모르든 아니면 교육을 받았든) 목회자들에게 의존하는 것은 항상 지도자 부족을 겪을 수밖에 없음을 의미한다.

7. **셀 또는 가정교회**: 교회 개척 운동이 진행되는 과정에서 교회 건물들이 출현하기 시작한다. 그러나 대부분 교회는 작고 재생산을 하는 셀 교회들이다.

8. **교회를 개척하는 교회**: 대부분의 교회 개척 운동에서 세워진 교회들

은 선교사들, 혹은 선교사의 교육을 받은 교회 개척자들에 의해 시작된 교회들이다. 그러나 어느 순간 이 운동이 재생산의 배가 단계에 접어들면서, 교회들이 스스로 새로운 교회를 개척하기 시작했다.

9. <u>급속한 재생산</u>: 이러한 운동에 관여한 대부분의 교회 개척자들은 급속한 재생산이 이 운동에 필수적인 특성이라고 주장한다. 재생산 속도가 느려지면 교회 개척 운동이 불안정해진다는 것이다. 급속한 재생산은 그리스도에 대한 믿음으로부터 오는 긴박함과 중요성을 나누는 것이다.

10. <u>건강한 교회</u>: 교회 성장 전문가들은 최근 몇 년 동안 교회의 특성에 대해 광범위하게 글로 발표했다. 건강한 교회는 (1)예배, (2)전도 및 선교 활동, (3)교육과 제자훈련, (4)사역, (5)교제 이 다섯 가지 목적을 수행해야 한다는 데 이견이 없다. 우리가 연구한 교회 개척 운동에는 이 다섯 가지 핵심 기능들이 뚜렷하게 드러났다.[2]

북미에서는 이전에 교회 개척 운동이 일어난 적이 있다. 서부 개척 시대에 침례교·감리교도들이 20년 동안 수천 개의 교회를 개척했다. 갈보리 채플(Calvary Chapel)과 빈야드 교회들(Vinyard Churches)은 1970년대와 1980년대에 크게 배가하였고, 굳이 설명하자면 이들은 교회 개척 운동은 아니지만 역사 속에서 입증된 것으로, 급속한 교회 개척 운동에 가장 가까운 것이라 할 수 있다.

---

2 Ibid., Kindle ed., loc. 2620-3038.

교회 배가 운동!

우리가 북미에서 교회 개척 운동(CPM)을 위해 기도하고, 이 운동이 일어날 수 있도록 노력하지만, 현재 상황에서 교회 개척 운동이 일어나는 것을 볼 수 있을 것 같지는 않다. 교회 개척 운동은 특정한 정의를 갖고 있다: 교회 개척 운동은 주어진 종족이나 인구 계층 안에서 개척된 토착 교회들이 급속하게, 기하급수적으로, 배가하는 특성이 있다.

이런 운동이 우리가 사는 사회에서는 일어날 것 같지 않다. 산업화한 사회에서, 노동 분할이 시행되고, 사람들은 전문화에 익숙해 있다. 우리가 원하든 원하지 않든(그렇지 않지만) 사람들은 자동차 정비공을 목사로 대하려고 하지 않는다. 이러한 사고의 경향은 기하급수적인 성장을 이끄는 운동에 장애가 되는 요인이며, 이것은 또한 산업화하지 않은 사회에서 교회 개척 운동이 많이 발견되는 이유이다. 그렇다고 해서 이런 사회 속에서 모든 운동이 불가능하다는 것은 아니다. 이러한 상황에서 다른 목표를 세워야 한다.

우리가 사는 상황 속에서 교회 개척 운동을 어렵게 하는 요인들은 다양하다. 그러나 우리는 교회 배가 운동을 목격하였고, 계속 볼 수 있다고 믿는다. 워렌 버드(Warren Bird)와 내가 「바이럴 교회」(Viral Churches)에서 설명했듯이, 교회 배가 운동은 한 해 동안 교회의 수가 50% 증가하고, 회심률이 50%에 이르고, 영적 성장이 3대까지 이어지는 것을 말한다.[3]

---

3   Ed Stetzer and Warren Bird, *Viral Churches: Helping Church Planters Become Movement Makers* (San Francisco: Jossey-Bass, 2010), 5.

교단과 네트워크들이 어떻게 배가 운동으로 나아갈 수 있는지 살펴보자. 이것이 모든 것을 포괄하는 완전한 목록은 아니지만, 여기에 소개되는 다섯 가지 기초들은 교단들과 네트워크들이 교회-배가 운동을 우선순위에 두고, 이를 실행하는 데 도움을 될 것이라 믿는다.

1. 같은 비전을 가지고 추진력을 형성하는 리더들
2. 성공적으로 배가를 성취한 이야기
3. 성취 축하
4. 교단/네트워크 가입
5. 신학교 지원

여기서는 교회 배가 운동이 일어나기 위해서 리더가 해야 하는 역할에 먼저 초점을 맞출 것이다. 교회가 전염성의 특성을 가지려면, 리더들 가운데 반드시 일어나야 할 네 가지 단계들을 소개한다. 네트워크나 교단의 리더가 아니라 할지라도, 이 운동을 시작하는 첫 번째 리더가 되어 이 운동을 세워나갈 수 있을 것이다.

배가 운동 리더들을 세우는 네 가지 단계

다음은 네트워크와 교단의 리더들을 위한 네 가지 단계이다.

1. 배가 운동의 리더를 찾는다

교단과 네트워크의 리더들은 운동을 일으킬 수 없지만, 올바른 리더를 세우고 그들을 격려하여 배가 운동의 문화를 형성하여, 다른 사람들이 이 사역을 계속할 수 있게 한다. 배가 운동에서 제일 먼저 해야 할 일은 배가 운동의 리더를 찾는 것이다(혹은 그런 모임을 만든다). 이들은 영적으로, 교회적으로, 그리고 선교적으로 교단과 더불어 신뢰감을 줄 수 있는 사람이어야 한다.

운동은 지도자를 필요로 한다. 이 리더들은 사명과 배가를 위해 자신을 희생할 수 있고, 다른 사람들을 이 사역으로 이끌 수 있는 목회자들을 의미한다. 교단, 지방회, 네트워크을 통해 교회 개척을 강조하고 싶다면, 배가 운동 리더들을 찾아서 다 같이 모일 기회를 만들어라. 설득력 있고 비전을 불러일으키는 리더들이라도 이 사역을 혼자 할 수 없으므로, 다른 리더들과 함께 팀을 만들고, 배가의 비전을 나누어야 한다.

2. 다른 리더들이 추진력을 형성하도록 한다

목회자는 교회 안에서 배가 운동의 비전 추진력을 형성할 수 있는 사람들을 찾기 위해 핵심 장로나 집사들을 접촉할 것이다. 이같이 배가 운동 리더들도 이 운동을 키워나갈 수 있는 적절한 리더들을 찾아야 한다. 다른 리더들도 배가 운동의 비전을 신뢰하고, 더 큰 운동을 위해 희생하겠다는 같은 의지를 보여야 한다. 그 후에 의지를 가진 사람들을 모아서 연대를 구축하고 개척을 시작한다. 그 후에 또다시 개척하고, 다른 사람들을 개척 사역에 초대한다. 이러한 연대는 교단 전체에 영향을 주기 시작할 것이며, 그러면 다른 사람들도 이 사역에 대한 확신하게 되어, 마침내 이 사역에 동참하게 된다.

3. 존경받는 리더들이 사람들을 운동에 초대하게 한다

선교나 교회 개척을 촉진하는 일이 당신의 역할이라면, 같은 비전을 가진 영향력 있는 리더들과 동역할 때 사람들을 설득해 나갈 수 있다. 오랜 경험을 가진 리더들은 파트너들을 검증하는 역할을 할 수 있다. 그들은 수고의 대가 없이 이 프로젝트를 홍보한다. 그들이 홍보하는 이유는 수입을 위해서가 아니고, 이 비전에 대한 믿음 때문이다.

교단과 네트워크 리더들은 교회를 개척하도록 설득하는 데 어느 정도 영향력을 미치지만, 실제로 배가하고 있는 목회자들의 영향력이 가장 크다. 그들은 훨씬 더 많은 사람을 초대하여 여러 수준의 사역들에 참여하게 한다. 배가하는 목회자들은 이 사역에 활발하게 참여하는 자들과 교단과 네트워크 안에서 존경받는 자들을 포함하여, 다른 사람들까지 이 운동의 다양한 단계에 동참하게 할 것이다.

4. 사람들을 배가 운동을 참여하도록 설득한다

기존의 많은 교회들이 교회 개척 사역에 참여하지 않고 있다는 것이 현실이다. 그들은 교회 개척에 관해 관심이 없거나, 이 사역을 가치 있는 사명으로 여기지 않았을 것이다. 전에 언급했듯이, 그들의 교회는 대위임령이라는 대로의 막다른 골목으로 들어서게 되었다. 이 교회 지도자들은 보내시는 하나님의 본성이 바로 교회 개척을 포함한다는 사실을 새롭게 깨달아야 할 것이다. 이 사명을 받아들이고, 운동에 동참하는 교회들은 신뢰도, 추진력, 크고 넓어진 영향력을 얻게 되어, 다른 사람들을 설득할 수 있게 된다. 이런 식으로 배가가 일어나고 운동이 전염된다.

리더는 무엇을 해야 하나?

교회 배가 운동을 이끌기 위해서는 배가 운동 리더들이 필요하다. 배가에 대한 열정을 가진 설득력 있는 리더들과 가능성 있는 사람들을 찾아라. 계획과 전략이 도움이 될 수 있지만, 사람들은 결국 리더를 따른다. 배가의 운동이 일어나게 하기 위해서는 적임자가 리더가 되어야 한다. 리더 목회자들이 희생의 본을 보이고, 다른 사람들이 그 본을 따르도록 하지 않는다면, 이 운동은 절대 일어나지 않을 것이다.

다음으로 운동을 위해 좋은 이야기들이 왜 필요한지 살펴볼 것이다.

성공담을 나눠야 하는 세 가지 이유

모든 사람은 이야기를 좋아한다. 이야기는 사람들의 심금을 울린다. 이야기는 영감을 주고, 그것을 꿈꾸게 한다. 이야기는 심지어 사람들을 행동하게 만들기도 한다. 교회 배가 운동을 성공으로 이끌기 위해서는 이야기를 통하여 세 가지 중요한 일들을 성취할 수 있다. 아무리 감동적이고 영감을 주는 이야기라도 행동으로 옮기지 않는다면 허약한 이론에 불과할 것이다. 반대로 감동과 비전 없이 행동만을 요구한다면, 곧 추진력을 잃게 될 것이다. 성공적인 배가 이야기들을 모아서, 그 이야기들을 함께 나누자.

1. 마음을 움직이도록 한다

좋은 이야기는 감성적으로 연결이 되어야 한다. 복음은 세상 어느 것보다 가장 위대한 이야기다. 모든 사람은 죄로 말미암아 아무런 소망 없이 죽어야 하는 존재였다. 그리스도는 죄로 말미암아 고통받는 사람들을 대신해서 죽으셨다. 한 번의 희생으로 예수님은 인류의 멸시와 수치를 견디셨고, 인류를 위해 죄의 값을 치르셨다. 선고받은 죄인으로서 우리는 거지와 같이 빈 손으로 나아왔지만, 그리스도는 우리를 하나님의 가족으로 입양시켜 주셔서 모든 권리를 누리는 하나님의 상속자가 되게 하셨다. 이것은 우리가 전해야 할 너무나 소중한 이야기다.

배가 운동도 역시 말로 전할 수 있는 이야기가 될 수 있다. 예를 들어, 아무런 희망이 없었던 도심지에 교회가 세워지게 되었고, 그 교회는 고난, 시련, 그리고 비극을 겪으면서도 지역 주민들을 섬긴 이야기다. 그 교회는 고통 속에서도 그들과 함께했다. 암 때문에 직장을 잃은 아버지의 가정에 경제적 어려움이 닥쳤을 때도 교회는 그 가정과 함께했다. 교회가 그들과 함께함으로 말미암아, 그 작은 공동체에 하나님의 사랑으로 말미암아 부흥과 갱신이 일어나게 되었고, 그 교회로부터 소망의 이야기들이 계속해서 흘러나오게 되었다.

꾸며낸 것이 아닌 실제 있었던 이야기들을 삶 속에서 발견할 수 있다. 사람들은 이런 이야기를 들을 필요가 있다. 변화된 삶을 보기 위해 교회를 개척한다. 운동이 일어나기를 원한다면, 이런 이야기들을 다른 교회에 들려줄 방법을 찾아야 한다. 그러면 그 교회들이 교회를 개척하고, 개척된 교회가 또 다른 교회를 개척할 수 있을 것이다. 이야기들은 진정성 있고 감성이 넘쳐흘러서 사람들의 마음에 영감을 줄 수 있어야 한다.

2. 배가의 열망을 불러일으킨다

사람들에게 배가의 열망을 불러일으키기 전에, 배가에 관한 이야기들을 알고 있어야 한다. 내가 발견한 문제는 실제로 있었던 배가 운동보다 전설적인 이야기들이 더 많다는 것이다. 다시 말해, 리더들이 다른 사람들을 교회 배가 운동에 초청하기 전에 이 운동에 대한 사실 여부를 입증할 수 있어야 한다. 주변에 있는 이웃들을 전도했던 이야기 혹은 특정한 민족 그룹을 대상으로 사역한 이야기들, 예를 들어, 펜실베니아에 있는 슬로바키아계 미국인들을 대상으로 한 사역 혹은 뉴멕시코에 있는 원주민 사역은 구체적으로 떠올릴 수 있는 이야기들이 필요하다.

이런 이야기들의 배경과 상황들에 관해 이야기한다면, 더 많은 사람이 관심을 가지고 참여하게 될 것이다. 사람들이 교회 재생산의 비전을 키우기 전에, 교회가 어떻게 영혼들에 다가갔는지 사실적인 이야기들을 먼저 들을 필요가 있다(개념이 입증되는 과정). 우리에게는 교회를 개척하기 위해서 교회가 얼마나 많은 희생을 했고, 마침내 그 교회가 다른 많은 교회에 영향을 끼쳤던 많은 이야기가 있다. 우리는 이런 이야기들을 다른 사람들에게 전해주고, 그들의 마음이 움직이게 하고, 그들도 같은 일을 하겠다는 마음을 갖도록 해야 한다.

3. 손과 발이 움직이게 한다

함께 축하하고, 마음을 움직이는 이야기를 전하고, 사역의 새로운 접근(배가 사역)을 호소하면, 사람들은 행동으로 옮긴다. 하나의 운동이 실행되기 전에, 사람들에게 알아야 하는 개념들을 설명해야 하며, 그 후에 사람들에게 행동할 것을 요구해야 한다. 사람들이 복음을 들어 믿게 되고, 삶이 변화되는 이야기들을 듣게 되면서, 사람들은 이 운동에 동참하고자 하는 마음을 갖게 된다.

이 주제를 다루다 보니, 내가 좋아하는 말씀 중 하나가 떠오른다. 히 10:24는 이렇게 말한다. "서로 돌아보아 사랑과 선행을 격려하며." 배가 운동에 관한 이야기는 다른 사람들에게 사랑과 선행을 격려할 수 있고, 하게 될 것이라는 말씀이다. 더구나 대상이 같은 네트워크, 같은 교단, 같은 단체에 소속된 사람들이라면 더 많이 사랑과 선행을 격려해야 할 것이다.

영국 성공회 사람들에 대한 좋은 예가 있다. 현실적으로 생각해보자. 영국 성공회 교회를 생각하면, "교회 배가"가 떠오르지 않을 것이다. 그러나 이 성공회가 설득력 있고 도전적인 이야기를 만들어 내고 있다. 최근 나는 버지니아, 트룰로 성공회 교회(Truto Anglican Church)에서 설교한 적이 있었다. 그곳은 역사적인 교회다. 명성이 자자하다. 성공회에 대해 생각하는 모든 것이 그곳에 있다. 그리고 그 교회는 교회를 개척하고 있다. 그리고 많은 성공회 교회가 북미 성공회 교단을 통해 교회 개척을 위한 파트너가 되어 함께 개척한다.

아주 간단하다. 교회 개척에 헌신한 주요 리더들의 이야기들은 다른 사람들이 교회 개척에 참여할 수 있도록, 교회 개척의 문화를 만들어 가는 데 도움을 준다. 이것이 교회 배가 운동으로 연결된다.

주요한 포인트는 나와 공동체가 경험한 배가 사역의 이야기들이 필요하다는 것이다. 다른 사람들이 하는 사역, 다른 공동체, 다른 교단, 또는 심지어 교단에 속한 부서가 하는 일이기 때문에, 자신과 상관없는 것들에 대해 등한시하는 경향이 있다. 이것은 인간의 속성이다. 그러므로 교회가 직접 경험한 배가의 이야기를 하고 있어야 한다. 그들이 배가에 대한 이야기를 듣는다면, 그들은 자연스럽게 마음이 움직이게 되고, 교회 개척을 행동으로 옮길 것이다.

개척에 관한 성공담은 그 추진력을 배가시키는 효과가 있다. 만일 어떤 교회가 다른 교회의 성공적 사역을 통해서 일하시는 하나님의 모든 역사를 듣게 된다면, 그러한 성공 사례를 자신의 목회 상황 속에서도 시도해 보고자 하는 마음을 갖게 될 것이다. **성공의 이야기를 듣게 되면, 마음이 움직이고, 생각이 고취되고, 손발을 움직여 행동으로 옮길 수 있다.** 이제 축하하는 것이 왜 중요한지 생각해 보자.

축하는 목적지로 가게 한다

당신이 축하(celebrate)하는 대로, 당신 역시 그렇게 된다. 교단이나 교회 네트워크가 그들의 모임에서 선교와 교회 개척을 축하하고 기념한다면, 교인들은 그들이 소중히 생각하는 가치를 다른 사람들에게 전하려고 노력할 것이다. 그들이 만일 조직이나, 끊임없는 갈등의 문제, 신학적 논쟁 등에 관심의 초점을 맞춘다면, 그것들이 곧 관심의 초점이 될 것이다. 그러므로 배가를 축하하면 배가가 관심의 초점이 된다.

기념, 도전, 핀

배가의 가치를 축하하고, 개척자들을 영웅으로 인정한다면, 운동의 문화가 변하는 것을 발견하게 될 것이다. 이것이 바로 "서로 돌아보아 사랑과 선행을 격려"하는 길이다 (히 10:24). NIV 영어 성경은 서로를 자극하라고 번역했다. 다시 말해, **우리에게는 예수님의 이름으로 올바른**

방향을 향해 달려가게 하는 자극이 필요하다.

나에게 자문할 수 있는 특권을 준 국제 오순절 성결 교회(International Pentecostal Holiness Church - IPHC)모임에서 몇몇 목회자들이 옷에 핀을 꽂고 있는 것을 보았다. 리더에게 핀에 관해 물었더니, "아, 교회 개척자 핀입니다."라고 대답했다. 교단을 통해 교회를 개척하면, 핀 하나를 받게 된다. 두 개 이상 교회를 개척했다면, 다이아몬드처럼 생긴 핀을 받게 된다. 다섯 개의 교회를 개척하면, 루비처럼 생긴 만들어진 핀을 받게 된다. 파송교회의 역할을 하는 목회자들도 다른 핀을 받는다. 그 교단은 개척자들을 축하하고, 파송교회들을 축하한다.

핀이 중요한 것은 아니지만, 이 교단은 교회 개척을 축하한다. 이 교단은 내가 연구한 교단 중에서 파송교회의 역할을 하는 비율이 가장 높은 교단이다. 그 교단에 속한 교회의 10%가 새로운 교회를 개척하고 있다. 핀은 그들이 되고자 하는 것을 축하하는 하나의 예일 뿐이다.

전국 차원의 강조가 설득력이 있다

배가를 교단의 강조점으로 삼는 것은 단순하지 않다. 교회 컨설턴트 라일 샬러(Lyle Schaller)는 그의 저서 「중개주의자」(Interventionist)에서 조직의 건강을 진단하고, 조직을 마비하게 만드는 질병을 찾아내기 위해 어떤 질문을 던져야 하는지 설명하고 있다.[4] 교회 배가 운동의 리더도 비슷한 역할을 맡아야 한다. 그들은 막혀있는 곳이 뚫리고, 정체된 곳이 흘러가도록 도와야 한다.

---

4   Lyle E. Schaller, *The Interventionist* (Nashville: Abingdon Press, 1997).

이를 위한 한 가지 방법은 전국 또는 지역 차원의 회의와 컨퍼런스에서 이를 기념하고 축하하는 것이다. 전국에 있는 교단들과 협회들은 자그마한 노 젓는 배가 아니라 거대한 함선이다. 그리고 무엇인가 변화를 일으키려면 방향만 살짝 바꾸어서는 안 된다. 그 이상이 필요하다. 변화되기 어려울수록, 우리는 기도하는 일을 중단해서는 안 된다.

하나님의 성회가 3년 동안 교회 개척 사역을 50% 올렸을 때, 스프링필드 현장에 모든 사람이 이 새로운 도전에 참여한 것은 아니었다. 다른 교단들과 마찬가지로 그 교단도 대학교와 신학교들, 아동과 노인 시설 등을 운영하고 있었다. 교회 개척하는 일은 그들의 책임은 아니었다. 그러나 "교회 개척 네트워크"를 통해 개척이 전국적인 그리고 교단적인 중점 사역이 되었고, 교회 개척은 하나님이 은혜로 점점 늘어가기 시작했다.

남침례교단도 새로운 사역으로 시작은 했지만 다른 교단과 다를 바 없었다. 비록 총회가 교회 개척 사역에 초점을 맞추지는 않았지만, 이 사역은 교단 안에서 탄력을 받기 시작했다. 지금은 Send North America라는 이름으로 새로운 모임을 시작하게 되었다. 지금은 남침례교단 보다 더 커진 그 모임은 배가를 향한 에너지의 핵심이다.

물론, 네트워크를 위해서는 이 모임이 더욱 편리하다. 왜냐하면, 그들의 사역을 주로 교회 개척에만 집중하기 때문이다.

배가를 축하한다

다시 강조하자면, 당신이 축하(celebrate)하는 대로, 당신 역시 그렇게 된다. 교단 총회에서 이러한 모습을 보길 원하는가? 최근에 달라스에 있는 포스퀘어 교회(Foursquare Church)에서 이러한 모습을 볼 수 있었다. 회의와 학습 세미나는 모두 배가에 관한 것이었다. 이것이 운동을 만들어 간다.

내가 할 수 있는 것은 무엇인가? 하나님으로부터 받은 소명이 무엇인지 정하라. 그리고 영향력을 끼칠 수 있는 곳에서, 그리고 교단과 네트워크와 같이 더 확대된 곳에서, 교회 개척과 배가의 소명을 축하하기 시작하라. 모든 기회를 활용하여 하나님의 나라 건설을 배가하는 자들을 축하하라. 축하하는 사람들은 교회 배가 운동을 추진해 나간다.

결론

북미와 서구에서 교회 배가의 현상은 관점의 변화로부터 시작되고, 우리 문화 속에서 복음의 능력에 대한 인식에서 출발한다.

우리가 성령의 능력과 성령이 주도하는 시스템의 힘이 결합할 때, 북미와 서구에서 교회 배가 운동이 일어날 수 있다. 하나님의 교회를 개척하는 이 여정을 시작할 수 있기를 기도하고, 하나님께서 여러분에게 복 주시기를 기도한다. 하나님께서 여러분의 길을 인도하시고, 여러분에게 능력을 주시기를 기도한다. 기독교 역사상 가장 위대한 교회 개척자는 이렇게 말한다. "우리 가운데서 역사하시는 능력대로 우리가 구하거나 생각하는 모든 것에 더 넘치도록 능히 하실 이에게 교회 안에서와 그리스도 예수 안에서 영광이 대대로 영원무궁하기를 원하노라 아멘"(엡 3:20-21).

하나님께서 당신을 교회 개척 사역으로 인도하시길 바란다. 복음을 전하는 전도와 공동체를 세우는 교회 개척보다 더 큰 위대한 일은 없을 것이다. 하나님께서 하시는 일에 동참하여 이 과업을 수행할 때, 선교적인 삶을 살게 된다. 하나님 나라를 건설하시는 하나님의 사역에 동참하는 삶이다. 그의 나라가 확장되는 그분의 선교를 보게 될 것이며, 하나님의 선교(Missio Dei)에 동참하는 자가 된다. 하나님께서 나를 통해서 하실 일은 무엇일까?

　이 책을 마치기 전에, 다음 장에서는 우리 자신을 되돌아보도록 하겠다.

PLANTING MISSIONAL CHURCHES

영적 리더십

"어떡하지? 아이들에게 먹일 음식이 충분하지 않다고? 어쩌다 여기까지 오게 됐지? 아이들은 어떻게 반응할까?" 태국의 치앙라이에서 더운 여름날 보육원 리더들이 서로에게 묻고 있던 질문들이었다.

이 책의 공동저자인 다니엘이 한국에서 목회하고 있을 때, 그는 태국의 어느 보육원에서 고아들을 위해 봉사하는 팀을 이끌었다. 그 보육원에는 100명에 가까운 아이들이 있었다. 너무 가난해서 자녀에게 먹이고 키울 능력이 없는 가정 출신도 있었고, 여러 가지 사정으로 부모를 잃은 아이들도 있었다. 세상의 기준으로 볼 때, 이 아이들은 가진 것이 없는 아이들이었지만, 그것은 중요하지 않은 것 같았다. 아이들이 학교에 있든, 한 끼 밥을 먹든, 막대기와 채소를 가지고 놀든, 끊임없는 웃음과 기쁨, 천진난만한 장난기가 이 보육원을 가득 채웠다. 식량이 떨어질 때까지는 그랬다.

보육원 리더들은 아이들에게 음식을 줄 수 있는 아무런 방법이 없다는 것을 알았을 때, 그들은 마지막 저녁 식사를 위해 기도하기 전에 아이들에게 소식을 전하기로 했다. 보육원 원장은 "얘들아, 우리 기도해야 해." 라고 말하면서 "식량도 돈도 다 떨어졌고, 시장에 가서 식료품을 살 수 있는 것이 하나도 없단다."라고 말했다. 보육원의 분위기는 곧바로 신경질적인 침묵으로 변했다. 원장은 "우리가 할 수 있는 일은 하나밖에 없구나. 하나님의 약속을 믿고 기도하자. 그리고 마지막 식사를 즐기자"라고 말했다. 보육원 원장은 한 말은 그것에 불과했다. 그리고 그들은 기도하고 식사했다.

다음 날 아침 원장은 전화 소리에 잠에서 깨어났다. 그녀가 수화기를 들었을 때, 한 농부가 말했다. "트럭을 가지고 흙길로 나와서 주문된 브로콜리를 받아 가시겠어요?" "브로콜리?" 원장은 놀라면서 물었다.

농부는 "어떻게 된 건지 모르겠지만 오늘 아침에 일어났을 때 이 브로콜리를 당신들에게 가져다주어야겠다는 생각이 갑자기 들었어요."라고 말했다. "먼저 두 가지를 이해해야 해요. 나는 당신이 믿는 이 예수를 믿지 않지만, 나는 당신이 그 고아들을 위해 중요한 일을 하고 있다는 것을 알게 되었어요. 둘째, 이것은 단순한 브로콜리가 아니라 수출용 브로콜리입니다."

원장이 흙길로 차를 몰고 나갔을 때, 아연실색했다. 트럭으로 한 번에 나를 수 있는 양의 브로콜리가 아니었다. 그녀는 브로콜리를 다 모으기 위해 트럭을 세 번 왔다 갔다 해야 했다. 말할 필요도 없이, 어린이들의 웃음의 향기가 보육원의 공기를 다시 한번 가득 채웠고, 브로콜리를 먹는 것에 대해 불평하는 사람은 아무도 없었다.

교회 개척을 위한 세븐 일레븐 비전

"태국의 보육원에 향한 당신의 비전은 무엇입니까?" 다니엘이 보육원 목사에게 던진 질문이었다.

"알다시피, 나는 당신과 같은 한국인과 한국을 생각할 때마다 두 가지 감정이 섞여 있어요."

그런 질문을 하지 않았으면 좋았을 것이라고 다니엘은 생각하기 시작했다.

목사는 이어서 "한편으로는, 하나님께서 그렇게 짧은 시간 안에 한 나라에서 영적 성장을 이루신 것이 너무나 놀라워요. 100년 전만 해도 한국과 태국은 아직 개발되지 않았고, 경제적으로 힘들었고, 영적으로 소망이 없었던 거의 비슷한 나라였잖아요? 그런 점에서 속상해요."라고 말했다.

안도의 한숨을 내쉬고 난 후, 다니엘은 말을 바꿔야 하나 싶어 잠시 말을 멈췄지만, 그 목사는 말을 이어갔다.

"태국에는 거리 모퉁이마다 세븐 일레븐이 많이 있다는 것을 아시나요?"라고 목사가 물었다.

다니엘은 고개를 끄덕였다.

"저는 하나님이 태국 안에서 엄청난 변화를 이루신다는 꿈을 가지고 있어요. 거리마다 세븐 일레븐이 아닌 교회가 세워지는 거예요. 그리고 그 일이 이곳 보육원에서 이 아이들과 함께 시작되기를 바라요."라고 목사가 설명했다.

다니엘은 대화를 마치고 걸어 나오면서 이렇게 생각했다. 그 목사의 꿈은 야망(ambition) 아닐까!

야망과 믿음 사이의 역설

차세대 앱의 새로운 솔루션을 꿈꾸는 한 기업가와 거리마다 교회 개척을 꿈꾸는 태국의 목사 사이에는 어떤 공통점이 있을까? 두 상황 모두 미래에 대한 비전을 믿음의 이미지로 현실화하는 매우 야심찬 사람들이라는 것을 알 수 있다. 여기서 대부분 그리스도인이 생각하는 역설이 있다. 이는 야망과 믿음이다.

역설이란 "두 가지 상반되는 것으로 겉으로는 불가능해 보이지만, 실제로는 사실이거나 적어도 가능한 것이다."라고 말한다.[1] 성경을 살펴볼 때 야망과 신앙은 정반대인 것 같지만, 사실은 같은 동전의 양면과 같다.

야망은 "특정한 목표나 방향"을 가지고 있다.[2] 그것은 일반적으로 한 개인이 더 많은 것을 소유하고, 더 많이 성취하고, 원하는 일들이 이루려는 미래의 희망을 지칭한다. 신약성경을 보면 야망(헬라어=erithiah)은 "이기주의"라는 단어와 연관되어 사용되는데(갈 5:20), 결과적으로 육체의 소욕 중 하나로 분류된다. "육체의 소욕은 성령을 거스르고 성령은 육체를 거스르나니 이 둘이 서로 대적함으로 너희가 원하는 것을 하지 못하게 하려 함이니라"(갈 5:17).

이 본문에서 보면 야망은 성령의 열매와 정확히 반대된다. 그러므로, 스스로 그리스도인이라고 말하는 영적 리더들은 자신을 십자가에 못 박을 의무가 있다. "그리스도 예수의 사람들은 육체와 함께 그 정욕과 탐심을 십자가에 못 박았느니라"(갈 5:24). 야망에 관한 다른 본문들도 비슷한 의미로 쓰였다. 롬 2:8에서, 야망은 하나님의 "진노와 분노"를 받기에 합당한 자로 표현된다. 약 3:14-16에서 야망은 자랑과 진

---

1 "Paradox," Merriam-Webster, 2015년 10월 5일 접속, http://www.merriam-webster.com/dictionary/paradox.
2 "Ambition," Merriam-Webster, 2015년 10월 5일 접속, http://www.merriam-webster.com/dictionary/ambition.

리를 거슬러 거짓말하는 것이며, 혼란과 모든 악한 일을 가져온다고 말한다. 빌 1:15-17에서는 복음을 선포되는 상황에서 야망이 사용된다. 바울은 어떤 사람들 가운데 투기와 분쟁(헬라어로 '야망')으로 그리스도를 전한다고 말한다. 이는 그리스도를 전하는 진정한 방법이 아니다. 그리스도를 사랑으로 전하고 선포하는 방식은 사랑에서 비롯되어야 한다.

또 신약에서 야망을 다르게 사용하는데, 'orego'라는 헬라어이다. 딤전 3:1에서 orego는 "얻으려 함"이라는 긍정적인 단어로 사용되며, 감독의 직분을 얻기 위해 선한 일을 사모하는 것으로 묘사된다. "미쁘다 이 말이여, 곧 사람이 감독의 직분을 얻으려 함은 선한 일을 사모하는 것이라 함이로다." 그러나 딤전 6:10에서는, 이 단어는 "탐내는 것"으로 부정적인 의미였다. 돈을 사랑하고 일만 악의 뿌리가 된다는 말들과 같이 사용된다.

야망이라는 말의 orego 용법에 대해 흥미로운 것은 히브리서 11장에서 "사모함"으로 번역된다는 점이다. "더 나은 본향을 사모하니 곧 하늘에 있는 것이라"(히 11:16). 이 구절에서 야망과 믿음은 서로 연결된 동전의 양면과 같은 것이며, 이것을 볼 때 역설의 문제는 해결된다. 이를 자세히 설명하기 전에, 믿음에 대한 정의를 내려 보자.

믿음(헬라어=pistis)은 신약에서 233번 이상이나 사용되는 자주 쓰이는 말이다. 믿음이라는 단어의 어원을 보면, 그 용례는 더 많아진다. 죄 용서를 위해 요구되는 믿음(마 9:2)과 개인의 성화를 위해 요구되는 믿음(행 26:18), 예수께서 치유하실 때 사용하셨던 사람의 믿음(막 5:34), 산을 옮길 만한 믿음(눅 17:6)을 말한다. 믿음의 삶은 교회 리더들이 가져야 할 기본 조건이었고(행 6:5), 지속적인 재강화가 필요했다(행 14:22). 결과적으로 아브라함의 삶을 통해 입증되었듯이, 믿음 위에 세워진 삶은 율법 위에 세워진 삶과 대조를 이룬다. 아브라함은 "믿음이 없어 하나님의 약속을 의심하지 않고 믿음으로 견고하여져서 하나님께 영광을 돌리며 약속하신 그것을 또한 능히 이루실 줄을 확신하였으니"(롬 4:20-21)라고 말했다.

믿음이 "어떤 사람, 혹은 어떤 것에 대한 강한 믿음이나 신뢰"[3]라고 정의할 수 있다. 그러나 영적 리더들은 믿음을 다음과 같이 다르게 정의한다. **믿음은 "무엇이든 할 수 있는 하나님에 대한 강한 믿음과 신뢰"이다. 영적 리더들에게 믿음은 무엇에 관한 것이 아니라, 누구에 관한 것이다.** 이것은 히브리서 11장에 기록된 믿음에 대한 말씀을 통해서도 알 수 있다. 히브리서 11장에 있는 영적 리더 모두 크고 위대하신 하나님을 알았고, 미래를 볼 필요도 없이 하나님을 믿었다. "믿음으로 아브라함은 부르심을 받았을 때에 순종하여 장래의 유업으로 받을 땅에 나아갈새 갈 바를 알지 못하고 나아갔으며"(히 11:8). 그들은 약속을 지키시는 하나님을 믿었기 때문에 믿음으로 행동했다. 그래서 히브리서 11장에서 "믿음으로"라는 말이 반복되는 것을 볼 수 있다. 믿음은 행동이라는 결과를 낳는다. 영적 리더들은 행동으로 옮겨지지 않는 믿음은 진정한 믿음이 아님을 알았다.

영적이지 못한 리더가 추구하는 야망은 성취할 수 있다는 자신의 능력에 대한 강한 믿음과 신념이며, 그것이 자신의 목표를 이루어 가는 것이다. 그들에게도 야망과 믿음이 있다.

영적인 리더들도 특정한 목표나 목적을 향해 자신을 이끌어 갈

---

3   "Faith," Merriam-Webster, 2015년 10월 5일 접속, http://www.merriam-webster.com/dictionary/faith.

강한 야망을 품을 수 있다. 영적인 리더가 사업가라면, 새로운 교회 개척을 재정적으로 후원하기 위해 성공적인 회사를 운영하는 것이 그의 야망이 될 수도 있다. 영적인 리더나 교회 개척자라면 지역 사회의 잃어버린 이웃들에게 다가가는 것이 그의 야망이 될 수 있다. 이 두 가지 경우에서 믿음은 그 일을 할 수 있다는 자신의 능력 안에 있는 것이 아니라, 능력으로 모든 것을 이루시는 하나님 안에 있다. 그것이 그들의 확신이다. 야망과 믿음은 같이 존재한다. 그 점에서 야망과 믿음은 동전의 양면이다.

야망, 믿음, 타이밍

영적인 리더들이 야망과 하나님 안에서의 믿음(God-placed faith)을 동시에 품을 수 있지만, 여전히 실수하는 한 가지가 있다. 이것은 매우 중요한 것인데 바로 '타이밍'이다. 아브라함은 자신의 삶에 중대한 소명이 있었다. 그것은 큰 민족의 아버지로서 온 세상에 복이 되고, 그로부터 세상의 구세주가 오시리라는 것이다. 이것이 실현될 것을 믿기 위해서는 그에게 큰 믿음이 필요했다. 진정한 야망의 사람이었던 그는 이 엄청난 계획을 받아들이게 되었다. 그러나 그에게 여전히 남아있었던 한 가지 문제는 인내심이었다.

그렇다고 아브라함을 비난하지는 않는다. 하나님께서 부르셨을 때 그에게는 자녀가 없었고 나이는 75세였다(창 12:2-4). 하나님의 부르심을 따라는 동안, 아브라함은 이사했고, 기근을 경험했고, 아내를 빼앗겼고, 다시 아내를 다시 찾게 되었고, 다시 이사했고, 조카 롯과 다퉜으며, 전쟁을 경험했고, 도시의 파괴를 경험했고, 다시 이사했고, 여러 가지 일들을 경험했다. 그 많은 경험을 통해, 하나님은 아브라함에게 그의 소명을 여러 번 확인시켜주셨다. 11년 뒤 아브라함과 사라(그 당시 이름은 아브람과 사래였다)는 하나님의 약속을 듣기만 하고, 성취됨을 보지 못하는 것에 지친 나머지, 그들의 믿음을 자신의 힘에 두기 시작했다. 믿음이 야망으로 전락하게 된 것이다. "사래가 아브람에게 이르되 여호와께서 내 출산을 허락하지 아니하셨으니 원하건대 내 여종에게 들어가라 내가 혹 그로 말미암아 자녀를 얻을까 하노라 하매 아브람이 사래의 말을 들으니라."(창 16:2)

영적 리더들은 성경에서 시간을 이해하는 두 가지 방법이 있다는 것을 알고 있다. 하나는 크로노스(Chronos)의 시간이다. 이것은 일직선상의 시간이다. 일직선상의 시간은 오늘은 월요일, 내일은 화요일, 지금은 3시 1분, 1분이 지나면 3시 2분으로 흘러가는 것을 말한다. 이 단어가 사용된 헬라어 본문은 다음과 같다. "엘리사벳이 해산할 기한이 차서 아들을 낳으니"(눅 1:57). 또는 "제자들과 함께 오래 있으니라"(행 14:28). 다른 하나는 카이로스(Kairos)의 시간이다. 하나님만이 아시는 사건, 시기 또는 정해진 시간을 의미한다. 카이로스가 사용된 본문은 다음과 같다. "그런즉 너희가 어떻게 행할지를 자세히 주의하여 지혜 없는 자 같이 하지 말고 오직 지혜 있는 자 같이 하여 세월을 아끼라 때가 악하니라"(엡 5:15~16), 또는 "이르시되 때가 찼고 하나님의 나라가 가까이 왔으니 회개하고 복음을 믿으라 하시더라"(막 1:15). 다음과 같은 본문에서도 사용되었다. "주의하라 깨어 있으라 그 때가 언제인지 알지 못함이라"(막 13:33). 그리고 "그러므로 하나님의 능하신 손 아래에서 겸손하라 때가 되면 너희를 높이시리라"(벧전 5:6)에도 사용되었다.

아브라함과 사라는 기다리지 못하고, 시간(크로노스)을 자신의 손 안에 두었으며, 하나님의 약속을 스스로 성취하려고 하였다. 만약 그들이 하나님의 타이밍(카이로스)을 따랐다면, 13년을 기다린 후 하나님의 약속을 받았겠지만, 스스로의 크로노스를 정함으로 말미암아 계속되는 아픔과 고통을 겪어야만 했다.

13년이라는 기다림의 시간을 너무 쉽게 이야기하는 것처럼 들릴지도 모르겠다. 발송된 우편물이 도착하기를 기다리는데, 하루가 마치 1년처럼 길게 느껴지기도 했다. 아브라함과 사라에게 있어서, 이삭의 출생으로 말미암아 하나님의 비전 씨앗을 보게 되기까지 24년이 걸렸다.

만일 하나님이 교회 개척의 비전을 주셨다면, 어떤 교회인지, 또는 언제 시작해야 하는지 진지하게 기도해야 한다. 하나님께서 주신 이러한 마음의 부담감은 주변에서 교회를 개척하는 사람들을 위해 기도하라는 사인일 수도 있다. 그것은 또한 지금의 교회를 통해 새로운 교회를 개척하는 것일 수도 있다. 또는 교회 개척 팀에 합류하거나, 교회 개척을 위한 재정적인 후원을 원하실 수도 있다. 하나님은 앞으로 6개월 후에 교회를 개척하길 원하시거나, 아니면 6년 뒤 개척하길 원하실 수도 있다. 교회 개척의 소명을 받았다고 해서 지금 당장 시작해야 하는 것은 아니다. 그러한 야망을 품는 것은 좋다. 그러나 믿음이 능력 안에 있는 것이 아니고, 그 일을 행하시고 성취하시는 하나님 안에 있어야 한다는 것을 잊지 말라.

야망과 믿음을 성화하라

하나님은 종종 사람을 사용하기 전에 광야로 인도하신다. 즉, 하나님은 하나님의 목적에 맞게 사용하기 위해, 그의 야망과 믿음을 성화하신다는 것이다. 아직 자신의 세계가 완전히 뒤집히는 광야의 경험을 겪지 않았다면, 기대해 보라. **하나님은 광야의 경험을 통해서 스스로 결코 할 수 없는 일들을 이루신다.** 사실, 영적 리더들은 이러한 광야의 경험을 통해 위대한 통찰력과 성숙을 체득하게 된다.

다니엘과 그의 가족이 한국에서 캐나다로 돌아왔을 때, 고통의 연속이었다. 그 광야의 경험이 그에게 얼마나 큰 영향을 미쳤는지 다음과 같이 설명한다.

세상이 완전히 뒤집히는 것 같았다. 하나님이 우리를 한국으로 부르셨다는 것을 알고 있었지만, 그것이 정말 사실이라면, 왜 우리가 한국을 떠나게 하셨을까? 사역은 배가하고 있었고, 사람들은 변화되었고, 이사할 집의 임대 계약도 마쳤고, 새 가구도 샀는데, 왜 모든 것을 다 버리고 돌아오게 하셨을까? 아내인 크리스티나와 나는 하나님이 우리에게 왜 이런 일을 겪게 하시는지 이해할 수 없었지만, 놀라운 하나님의 은혜로, 하나님이 우리가 함께하심을 느낄 수 있었다.

캐나다로 돌아왔을 때, 우리는 직장도 없고, 희망도 없고, 은행의 잔고는 눈 깜짝할 새 바닥이 드러나고 있었다. 사역에 지쳐서 나에게 휴식이 필요하다는 것을 알았지만, 내 가족들을 부양해야만 했다. 우리 가족이 같이 살도록 허락해주신 부모님께 감사드린다. 음식, 커피, 목회밖에 몰랐지만, 돈 벌기 위해서는 무슨 일이든, 어디든 상관없이 지원서를 냈다. 그러나 어느 곳에서도 연락이 오지 않았다. 심지어 코스트코와 스타벅스마저도 아무런 대답이 없었다. 나 정도의 경력이면 아깝게 여겨졌던 사역 자리도 내게는 허락되지 않았다. 마침내 그 힌트를 찾게 되었다. 하나님께서 나에게 어떤 일을 맡기시기 전에 내가 뭔가를 하기를 원하신다는 것을 깨닫게 되었다.

예배하고 기도하고 금식하고 성경을 공부하면서, 나는 한국에서 일어난 일을 정리하기 시작했다. 그때 내 친구 조쉬가 알버타 캘거리(Calgary)에서 열리게 될 청년 수련회를 인도할 강사로 나를 초대했다. 수련회를 준비하는 기간, 하나님은 내 안에서 위대한 일을 하셨다.

나는 다윗의 인생을 설교하기로 정하고, 유진 피터슨(Eugene Peterson)의 책을 읽기 시작했다. 다윗의 삶 가운데, 두 개의 중요한 광야의 경험이 있었음을 알게 되었다. 한번은 사울에게 쫓길 때였고, 또 한번은 그의 아들 압살롬에게 쫓길 때였다. 그 두 번의 광야의 삶을 지내는 동안, 다윗에게 어떤 일이 일어났는지를 연구하기 시작했을 때, 하나님은 내 삶 속에서도 같은 일을 하고 계신다는 것을 보여주시기 시작하셨다. 다윗의 광야 경험은 그의 생애에서 가장 잘 다듬어지는 시기였다. 광야의 경험을 통해 그의 야망은 성화되었고, 그의 믿음은 단련되고 있었다. 예를 들어 사울에게 쫓기고 있을 때 그는 언젠가 왕이 될 것을 알았지만, 하나님의 때를 기다려야 했다. 그가 동굴에서 사울을 죽일 기회가 있었을 때, 얼마나 고민이 되었을지 상상해 보라(삼상 24:1-22). 미래는 그의 장중에 있었고, 하나님의 약속은 바로 그날 실현될 수 있었지만, 하나님은 이 사건을 통해 다윗을 시험하시고 가르치고 계셨다. "이 광야를 지나가기 위해 나를 믿을 것인가? 아니면 이 광야를 지나가게 하시는 하나님을 믿을 것인가?"

하나님께서 광야의 경험을 허락하시는 이유는 **하나님께서 인간의 삶 속에서 일하기 원하시기 때문이다. 인간의 야망과 믿음을 다듬고자 하신다.** 결국 "주께서 그 사랑하시는 자를 징계하시고 그가 받아들이시는 아들마다 채찍질하심이라 하였으니"(히 12:6). 인생에서 광야를 만나게 될 때, 중요한 선택을 해야 한다. 하나님을 기다리며 긍정적으로 대응할 수 있다. 기도, 금식, 말씀 묵상으로 공동체와 함께 거하며, 예배하면서 하나님께서 나를 다듬으시고 거룩하게 하시도록 자신을 맡기는 것이다. 그러나 이런 상황을 부인하고, 홀로 고립되며, 심지어 하나님을 외면하는 것과 같이 부정적으로 대응한다면, 결코 그 광야로부터 헤쳐 나오지 못할 것이다. 아니면, 똑같은 상황이 계속 반복될 것이다. 영적인 지도자들은 광야의 경험 중요성을 이해했다. 결과적으로, 그것이 아무리 고통스럽다 할지라도, 그것과 관계없이 광야의 경험을 통해 하나님께서 그들을 다듬으시고 빚으시도록 할 것이다.

영적 리더 훈련

작가 제임스 브라이언 스미스(James Bryan Smith)는 「선하고 아름다운 하나님 안에 있는 변화의 삼각형」이라는 책에서 영적 형성의 모델을 소개한다. 그는 "우리는 우리가 생각하는 것(내러티브)과 실천하는 방법(영적 훈련) 그리고 상호 작용하는 대상(우리의 사회적 상황)을 살펴봐야 한다. 만일 우리가 그러한 것들을 변화시킨다면 — 변화시킬 수 있다 — "성령님을 통해서 변화가 자연스럽게 일어날 것이다."[4] 즉, 예수님께서

---

4 James Bryan Smith, *The Good and Beautiful God: Falling in Love with the God Jesus Knows* (Carol Stream, IL: IVP, 2009), 23.

생각하신 것(내러티브)을 생각하고, 예수님께서 하신 것들(훈련)을 하고, 같은 마음을 가진 사람들 (공동체)과 함께 시간을 보낸다면, 우리도 성령님의 힘을 통해 예수님을 닮아가게 될 것이다.

영적 변화는 단순히 성경을 읽거나 기도하는 것과 같이 간단하지 않다는 사실을 설명하기 위해 이 패러다임을 소개한다. 그러나 이런 영적 훈련에 참여할 때, 하나님은 내가 생각하고 처리하는 방식을 바꾸기 시작하신다. 더 나아가 공동체라는 환경 안에서 다른 사람들과 영적 훈련에 함께 참여함으로써 피드백을 받고, 다른 사람 앞에서 자신의 마음을 열 수 있게 된다. 즉, 공동체에 속한다는 것은 이기적 자아를 키워 고립되게 하는 것으로부터 막아주는 역할을 한다. 이 두 가지가 우리를 죄에 빠뜨리기 위해 사탄이 좋아하는 공격 무기이다. 결국 이 말씀과 같다. "교만은 패망의 선봉이요 거만한 마음은 넘어짐의 앞잡이니라"(잠 16:18)

변화의 삼각형이 어떻게 작동하는지 예를 들어보자. 우리는 모두 삶 속에서 일과 성공에 관련된 이야기가 있다. 예를 들어, 나는 일 중독자일 수 있다. 일 중독은 왜 생기는 것일까? 어린 시절 주입된 일에 대한 윤리 때문일까? 혹시 일을 미루는 스타일 때문일까? 다섯 셀 때까지 부모의 말을 들으라는 경고 때문이었을까? 아니면 누군가 나에게 마감 일을 강요했기 때문일까?

무엇이 나의 일과 성공담을 형성했던지, 스스로에게는 하나의 성공담이 있다는 것이다. 변화를 위해 가장 먼저 해야 할 일은 스스로 성공 이야기를 가지고 있다는 것을 깨닫는 것이다. 그렇다면 그 이야기를 통해 하나님이 주시는 말씀이 무엇인지 성경을 연구해 보자.

성경에는 일과 성공에 관한 이야기가 많이 있다. 잠 6:6-11은 구약 성경 중에서 이 주제에 관해 내가 가장 좋아하는 구절이다. "게으른 자여 개미에게 가서 그가 하는 것을 보고 지혜를 얻으라 개미는 두령도 없고 감독자도 없고 통치자도 없으되 먹을 것을 여름 동안에 예비하며 추수 때에 양식을 모으느니라 게으른 자여 네가 어느 때까지 누워 있겠느냐 네가 어느 때에 잠이 깨어 일어나겠느냐 좀 더 자자, 좀 더 졸자, 손을 모으고 좀 더 누워 있자 하면 네 빈궁이 강도같이 오며 네 곤핍이 군사같이 이르리라."

신약에서 예수님은 이 주제에 관해 명확하게 말씀하신다. "지극히 작은 것에 충성된 자는 큰 것에도 충성되고 지극히 작은 것에 불의한 자는 큰 것에도 불의하니라"(눅 16:10). 또한, 예수님의 일상적 가운데 특히 삶의 리듬을 있는 것을 볼 수 있다. "새벽 아직도 밝기 전에 예수께서 일어나 나가 한적한 곳으로 가사 거기서 기도하시더니"(막 1:35).

어떤 이야기에 대해 성경을 공부한 후에, 다음으로 해야 할 일은 이 주제에 대해서 예수님의 이야기로 옮겨가도록 도움을 주는 영적 훈련에 참여하는 것이다. 예를 들어 일과 성공에 관해 적용해야 할 영적 훈련은 퇴근 후에 오는 이메일에 답하지 않기, 휴가 중일 때 전화기 끄기, 대신 예수님께서 자주 하셨던 것처럼 기도하고 성경을 읽는 것으로 훈련할 수 있다. 이렇게 함으로써 예수님께서 명하신 것들을 수행할 뿐 아니라, 삶의 우선순위를 재조정할 수 있다. 자신의 이야기와 관련된 영적 훈련을 계속 실천하며, 공동체 안의 다른 사람들과 같이 일을 해가면, 하나님은 그분 안에 계신 성령을 통해 놀라운 변화를 일으키실 것이다.

결론적으로, 영적 형성을 위해 어떤 방법이나 "전략"을 사용할 수 있다. 잊지 말아야 할 것은 하나님께서 성령을 통해 나를 변화시켜 주신다는 것이며, 규칙적으로 그와 함께 시간을 보내고, 나의 인생을 그분의 손 안에 맡기라.

영적 리더의 소명

하나님께서 나를 교회 개척자로 부르신다면, 영적인 리더로 부르는 것과 같다. 영적 리더의 가장 큰 과제 중 하나는 "영적 리더십은 사람들이 현재 있는 자리에서 하나님께서 있기 원하시는 자리로 옮기는 것이다" 왜냐하면 "영적인 리더십이란 사람들을 하나님의 아젠다로 옮기는 것이기 때문이다."[5] 심지어 현재 교회 안에 있는 사람들을 하나님이 원하는 곳으로 옮길 수 있는 유일한 방법은 내가 먼저 하나님께서 원하시는 곳에 있다는 것을 확인하는 것이다. 하나님께서 나의 야망과 믿음을 거룩하게 하셔야 하는 중요한 이유가 바로 여기에 있다! 교회 개척자로서의 임무는 하나님께서 주신 비전을 활용하여, 그것을 자신의 나라가 아닌 하나님 나라에 참여하도록 이끌어 주는 것이다. 하나님께서는 이웃의 잃어버린 영혼들에 대해 개척자가 돌보는 것 그 이상으로 그들을 돌보신다는 것을 믿어야 한다. 그래서 믿음이 자신의 능력에 있지 않고, 그 일을 이루시는 하나님 안에 있어야 한다. 침(세)례 요한이 예수님에게 했던 것처럼 자신을 낮출 수 있다면(요 1:37, 3:30), 하나님께서 교회 안에서, 그리고 교회를 통해 하나님이 원하시는 것을, 하나님이 친히 하시는 것을 보고 놀라게 될 것이다. 그렇게 함으로써

---

5   Henry T. Blackaby and Richard Blackaby, *Spiritual Leadership: Moving People on to God's Agenda, Revised and Expanded* (Nashville: B&H, 2011), 20.

사람들을 그들이 원하는 곳에서 하나님이 원하는 곳으로 이끌고 갈 수 있을 것이다. 이것이 진정한 믿음이며 진정한 영적 리더십이다.

"이는 내 생각이 너희의 생각과 다르며 내 길은 너희의 길과 다름이니라 여호와의 말씀이니라 이는 하늘이 땅보다 높음 같이 내 길은 너희의 길보다 높으며 내 생각은 너희의 생각보다 높음이니라"(사 55:8~9). 이 본문에서 말하는 하나님의 생각과 방법이 나의 생각과 방법보다 훨씬 높고 훌륭하다는 것을 믿는다면, 전혀 상상하지 못한 방식으로 일하시는 하나님을 경험하게 될 것이다.

이 책을 통해 배운 시스템과 원칙을 무시하라는 의미는 아니다. 그것은 바람직한 태도는 아니다. 현명하게 계획을 세우되, 그 계획만을 꽉 붙들지 말고, 하나님께서 지시하시는 말씀을 기다리라는 의미이다.

최고의 교회 개척자들은 그들의 궁극적인 소명으로서 교회 개척을 첫째와 최고로 여기는 것이 아니고, 예수님 그분 앞에 나아오는 것임을 깨달은 자들이다. 궁극적인 소명을 교회 개척이라고 해석한다면, 그것이 궁극적인 정체성이 될 것이며, 교회라는 울타리에 둘러싸이게 될 것이고, 교회의 성공에 묶이게 될 것이다. 그러한 교회는 건강하지 못하다. 야망과 믿음이 아직 성화되지 못한 단계이다. 교회 개척하는 자신의 정체성, 야망, 이기적 자아라면, 그것은 분명 잘못된 동기에서 비롯된 것이기 때문에 하나님의 축복을 기대할 수 없다. 인간적인 표준으로 교회의 성공 여부를 측정해서는 안 된다. 하나님께서 진정으로 원하시는 것은 그분에게 순종하는가, 진정 사랑으로 응답하는가에 대한 대답이다.

교회 개척자를 위한 우리들의 기도

다니엘과 나는 예수님께서 마 6:9-13에서 제자들에게 가르친 아름다운 기도에 근거하여, 개척자 당신과 당신의(미래의) 교회를 위해 기도를 드림으로 이 책을 마무리하고자 한다.

"하늘에 계신 우리 아버지여 이름이 거룩히 여김을 받으시오며." 하나님, 주님은 위대하고 영광스러운 분이십니다! 하나님과 같이 사랑이시며, 지존하시며, 은혜로우시며, 강하시며, 능력 있으시며, 지혜로운 분은 없습니다. 우리는 하나님의 이름을 높이 찬양하고, 높여 드리고, 거룩하시고, 위대하시며, 스스로 계신 분임을 선포합니다. 위대한 믿음의 조상들이 하나님을 본 것처럼(히 11장), 하나님을 보길 원합니다. 하나님을 향한 우리의 시야를 넓혀 주소서.

"나라가 임하시오며 뜻이 하늘에서 이루어진 것 같이 땅에서도 이루어지이다." 우리가 낮아지고, 주님이 높아지기를 원합니다. 우리의 삶이 우리의 왕국보다 주님의 나라를 더 귀히 여기는 삶이 되기를 원합니다. 교회 개척을 소망하는 사람들을 위해, 하나님께서 그들에게 하나님의 나라와 도시에서의 추수에 대한 비전을 부어주소서. 이미 개척하고 있는 사람들을 위해 기도합니다. 주님께서 그들의 교회를 주님의 뜻에 맞추게 하시고, 교회가 하나님 나라에 속하게 하셔서, 도시를 하나님 나라의 건설하는 기반이 되게 하소서. 교회의 배가를 위해 일하는 사람들을 위해 기도합니다. 그들과 그들의 이름을 드러내는 것이 아니라 주님과 주님의 영광을 드러내는 것이 되게 하소서. 그들에게 도시를 위한 협력의 마음과 하나님 나라의 마음을 주소서. 교단과 네트워크의 리더들을 위해 기도합니다. 그들의 눈을 여시고, 세계 속에서 일하시는 하나님의 역사를 보게 하소서. 하나님의 임재를 맛보아 알게 하시고, 하나님의 영광을 위한 하나님 나라의 마음으로 적셔지게 하옵소서. 당신의 뜻이 이루어지고, 하나님의 나라를 위하여 새로운 세대의 추수의 일꾼을 세워 주소서.

"오늘 우리에게 일용할 양식을 주시옵고." 우리의 공급자가 되시는 하나님, 우리가 열심히, 부지런히 일하게 하시고, 우리에게 맡겨진 책임을 외면하지 않게 하소서. 그러나, 주시는 분도 주님이시고, 거두어 가시는 분도 주님이시라는 것을 알게 하소서. 우리에게 일용할 양식을 주심을 감사합니다.

"우리가 우리에게 죄지은 자를 사하여 준 것 같이 우리 죄를 사하여 주시옵고." 하나님이여 나를 살피사 내 마음을 아시며 나를 시험하사 내 뜻을 아옵소서 내게 무슨 악한 행위가 있나 보시고 나를 영원한 길로 인도하소서(시 139:23-24). 하나님보다 우리의 명성과 우리의 계획을 앞세운 것을 용서하소서. 주님께서 부르신 소명대로 일하지 않음을 용서하시고, 주님께서 부르신 형제자매들과 연합하지 못한 것을 용서해 주소서. 경쟁하는 마음, 남을 이기려는 마음을 용서하소서. 동역의 마음을 허락해 주소서. 서로로부터 배우려고 하지 않음을 용서하소서, 젊은 사람들로부터, 연세든 분들로부터 배우려고 하지 않았음을 용서하소서.

"우리를 시험에 들게 하지 마시옵고 다만 악에서 구하시옵소서."
돈, 재물, 음식, 부요함, 명성, 지위, 위신, 성적 문제, 편안함 등 이런 것들로 우리가 흔들리지 않기를 원합니다. 대신 우리의 마음이 주님과 주님의 영광에 온전히 사로잡히기를 원합니다. 이 세상의 헛된 모든 것들은 주님의 부요하심과 주님의 영광으로 무너지고 사라지게 하소서.

"나라와 권세와 영광이 아버지께 영원히 있사옵나이다. 아멘."

성경 색인

창세기
1:28	*55, 444*
12:1-3	*193*
16:2	*636*

출애굽기
18	*171*
18:13-23	*445*

신명기
6	*494*
6:7	*494*

사무엘상
7:12	*256*
24:1-22	*639*

시편
24:1	*193*
50:10	*305*
139:23-24	*646*

잠언
6:6-11	*641*
16:18	*641*
18:1	*446*

이사야
9:1-2	*193*
55:8-9	*644*
66:18-19	*193*

예레미야
22:3	*193*

다니엘
3:19-30	*259*

마태복음
1	*193*
5:13-16	*433*
6:9-13	*645*
6:10	*8*
9:2	*633*
9:35-36	*435*
16:18	*240*
18	*126, 216*
18:3	*543*
18:20	*126*
19:19	*434*
22:37	*434*
22:37-39	*55*
25	*218*
25:21	*103*
28:18-20	*55, 70, 194*
28:19	*192, 194, 530*

마가복음
1:15	*636*
1:22	*435*
1:35	*8, 642*
2:17	*79*
4:26-29	*162*

5:34	*633*	17:21	*550*
13:33	*636*	17:23	*235*
16:15	*72, 429*	20	*72*
		20:21	*52, 71, 400*

누가복음

1:57	*636*	**사도행전**	
4:18	*433*	1	*143*
4:18-19	*434*	1-7	*87, 89*
14	*491*	1:8	*77, 194, 217, 218*
14:25-35	*427*	1:12-14	*87, 89*
15:1-10	*80*	1:15-22	*143*
15:7	*80*	2	*194*
15:10	*80*	2:1-4	*87, 89*
15:32	*80*	2:4	*75*
16:10	*548, 642*	2:5-13	*89*
17:6	*633*	2:14	*143*
19:10	*78, 434*	2:14-39	*87*
24	*78, 432*	2:41	*87*
24:47	*76*	2:41-47	*8*
		2:42	*75, 87*

요한복음

		2:42-43	*87*
1:37	*643*	2:44-45	*87*
3	*492*	2:46	*444*
3:30	*643*	2:46-47	*87*
4	*491*	2:47	*87, 462*
4:35	*8*	3:11-12	*143*
8:31-32	*504*	4:3	*235*
10:11	*238*	4:4	*87*
10:14	*238*	4:8	*75, 143*
10:14-16	*237*	4:18	*93*
17:20-21	*65, 202*	4:29-31	*87*

4:33	*87*	10:44-48	*88, 90*
4:34-35	*87*	10:48	*144*
5:1-11	*143*	11:19	*88*
5:14	*87*	11:20-21	*88, 90*
5:15	*143*	11:25-26	*81*
5:29	*144*	11:26	*194*
5:42	*87*	11:28	*88*
6	*171, 232, 241*	13	*83, 432*
6:1-6	*233*	13:1-4	*85*
6:2	*87*	13:1-5	*83*
6:3	*88*	13:2	*88*
6:5	*88, 633*	13:2-3	*154*
6:7	*87*	13:3	*88, 90*
7-8	*432*	13:5	*88, 91, 154*
8:1	*88-89*	13:6-12	*85*
8:1-40	*95*	13:13	*84*
8:4	*88-89*	13:13-14	*88*
8:5-6	*88, 90*	13-14	*88, 91, 131, 551*
8-12	*88*	13:14	*83, 131*
8:12	*88, 90*	13:15-41	*496*
8:14	*144*	13:16-19	*497*
8:25	*88-89*	13:44	*82*
8:39	*92*	13:44-47	*91*
9:15	*82*	13:44-49	*83*
9:19-22	*82*	13:46	*88*
9:20-22	*81*	13:48	*131*
9:26-27	*525*	14	*497*
9:31	*88, 90*	14:1	*82-83, 88, 91, 131*
9:32-42	*88*	14:7	*131*
9:35-42	*90*	14:15-17	*496*
10:38	*434*	14:19-20	*84*

14:21	89, 131	17:16-34	65
14:21-23	84, 132	17:17	89
14:22	84, 132, 633	17:22	92
14:23	82, 89, 235	17:22-23	89, 497
14:26-28	83	17:22-31	496
14:28	636	18:2-3	96
15:3	80	18:3	99
15:6	88	18:6	82, 89
15:22	88, 239	18:9-11	84
15:36-39	525	18:18-19	148, 154
15:36-41	154	18-19	96
15:38	82	18:19	82
15:40	83, 89	18:23	89, 92
15:40-18:22	89, 92	18:23-21:17	89, 92
15:41	89	19:1-21	148
16:1-3	84	19:9-10	82
16:1-5	154	19:10	85, 89, 92
16:2-3	82	19:21	83
16:6	83	19:22	82
16:6-10	83	19:29	154
16:9-10	89	20:4	83
16:15	89	20:17	235
16:25	84	20:17-21	83
16:25-33	82	20:27	491
16:33	89	20:28	238
16:40	84	20:28-32	235
17	64, 497	20:31	83, 85
17:1-4	64	20:32	85
17:2	83	20:35	403
17:11	510	21:18	235
17:14	85	22:3	81

22:3-21	*496*	12:12-30	*237*
26	*96*	12:21-26	*336*
26:16-18	*82*	14	*466*
26:18	*633*	14:33	*237*
		15:33	*493*
로마서		16:1-3	*89, 93*
2:8	*632*	16:19	*96*
4:20-21	*634*		
10:14	*434*	**고린도후서**	
11:1-14	*83*	3:6	*493*
12:3-8	*237*	5:16-21	*201*
12:13	*408*	5:17	*199*
13:1	*387*	8:1-6	*93*
13:6-7	*387*	9:1-5	*93*
15:20	*83*	10:10	*495*
15:20-23	*82*	11:23-28	*84*
16:3-5	*96*	12:9	*81*
고린도전서		**갈라디아서**	
1:23	*78*	2:11-14	*506*
3:1-7	*508*	2:14	*90*
3:6	*381*	3:28	*202*
5	*216*	5:17	*632*
5:9	*171*	5:20	*632*
9:3-18	*311*	5:24	*632*
9:19-21	*83*	6:10	*235*
9:19-23	*265*		
9:22-23	*355*	**에베소서**	
11:1	*81*	2	*172*
11:17-18	*235*	3:8	*110*
12:7	*400*	3:20-21	*626*

4	*510*	**디모데전서**	
4:3	*235*	1:2-4	*148*
4:10	*410*	2:7	*111*
4:11-12	*408*	3	*110, 235*
4:11-13	*97*	3:1	*633*
4:12	*238, 403*	3:1-7	*97, 106*
5:15-16	*636*	3:8-13	*241*
6:12	*478*	4:16	*510*
		5:1-2	*235*
빌립보서		5:17	*239*
1:1	*241*	5:17-19	*235*
1:3-7	*594*	6:10	*633*
1:15-17	*633*		
2	*481*	**디모데후서**	
2:6-11	*484*	1:2	*84*
2:12-13	*509*	2:2	*398, 581*
2:25-30	*93*	4:2	*249, 485-6*
4:16	*99*	4:19	*96*
골로새서		**디도서**	
1:9-10	*508*	1:5	*84, 148, 239*
1:28	*361*	1:5-9	*235*
데살로니가전서		**히브리서**	
1:1	*184*	6:1	*506*
1:8	*89, 92*	10:24	*403, 622-3*
2:1-12	*82*	10:25	*525*
2:7-11	*83*	11	*633-4, 645*
		11:1	*111*
데살로니가후서		11:8	*634*
3:10	*493*	11:16	*633*

12:6	*640*	15:4	*194*
13:9	*408*	21:24	*194*
		21:27	*423*
		22:2	*194*

야고보서
3:14-16	*632*
4:2-3	*305*
5:14	*239*
5:14-15	*235*

베드로전서
2:2	*524*
2:5	*237*
4:10	*400, 403*
5	*240*
5:1-4	*239*
5:1-5	*235*
5:2	*238*
5:4	*238*
5:6	*636*

베드로후서
1:8-10	*507*

유다서
3	*67*

요한계시록
2:1	*184*
5:9	*194*
7:9	*192, 199, 263*
7:9-10	*192, 194, 202-3*